Todesfall- und Bestattungsrecht

Sammlung bundes- und landesrechtlicher Bestimmungen

Todesfall- und Bestattungsrecht

Sammlung bundes- und landesrechtlicher Bestimmungen

zusammengestellt und mit einer Einführung versehen von

Horst Deinert

Dipl.-Sozialarbeiter/Dipl.-Verwaltungswirt (FH)
Verwaltungswissenschaftler (VWA)

Bundesanzeiger
Verlag

Die Deutsche Bibliothek – CIP-Einheitsaufnahme
Todesfall- und Bestattungsrecht: Sammlung bundes- und landesrechtlicher Bestimmungen/
Deinert. - Köln: Bundesanzeiger 2002
ISBN 3-89817-229-5

Rechtsstand: 1.6.2002

Hinweis
Paragrafenüberschriften in Klammern sind nicht amtlich. Kursivschrift in Paragrafen kennzeichnet im Gesetzestext noch vorhandene, aber überholte Begriffe. Anmerkungen in Kursivschrift gehören nicht zum amtlichen Gesetzestext. Alle Vorschriften sind in neuer deutscher Rechtschreibung wiedergegeben.

ISBN 3-89817-229-5

Lektorat: Dorothea Venator
Herstellung: Norbert Nickel
Satz: starke&partner, Willich
Druck und buchbinderische Verarbeitung: Heggendruck GmbH, Leverkusen
Printed in Germany

Vorwort

Das Todesfall- und Bestattungsrecht – eine Sammlung aller bundes- und landesrechtlichen Bestimmungen, die mit dem Tod von Menschen in Zusammenhang stehen. Eine solche Zusammenstellung, erstmals in dieser Form, umfasst unterschiedlichste Rechtsgrundlagen. Sie soll sich an alle diejenigen richten, die beruflich mit Sterbefällen und ihrer rechtlichen Würdigung zu tun haben, sei es bei Kommunalbehörden, Gerichten und Notaren, aber auch Krankenhäusern, Altenheimen und Hospizen sowie Bestattungsunternehmen und kirchlichen Friedhofsverwaltungen und Kirchengemeinden.

Zunächst geht es um die Frage, wann der Mensch tot ist; das BGB kennt keine Antwort darauf. Das Transplantationsgesetz hält es mit dem medizinischen Fortschritt, der vom sog. Hirntodkonzept ausgeht, überlässt aber die genaue Feststellung der ärztlichen Standesvertretung, der Bundesärztekammer. Aus diesem Grunde sind auch die aktuellen Richtlinien dieser Ärztevertretung in die Sammlung aufgenommen. Im Weiteren geht es um die Feststellung von Todeszeitpunkt und -ursachen.

Sowohl die Beurkundungsbestimmungen aus dem Personenstandsgesetz und der Verordnung hierzu sowie der Dienstanweisung für Standesbeamte als auch die strafprozessualen Bestimmungen für Leichenuntersuchungen, vor allem bei unklarer Todesursache und dem Verdacht strafbarer Handlungen, sind enthalten. Strafrechtliche Regelungen, die sich auf den Schutz von Bestattungen und den Ruf des Verstorbenen beziehen, sind ebenfalls abgedruckt.

Auch ohne Leiche muss man unter bestimmten Umständen vom Tod des Betroffenen ausgehen; für diese Fälle findet sich in dieser Sammlung das Verschollenheitsgesetz.

Steht der Tod des betroffenen Menschen fest, liegen zahlreiche Rechtsfolgen vor. Zum einen die erbrechtlichen Gegebenheiten, nachzulesen im 5. Buch des Bürgerlichen Gesetzbuches, seit neuestem im Lebenspartnerschaftsgesetz sowie in der Abgabenordnung, bei Auslandsberührung in Verbindung mit dem Einführungsgesetz zum BGB, soweit es um die materiell-rechtliche Seite des Erbrechtes geht. Das nachlassrechtliche Gerichtsverfahren ist nachzulesen im Gesetz über die Angelegenheiten der freiwilligen Gerichtsbarkeit.

Ergänzt werden die bundesrechtlichen Regelungen durch das Erbschaftssteuergesetz sowie die Bestimmungen aus dem BGB, die unterschiedlichste Rechtsverhältnisse betreffen, wenn einer der Beteiligten verstirbt, z.B. aus dem Miet-, Ehe- oder Vormundschaftsrecht.

Eine weitere wichtige Frage ist die der Totenfürsorgepflicht gegenüber dem Verstorbenen. Hierbei geht es u.a. um die Leichenschau, die Bestattungspflichtigen, die Pflichten des Staates im Falle von Gefahren für die öffentliche Sicherheit, den Leichentransport, die Art der Bestattung, der Einäscherung, die Friedhofsbenutzungspflicht und Grabgestaltung und das Nutzungsrecht an Grabstätten.

Vom teilweise noch als Landesrecht fortgeltenden Feuerbestattungsgesetz aus dem Jahre 1934 und den zu seiner Ausführung erlassenen Bestimmungen abgesehen ist das Totenfürsorge-, Leichen-, Bestattungs- und Friedhofsrecht nach der Kompetenzordnung des Grundgesetzes Angelegenheit der einzelnen Bundesländer. In dieser Zusammenstellung finden Sie die aktuellen Regelungen aller 16 Bundesländer einschließlich des ehemaligen DDR-Rechtes, das noch in Thüringen Anwendung findet, sowie das internationale Abkommen zur Leichenbeförderung.

In vielen Bundesländern haben in den letzten Jahren die Bestimmungen über Bestattungen und Friedhöfe erhebliche Veränderungen erfahren, u.a. in fast allen der neuen Bundesländer. Der Versuch, alle Bestimmungen aus den 16 Bundesländern zusammenzutragen, muss angesichts unterschiedlichster Ressortzuordnungen leider stets unvollständig bleiben. Dennoch dürften alle maßgeblichen Bestimmungen enthalten sein.

Wichtig in der Praxis ist auch die Bezahlung der Bestattung des Verstorbenen. Regelungen über Beerdigungskosten und Sterbegelder finden sich in unterschiedlichsten bundesrechtlichen Bestimmungen, je nachdem, wer an dem Todesfall die Schuld trägt bzw. in welchem arbeits-, dienst- oder versicherungsrechtlichen Status der Verstorbene stand. Abgedruckt wurden die Bestimmungen für Abgeordnete, Beamte, öffentliche Angestellte, Seeleute, Soldaten, gesetzlich Kranken- und Unfallversicherte, Kriegsopfer und -hinterbliebene, Sozialhilfeempfänger, Verkehrs- und andere Unfallopfer. Hierbei wurden auch die neuesten Änderungen im Haftplicht- und Straßenverkehrsgesetz durch das Zweite Gesetz zur Änderung schadensersatzrechtlicher Vorschriften berücksichtigt.

Ebenfalls mit aufgenommen wurde die Neufassung der berufsgenossenschaftlichen Unfallverhütungsvorschrift Friedhöfe und Krematorien.

Das ausführliche Sachverzeichnis am Ende des Buches soll es dem Leser erleichtern, alle für eine spezielle Frage maßgeblichen Bestimmungen aus unterschiedlichsten Rechtsbereichen und Bundesländern aufzufinden. Das Literaturverzeichnis am Buchanfang enthält eine Auswahl empfehlenswerter vertiefender Literatur, sowohl in Buchform, als auch in Form von Zeitschriften- und Internetbeiträgen.

Aus Platzgründen fanden aus dem Bundesrecht das Recht der Kriegsgräberfürsorge (Gräbergesetz) sowie die kirchenrechtlichen Begräbnisbestimmungen keinen Eingang in diese Sammlung. Es wird hierfür auf die Sammlung von Gaedke: „Friedhofs- und Bestattungsrecht" verwiesen. Ebenso fehlen die Regelungen, die im Vorfeld des Todes des betroffenen Menschen stehen und zuweilen mit dem Begriff der Sterbehilfe nur unzureichend umschrieben werden. Hierzu wird auf die Sammlung von Schell: „Sterbebegleitung und Sterbehilfe" hingewiesen.

Unter der Internetadresse http://www.todesfallrecht.de, die vom Herausgeber dieser Textsammlung betrieben wird, können Sie aktuelle Infos, die den Inhalt dieses Buches betreffen, nachlesen.

Für Vervollständigungs- und Korrekturvorschläge sind Autor und Verlag stets dankbar.

Köln, im Mai 2002

Horst Deinert

Inhalt

B. Als Landesrecht fortgeltendes ehemaliges Reichsrecht

C. Landesrecht

Abkürzungen

a.A.	Anderer Ansicht
aaO.	Am angebenen Ort
ABl	Amtsblatt
AO	Abgabenordnung
BAnz	Bundesanzeiger
BAT	Bundesangestellten-Tarifvertrag
BayBO	Bayerische Bauordnung
BayGVBl	Bayerisches Gesetz- und Verordnungsblatt
BestattG	Bestattungsgesetz
BestattVO	Bestattungsverordnung
BestG	Bestattungsgesetz
BestV	Bestattungsverordnung
BGB	Bürgerliches Gesetzbuch
BGBl.	Bundesgesetzblatt
BestDSV	Bestattungsdatenschutzverordnung
BhV	Beihilfevorschriften
BimSchV	Verordnung zum Bundesimmissionsschutzgesetz
BS	Bereinigte Sammlung
BSHG	Bundessozialhilfegesetz
BtPrax	Betreuungsrechtliche Praxis (Zeitschrift)
BVerfGE	Entscheidungssammlung des Bundesverfassungsgerichtes
BVerwG	Bundesverwaltungsgericht
DA	Dienstanweisung
DÄB	Deutsches Ärzteblatt (Zeitschrift)
DDR	Deutsche Demokratische Republik
ders.	Derselbe
DIN	Deutsche Industrienorm
Diss.	Dissertation
DÖV	Die öffentliche Verwaltung (Zeitschrift)
DStZ	Deutsche Steuerzeitschrift
DVerwBl	Deutsches Verwaltungsblatt (Zeitschrift)
DVO	Durchführungsverordnung
EGBGB	Einführungsgesetz zum Bürgerlichen Gesetzbuch
EEG	Elektro-Enzephalogramm
EKG	Elektro-Kardiogramm
FamRZ	Zeitschrift für das gesamte Familienrecht
FGG	Gesetz über die Angelegenheiten der freiwilligen Gerichtsbarkeit
FK	Friedhofskultur (Zeitschrift)
Gbl.	Gesetzblatt
GG	Grundgesetz
GGebO	Gebührenordnung der Gesundheitsverwaltung
GO	Gemeindeordnung
GMK	Gesundheitsministerkonferenz
GVBl., GVoBl.	Gesetz- und Verordnungsblatt
GWB	Gesetz gegen Wettbewerbebeschränkungen
HmbGVBl.	Hamburgisches Gesetz- und Verordnungsblatt
Hg	Herausgeber
ICD	International Code of Deseases (Internationaler Krankheiten-Schlüssel)
IfSG	Infektionsschutzgesetz

Abkürzungen

JMBl.	Justizministerialblatt
JR	Juristische Rundschau (Zeitschrift)
KAG	Kommunalabgabengesetz
LPartG	Lebenspartnerschaftsgesetz
LSA	Land Sachsen-Anhalt
MABl	Amtsblatt des Ministers für Arbeit
MBl	Ministerialblatt
MdI	Minister des Innern
MDR	Monatszeitschrift für deutsches Recht
M-V	Mecklenburg-Vorpommern
NDV	Nachrichtendienst des Deutschen Vereins für öff. und private Fürsorge
NJW	Neue juristische Wochenschrift
NRW	Nordrhein-Westfalen
NVwZ	Neue Zeitschrift für Verwaltungtsrecht
OBG	Ordnungsbehördengesetz
ÖGDG	Gesetz über den öffentlichen Gesundheitsdienst
OVG	Oberverwaltungsgericht
PersStG	Personenstandsgesetz
PStV	Verordnung zur Durchführung des Personenstandsgesetzes
PVG	Polizeiverwaltungsgesetz
RdErl	Runderlass
Reg. Bl.	Regierungsblatt
ReichsR	Reichsrecht
RGBl.	Reichsgesetzblatt
RGS	Sammlung der Reichsgesetze
RiStBV	Richtlinien für das Strafverfahren und das Bußgeldverfahren
RMBl.	Reichsministerialblatt
RMDI	Reichsminister des Innern
RMin	Reichsministerium
SaBremR	Sammlung des bremischen Landesrechtes
SächsABl.	Sächsisches Amtsblatt
SächsBestG	Sächsisches Bestattungsesetz
SächsGVBl	Sächsisches Gesetz- und Verordnungsblatt
SGB	Sozialgesetzbuch
SGV	Sammlung der Gesetze und Verordnungen
SMBl	Sammlung der Ministerialblätter
StGB	Strafgesetzbuch
StVG	Straßenverkehrsgesetz
StVO	Straßenverkehrsordnung
StPO	Strafprozessordnung
SuP	Sozialrecht und Praxis (Zeitschrift)
TPG	Transplantationsgesetz
UWG	Gesetz gegen unlauteren Wettbewerb
VDI	Verband deutscher Ingenieure
VerschG	Verschollenheitsgesetz
VGH	Verwaltungsgerichtshof
WHO	Weltgesundheitsorganisation
ZEV	Zeitschrift für Erbrecht und Vermögensnachfolge
ZfF	Zeitschrift für das Fürsorgewesen
ZfSH/SGB	Zeitschrift für Sozialhilfe/Sozialgesetzbuch
ZSEG	Gesetz über die Entschädigung der Zeugen und Sachverständigen

Literaturhinweise

Arbeitsgemeinschaft Friedhof und Denkmal (Hg.):	An der Grenze unserer Zeit – Totenfürsorge und Grabstättengestaltung heute. Sonderheft, Kassel 1999
Ariés:	Geschichte des Todes, München 1999
Becker:	Der Umfang des Rechts öffentlicher Krankenanstalten zur Obduktion von Leichen; JR 1951, 328
Bieler:	Persönlichkeitsrecht, Organtransplantation und Totenfürsorge; JR 1976, 224
Binschus:	Hinweise zur Rechtsprechung: Testament und gesetzliche Erbfolge; Testamentsvollstrecker, ZfF 1999, 147
Bongartz:	Ihr Recht auf dem Friedhof, 1995
Bundesvereinigung Lebenshilfe e.V.:	Testamente zugunsten von Menschen mit geistiger Behinderung, Marburg 1996
Deinert:	Pflichten des Betreuers nach dem Tod des Betreuten? ZfF 1997, 76
ders.:	Organspende und Betreuung, BtPrax 1998, 60
ders.:	Betreuervergütung und Staatsregreß nach dem Tod des Betreuten; FamRZ 2002, 374
Eichholz:	Die Transplantation von Leichenteilen aus zivilrechtlicher Sicht, NJW 1968, 2272
Fischer:	Wie wir unter die Erde kommen. Sterben und Tod zwischen Trauer und Technik, Frankfurt am Main 1998
Friedrich:	Testament und Erbrecht, dtv-Taschenbuch
Frings:	Rückgriff des Sozialhilfeträgers aufgrund von vorangegangenen Vermögensverfügungen von Todes wegen, NDV 1999, 359
Gaedke:	Handbuch des Friedhofs- und Bestattungsrechts, 8. Aufl., 1999
ders.:	Neue Probleme des Friedhofsrechts; DÖV 1985, 355
ders.:	Inwieweit darf eine Ordnungsbehörde die Art der Bestattung bestimmen; FK (11) 1999, 25
Haas:	Testamentsform oder polizeiliche Genehmigung als Zulässigkeitsvoraussetzung für Sektionen und Transplantationen? FamRZ 1975, 72
Heydt:	Zur Zulässigkeit der privaten Bestattung in Urnen; DVerwBl 1969, 38
Hoff/in der Schmitten:	Wann ist der Mensch tot? Organverpflanzung und Hirntodkriterium; Hamburg 1995
Jochum:	Keine Verfügung über Nachlasskonten nach dem Tode des Betreuten, BtPrax 1996, 88;
Kahler:	Zulässigkeit von Privatgrabstätten; NVwZ 1983, 662
Kallmann:	Die Rechtsprobleme bei der Organtransplantation; FamRZ 1969, 572
Kerschner u.a.:	Erb-Checkliste–Vorsorge für den Erbfall; Regensburg 1997

Literaturhinweise

Kerschner u.a.	Erb- Checkliste- Rechte und Pflichten der Erben; Regensburg 1997
Kiessling:	Verfügungen über den Leichnam oder Totensorge? NJW 1969, 533
Klingshirn:	Bestattungsrecht in Bayern (Stand: Oktober 1995)
Koch:	Pietät und Wahrheitsermittlung bei Obduktionen; NJW 1965, 528
Kohlhaas:	Rechtsfragen zur Transplantation von Körperorganen; NJW 1967, 1489
Maiwald:	Zur Ermittlungspflicht des Staatsanwalts in Todesfällen; NJW 1977, 561
Märker:	Grabpflegekosten als Nachlassverbindlichkeiten? MDR 1992, 217
Minsterium für Frauen, Jugend, Familie und Gesundheit NRW (Hg.):	Neue Kultur im Umgang mit Tod und Trauer. Dokumentation einer Fachtagung, Düsseldorf 1999
Müller:	Die Kosten der Bestattung im Zivil- und Steuerrecht, DStZ 2000, 329
Nerreter:	ZfF 1999, 141
Passmann:	Die Betreuung endet mit dem Tod, BtPrax 1994, 202;
Reithmann:	Die Vergütung des Testamentsvollstreckers im notariellen Testament; ZEV 2001, 385
Paul:	Bestattungskosten im Sozialhilferecht, ZfF 1996, 222
ders.:	Wer ist Verpflichteter im Sinne des § 15 BSHG; ZfSH/SGB 2002, 73
Richter (Hg.):	Der Umgang mit den Toten. Tod und Bestattung in der christlichen Gemeinde, Freiburg; Basel; Wien 1990
Sax:	Begraben und Vergessen? Ein Begleitbuch zu Tod, Abschied und Bestattung, Berlin 1993
Schell:	Sterbebegleitung und Sterbehilfe. Gesetze, Rechtsprechung, Deklarationen; 2. Auflage, Hagen 2000
Schiller:	Der organisierte Tod. Beobachtungen zum modernen Bestattungswesen, Düsseldorf 1991
Seeger:	Bestattungsrecht in Baden-Württemberg, 2. Aufl. 1984
Spranger:	Der Umfang der Kostentragungspflicht nach § 15 BSHG, ZfSH/SGB 1998, 334
ders.:	Die Beschränkungen des kommunalen Satzungsgebers beim Erlass von Vorschriften zur Grabgestaltung; Diss., 1999
ders.:	Zur Anordnung der Feuerbestattung und anonymen Beisetzung durch den Sozialhilfeträger; ZfSH/SGB 2000, 323
ders.:	Schutz von Bestattungsguthaben; Zugriff des Sozialhilfeträgers rechtswidrig und unpraktikabel; SuP 1999, 18
Stapferhaus (Hg.):	Last minute. Ein Buch zu Sterben und Tod. Ausstellungskatalog, Baden 2000
Stefenelli:	Körper ohne Leben. Begegnung und Umgang mit Toten. Wien 1998

Stockert:	Bestattung durch den Betreuer, BtPrax 1996, 203
Tausch-Flammer:	Wenn ein Mensch gestorben ist – wie gehen wir mit dem Toten um? Freiburg u.a. 1997
Trockel:	Das Recht zur Vornahme einer Organtransplantation; MDR 1969, 811
Vogt:	Tod der betreuten Person – Die Führung von Nachlasskonten, BtPrax 1996, 52;
Walter:	Organentnahme nach dem Transplantationsgesetz: Befugnisse der Angehörigen, FamRZ 1998, 201
Werther/Gipp:	Friedhofs- und Bestattungsrecht in Rheinland-Pfalz, 1984
Wetterling/ Neubauer:	Psychiatrische Gesichtspunkte zur Testierfähigkeit Dementer; ZEV 1995, 46
Wetz/Tag (Hg.):	Schöne neue Körperwelten – Der Streit um die Ausstellung, Stuttgart 2001
Widmann:	Die Durchsetzung von Bestattungsanordnungen des Verstorbenen im Rahmen der familienrechtlichen Totenfürsorge, FamRZ 1992, 759
Winkler:	Erbrecht von a – z, München 2000
Wittmann:	Anonyme Bestattung. Ortsverlust oder neue Ortsqualität? in: Kunst und Kirche, 1997, S. 88
Zeiss:	Bestattungskosten mittelloser Personen – Kostenerstattung an Krankenhausträger; ZfSH/SGB 2002, 67
Zimmermann:	Rechtsfragen bei einem Todesfall, 2. Aufl., München 1995
ders.:	Gesellschaft, Tod und medizinische Erkenntnis. Zur Zulässigkeit von klinischen Sektionen; NJW 1979, 569
ders.:	Die angemessene Testamentsvollstreckervergütung; ZEV 2001, 334

Internetangebote:
Verbraucherinitiative Bestattungskultur: http://www.aeternitas.de/
Informationsdienst zu allen Fragen im Todesfall: http://www.tod-und-trauer.de/
Internetportal zu verschiedensten Fragen um Tod und Trauer: http://www.postmortal.de/
Zeitschrift für Trauerkultur: http://www.ohlsdorf-online.de/index.html
Bundesverband Deutscher Bestatter e.V.: http://www.bestatter.de/

Infoseite des Herausgebers zu aktuellen Ergänzungen, dieses Buch betreffend:
http://www.todesfallrecht.de

A. Bundesrecht

1. Bürgerliches Gesetzbuch (BGB)

in der Fassung der Bekanntmachung vom 2.1.2002 (BGBl. I S. 42), zuletzt geändert durch Gesetz vom 9.4.2002 (BGBl. I S. 1239)

Buch 1. Allgemeiner Teil

Abschnitt 5. Verjährung

§ 195 Regelmäßige Verjährungsfrist
Die regelmäßige Verjährungsfrist beträgt drei Jahre.

§ 197 Dreißigjährige Verjährungsfrist
(1) In 30 Jahren verjähren, soweit nicht ein anderes bestimmt ist,
1. Herausgabeansprüche aus Eigentum und anderen dinglichen Rechten,
2. familien- und erbrechtliche Ansprüche,
3. rechtskräftig festgestellte Ansprüche,
4. Ansprüche aus vollstreckbaren Vergleichen oder vollstreckbaren Urkunden und
5. Ansprüche, die durch die im Insolvenzverfahren erfolgte Feststellung vollstreckbar geworden sind.

(2) Soweit Ansprüche nach Absatz 1 Nr. 2 regelmäßig wiederkehrende Leistungen oder Unterhaltsleistungen und Ansprüche nach Absatz 1 Nr. 3 bis 5 künftig fällig werdende regelmäßig wiederkehrende Leistungen zum Inhalt haben, tritt an die Stelle der Verjährungsfrist von 30 Jahren die regelmäßige Verjährungsfrist.

§ 211 Ablaufhemmung in Nachlassfällen
Die Verjährung eines Anspruchs, der zu einem Nachlass gehört oder sich gegen einen Nachlass richtet, tritt nicht vor dem Ablauf von sechs Monaten nach dem Zeitpunkt ein, in dem die Erbschaft von dem Erben angenommen oder das Insolvenzverfahren über den Nachlass eröffnet wird oder von dem an der Anspruch von einem oder gegen einen Vertreter geltend gemacht werden kann. Ist die Verjährungsfrist kürzer als sechs Monate, so tritt der für die Verjährung bestimmte Zeitraum an die Stelle der sechs Monate.

Buch 2. Recht der Schuldverhältnisse

Abschnitt 8. Einzelne Schuldverhältnisse

Titel 5. Mietvertrag. Pachtvertrag

Untertitel 2. Mietverhältnisse über Wohnraum

Kapitel 4. Wechsel der Vertragsparteien

§ 563 Eintrittsrecht bei Tod des Mieters
(1) Der Ehegatte, der mit dem Mieter einen gemeinsamen Haushalt führt, tritt mit dem Tod des Mieters in das Mietverhältnis ein. Dasselbe gilt für den Lebenspartner.

(2) Leben in dem gemeinsamen Haushalt Kinder des Mieters, treten diese mit dem Tod des Mieters in das Mietverhältnis ein, wenn nicht der Ehegatte eintritt. Der Eintritt des Lebenspartners bleibt vom Eintritt der Kinder des Mieters unberührt. Andere Familienangehörige, die mit dem Mieter einen gemeinsamen Haushalt führen, treten mit dem Tod des Mieters in das Mietverhältnis ein, wenn nicht der Ehegatte oder der Lebenspartner eintritt.
Dasselbe gilt für Personen, die mit dem Mieter einen auf Dauer angelegten gemeinsamen Haushalt führen.
(3) Erklären eingetretene Personen im Sinne des Absatzes 1 oder 2 innerhalb eines Monats, nachdem sie vom Tod des Mieters Kenntnis erlangt haben, dem Vermieter, dass sie das Mietverhältnis nicht fortsetzen wollen, gilt der Eintritt als nicht erfolgt. Für geschäftsunfähige oder in der Geschäftsfähigkeit beschränkte Personen gilt § 210 entsprechend.
Sind mehrere Personen in das Mietverhältnis eingetreten, so kann jeder die Erklärung für sich abgeben.
(4) Der Vermieter kann das Mietverhältnis innerhalb eines Monats, nachdem er von dem endgültigen Eintritt in das Mietverhältnis Kenntnis erlangt hat, außerordentlich mit der gesetzlichen Frist kündigen, wenn in der Person des Eingetretenen ein wichtiger Grund vorliegt.
(5) Eine abweichende Vereinbarung zum Nachteil des Mieters oder solcher Personen, die nach Absatz 1 oder 2 eintrittsberechtigt sind, ist unwirksam.

§ 563a Fortsetzung mit überlebenden Mietern
(1) Sind mehrere Personen im Sinne des § 563 gemeinsam Mieter, so wird das Mietverhältnis beim Tod eines Mieters mit den überlebenden Mietern fortgesetzt.
(2) Die überlebenden Mieter können das Mietverhältnis innerhalb eines Monats, nachdem sie vom Tod des Mieters Kenntnis erlangt haben, außerordentlich mit der gesetzlichen Frist kündigen.
(3) Eine abweichende Vereinbarung zum Nachteil der Mieter ist unwirksam.

§ 563b Haftung bei Eintritt oder Fortsetzung
(1) Die Personen, die nach § 563 in das Mietverhältnis eingetreten sind oder mit denen es nach § 563a fortgesetzt wird, haften neben dem Erben für die bis zum Tod des Mieters entstandenen Verbindlichkeiten als Gesamtschuldner.
Im Verhältnis zu diesen Personen haftet der Erbe allein, soweit nichts anderes bestimmt ist.
(2) Hat der Mieter die Miete für einen nach seinem Tod liegenden Zeitraum im Voraus entrichtet, sind die Personen, die nach § 563 in das Mietverhältnis eingetreten sind oder mit denen es nach § 563a fortgesetzt wird, verpflichtet, dem Erben dasjenige herauszugeben, was sie infolge der Vorausentrichtung der Miete ersparen oder erlangen.
(3) Der Vermieter kann, falls der verstorbene Mieter keine Sicherheit geleistet hat, von den Personen, die nach § 563 in das Mietverhältnis eingetreten sind oder mit denen es nach § 563a fortgesetzt wird, nach Maßgabe des § 551 eine Sicherheitsleistung verlangen.

§ 564 Fortsetzung des Mietverhältnisses mit dem Erben, außerordentliche Kündigung
Treten beim Tod des Mieters keine Personen im Sinne des § 563 in das Mietverhältnis ein oder wird es nicht mit ihnen nach § 563a fortgesetzt, so wird es mit dem Erben fortgesetzt. In diesem Fall ist sowohl der Erbe als auch der Vermieter berechtigt, das Mietverhältnis innerhalb eines Monats außerordentlich mit der gesetzlichen Frist zu kündigen, nachdem sie vom Tod des Mieters und davon Kenntnis erlangt haben, dass ein Eintritt in das Mietverhältnis oder dessen Fortsetzung nicht erfolgt sind.

Untertitel 3. Mietverhältnisse über andere Sachen

§ 580 Außerordentliche Kündigung bei Tod des Mieters

Stirbt der Mieter, so ist sowohl der Erbe als auch der Vermieter berechtigt, das Mietverhältnis innerhalb eines Monats, nachdem sie vom Tod des Mieters Kenntnis erlangt haben, außerordentlich mit der gesetzlichen Frist zu kündigen.

Untertitel 5. Landpachtvertrag

§ 594d Tod des Pächters

(1) Stirbt der Pächter, so sind sowohl seine Erben als auch der Verpächter innerhalb eines Monats, nachdem sie vom Tod des Pächters Kenntnis erlangt haben, berechtigt, das Pachtverhältnis mit einer Frist von sechs Monaten zum Ende eines Kalendervierteljahrs zu kündigen.
(2) Die Erben können der Kündigung des Verpächters widersprechen und die Fortsetzung des Pachtverhältnisses verlangen, wenn die ordnungsmäßige Bewirtschaftung der Pachtsache durch sie oder durch einen von ihnen beauftragten Miterben oder Dritten gewährleistet erscheint. Der Verpächter kann die Fortsetzung des Pachtverhältnisses ablehnen, wenn die Erben den Widerspruch nicht spätestens drei Monate vor Ablauf des Pachtverhältnisses erklärt und die Umstände mitgeteilt haben, nach denen die weitere ordnungsmäßige Bewirtschaftung der Pachtsache gewährleistet erscheint. Die Widerspruchserklärung und die Mitteilung bedürfen der schriftlichen Form. Kommt keine Einigung zustande, so entscheidet auf Antrag das Landwirtschaftsgericht.
(3) Gegenüber einer Kündigung des Verpächters nach Absatz 1 ist ein Fortsetzungsverlangen des Erben nach § 595 ausgeschlossen.

Titel 12. Auftrag und Geschäftsbesorgungsvertrag

Untertitel 1. Auftrag

§ 672 Tod oder Geschäftsunfähigkeit des Auftraggebers

Der Auftrag erlischt im Zweifel nicht durch den Tod oder den Eintritt der Geschäftsunfähigkeit des Auftraggebers.
Erlischt der Auftrag, so hat der Beauftragte, wenn mit dem Aufschub Gefahr verbunden ist, die Besorgung des übertragenen Geschäfts fortzusetzen, bis der Erbe oder der gesetzliche Vertreter des Auftraggebers anderweit Fürsorge treffen kann; der Auftrag gilt insoweit als fortbestehend.

§ 673 Tod des Beauftragten

Der Auftrag erlischt im Zweifel durch den Tod des Beauftragten. Erlischt der Auftrag, so hat der Erbe des Beauftragten den Tod dem Auftraggeber unverzüglich anzuzeigen und, wenn mit dem Aufschub Gefahr verbunden ist, die Besorgung des übertragenen Geschäfts fortzusetzen, bis der Auftraggeber anderweit Fürsorge treffen kann; der Auftrag gilt insoweit als fortbestehend.

§ 674 Fiktion des Fortbestehens

Erlischt der Auftrag in anderer Weise als durch Widerruf, so gilt er zugunsten des Beauftragten gleichwohl als fortbestehend, bis der Beauftragte von dem Erlöschen Kenntnis erlangt oder das Erlöschen kennen muss.

Titel 27. Unerlaubte Handlungen

§ 843 Geldrente oder Kapitalabfindung

(1) Wird infolge einer Verletzung des Körpers oder der Gesundheit die Erwerbsfähigkeit des Verletzten aufgehoben oder gemindert oder tritt eine Vermehrung seiner Bedürfnisse ein, so ist dem Verletzten durch Entrichtung einer Geldrente Schadensersatz zu leisten.
(2) Auf die Rente findet die Vorschrift des § 760 Anwendung.
Ob, in welcher Art und für welchen Betrag der Ersatzpflichtige Sicherheit zu leisten hat, bestimmt sich nach den Umständen.

(3) Statt der Rente kann der Verletzte eine Abfindung in Kapital verlangen, wenn ein wichtiger Grund vorliegt.
(4) Der Anspruch wird nicht dadurch ausgeschlossen, dass ein anderer dem Verletzten Unterhalt zu gewähren hat.

§ 844 Ersatzansprüche Dritter bei Tötung
(1) Im Falle der Tötung hat der Ersatzpflichtige die Kosten der Beerdigung demjenigen zu ersetzen, welchem die Verpflichtung obliegt, diese Kosten zu tragen.
(2) Stand der Getötete zur Zeit der Verletzung zu einem Dritten in einem Verhältnis, vermöge dessen er diesem gegenüber kraft Gesetzes unterhaltspflichtig war oder unterhaltspflichtig werden konnte, und ist dem Dritten infolge der Tötung das Recht auf den Unterhalt entzogen, so hat der Ersatzpflichtige dem Dritten durch Entrichtung einer Geldrente insoweit Schadensersatz zu leisten, als der Getötete während der mutmaßlichen Dauer seines Lebens zur Gewährung des Unterhalts verpflichtet gewesen sein würde; die Vorschrift des § 843 Abs. 2 bis 4 findet entsprechende Anwendung. Die Ersatzpflicht tritt auch dann ein, wenn der Dritte zur Zeit der Verletzung erzeugt, aber noch nicht geboren war.

Buch 4. Familienrecht

Abschnitt 1. Bürgerliche Ehe

Titel 6. Eheliches Güterrecht

Untertitel 1. Gesetzliches Güterrecht

§ 1371 Zugewinnausgleich im Todesfall
(1) Wird der Güterstand durch den Tod eines Ehegatten beendet, so wird der Ausgleich des Zugewinns dadurch verwirklicht, dass sich der gesetzliche Erbteil des überlebenden Ehegatten um ein Viertel der Erbschaft erhöht; hierbei ist unerheblich, ob die Ehegatten im einzelnen Falle einen Zugewinn erzielt haben.
(2) Wird der überlebende Ehegatte nicht Erbe und steht ihm auch kein Vermächtnis zu, so kann er Ausgleich des Zugewinns nach den Vorschriften der §§ 1373 bis 1383, 1390 verlangen; der Pflichtteil des überlebenden Ehegatten oder eines anderen Pflichtteilsberechtigten bestimmt sich in diesem Falle nach dem nicht erhöhten gesetzlichen Erbteil des Ehegatten.
(3) Schlägt der überlebende Ehegatte die Erbschaft aus, so kann er neben dem Ausgleich des Zugewinns den Pflichtteil auch dann verlangen, wenn dieser ihm nach den erbrechtlichen Bestimmungen nicht zustünde; dies gilt nicht, wenn er durch Vertrag mit seinem Ehegatten auf sein gesetzliches Erbrecht oder sein Pflichtteilsrecht verzichtet hat.
(4) Sind erbberechtigte Abkömmlinge des verstorbenen Ehegatten, welche nicht aus der durch den Tod dieses Ehegatten aufgelösten Ehe stammen, vorhanden, so ist der überlebende Ehegatte verpflichtet, diesen Abkömmlingen, wenn und soweit sie dessen bedürfen, die Mittel zu einer angemessenen Ausbildung aus dem nach Absatz 1 zusätzlich gewährten Viertel zu gewähren.

§ 1374 Anfangsvermögen
(1) Anfangsvermögen ist das Vermögen, das einem Ehegatten nach Abzug der Verbindlichkeiten beim Eintritt des Güterstands gehört; die Verbindlichkeiten können nur bis zur Höhe des Vermögens abgezogen werden.
(2) Vermögen, das ein Ehegatte nach Eintritt des Güterstands von Todes wegen oder mit Rücksicht auf ein künftiges Erbrecht, durch Schenkung oder als Ausstattung erwirbt, wird nach Abzug der Verbindlichkeiten dem Anfangsvermögen hinzugerechnet, soweit es nicht den Umständen nach zu den Einkünften zu rechnen ist.

Abschnitt 2. Verwandtschaft

Titel 3. Unterhaltspflicht

Untertitel 1. Allgemeine Vorschriften

§ 1615 Erlöschen des Unterhaltsanspruchs
(1) Der Unterhaltsanspruch erlischt mit dem Tode des Berechtigten oder des Verpflichteten, soweit er nicht auf Erfüllung oder Schadensersatz wegen Nichterfüllung für die Vergangenheit oder auf solche im Voraus zu bewirkende Leistungen gerichtet ist, die zur Zeit des Todes des Berechtigten oder des Verpflichteten fällig sind.
(2) Im Falle des Todes des Berechtigten hat der Verpflichtete die Kosten der Beerdigung zu tragen, soweit ihre Bezahlung nicht von dem Erben zu erlangen ist.

Titel 5. Elterliche Sorge

§ 1677 Beendigung der Sorge durch Todeserklärung
Die elterliche Sorge eines Elternteils endet, wenn er für tot erklärt oder seine Todeszeit nach den Vorschriften des Verschollenheitsgesetzes festgestellt wird, mit dem Zeitpunkt, der als Zeitpunkt des Todes gilt.

§ 1680 Tod eines Elternteils oder Entziehung des Sorgerechts
(1) Stand die elterliche Sorge den Eltern gemeinsam zu und ist ein Elternteil gestorben, so steht die elterliche Sorge dem überlebenden Elternteil zu.
(2) Ist ein Elternteil, dem die elterliche Sorge gemäß § 1671 oder § 1672 Abs. 1 allein zustand, gestorben, so hat das Familiengericht die elterliche Sorge dem überlebenden Elternteil zu übertragen, wenn dies dem Wohl des Kindes nicht widerspricht. Stand die elterliche Sorge der Mutter gemäß § 1626a Abs. 2 allein zu, so hat das Familiengericht die elterliche Sorge dem Vater zu übertragen, wenn dies dem Wohl des Kindes dient.
(3) Absatz 1 und Absatz 2 Satz 2 gelten entsprechend, soweit einem Elternteil, dem die elterliche Sorge gemeinsam mit dem anderen Elternteil oder gemäß § 1626a Abs. 2 allein zustand, die elterliche Sorge entzogen wird.

§ 1681 Todeserklärung eines Elternteils
(1) § 1680 Abs. 1 und 2 gilt entsprechend, wenn die elterliche Sorge eines Elternteils endet, weil er für tot erklärt oder seine Todeszeit nach den Vorschriften des Verschollenheitsgesetzes festgestellt worden ist.
(2) Lebt dieser Elternteil noch, so hat ihm das Familiengericht auf Antrag die elterliche Sorge in dem Umfang zu übertragen, in dem sie ihm vor dem nach § 1677 maßgebenden Zeitpunkt zustand, wenn dies dem Wohl des Kindes nicht widerspricht.

§ 1698b Fortführung dringender Geschäfte nach Tod des Kindes
Endet die elterliche Sorge durch den Tod des Kindes, so haben die Eltern die Geschäfte, die nicht ohne Gefahr aufgeschoben werden können, zu besorgen, bis der Erbe anderweit Fürsorge treffen kann.

Abschnitt 3. Vormundschaft, rechtliche Betreuung, Pflegschaft

Titel 1. Vormundschaft

Untertitel 6. Ende der Vormundschaft

§ 1884 Verschollenheit und Todeserklärung des Mündels
(1) Ist der Mündel verschollen, so endigt die Vormundschaft erst mit der Aufhebung durch das Vormundschaftsgericht.

Das Vormundschaftsgericht hat die Vormundschaft aufzuheben, wenn ihm der Tod des Mündels bekannt wird.
(2) Wird der Mündel für tot erklärt oder wird seine Todeszeit nach den Vorschriften des Verschollenheitsgesetzes festgestellt, so endigt die Vormundschaft mit der Rechtskraft des Beschlusses über die Todeserklärung oder die Feststellung der Todeszeit.

§ 1893 Fortführung der Geschäfte nach Beendigung der Vormundschaft, Rückgabe von Urkunden
(1) Im Falle der Beendigung der Vormundschaft oder des vormundschaftlichen Amts finden die Vorschriften der §§ 1698a, 1698b entsprechende Anwendung.
(2) Der Vormund hat nach Beendigung seines Amts die Bestallung dem Vormundschaftsgericht zurückzugeben.
In den Fällen der §§ 1791a, 1791b ist die schriftliche Verfügung des Vormundschaftsgerichts, im Falle des § 1791c die Bescheinigung über den Eintritt der Vormundschaft zurückzugeben.

§ 1894 Anzeige bei Tod des Vormunds
(1) Den Tod des Vormunds hat dessen Erbe dem Vormundschaftsgericht unverzüglich anzuzeigen.
(2) Den Tod des Gegenvormunds oder eines Mitvormunds hat der Vormund unverzüglich anzuzeigen.

Titel 2. Rechtliche Betreuung

§ 1908c Bestellung eines neuen Betreuers
Stirbt der Betreuer oder wird er entlassen, so ist ein neuer Betreuer zu bestellen.

Buch 5. Erbrecht

Abschnitt 1. Erbfolge

§ 1922 Gesamtrechtsnachfolge
(1) Mit dem Tode einer Person (Erbfall) geht deren Vermögen (Erbschaft) als Ganzes auf eine oder mehrere andere Personen (Erben) über.
(2) Auf den Anteil eines Miterben (Erbteil) finden die sich auf die Erbschaft beziehenden Vorschriften Anwendung.

§ 1923 Erbfähigkeit
(1) Erbe kann nur werden, wer zur Zeit des Erbfalls lebt.
(2) Wer zur Zeit des Erbfalls noch nicht lebte, aber bereits erzeugt war, gilt als vor dem Erbfall geboren.

§ 1924 Gesetzliche Erben erster Ordnung
(1) Gesetzliche Erben der ersten Ordnung sind die Abkömmlinge des Erblassers.
(2) Ein zur Zeit des Erbfalls lebender Abkömmling schließt die durch ihn mit dem Erblasser verwandten Abkömmlinge von der Erbfolge aus.
(3) An die Stelle eines zur Zeit des Erbfalls nicht mehr lebenden Abkömmlings treten die durch ihn mit dem Erblasser verwandten Abkömmlinge (Erbfolge nach Stämmen).
(4) Kinder erben zu gleichen Teilen.

§ 1925 Gesetzliche Erben zweiter Ordnung
(1) Gesetzliche Erben der zweiten Ordnung sind die Eltern des Erblassers und deren Abkömmlinge.
(2) Leben zur Zeit des Erbfalls die Eltern, so erben sie allein und zu gleichen Teilen.

(3) Lebt zur Zeit des Erbfalls der Vater oder die Mutter nicht mehr, so treten an die Stelle des Verstorbenen dessen Abkömmlinge nach den für die Beerbung in der ersten Ordnung geltenden Vorschriften. Sind Abkömmlinge nicht vorhanden, so erbt der überlebende Teil allein.
(4) In den Fällen des § 1756 sind das angenommene Kind und die Abkömmlinge der leiblichen Eltern oder des anderen Elternteils des Kindes im Verhältnis zueinander nicht Erben der zweiten Ordnung.

§ 1926 Gesetzliche Erben dritter Ordnung
(1) Gesetzliche Erben der dritten Ordnung sind die Großeltern des Erblassers und deren Abkömmlinge.
(2) Leben zur Zeit des Erbfalls die Großeltern, so erben sie allein und zu gleichen Teilen.
(3) Lebt zur Zeit des Erbfalls von einem Großelternpaar der Großvater oder die Großmutter nicht mehr, so treten an die Stelle des Verstorbenen dessen Abkömmlinge.
Sind Abkömmlinge nicht vorhanden, so fällt der Anteil des Verstorbenen dem anderen Teil des Großelternpaars und, wenn dieser nicht mehr lebt, dessen Abkömmlingen zu.
(4) Lebt zur Zeit des Erbfalls ein Großelternpaar nicht mehr und sind Abkömmlinge der Verstorbenen nicht vorhanden, so erben die anderen Großeltern oder ihre Abkömmlinge allein.
(5) Soweit Abkömmlinge an die Stelle ihrer Eltern oder ihrer Voreltern treten, finden die für die Beerbung in der ersten Ordnung geltenden Vorschriften Anwendung.

§ 1927 Mehrere Erbteile bei mehrfacher Verwandtschaft
Wer in der ersten, der zweiten oder der dritten Ordnung verschiedenen Stämmen angehört, erhält den in jedem dieser Stämme ihm zufallenden Anteil. Jeder Anteil gilt als besonderer Erbteil.

§ 1928 Gesetzliche Erben vierter Ordnung
(1) Gesetzliche Erben der vierten Ordnung sind die Urgroßeltern des Erblassers und deren Abkömmlinge.
(2) Leben zur Zeit des Erbfalls Urgroßeltern, so erben sie allein; mehrere erben zu gleichen Teilen, ohne Unterschied, ob sie derselben Linie oder verschiedenen Linien angehören.
(3) Leben zur Zeit des Erbfalls Urgroßeltern nicht mehr, so erbt von ihren Abkömmlingen derjenige, welcher mit dem Erblasser dem Grade nach am nächsten verwandt ist; mehrere gleich nahe Verwandte erben zu gleichen Teilen.

§ 1929 Fernere Ordnungen
(1) Gesetzliche Erben der fünften Ordnung und der ferneren Ordnungen sind die entfernteren Voreltern des Erblassers und deren Abkömmlinge.
(2) Die Vorschrift des § 1928 Abs. 2, 3 findet entsprechende Anwendung.

§ 1930 Rangfolge der Ordnungen
Ein Verwandter ist nicht zur Erbfolge berufen, solange ein Verwandter einer vorhergehenden Ordnung vorhanden ist.

§ 1931 Gesetzliches Erbrecht des Ehegatten
(1) Der überlebende Ehegatte des Erblassers ist neben Verwandten der ersten Ordnung zu einem Viertel, neben Verwandten der zweiten Ordnung oder neben Großeltern zur Hälfte der Erbschaft als gesetzlicher Erbe berufen.
Treffen mit Großeltern Abkömmlinge von Großeltern zusammen, so erhält der Ehegatte auch von der anderen Hälfte den Anteil, der nach § 1926 den Abkömmlingen zufallen würde.
(2) Sind weder Verwandte der ersten oder der zweiten Ordnung noch Großeltern vorhanden, so erhält der überlebende Ehegatte die ganze Erbschaft.
(3) Die Vorschrift des § 1371 bleibt unberührt.
(4) Bestand beim Erbfall Gütertrennung und sind als gesetzliche Erben neben dem überlebenden Ehegatten ein oder zwei Kinder des Erblassers berufen, so erben der überlebende Ehegatte und jedes Kind zu gleichen Teilen; § 1924 Abs. 3 gilt auch in diesem Falle.

§ 1932 Voraus des Ehegatten

(1) Ist der überlebende Ehegatte neben Verwandten der zweiten Ordnung oder neben Großeltern gesetzlicher Erbe, so gebühren ihm außer dem Erbteil die zum ehelichen Haushalt gehörenden Gegenstände, soweit sie nicht Zubehör eines Grundstücks sind, und die Hochzeitsgeschenke als Voraus.
Ist der überlebende Ehegatte neben Verwandten der ersten Ordnung gesetzlicher Erbe, so gebühren ihm diese Gegenstände, soweit er sie zur Führung eines angemessenen Haushalts benötigt.
(2) Auf den Voraus sind die für Vermächtnisse geltenden Vorschriften anzuwenden.

§ 1933 Ausschluss des Ehegattenerbrechts

Das Erbrecht des überlebenden Ehegatten sowie das Recht auf den Voraus ist ausgeschlossen, wenn zur Zeit des Todes des Erblassers die Voraussetzungen für die Scheidung der Ehe gegeben waren und der Erblasser die Scheidung beantragt oder ihr zugestimmt hatte. Das Gleiche gilt, wenn der Erblasser berechtigt war, die Aufhebung der Ehe zu beantragen, und den Antrag gestellt hatte. In diesen Fällen ist der Ehegatte nach Maßgabe der §§ 1569 bis 1586b unterhaltsberechtigt.

§ 1934 Erbrecht des verwandten Ehegatten

Gehört der überlebende Ehegatte zu den erbberechtigten Verwandten, so erbt er zugleich als Verwandter. Der Erbteil, der ihm auf Grund der Verwandtschaft zufällt, gilt als besonderer Erbteil.

§ 1935 Folgen der Erbteilserhöhung

Fällt ein gesetzlicher Erbe vor oder nach dem Erbfall weg und erhöht sich infolgedessen der Erbteil eines anderen gesetzlichen Erben, so gilt der Teil, um welchen sich der Erbteil erhöht, in Ansehung der Vermächtnisse und Auflagen, mit denen dieser Erbe oder der wegfallende Erbe beschwert ist, sowie in Ansehung der Ausgleichungspflicht als besonderer Erbteil.

§ 1936 Gesetzliches Erbrecht des Fiskus

(1) Ist zur Zeit des Erbfalls weder ein Verwandter, ein Lebenspartner noch ein Ehegatte des Erblassers vorhanden, so ist der Fiskus des *Bundesstaats*, dem der Erblasser zur Zeit des Todes angehört hat, gesetzlicher Erbe. Hat der Erblasser mehreren *Bundesstaaten* angehört, so ist der Fiskus eines jeden dieser *Staaten* zu gleichem Anteil zur Erbfolge berufen.
(2) War der Erblasser ein Deutscher, der keinem *Bundesstaat* angehörte, so ist der *Reichs*fiskus gesetzlicher Erbe.

§ 1937 Erbeinsetzung durch letztwillige Verfügung

Der Erblasser kann durch einseitige Verfügung von Todes wegen (Testament, letztwillige Verfügung) den Erben bestimmen.

§ 1938 Enterbung ohne Erbeinsetzung

Der Erblasser kann durch Testament einen Verwandten, den Ehegatten oder den Lebenspartner von der gesetzlichen Erbfolge ausschließen, ohne einen Erben einzusetzen.

§ 1939 Vermächtnis

Der Erblasser kann durch Testament einem anderen, ohne ihn als Erben einzusetzen, einen Vermögensvorteil zuwenden (Vermächtnis).

§ 1940 Auflage

Der Erblasser kann durch Testament den Erben oder einen Vermächtnisnehmer zu einer Leistung verpflichten, ohne einem anderen ein Recht auf die Leistung zuzuwenden (Auflage).

§ 1941 Erbvertrag

(1) Der Erblasser kann durch Vertrag einen Erben einsetzen sowie Vermächtnisse und Auflagen anordnen (Erbvertrag).

(2) Als Erbe (Vertragserbe) oder als Vermächtnisnehmer kann sowohl der andere Vertragschließende als ein Dritter bedacht werden.

Abschnitt 2. Rechtliche Stellung des Erben

Titel 1. Annahme und Ausschlagung der Erbschaft, Fürsorge des Nachlassgerichts

§ 1942 Anfall und Ausschlagung der Erbschaft

(1) Die Erbschaft geht auf den berufenen Erben unbeschadet des Rechts über, sie auszuschlagen (Anfall der Erbschaft).

(2) Der Fiskus kann die ihm als gesetzlichem Erben angefallene Erbschaft nicht ausschlagen.

§ 1943 Annahme und Ausschlagung der Erbschaft

Der Erbe kann die Erbschaft nicht mehr ausschlagen, wenn er sie angenommen hat oder wenn die für die Ausschlagung vorgeschriebene Frist verstrichen ist; mit dem Ablauf der Frist gilt die Erbschaft als angenommen.

§ 1944 Ausschlagungsfrist

(1) Die Ausschlagung kann nur binnen sechs Wochen erfolgen.

(2) Die Frist beginnt mit dem Zeitpunkt, in welchem der Erbe von dem Anfall und dem Grunde der Berufung Kenntnis erlangt. Ist der Erbe durch Verfügung von Todes wegen berufen, so beginnt die Frist nicht vor der Verkündung der Verfügung. Auf den Lauf der Frist finden die für die Verjährung geltenden Vorschriften der §§ 206, 210 entsprechende Anwendung.

(3) Die Frist beträgt sechs Monate, wenn der Erblasser seinen letzten Wohnsitz nur im Ausland gehabt hat oder wenn sich der Erbe bei dem Beginn der Frist im Ausland aufhält.

§ 1945 Form der Ausschlagung

(1) Die Ausschlagung erfolgt durch Erklärung gegenüber dem Nachlassgericht; die Erklärung ist zur Niederschrift des Nachlassgerichts oder in öffentlich beglaubigter Form abzugeben.

(2) Die Niederschrift des Nachlassgerichts wird nach den Vorschriften des Beurkundungsgesetzes errichtet.

(3) Ein Bevollmächtigter bedarf einer öffentlich beglaubigten Vollmacht. Die Vollmacht muss der Erklärung beigefügt oder innerhalb der Ausschlagungsfrist nachgebracht werden.

§ 1946 Zeitpunkt für Annahme oder Ausschlagung

Der Erbe kann die Erbschaft annehmen oder ausschlagen, sobald der Erbfall eingetreten ist.

§ 1947 Bedingung und Zeitbestimmung

Die Annahme und die Ausschlagung können nicht unter einer Bedingung oder einer Zeitbestimmung erfolgen.

§ 1948 Mehrere Berufungsgründe

(1) Wer durch Verfügung von Todes wegen als Erbe berufen ist, kann, wenn er ohne die Verfügung als gesetzlicher Erbe berufen sein würde, die Erbschaft als eingesetzter Erbe ausschlagen und als gesetzlicher Erbe annehmen.

(2) Wer durch Testament und durch Erbvertrag als Erbe berufen ist, kann die Erbschaft aus dem einen Berufungsgrund annehmen und aus dem anderen ausschlagen.

§ 1949 Irrtum über den Berufungsgrund

(1) Die Annahme gilt als nicht erfolgt, wenn der Erbe über den Berufungsgrund im Irrtum war.

(2) Die Ausschlagung erstreckt sich im Zweifel auf alle Berufungsgründe, die dem Erben zur Zeit der Erklärung bekannt sind.

§ 1950 Teilannahme; Teilausschlagung
Die Annahme und die Ausschlagung können nicht auf einen Teil der Erbschaft beschränkt werden. Die Annahme oder Ausschlagung eines Teils ist unwirksam.

§ 1951 Mehrere Erbteile
(1) Wer zu mehreren Erbteilen berufen ist, kann, wenn die Berufung auf verschiedenen Gründen beruht, den einen Erbteil annehmen und den anderen ausschlagen.
(2) Beruht die Berufung auf demselben Grund, so gilt die Annahme oder Ausschlagung des einen Erbteils auch für den anderen, selbst wenn der andere erst später anfällt. Die Berufung beruht auf demselben Grund auch dann, wenn sie in verschiedenen Testamenten oder vertragsmäßig in verschiedenen zwischen denselben Personen geschlossenen Erbverträgen angeordnet ist.
(3) Setzt der Erblasser einen Erben auf mehrere Erbteile ein, so kann er ihm durch Verfügung von Todes wegen gestatten, den einen Erbteil anzunehmen und den anderen auszuschlagen.

§ 1952 Vererblichkeit des Ausschlagungsrechts
(1) Das Recht des Erben, die Erbschaft auszuschlagen, ist vererblich.
(2) Stirbt der Erbe vor dem Ablauf der Ausschlagungsfrist, so endigt die Frist nicht vor dem Ablauf der für die Erbschaft des Erben vorgeschriebenen Ausschlagungsfrist.
(3) Von mehreren Erben des Erben kann jeder den seinem Erbteil entsprechenden Teil der Erbschaft ausschlagen.

§ 1953 Wirkung der Ausschlagung
(1) Wird die Erbschaft ausgeschlagen, so gilt der Anfall an den Ausschlagenden als nicht erfolgt.
(2) Die Erbschaft fällt demjenigen an, welcher berufen sein würde, wenn der Ausschlagende zur Zeit des Erbfalls nicht gelebt hätte; der Anfall gilt als mit dem Erbfall erfolgt.
(3) Das Nachlassgericht soll die Ausschlagung demjenigen mitteilen, welchem die Erbschaft infolge der Ausschlagung angefallen ist. Es hat die Einsicht der Erklärung jedem zu gestatten, der ein rechtliches Interesse glaubhaft macht.

§ 1954 Anfechtungsfrist
(1) Ist die Annahme oder die Ausschlagung anfechtbar, so kann die Anfechtung nur binnen sechs Wochen erfolgen.
(2) Die Frist beginnt im Falle der Anfechtbarkeit wegen Drohung mit dem Zeitpunkt, in welchem die Zwangslage aufhört, in den übrigen Fällen mit dem Zeitpunkt, in welchem der Anfechtungsberechtigte von dem Anfechtungsgrund Kenntnis erlangt. Auf den Lauf der Frist finden die für die Verjährung geltenden Vorschriften der §§ 206, 210, 211 entsprechende Anwendung.
(3) Die Frist beträgt sechs Monate, wenn der Erblasser seinen letzten Wohnsitz nur im Ausland gehabt hat oder wenn sich der Erbe bei dem Beginn der Frist im Ausland aufhält.
(4) Die Anfechtung ist ausgeschlossen, wenn seit der Annahme oder der Ausschlagung 30 Jahre verstrichen sind.

§ 1955 Form der Anfechtung
Die Anfechtung der Annahme oder der Ausschlagung erfolgt durch Erklärung gegenüber dem Nachlassgericht. Für die Erklärung gelten die Vorschriften des § 1945.

§ 1956 Anfechtung der Fristversäumung
Die Versäumung der Ausschlagungsfrist kann in gleicher Weise wie die Annahme angefochten werden.

§ 1957 Wirkung der Anfechtung
(1) Die Anfechtung der Annahme gilt als Ausschlagung, die Anfechtung der Ausschlagung gilt als Annahme.

(2) Das Nachlassgericht soll die Anfechtung der Ausschlagung demjenigen mitteilen, welchem die Erbschaft infolge der Ausschlagung angefallen war. Die Vorschrift des § 1953 Abs. 3 Satz 2 findet Anwendung.

§ 1958 Gerichtliche Geltendmachung von Ansprüchen gegen den Erben
Vor der Annahme der Erbschaft kann ein Anspruch, der sich gegen den Nachlass richtet, nicht gegen den Erben gerichtlich geltend gemacht werden.

§ 1959 Geschäftsführung vor der Ausschlagung
(1) Besorgt der Erbe vor der Ausschlagung erbschaftliche Geschäfte, so ist er demjenigen gegenüber, welcher Erbe wird, wie ein Geschäftsführer ohne Auftrag berechtigt und verpflichtet.
(2) Verfügt der Erbe vor der Ausschlagung über einen Nachlassgegenstand, so wird die Wirksamkeit der Verfügung durch die Ausschlagung nicht berührt, wenn die Verfügung nicht ohne Nachteil für den Nachlass verschoben werden konnte.
(3) Ein Rechtsgeschäft, das gegenüber dem Erben als solchem vorgenommen werden muss, bleibt, wenn es vor der Ausschlagung dem Ausschlagenden gegenüber vorgenommen wird, auch nach der Ausschlagung wirksam.

§ 1960 Sicherung des Nachlasses; Nachlasspfleger
(1) Bis zur Annahme der Erbschaft hat das Nachlassgericht für die Sicherung des Nachlasses zu sorgen, soweit ein Bedürfnis besteht. Das Gleiche gilt, wenn der Erbe unbekannt oder wenn ungewiss ist, ob er die Erbschaft angenommen hat.
(2) Das Nachlassgericht kann insbesondere die Anlegung von Siegeln, die Hinterlegung von Geld, Wertpapieren und Kostbarkeiten sowie die Aufnahme eines Nachlassverzeichnisses anordnen und für denjenigen, welcher Erbe wird, einen Pfleger (Nachlasspfleger) bestellen.
(3) Die Vorschrift des § 1958 findet auf den Nachlasspfleger keine Anwendung.

§ 1961 Nachlasspflegschaft auf Antrag
Das Nachlassgericht hat in den Fällen des § 1960 Abs. 1 einen Nachlasspfleger zu bestellen, wenn die Bestellung zum Zwecke der gerichtlichen Geltendmachung eines Anspruchs, der sich gegen den Nachlass richtet, von dem Berechtigten beantragt wird.

§ 1962 Zuständigkeit des Nachlassgerichts
Für die Nachlasspflegschaft tritt an die Stelle des Vormundschaftsgerichts das Nachlassgericht.

§ 1963 Unterhalt der werdenden Mutter eines Erben
Ist zur Zeit des Erbfalls die Geburt eines Erben zu erwarten, so kann die Mutter, falls sie außerstande ist, sich selbst zu unterhalten, bis zur Entbindung angemessenen Unterhalt aus dem Nachlass oder, wenn noch andere Personen als Erben berufen sind, aus dem Erbteil des Kindes verlangen. Bei der Bemessung des Erbteils ist anzunehmen, dass nur ein Kind geboren wird.

§ 1964 Erbvermutung für den Fiskus durch Feststellung
(1) Wird der Erbe nicht innerhalb einer den Umständen entsprechenden Frist ermittelt, so hat das Nachlassgericht festzustellen, dass ein anderer Erbe als der Fiskus nicht vorhanden ist.
(2) Die Feststellung begründet die Vermutung, dass der Fiskus gesetzlicher Erbe sei.

§ 1965 Öffentliche Aufforderung zur Anmeldung der Erbrechte
(1) Der Feststellung hat eine öffentliche Aufforderung zur Anmeldung der Erbrechte unter Bestimmung einer Anmeldungsfrist vorauszugehen; die Art der Bekanntmachung und die Dauer der Anmeldungsfrist bestimmen sich nach den für das Aufgebotsverfahren geltenden Vorschriften. Die Aufforderung darf unterbleiben, wenn die Kosten dem Bestand des Nachlasses gegenüber unverhältnismäßig groß sind.
(2) Ein Erbrecht bleibt unberücksichtigt, wenn nicht dem Nachlassgericht binnen drei Monaten nach dem Ablauf der Anmeldungsfrist nachgewiesen wird, dass das Erbrecht besteht oder dass es gegen den Fiskus im Wege der Klage geltend gemacht ist. Ist eine öffentliche Aufforderung

nicht ergangen, so beginnt die dreimonatige Frist mit der gerichtlichen Aufforderung, das Erbrecht oder die Erhebung der Klage nachzuweisen.

§ 1966 Rechtsstellung des Fiskus vor Feststellung
Von dem Fiskus als gesetzlichem Erben und gegen den Fiskus als gesetzlichen Erben kann ein Recht erst geltend gemacht werden, nachdem von dem Nachlassgericht festgestellt worden ist, dass ein anderer Erbe nicht vorhanden ist.

Titel 2. Haftung des Erben für die Nachlassverbindlichkeiten

Untertitel 1. Nachlassverbindlichkeiten

§ 1967 Erbenhaftung, Nachlassverbindlichkeiten
(1) Der Erbe haftet für die Nachlassverbindlichkeiten.
(2) Zu den Nachlassverbindlichkeiten gehören außer den vom Erblasser herrührenden Schulden die den Erben als solchen treffenden Verbindlichkeiten, insbesondere die Verbindlichkeiten aus Pflichtteilsrechten, Vermächtnissen und Auflagen.

§ 1968 Beerdigungskosten
Der Erbe trägt die Kosten der Beerdigung des Erblassers.

§ 1969 Dreißigster
(1) Der Erbe ist verpflichtet, Familienangehörigen des Erblassers, die zur Zeit des Todes des Erblassers zu dessen Hausstand gehört und von ihm Unterhalt bezogen haben, in den ersten 30 Tagen nach dem Eintritt des Erbfalls in demselben Umfang, wie der Erblasser es getan hat, Unterhalt zu gewähren und die Benutzung der Wohnung und der Haushaltsgegenstände zu gestatten. Der Erblasser kann durch letztwillige Verfügung eine abweichende Anordnung treffen.
(2) Die Vorschriften über Vermächtnisse finden entsprechende Anwendung.

Untertitel 2. Aufgebot der Nachlassgläubiger

§ 1970 Anmeldung der Forderungen
Die Nachlassgläubiger können im Wege des Aufgebotsverfahrens zur Anmeldung ihrer Forderungen aufgefordert werden.

§ 1971 Nicht betroffene Gläubiger
Pfandgläubiger und Gläubiger, die im Insolvenzverfahren den Pfandgläubigern gleichstehen, sowie Gläubiger, die bei der Zwangsvollstreckung in das unbewegliche Vermögen ein Recht auf Befriedigung aus diesem Vermögen haben, werden, soweit es sich um die Befriedigung aus den ihnen haftenden Gegenständen handelt, durch das Aufgebot nicht betroffen. Das Gleiche gilt von Gläubigern, deren Ansprüche durch eine Vormerkung gesichert sind oder denen im Insolvenzverfahren ein Aussonderungsrecht zusteht, in Ansehung des Gegenstands ihres Rechts.

§ 1972 Nicht betroffene Rechte
Pflichtteilsrechte, Vermächtnisse und Auflagen werden durch das Aufgebot nicht betroffen, unbeschadet der Vorschrift des § 2060 Nr. 1.

§ 1973 Ausschluss von Nachlassgläubigern
(1) Der Erbe kann die Befriedigung eines im Aufgebotsverfahren ausgeschlossenen Nachlassgläubigers insoweit verweigern, als der Nachlass durch die Befriedigung der nicht ausgeschlossenen Gläubiger erschöpft wird. Der Erbe hat jedoch den ausgeschlossenen Gläubiger vor den Verbindlichkeiten aus Pflichtteilsrechten, Vermächtnissen und Auflagen zu befriedigen, es sei denn, dass der Gläubiger seine Forderung erst nach der Berichtigung dieser Verbindlichkeiten geltend macht.
(2) Einen Überschuss hat der Erbe zum Zwecke der Befriedigung des Gläubigers im Wege der Zwangsvollstreckung nach den Vorschriften über die Herausgabe einer ungerechtfertigten Be-

reicherung herauszugeben. Er kann die Herausgabe der noch vorhandenen Nachlassgegenstände durch Zahlung des Wertes abwenden. Die rechtskräftige Verurteilung des Erben zur Befriedigung eines ausgeschlossenen Gläubigers wirkt einem anderen Gläubiger gegenüber wie die Befriedigung.

§ 1974 Verschweigungseinrede

(1) Ein Nachlassgläubiger, der seine Forderung später als fünf Jahre nach dem Erbfall dem Erben gegenüber geltend macht, steht einem ausgeschlossenen Gläubiger gleich, es sei denn, dass die Forderung dem Erben vor dem Ablauf der fünf Jahre bekannt geworden oder im Aufgebotsverfahren angemeldet worden ist. Wird der Erblasser für tot erklärt oder wird seine Todeszeit nach den Vorschriften des Verschollenheitsgesetzes festgestellt, so beginnt die Frist nicht vor dem Eintritt der Rechtskraft des Beschlusses über die Todeserklärung oder die Feststellung der Todeszeit.

(2) Die dem Erben nach § 1973 Abs. 1 Satz 2 obliegende Verpflichtung tritt im Verhältnis von Verbindlichkeiten aus Pflichtteilsrechten, Vermächtnissen und Auflagen zueinander nur insoweit ein, als der Gläubiger im Falle des Nachlassinsolvenzverfahrens im Range vorgehen würde.

(3) Soweit ein Gläubiger nach § 1971 von dem Aufgebot nicht betroffen wird, finden die Vorschriften des Absatzes 1 auf ihn keine Anwendung.

Untertitel 3. Beschränkung der Haftung des Erben

§ 1975 Nachlassverwaltung; Nachlassinsolvenz

Die Haftung des Erben für die Nachlassverbindlichkeiten beschränkt sich auf den Nachlass, wenn eine Nachlasspflegschaft zum Zwecke der Befriedigung der Nachlassgläubiger (Nachlassverwaltung) angeordnet oder das Nachlassinsolvenzverfahren eröffnet ist.

§ 1976 Wirkung auf durch Vereinigung erloschene Rechtsverhältnisse

Ist die Nachlassverwaltung angeordnet oder das Nachlassinsolvenzverfahren eröffnet, so gelten die infolge des Erbfalls durch Vereinigung von Recht und Verbindlichkeit oder von Recht und Belastung erloschenen Rechtsverhältnisse als nicht erloschen.

§ 1977 Wirkung auf eine Aufrechnung

(1) Hat ein Nachlassgläubiger vor der Anordnung der Nachlassverwaltung oder vor der Eröffnung des Nachlassinsolvenzverfahrens seine Forderung gegen eine nicht zum Nachlass gehörende Forderung des Erben ohne dessen Zustimmung aufgerechnet, so ist nach der Anordnung der Nachlassverwaltung oder der Eröffnung des Nachlassinsolvenzverfahrens die Aufrechnung als nicht erfolgt anzusehen.

(2) Das Gleiche gilt, wenn ein Gläubiger, der nicht Nachlassgläubiger ist, die ihm gegen den Erben zustehende Forderung gegen eine zum Nachlass gehörende Forderung aufgerechnet hat.

§ 1978 Verantwortlichkeit des Erben für bisherige Verwaltung, Aufwendungsersatz

(1) Ist die Nachlassverwaltung angeordnet oder das Nachlassinsolvenzverfahren eröffnet, so ist der Erbe den Nachlassgläubigern für die bisherige Verwaltung des Nachlasses so verantwortlich, wie wenn er von der Annahme der Erbschaft an die Verwaltung für sie als Beauftragter zu führen gehabt hätte. Auf die vor der Annahme der Erbschaft von dem Erben besorgten erbschaftlichen Geschäfte finden die Vorschriften über die Geschäftsführung ohne Auftrag entsprechende Anwendung.

(2) Die den Nachlassgläubigern nach Absatz 1 zustehenden Ansprüche gelten als zum Nachlass gehörend.

(3) Aufwendungen sind dem Erben aus dem Nachlass zu ersetzen, soweit er nach den Vorschriften über den Auftrag oder über die Geschäftsführung ohne Auftrag Ersatz verlangen könnte.

§ 1979 Berichtigung von Nachlassverbindlichkeiten
Die Berichtigung einer Nachlassverbindlichkeit durch den Erben müssen die Nachlassgläubiger als für Rechnung des Nachlasses erfolgt gelten lassen, wenn der Erbe den Umständen nach annehmen durfte, dass der Nachlass zur Berichtigung aller Nachlassverbindlichkeiten ausreiche.

§ 1980 Antrag auf Eröffnung des Nachlassinsolvenzverfahrens
(1) Hat der Erbe von der Zahlungsunfähigkeit oder der Überschuldung des Nachlasses Kenntnis erlangt, so hat er unverzüglich die Eröffnung des Nachlassinsolvenzverfahrens zu beantragen. Verletzt er diese Pflicht, so ist er den Gläubigern für den daraus entstehenden Schaden verantwortlich. Bei der Bemessung der Zulänglichkeit des Nachlasses bleiben die Verbindlichkeiten aus Vermächtnissen und Auflagen außer Betracht.
(2) Der Kenntnis der Zahlungsunfähigkeit oder der Überschuldung steht die auf Fahrlässigkeit beruhende Unkenntnis gleich. Als Fahrlässigkeit gilt es insbesondere, wenn der Erbe das Aufgebot der Nachlassgläubiger nicht beantragt, obwohl er Grund hat, das Vorhandensein unbekannter Nachlassverbindlichkeiten anzunehmen; das Aufgebot ist nicht erforderlich, wenn die Kosten des Verfahrens dem Bestand des Nachlasses gegenüber unverhältnismäßig groß sind.

§ 1981 Anordnung der Nachlassverwaltung
(1) Die Nachlassverwaltung ist von dem Nachlassgericht anzuordnen, wenn der Erbe die Anordnung beantragt.
(2) Auf Antrag eines Nachlassgläubigers ist die Nachlassverwaltung anzuordnen, wenn Grund zu der Annahme besteht, dass die Befriedigung der Nachlassgläubiger aus dem Nachlass durch das Verhalten oder die Vermögenslage des Erben gefährdet wird. Der Antrag kann nicht mehr gestellt werden, wenn seit der Annahme der Erbschaft zwei Jahre verstrichen sind.
(3) Die Vorschrift des § 1785 findet keine Anwendung.

§ 1982 Ablehnung der Anordnung der Nachlassverwaltung mangels Masse
Die Anordnung der Nachlassverwaltung kann abgelehnt werden, wenn eine den Kosten entsprechende Masse nicht vorhanden ist.

§ 1983 Bekanntmachung
Das Nachlassgericht hat die Anordnung der Nachlassverwaltung durch das für seine Bekanntmachungen bestimmte Blatt zu veröffentlichen.

§ 1984 Wirkung der Anordnung
(1) Mit der Anordnung der Nachlassverwaltung verliert der Erbe die Befugnis, den Nachlass zu verwalten und über ihn zu verfügen. Die Vorschriften der §§ 81 und 82 der Insolvenzordnung finden entsprechende Anwendung. Ein Anspruch, der sich gegen den Nachlass richtet, kann nur gegen den Nachlassverwalter geltend gemacht werden.
(2) Zwangsvollstreckungen und Arreste in den Nachlass zugunsten eines Gläubigers, der nicht Nachlassgläubiger ist, sind ausgeschlossen.

§ 1985 Pflichten und Haftung des Nachlassverwalters
(1) Der Nachlassverwalter hat den Nachlass zu verwalten und die Nachlassverbindlichkeiten aus dem Nachlass zu berichtigen.
(2) Der Nachlassverwalter ist für die Verwaltung des Nachlasses auch den Nachlassgläubigern verantwortlich.
Die Vorschriften des § 1978 Abs. 2 und der §§ 1979, 1980 finden entsprechende Anwendung.

§ 1986 Herausgabe des Nachlasses
(1) Der Nachlassverwalter darf den Nachlass dem Erben erst ausantworten, wenn die bekannten Nachlassverbindlichkeiten berichtigt sind.
(2) Ist die Berichtigung einer Verbindlichkeit zur Zeit nicht ausführbar oder ist eine Verbindlichkeit streitig, so darf die Ausantwortung des Nachlasses nur erfolgen, wenn dem Gläubiger Si-

cherheit geleistet wird. Für eine bedingte Forderung ist Sicherheitsleistung nicht erforderlich, wenn die Möglichkeit des Eintritts der Bedingung eine so entfernte ist, dass die Forderung einen gegenwärtigen Vermögenswert nicht hat.

§ 1987 Vergütung des Nachlassverwalters
Der Nachlassverwalter kann für die Führung seines Amts eine angemessene Vergütung verlangen.

§ 1988 Ende und Aufhebung der Nachlassverwaltung
(1) Die Nachlassverwaltung endigt mit der Eröffnung des Nachlassinsolvenzverfahrens.
(2) Die Nachlassverwaltung kann aufgehoben werden, wenn sich ergibt, dass eine den Kosten entsprechende Masse nicht vorhanden ist.

§ 1989 Erschöpfungseinrede des Erben
Ist das Nachlassinsolvenzverfahren durch Verteilung der Masse oder durch einen Insolvenzplan beendet, so findet auf die Haftung des Erben die Vorschrift des § 1973 entsprechende Anwendung.

§ 1990 Dürftigkeitseinrede des Erben
(1) Ist die Anordnung der Nachlassverwaltung oder die Eröffnung des Nachlassinsolvenzverfahrens wegen Mangels einer den Kosten entsprechenden Masse nicht tunlich oder wird aus diesem Grunde die Nachlassverwaltung aufgehoben oder das Insolvenzverfahren eingestellt, so kann der Erbe die Befriedigung eines Nachlassgläubigers insoweit verweigern, als der Nachlass nicht ausreicht. Der Erbe ist in diesem Falle verpflichtet, den Nachlass zum Zwecke der Befriedigung des Gläubigers im Wege der Zwangsvollstreckung herauszugeben.
(2) Das Recht des Erben wird nicht dadurch ausgeschlossen, dass der Gläubiger nach dem Eintritt des Erbfalls im Wege der Zwangsvollstreckung oder der Arrestvollziehung ein Pfandrecht oder eine Hypothek oder im Wege der einstweiligen Verfügung eine Vormerkung erlangt hat.

§ 1991 Folgen der Dürftigkeitseinrede
(1) Macht der Erbe von dem ihm nach § 1990 zustehenden Recht Gebrauch, so finden auf seine Verantwortlichkeit und den Ersatz seiner Aufwendungen die Vorschriften der §§ 1978, 1979 Anwendung.
(2) Die infolge des Erbfalls durch Vereinigung von Recht und Verbindlichkeit oder von Recht und Belastung erloschenen Rechtsverhältnisse gelten im Verhältnis zwischen dem Gläubiger und dem Erben als nicht erloschen.
(3) Die rechtskräftige Verurteilung des Erben zur Befriedigung eines Gläubigers wirkt einem anderen Gläubiger gegenüber wie die Befriedigung.
(4) Die Verbindlichkeiten aus Pflichtteilsrechten, Vermächtnissen und Auflagen hat der Erbe so zu berichtigen, wie sie im Falle des Insolvenzverfahrens zur Berichtigung kommen würden.

§ 1992 Überschuldung durch Vermächtnisse und Auflagen
Beruht die Überschuldung des Nachlasses auf Vermächtnissen und Auflagen, so ist der Erbe, auch wenn die Voraussetzungen des § 1990 nicht vorliegen, berechtigt, die Berichtigung dieser Verbindlichkeiten nach den Vorschriften der §§ 1990, 1991 zu bewirken. Er kann die Herausgabe der noch vorhandenen Nachlassgegenstände durch Zahlung des Wertes abwenden.

Untertitel 4. Inventarerrichtung, unbeschränkte Haftung des Erben

§ 1993 Inventarerrichtung
Der Erbe ist berechtigt, ein Verzeichnis des Nachlasses (Inventar) bei dem Nachlassgericht einzureichen (Inventarerrichtung).

§ 1994 Inventarfrist
(1) Das Nachlassgericht hat dem Erben auf Antrag eines Nachlassgläubigers zur Errichtung des Inventars eine Frist (Inventarfrist) zu bestimmen. Nach dem Ablauf der Frist haftet der Erbe für die Nachlassverbindlichkeiten unbeschränkt, wenn nicht vorher das Inventar errichtet wird.
(2) Der Antragsteller hat seine Forderung glaubhaft zu machen. Auf die Wirksamkeit der Fristbestimmung ist es ohne Einfluss, wenn die Forderung nicht besteht.

§ 1995 Dauer der Frist
(1) Die Inventarfrist soll mindestens einen Monat, höchstens drei Monate betragen. Sie beginnt mit der Zustellung des Beschlusses, durch den die Frist bestimmt wird.
(2) Wird die Frist vor der Annahme der Erbschaft bestimmt, so beginnt sie erst mit der Annahme der Erbschaft.
(3) Auf Antrag des Erben kann das Nachlassgericht die Frist nach seinem Ermessen verlängern.

§ 1996 Bestimmung einer neuen Frist
(1) Ist der Erbe durch höhere Gewalt verhindert worden, das Inventar rechtzeitig zu errichten oder die nach den Umständen gerechtfertigte Verlängerung der Inventarfrist zu beantragen, so hat ihm auf seinen Antrag das Nachlassgericht eine neue Inventarfrist zu bestimmen. Das Gleiche gilt, wenn der Erbe von der Zustellung des Beschlusses, durch den die Inventarfrist bestimmt worden ist, ohne sein Verschulden Kenntnis nicht erlangt hat.
(2) Der Antrag muss binnen zwei Wochen nach der Beseitigung des Hindernisses und spätestens vor dem Ablauf eines Jahres nach dem Ende der zuerst bestimmten Frist gestellt werden.
(3) Vor der Entscheidung soll der Nachlassgläubiger, auf dessen Antrag die erste Frist bestimmt worden ist, wenn tunlich gehört werden.

§ 1997 Hemmung des Fristablaufs
Auf den Lauf der Inventarfrist und der in § 1996 Abs. 2 bestimmten Frist von zwei Wochen finden die für die Verjährung geltenden Vorschriften der §§ 206, 210 entsprechende Anwendung.

§ 1998 Tod des Erben vor Fristablauf
Stirbt der Erbe vor dem Ablauf der Inventarfrist oder der in § 1996 Abs. 2 bestimmten Frist von zwei Wochen, so endigt die Frist nicht vor dem Ablauf der für die Erbschaft des Erben vorgeschriebenen Ausschlagungsfrist.

§ 1999 Mitteilung an das Vormundschaftsgericht
Steht der Erbe unter elterlicher Sorge oder unter Vormundschaft, so soll das Nachlassgericht dem Vormundschaftsgericht von der Bestimmung der Inventarfrist Mitteilung machen. Dies gilt auch, wenn die Nachlassangelegenheit in den Aufgabenkreis eines Betreuers des Erben fällt.

§ 2000 Unwirksamkeit der Fristbestimmung
Die Bestimmung einer Inventarfrist wird unwirksam, wenn eine Nachlassverwaltung angeordnet oder das Nachlassinsolvenzverfahren eröffnet wird. Während der Dauer der Nachlassverwaltung oder des Nachlassinsolvenzverfahrens kann eine Inventarfrist nicht bestimmt werden. Ist das Nachlassinsolvenzverfahren durch Verteilung der Masse oder durch einen Insolvenzplan beendet, so bedarf es zur Abwendung der unbeschränkten Haftung der Inventarerrichtung nicht.

§ 2001 Inhalt des Inventars
(1) In dem Inventar sollen die bei dem Eintritt des Erbfalls vorhandenen Nachlassgegenstände und die Nachlassverbindlichkeiten vollständig angegeben werden.
(2) Das Inventar soll außerdem eine Beschreibung der Nachlassgegenstände, soweit eine solche zur Bestimmung des Wertes erforderlich ist, und die Angabe des Wertes enthalten.

§ 2002 Aufnahme des Inventars durch den Erben
Der Erbe muss zu der Aufnahme des Inventars eine zuständige Behörde oder einen zuständigen Beamten oder Notar zuziehen.

§ 2003 Amtliche Aufnahme des Inventars

(1) Auf Antrag des Erben hat das Nachlassgericht entweder das Inventar selbst aufzunehmen oder die Aufnahme einer zuständigen Behörde oder einem zuständigen Beamten oder Notar zu übertragen. Durch die Stellung des Antrags wird die Inventarfrist gewahrt.

(2) Der Erbe ist verpflichtet, die zur Aufnahme des Inventars erforderliche Auskunft zu erteilen.

(3) Das Inventar ist von der Behörde, dem Beamten oder dem Notar bei dem Nachlassgericht einzureichen.

§ 2004 Bezugnahme auf ein vorhandenes Inventar

Befindet sich bei dem Nachlassgericht schon ein den Vorschriften der §§ 2002, 2003 entsprechendes Inventar, so genügt es, wenn der Erbe vor dem Ablauf der Inventarfrist dem Nachlassgericht gegenüber erklärt, dass das Inventar als von ihm eingereicht gelten soll.

§ 2005 Unbeschränkte Haftung des Erben bei Unrichtigkeit des Inventars

(1) Führt der Erbe absichtlich eine erhebliche Unvollständigkeit der im Inventar enthaltenen Angabe der Nachlassgegenstände herbei oder bewirkt er in der Absicht, die Nachlassgläubiger zu benachteiligen, die Aufnahme einer nicht bestehenden Nachlassverbindlichkeit, so haftet er für die Nachlassverbindlichkeiten unbeschränkt. Das Gleiche gilt, wenn er im Falle des § 2003 die Erteilung der Auskunft verweigert oder absichtlich in erheblichem Maße verzögert.

(2) Ist die Angabe der Nachlassgegenstände unvollständig, ohne dass ein Fall des Absatzes 1 vorliegt, so kann dem Erben zur Ergänzung eine neue Inventarfrist bestimmt werden.

§ 2006 Eidesstattliche Versicherung

(1) Der Erbe hat auf Verlangen eines Nachlassgläubigers zu Protokoll des Nachlassgerichts an Eides statt zu versichern, dass er nach bestem Wissen die Nachlassgegenstände so vollständig angegeben habe, als er dazu imstande sei.

(2) Der Erbe kann vor der Abgabe der eidesstattlichen Versicherung das Inventar vervollständigen.

(3) Verweigert der Erbe die Abgabe der eidesstattlichen Versicherung, so haftet er dem Gläubiger, der den Antrag gestellt hat, unbeschränkt. Das Gleiche gilt, wenn er weder in dem Termin noch in einem auf Antrag des Gläubigers bestimmten neuen Termin erscheint, es sei denn, dass ein Grund vorliegt, durch den das Nichterscheinen in diesem Termin genügend entschuldigt wird.

(4) Eine wiederholte Abgabe der eidesstattlichen Versicherung kann derselbe Gläubiger oder ein anderer Gläubiger nur verlangen, wenn Grund zu der Annahme besteht, dass dem Erben nach der Abgabe der eidesstattlichen Versicherung weitere Nachlassgegenstände bekannt geworden sind.

§ 2007 Haftung bei mehreren Erbteilen

Ist ein Erbe zu mehreren Erbteilen berufen, so bestimmt sich seine Haftung für die Nachlassverbindlichkeiten in Ansehung eines jeden der Erbteile so, wie wenn die Erbteile verschiedenen Erben gehörten. In den Fällen der Anwachsung und des § 1935 gilt dies nur dann, wenn die Erbteile verschieden beschwert sind.

§ 2008 Inventar für eine zum Gesamtgut gehörende Erbschaft

(1) Ist ein in Gütergemeinschaft lebender Ehegatte Erbe und gehört die Erbschaft zum Gesamtgut, so ist die Bestimmung der Inventarfrist nur wirksam, wenn sie auch dem anderen Ehegatten gegenüber erfolgt, sofern dieser das Gesamtgut allein oder mit seinem Ehegatten gemeinschaftlich verwaltet. Solange die Frist diesem gegenüber nicht verstrichen ist, endet sie auch nicht dem Ehegatten gegenüber, der Erbe ist. Die Errichtung des Inventars durch den anderen Ehegatten kommt dem Ehegatten, der Erbe ist, zustatten.

(2) Die Vorschriften des Absatzes 1 gelten auch nach der Beendigung der Gütergemeinschaft.

§ 2009 Wirkung der Inventarerrichtung
Ist das Inventar rechtzeitig errichtet worden, so wird im Verhältnis zwischen dem Erben und den Nachlassgläubigern vermutet, dass zur Zeit des Erbfalls weitere Nachlassgegenstände als die angegebenen nicht vorhanden gewesen seien.

§ 2010 Einsicht des Inventars
Das Nachlassgericht hat die Einsicht des Inventars jedem zu gestatten, der ein rechtliches Interesse glaubhaft macht.

§ 2011 Keine Inventarfrist für den Fiskus als Erben
Dem Fiskus als gesetzlichem Erben kann eine Inventarfrist nicht bestimmt werden. Der Fiskus ist den Nachlassgläubigern gegenüber verpflichtet, über den Bestand des Nachlasses Auskunft zu erteilen.

§ 2012 Keine Inventarfrist für den Nachlasspfleger und Nachlassverwalter
(1) Einem nach den §§ 1960, 1961 bestellten Nachlasspfleger kann eine Inventarfrist nicht bestimmt werden. Der Nachlasspfleger ist den Nachlassgläubigern gegenüber verpflichtet, über den Bestand des Nachlasses Auskunft zu erteilen. Der Nachlasspfleger kann nicht auf die Beschränkung der Haftung des Erben verzichten.
(2) Diese Vorschriften gelten auch für den Nachlassverwalter.

§ 2013 Folgen der unbeschränkten Haftung des Erben
(1) Haftet der Erbe für die Nachlassverbindlichkeiten unbeschränkt, so finden die Vorschriften der §§ 1973 bis 1975, 1977 bis 1980, 1989 bis 1992 keine Anwendung; der Erbe ist nicht berechtigt, die Anordnung einer Nachlassverwaltung zu beantragen. Auf eine nach § 1973 oder nach § 1974 eingetretene Beschränkung der Haftung kann sich der Erbe jedoch berufen, wenn später der Fall des § 1994 Abs. 1 Satz 2 oder des § 2005 Abs. 1 eintritt.
(2) Die Vorschriften der §§ 1977 bis 1980 und das Recht des Erben, die Anordnung einer Nachlassverwaltung zu beantragen, werden nicht dadurch ausgeschlossen, dass der Erbe einzelnen Nachlassgläubigern gegenüber unbeschränkt haftet.

Untertitel 5. Aufschiebende Einreden

§ 2014 Dreimonatseinrede
Der Erbe ist berechtigt, die Berichtigung einer Nachlassverbindlichkeit bis zum Ablauf der ersten drei Monate nach der Annahme der Erbschaft, jedoch nicht über die Errichtung des Inventars hinaus, zu verweigern.

§ 2015 Einrede des Aufgebotsverfahrens
(1) Hat der Erbe den Antrag auf Erlassung des Aufgebots der Nachlassgläubiger innerhalb eines Jahres nach der Annahme der Erbschaft gestellt und ist der Antrag zugelassen, so ist der Erbe berechtigt, die Berichtigung einer Nachlassverbindlichkeit bis zur Beendigung des Aufgebotsverfahrens zu verweigern.
(2) Der Beendigung des Aufgebotsverfahrens steht es gleich, wenn der Erbe in dem Aufgebotstermin nicht erschienen ist und nicht binnen zwei Wochen die Bestimmung eines neuen Termins beantragt oder wenn er auch in dem neuen Termin nicht erscheint.
(3) Wird das Ausschlussurteil erlassen oder der Antrag auf Erlassung des Urteils zurückgewiesen, so ist das Verfahren nicht vor dem Ablauf einer mit der Verkündung der Entscheidung beginnenden Frist von zwei Wochen und nicht vor der Erledigung einer rechtzeitig eingelegten Beschwerde als beendigt anzusehen.

§ 2016 Ausschluss der Einreden bei unbeschränkter Erbenhaftung
(1) Die Vorschriften der §§ 2014, 2015 finden keine Anwendung, wenn der Erbe unbeschränkt haftet.

(2) Das Gleiche gilt, soweit ein Gläubiger nach § 1971 von dem Aufgebot der Nachlassgläubiger nicht betroffen wird, mit der Maßgabe, dass ein erst nach dem Eintritt des Erbfalls im Wege der Zwangsvollstreckung oder der Arrestvollziehung erlangtes Recht sowie eine erst nach diesem Zeitpunkt im Wege der einstweiligen Verfügung erlangte Vormerkung außer Betracht bleibt.

§ 2017 Fristbeginn bei Nachlasspflegschaft
Wird vor der Annahme der Erbschaft zur Verwaltung des Nachlasses ein Nachlasspfleger bestellt, so beginnen die in § 2014 und in § 2015 Abs. 1 bestimmten Fristen mit der Bestellung.

Titel 3. Erbschaftsanspruch

§ 2018 Herausgabepflicht des Erbschaftsbesitzers
Der Erbe kann von jedem, der auf Grund eines ihm in Wirklichkeit nicht zustehenden Erbrechts etwas aus der Erbschaft erlangt hat (Erbschaftsbesitzer), die Herausgabe des Erlangten verlangen.

§ 2019 Unmittelbare Ersetzung
(1) Als aus der Erbschaft erlangt gilt auch, was der Erbschaftsbesitzer durch Rechtsgeschäft mit Mitteln der Erbschaft erwirbt.
(2) Die Zugehörigkeit einer in solcher Weise erworbenen Forderung zur Erbschaft hat der Schuldner erst dann gegen sich gelten zu lassen, wenn er von der Zugehörigkeit Kenntnis erlangt; die Vorschriften der §§ 406 bis 408 finden entsprechende Anwendung.

§ 2020 Nutzungen und Früchte
Der Erbschaftsbesitzer hat dem Erben die gezogenen Nutzungen herauszugeben; die Verpflichtung zur Herausgabe erstreckt sich auch auf Früchte, an denen er das Eigentum erworben hat.

§ 2021 Herausgabepflicht nach Bereicherungsgrundsätzen
Soweit der Erbschaftsbesitzer zur Herausgabe außerstande ist, bestimmt sich seine Verpflichtung nach den Vorschriften über die Herausgabe einer ungerechtfertigten Bereicherung.

§ 2022 Ersatz von Verwendungen und Aufwendungen
(1) Der Erbschaftsbesitzer ist zur Herausgabe der zur Erbschaft gehörenden Sachen nur gegen Ersatz aller Verwendungen verpflichtet, soweit nicht die Verwendungen durch Anrechnung auf die nach § 2021 herauszugebende Bereicherung gedeckt werden. Die für den Eigentumsanspruch geltenden Vorschriften der §§ 1000 bis 1003 finden Anwendung.
(2) Zu den Verwendungen gehören auch die Aufwendungen, die der Erbschaftsbesitzer zur Bestreitung von Lasten der Erbschaft oder zur Berichtigung von Nachlassverbindlichkeiten macht.
(3) Soweit der Erbe für Aufwendungen, die nicht auf einzelne Sachen gemacht worden sind, insbesondere für die im Absatz 2 bezeichneten Aufwendungen, nach den allgemeinen Vorschriften in weiterem Umfang Ersatz zu leisten hat, bleibt der Anspruch des Erbschaftsbesitzers unberührt.

§ 2023 Haftung bei Rechtshängigkeit, Nutzungen und Verwendungen
(1) Hat der Erbschaftsbesitzer zur Erbschaft gehörende Sachen herauszugeben, so bestimmt sich von dem Eintritt der Rechtshängigkeit an der Anspruch des Erben auf Schadensersatz wegen Verschlechterung, Untergangs oder einer aus einem anderen Grund eintretenden Unmöglichkeit der Herausgabe nach den Vorschriften, die für das Verhältnis zwischen dem Eigentümer und dem Besitzer von dem Eintritt der Rechtshängigkeit des Eigentumsanspruchs an gelten.
(2) Das Gleiche gilt von dem Anspruch des Erben auf Herausgabe oder Vergütung von Nutzungen und von dem Anspruch des Erbschaftsbesitzers auf Ersatz von Verwendungen.

§ 2024 Haftung bei Kenntnis
Ist der Erbschaftsbesitzer bei dem Beginn des Erbschaftsbesitzes nicht in gutem Glauben, so haftet er so, wie wenn der Anspruch des Erben zu dieser Zeit rechtshängig geworden wäre. Erfährt der Erbschaftsbesitzer später, dass er nicht Erbe ist, so haftet er in gleicher Weise von der Erlangung der Kenntnis an. Eine weitergehende Haftung wegen Verzugs bleibt unberührt.

§ 2025 Haftung bei unerlaubter Handlung
Hat der Erbschaftsbesitzer einen Erbschaftsgegenstand durch eine Straftat oder eine zur Erbschaft gehörende Sache durch verbotene Eigenmacht erlangt, so haftet er nach den Vorschriften über den Schadensersatz wegen unerlaubter Handlungen. Ein gutgläubiger Erbschaftsbesitzer haftet jedoch wegen verbotener Eigenmacht nach diesen Vorschriften nur, wenn der Erbe den Besitz der Sache bereits tatsächlich ergriffen hatte.

§ 2026 Keine Berufung auf Ersitzung
Der Erbschaftsbesitzer kann sich dem Erben gegenüber, solange nicht der Erbschaftsanspruch verjährt ist, nicht auf die Ersitzung einer Sache berufen, die er als zur Erbschaft gehörend im Besitz hat.

§ 2027 Auskunftspflicht des Erbschaftsbesitzers
(1) Der Erbschaftsbesitzer ist verpflichtet, dem Erben über den Bestand der Erbschaft und über den Verbleib der Erbschaftsgegenstände Auskunft zu erteilen.
(2) Die gleiche Verpflichtung hat, wer, ohne Erbschaftsbesitzer zu sein, eine Sache aus dem Nachlass in Besitz nimmt, bevor der Erbe den Besitz tatsächlich ergriffen hat.

§ 2028 Auskunftspflicht des Hausgenossen
(1) Wer sich zur Zeit des Erbfalls mit dem Erblasser in häuslicher Gemeinschaft befunden hat, ist verpflichtet, dem Erben auf Verlangen Auskunft darüber zu erteilen, welche erbschaftlichen Geschäfte er geführt hat und was ihm über den Verbleib der Erbschaftsgegenstände bekannt ist.
(2) Besteht Grund zu der Annahme, dass die Auskunft nicht mit der erforderlichen Sorgfalt erteilt worden ist, so hat der Verpflichtete auf Verlangen des Erben zu Protokoll an Eides statt zu versichern, dass er seine Angaben nach bestem Wissen so vollständig gemacht habe, als er dazu imstande sei.
(3) Die Vorschriften des § 259 Abs. 3 und des § 261 finden Anwendung.

§ 2029 Haftung bei Einzelansprüchen des Erben
Die Haftung des Erbschaftsbesitzers bestimmt sich auch gegenüber den Ansprüchen, die dem Erben in Ansehung der einzelnen Erbschaftsgegenstände zustehen, nach den Vorschriften über den Erbschaftsanspruch.

§ 2030 Rechtsstellung des Erbschaftserwerbers
Wer die Erbschaft durch Vertrag von einem Erbschaftsbesitzer erwirbt, steht im Verhältnis zu dem Erben einem Erbschaftsbesitzer gleich.

§ 2031 Herausgabeanspruch des für tot Erklärten
(1) Überlebt eine Person, die für tot erklärt oder deren Todeszeit nach den Vorschriften des Verschollenheitsgesetzes festgestellt ist, den Zeitpunkt, der als Zeitpunkt ihres Todes gilt, so kann sie die Herausgabe ihres Vermögens nach den für den Erbschaftsanspruch geltenden Vorschriften verlangen. Solange sie noch lebt, wird die Verjährung ihres Anspruchs nicht vor dem Ablauf eines Jahres nach dem Zeitpunkt vollendet, in welchem sie von der Todeserklärung oder der Feststellung der Todeszeit Kenntnis erlangt.
(2) Das Gleiche gilt, wenn der Tod einer Person ohne Todeserklärung oder Feststellung der Todeszeit mit Unrecht angenommen worden ist.

Titel 4. Mehrheit von Erben

Untertitel 1. Rechtsverhältnis der Erben untereinander

§ 2032 Erbengemeinschaft

(1) Hinterlässt der Erblasser mehrere Erben, so wird der Nachlass gemeinschaftliches Vermögen der Erben.

(2) Bis zur Auseinandersetzung gelten die Vorschriften der §§ 2033 bis 2041.

§ 2033 Verfügungsrecht des Miterben

(1) Jeder Miterbe kann über seinen Anteil an dem Nachlass verfügen. Der Vertrag, durch den ein Miterbe über seinen Anteil verfügt, bedarf der notariellen Beurkundung.

(2) Über seinen Anteil an den einzelnen Nachlassgegenständen kann ein Miterbe nicht verfügen.

§ 2034 Vorkaufsrecht gegenüber dem Verkäufer

(1) Verkauft ein Miterbe seinen Anteil an einen Dritten, so sind die übrigen Miterben zum Vorkauf berechtigt.

(2) Die Frist für die Ausübung des Vorkaufsrechts beträgt zwei Monate. Das Vorkaufsrecht ist vererblich.

§ 2035 Vorkaufsrecht gegenüber dem Käufer

(1) Ist der verkaufte Anteil auf den Käufer übertragen, so können die Miterben das ihnen nach § 2034 dem Verkäufer gegenüber zustehende Vorkaufsrecht dem Käufer gegenüber ausüben. Dem Verkäufer gegenüber erlischt das Vorkaufsrecht mit der Übertragung des Anteils.

(2) Der Verkäufer hat die Miterben von der Übertragung unverzüglich zu benachrichtigen.

§ 2036 Haftung des Erbteilkäufers

Mit der Übertragung des Anteils auf die Miterben wird der Käufer von der Haftung für die Nachlassverbindlichkeiten frei. Seine Haftung bleibt jedoch bestehen, soweit er den Nachlassgläubigern nach den §§ 1978 bis 1980 verantwortlich ist; die Vorschriften der §§ 1990, 1991 finden entsprechende Anwendung.

§ 2037 Weiterveräußerung des Erbteils

Überträgt der Käufer den Anteil auf einen anderen, so finden die Vorschriften der §§ 2033, 2035, 2036 entsprechende Anwendung.

§ 2038 Gemeinschaftliche Verwaltung des Nachlasses

(1) Die Verwaltung des Nachlasses steht den Erben gemeinschaftlich zu. Jeder Miterbe ist den anderen gegenüber verpflichtet, zu Maßregeln mitzuwirken, die zur ordnungsmäßigen Verwaltung erforderlich sind; die zur Erhaltung notwendigen Maßregeln kann jeder Miterbe ohne Mitwirkung der anderen treffen.

(2) Die Vorschriften der §§ 743, 745, 746, 748 finden Anwendung. Die Teilung der Früchte erfolgt erst bei der Auseinandersetzung. Ist die Auseinandersetzung auf längere Zeit als ein Jahr ausgeschlossen, so kann jeder Miterbe am Schluss jedes Jahres die Teilung des Reinertrags verlangen.

§ 2039 Nachlassforderungen

Gehört ein Anspruch zum Nachlass, so kann der Verpflichtete nur an alle Erben gemeinschaftlich leisten und jeder Miterbe nur die Leistung an alle Erben fordern. Jeder Miterbe kann verlangen, dass der Verpflichtete die zu leistende Sache für alle Erben hinterlegt oder, wenn sie sich nicht zur Hinterlegung eignet, an einen gerichtlich zu bestellenden Verwahrer abliefert.

§ 2040 Verfügung über Nachlassgegenstände, Aufrechnung

(1) Die Erben können über einen Nachlassgegenstand nur gemeinschaftlich verfügen.

(2) Gegen eine zum Nachlass gehörende Forderung kann der Schuldner nicht eine ihm gegen einen einzelnen Miterben zustehende Forderung aufrechnen.

§ 2041 Unmittelbare Ersetzung
Was auf Grund eines zum Nachlass gehörenden Rechts oder als Ersatz für die Zerstörung, Beschädigung oder Entziehung eines Nachlassgegenstands oder durch ein Rechtsgeschäft erworben wird, das sich auf den Nachlass bezieht, gehört zum Nachlass. Auf eine durch ein solches Rechtsgeschäft erworbene Forderung findet die Vorschrift des § 2019 Abs. 2 Anwendung.

§ 2042 Auseinandersetzung
(1) Jeder Miterbe kann jederzeit die Auseinandersetzung verlangen, soweit sich nicht aus den §§ 2043 bis 2045 ein anderes ergibt.
(2) Die Vorschriften des § 749 Abs. 2, 3 und der §§ 750 bis 758 finden Anwendung.

§ 2043 Aufschub der Auseinandersetzung
(1) Soweit die Erbteile wegen der zu erwartenden Geburt eines Miterben noch unbestimmt sind, ist die Auseinandersetzung bis zur Hebung der Unbestimmtheit ausgeschlossen.
(2) Das Gleiche gilt, soweit die Erbteile deshalb noch unbestimmt sind, weil die Entscheidung über einen Antrag auf Annahme als Kind, über die Aufhebung des Annahmeverhältnisses oder über die Genehmigung einer vom Erblasser errichteten Stiftung noch aussteht.

§ 2044 Ausschluss der Auseinandersetzung
(1) Der Erblasser kann durch letztwillige Verfügung die Auseinandersetzung in Ansehung des Nachlasses oder einzelner Nachlassgegenstände ausschließen oder von der Einhaltung einer Kündigungsfrist abhängig machen.
Die Vorschriften des § 749 Abs. 2, 3, der §§ 750, 751 und des § 1010 Abs. 1 finden entsprechende Anwendung.
(2) Die Verfügung wird unwirksam, wenn 30 Jahre seit dem Eintritt des Erbfalls verstrichen sind. Der Erblasser kann jedoch anordnen, dass die Verfügung bis zum Eintritt eines bestimmten Ereignisses in der Person eines Miterben oder, falls er eine Nacherbfolge oder ein Vermächtnis anordnet, bis zum Eintritt der Nacherbfolge oder bis zum Anfall des Vermächtnisses gelten soll. Ist der Miterbe, in dessen Person das Ereignis eintreten soll, eine juristische Person, so bewendet es bei der dreißigjährigen Frist.

§ 2045 Aufschub der Auseinandersetzung
Jeder Miterbe kann verlangen, dass die Auseinandersetzung bis zur Beendigung des nach § 1970 zulässigen Aufgebotsverfahrens oder bis zum Ablauf der in § 2061 bestimmten Anmeldungsfrist aufgeschoben wird. Ist das Aufgebot noch nicht beantragt oder die öffentliche Aufforderung nach § 2061 noch nicht erlassen, so kann der Aufschub nur verlangt werden, wenn unverzüglich der Antrag gestellt oder die Aufforderung erlassen wird.

§ 2046 Berichtigung der Nachlassverbindlichkeiten
(1) Aus dem Nachlass sind zunächst die Nachlassverbindlichkeiten zu berichtigen.
Ist eine Nachlassverbindlichkeit noch nicht fällig oder ist sie streitig, so ist das zur Berichtigung Erforderliche zurückzubehalten.
(2) Fällt eine Nachlassverbindlichkeit nur einigen Miterben zur Last, so können diese die Berichtigung nur aus dem verlangen, was ihnen bei der Auseinandersetzung zukommt.
(3) Zur Berichtigung ist der Nachlass, soweit erforderlich, in Geld umzusetzen.

§ 2047 Verteilung des Überschusses
(1) Der nach der Berichtigung der Nachlassverbindlichkeiten verbleibende Überschuss gebührt den Erben nach dem Verhältnis der Erbteile.
(2) Schriftstücke, die sich auf die persönlichen Verhältnisse des Erblassers, auf dessen Familie oder auf den ganzen Nachlass beziehen, bleiben gemeinschaftlich.

§ 2048 Teilungsanordnungen des Erblassers
Der Erblasser kann durch letztwillige Verfügung Anordnungen für die Auseinandersetzung treffen. Er kann insbesondere anordnen, dass die Auseinandersetzung nach dem billigen Ermessen eines Dritten erfolgen soll. Die von dem Dritten auf Grund der Anordnung getroffene Bestimmung ist für die Erben nicht verbindlich, wenn sie offenbar unbillig ist; die Bestimmung erfolgt in diesem Falle durch Urteil.

§ 2049 Übernahme eines Landguts
(1) Hat der Erblasser angeordnet, dass einer der Miterben das Recht haben soll, ein zum Nachlass gehörendes Landgut zu übernehmen, so ist im Zweifel anzunehmen, dass das Landgut zu dem Ertragswert angesetzt werden soll.
(2) Der Ertragswert bestimmt sich nach dem Reinertrag, den das Landgut nach seiner bisherigen wirtschaftlichen Bestimmung bei ordnungsmäßiger Bewirtschaftung nachhaltig gewähren kann.

§ 2050 Ausgleichungspflicht für Abkömmlinge als gesetzliche Erben
(1) Abkömmlinge, die als gesetzliche Erben zur Erbfolge gelangen, sind verpflichtet, dasjenige, was sie von dem Erblasser bei dessen Lebzeiten als Ausstattung erhalten haben, bei der Auseinandersetzung untereinander zur Ausgleichung zu bringen, soweit nicht der Erblasser bei der Zuwendung ein anderes angeordnet hat.
(2) Zuschüsse, die zu dem Zwecke gegeben worden sind, als Einkünfte verwendet zu werden, sowie Aufwendungen für die Vorbildung zu einem Beruf sind insoweit zur Ausgleichung zu bringen, als sie das den Vermögensverhältnissen des Erblassers entsprechende Maß überstiegen haben.
(3) Andere Zuwendungen unter Lebenden sind zur Ausgleichung zu bringen, wenn der Erblasser bei der Zuwendung die Ausgleichung angeordnet hat.

§ 2051 Ausgleichungspflicht bei Wegfall eines Abkömmlings
(1) Fällt ein Abkömmling, der als Erbe zur Ausgleichung verpflichtet sein würde, vor oder nach dem Erbfall weg, so ist wegen der ihm gemachten Zuwendungen der an seine Stelle tretende Abkömmling zur Ausgleichung verpflichtet.
(2) Hat der Erblasser für den wegfallenden Abkömmling einen Ersatzerben eingesetzt, so ist im Zweifel anzunehmen, dass dieser nicht mehr erhalten soll, als der Abkömmling unter Berücksichtigung der Ausgleichungspflicht erhalten würde.

§ 2052 Ausgleichungspflicht für Abkömmlinge als gewillkürte Erben
Hat der Erblasser die Abkömmlinge auf dasjenige als Erben eingesetzt, was sie als gesetzliche Erben erhalten würden, oder hat er ihre Erbteile so bestimmt, dass sie zueinander in demselben Verhältnis stehen wie die gesetzlichen Erbteile, so ist im Zweifel anzunehmen, dass die Abkömmlinge nach den §§ 2050, 2051 zur Ausgleichung verpflichtet sein sollen.

§ 2053 Zuwendung an entfernteren oder angenommenen Abkömmling
(1) Eine Zuwendung, die ein entfernterer Abkömmling vor dem Wegfall des ihn von der Erbfolge ausschließenden näheren Abkömmlings oder ein an die Stelle eines Abkömmlings als Ersatzerbe tretender Abkömmling von dem Erblasser erhalten hat, ist nicht zur Ausgleichung zu bringen, es sei denn, dass der Erblasser bei der Zuwendung die Ausgleichung angeordnet hat.
(2) Das Gleiche gilt, wenn ein Abkömmling, bevor er die rechtliche Stellung eines solchen erlangt hatte, eine Zuwendung von dem Erblasser erhalten hat.

§ 2054 Zuwendung aus dem Gesamtgut
(1) Eine Zuwendung, die aus dem Gesamtgut der Gütergemeinschaft erfolgt, gilt als von jedem der Ehegatten zur Hälfte gemacht. Die Zuwendung gilt jedoch, wenn sie an einen Abkömmling erfolgt, der nur von einem der Ehegatten abstammt, oder wenn einer der Ehegatten wegen der Zuwendung zu dem Gesamtgut Ersatz zu leisten hat, als von diesem Ehegatten gemacht.

(2) Diese Vorschriften sind auf eine Zuwendung aus dem Gesamtgut der fortgesetzten Gütergemeinschaft entsprechend anzuwenden.

§ 2055 Durchführung der Ausgleichung

(1) Bei der Auseinandersetzung wird jedem Miterben der Wert der Zuwendung, die er zur Ausgleichung zu bringen hat, auf seinen Erbteil angerechnet. Der Wert der sämtlichen Zuwendungen, die zur Ausgleichung zu bringen sind, wird dem Nachlass hinzugerechnet, soweit dieser den Miterben zukommt, unter denen die Ausgleichung stattfindet.

(2) Der Wert bestimmt sich nach der Zeit, zu der die Zuwendung erfolgt ist.

§ 2056 Mehrempfang

Hat ein Miterbe durch die Zuwendung mehr erhalten, als ihm bei der Auseinandersetzung zukommen würde, so ist er zur Herauszahlung des Mehrbetrags nicht verpflichtet.

Der Nachlass wird in einem solchen Falle unter den übrigen Erben in der Weise geteilt, dass der Wert der Zuwendung und der Erbteil des Miterben außer Ansatz bleiben.

§ 2057 Auskunftspflicht

Jeder Miterbe ist verpflichtet, den übrigen Erben auf Verlangen Auskunft über die Zuwendungen zu erteilen, die er nach den §§ 2050 bis 2053 zur Ausgleichung zu bringen hat. Die Vorschriften der §§ 260, 261 über die Verpflichtung zur Abgabe der eidesstattlichen Versicherung finden entsprechende Anwendung.

§ 2057a Ausgleichungspflicht bei besonderen Leistungen eines Abkömmlings

(1) Ein Abkömmling, der durch Mitarbeit im Haushalt, Beruf oder Geschäft des Erblassers während längerer Zeit, durch erhebliche Geldleistungen oder in anderer Weise in besonderem Maße dazu beigetragen hat, dass das Vermögen des Erblassers erhalten oder vermehrt wurde, kann bei der Auseinandersetzung eine Ausgleichung unter den Abkömmlingen verlangen, die mit ihm als gesetzliche Erben zur Erbfolge gelangen; § 2052 gilt entsprechend.

Dies gilt auch für einen Abkömmling, der unter Verzicht auf berufliches Einkommen den Erblasser während längerer Zeit gepflegt hat.

(2) Eine Ausgleichung kann nicht verlangt werden, wenn für die Leistungen ein angemessenes Entgelt gewährt oder vereinbart worden ist oder soweit dem Abkömmling wegen seiner Leistungen ein Anspruch aus anderem Rechtsgrund zusteht. Der Ausgleichungspflicht steht es nicht entgegen, wenn die Leistungen nach den §§ 1619, 1620 erbracht worden sind.

(3) Die Ausgleichung ist so zu bemessen, wie es mit Rücksicht auf die Dauer und den Umfang der Leistungen und auf den Wert des Nachlasses der Billigkeit entspricht.

(4) Bei der Auseinandersetzung wird der Ausgleichungsbetrag dem Erbteil des ausgleichungsberechtigten Miterben hinzugerechnet. Sämtliche Ausgleichungsbeträge werden vom Werte des Nachlasses abgezogen, soweit dieser den Miterben zukommt, unter denen die Ausgleichung stattfindet.

Untertitel 2. Rechtsverhältnis zwischen den Erben und den Nachlassgläubigern

§ 2058 Gesamtschuldnerische Haftung

Die Erben haften für die gemeinschaftlichen Nachlassverbindlichkeiten als Gesamtschuldner.

§ 2059 Haftung bis zur Teilung

(1) Bis zur Teilung des Nachlasses kann jeder Miterbe die Berichtigung der Nachlassverbindlichkeiten aus dem Vermögen, das er außer seinem Anteil an dem Nachlass hat, verweigern. Haftet er für eine Nachlassverbindlichkeit unbeschränkt, so steht ihm dieses Recht in Ansehung des seinem Erbteil entsprechenden Teils der Verbindlichkeit nicht zu.

(2) Das Recht der Nachlassgläubiger, die Befriedigung aus dem ungeteilten Nachlass von sämtlichen Miterben zu verlangen, bleibt unberührt.

§ 2060 Haftung nach der Teilung
Nach der Teilung des Nachlasses haftet jeder Miterbe nur für den seinem Erbteil entsprechenden Teil einer Nachlassverbindlichkeit:
1. wenn der Gläubiger im Aufgebotsverfahren ausgeschlossen ist; das Aufgebot erstreckt sich insoweit auch auf die in § 1972 bezeichneten Gläubiger sowie auf die Gläubiger, denen der Miterbe unbeschränkt haftet;
2. wenn der Gläubiger seine Forderung später als fünf Jahre nach dem in § 1974 Abs. 1 bestimmten Zeitpunkt geltend macht, es sei denn, dass die Forderung vor dem Ablauf der fünf Jahre dem Miterben bekannt geworden oder im Aufgebotsverfahren angemeldet worden ist; die Vorschrift findet keine Anwendung, soweit der Gläubiger nach § 1971 von dem Aufgebot nicht betroffen wird;
3. wenn das Nachlassinsolvenzverfahren eröffnet und durch Verteilung der Masse oder durch einen Insolvenzplan beendigt worden ist.

§ 2061 Aufgebot der Nachlassgläubiger
(1) Jeder Miterbe kann die Nachlassgläubiger öffentlich auffordern, ihre Forderungen binnen sechs Monaten bei ihm oder bei dem Nachlassgericht anzumelden.
Ist die Aufforderung erfolgt, so haftet nach der Teilung jeder Miterbe nur für den seinem Erbteil entsprechenden Teil einer Forderung, soweit nicht vor dem Ablauf der Frist die Anmeldung erfolgt oder die Forderung ihm zur Zeit der Teilung bekannt ist.
(2) Die Aufforderung ist durch den Bundesanzeiger und durch das für die Bekanntmachungen des Nachlassgerichts bestimmte Blatt zu veröffentlichen. Die Frist beginnt mit der letzten Einrückung. Die Kosten fallen dem Erben zur Last, der die Aufforderung erlässt.

§ 2062 Antrag auf Nachlassverwaltung
Die Anordnung einer Nachlassverwaltung kann von den Erben nur gemeinschaftlich beantragt werden; sie ist ausgeschlossen, wenn der Nachlass geteilt ist.

§ 2063 Errichtung eines Inventars, Haftungsbeschränkung
(1) Die Errichtung des Inventars durch einen Miterben kommt auch den übrigen Erben zustatten, soweit nicht ihre Haftung für die Nachlassverbindlichkeiten unbeschränkt ist.
(2) Ein Miterbe kann sich den übrigen Erben gegenüber auf die Beschränkung seiner Haftung auch dann berufen, wenn er den anderen Nachlassgläubigern gegenüber unbeschränkt haftet.

Abschnitt 3. Testament

Titel 1. Allgemeine Vorschriften

§ 2064 Persönliche Errichtung
Der Erblasser kann ein Testament nur persönlich errichten.

§ 2065 Bestimmung durch Dritte
(1) Der Erblasser kann eine letztwillige Verfügung nicht in der Weise treffen, dass ein anderer zu bestimmen hat, ob sie gelten oder nicht gelten soll.
(2) Der Erblasser kann die Bestimmung der Person, die eine Zuwendung erhalten soll, sowie die Bestimmung des Gegenstands der Zuwendung nicht einem anderen überlassen.

§ 2066 Gesetzliche Erben des Erblassers
Hat der Erblasser seine gesetzlichen Erben ohne nähere Bestimmung bedacht, so sind diejenigen, welche zur Zeit des Erbfalls seine gesetzlichen Erben sein würden, nach dem Verhältnis ihrer gesetzlichen Erbteile bedacht. Ist die Zuwendung unter einer aufschiebenden Bedingung oder unter Bestimmung eines Anfangstermins gemacht und tritt die Bedingung oder der Termin erst nach dem Erbfall ein, so sind im Zweifel diejenigen als bedacht anzusehen, welche die gesetzli-

chen Erben sein würden, wenn der Erblasser zur Zeit des Eintritts der Bedingung oder des Termins gestorben wäre.

§ 2067 Verwandte des Erblassers
Hat der Erblasser seine Verwandten oder seine nächsten Verwandten ohne nähere Bestimmung bedacht, so sind im Zweifel diejenigen Verwandten, welche zur Zeit des Erbfalls seine gesetzlichen Erben sein würden, als nach dem Verhältnis ihrer gesetzlichen Erbteile bedacht anzusehen. Die Vorschrift des § 2066 Satz 2 findet Anwendung.

§ 2068 Kinder des Erblassers
Hat der Erblasser seine Kinder ohne nähere Bestimmung bedacht und ist ein Kind vor der Errichtung des Testaments mit Hinterlassung von Abkömmlingen gestorben, so ist im Zweifel anzunehmen, dass die Abkömmlinge insoweit bedacht sind, als sie bei der gesetzlichen Erbfolge an die Stelle des Kindes treten würden.

§ 2069 Abkömmlinge des Erblassers
Hat der Erblasser einen seiner Abkömmlinge bedacht und fällt dieser nach der Errichtung des Testaments weg, so ist im Zweifel anzunehmen, dass dessen Abkömmlinge insoweit bedacht sind, als sie bei der gesetzlichen Erbfolge an dessen Stelle treten würden.

§ 2070 Abkömmlinge eines Dritten
Hat der Erblasser die Abkömmlinge eines Dritten ohne nähere Bestimmung bedacht, so ist im Zweifel anzunehmen, dass diejenigen Abkömmlinge nicht bedacht sind, welche zur Zeit des Erbfalls oder, wenn die Zuwendung unter einer aufschiebenden Bedingung oder unter Bestimmung eines Anfangstermins gemacht ist und die Bedingung oder der Termin erst nach dem Erbfall eintritt, zur Zeit des Eintritts der Bedingung oder des Termins noch nicht erzeugt sind.

§ 2071 Personengruppe
Hat der Erblasser ohne nähere Bestimmung eine Klasse von Personen oder Personen bedacht, die zu ihm in einem Dienst- oder Geschäftsverhältnis stehen, so ist im Zweifel anzunehmen, dass diejenigen bedacht sind, welche zur Zeit des Erbfalls der bezeichneten Klasse angehören oder in dem bezeichneten Verhältnis stehen.

§ 2072 Die Armen
Hat der Erblasser die Armen ohne nähere Bestimmung bedacht, so ist im Zweifel anzunehmen, dass die öffentliche Armenkasse* der Gemeinde, in deren Bezirk er seinen letzten Wohnsitz gehabt hat, unter der Auflage bedacht ist, das Zugewendete unter Arme zu verteilen.
**gemeint ist der örtliche Träger der Sozialhilfe*

§ 2073 Mehrdeutige Bezeichnung
Hat der Erblasser den Bedachten in einer Weise bezeichnet, die auf mehrere Personen passt, und lässt sich nicht ermitteln, wer von ihnen bedacht werden sollte, so gelten sie als zu gleichen Teilen bedacht.

§ 2074 Aufschiebende Bedingung
Hat der Erblasser eine letztwillige Zuwendung unter einer aufschiebenden Bedingung gemacht, so ist im Zweifel anzunehmen, dass die Zuwendung nur gelten soll, wenn der Bedachte den Eintritt der Bedingung erlebt.

§ 2075 Auflösende Bedingung
Hat der Erblasser eine letztwillige Zuwendung unter der Bedingung gemacht, dass der Bedachte während eines Zeitraums von unbestimmter Dauer etwas unterlässt oder fortgesetzt tut, so ist, wenn das Unterlassen oder das Tun lediglich in der Willkür des Bedachten liegt, im Zweifel anzunehmen, dass die Zuwendung von der auflösenden Bedingung abhängig sein soll, dass der Bedachte die Handlung vornimmt oder das Tun unterlässt.

§ 2076 Bedingung zum Vorteil eines Dritten
Bezweckt die Bedingung, unter der eine letztwillige Zuwendung gemacht ist, den Vorteil eines Dritten, so gilt sie im Zweifel als eingetreten, wenn der Dritte die zum Eintritt der Bedingung erforderliche Mitwirkung verweigert.

§ 2077 Unwirksamkeit letztwilliger Verfügungen bei Auflösung der Ehe oder Verlobung
(1) Eine letztwillige Verfügung, durch die der Erblasser seinen Ehegatten bedacht hat, ist unwirksam, wenn die Ehe vor dem Tode des Erblassers aufgelöst worden ist. Der Auflösung der Ehe steht es gleich, wenn zur Zeit des Todes des Erblassers die Voraussetzungen für die Scheidung der Ehe gegeben waren und der Erblasser die Scheidung beantragt oder ihr zugestimmt hatte. Das Gleiche gilt, wenn der Erblasser zur Zeit seines Todes berechtigt war, die Aufhebung der Ehe zu beantragen, und den Antrag gestellt hatte.
(2) Eine letztwillige Verfügung, durch die der Erblasser seinen Verlobten bedacht hat, ist unwirksam, wenn das Verlöbnis vor dem Tode des Erblassers aufgelöst worden ist.
(3) Die Verfügung ist nicht unwirksam, wenn anzunehmen ist, dass der Erblasser sie auch für einen solchen Fall getroffen haben würde.

§ 2078 Anfechtung wegen Irrtums oder Drohung
(1) Eine letztwillige Verfügung kann angefochten werden, soweit der Erblasser über den Inhalt seiner Erklärung im Irrtum war oder eine Erklärung dieses Inhalts überhaupt nicht abgeben wollte und anzunehmen ist, dass er die Erklärung bei Kenntnis der Sachlage nicht abgegeben haben würde.
(2) Das Gleiche gilt, soweit der Erblasser zu der Verfügung durch die irrige Annahme oder Erwartung des Eintritts oder Nichteintritts eines Umstands oder widerrechtlich durch Drohung bestimmt worden ist.
(3) Die Vorschrift des § 122 findet keine Anwendung.

§ 2079 Anfechtung wegen Übergehung eines Pflichtteilsberechtigten
Eine letztwillige Verfügung kann angefochten werden, wenn der Erblasser einen zur Zeit des Erbfalls vorhandenen Pflichtteilsberechtigten übergangen hat, dessen Vorhandensein ihm bei der Errichtung der Verfügung nicht bekannt war oder der erst nach der Errichtung geboren oder pflichtteilsberechtigt geworden ist. Die Anfechtung ist ausgeschlossen, soweit anzunehmen ist, dass der Erblasser auch bei Kenntnis der Sachlage die Verfügung getroffen haben würde.

§ 2080 Anfechtungsberechtigte
(1) Zur Anfechtung ist derjenige berechtigt, welchem die Aufhebung der letztwilligen Verfügung unmittelbar zustatten kommen würde.
(2) Bezieht sich in den Fällen des § 2078 der Irrtum nur auf eine bestimmte Person und ist diese anfechtungsberechtigt oder würde sie anfechtungsberechtigt sein, wenn sie zur Zeit des Erbfalls gelebt hätte, so ist ein anderer zur Anfechtung nicht berechtigt.
(3) Im Falle des § 2079 steht das Anfechtungsrecht nur dem Pflichtteilsberechtigten zu.

§ 2081 Anfechtungserklärung
(1) Die Anfechtung einer letztwilligen Verfügung, durch die ein Erbe eingesetzt, ein gesetzlicher Erbe von der Erbfolge ausgeschlossen, ein Testamentsvollstrecker ernannt oder eine Verfügung solcher Art aufgehoben wird, erfolgt durch Erklärung gegenüber dem Nachlassgericht.
(2) Das Nachlassgericht soll die Anfechtungserklärung demjenigen mitteilen, welchem die angefochtene Verfügung unmittelbar zustatten kommt. Es hat die Einsicht der Erklärung jedem zu gestatten, der ein rechtliches Interesse glaubhaft macht.
(3) Die Vorschrift des Absatzes 1 gilt auch für die Anfechtung einer letztwilligen Verfügung, durch die ein Recht für einen anderen nicht begründet wird, insbesondere für die Anfechtung einer Auflage.

§ 2082 Anfechtungsfrist

(1) Die Anfechtung kann nur binnen Jahresfrist erfolgen.

(2) Die Frist beginnt mit dem Zeitpunkt, in welchem der Anfechtungsberechtigte von dem Anfechtungsgrund Kenntnis erlangt. Auf den Lauf der Frist finden die für die Verjährung geltenden Vorschriften der §§ 206, 210, 211 entsprechende Anwendung.

(3) Die Anfechtung ist ausgeschlossen, wenn seit dem Erbfall 30 Jahre verstrichen sind.

§ 2083 Anfechtbarkeitseinrede

Ist eine letztwillige Verfügung, durch die eine Verpflichtung zu einer Leistung begründet wird, anfechtbar, so kann der Beschwerte die Leistung verweigern, auch wenn die Anfechtung nach § 2082 ausgeschlossen ist.

§ 2084 Auslegung zugunsten der Wirksamkeit

Lässt der Inhalt einer letztwilligen Verfügung verschiedene Auslegungen zu, so ist im Zweifel diejenige Auslegung vorzuziehen, bei welcher die Verfügung Erfolg haben kann.

§ 2085 Teilweise Unwirksamkeit

Die Unwirksamkeit einer von mehreren in einem Testament enthaltenen Verfügungen hat die Unwirksamkeit der übrigen Verfügungen nur zur Folge, wenn anzunehmen ist, dass der Erblasser diese ohne die unwirksame Verfügung nicht getroffen haben würde.

§ 2086 Ergänzungsvorbehalt

Ist einer letztwilligen Verfügung der Vorbehalt einer Ergänzung beigefügt, die Ergänzung aber unterblieben, so ist die Verfügung wirksam, sofern nicht anzunehmen ist, dass die Wirksamkeit von der Ergänzung abhängig sein sollte.

Titel 2. Erbeinsetzung

§ 2087 Zuwendung des Vermögens, eines Bruchteils oder einzelner Gegenstände

(1) Hat der Erblasser sein Vermögen oder einen Bruchteil seines Vermögens dem Bedachten zugewendet, so ist die Verfügung als Erbeinsetzung anzusehen, auch wenn der Bedachte nicht als Erbe bezeichnet ist.

(2) Sind dem Bedachten nur einzelne Gegenstände zugewendet, so ist im Zweifel nicht anzunehmen, dass er Erbe sein soll, auch wenn er als Erbe bezeichnet ist.

§ 2088 Einsetzung auf Bruchteile

(1) Hat der Erblasser nur einen Erben eingesetzt und die Einsetzung auf einen Bruchteil der Erbschaft beschränkt, so tritt in Ansehung des übrigen Teils die gesetzliche Erbfolge ein.

(2) Das Gleiche gilt, wenn der Erblasser mehrere Erben unter Beschränkung eines jeden auf einen Bruchteil eingesetzt hat und die Bruchteile das Ganze nicht erschöpfen.

§ 2089 Erhöhung der Bruchteile

Sollen die eingesetzten Erben nach dem Willen des Erblassers die alleinigen Erben sein, so tritt, wenn jeder von ihnen auf einen Bruchteil der Erbschaft eingesetzt ist und die Bruchteile das Ganze nicht erschöpfen, eine verhältnismäßige Erhöhung der Bruchteile ein.

§ 2090 Minderung der Bruchteile

Ist jeder der eingesetzten Erben auf einen Bruchteil der Erbschaft eingesetzt und übersteigen die Bruchteile das Ganze, so tritt eine verhältnismäßige Minderung der Bruchteile ein.

§ 2091 Unbestimmte Bruchteile

Sind mehrere Erben eingesetzt, ohne dass die Erbteile bestimmt sind, so sind sie zu gleichen Teilen eingesetzt, soweit sich nicht aus den §§ 2066 bis 2069 ein anderes ergibt.

§ 2092 Teilweise Einsetzung auf Bruchteile
(1) Sind von mehreren Erben die einen auf Bruchteile, die anderen ohne Bruchteile eingesetzt, so erhalten die letzteren den freigebliebenen Teil der Erbschaft.
(2) Erschöpfen die bestimmten Bruchteile die Erbschaft, so tritt eine verhältnismäßige Minderung der Bruchteile in der Weise ein, dass jeder der ohne Bruchteile eingesetzten Erben so viel erhält, wie der mit dem geringsten Bruchteil bedachte Erbe.

§ 2093 Gemeinschaftlicher Erbteil
Sind einige von mehreren Erben auf einen und denselben Bruchteil der Erbschaft eingesetzt (gemeinschaftlicher Erbteil), so finden in Ansehung des gemeinschaftlichen Erbteils die Vorschriften der §§ 2089 bis 2092 entsprechende Anwendung.

§ 2094 Anwachsung
(1) Sind mehrere Erben in der Weise eingesetzt, dass sie die gesetzliche Erbfolge ausschließen, und fällt einer der Erben vor oder nach dem Eintritt des Erbfalls weg, so wächst dessen Erbteil den übrigen Erben nach dem Verhältnis ihrer Erbteile an. Sind einige der Erben auf einen gemeinschaftlichen Erbteil eingesetzt, so tritt die Anwachsung zunächst unter ihnen ein.
(2) Ist durch die Erbeinsetzung nur über einen Teil der Erbschaft verfügt und findet in Ansehung des übrigen Teils die gesetzliche Erbfolge statt, so tritt die Anwachsung unter den eingesetzten Erben nur ein, soweit sie auf einen gemeinschaftlichen Erbteil eingesetzt sind.
(3) Der Erblasser kann die Anwachsung ausschließen.

§ 2095 Angewachsener Erbteil
Der durch Anwachsung einem Erben anfallende Erbteil gilt in Ansehung der Vermächtnisse und Auflagen, mit denen dieser Erbe oder der wegfallende Erbe beschwert ist, sowie in Ansehung der Ausgleichungspflicht als besonderer Erbteil.

§ 2096 Ersatzerbe
Der Erblasser kann für den Fall, dass ein Erbe vor oder nach dem Eintritt des Erbfalls wegfällt, einen anderen als Erben einsetzen (Ersatzerbe).

§ 2097 Auslegungsregel bei Ersatzerben
Ist jemand für den Fall, dass der zunächst berufene Erbe nicht Erbe sein kann, oder für den Fall, dass er nicht Erbe sein will, als Ersatzerbe eingesetzt, so ist im Zweifel anzunehmen, dass er für beide Fälle eingesetzt ist.

§ 2098 Wechselseitige Einsetzung als Ersatzerben
(1) Sind die Erben gegenseitig oder sind für einen von ihnen die übrigen als Ersatzerben eingesetzt, so ist im Zweifel anzunehmen, dass sie nach dem Verhältnis ihrer Erbteile als Ersatzerben eingesetzt sind.
(2) Sind die Erben gegenseitig als Ersatzerben eingesetzt, so gehen Erben, die auf einen gemeinschaftlichen Erbteil eingesetzt sind, im Zweifel als Ersatzerben für diesen Erbteil den anderen vor.

§ 2099 Ersatzerbe und Anwachsung
Das Recht des Ersatzerben geht dem Anwachsungsrecht vor.

Titel 3. Einsetzung eines Nacherben

§ 2100 Nacherbe
Der Erblasser kann einen Erben in der Weise einsetzen, dass dieser erst Erbe wird, nachdem zunächst ein anderer Erbe geworden ist (Nacherbe).

§ 2101 Noch nicht erzeugter Nacherbe
(1) Ist eine zur Zeit des Erbfalls noch nicht erzeugte Person als Erbe eingesetzt, so ist im Zweifel anzunehmen, dass sie als Nacherbe eingesetzt ist. Entspricht es nicht dem Willen des Erblassers, dass der Eingesetzte Nacherbe werden soll, so ist die Einsetzung unwirksam.
(2) Das Gleiche gilt von der Einsetzung einer juristischen Person, die erst nach dem Erbfall zur Entstehung gelangt; die Vorschrift des § 84 bleibt unberührt.

§ 2102 Nacherbe und Ersatzerbe
(1) Die Einsetzung als Nacherbe enthält im Zweifel auch die Einsetzung als Ersatzerbe.
(2) Ist zweifelhaft, ob jemand als Ersatzerbe oder als Nacherbe eingesetzt ist, so gilt er als Ersatzerbe.

§ 2103 Anordnung der Herausgabe der Erbschaft
Hat der Erblasser angeordnet, dass der Erbe mit dem Eintritt eines bestimmten Zeitpunkts oder Ereignisses die Erbschaft einem anderen herausgeben soll, so ist anzunehmen, dass der andere als Nacherbe eingesetzt ist.

§ 2104 Gesetzliche Erben als Nacherben
Hat der Erblasser angeordnet, dass der Erbe nur bis zu dem Eintritt eines bestimmten Zeitpunkts oder Ereignisses Erbe sein soll, ohne zu bestimmen, wer alsdann die Erbschaft erhalten soll, so ist anzunehmen, dass als Nacherben diejenigen eingesetzt sind, welche die gesetzlichen Erben des Erblassers sein würden, wenn er zur Zeit des Eintritts des Zeitpunkts oder des Ereignisses gestorben wäre. Der Fiskus gehört nicht zu den gesetzlichen Erben im Sinne dieser Vorschrift.

§ 2105 Gesetzliche Erben als Vorerben
(1) Hat der Erblasser angeordnet, dass der eingesetzte Erbe die Erbschaft erst mit dem Eintritt eines bestimmten Zeitpunkts oder Ereignisses erhalten soll, ohne zu bestimmen, wer bis dahin Erbe sein soll, so sind die gesetzlichen Erben des Erblassers die Vorerben.
(2) Das Gleiche gilt, wenn die Persönlichkeit des Erben durch ein erst nach dem Erbfall eintretendes Ereignis bestimmt werden soll oder wenn die Einsetzung einer zur Zeit des Erbfalls noch nicht erzeugten Person oder einer zu dieser Zeit noch nicht entstandenen juristischen Person als Erbe nach § 2101 als Nacherbeinsetzung anzusehen ist.

§ 2106 Eintritt der Nacherbfolge
(1) Hat der Erblasser einen Nacherben eingesetzt, ohne den Zeitpunkt oder das Ereignis zu bestimmen, mit dem die Nacherbfolge eintreten soll, so fällt die Erbschaft dem Nacherben mit dem Tode des Vorerben an.
(2) Ist die Einsetzung einer noch nicht erzeugten Person als Erbe nach § 2101 Abs. 1 als Nacherbeinsetzung anzusehen, so fällt die Erbschaft dem Nacherben mit dessen Geburt an. Im Falle des § 2101 Abs. 2 tritt der Anfall mit der Entstehung der juristischen Person ein.

§ 2107 Kinderloser Vorerbe
Hat der Erblasser einem Abkömmling, der zur Zeit der Errichtung der letztwilligen Verfügung keinen Abkömmling hat oder von dem der Erblasser zu dieser Zeit nicht weiß, dass er einen Abkömmling hat, für die Zeit nach dessen Tode einen Nacherben bestimmt, so ist anzunehmen, dass der Nacherbe nur für den Fall eingesetzt ist, dass der Abkömmling ohne Nachkommenschaft stirbt.

§ 2108 Erbfähigkeit; Vererblichkeit des Nacherbrechts
(1) Die Vorschrift des § 1923 findet auf die Nacherbfolge entsprechende Anwendung.
(2) Stirbt der eingesetzte Nacherbe vor dem Eintritt des Falles der Nacherbfolge, aber nach dem Eintritt des Erbfalls, so geht sein Recht auf seine Erben über, sofern nicht ein anderer Wille des Erblassers anzunehmen ist.

Ist der Nacherbe unter einer aufschiebenden Bedingung eingesetzt, so bewendet es bei der Vorschrift des § 2074.

§ 2109 Unwirksamwerden der Nacherbschaft
(1) Die Einsetzung eines Nacherben wird mit dem Ablauf von 30 Jahren nach dem Erbfall unwirksam, wenn nicht vorher der Fall der Nacherbfolge eingetreten ist. Sie bleibt auch nach dieser Zeit wirksam,
1. wenn die Nacherbfolge für den Fall angeordnet ist, dass in der Person des Vorerben oder des Nacherben ein bestimmtes Ereignis eintritt, und derjenige, in dessen Person das Ereignis eintreten soll, zur Zeit des Erbfalls lebt,
2. wenn dem Vorerben oder einem Nacherben für den Fall, dass ihm ein Bruder oder eine Schwester geboren wird, der Bruder oder die Schwester als Nacherbe bestimmt ist.

(2) Ist der Vorerbe oder der Nacherbe, in dessen Person das Ereignis eintreten soll, eine juristische Person, so bewendet es bei der dreißigjährigen Frist.

§ 2110 Umfang des Nacherbrechts
(1) Das Recht des Nacherben erstreckt sich im Zweifel auf einen Erbteil, der dem Vorerben infolge des Wegfalls eines Miterben anfällt.
(2) Das Recht des Nacherben erstreckt sich im Zweifel nicht auf ein dem Vorerben zugewendetes Vorausvermächtnis.

§ 2111 Unmittelbare Ersetzung
(1) Zur Erbschaft gehört, was der Vorerbe auf Grund eines zur Erbschaft gehörenden Rechts oder als Ersatz für die Zerstörung, Beschädigung oder Entziehung eines Erbschaftsgegenstands oder durch Rechtsgeschäft mit Mitteln der Erbschaft erwirbt, sofern nicht der Erwerb ihm als Nutzung gebührt. Die Zugehörigkeit einer durch Rechtsgeschäft erworbenen Forderung zur Erbschaft hat der Schuldner erst dann gegen sich gelten zu lassen, wenn er von der Zugehörigkeit Kenntnis erlangt; die Vorschriften der §§ 406 bis 408 finden entsprechende Anwendung.
(2) Zur Erbschaft gehört auch, was der Vorerbe dem Inventar eines erbschaftlichen Grundstücks einverleibt.

§ 2112 Verfügungsrecht des Vorerben
Der Vorerbe kann über die zur Erbschaft gehörenden Gegenstände verfügen, soweit sich nicht aus den Vorschriften der §§ 2113 bis 2115 ein anderes ergibt.

§ 2113 Verfügungen über Grundstücke, Schiffe und Schiffsbauwerke; Schenkungen
(1) Die Verfügung des Vorerben über ein zur Erbschaft gehörendes Grundstück oder Recht an einem Grundstück oder über ein zur Erbschaft gehörendes eingetragenes Schiff oder Schiffsbauwerk ist im Falle des Eintritts der Nacherbfolge insoweit unwirksam, als sie das Recht des Nacherben vereiteln oder beeinträchtigen würde.
(2) Das Gleiche gilt von der Verfügung über einen Erbschaftsgegenstand, die unentgeltlich oder zum Zwecke der Erfüllung eines von dem Vorerben erteilten Schenkungsversprechens erfolgt. Ausgenommen sind Schenkungen, durch die einer sittlichen Pflicht oder einer auf den Anstand zu nehmenden Rücksicht entsprochen wird.
(3) Die Vorschriften zugunsten derjenigen, welche Rechte von einem Nichtberechtigten herleiten, finden entsprechende Anwendung.

§ 2114 Verfügungen über Hypothekenforderungen, Grund- und Rentenschulden
Gehört zur Erbschaft eine Hypothekenforderung, eine Grundschuld, eine Rentenschuld oder eine Schiffshypothekenforderung, so steht die Kündigung und die Einziehung dem Vorerben zu. Der Vorerbe kann jedoch nur verlangen, dass das Kapital an ihn nach Beibringung der Einwilligung des Nacherben gezahlt oder dass es für ihn und den Nacherben hinterlegt wird. Auf andere Verfügungen über die Hypothekenforderung, die Grundschuld, die Rentenschuld oder die Schiffshypothekenforderung findet die Vorschrift des § 2113 Anwendung.

§ 2115 Zwangsvollstreckungsverfügungen gegen Vorerben
Eine Verfügung über einen Erbschaftsgegenstand, die im Wege der Zwangsvollstreckung oder der Arrestvollziehung oder durch den Insolvenzverwalter erfolgt, ist im Falle des Eintritts der Nacherbfolge insoweit unwirksam, als sie das Recht des Nacherben vereiteln oder beeinträchtigen würde. Die Verfügung ist unbeschränkt wirksam, wenn der Anspruch eines Nachlassgläubigers oder ein an einem Erbschaftsgegenstand bestehendes Recht geltend gemacht wird, das im Falle des Eintritts der Nacherbfolge dem Nacherben gegenüber wirksam ist.

§ 2116 Hinterlegung von Wertpapieren
(1) Der Vorerbe hat auf Verlangen des Nacherben die zur Erbschaft gehörenden Inhaberpapiere nebst den Erneuerungsscheinen bei einer Hinterlegungsstelle oder bei der *Reichsbank**, bei der *Deutschen Zentralgenossenschaftskasse*** oder bei der Deutschen Girozentrale (Deutschen Kommunalbank) mit der Bestimmung zu hinterlegen, dass die Herausgabe nur mit Zustimmung des Nacherben verlangt werden kann. Die Hinterlegung von Inhaberpapieren, die nach § 92 zu den verbrauchbaren Sachen gehören, sowie von Zins-, Renten- oder Gewinnanteilscheinen kann nicht verlangt werden. Den Inhaberpapieren stehen Orderpapiere gleich, die mit Blankoindossament versehen sind.
(2) Über die hinterlegten Papiere kann der Vorerbe nur mit Zustimmung des Nacherben verfügen.

* *Jetzt Bundesbank*
** *Jetzt: Bundesverband der Volks- und Raiffeisenbanken*

§ 2117 Umschreibung; Umwandlung
Der Vorerbe kann die Inhaberpapiere, statt sie nach § 2116 zu hinterlegen, auf seinen Namen mit der Bestimmung umschreiben lassen, dass er über sie nur mit Zustimmung des Nacherben verfügen kann. Sind die Papiere vom Bund oder von einem Land ausgestellt, so kann er sie mit der gleichen Bestimmung in Buchforderungen gegen den Bund oder das Land umwandeln lassen.

§ 2118 Sperrvermerk im Schuldbuch
Gehören zur Erbschaft Buchforderungen gegen den Bund oder ein Land, so ist der Vorerbe auf Verlangen des Nacherben verpflichtet, in das Schuldbuch den Vermerk eintragen zu lassen, dass er über die Forderungen nur mit Zustimmung des Nacherben verfügen kann.

§ 2119 Anlegung von Geld
Geld, das nach den Regeln einer ordnungsmäßigen Wirtschaft dauernd anzulegen ist, darf der Vorerbe nur nach den für die Anlegung von Mündelgeld geltenden Vorschriften anlegen.

§ 2120 Einwilligungspflicht des Nacherben
Ist zur ordnungsmäßigen Verwaltung, insbesondere zur Berichtigung von Nachlassverbindlichkeiten, eine Verfügung erforderlich, die der Vorerbe nicht mit Wirkung gegen den Nacherben vornehmen kann, so ist der Nacherbe dem Vorerben gegenüber verpflichtet, seine Einwilligung zu der Verfügung zu erteilen. Die Einwilligung ist auf Verlangen in öffentlich beglaubigter Form zu erklären. Die Kosten der Beglaubigung fallen dem Vorerben zur Last.

§ 2121 Verzeichnis der Erbschaftsgegenstände
(1) Der Vorerbe hat dem Nacherben auf Verlangen ein Verzeichnis der zur Erbschaft gehörenden Gegenstände mitzuteilen. Das Verzeichnis ist mit der Angabe des Tages der Aufnahme zu versehen und von dem Vorerben zu unterzeichnen; der Vorerbe hat auf Verlangen die Unterzeichnung öffentlich beglaubigen zu lassen.
(2) Der Nacherbe kann verlangen, dass er bei der Aufnahme des Verzeichnisses zugezogen wird.
(3) Der Vorerbe ist berechtigt und auf Verlangen des Nacherben verpflichtet, das Verzeichnis durch die zuständige Behörde oder durch einen zuständigen Beamten oder Notar aufnehmen zu lassen.
(4) Die Kosten der Aufnahme und der Beglaubigung fallen der Erbschaft zur Last.

§ 2122 Feststellung des Zustands der Erbschaft
Der Vorerbe kann den Zustand der zur Erbschaft gehörenden Sachen auf seine Kosten durch Sachverständige feststellen lassen. Das gleiche Recht steht dem Nacherben zu.

§ 2123 Wirtschaftsplan
(1) Gehört ein Wald zur Erbschaft, so kann sowohl der Vorerbe als der Nacherbe verlangen, dass das Maß der Nutzung und die Art der wirtschaftlichen Behandlung durch einen Wirtschaftsplan festgestellt werden. Tritt eine erhebliche Änderung der Umstände ein, so kann jeder Teil eine entsprechende Änderung des Wirtschaftsplans verlangen. Die Kosten fallen der Erbschaft zur Last.
(2) Das Gleiche gilt, wenn ein Bergwerk oder eine andere auf Gewinnung von Bodenbestandteilen gerichtete Anlage zur Erbschaft gehört.

§ 2124 Erhaltungskosten
(1) Der Vorerbe trägt dem Nacherben gegenüber die gewöhnlichen Erhaltungskosten.
(2) Andere Aufwendungen, die der Vorerbe zum Zwecke der Erhaltung von Erbschaftsgegenständen den Umständen nach für erforderlich halten darf, kann er aus der Erbschaft bestreiten. Bestreitet er sie aus seinem Vermögen, so ist der Nacherbe im Falle des Eintritts der Nacherbfolge zum Ersatz verpflichtet.

§ 2125 Verwendungen; Wegnahmerecht
(1) Macht der Vorerbe Verwendungen auf die Erbschaft, die nicht unter die Vorschrift des § 2124 fallen, so ist der Nacherbe im Falle des Eintritts der Nacherbfolge nach den Vorschriften über die Geschäftsführung ohne Auftrag zum Ersatz verpflichtet.
(2) Der Vorerbe ist berechtigt, eine Einrichtung, mit der er eine zur Erbschaft gehörende Sache versehen hat, wegzunehmen.

§ 2126 Außerordentliche Lasten
Der Vorerbe hat im Verhältnis zu dem Nacherben nicht die außerordentlichen Lasten zu tragen, die als auf den Stammwert der Erbschaftsgegenstände gelegt anzusehen sind. Auf diese Lasten findet die Vorschrift des § 2124 Abs. 2 Anwendung.

§ 2127 Auskunftsrecht des Nacherben
Der Nacherbe ist berechtigt, von dem Vorerben Auskunft über den Bestand der Erbschaft zu verlangen, wenn Grund zu der Annahme besteht, dass der Vorerbe durch seine Verwaltung die Rechte des Nacherben erheblich verletzt.

§ 2128 Sicherheitsleistung
(1) Wird durch das Verhalten des Vorerben oder durch seine ungünstige Vermögenslage die Besorgnis einer erheblichen Verletzung der Rechte des Nacherben begründet, so kann der Nacherbe Sicherheitsleistung verlangen.
(2) Die für die Verpflichtung des Nießbrauchers zur Sicherheitsleistung geltende Vorschrift des § 1052 findet entsprechende Anwendung.

§ 2129 Wirkung einer Entziehung der Verwaltung
(1) Wird dem Vorerben die Verwaltung nach der Vorschrift des § 1052 entzogen, so verliert er das Recht, über Erbschaftsgegenstände zu verfügen.
(2) Die Vorschriften zugunsten derjenigen, welche Rechte von einem Nichtberechtigten herleiten, finden entsprechende Anwendung. Für die zur Erbschaft gehörenden Forderungen ist die Entziehung der Verwaltung dem Schuldner gegenüber erst wirksam, wenn er von der getroffenen Anordnung Kenntnis erlangt oder wenn ihm eine Mitteilung von der Anordnung zugestellt wird. Das Gleiche gilt von der Aufhebung der Entziehung.

§ 2130 Herausgabepflicht nach dem Eintritt der Nacherbfolge, Rechenschaftspflicht
(1) Der Vorerbe ist nach dem Eintritt der Nacherbfolge verpflichtet, dem Nacherben die Erbschaft in dem Zustand herauszugeben, der sich bei einer bis zur Herausgabe fortgesetzten ordnungsmäßigen Verwaltung ergibt. Auf die Herausgabe eines landwirtschaftlichen Grundstücks findet die Vorschrift des § 596a, auf die Herausgabe eines Landguts finden die Vorschriften der §§ 596a, 596b entsprechende Anwendung.
(2) Der Vorerbe hat auf Verlangen Rechenschaft abzulegen.

§ 2131 Umfang der Sorgfaltspflicht
Der Vorerbe hat dem Nacherben gegenüber in Ansehung der Verwaltung nur für diejenige Sorgfalt einzustehen, welche er in eigenen Angelegenheiten anzuwenden pflegt.

§ 2132 Keine Haftung für gewöhnliche Abnutzung
Veränderungen oder Verschlechterungen von Erbschaftssachen, die durch ordnungsmäßige Benutzung herbeigeführt werden, hat der Vorerbe nicht zu vertreten.

§ 2133 Ordnungswidrige oder übermäßige Fruchtziehung
Zieht der Vorerbe Früchte den Regeln einer ordnungsmäßigen Wirtschaft zuwider oder zieht er Früchte deshalb im Übermaß, weil dies infolge eines besonderen Ereignisses notwendig geworden ist, so gebührt ihm der Wert der Früchte nur insoweit, als durch den ordnungswidrigen oder den übermäßigen Fruchtbezug die ihm gebührenden Nutzungen beeinträchtigt werden und nicht der Wert der Früchte nach den Regeln einer ordnungsmäßigen Wirtschaft zur Wiederherstellung der Sache zu verwenden ist.

§ 2134 Eigennützige Verwendung
Hat der Vorerbe einen Erbschaftsgegenstand für sich verwendet, so ist er nach dem Eintritt der Nacherbfolge dem Nacherben gegenüber zum Ersatz des Wertes verpflichtet. Eine weitergehende Haftung wegen Verschuldens bleibt unberührt.

§ 2135 Miet- und Pachtverhältnis bei der Nacherbfolge
Hat der Vorerbe ein zur Erbschaft gehörendes Grundstück oder eingetragenes Schiff vermietet oder verpachtet, so findet, wenn das Miet- oder Pachtverhältnis bei dem Eintritt der Nacherbfolge noch besteht, die Vorschrift des § 1056 entsprechende Anwendung.

§ 2136 Befreiung des Vorerben
Der Erblasser kann den Vorerben von den Beschränkungen und Verpflichtungen des § 2113 Abs. 1 und der §§ 2114, 2116 bis 2119, 2123, 2127 bis 2131, 2133, 2134 befreien.

§ 2137 Auslegungsregel für die Befreiung
(1) Hat der Erblasser den Nacherben auf dasjenige eingesetzt, was von der Erbschaft bei dem Eintritt der Nacherbfolge übrig sein wird, so gilt die Befreiung von allen in § 2136 bezeichneten Beschränkungen und Verpflichtungen als angeordnet.
(2) Das Gleiche ist im Zweifel anzunehmen, wenn der Erblasser bestimmt hat, dass der Vorerbe zur freien Verfügung über die Erbschaft berechtigt sein soll.

§ 2138 Beschränkte Herausgabepflicht
(1) Die Herausgabepflicht des Vorerben beschränkt sich in den Fällen des § 2137 auf die bei ihm noch vorhandenen Erbschaftsgegenstände. Für Verwendungen auf Gegenstände, die er infolge dieser Beschränkung nicht herauszugeben hat, kann er nicht Ersatz verlangen.
(2) Hat der Vorerbe der Vorschrift des § 2113 Abs. 2 zuwider über einen Erbschaftsgegenstand verfügt oder hat er die Erbschaft in der Absicht, den Nacherben zu benachteiligen, vermindert, so ist er dem Nacherben zum Schadensersatz verpflichtet.

§ 2139 Wirkung des Eintritts der Nacherbfolge
Mit dem Eintritt des Falles der Nacherbfolge hört der Vorerbe auf, Erbe zu sein, und fällt die Erbschaft dem Nacherben an.

§ 2140 Verfügungen des Vorerben nach Eintritt der Nacherbfolge
Der Vorerbe ist auch nach dem Eintritt des Falles der Nacherbfolge zur Verfügung über Nachlassgegenstände in dem gleichen Umfang wie vorher berechtigt, bis er von dem Eintritt Kenntnis erlangt oder ihn kennen muss. Ein Dritter kann sich auf diese Berechtigung nicht berufen, wenn er bei der Vornahme eines Rechtsgeschäfts den Eintritt kennt oder kennen muss.

§ 2141 Unterhalt der werdenden Mutter eines Nacherben
Ist bei dem Eintritt des Falles der Nacherbfolge die Geburt eines Nacherben zu erwarten, so findet auf den Unterhaltsanspruch der Mutter die Vorschrift des § 1963 entsprechende Anwendung.

§ 2142 Ausschlagung der Nacherbschaft
(1) Der Nacherbe kann die Erbschaft ausschlagen, sobald der Erbfall eingetreten ist.
(2) Schlägt der Nacherbe die Erbschaft aus, so verbleibt sie dem Vorerben, soweit nicht der Erblasser ein anderes bestimmt hat.

§ 2143 Wiederaufleben erloschener Rechtsverhältnisse
Tritt die Nacherbfolge ein, so gelten die infolge des Erbfalls durch Vereinigung von Recht und Verbindlichkeit oder von Recht und Belastung erloschenen Rechtsverhältnisse als nicht erloschen.

§ 2144 Haftung des Nacherben für Nachlassverbindlichkeiten
(1) Die Vorschriften über die Beschränkung der Haftung des Erben für die Nachlassverbindlichkeiten gelten auch für den Nacherben; an die Stelle des Nachlasses tritt dasjenige, was der Nacherbe aus der Erbschaft erlangt, mit Einschluss der ihm gegen den Vorerben als solchen zustehenden Ansprüche.
(2) Das von dem Vorerben errichtete Inventar kommt auch dem Nacherben zustatten.
(3) Der Nacherbe kann sich dem Vorerben gegenüber auf die Beschränkung seiner Haftung auch dann berufen, wenn er den übrigen Nachlassgläubigern gegenüber unbeschränkt haftet.

§ 2145 Haftung des Vorerben für Nachlassverbindlichkeiten
(1) Der Vorerbe haftet nach dem Eintritt der Nacherbfolge für die Nachlassverbindlichkeiten noch insoweit, als der Nacherbe nicht haftet. Die Haftung bleibt auch für diejenigen Nachlassverbindlichkeiten bestehen, welche im Verhältnis zwischen dem Vorerben und dem Nacherben dem Vorerben zur Last fallen.
(2) Der Vorerbe kann nach dem Eintritt der Nacherbfolge die Berichtigung der Nachlassverbindlichkeiten, sofern nicht seine Haftung unbeschränkt ist, insoweit verweigern, als dasjenige nicht ausreicht, was ihm von der Erbschaft gebührt. Die Vorschriften der §§ 1990, 1991 finden entsprechende Anwendung.

§ 2146 Anzeigepflicht des Vorerben gegenüber Nachlassgläubigern
(1) Der Vorerbe ist den Nachlassgläubigern gegenüber verpflichtet, den Eintritt der Nacherbfolge unverzüglich dem Nachlassgericht anzuzeigen. Die Anzeige des Vorerben wird durch die Anzeige des Nacherben ersetzt.
(2) Das Nachlassgericht hat die Einsicht der Anzeige jedem zu gestatten, der ein rechtliches Interesse glaubhaft macht.

Titel 4. Vermächtnis

§ 2147 Beschwerter
Mit einem Vermächtnis kann der Erbe oder ein Vermächtnisnehmer beschwert werden. Soweit nicht der Erblasser ein anderes bestimmt hat, ist der Erbe beschwert.

§ 2148 Mehrere Beschwerte
Sind mehrere Erben oder mehrere Vermächtnisnehmer mit demselben Vermächtnis beschwert, so sind im Zweifel die Erben nach dem Verhältnis der Erbteile, die Vermächtnisnehmer nach dem Verhältnis des Wertes der Vermächtnisse beschwert.

§ 2149 Vermächtnis an die gesetzlichen Erben
Hat der Erblasser bestimmt, dass dem eingesetzten Erben ein Erbschaftsgegenstand nicht zufallen soll, so gilt der Gegenstand als den gesetzlichen Erben vermacht. Der Fiskus gehört nicht zu den gesetzlichen Erben im Sinne dieser Vorschrift.

§ 2150 Vorausvermächtnis
Das einem Erben zugewendete Vermächtnis (Vorausvermächtnis) gilt als Vermächtnis auch insoweit, als der Erbe selbst beschwert ist.

§ 2151 Bestimmungsrecht des Beschwerten oder eines Dritten bei mehreren Bedachten
(1) Der Erblasser kann mehrere mit einem Vermächtnis in der Weise bedenken, dass der Beschwerte oder ein Dritter zu bestimmen hat, wer von den mehreren das Vermächtnis erhalten soll.
(2) Die Bestimmung des Beschwerten erfolgt durch Erklärung gegenüber demjenigen, welcher das Vermächtnis erhalten soll; die Bestimmung des Dritten erfolgt durch Erklärung gegenüber dem Beschwerten.
(3) Kann der Beschwerte oder der Dritte die Bestimmung nicht treffen, so sind die Bedachten Gesamtgläubiger.
Das Gleiche gilt, wenn das Nachlassgericht dem Beschwerten oder dem Dritten auf Antrag eines der Beteiligten eine Frist zur Abgabe der Erklärung bestimmt hat und die Frist verstrichen ist, sofern nicht vorher die Erklärung erfolgt. Der Bedachte, der das Vermächtnis erhält, ist im Zweifel nicht zur Teilung verpflichtet.

§ 2152 Wahlweise Bedachte
Hat der Erblasser mehrere mit einem Vermächtnis in der Weise bedacht, dass nur der eine oder der andere das Vermächtnis erhalten soll, so ist anzunehmen, dass der Beschwerte bestimmen soll, wer von ihnen das Vermächtnis erhält.

§ 2153 Bestimmung der Anteile
(1) Der Erblasser kann mehrere mit einem Vermächtnis in der Weise bedenken, dass der Beschwerte oder ein Dritter zu bestimmen hat, was jeder von dem vermachten Gegenstand erhalten soll. Die Bestimmung erfolgt nach § 2151 Abs. 2.
(2) Kann der Beschwerte oder der Dritte die Bestimmung nicht treffen, so sind die Bedachten zu gleichen Teilen berechtigt. Die Vorschrift des § 2151 Abs. 3 Satz 2 findet entsprechende Anwendung.

§ 2154 Wahlvermächtnis
(1) Der Erblasser kann ein Vermächtnis in der Art anordnen, dass der Bedachte von mehreren Gegenständen nur den einen oder den anderen erhalten soll.
Ist in einem solchen Falle die Wahl einem Dritten übertragen, so erfolgt sie durch Erklärung gegenüber dem Beschwerten.
(2) Kann der Dritte die Wahl nicht treffen, so geht das Wahlrecht auf den Beschwerten über. Die Vorschrift des § 2151 Abs. 3 Satz 2 findet entsprechende Anwendung.

§ 2155 Gattungsvermächtnis
(1) Hat der Erblasser die vermachte Sache nur der Gattung nach bestimmt, so ist eine den Verhältnissen des Bedachten entsprechende Sache zu leisten.
(2) Ist die Bestimmung der Sache dem Bedachten oder einem Dritten übertragen, so finden die nach § 2154 für die Wahl des Dritten geltenden Vorschriften Anwendung.

(3) Entspricht die von dem Bedachten oder dem Dritten getroffene Bestimmung den Verhältnissen des Bedachten offenbar nicht, so hat der Beschwerte so zu leisten, wie wenn der Erblasser über die Bestimmung der Sache keine Anordnung getroffen hätte.

§ 2156 Zweckvermächtnis
Der Erblasser kann bei der Anordnung eines Vermächtnisses, dessen Zweck er bestimmt hat, die Bestimmung der Leistung dem billigen Ermessen des Beschwerten oder eines Dritten überlassen. Auf ein solches Vermächtnis finden die Vorschriften der §§ 315 bis 319 entsprechende Anwendung.

§ 2157 Gemeinschaftliches Vermächtnis
Ist mehreren derselbe Gegenstand vermacht, so finden die Vorschriften der §§ 2089 bis 2093 entsprechende Anwendung.

§ 2158 Anwachsung
(1) Ist mehreren derselbe Gegenstand vermacht, so wächst, wenn einer von ihnen vor oder nach dem Erbfall wegfällt, dessen Anteil den übrigen Bedachten nach dem Verhältnis ihrer Anteile an. Dies gilt auch dann, wenn der Erblasser die Anteile der Bedachten bestimmt hat. Sind einige der Bedachten zu demselben Anteil berufen, so tritt die Anwachsung zunächst unter ihnen ein.
(2) Der Erblasser kann die Anwachsung ausschließen.

§ 2159 Selbständigkeit der Anwachsung
Der durch Anwachsung einem Vermächtnisnehmer anfallende Anteil gilt in Ansehung der Vermächtnisse und Auflagen, mit denen dieser oder der wegfallende Vermächtnisnehmer beschwert ist, als besonderes Vermächtnis.

§ 2160 Vorversterben des Bedachten
Ein Vermächtnis ist unwirksam, wenn der Bedachte zur Zeit des Erbfalls nicht mehr lebt.

§ 2161 Wegfall des Beschwerten
Ein Vermächtnis bleibt, sofern nicht ein anderer Wille des Erblassers anzunehmen ist, wirksam, wenn der Beschwerte nicht Erbe oder Vermächtnisnehmer wird. Beschwert ist in diesem Falle derjenige, welchem der Wegfall des zunächst Beschwerten unmittelbar zustatten kommt.

§ 2162 Dreißigjährige Frist für aufgeschobenes Vermächtnis
(1) Ein Vermächtnis, das unter einer aufschiebenden Bedingung oder unter Bestimmung eines Anfangstermins angeordnet ist, wird mit dem Ablauf von 30 Jahren nach dem Erbfall unwirksam, wenn nicht vorher die Bedingung oder der Termin eingetreten ist.
(2) Ist der Bedachte zur Zeit des Erbfalls noch nicht erzeugt oder wird seine Persönlichkeit durch ein erst nach dem Erbfall eintretendes Ereignis bestimmt, so wird das Vermächtnis mit dem Ablauf von 30 Jahren nach dem Erbfall unwirksam, wenn nicht vorher der Bedachte erzeugt oder das Ereignis eingetreten ist, durch das seine Persönlichkeit bestimmt wird.

§ 2163 Ausnahmen von der dreißigjährigen Frist
(1) Das Vermächtnis bleibt in den Fällen des § 2162 auch nach dem Ablauf von 30 Jahren wirksam:

1. wenn es für den Fall angeordnet ist, dass in der Person des Beschwerten oder des Bedachten ein bestimmtes Ereignis eintritt, und derjenige, in dessen Person das Ereignis eintreten soll, zur Zeit des Erbfalls lebt,
2. wenn ein Erbe, ein Nacherbe oder ein Vermächtnisnehmer für den Fall, dass ihm ein Bruder oder eine Schwester geboren wird, mit einem Vermächtnis zugunsten des Bruders oder der Schwester beschwert ist.

(2) Ist der Beschwerte oder der Bedachte, in dessen Person das Ereignis eintreten soll, eine juristische Person, so bewendet es bei der dreißigjährigen Frist.

§ 2164 Erstreckung auf Zubehör und Ersatzansprüche

(1) Das Vermächtnis einer Sache erstreckt sich im Zweifel auf das zur Zeit des Erbfalls vorhandene Zubehör.

(2) Hat der Erblasser wegen einer nach der Anordnung des Vermächtnisses erfolgten Beschädigung der Sache einen Anspruch auf Ersatz der Minderung des Wertes, so erstreckt sich im Zweifel das Vermächtnis auf diesen Anspruch.

§ 2165 Belastungen

(1) Ist ein zur Erbschaft gehörender Gegenstand vermacht, so kann der Vermächtnisnehmer im Zweifel nicht die Beseitigung der Rechte verlangen, mit denen der Gegenstand belastet ist. Steht dem Erblasser ein Anspruch auf die Beseitigung zu, so erstreckt sich im Zweifel das Vermächtnis auf diesen Anspruch.

(2) Ruht auf einem vermachten Grundstück eine Hypothek, Grundschuld oder Rentenschuld, die dem Erblasser selbst zusteht, so ist aus den Umständen zu entnehmen, ob die Hypothek, Grundschuld oder Rentenschuld als mitvermacht zu gelten hat.

§ 2166 Belastung mit einer Hypothek

(1) Ist ein vermachtes Grundstück, das zur Erbschaft gehört, mit einer Hypothek für eine Schuld des Erblassers oder für eine Schuld belastet, zu deren Berichtigung der Erblasser dem Schuldner gegenüber verpflichtet ist, so ist der Vermächtnisnehmer im Zweifel dem Erben gegenüber zur rechtzeitigen Befriedigung des Gläubigers insoweit verpflichtet, als die Schuld durch den Wert des Grundstücks gedeckt wird. Der Wert bestimmt sich nach der Zeit, zu welcher das Eigentum auf den Vermächtnisnehmer übergeht; er wird unter Abzug der Belastungen berechnet, die der Hypothek im Range vorgehen.

(2) Ist dem Erblasser gegenüber ein Dritter zur Berichtigung der Schuld verpflichtet, so besteht die Verpflichtung des Vermächtnisnehmers im Zweifel nur insoweit, als der Erbe die Berichtigung nicht von dem Dritten erlangen kann.

(3) Auf eine Hypothek der in § 1190 bezeichneten Art finden diese Vorschriften keine Anwendung.

§ 2167 Belastung mit einer Gesamthypothek

Sind neben dem vermachten Grundstück andere zur Erbschaft gehörende Grundstücke mit der Hypothek belastet, so beschränkt sich die in § 2166 bestimmte Verpflichtung des Vermächtnisnehmers im Zweifel auf den Teil der Schuld, der dem Verhältnis des Wertes des vermachten Grundstücks zu dem Werte der sämtlichen Grundstücke entspricht. Der Wert wird nach § 2166 Abs. 1 Satz 2 berechnet.

§ 2168 Belastung mit einer Gesamtgrundschuld

(1) Besteht an mehreren zur Erbschaft gehörenden Grundstücken eine Gesamtgrundschuld oder eine Gesamtrentenschuld und ist eines dieser Grundstücke vermacht, so ist der Vermächtnisnehmer im Zweifel dem Erben gegenüber zur Befriedigung des Gläubigers in Höhe des Teils der Grundschuld oder der Rentenschuld verpflichtet, der dem Verhältnis des Wertes des vermachten Grundstücks zu dem Wert der sämtlichen Grundstücke entspricht. Der Wert wird nach § 2166 Abs. 1 Satz 2 berechnet.

(2) Ist neben dem vermachten Grundstück ein nicht zur Erbschaft gehörendes Grundstück mit einer Gesamtgrundschuld oder einer Gesamtrentenschuld belastet, so finden, wenn der Erblasser zur Zeit des Erbfalls gegenüber dem Eigentümer des anderen Grundstücks oder einem Rechtsvorgänger des Eigentümers zur Befriedigung des Gläubigers verpflichtet ist, die Vorschriften des § 2166 Abs. 1 und des § 2167 entsprechende Anwendung.

§ 2168a Anwendung auf Schiffe, Schiffsbauwerke und Schiffshypotheken

§ 2165 Abs. 2, §§ 2166, 2167 gelten sinngemäß für eingetragene Schiffe und Schiffsbauwerke und für Schiffshypotheken.

§ 2169 Vermächtnis fremder Gegenstände
(1) Das Vermächtnis eines bestimmten Gegenstands ist unwirksam, soweit der Gegenstand zur Zeit des Erbfalls nicht zur Erbschaft gehört, es sei denn, dass der Gegenstand dem Bedachten auch für den Fall zugewendet sein soll, dass er nicht zur Erbschaft gehört.
(2) Hat der Erblasser nur den Besitz der vermachten Sache, so gilt im Zweifel der Besitz als vermacht, es sei denn, dass er dem Bedachten keinen rechtlichen Vorteil gewährt.
(3) Steht dem Erblasser ein Anspruch auf Leistung des vermachten Gegenstands oder, falls der Gegenstand nach der Anordnung des Vermächtnisses untergegangen oder dem Erblasser entzogen worden ist, ein Anspruch auf Ersatz des Wertes zu, so gilt im Zweifel der Anspruch als vermacht.
(4) Zur Erbschaft gehört im Sinne des Absatzes 1 ein Gegenstand nicht, wenn der Erblasser zu dessen Veräußerung verpflichtet ist.

§ 2170 Verschaffungsvermächtnis
(1) Ist das Vermächtnis eines Gegenstands, der zur Zeit des Erbfalls nicht zur Erbschaft gehört, nach § 2169 Abs. 1 wirksam, so hat der Beschwerte den Gegenstand dem Bedachten zu verschaffen.
(2) Ist der Beschwerte zur Verschaffung außerstande, so hat er den Wert zu entrichten.
Ist die Verschaffung nur mit unverhältnismäßigen Aufwendungen möglich, so kann sich der Beschwerte durch Entrichtung des Wertes befreien.

§ 2171 Unmöglichkeit, gesetzliches Verbot
(1) Ein Vermächtnis, das auf eine zur Zeit des Erbfalls für jedermann unmögliche Leistung gerichtet ist oder gegen ein zu dieser Zeit bestehendes gesetzliches Verbot verstößt, ist unwirksam.
(2) Die Unmöglichkeit der Leistung steht der Gültigkeit des Vermächtnisses nicht entgegen, wenn die Unmöglichkeit behoben werden kann und das Vermächtnis für den Fall zugewendet ist, dass die Leistung möglich wird.
(3) Wird ein Vermächtnis, das auf eine unmögliche Leistung gerichtet ist, unter einer anderen aufschiebenden Bedingung oder unter Bestimmung eines Anfangstermins zugewendet, so ist das Vermächtnis gültig, wenn die Unmöglichkeit vor dem Eintritt der Bedingung oder des Termins behoben wird.

§ 2172 Verbindung, Vermischung, Vermengung der vermachten Sache
(1) Die Leistung einer vermachten Sache gilt auch dann als unmöglich, wenn die Sache mit einer anderen Sache in solcher Weise verbunden, vermischt oder vermengt worden ist, dass nach den §§ 946 bis 948 das Eigentum an der anderen Sache sich auf sie erstreckt oder Miteigentum eingetreten ist, oder wenn sie in solcher Weise verarbeitet oder umgebildet worden ist, dass nach § 950 derjenige, welcher die neue Sache hergestellt hat, Eigentümer geworden ist.
(2) Ist die Verbindung, Vermischung oder Vermengung durch einen anderen als den Erblasser erfolgt und hat der Erblasser dadurch Miteigentum erworben, so gilt im Zweifel das Miteigentum als vermacht; steht dem Erblasser ein Recht zur Wegnahme der verbundenen Sache zu, so gilt im Zweifel dieses Recht als vermacht. Im Falle der Verarbeitung oder Umbildung durch einen anderen als den Erblasser bewendet es bei der Vorschrift des § 2169 Abs. 3.

§ 2173 Forderungsvermächtnis
Hat der Erblasser eine ihm zustehende Forderung vermacht, so ist, wenn vor dem Erbfall die Leistung erfolgt und der geleistete Gegenstand noch in der Erbschaft vorhanden ist, im Zweifel anzunehmen, dass dem Bedachten dieser Gegenstand zugewendet sein soll. War die Forderung auf die Zahlung einer Geldsumme gerichtet, so gilt im Zweifel die entsprechende Geldsumme als vermacht, auch wenn sich eine solche in der Erbschaft nicht vorfindet.

§ 2174 Vermächtnisanspruch
Durch das Vermächtnis wird für den Bedachten das Recht begründet, von dem Beschwerten die Leistung des vermachten Gegenstands zu fordern.

§ 2175 Wiederaufleben erloschener Rechtsverhältnisse
Hat der Erblasser eine ihm gegen den Erben zustehende Forderung oder hat er ein Recht vermacht, mit dem eine Sache oder ein Recht des Erben belastet ist, so gelten die infolge des Erbfalls durch Vereinigung von Recht und Verbindlichkeit oder von Recht und Belastung erloschenen Rechtsverhältnisse in Ansehung des Vermächtnisses als nicht erloschen.

§ 2176 Anfall des Vermächtnisses
Die Forderung des Vermächtnisnehmers kommt, unbeschadet des Rechts, das Vermächtnis auszuschlagen, zur Entstehung (Anfall des Vermächtnisses) mit dem Erbfall.

§ 2177 Anfall bei einer Bedingung oder Befristung
Ist das Vermächtnis unter einer aufschiebenden Bedingung oder unter Bestimmung eines Anfangstermins angeordnet und tritt die Bedingung oder der Termin erst nach dem Erbfall ein, so erfolgt der Anfall des Vermächtnisses mit dem Eintritt der Bedingung oder des Termins.

§ 2178 Anfall bei einem noch nicht erzeugten oder bestimmten Bedachten
Ist der Bedachte zur Zeit des Erbfalls noch nicht erzeugt oder wird seine Persönlichkeit durch ein erst nach dem Erbfall eintretendes Ereignis bestimmt, so erfolgt der Anfall des Vermächtnisses im ersteren Falle mit der Geburt, im letzteren Falle mit dem Eintritt des Ereignisses.

§ 2179 Schwebezeit
Für die Zeit zwischen dem Erbfall und dem Anfall des Vermächtnisses finden in den Fällen der §§ 2177, 2178 die Vorschriften Anwendung, die für den Fall gelten, dass eine Leistung unter einer aufschiebenden Bedingung geschuldet wird.

§ 2180 Annahme und Ausschlagung
(1) Der Vermächtnisnehmer kann das Vermächtnis nicht mehr ausschlagen, wenn er es angenommen hat.
(2) Die Annahme sowie die Ausschlagung des Vermächtnisses erfolgt durch Erklärung gegenüber dem Beschwerten. Die Erklärung kann erst nach dem Eintritt des Erbfalls abgegeben werden; sie ist unwirksam, wenn sie unter einer Bedingung oder einer Zeitbestimmung abgegeben wird.
(3) Die für die Annahme und die Ausschlagung einer Erbschaft geltenden Vorschriften des § 1950, des § 1952 Abs. 1, 3 und des § 1953 Abs. 1, 2 finden entsprechende Anwendung.

§ 2181 Fälligkeit bei Beliebigkeit
Ist die Zeit der Erfüllung eines Vermächtnisses dem freien Belieben des Beschwerten überlassen, so wird die Leistung im Zweifel mit dem Tode des Beschwerten fällig.

§ 2182 Gewährleistung für Rechtsmängel
(1) Ist eine nur der Gattung nach bestimmte Sache vermacht, so hat der Beschwerte die gleichen Verpflichtungen wie ein Verkäufer nach den Vorschriften des § 433 Abs. 1 Satz 1, der §§ 436, 452 und 453. Er hat die Sache dem Vermächtnisnehmer frei von Rechtsmängeln im Sinne des § 435 zu verschaffen. § 444 findet entsprechende Anwendung.
(2) Dasselbe gilt im Zweifel, wenn ein bestimmter nicht zur Erbschaft gehörender Gegenstand vermacht ist, unbeschadet der sich aus dem § 2170 ergebenden Beschränkung der Haftung.
(3) Ist ein Grundstück Gegenstand des Vermächtnisses, so haftet der Beschwerte im Zweifel nicht für die Freiheit des Grundstücks von Grunddienstbarkeiten, beschränkten persönlichen Dienstbarkeiten und Reallasten.

§ 2183 Gewährleistung für Sachmängel
Ist eine nur der Gattung nach bestimmte Sache vermacht, so kann der Vermächtnisnehmer, wenn die geleistete Sache mangelhaft ist, verlangen, dass ihm anstelle der mangelhaften Sache eine mangelfreie geliefert wird.
Hat der Beschwerte einen Sachmangel arglistig verschwiegen, so kann der Vermächtnisnehmer statt der Lieferung einer mangelfreien Sache Schadensersatz wegen Nichterfüllung verlangen. Auf diese Ansprüche finden die für die Gewährleistung wegen Mängeln einer verkauften Sache geltenden Vorschriften entsprechende Anwendung.

§ 2184 Früchte; Nutzungen
Ist ein bestimmter zur Erbschaft gehörender Gegenstand vermacht, so hat der Beschwerte dem Vermächtnisnehmer auch die seit dem Anfall des Vermächtnisses gezogenen Früchte sowie das sonst auf Grund des vermachten Rechts Erlangte herauszugeben. Für Nutzungen, die nicht zu den Früchten gehören, hat der Beschwerte nicht Ersatz zu leisten.

§ 2185 Ersatz von Verwendungen und Aufwendungen
Ist eine bestimmte zur Erbschaft gehörende Sache vermacht, so kann der Beschwerte für die nach dem Erbfall auf die Sache gemachten Verwendungen sowie für Aufwendungen, die er nach dem Erbfall zur Bestreitung von Lasten der Sache gemacht hat, Ersatz nach den Vorschriften verlangen, die für das Verhältnis zwischen dem Besitzer und dem Eigentümer gelten.

§ 2186 Fälligkeit eines Untervermächtnisses oder einer Auflage
Ist ein Vermächtnisnehmer mit einem Vermächtnis oder einer Auflage beschwert, so ist er zur Erfüllung erst dann verpflichtet, wenn er die Erfüllung des ihm zugewendeten Vermächtnisses zu verlangen berechtigt ist.

§ 2187 Haftung des Hauptvermächtnisnehmers
(1) Ein Vermächtnisnehmer, der mit einem Vermächtnis oder einer Auflage beschwert ist, kann die Erfüllung auch nach der Annahme des ihm zugewendeten Vermächtnisses insoweit verweigern, als dasjenige, was er aus dem Vermächtnis erhält, zur Erfüllung nicht ausreicht.
(2) Tritt nach § 2161 ein anderer an die Stelle des beschwerten Vermächtnisnehmers, so haftet er nicht weiter, als der Vermächtnisnehmer haften würde.
(3) Die für die Haftung des Erben geltende Vorschrift des § 1992 findet entsprechende Anwendung.

§ 2188 Kürzung der Beschwerungen
Wird die einem Vermächtnisnehmer gebührende Leistung auf Grund der Beschränkung der Haftung des Erben, wegen eines Pflichtteilsanspruchs oder in Gemäßheit des § 2187 gekürzt, so kann der Vermächtnisnehmer, sofern nicht ein anderer Wille des Erblassers anzunehmen ist, die ihm auferlegten Beschwerungen verhältnismäßig kürzen.

§ 2189 Anordnung eines Vorrangs
Der Erblasser kann für den Fall, dass die dem Erben oder einem Vermächtnisnehmer auferlegten Vermächtnisse und Auflagen auf Grund der Beschränkung der Haftung des Erben, wegen eines Pflichtteilsanspruchs oder in Gemäßheit der §§ 2187, 2188 gekürzt werden, durch Verfügung von Todes wegen anordnen, dass ein Vermächtnis oder eine Auflage den Vorrang vor den übrigen Beschwerungen haben soll.

§ 2190 Ersatzvermächtnisnehmer
Hat der Erblasser für den Fall, dass der zunächst Bedachte das Vermächtnis nicht erwirbt, den Gegenstand des Vermächtnisses einem anderen zugewendet, so finden die für die Einsetzung eines Ersatzerben geltenden Vorschriften der §§ 2097 bis 2099 entsprechende Anwendung.

§ 2191 Nachvermächtnisnehmer

(1) Hat der Erblasser den vermachten Gegenstand von einem nach dem Anfall des Vermächtnisses eintretenden bestimmten Zeitpunkt oder Ereignis an einem Dritten zugewendet, so gilt der erste Vermächtnisnehmer als beschwert.

(2) Auf das Vermächtnis finden die für die Einsetzung eines Nacherben geltenden Vorschriften des § 2102, des § 2106 Abs. 1, des § 2107 und des § 2110 Abs. 1 entsprechende Anwendung.

Titel 5. Auflage

§ 2192 Anzuwendende Vorschriften

Auf eine Auflage finden die für letztwillige Zuwendungen geltenden Vorschriften der §§ 2065, 2147, 2148, 2154 bis 2156, 2161, 2171, 2181 entsprechende Anwendung.

§ 2193 Bestimmung des Begünstigten, Vollziehungsfrist

(1) Der Erblasser kann bei der Anordnung einer Auflage, deren Zweck er bestimmt hat, die Bestimmung der Person, an welche die Leistung erfolgen soll, dem Beschwerten oder einem Dritten überlassen.

(2) Steht die Bestimmung dem Beschwerten zu, so kann ihm, wenn er zur Vollziehung der Auflage rechtskräftig verurteilt ist, von dem Kläger eine angemessene Frist zur Vollziehung bestimmt werden; nach dem Ablauf der Frist ist der Kläger berechtigt, die Bestimmung zu treffen, wenn nicht die Vollziehung rechtzeitig erfolgt.

(3) Steht die Bestimmung einem Dritten zu, so erfolgt sie durch Erklärung gegenüber dem Beschwerten. Kann der Dritte die Bestimmung nicht treffen, so geht das Bestimmungsrecht auf den Beschwerten über. Die Vorschrift des § 2151 Abs. 3 Satz 2 findet entsprechende Anwendung; zu den Beteiligten im Sinne dieser Vorschrift gehören der Beschwerte und diejenigen, welche die Vollziehung der Auflage zu verlangen berechtigt sind.

§ 2194 Anspruch auf Vollziehung

Die Vollziehung einer Auflage können der Erbe, der Miterbe und derjenige verlangen, welchem der Wegfall des mit der Auflage zunächst Beschwerten unmittelbar zustatten kommen würde. Liegt die Vollziehung im öffentlichen Interesse, so kann auch die zuständige Behörde die Vollziehung verlangen.

§ 2195 Verhältnis von Auflage und Zuwendung

Die Unwirksamkeit einer Auflage hat die Unwirksamkeit der unter der Auflage gemachten Zuwendung nur zur Folge, wenn anzunehmen ist, dass der Erblasser die Zuwendung nicht ohne die Auflage gemacht haben würde.

§ 2196 Unmöglichkeit der Vollziehung

(1) Wird die Vollziehung einer Auflage infolge eines von dem Beschwerten zu vertretenden Umstands unmöglich, so kann derjenige, welchem der Wegfall des zunächst Beschwerten unmittelbar zustatten kommen würde, die Herausgabe der Zuwendung nach den Vorschriften über die Herausgabe einer ungerechtfertigten Bereicherung insoweit fordern, als die Zuwendung zur Vollziehung der Auflage hätte verwendet werden müssen.

(2) Das Gleiche gilt, wenn der Beschwerte zur Vollziehung einer Auflage, die nicht durch einen Dritten vollzogen werden kann, rechtskräftig verurteilt ist und die zulässigen Zwangsmittel erfolglos gegen ihn angewendet worden sind.

Titel 6. Testamentsvollstrecker

§ 2197 Ernennung des Testamentsvollstreckers

(1) Der Erblasser kann durch Testament einen oder mehrere Testamentsvollstrecker ernennen.

(2) Der Erblasser kann für den Fall, dass der ernannte Testamentsvollstrecker vor oder nach der Annahme des Amts wegfällt, einen anderen Testamentsvollstrecker ernennen.

§ 2198 Bestimmung des Testamentsvollstreckers durch einen Dritten
(1) Der Erblasser kann die Bestimmung der Person des Testamentsvollstreckers einem Dritten überlassen. Die Bestimmung erfolgt durch Erklärung gegenüber dem Nachlassgericht; die Erklärung ist in öffentlich beglaubigter Form abzugeben.
(2) Das Bestimmungsrecht des Dritten erlischt mit dem Ablauf einer ihm auf Antrag eines der Beteiligten von dem Nachlassgericht bestimmten Frist.

§ 2199 Ernennung eines Mitvollstreckers oder Nachfolgers
(1) Der Erblasser kann den Testamentsvollstrecker ermächtigen, einen oder mehrere Mitvollstrecker zu ernennen.
(2) Der Erblasser kann den Testamentsvollstrecker ermächtigen, einen Nachfolger zu ernennen.
(3) Die Ernennung erfolgt nach § 2198 Abs. 1 Satz 2.

§ 2200 Ernennung durch das Nachlassgericht
(1) Hat der Erblasser in dem Testament das Nachlassgericht ersucht, einen Testamentsvollstrecker zu ernennen, so kann das Nachlassgericht die Ernennung vornehmen.
(2) Das Nachlassgericht soll vor der Ernennung die Beteiligten hören, wenn es ohne erhebliche Verzögerung und ohne unverhältnismäßige Kosten geschehen kann.

§ 2201 Unwirksamkeit der Ernennung
Die Ernennung des Testamentsvollstreckers ist unwirksam, wenn er zu der Zeit, zu welcher er das Amt anzutreten hat, geschäftsunfähig oder in der Geschäftsfähigkeit beschränkt ist oder nach § 1896 zur Besorgung seiner Vermögensangelegenheiten einen Betreuer erhalten hat.

§ 2202 Annahme und Ablehnung des Amts
(1) Das Amt des Testamentsvollstreckers beginnt mit dem Zeitpunkt, in welchem der Ernannte das Amt annimmt.
(2) Die Annahme sowie die Ablehnung des Amts erfolgt durch Erklärung gegenüber dem Nachlassgericht. Die Erklärung kann erst nach dem Eintritt des Erbfalls abgegeben werden; sie ist unwirksam, wenn sie unter einer Bedingung oder einer Zeitbestimmung abgegeben wird.
(3) Das Nachlassgericht kann dem Ernannten auf Antrag eines der Beteiligten eine Frist zur Erklärung über die Annahme bestimmen. Mit dem Ablauf der Frist gilt das Amt als abgelehnt, wenn nicht die Annahme vorher erklärt wird.

§ 2203 Aufgabe des Testamentsvollstreckers
Der Testamentsvollstrecker hat die letztwilligen Verfügungen des Erblassers zur Ausführung zu bringen.

§ 2204 Auseinandersetzung unter Miterben
(1) Der Testamentsvollstrecker hat, wenn mehrere Erben vorhanden sind, die Auseinandersetzung unter ihnen nach Maßgabe der §§ 2042 bis 2056 zu bewirken.
(2) Der Testamentsvollstrecker hat die Erben über den Auseinandersetzungsplan vor der Ausführung zu hören.

§ 2205 Verwaltung des Nachlasses, Verfügungsbefugnis
Der Testamentsvollstrecker hat den Nachlass zu verwalten. Er ist insbesondere berechtigt, den Nachlass in Besitz zu nehmen und über die Nachlassgegenstände zu verfügen. Zu unentgeltlichen Verfügungen ist er nur berechtigt, soweit sie einer sittlichen Pflicht oder einer auf den Anstand zu nehmenden Rücksicht entsprechen.

§ 2206 Eingehung von Verbindlichkeiten
(1) Der Testamentsvollstrecker ist berechtigt, Verbindlichkeiten für den Nachlass einzugehen, soweit die Eingehung zur ordnungsmäßigen Verwaltung erforderlich ist. Die Verbindlichkeit zu einer Verfügung über einen Nachlassgegenstand kann der Testamentsvollstrecker für den Nachlass auch dann eingehen, wenn er zu der Verfügung berechtigt ist.

(2) Der Erbe ist verpflichtet, zur Eingehung solcher Verbindlichkeiten seine Einwilligung zu erteilen, unbeschadet des Rechts, die Beschränkung seiner Haftung für die Nachlassverbindlichkeiten geltend zu machen.

§ 2207 Erweiterte Verpflichtungsbefugnis
Der Erblasser kann anordnen, dass der Testamentsvollstrecker in der Eingehung von Verbindlichkeiten für den Nachlass nicht beschränkt sein soll. Der Testamentsvollstrecker ist auch in einem solchen Falle zu einem Schenkungsversprechen nur nach Maßgabe des § 2205 Satz 3 berechtigt.

§ 2208 Beschränkung der Rechte des Testamentsvollstreckers, Ausführung durch den Erben
(1) Der Testamentsvollstrecker hat die in den §§ 2203 bis 2206 bestimmten Rechte nicht, soweit anzunehmen ist, dass sie ihm nach dem Willen des Erblassers nicht zustehen sollen. Unterliegen der Verwaltung des Testamentsvollstreckers nur einzelne Nachlassgegenstände, so stehen ihm die in § 2205 Satz 2 bestimmten Befugnisse nur in Ansehung dieser Gegenstände zu.
(2) Hat der Testamentsvollstrecker Verfügungen des Erblassers nicht selbst zur Ausführung zu bringen, so kann er die Ausführung von dem Erben verlangen, sofern nicht ein anderer Wille des Erblassers anzunehmen ist.

§ 2209 Dauervollstreckung
Der Erblasser kann einem Testamentsvollstrecker die Verwaltung des Nachlasses übertragen, ohne ihm andere Aufgaben als die Verwaltung zuzuweisen; er kann auch anordnen, dass der Testamentsvollstrecker die Verwaltung nach der Erledigung der ihm sonst zugewiesenen Aufgaben fortzuführen hat. Im Zweifel ist anzunehmen, dass einem solchen Testamentsvollstrecker die in § 2207 bezeichnete Ermächtigung erteilt ist.

§ 2210 Dreißigjährige Frist für die Dauervollstreckung
Eine nach § 2209 getroffene Anordnung wird unwirksam, wenn seit dem Erbfall 30 Jahre verstrichen sind. Der Erblasser kann jedoch anordnen, dass die Verwaltung bis zum Tode des Erben oder des Testamentsvollstreckers oder bis zum Eintritt eines anderen Ereignisses in der Person des einen oder des anderen fortdauern soll. Die Vorschrift des § 2163 Abs. 2 findet entsprechende Anwendung.

§ 2211 Verfügungsbeschränkung des Erben
(1) Über einen der Verwaltung des Testamentsvollstreckers unterliegenden Nachlassgegenstand kann der Erbe nicht verfügen.
(2) Die Vorschriften zugunsten derjenigen, welche Rechte von einem Nichtberechtigten herleiten, finden entsprechende Anwendung.

§ 2212 Gerichtliche Geltendmachung von der Testamentsvollstreckung unterliegenden Rechten
Ein der Verwaltung des Testamentsvollstreckers unterliegendes Recht kann nur von dem Testamentsvollstrecker gerichtlich geltend gemacht werden.

§ 2213 Gerichtliche Geltendmachung von Ansprüchen gegen den Nachlass
(1) Ein Anspruch, der sich gegen den Nachlass richtet, kann sowohl gegen den Erben als gegen den Testamentsvollstrecker gerichtlich geltend gemacht werden. Steht dem Testamentsvollstrecker nicht die Verwaltung des Nachlasses zu, so ist die Geltendmachung nur gegen den Erben zulässig. Ein Pflichtteilsanspruch kann, auch wenn dem Testamentsvollstrecker die Verwaltung des Nachlasses zusteht, nur gegen den Erben geltend gemacht werden.
(2) Die Vorschrift des § 1958 findet auf den Testamentsvollstrecker keine Anwendung.

(3) Ein Nachlassgläubiger, der seinen Anspruch gegen den Erben geltend macht, kann den Anspruch auch gegen den Testamentsvollstrecker dahin geltend machen, dass dieser die Zwangsvollstreckung in die seiner Verwaltung unterliegenden Nachlassgegenstände dulde.

§ 2214 Gläubiger des Erben

Gläubiger des Erben, die nicht zu den Nachlassgläubigern gehören, können sich nicht an die der Verwaltung des Testamentsvollstreckers unterliegenden Nachlassgegenstände halten.

§ 2215 Nachlassverzeichnis

(1) Der Testamentsvollstrecker hat dem Erben unverzüglich nach der Annahme des Amts ein Verzeichnis der seiner Verwaltung unterliegenden Nachlassgegenstände und der bekannten Nachlassverbindlichkeiten mitzuteilen und ihm die zur Aufnahme des Inventars sonst erforderliche Beihilfe zu leisten.

(2) Das Verzeichnis ist mit der Angabe des Tages der Aufnahme zu versehen und von dem Testamentsvollstrecker zu unterzeichnen; der Testamentsvollstrecker hat auf Verlangen die Unterzeichnung öffentlich beglaubigen zu lassen.

(3) Der Erbe kann verlangen, dass er bei der Aufnahme des Verzeichnisses zugezogen wird.

(4) Der Testamentsvollstrecker ist berechtigt und auf Verlangen des Erben verpflichtet, das Verzeichnis durch die zuständige Behörde oder durch einen zuständigen Beamten oder Notar aufnehmen zu lassen.

(5) Die Kosten der Aufnahme und der Beglaubigung fallen dem Nachlass zur Last.

§ 2216 Ordnungsmäßige Verwaltung des Nachlasses, Befolgung von Anordnungen

(1) Der Testamentsvollstrecker ist zur ordnungsmäßigen Verwaltung des Nachlasses verpflichtet.

(2) Anordnungen, die der Erblasser für die Verwaltung durch letztwillige Verfügung getroffen hat, sind von dem Testamentsvollstrecker zu befolgen. Sie können jedoch auf Antrag des Testamentsvollstreckers oder eines anderen Beteiligten von dem Nachlassgericht außer Kraft gesetzt werden, wenn ihre Befolgung den Nachlass erheblich gefährden würde. Das Gericht soll vor der Entscheidung, soweit tunlich, die Beteiligten hören.

§ 2217 Überlassung von Nachlassgegenständen

(1) Der Testamentsvollstrecker hat Nachlassgegenstände, deren er zur Erfüllung seiner Obliegenheiten offenbar nicht bedarf, dem Erben auf Verlangen zur freien Verfügung zu überlassen. Mit der Überlassung erlischt sein Recht zur Verwaltung der Gegenstände.

(2) Wegen Nachlassverbindlichkeiten, die nicht auf einem Vermächtnis oder einer Auflage beruhen, sowie wegen bedingter und betagter Vermächtnisse oder Auflagen kann der Testamentsvollstrecker die Überlassung der Gegenstände nicht verweigern, wenn der Erbe für die Berichtigung der Verbindlichkeiten oder für die Vollziehung der Vermächtnisse oder Auflagen Sicherheit leistet.

§ 2218 Rechtsverhältnis zum Erben; Rechnungslegung

(1) Auf das Rechtsverhältnis zwischen dem Testamentsvollstrecker und dem Erben finden die für den Auftrag geltenden Vorschriften der §§ 664, 666 bis 668, 670, des § 673 Satz 2 und des § 674 entsprechende Anwendung.

(2) Bei einer länger dauernden Verwaltung kann der Erbe jährlich Rechnungslegung verlangen.

§ 2219 Haftung des Testamentsvollstreckers

(1) Verletzt der Testamentsvollstrecker die ihm obliegenden Verpflichtungen, so ist er, wenn ihm ein Verschulden zur Last fällt, für den daraus entstehenden Schaden dem Erben und, soweit ein Vermächtnis zu vollziehen ist, auch dem Vermächtnisnehmer verantwortlich.

(2) Mehrere Testamentsvollstrecker, denen ein Verschulden zur Last fällt, haften als Gesamtschuldner.

§ 2220 Zwingendes Recht
Der Erblasser kann den Testamentsvollstrecker nicht von den ihm nach den §§ 2215, 2216, 2218, 2219 obliegenden Verpflichtungen befreien.

§ 2221 Vergütung des Testamentsvollstreckers
Der Testamentsvollstrecker kann für die Führung seines Amts eine angemessene Vergütung verlangen, sofern nicht der Erblasser ein anderes bestimmt hat.

§ 2222 Nacherbenvollstrecker
Der Erblasser kann einen Testamentsvollstrecker auch zu dem Zwecke ernennen, dass dieser bis zu dem Eintritt einer angeordneten Nacherbfolge die Rechte des Nacherben ausübt und dessen Pflichten erfüllt.

§ 2223 Vermächtnisvollstrecker
Der Erblasser kann einen Testamentsvollstrecker auch zu dem Zwecke ernennen, dass dieser für die Ausführung der einem Vermächtnisnehmer auferlegten Beschwerungen sorgt.

§ 2224 Mehrere Testamentsvollstrecker
(1) Mehrere Testamentsvollstrecker führen das Amt gemeinschaftlich; bei einer Meinungsverschiedenheit entscheidet das Nachlassgericht. Fällt einer von ihnen weg, so führen die übrigen das Amt allein. Der Erblasser kann abweichende Anordnungen treffen.
(2) Jeder Testamentsvollstrecker ist berechtigt, ohne Zustimmung der anderen Testamentsvollstrecker diejenigen Maßregeln zu treffen, welche zur Erhaltung eines der gemeinschaftlichen Verwaltung unterliegenden Nachlassgegenstands notwendig sind.

§ 2225 Erlöschen des Amts des Testamentsvollstreckers
Das Amt des Testamentsvollstreckers erlischt, wenn er stirbt oder wenn ein Fall eintritt, in welchem die Ernennung nach § 2201 unwirksam sein würde.

§ 2226 Kündigung durch den Testamentsvollstrecker
Der Testamentsvollstrecker kann das Amt jederzeit kündigen. Die Kündigung erfolgt durch Erklärung gegenüber dem Nachlassgericht. Die Vorschrift des § 671 Abs. 2, 3 findet entsprechende Anwendung.

§ 2227 Entlassung des Testamentsvollstreckers
(1) Das Nachlassgericht kann den Testamentsvollstrecker auf Antrag eines der Beteiligten entlassen, wenn ein wichtiger Grund vorliegt; ein solcher Grund ist insbesondere grobe Pflichtverletzung oder Unfähigkeit zur ordnungsmäßigen Geschäftsführung.
(2) Der Testamentsvollstrecker soll vor der Entlassung, wenn tunlich, gehört werden.

§ 2228 Akteneinsicht
Das Nachlassgericht hat die Einsicht der nach § 2198 Abs. 1 Satz 2, § 2199 Abs. 3, § 2202 Abs. 2, § 2226 Satz 2 abgegebenen Erklärungen jedem zu gestatten, der ein rechtliches Interesse glaubhaft macht.

Titel 7. Errichtung und Aufhebung eines Testaments

§ 2229 Testierfähigkeit Minderjähriger, Testierunfähigkeit
(1) Ein Minderjähriger kann ein Testament erst errichten, wenn er das 16. Lebensjahr vollendet hat.
(2) Der Minderjährige bedarf zur Errichtung eines Testaments nicht der Zustimmung seines gesetzlichen Vertreters.
(3) (weggefallen)

(4) Wer wegen krankhafter Störung der Geistestätigkeit, wegen Geistesschwäche oder wegen Bewusstseinsstörung nicht in der Lage ist, die Bedeutung einer von ihm abgegebenen Willenserklärung einzusehen und nach dieser Einsicht zu handeln, kann ein Testament nicht errichten.

§ 2230 (weggefallen)

§ 2231 Ordentliche Testamente

Ein Testament kann in ordentlicher Form errichtet werden
1. zur Niederschrift eines Notars,
2. durch eine vom Erblasser nach § 2247 abgegebene Erklärung.

§ 2232 Öffentliches Testament

Zur Niederschrift eines Notars wird ein Testament errichtet, indem der Erblasser dem Notar seinen letzten Willen mündlich erklärt oder ihm eine Schrift mit der Erklärung übergibt, dass die Schrift seinen letzten Willen enthalte. Der Erblasser kann die Schrift offen oder verschlossen übergeben; sie braucht nicht von ihm geschrieben zu sein.

§ 2233 Sonderfälle

(1) Ist der Erblasser minderjährig, so kann er das Testament nur durch mündliche Erklärung oder durch Übergabe einer offenen Schrift errichten.
(2) Ist der Erblasser nach seinen Angaben oder nach der Überzeugung des Notars nicht imstande, Geschriebenes zu lesen, so kann er das Testament nur durch mündliche Erklärung errichten.
(3) Vermag der Erblasser nach seinen Angaben oder nach der Überzeugung des Notars nicht hinreichend zu sprechen, so kann er das Testament nur durch Übergabe einer Schrift errichten.

§§ 2234 bis 2246 (weggefallen)

§ 2247 Eigenhändiges Testament

(1) Der Erblasser kann ein Testament durch eine eigenhändig geschriebene und unterschriebene Erklärung errichten.
(2) Der Erblasser soll in der Erklärung angeben, zu welcher Zeit (Tag, Monat und Jahr) und an welchem Orte er sie niedergeschrieben hat.
(3) Die Unterschrift soll den Vornamen und den Familiennamen des Erblassers enthalten. Unterschreibt der Erblasser in anderer Weise und reicht diese Unterzeichnung zur Feststellung der Urheberschaft des Erblassers und der Ernstlichkeit seiner Erklärung aus, so steht eine solche Unterzeichnung der Gültigkeit des Testaments nicht entgegen.
(4) Wer minderjährig ist oder Geschriebenes nicht zu lesen vermag, kann ein Testament nicht nach obigen Vorschriften errichten.
(5) Enthält ein nach Absatz 1 errichtetes Testament keine Angabe über die Zeit der Errichtung und ergeben sich hieraus Zweifel über seine Gültigkeit, so ist das Testament nur dann als gültig anzusehen, wenn sich die notwendigen Feststellungen über die Zeit der Errichtung anderweit treffen lassen. Dasselbe gilt entsprechend für ein Testament, das keine Angabe über den Ort der Errichtung enthält.

§ 2248 Verwahrung des eigenhändigen Testaments

Ein nach der Vorschrift des § 2247 errichtetes Testament ist auf Verlangen des Erblassers in besondere amtliche Verwahrung zu nehmen (§§ 2258a, 2258b). Dem Erblasser soll über das in Verwahrung genommene Testament ein Hinterlegungsschein erteilt werden.

§ 2249 Nottestament vor dem Bürgermeister

(1) Ist zu besorgen, dass der Erblasser früher sterben werde, als die Errichtung eines Testaments vor einem Notar möglich ist, so kann er das Testament zur Niederschrift des Bürgermeisters der Gemeinde, in der er sich aufhält, errichten. Der Bürgermeister muss zu der Beurkundung zwei Zeugen zuziehen. Als Zeuge kann nicht zugezogen werden, wer in dem zu beurkundenden Testament bedacht oder zum Testamentsvollstrecker ernannt wird; die Vorschriften der §§ 7 und 27

des Beurkundungsgesetzes gelten entsprechend. Für die Errichtung gelten die Vorschriften der §§ 2232, 2233 sowie die Vorschriften der §§ 2, 4, 5 Abs. 1, §§ 6 bis 10, 11 Abs. 1 Satz 2, Abs. 2, § 13 Abs. 1, 3, §§ 16, 17, 23, 24, 26 Abs. 1 Nr. 3, 4, Abs. 2, §§ 27, 28, 30 bis 32, 34, 35 des Beurkundungsgesetzes; der Bürgermeister tritt an die Stelle des Notars. Die Niederschrift muss auch von den Zeugen unterschrieben werden. Vermag der Erblasser nach seinen Angaben oder nach der Überzeugung des Bürgermeisters seinen Namen nicht zu schreiben, so wird die Unterschrift des Erblassers durch die Feststellung dieser Angabe oder Überzeugung in der Niederschrift ersetzt.
(2) Die Besorgnis, dass die Errichtung eines Testaments vor einem Notar nicht mehr möglich sein werde, soll in der Niederschrift festgestellt werden. Der Gültigkeit des Testaments steht nicht entgegen, dass die Besorgnis nicht begründet war.
(3) Der Bürgermeister soll den Erblasser darauf hinweisen, dass das Testament seine Gültigkeit verliert, wenn der Erblasser den Ablauf der in § 2252 Abs. 1, 2 vorgesehenen Frist überlebt. Er soll in der Niederschrift feststellen, dass dieser Hinweis gegeben ist.
(4) Für die Anwendung der vorstehenden Vorschriften steht der Vorsteher eines Gutsbezirks dem Bürgermeister einer Gemeinde gleich.
(5) Das Testament kann auch vor demjenigen errichtet werden, der nach den gesetzlichen Vorschriften zur Vertretung des Bürgermeisters oder des Gutsvorstehers befugt ist. Der Vertreter soll in der Niederschrift angeben, worauf sich seine Vertretungsbefugnis stützt.
(6) Sind bei Abfassung der Niederschrift über die Errichtung des in den vorstehenden Absätzen vorgesehenen Testaments Formfehler unterlaufen, ist aber dennoch mit Sicherheit anzunehmen, dass das Testament eine zuverlässige Wiedergabe der Erklärung des Erblassers enthält, so steht der Formverstoß der Wirksamkeit der Beurkundung nicht entgegen.

§ 2250 Nottestament vor drei Zeugen

(1) Wer sich an einem Orte aufhält, der infolge außerordentlicher Umstände dergestalt abgesperrt ist, dass die Errichtung eines Testaments vor einem Notar nicht möglich oder erheblich erschwert ist, kann das Testament in der durch § 2249 bestimmten Form oder durch mündliche Erklärung vor drei Zeugen errichten.
(2) Wer sich in so naher Todesgefahr befindet, dass voraussichtlich auch die Errichtung eines Testaments nach § 2249 nicht mehr möglich ist, kann das Testament durch mündliche Erklärung vor drei Zeugen errichten.
(3) Wird das Testament durch mündliche Erklärung vor drei Zeugen errichtet, so muss hierüber eine Niederschrift aufgenommen werden. Auf die Zeugen sind die Vorschriften des § 6 Abs. 1 Nr. 1 bis 3, der §§ 7, 26 Abs. 2 Nr. 2 bis 5 und des § 27 des Beurkundungsgesetzes; auf die Niederschrift sind die Vorschriften der §§ 8 bis 10, 11 Abs. 1 Satz 2, Abs. 2, § 13 Abs. 1, 3 Satz 1, §§ 23, 28 des Beurkundungsgesetzes sowie die Vorschriften des § 2249 Abs. 1 Satz 5, 6, Abs. 2, 6 entsprechend anzuwenden.
Die Niederschrift kann außer in der deutschen auch in einer anderen Sprache aufgenommen werden. Der Erblasser und die Zeugen müssen der Sprache der Niederschrift hinreichend kundig sein; dies soll in der Niederschrift festgestellt werden, wenn sie in einer anderen als der deutschen Sprache aufgenommen wird.

§ 2251 Nottestament auf See

Wer sich während einer Seereise an Bord eines deutschen Schiffes außerhalb eines inländischen Hafens befindet, kann ein Testament durch mündliche Erklärung vor drei Zeugen nach § 2250 Abs. 3 errichten.

§ 2252 Gültigkeitsdauer der Nottestamente

(1) Ein nach § 2249, § 2250 oder § 2251 errichtetes Testament gilt als nicht errichtet, wenn seit der Errichtung drei Monate verstrichen sind und der Erblasser noch lebt.

(2) Beginn und Lauf der Frist sind gehemmt, solange der Erblasser außerstande ist, ein Testament vor einem Notar zu errichten.
(3) Tritt im Falle des § 2251 der Erblasser vor dem Ablauf der Frist eine neue Seereise an, so wird die Frist mit der Wirkung unterbrochen, dass nach Beendigung der neuen Reise die volle Frist von neuem zu laufen beginnt.
(4) Wird der Erblasser nach dem Ablauf der Frist für tot erklärt oder wird seine Todeszeit nach den Vorschriften des Verschollenheitsgesetzes festgestellt, so behält das Testament seine Kraft, wenn die Frist zu der Zeit, zu welcher der Erblasser nach den vorhandenen Nachrichten noch gelebt hat, noch nicht verstrichen war.

§ 2253 Widerruf eines Testaments
Der Erblasser kann ein Testament sowie eine einzelne in einem Testament enthaltene Verfügung jederzeit widerrufen.

§ 2254 Widerruf durch Testament
Der Widerruf erfolgt durch Testament.

§ 2255 Widerruf durch Vernichtung oder Veränderungen
Ein Testament kann auch dadurch widerrufen werden, dass der Erblasser in der Absicht, es aufzuheben, die Testamentsurkunde vernichtet oder an ihr Veränderungen vornimmt, durch die der Wille, eine schriftliche Willenserklärung aufzuheben, ausgedrückt zu werden pflegt. Hat der Erblasser die Testamentsurkunde vernichtet oder in der bezeichneten Weise verändert, so wird vermutet, dass er die Aufhebung des Testaments beabsichtigt habe.

§ 2256 Widerruf durch Rücknahme des Testaments aus der amtlichen Verwahrung
(1) Ein vor einem Notar oder nach § 2249 errichtetes Testament gilt als widerrufen, wenn die in amtliche Verwahrung genommene Urkunde dem Erblasser zurückgegeben wird. Die zurückgebende Stelle soll den Erblasser über die in Satz 1 vorgesehene Folge der Rückgabe belehren, dies auf der Urkunde vermerken und aktenkundig machen, dass beides geschehen ist.
(2) Der Erblasser kann die Rückgabe jederzeit verlangen. Das Testament darf nur an den Erblasser persönlich zurückgegeben werden.
(3) Die Vorschriften des Absatzes 2 gelten auch für ein nach § 2248 hinterlegtes Testament; die Rückgabe ist auf die Wirksamkeit des Testaments ohne Einfluss.

§ 2257 Widerruf des Widerrufs
Wird der durch Testament erfolgte Widerruf einer letztwilligen Verfügung widerrufen, so ist im Zweifel die Verfügung wirksam, wie wenn sie nicht widerrufen worden wäre.

§ 2258 Widerruf durch ein späteres Testament
(1) Durch die Errichtung eines Testaments wird ein früheres Testament insoweit aufgehoben, als das spätere Testament mit dem früheren in Widerspruch steht.
(2) Wird das spätere Testament widerrufen, so ist im Zweifel das frühere Testament in gleicher Weise wirksam, wie wenn es nicht aufgehoben worden wäre.

§ 2258a Zuständigkeit für die besondere amtliche Verwahrung
(1) Für die besondere amtliche Verwahrung der Testamente sind die Amtsgerichte zuständig.
(2) Örtlich zuständig ist:
1. wenn das Testament vor einem Notar errichtet ist, das Amtsgericht, in dessen Bezirk der Notar seinen Amtssitz hat,
2. wenn das Testament vor dem Bürgermeister einer Gemeinde oder dem Vorsteher eines Gutsbezirks errichtet ist, das Amtsgericht, zu dessen Bezirk die Gemeinde oder der Gutsbezirk gehört,
3. wenn das Testament nach § 2247 errichtet ist, jedes Amtsgericht.

(3) Der Erblasser kann jederzeit die Verwahrung bei einem anderen Amtsgericht verlangen.

§ 2258b Verfahren bei der besonderen amtlichen Verwahrung

(1) Die Annahme zur Verwahrung sowie die Herausgabe des Testaments ist von dem Richter anzuordnen und von ihm und dem Urkundsbeamten der Geschäftsstelle gemeinschaftlich zu bewirken.

(2) Die Verwahrung erfolgt unter gemeinschaftlichem Verschluss des Richters und des Urkundsbeamten der Geschäftsstelle.

(3) Dem Erblasser soll über das in Verwahrung genommene Testament ein Hinterlegungsschein erteilt werden.

Der Hinterlegungsschein ist von dem Richter und dem Urkundsbeamten der Geschäftsstelle zu unterschreiben und mit dem Dienstsiegel zu versehen.

§ 2259 Ablieferungspflicht

(1) Wer ein Testament, das nicht in besondere amtliche Verwahrung gebracht ist, im Besitz hat, ist verpflichtet, es unverzüglich, nachdem er von dem Tode des Erblassers Kenntnis erlangt hat, an das Nachlassgericht abzuliefern.

(2) Befindet sich ein Testament bei einer anderen Behörde als einem Gericht in amtlicher Verwahrung, so ist es nach dem Tode des Erblassers an das Nachlassgericht abzuliefern. Das Nachlassgericht hat, wenn es von dem Testament Kenntnis erlangt, die Ablieferung zu veranlassen.

§ 2260 Eröffnung des Testaments durch das Nachlassgericht

(1) Das Nachlassgericht hat, sobald es von dem Tode des Erblassers Kenntnis erlangt, zur Eröffnung eines in seiner Verwahrung befindlichen Testaments einen Termin zu bestimmen. Zu dem Termin sollen die gesetzlichen Erben des Erblassers und die sonstigen Beteiligten, soweit tunlich, geladen werden.

(2) In dem Termin ist das Testament zu öffnen, den Beteiligten zu verkünden und ihnen auf Verlangen vorzulegen.

Die Verkündung darf im Falle der Vorlegung unterbleiben. Die Verkündung unterbleibt ferner, wenn im Termin keiner der Beteiligten erscheint.

(3) Über die Eröffnung ist eine Niederschrift aufzunehmen. War das Testament verschlossen, so ist in der Niederschrift festzustellen, ob der Verschluss unversehrt war.

§ 2261 Eröffnung durch ein anderes Gericht

Hat ein anderes Gericht als das Nachlassgericht das Testament in amtlicher Verwahrung, so liegt dem anderen Gericht die Eröffnung des Testaments ob. Das Testament ist nebst einer beglaubigten Abschrift der über die Eröffnung aufgenommenen Niederschrift dem Nachlassgericht zu übersenden; eine beglaubigte Abschrift des Testaments ist zurückzubehalten.

§ 2262 Benachrichtigung der Beteiligten durch das Nachlassgericht

Das Nachlassgericht hat die Beteiligten, welche bei der Eröffnung des Testaments nicht zugegen gewesen sind, von dem sie betreffenden Inhalt des Testaments in Kenntnis zu setzen.

§ 2263 Nichtigkeit eines Eröffnungsverbots

Eine Anordnung des Erblassers, durch die er verbietet, das Testament alsbald nach seinem Tode zu eröffnen, ist nichtig.

§ 2263a Eröffnungsfrist für Testamente

Befindet sich ein Testament seit mehr als 30 Jahren in amtlicher Verwahrung, so hat die verwahrende Stelle von Amts wegen, soweit tunlich, Ermittlungen darüber anzustellen, ob der Erblasser noch lebt. Führen die Ermittlungen nicht zu der Feststellung des Fortlebens des Erblassers, so ist das Testament zu eröffnen. Die Vorschriften der §§ 2260 bis 2262 sind entsprechend anzuwenden.

§ 2264 Einsichtnahme in das und Abschrifterteilung von dem eröffneten Testament
Wer ein rechtliches Interesse glaubhaft macht, ist berechtigt, ein eröffnetes Testament einzusehen sowie eine Abschrift des Testaments oder einzelner Teile zu fordern; die Abschrift ist auf Verlangen zu beglaubigen.

Titel 8. Gemeinschaftliches Testament

§ 2265 Errichtung durch Ehegatten
Ein gemeinschaftliches Testament kann nur von Ehegatten errichtet werden.

§ 2266 Gemeinschaftliches Nottestament
Ein gemeinschaftliches Testament kann nach den §§ 2249, 2250 auch dann errichtet werden, wenn die dort vorgesehenen Voraussetzungen nur bei einem der Ehegatten vorliegen.

§ 2267 Gemeinschaftliches eigenhändiges Testament
Zur Errichtung eines gemeinschaftlichen Testaments nach § 2247 genügt es, wenn einer der Ehegatten das Testament in der dort vorgeschriebenen Form errichtet und der andere Ehegatte die gemeinschaftliche Erklärung eigenhändig mitunterzeichnet. Der mitunterzeichnende Ehegatte soll hierbei angeben, zu welcher Zeit (Tag, Monat und Jahr) und an welchem Orte er seine Unterschrift beigefügt hat.

§ 2268 Wirkung der Ehenichtigkeit oder -auflösung
(1) Ein gemeinschaftliches Testament ist in den Fällen des § 2077 seinem ganzen Inhalt nach unwirksam.
(2) Wird die Ehe vor dem Tode eines der Ehegatten aufgelöst oder liegen die Voraussetzungen des § 2077 Abs. 1 Satz 2 oder 3 vor, so bleiben die Verfügungen insoweit wirksam, als anzunehmen ist, das sie auch für diesen Fall getroffen sein würden.

§ 2269 Gegenseitige Einsetzung
(1) Haben die Ehegatten in einem gemeinschaftlichen Testament, durch das sie sich gegenseitig als Erben einsetzen, bestimmt, dass nach dem Tode des überlebenden der beiderseitige Nachlass an einen Dritten fallen soll, so ist im Zweifel anzunehmen, dass der Dritte für den gesamten Nachlass als Erbe des zuletzt versterbenden Ehegatten eingesetzt ist.
(2) Haben die Ehegatten in einem solchen Testament ein Vermächtnis angeordnet, das nach dem Tode des Überlebenden erfüllt werden soll, so ist im Zweifel anzunehmen, dass das Vermächtnis dem Bedachten erst mit dem Tode des Überlebenden anfallen soll.

§ 2270 Wechselbezügliche Verfügungen
(1) Haben die Ehegatten in einem gemeinschaftlichen Testament Verfügungen getroffen, von denen anzunehmen ist, dass die Verfügung des einen nicht ohne die Verfügung des anderen getroffen sein würde, so hat die Nichtigkeit oder der Widerruf der einen Verfügung die Unwirksamkeit der anderen zur Folge.
(2) Ein solches Verhältnis der Verfügungen zueinander ist im Zweifel anzunehmen, wenn sich die Ehegatten gegenseitig bedenken oder wenn dem einen Ehegatten von dem anderen eine Zuwendung gemacht und für den Fall des Überlebens des Bedachten eine Verfügung zugunsten einer Person getroffen wird, die mit dem anderen Ehegatten verwandt ist oder ihm sonst nahe steht.
(3) Auf andere Verfügungen als Erbeinsetzungen, Vermächtnisse oder Auflagen findet die Vorschrift des Absatzes 1 keine Anwendung.

§ 2271 Widerruf wechselbezüglicher Verfügungen
(1) Der Widerruf einer Verfügung, die mit einer Verfügung des anderen Ehegatten in dem in § 2270 bezeichneten Verhältnis steht, erfolgt bei Lebzeiten der Ehegatten nach der für den Rücktritt von einem Erbvertrag geltenden Vorschrift des § 2296. Durch eine neue Verfügung von Todes wegen kann ein Ehegatte bei Lebzeiten des anderen seine Verfügung nicht einseitig aufheben.

(2) Das Recht zum Widerruf erlischt mit dem Tode des anderen Ehegatten; der Überlebende kann jedoch seine Verfügung aufheben, wenn er das ihm Zugewendete ausschlägt. Auch nach der Annahme der Zuwendung ist der Überlebende zur Aufhebung nach Maßgabe des § 2294 und des § 2336 berechtigt.
(3) Ist ein pflichtteilsberechtigter Abkömmling der Ehegatten oder eines der Ehegatten bedacht, so findet die Vorschrift des § 2289 Abs. 2 entsprechende Anwendung.

§ 2272 Rücknahme aus amtlicher Verwahrung
Ein gemeinschaftliches Testament kann nach § 2256 nur von beiden Ehegatten zurückgenommen werden.

§ 2273 Eröffnung
(1) Bei der Eröffnung eines gemeinschaftlichen Testaments sind die Verfügungen des überlebenden Ehegatten, soweit sie sich sondern lassen, weder zu verkünden noch sonst zur Kenntnis der Beteiligten zu bringen.
(2) Von den Verfügungen des verstorbenen Ehegatten ist eine beglaubigte Abschrift anzufertigen. Das Testament ist wieder zu verschließen und in die besondere amtliche Verwahrung zurückzubringen.
(3) Die Vorschriften des Absatzes 2 gelten nicht, wenn das Testament nur Anordnungen enthält, die sich auf den Erbfall beziehen, der mit dem Tode des erstversterbenden Ehegatten eintritt, insbesondere wenn das Testament sich auf die Erklärung beschränkt, dass die Ehegatten sich gegenseitig zu Erben einsetzen.

Abschnitt 4. Erbvertrag

§ 2274 Persönlicher Abschluss
Der Erblasser kann einen Erbvertrag nur persönlich schließen.

§ 2275 Voraussetzungen
(1) Einen Erbvertrag kann als Erblasser nur schließen, wer unbeschränkt geschäftsfähig ist.
(2) Ein Ehegatte kann als Erblasser mit seinem Ehegatten einen Erbvertrag schließen, auch wenn er in der Geschäftsfähigkeit beschränkt ist. Er bedarf in diesem Falle der Zustimmung seines gesetzlichen Vertreters; ist der gesetzliche Vertreter ein Vormund, so ist auch die Genehmigung des Vormundschaftsgerichts erforderlich.
(3) Die Vorschriften des Absatzes 2 gelten auch für Verlobte.

§ 2276 Form
(1) Ein Erbvertrag kann nur zur Niederschrift eines Notars bei gleichzeitiger Anwesenheit beider Teile geschlossen werden. Die Vorschriften des § 2231 Nr. 1 und der §§ 2232, 2233 sind anzuwenden; was nach diesen Vorschriften für den Erblasser gilt, gilt für jeden der Vertragschließenden.
(2) Für einen Erbvertrag zwischen Ehegatten oder zwischen Verlobten, der mit einem Ehevertrag in derselben Urkunde verbunden wird, genügt die für den Ehevertrag vorgeschriebene Form.

§ 2277 Besondere amtliche Verwahrung
Wird ein Erbvertrag in besondere amtliche Verwahrung genommen, so soll jedem der Vertragschließenden ein Hinterlegungsschein erteilt werden.

§ 2278 Zulässige vertragsmäßige Verfügungen
(1) In einem Erbvertrag kann jeder der Vertragschließenden vertragsmäßige Verfügungen von Todes wegen treffen.
(2) Andere Verfügungen als Erbeinsetzungen, Vermächtnisse und Auflagen können vertragsmäßig nicht getroffen werden.

§ 2279 Vertragsmäßige Zuwendungen und Auflagen; Anwendung von § 2077
(1) Auf vertragsmäßige Zuwendungen und Auflagen finden die für letztwillige Zuwendungen und Auflagen geltenden Vorschriften entsprechende Anwendung.
(2) Die Vorschrift des § 2077 gilt für einen Erbvertrag zwischen Ehegatten, Lebenspartnern oder Verlobten auch insoweit, als ein Dritter bedacht ist.

§ 2280 Anwendung von § 2269
Haben Ehegatten oder Lebenspartner in einem Erbvertrag, durch den sie sich gegenseitig als Erben einsetzen, bestimmt, dass nach dem Tode des Überlebenden der beiderseitige Nachlass an einen Dritten fallen soll, oder ein Vermächtnis angeordnet, das nach dem Tode des Überlebenden zu erfüllen ist, so findet die Vorschrift des § 2269 entsprechende Anwendung.

§ 2281 Anfechtung durch den Erblasser
(1) Der Erbvertrag kann auf Grund der §§ 2078, 2079 auch von dem Erblasser angefochten werden; zur Anfechtung auf Grund des § 2079 ist erforderlich, dass der Pflichtteilsberechtigte zur Zeit der Anfechtung vorhanden ist.
(2) Soll nach dem Tode des anderen Vertragschließenden eine zugunsten eines Dritten getroffene Verfügung von dem Erblasser angefochten werden, so ist die Anfechtung dem Nachlassgericht gegenüber zu erklären. Das Nachlassgericht soll die Erklärung dem Dritten mitteilen.

§ 2282 Vertretung, Form der Anfechtung
(1) Die Anfechtung kann nicht durch einen Vertreter des Erblassers erfolgen.
Ist der Erblasser in der Geschäftsfähigkeit beschränkt, so bedarf er zur Anfechtung nicht der Zustimmung seines gesetzlichen Vertreters.
(2) Für einen geschäftsunfähigen Erblasser kann sein gesetzlicher Vertreter mit Genehmigung des Vormundschaftsgerichts den Erbvertrag anfechten.
(3) Die Anfechtungserklärung bedarf der notariellen Beurkundung.

§ 2283 Anfechtungsfrist
(1) Die Anfechtung durch den Erblasser kann nur binnen Jahresfrist erfolgen.
(2) Die Frist beginnt im Falle der Anfechtbarkeit wegen Drohung mit dem Zeitpunkt, in welchem die Zwangslage aufhört, in den übrigen Fällen mit dem Zeitpunkt, in welchem der Erblasser von dem Anfechtungsgrund Kenntnis erlangt. Auf den Lauf der Frist finden die für die Verjährung geltenden Vorschriften der §§ 206, 210 entsprechende Anwendung.
(3) Hat im Falle des § 2282 Abs. 2 der gesetzliche Vertreter den Erbvertrag nicht rechtzeitig angefochten, so kann nach dem Wegfall der Geschäftsunfähigkeit der Erblasser selbst den Erbvertrag in gleicher Weise anfechten, wie wenn er ohne gesetzlichen Vertreter gewesen wäre.

§ 2284 Bestätigung
Die Bestätigung eines anfechtbaren Erbvertrags kann nur durch den Erblasser persönlich erfolgen. Ist der Erblasser in der Geschäftsfähigkeit beschränkt, so ist die Bestätigung ausgeschlossen.

§ 2285 Anfechtung durch Dritte
Die in § 2080 bezeichneten Personen können den Erbvertrag auf Grund der §§ 2078, 2079 nicht mehr anfechten, wenn das Anfechtungsrecht des Erblassers zur Zeit des Erbfalls erloschen ist.

§ 2286 Verfügungen unter Lebenden
Durch den Erbvertrag wird das Recht des Erblassers, über sein Vermögen durch Rechtsgeschäft unter Lebenden zu verfügen, nicht beschränkt.

§ 2287 Den Vertragserben beeinträchtigende Schenkungen
(1) Hat der Erblasser in der Absicht, den Vertragserben zu beeinträchtigen, eine Schenkung gemacht, so kann der Vertragserbe, nachdem ihm die Erbschaft angefallen ist, von dem Beschenk-

ten die Herausgabe des Geschenks nach den Vorschriften über die Herausgabe einer ungerechtfertigten Bereicherung fordern.
(2) Der Anspruch verjährt in drei Jahren von dem Anfall der Erbschaft an.

§ 2288 Beeinträchtigung des Vermächtnisnehmers
(1) Hat der Erblasser den Gegenstand eines vertragsmäßig angeordneten Vermächtnisses in der Absicht, den Bedachten zu beeinträchtigen, zerstört, beiseite geschafft oder beschädigt, so tritt, soweit der Erbe dadurch außerstande gesetzt ist, die Leistung zu bewirken, an die Stelle des Gegenstands der Wert.
(2) Hat der Erblasser den Gegenstand in der Absicht, den Bedachten zu beeinträchtigen, veräußert oder belastet, so ist der Erbe verpflichtet, dem Bedachten den Gegenstand zu verschaffen oder die Belastung zu beseitigen; auf diese Verpflichtung findet die Vorschrift des § 2170 Abs. 2 entsprechende Anwendung.
Ist die Veräußerung oder die Belastung schenkweise erfolgt, so steht dem Bedachten, soweit er Ersatz nicht von dem Erben erlangen kann, der im § 2287 bestimmte Anspruch gegen den Beschenkten zu.

§ 2289 Wirkung des Erbvertrags auf letztwillige Verfügungen; Anwendung von § 2338
(1) Durch den Erbvertrag wird eine frühere letztwillige Verfügung des Erblassers aufgehoben, soweit sie das Recht des vertragsmäßig Bedachten beeinträchtigen würde. In dem gleichen Umfang ist eine spätere Verfügung von Todes wegen unwirksam, unbeschadet der Vorschrift des § 2297.
(2) Ist der Bedachte ein pflichtteilsberechtigter Abkömmling des Erblassers, so kann der Erblasser durch eine spätere letztwillige Verfügung die nach § 2338 zulässigen Anordnungen treffen.

§ 2290 Aufhebung durch Vertrag
(1) Ein Erbvertrag sowie eine einzelne vertragsmäßige Verfügung kann durch Vertrag von den Personen aufgehoben werden, die den Erbvertrag geschlossen haben.
Nach dem Tode einer dieser Personen kann die Aufhebung nicht mehr erfolgen.
(2) Der Erblasser kann den Vertrag nur persönlich schließen.
Ist er in der Geschäftsfähigkeit beschränkt, so bedarf er nicht der Zustimmung seines gesetzlichen Vertreters.
(3) Steht der andere Teil unter Vormundschaft oder wird die Aufhebung vom Aufgabenkreis eines Betreuers erfasst, so ist die Genehmigung des Vormundschaftsgerichts erforderlich. Das Gleiche gilt, wenn er unter elterlicher Sorge steht, es sei denn, dass der Vertrag unter Ehegatten oder unter Verlobten geschlossen wird.
(4) Der Vertrag bedarf der in § 2276 für den Erbvertrag vorgeschriebenen Form.

§ 2291 Aufhebung durch Testament
(1) Eine vertragsmäßige Verfügung, durch die ein Vermächtnis oder eine Auflage angeordnet ist, kann von dem Erblasser durch Testament aufgehoben werden. Zur Wirksamkeit der Aufhebung ist die Zustimmung des anderen Vertragschließenden erforderlich; die Vorschrift des § 2290 Abs. 3 findet Anwendung.
(2) Die Zustimmungserklärung bedarf der notariellen Beurkundung; die Zustimmung ist unwiderruflich.

§ 2292 Aufhebung durch gemeinschaftliches Testament
Ein zwischen Ehegatten oder Lebenspartnern geschlossener Erbvertrag kann auch durch ein gemeinschaftliches Testament der Ehegatten oder Lebenspartner aufgehoben werden; die Vorschrift des § 2290 Abs. 3 findet Anwendung.

§ 2293 Rücktritt bei Vorbehalt
Der Erblasser kann von dem Erbvertrag zurücktreten, wenn er sich den Rücktritt im Vertrag vorbehalten hat.

§ 2294 Rücktritt bei Verfehlungen des Bedachten
Der Erblasser kann von einer vertragsmäßigen Verfügung zurücktreten, wenn sich der Bedachte einer Verfehlung schuldig macht, die den Erblasser zur Entziehung des Pflichtteils berechtigt oder, falls der Bedachte nicht zu den Pflichtteilsberechtigten gehört, zu der Entziehung berechtigen würde, wenn der Bedachte ein Abkömmling des Erblassers wäre.

§ 2295 Rücktritt bei Aufhebung der Gegenverpflichtung
Der Erblasser kann von einer vertragsmäßigen Verfügung zurücktreten, wenn die Verfügung mit Rücksicht auf eine rechtsgeschäftliche Verpflichtung des Bedachten, dem Erblasser für dessen Lebenszeit wiederkehrende Leistungen zu entrichten, insbesondere Unterhalt zu gewähren, getroffen ist und die Verpflichtung vor dem Tode des Erblassers aufgehoben wird.

§ 2296 Vertretung, Form des Rücktritts
(1) Der Rücktritt kann nicht durch einen Vertreter erfolgen.
Ist der Erblasser in der Geschäftsfähigkeit beschränkt, so bedarf er nicht der Zustimmung seines gesetzlichen Vertreters.
(2) Der Rücktritt erfolgt durch Erklärung gegenüber dem anderen Vertragschließenden. Die Erklärung bedarf der notariellen Beurkundung.

§ 2297 Rücktritt durch Testament
Soweit der Erblasser zum Rücktritt berechtigt ist, kann er nach dem Tode des anderen Vertragschließenden die vertragsmäßige Verfügung durch Testament aufheben. In den Fällen des § 2294 findet die Vorschrift des § 2336 Abs. 2 bis 4 entsprechende Anwendung.

§ 2298 Gegenseitiger Erbvertrag
(1) Sind in einem Erbvertrag von beiden Teilen vertragsmäßige Verfügungen getroffen, so hat die Nichtigkeit einer dieser Verfügungen die Unwirksamkeit des ganzen Vertrags zur Folge.
(2) Ist in einem solchen Vertrag der Rücktritt vorbehalten, so wird durch den Rücktritt eines der Vertragschließenden der ganze Vertrag aufgehoben. Das Rücktrittsrecht erlischt mit dem Tode des anderen Vertragschließenden. Der Überlebende kann jedoch, wenn er das ihm durch den Vertrag Zugewendete ausschlägt, seine Verfügung durch Testament aufheben.
(3) Die Vorschriften des Absatzes 1 und des Absatzes 2 Sätze 1 und 2 finden keine Anwendung, wenn ein anderer Wille der Vertragschließenden anzunehmen ist.

§ 2299 Einseitige Verfügungen
(1) Jeder der Vertragschließenden kann in dem Erbvertrag einseitig jede Verfügung treffen, die durch Testament getroffen werden kann.
(2) Für eine Verfügung dieser Art gilt das Gleiche, wie wenn sie durch Testament getroffen worden wäre. Die Verfügung kann auch in einem Vertrag aufgehoben werden, durch den eine vertragsmäßige Verfügung aufgehoben wird.
(3) Wird der Erbvertrag durch Ausübung des Rücktrittsrechts oder durch Vertrag aufgehoben, so tritt die Verfügung außer Kraft, sofern nicht ein anderer Wille des Erblassers anzunehmen ist.

§ 2300 Amtliche Verwahrung; Eröffnung
Die für die amtliche Verwahrung und die Eröffnung eines Testaments geltenden Vorschriften der §§ 2258a bis 2263, 2273 sind auf den Erbvertrag entsprechend anzuwenden, die Vorschrift des § 2273 Abs. 2, 3 jedoch nur dann, wenn sich der Erbvertrag in besonderer amtlicher Verwahrung befindet.

§ 2300a Eröffnungsfrist
Befindet sich ein Erbvertrag seit mehr als 50 Jahren in amtlicher Verwahrung, so ist § 2263a entsprechend anzuwenden.

§ 2301 Schenkungsversprechen von Todes wegen
(1) Auf ein Schenkungsversprechen, welches unter der Bedingung erteilt wird, dass der Beschenkte den Schenker überlebt, finden die Vorschriften über Verfügungen von Todes wegen Anwendung. Das Gleiche gilt für ein schenkweise unter dieser Bedingung erteiltes Schuldversprechen oder Schuldanerkenntnis der in den §§ 780, 781 bezeichneten Art.
(2) Vollzieht der Schenker die Schenkung durch Leistung des zugewendeten Gegenstands, so finden die Vorschriften über Schenkungen unter Lebenden Anwendung.

§ 2302 Unbeschränkbare Testierfreiheit
Ein Vertrag, durch den sich jemand verpflichtet, eine Verfügung von Todes wegen zu errichten oder nicht zu errichten, aufzuheben oder nicht aufzuheben, ist nichtig.

Abschnitt 5. Pflichtteil

§ 2303 Pflichtteilsberechtigte; Höhe des Pflichtteils
(1) Ist ein Abkömmling des Erblassers durch Verfügung von Todes wegen von der Erbfolge ausgeschlossen, so kann er von dem Erben den Pflichtteil verlangen. Der Pflichtteil besteht in der Hälfte des Wertes des gesetzlichen Erbteils.
(2) Das gleiche Recht steht den Eltern und dem Ehegatten des Erblassers zu, wenn sie durch Verfügung von Todes wegen von der Erbfolge ausgeschlossen sind. Die Vorschrift des § 1371 bleibt unberührt.

§ 2304 Auslegungsregel
Die Zuwendung des Pflichtteils ist im Zweifel nicht als Erbeinsetzung anzusehen.

§ 2305 Zusatzpflichtteil
Ist einem Pflichtteilsberechtigten ein Erbteil hinterlassen, der geringer ist als die Hälfte des gesetzlichen Erbteils, so kann der Pflichtteilsberechtigte von den Miterben als Pflichtteil den Wert des an der Hälfte fehlenden Teils verlangen.

§ 2306 Beschränkungen und Beschwerungen
(1) Ist ein als Erbe berufener Pflichtteilsberechtigter durch die Einsetzung eines Nacherben, die Ernennung eines Testamentsvollstreckers oder eine Teilungsanordnung beschränkt oder ist er mit einem Vermächtnis oder einer Auflage beschwert, so gilt die Beschränkung oder die Beschwerung als nicht angeordnet, wenn der ihm hinterlassene Erbteil die Hälfte des gesetzlichen Erbteils nicht übersteigt.
Ist der hinterlassene Erbteil größer, so kann der Pflichtteilsberechtigte den Pflichtteil verlangen, wenn er den Erbteil ausschlägt; die Ausschlagungsfrist beginnt erst, wenn der Pflichtteilsberechtigte von der Beschränkung oder der Beschwerung Kenntnis erlangt.
(2) Einer Beschränkung der Erbeinsetzung steht es gleich, wenn der Pflichtteilsberechtigte als Nacherbe eingesetzt ist.

§ 2307 Zuwendung eines Vermächtnisses
(1) Ist ein Pflichtteilsberechtigter mit einem Vermächtnis bedacht, so kann er den Pflichtteil verlangen, wenn er das Vermächtnis ausschlägt. Schlägt er nicht aus, so steht ihm ein Recht auf den Pflichtteil nicht zu, soweit der Wert des Vermächtnisses reicht; bei der Berechnung des Wertes bleiben Beschränkungen und Beschwerungen der in § 2306 bezeichneten Art außer Betracht.
(2) Der mit dem Vermächtnis beschwerte Erbe kann den Pflichtteilsberechtigten unter Bestimmung einer angemessenen Frist zur Erklärung über die Annahme des Vermächtnisses auffordern. Mit dem Ablauf der Frist gilt das Vermächtnis als ausgeschlagen, wenn nicht vorher die Annahme erklärt wird.

§ 2308 Anfechtung der Ausschlagung
(1) Hat ein Pflichtteilsberechtigter, der als Erbe oder als Vermächtnisnehmer in der in § 2306 bezeichneten Art beschränkt oder beschwert ist, die Erbschaft oder das Vermächtnis ausgeschlagen, so kann er die Ausschlagung anfechten, wenn die Beschränkung oder die Beschwerung zur Zeit der Ausschlagung weggefallen und der Wegfall ihm nicht bekannt war.
(2) Auf die Anfechtung der Ausschlagung eines Vermächtnisses finden die für die Anfechtung der Ausschlagung einer Erbschaft geltenden Vorschriften entsprechende Anwendung. Die Anfechtung erfolgt durch Erklärung gegenüber dem Beschwerten.

§ 2309 Pflichtteilsrecht der Eltern und entfernteren Abkömmlinge
Entferntere Abkömmlinge und die Eltern des Erblassers sind insoweit nicht pflichtteilsberechtigt, als ein Abkömmling, der sie im Falle der gesetzlichen Erbfolge ausschließen würde, den Pflichtteil verlangen kann oder das ihm Hinterlassene annimmt.

§ 2310 Feststellung des Erbteils für die Berechnung des Pflichtteils
Bei der Feststellung des für die Berechnung des Pflichtteils maßgebenden Erbteils werden diejenigen mitgezählt, welche durch letztwillige Verfügung von der Erbfolge ausgeschlossen sind oder die Erbschaft ausgeschlagen haben oder für erbunwürdig erklärt sind. Wer durch Erbverzicht von der gesetzlichen Erbfolge ausgeschlossen ist, wird nicht mitgezählt.

§ 2311 Wert des Nachlasses
(1) Der Berechnung des Pflichtteils wird der Bestand und der Wert des Nachlasses zur Zeit des Erbfalls zugrunde gelegt. Bei der Berechnung des Pflichtteils eines Abkömmlings und der Eltern des Erblassers bleibt der dem überlebenden Ehegatten gebührende Voraus außer Ansatz.
(2) Der Wert ist, soweit erforderlich, durch Schätzung zu ermitteln. Eine vom Erblasser getroffene Wertbestimmung ist nicht maßgebend.

§ 2312 Wert eines Landguts
(1) Hat der Erblasser angeordnet oder ist nach § 2049 anzunehmen, dass einer von mehreren Erben das Recht haben soll, ein zum Nachlass gehörendes Landgut zu dem Ertragswert zu übernehmen, so ist, wenn von dem Recht Gebrauch gemacht wird, der Ertragswert auch für die Berechnung des Pflichtteils maßgebend. Hat der Erblasser einen anderen Übernahmepreis bestimmt, so ist dieser maßgebend, wenn er den Ertragswert erreicht und den Schätzungswert nicht übersteigt.
(2) Hinterlässt der Erblasser nur einen Erben, so kann er anordnen, dass der Berechnung des Pflichtteils der Ertragswert oder ein nach Absatz 1 Satz 2 bestimmter Wert zugrunde gelegt werden soll.
(3) Diese Vorschriften finden nur Anwendung, wenn der Erbe, der das Landgut erwirbt, zu den in § 2303 bezeichneten pflichtteilsberechtigten Personen gehört.

§ 2313 Ansatz bedingter, ungewisser oder unsicherer Rechte; Feststellungspflicht des Erben
(1) Bei der Feststellung des Wertes des Nachlasses bleiben Rechte und Verbindlichkeiten, die von einer aufschiebenden Bedingung abhängig sind, außer Ansatz.
Rechte und Verbindlichkeiten, die von einer auflösenden Bedingung abhängig sind, kommen als unbedingte in Ansatz. Tritt die Bedingung ein, so hat die der veränderten Rechtslage entsprechende Ausgleichung zu erfolgen.
(2) Für ungewisse oder unsichere Rechte sowie für zweifelhafte Verbindlichkeiten gilt das Gleiche wie für Rechte und Verbindlichkeiten, die von einer aufschiebenden Bedingung abhängig sind. Der Erbe ist dem Pflichtteilsberechtigten gegenüber verpflichtet, für die Feststellung eines ungewissen und für die Verfolgung eines unsicheren Rechts zu sorgen, soweit es einer ordnungsmäßigen Verwaltung entspricht.

§ 2314 Auskunftspflicht des Erben
(1) Ist der Pflichtteilsberechtigte nicht Erbe, so hat ihm der Erbe auf Verlangen über den Bestand des Nachlasses Auskunft zu erteilen. Der Pflichtteilsberechtigte kann verlangen, dass er bei der Aufnahme des ihm nach § 260 vorzulegenden Verzeichnisses der Nachlassgegenstände zugezogen und dass der Wert der Nachlassgegenstände ermittelt wird. Er kann auch verlangen, dass das Verzeichnis durch die zuständige Behörde oder durch einen zuständigen Beamten oder Notar aufgenommen wird.
(2) Die Kosten fallen dem Nachlass zur Last.

§ 2315 Anrechnung von Zuwendungen auf den Pflichtteil
(1) Der Pflichtteilsberechtigte hat sich auf den Pflichtteil anrechnen zu lassen, was ihm von dem Erblasser durch Rechtsgeschäft unter Lebenden mit der Bestimmung zugewendet worden ist, dass es auf den Pflichtteil angerechnet werden soll.
(2) Der Wert der Zuwendung wird bei der Bestimmung des Pflichtteils dem Nachlass hinzugerechnet. Der Wert bestimmt sich nach der Zeit, zu welcher die Zuwendung erfolgt ist.
(3) Ist der Pflichtteilsberechtigte ein Abkömmling des Erblassers, so findet die Vorschrift des § 2051 Abs. 1 entsprechende Anwendung.

§ 2316 Ausgleichungspflicht
(1) Der Pflichtteil eines Abkömmlings bestimmt sich, wenn mehrere Abkömmlinge vorhanden sind und unter ihnen im Falle der gesetzlichen Erbfolge eine Zuwendung des Erblassers oder Leistungen der in § 2057a bezeichneten Art zur Ausgleichung zu bringen sein würden, nach demjenigen, was auf den gesetzlichen Erbteil unter Berücksichtigung der Ausgleichungspflichten bei der Teilung entfallen würde. Ein Abkömmling, der durch Erbverzicht von der gesetzlichen Erbfolge ausgeschlossen ist, bleibt bei der Berechnung außer Betracht.
(2) Ist der Pflichtteilsberechtigte Erbe und beträgt der Pflichtteil nach Absatz 1 mehr als der Wert des hinterlassenen Erbteils, so kann der Pflichtteilsberechtigte von den Miterben den Mehrbetrag als Pflichtteil verlangen, auch wenn der hinterlassene Erbteil die Hälfte des gesetzlichen Erbteils erreicht oder übersteigt.
(3) Eine Zuwendung der in § 2050 Abs. 1 bezeichneten Art kann der Erblasser nicht zum Nachteil eines Pflichtteilsberechtigten von der Berücksichtigung ausschließen.
(4) Ist eine nach Absatz 1 zu berücksichtigende Zuwendung zugleich nach § 2315 auf den Pflichtteil anzurechnen, so kommt sie auf diesen nur mit der Hälfte des Wertes zur Anrechnung.

§ 2317 Entstehung und Übertragbarkeit des Pflichtteilsanspruchs
(1) Der Anspruch auf den Pflichtteil entsteht mit dem Erbfall.
(2) Der Anspruch ist vererblich und übertragbar.

§ 2318 Pflichtteilslast bei Vermächtnissen und Auflagen
(1) Der Erbe kann die Erfüllung eines ihm auferlegten Vermächtnisses soweit verweigern, dass die Pflichtteilslast von ihm und dem Vermächtnisnehmer verhältnismäßig getragen wird. Das Gleiche gilt von einer Auflage.
(2) Einem pflichtteilsberechtigten Vermächtnisnehmer gegenüber ist die Kürzung nur soweit zulässig, dass ihm der Pflichtteil verbleibt.
(3) Ist der Erbe selbst pflichtteilsberechtigt, so kann er wegen der Pflichtteilslast das Vermächtnis und die Auflage soweit kürzen, dass ihm sein eigener Pflichtteil verbleibt.

§ 2319 Pflichtteilsberechtigter Miterbe
Ist einer von mehreren Erben selbst pflichtteilsberechtigt, so kann er nach der Teilung die Befriedigung eines anderen Pflichtteilsberechtigten soweit verweigern, dass ihm sein eigener Pflichtteil verbleibt. Für den Ausfall haften die übrigen Erben.

§ 2320 Pflichtteilslast des an die Stelle des Pflichtteilsberechtigten getretenen Erben

(1) Wer anstelle des Pflichtteilsberechtigten gesetzlicher Erbe wird, hat im Verhältnis zu Miterben die Pflichtteilslast und, wenn der Pflichtteilsberechtigte ein ihm zugewendetes Vermächtnis annimmt, das Vermächtnis in Höhe des erlangten Vorteils zu tragen.

(2) Das Gleiche gilt im Zweifel von demjenigen, welchem der Erblasser den Erbteil des Pflichtteilsberechtigten durch Verfügung von Todes wegen zugewendet hat.

§ 2321 Pflichtteilslast bei Vermächtnisausschlagung

Schlägt der Pflichtteilsberechtigte ein ihm zugewendetes Vermächtnis aus, so hat im Verhältnis der Erben und der Vermächtnisnehmer zueinander derjenige, welchem die Ausschlagung zustatten kommt, die Pflichtteilslast in Höhe des erlangten Vorteils zu tragen.

§ 2322 Kürzung von Vermächtnissen und Auflagen

Ist eine von dem Pflichtteilsberechtigten ausgeschlagene Erbschaft oder ein von ihm ausgeschlagenes Vermächtnis mit einem Vermächtnis oder einer Auflage beschwert, so kann derjenige, welchem die Ausschlagung zustatten kommt, das Vermächtnis oder die Auflage soweit kürzen, dass ihm der zur Deckung der Pflichtteilslast erforderliche Betrag verbleibt.

§ 2323 Nicht pflichtteilsbelasteter Erbe

Der Erbe kann die Erfüllung eines Vermächtnisses oder einer Auflage auf Grund des § 2318 Abs. 1 insoweit nicht verweigern, als er die Pflichtteilslast nach den §§ 2320 bis 2322 nicht zu tragen hat.

§ 2324 Abweichende Anordnungen des Erblassers hinsichtlich der Pflichtteilslast

Der Erblasser kann durch Verfügung von Todes wegen die Pflichtteilslast im Verhältnis der Erben zueinander einzelnen Erben auferlegen und von den Vorschriften des § 2318 Abs. 1 und der §§ 2320 bis 2323 abweichende Anordnungen treffen.

§ 2325 Pflichtteilsergänzungsanspruch bei Schenkungen

(1) Hat der Erblasser einem Dritten eine Schenkung gemacht, so kann der Pflichtteilsberechtigte als Ergänzung des Pflichtteils den Betrag verlangen, um den sich der Pflichtteil erhöht, wenn der verschenkte Gegenstand dem Nachlass hinzugerechnet wird.

(2) Eine verbrauchbare Sache kommt mit dem Werte in Ansatz, den sie zur Zeit der Schenkung hatte. Ein anderer Gegenstand kommt mit dem Werte in Ansatz, den er zur Zeit des Erbfalls hat; hatte er zur Zeit der Schenkung einen geringeren Wert, so wird nur dieser in Ansatz gebracht.

(3) Die Schenkung bleibt unberücksichtigt, wenn zur Zeit des Erbfalls zehn Jahre seit der Leistung des verschenkten Gegenstands verstrichen sind; ist die Schenkung an den Ehegatten des Erblassers erfolgt, so beginnt die Frist nicht vor der Auflösung der Ehe.

§ 2326 Ergänzung über die Hälfte des gesetzlichen Erbteils

Der Pflichtteilsberechtigte kann die Ergänzung des Pflichtteils auch dann verlangen, wenn ihm die Hälfte des gesetzlichen Erbteils hinterlassen ist. Ist dem Pflichtteilsberechtigten mehr als die Hälfte hinterlassen, so ist der Anspruch ausgeschlossen, soweit der Wert des mehr Hinterlassenen reicht.

§ 2327 Beschenkter Pflichtteilsberechtigter

(1) Hat der Pflichtteilsberechtigte selbst ein Geschenk von dem Erblasser erhalten, so ist das Geschenk in gleicher Weise wie das dem Dritten gemachte Geschenk dem Nachlass hinzuzurechnen und zugleich dem Pflichtteilsberechtigten auf die Ergänzung anzurechnen. Ein nach § 2315 anzurechnendes Geschenk ist auf den Gesamtbetrag des Pflichtteils und der Ergänzung anzurechnen.

(2) Ist der Pflichtteilsberechtigte ein Abkömmling des Erblassers, so findet die Vorschrift des § 2051 Abs. 1 entsprechende Anwendung.

§ 2328 Selbst pflichtteilsberechtigter Erbe
Ist der Erbe selbst pflichtteilsberechtigt, so kann er die Ergänzung des Pflichtteils soweit verweigern, dass ihm sein eigener Pflichtteil mit Einschluss dessen verbleibt, was ihm zur Ergänzung des Pflichtteils gebühren würde.

§ 2329 Anspruch gegen den Beschenkten
(1) Soweit der Erbe zur Ergänzung des Pflichtteils nicht verpflichtet ist, kann der Pflichtteilsberechtigte von dem Beschenkten die Herausgabe des Geschenks zum Zwecke der Befriedigung wegen des fehlenden Betrags nach den Vorschriften über die Herausgabe einer ungerechtfertigten Bereicherung fordern.
Ist der Pflichtteilsberechtigte der alleinige Erbe, so steht ihm das gleiche Recht zu.
(2) Der Beschenkte kann die Herausgabe durch Zahlung des fehlenden Betrags abwenden.
(3) Unter mehreren Beschenkten haftet der früher Beschenkte nur insoweit, als der später Beschenkte nicht verpflichtet ist.

§ 2330 Anstandsschenkungen
Die Vorschriften der §§ 2325 bis 2329 finden keine Anwendung auf Schenkungen, durch die einer sittlichen Pflicht oder einer auf den Anstand zu nehmenden Rücksicht entsprochen wird.

§ 2331 Zuwendungen aus dem Gesamtgut
(1) Eine Zuwendung, die aus dem Gesamtgut der Gütergemeinschaft erfolgt, gilt als von jedem der Ehegatten zur Hälfte gemacht. Die Zuwendung gilt jedoch, wenn sie an einen Abkömmling, der nur von einem der Ehegatten abstammt, oder an eine Person, von der nur einer der Ehegatten abstammt, erfolgt, oder wenn einer der Ehegatten wegen der Zuwendung zu dem Gesamtgut Ersatz zu leisten hat, als von diesem Ehegatten gemacht.
(2) Diese Vorschriften sind auf eine Zuwendung aus dem Gesamtgut der fortgesetzten Gütergemeinschaft entsprechend anzuwenden.

§ 2331a Stundung
(1) Ist der Erbe selbst pflichtteilsberechtigt, so kann er Stundung des Pflichtteilsanspruchs verlangen, wenn die sofortige Erfüllung des gesamten Anspruchs den Erben wegen der Art der Nachlassgegenstände ungewöhnlich hart treffen, insbesondere wenn sie ihn zur Aufgabe seiner Familienwohnung oder zur Veräußerung eines Wirtschaftsguts zwingen würde, das für den Erben und seine Familie die wirtschaftliche Lebensgrundlage bildet.
Stundung kann nur verlangt werden, soweit sie dem Pflichtteilsberechtigten bei Abwägung der Interessen beider Teile zugemutet werden kann.
(2) Für die Entscheidung über eine Stundung ist, wenn der Anspruch nicht bestritten wird, das Nachlassgericht zuständig. § 1382 Abs. 2 bis 6 gilt entsprechend; an die Stelle des Familiengerichts tritt das Nachlassgericht.

§ 2332 Verjährung
(1) Der Pflichtteilsanspruch verjährt in drei Jahren von dem Zeitpunkt an, in welchem der Pflichtteilsberechtigte von dem Eintritt des Erbfalls und von der ihn beeinträchtigenden Verfügung Kenntnis erlangt, ohne Rücksicht auf diese Kenntnis in 30 Jahren von dem Eintritt des Erbfalls an.
(2) Der nach § 2329 dem Pflichtteilsberechtigten gegen den Beschenkten zustehende Anspruch verjährt in drei Jahren von dem Eintritt des Erbfalls an.
(3) Die Verjährung wird nicht dadurch gehemmt, dass die Ansprüche erst nach der Ausschlagung der Erbschaft oder eines Vermächtnisses geltend gemacht werden können.

§ 2333 Entziehung des Pflichtteils eines Abkömmlings
Der Erblasser kann einem Abkömmling den Pflichtteil entziehen:
1. wenn der Abkömmling dem Erblasser, dem Ehegatten oder einem anderen Abkömmling des Erblassers nach dem Leben trachtet,

2. wenn der Abkömmling sich einer vorsätzlichen körperlichen Misshandlung des Erblassers oder des Ehegatten des Erblassers schuldig macht, im Falle der Misshandlung des Ehegatten jedoch nur, wenn der Abkömmling von diesem abstammt,
3. wenn der Abkömmling sich eines Verbrechens oder eines schweren vorsätzlichen Vergehens gegen den Erblasser oder dessen Ehegatten schuldig macht,
4. wenn der Abkömmling die ihm dem Erblasser gegenüber gesetzlich obliegende Unterhaltspflicht böswillig verletzt,
5. wenn der Abkömmling einen ehrlosen oder unsittlichen Lebenswandel wider den Willen des Erblassers führt.

§ 2334 Entziehung des Elternpflichtteils

Der Erblasser kann dem Vater den Pflichtteil entziehen, wenn dieser sich einer der in § 2333 Nr. 1, 3, 4 bezeichneten Verfehlungen schuldig macht. Das gleiche Recht steht dem Erblasser der Mutter gegenüber zu, wenn diese sich einer solchen Verfehlung schuldig macht.

§ 2335 Entziehung des Ehegattenpflichtteils

Der Erblasser kann dem Ehegatten den Pflichtteil entziehen:
1. wenn der Ehegatte dem Erblasser oder einem Abkömmling des Erblassers nach dem Leben trachtet,
2. wenn der Ehegatte sich einer vorsätzlichen körperlichen Misshandlung des Erblassers schuldig macht,
3. wenn der Ehegatte sich eines Verbrechens oder eines schweren vorsätzlichen Vergehens gegen den Erblasser schuldig macht,
4. wenn der Ehegatte die ihm dem Erblasser gegenüber gesetzlich obliegende Unterhaltspflicht böswillig verletzt.

§ 2336 Form, Beweislast, Unwirksamwerden

(1) Die Entziehung des Pflichtteils erfolgt durch letztwillige Verfügung.

(2) Der Grund der Entziehung muss zur Zeit der Errichtung bestehen und in der Verfügung angegeben werden.

(3) Der Beweis des Grundes liegt demjenigen ob, welcher die Entziehung geltend macht.

(4) Im Falle des § 2333 Nr. 5 ist die Entziehung unwirksam, wenn sich der Abkömmling zur Zeit des Erbfalls von dem ehrlosen oder unsittlichen Lebenswandel dauernd abgewendet hat.

§ 2337 Verzeihung

Das Recht zur Entziehung des Pflichtteils erlischt durch Verzeihung. Eine Verfügung, durch die der Erblasser die Entziehung angeordnet hat, wird durch die Verzeihung unwirksam.

§ 2338 Pflichtteilsbeschränkung

(1) Hat sich ein Abkömmling in solchem Maße der Verschwendung ergeben oder ist er in solchem Maße überschuldet, dass sein späterer Erwerb erheblich gefährdet wird, so kann der Erblasser das Pflichtteilsrecht des Abkömmlings durch die Anordnung beschränken, dass nach dem Tode des Abkömmlings dessen gesetzliche Erben das ihm Hinterlassene oder den ihm gebührenden Pflichtteil als Nacherben oder als Nachvermächtnisnehmer nach dem Verhältnis ihrer gesetzlichen Erbteile erhalten sollen. Der Erblasser kann auch für die Lebenszeit des Abkömmlings die Verwaltung einem Testamentsvollstrecker übertragen; der Abkömmling hat in einem solchen Falle Anspruch auf den jährlichen Reinertrag.

(2) Auf Anordnungen dieser Art findet die Vorschrift des § 2336 Abs. 1 bis 3 entsprechende Anwendung. Die Anordnungen sind unwirksam, wenn zur Zeit des Erbfalls der Abkömmling sich dauernd von dem verschwenderischen Leben abgewendet hat oder die den Grund der Anordnung bildende Überschuldung nicht mehr besteht.

Abschnitt 6. Erbunwürdigkeit

§ 2339 Gründe für Erbunwürdigkeit

(1) Erbunwürdig ist:

1. wer den Erblasser vorsätzlich und widerrechtlich getötet oder zu töten versucht oder in einen Zustand versetzt hat, infolge dessen der Erblasser bis zu seinem Tode unfähig war, eine Verfügung von Todes wegen zu errichten oder aufzuheben,
2. wer den Erblasser vorsätzlich und widerrechtlich verhindert hat, eine Verfügung von Todes wegen zu errichten oder aufzuheben,
3. wer den Erblasser durch arglistige Täuschung oder widerrechtlich durch Drohung bestimmt hat, eine Verfügung von Todes wegen zu errichten oder aufzuheben,
4. wer sich in Ansehung einer Verfügung des Erblassers von Todes wegen einer Straftat nach den §§ 267, 271 bis 274 des Strafgesetzbuchs schuldig gemacht hat.

(2) Die Erbunwürdigkeit tritt in den Fällen des Absatzes 1 Nr. 3, 4 nicht ein, wenn vor dem Eintritt des Erbfalls die Verfügung, zu deren Errichtung der Erblasser bestimmt oder in Ansehung deren die Straftat begangen worden ist, unwirksam geworden ist, oder die Verfügung, zu deren Aufhebung er bestimmt worden ist, unwirksam geworden sein würde.

§ 2340 Geltendmachung der Erbunwürdigkeit durch Anfechtung

(1) Die Erbunwürdigkeit wird durch Anfechtung des Erbschaftserwerbs geltend gemacht.

(2) Die Anfechtung ist erst nach dem Anfall der Erbschaft zulässig. Einem Nacherben gegenüber kann die Anfechtung erfolgen, sobald die Erbschaft dem Vorerben angefallen ist.

(3) Die Anfechtung kann nur innerhalb der in § 2082 bestimmten Fristen erfolgen.

§ 2341 Anfechtungsberechtigte

Anfechtungsberechtigt ist jeder, dem der Wegfall des Erbunwürdigen, sei es auch nur bei dem Wegfall eines anderen, zustatten kommt.

§ 2342 Anfechtungsklage

(1) Die Anfechtung erfolgt durch Erhebung der Anfechtungsklage.
Die Klage ist darauf zu richten, dass der Erbe für erbunwürdig erklärt wird.

(2) Die Wirkung der Anfechtung tritt erst mit der Rechtskraft des Urteils ein.

§ 2343 Verzeihung

Die Anfechtung ist ausgeschlossen, wenn der Erblasser dem Erbunwürdigen verziehen hat.

§ 2344 Wirkung der Erbunwürdigerklärung

(1) Ist ein Erbe für erbunwürdig erklärt, so gilt der Anfall an ihn als nicht erfolgt.

(2) Die Erbschaft fällt demjenigen an, welcher berufen sein würde, wenn der Erbunwürdige zur Zeit des Erbfalls nicht gelebt hätte; der Anfall gilt als mit dem Eintritt des Erbfalls erfolgt.

§ 2345 Vermächtnisunwürdigkeit; Pflichtteilsunwürdigkeit

(1) Hat sich ein Vermächtnisnehmer einer der in § 2339 Abs. 1 bezeichneten Verfehlungen schuldig gemacht, so ist der Anspruch aus dem Vermächtnis anfechtbar. Die Vorschriften der §§ 2082, 2083, 2339 Abs. 2 und der §§ 2341, 2343 finden Anwendung.

(2) Das Gleiche gilt für einen Pflichtteilsanspruch, wenn der Pflichtteilsberechtigte sich einer solchen Verfehlung schuldig gemacht hat.

Abschnitt 7. Erbverzicht

§ 2346 Wirkung des Erbverzichts, Beschränkungsmöglichkeit

(1) Verwandte sowie der Ehegatte des Erblassers können durch Vertrag mit dem Erblasser auf ihr gesetzliches Erbrecht verzichten. Der Verzichtende ist von der gesetzlichen Erbfolge ausgeschlossen, wie wenn er zur Zeit des Erbfalls nicht mehr lebte; er hat kein Pflichtteilsrecht.

(2) Der Verzicht kann auf das Pflichtteilsrecht beschränkt werden.

§ 2347 Persönliche Anforderungen, Vertretung

(1) Zu dem Erbverzicht ist, wenn der Verzichtende unter Vormundschaft steht, die Genehmigung des Vormundschaftsgerichts erforderlich; steht er unter elterlicher Sorge, so gilt das Gleiche, sofern nicht der Vertrag unter Ehegatten oder unter Verlobten geschlossen wird. Die Genehmigung des Vormundschaftsgerichts ist auch für den Verzicht durch den Betreuer erforderlich.

(2) Der Erblasser kann den Vertrag nur persönlich schließen; ist er in der Geschäftsfähigkeit beschränkt, so bedarf er nicht der Zustimmung seines gesetzlichen Vertreters.

Ist der Erblasser geschäftsunfähig, so kann der Vertrag durch den gesetzlichen Vertreter geschlossen werden; die Genehmigung des Vormundschaftsgerichts ist in gleichem Umfang wie nach Absatz 1 erforderlich.

§ 2348 Form

Der Erbverzichtsvertrag bedarf der notariellen Beurkundung.

§ 2349 Erstreckung auf Abkömmlinge

Verzichtet ein Abkömmling oder ein Seitenverwandter des Erblassers auf das gesetzliche Erbrecht, so erstreckt sich die Wirkung des Verzichts auf seine Abkömmlinge, sofern nicht ein anderes bestimmt wird.

§ 2350 Verzicht zugunsten eines anderen

(1) Verzichtet jemand zugunsten eines anderen auf das gesetzliche Erbrecht, so ist im Zweifel anzunehmen, dass der Verzicht nur für den Fall gelten soll, dass der andere Erbe wird.

(2) Verzichtet ein Abkömmling des Erblassers auf das gesetzliche Erbrecht, so ist im Zweifel anzunehmen, dass der Verzicht nur zugunsten der anderen Abkömmlinge und des Ehegatten des Erblassers gelten soll.

§ 2351 Aufhebung des Erbverzichts

Auf einen Vertrag, durch den ein Erbverzicht aufgehoben wird, findet die Vorschrift des § 2348 und in Ansehung des Erblassers auch die Vorschrift des § 2347 Abs. 2 Satz 1 erster Halbsatz, Satz 2 Anwendung.

§ 2352 Verzicht auf Zuwendungen

Wer durch Testament als Erbe eingesetzt oder mit einem Vermächtnis bedacht ist, kann durch Vertrag mit dem Erblasser auf die Zuwendung verzichten. Das Gleiche gilt für eine Zuwendung, die in einem Erbvertrag einem Dritten gemacht ist. Die Vorschriften der §§ 2347, 2348 finden Anwendung.

Abschnitt 8. Erbschein

§ 2353 Zuständigkeit des Nachlassgerichts, Antrag

Das Nachlassgericht hat dem Erben auf Antrag ein Zeugnis über sein Erbrecht und, wenn er nur zu einem Teil der Erbschaft berufen ist, über die Größe des Erbteils zu erteilen (Erbschein).

§ 2354 Angaben des gesetzlichen Erben im Antrag

(1) Wer die Erteilung des Erbscheins als gesetzlicher Erbe beantragt, hat anzugeben:

1. die Zeit des Todes des Erblassers,
2. das Verhältnis, auf dem sein Erbrecht beruht,
3. ob und welche Personen vorhanden sind oder vorhanden waren, durch die er von der Erbfolge ausgeschlossen oder sein Erbteil gemindert werden würde,
4. ob und welche Verfügungen des Erblassers von Todes wegen vorhanden sind,
5. ob ein Rechtsstreit über sein Erbrecht anhängig ist.

(2) Ist eine Person weggefallen, durch die der Antragsteller von der Erbfolge ausgeschlossen oder sein Erbteil gemindert werden würde, so hat der Antragsteller anzugeben, in welcher Weise die Person weggefallen ist.

§ 2355 Angaben des gewillkürten Erben im Antrag
Wer die Erteilung des Erbscheins auf Grund einer Verfügung von Todes wegen beantragt, hat die Verfügung zu bezeichnen, auf der sein Erbrecht beruht, anzugeben, ob und welche sonstigen Verfügungen des Erblassers von Todes wegen vorhanden sind, und die in § 2354 Abs. 1 Nr. 1, 5, Abs. 2 vorgeschriebenen Angaben zu machen.

§ 2356 Nachweis der Richtigkeit der Angaben
(1) Der Antragsteller hat die Richtigkeit der in Gemäßheit des § 2354 Abs. 1 Nr. 1 und 2, Abs. 2 gemachten Angaben durch öffentliche Urkunden nachzuweisen und im Falle des § 2355 die Urkunde vorzulegen, auf der sein Erbrecht beruht. Sind die Urkunden nicht oder nur mit unverhältnismäßigen Schwierigkeiten zu beschaffen, so genügt die Angabe anderer Beweismittel.
(2) Zum Nachweis, dass der Erblasser zur Zeit seines Todes im Güterstand der Zugewinngemeinschaft gelebt hat, und in Ansehung der übrigen nach den §§ 2354, 2355 erforderlichen Angaben hat der Antragsteller vor Gericht oder vor einem Notar an Eides statt zu versichern, dass ihm nichts bekannt sei, was der Richtigkeit seiner Angaben entgegensteht. Das Nachlassgericht kann die Versicherung erlassen, wenn es sie für nicht erforderlich erachtet.
(3) Diese Vorschriften finden keine Anwendung, soweit die Tatsachen bei dem Nachlassgericht offenkundig sind.

§ 2357 Gemeinschaftlicher Erbschein
(1) Sind mehrere Erben vorhanden, so ist auf Antrag ein gemeinschaftlicher Erbschein zu erteilen. Der Antrag kann von jedem der Erben gestellt werden.
(2) In dem Antrag sind die Erben und ihre Erbteile anzugeben.
(3) Wird der Antrag nicht von allen Erben gestellt, so hat er die Angabe zu enthalten, dass die übrigen Erben die Erbschaft angenommen haben. Die Vorschrift des § 2356 gilt auch für die sich auf die übrigen Erben beziehenden Angaben des Antragstellers.
(4) Die Versicherung an Eides statt ist von allen Erben abzugeben, sofern nicht das Nachlassgericht die Versicherung eines oder einiger von ihnen für ausreichend erachtet.

§ 2358 Ermittlungen des Nachlassgerichts
(1) Das Nachlassgericht hat unter Benutzung der von dem Antragsteller angegebenen Beweismittel von Amts wegen die zur Feststellung der Tatsachen erforderlichen Ermittlungen zu veranstalten und die geeignet erscheinenden Beweise aufzunehmen.
(2) Das Nachlassgericht kann eine öffentliche Aufforderung zur Anmeldung der anderen Personen zustehenden Erbrechte erlassen; die Art der Bekanntmachung und die Dauer der Anmeldungsfrist bestimmen sich nach den für das Aufgebotsverfahren geltenden Vorschriften.

§ 2359 Voraussetzungen für die Erteilung des Erbscheins
Der Erbschein ist nur zu erteilen, wenn das Nachlassgericht die zur Begründung des Antrags erforderlichen Tatsachen für festgestellt erachtet.

§ 2360 Anhörung von Betroffenen
(1) Ist ein Rechtsstreit über das Erbrecht anhängig, so soll vor der Erteilung des Erbscheins der Gegner des Antragstellers gehört werden.
(2) Ist die Verfügung, auf der das Erbrecht beruht, nicht in einer dem Nachlassgericht vorliegenden öffentlichen Urkunde enthalten, so soll vor der Erteilung des Erbscheins derjenige über die Gültigkeit der Verfügung gehört werden, welcher im Falle der Unwirksamkeit der Verfügung Erbe sein würde.
(3) Die Anhörung ist nicht erforderlich, wenn sie untunlich ist.

§ 2361 Einziehung oder Kraftloserklärung des unrichtigen Erbscheins
(1) Ergibt sich, dass der erteilte Erbschein unrichtig ist, so hat ihn das Nachlassgericht einzuziehen. Mit der Einziehung wird der Erbschein kraftlos.
(2) Kann der Erbschein nicht sofort erlangt werden, so hat ihn das Nachlassgericht durch Beschluss für kraftlos zu erklären. Der Beschluss ist nach den für die öffentliche Zustellung einer Ladung geltenden Vorschriften der Zivilprozessordnung bekannt zu machen. Mit dem Ablauf eines Monats nach der letzten Einrückung des Beschlusses in die öffentlichen Blätter wird die Kraftloserklärung wirksam.
(3) Das Nachlassgericht kann von Amts wegen über die Richtigkeit eines erteilten Erbscheins Ermittlungen veranstalten.

§ 2362 Herausgabe- und Auskunftsanspruch des wirklichen Erben
(1) Der wirkliche Erbe kann von dem Besitzer eines unrichtigen Erbscheins die Herausgabe an das Nachlassgericht verlangen.
(2) Derjenige, welchem ein unrichtiger Erbschein erteilt worden ist, hat dem wirklichen Erben über den Bestand der Erbschaft und über den Verbleib der Erbschaftsgegenstände Auskunft zu erteilen.

§ 2363 Inhalt des Erbscheins für den Vorerben
(1) In dem Erbschein, der einem Vorerben erteilt wird, ist anzugeben, dass eine Nacherbfolge angeordnet ist, unter welchen Voraussetzungen sie eintritt und wer der Nacherbe ist. Hat der Erblasser den Nacherben auf dasjenige eingesetzt, was von der Erbschaft bei dem Eintritt der Nacherbfolge übrig sein wird, oder hat er bestimmt, dass der Vorerbe zur freien Verfügung über die Erbschaft berechtigt sein soll, so ist auch dies anzugeben.
(2) Dem Nacherben steht das in § 2362 Abs. 1 bestimmte Recht zu.

§ 2364 Angabe des Testamentsvollstreckers im Erbschein, Herausgabeanspruch des Testamentsvollstreckers
(1) Hat der Erblasser einen Testamentsvollstrecker ernannt, so ist die Ernennung in dem Erbschein anzugeben.
(2) Dem Testamentsvollstrecker steht das in § 2362 Abs. 1 bestimmte Recht zu.

§ 2365 Vermutung der Richtigkeit des Erbscheins
Es wird vermutet, dass demjenigen, welcher in dem Erbschein als Erbe bezeichnet ist, das in dem Erbschein angegebene Erbrecht zustehe und dass er nicht durch andere als die angegebenen Anordnungen beschränkt sei.

§ 2366 Öffentlicher Glaube des Erbscheins
Erwirbt jemand von demjenigen, welcher in einem Erbschein als Erbe bezeichnet ist, durch Rechtsgeschäft einen Erbschaftsgegenstand, ein Recht an einem solchen Gegenstand oder die Befreiung von einem zur Erbschaft gehörenden Recht, so gilt zu seinen Gunsten der Inhalt des Erbscheins, soweit die Vermutung des § 2365 reicht, als richtig, es sei denn, dass er die Unrichtigkeit kennt oder weiß, dass das Nachlassgericht die Rückgabe des Erbscheins wegen Unrichtigkeit verlangt hat.

§ 2367 Leistung an Erbscheinserben
Die Vorschrift des § 2366 findet entsprechende Anwendung, wenn an denjenigen, welcher in einem Erbschein als Erbe bezeichnet ist, auf Grund eines zur Erbschaft gehörenden Rechts eine Leistung bewirkt oder wenn zwischen ihm und einem anderen in Ansehung eines solchen Rechts ein nicht unter die Vorschrift des § 2366 fallendes Rechtsgeschäft vorgenommen wird, das eine Verfügung über das Recht enthält.

§ 2368 Testamentsvollstreckerzeugnis
(1) Einem Testamentsvollstrecker hat das Nachlassgericht auf Antrag ein Zeugnis über die Ernennung zu erteilen.
Ist der Testamentsvollstrecker in der Verwaltung des Nachlasses beschränkt oder hat der Erblasser angeordnet, dass der Testamentsvollstrecker in der Eingehung von Verbindlichkeiten für den Nachlass nicht beschränkt sein soll, so ist dies in dem Zeugnis anzugeben.
(2) Ist die Ernennung nicht in einer dem Nachlassgericht vorliegenden öffentlichen Urkunde enthalten, so soll vor der Erteilung des Zeugnisses der Erbe wenn tunlich über die Gültigkeit der Ernennung gehört werden.
(3) Die Vorschriften über den Erbschein finden auf das Zeugnis entsprechende Anwendung; mit der Beendigung des Amts des Testamentsvollstreckers wird das Zeugnis kraftlos.

§ 2369 Gegenständlich beschränkter Erbschein
(1) Gehören zu einer Erbschaft, für die es an einem zur Erteilung des Erbscheins zuständigen deutschen Nachlassgericht fehlt, Gegenstände, die sich im Inland befinden, so kann die Erteilung eines Erbscheins für diese Gegenstände verlangt werden.
(2) Ein Gegenstand, für den von einer deutschen Behörde ein zur Eintragung des Berechtigten bestimmtes Buch oder Register geführt wird, gilt als im Inland befindlich. Ein Anspruch gilt als im Inland befindlich, wenn für die Klage ein deutsches Gericht zuständig ist.

§ 2370 Öffentlicher Glaube bei Todeserklärung
(1) Hat eine Person, die für tot erklärt oder deren Todeszeit nach den Vorschriften des Verschollenheitsgesetzes festgestellt ist, den Zeitpunkt überlebt, der als Zeitpunkt ihres Todes gilt, oder ist sie vor diesem Zeitpunkt gestorben, so gilt derjenige, welcher auf Grund der Todeserklärung oder der Feststellung der Todeszeit Erbe sein würde, in Ansehung der in den §§ 2366, 2367 bezeichneten Rechtsgeschäfte zugunsten des Dritten auch ohne Erteilung eines Erbscheins als Erbe, es sei denn, dass der Dritte die Unrichtigkeit der Todeserklärung oder der Feststellung der Todeszeit kennt oder weiß, dass sie aufgehoben worden sind.
(2) Ist ein Erbschein erteilt worden, so stehen demjenigen, der für tot erklärt oder dessen Todeszeit nach den Vorschriften des Verschollenheitsgesetzes festgestellt ist, wenn er noch lebt, die in § 2362 bestimmten Rechte zu.
Die gleichen Rechte hat eine Person, deren Tod ohne Todeserklärung oder Feststellung der Todeszeit mit Unrecht angenommen worden ist.

Abschnitt 9. Erbschaftskauf

§ 2371 Form
Ein Vertrag, durch den der Erbe die ihm angefallene Erbschaft verkauft, bedarf der notariellen Beurkundung.

§ 2372 Dem Käufer zustehende Vorteile
Die Vorteile, welche sich aus dem Wegfall eines Vermächtnisses oder einer Auflage oder aus der Ausgleichungspflicht eines Miterben ergeben, gebühren dem Käufer.

§ 2373 Dem Verkäufer verbleibende Teile
Ein Erbteil, der dem Verkäufer nach dem Abschluss des Kaufs durch Nacherbfolge oder infolge des Wegfalls eines Miterben anfällt, sowie ein dem Verkäufer zugewendetes Vorausvermächtnis ist im Zweifel nicht als mitverkauft anzusehen. Das Gleiche gilt von Familienpapieren und Familienbildern.

§ 2374 Herausgabepflicht
Der Verkäufer ist verpflichtet, dem Käufer die zur Zeit des Verkaufs vorhandenen Erbschaftsgegenstände mit Einschluss dessen herauszugeben, was er vor dem Verkauf auf Grund eines zur

Erbschaft gehörenden Rechts oder als Ersatz für die Zerstörung, Beschädigung oder Entziehung eines Erbschaftsgegenstands oder durch ein Rechtsgeschäft erlangt hat, das sich auf die Erbschaft bezog.

§ 2375 Ersatzpflicht

(1) Hat der Verkäufer vor dem Verkauf einen Erbschaftsgegenstand verbraucht, unentgeltlich veräußert oder unentgeltlich belastet, so ist er verpflichtet, dem Käufer den Wert des verbrauchten oder veräußerten Gegenstands, im Falle der Belastung die Wertminderung zu ersetzen. Die Ersatzpflicht tritt nicht ein, wenn der Käufer den Verbrauch oder die unentgeltliche Verfügung bei dem Abschluss des Kaufs kennt.

(2) Im Übrigen kann der Käufer wegen Verschlechterung, Untergangs oder einer aus einem anderen Grunde eingetretenen Unmöglichkeit der Herausgabe eines Erbschaftsgegenstands nicht Ersatz verlangen.

§ 2376 Haftung des Verkäufers

(1) Die Verpflichtung des Verkäufers zur Gewährleistung wegen eines Mangels im Recht beschränkt sich auf die Haftung dafür, dass ihm das Erbrecht zusteht, dass es nicht durch das Recht eines Nacherben oder durch die Ernennung eines Testamentsvollstreckers beschränkt ist, dass nicht Vermächtnisse, Auflagen, Pflichtteilslasten, Ausgleichungspflichten oder Teilungsanordnungen bestehen und dass nicht unbeschränkte Haftung gegenüber den Nachlassgläubigern oder einzelnen von ihnen eingetreten ist.

(2) Sachmängel einer zur Erbschaft gehörenden Sache hat der Verkäufer nicht zu vertreten.

§ 2377 Wiederaufleben erloschener Rechtsverhältnisse

Die infolge des Erbfalls durch Vereinigung von Recht und Verbindlichkeit oder von Recht und Belastung erloschenen Rechtsverhältnisse gelten im Verhältnis zwischen dem Käufer und dem Verkäufer als nicht erloschen. Erforderlichenfalls ist ein solches Rechtsverhältnis wiederherzustellen.

§ 2378 Nachlassverbindlichkeiten

(1) Der Käufer ist dem Verkäufer gegenüber verpflichtet, die Nachlassverbindlichkeiten zu erfüllen, soweit nicht der Verkäufer nach § 2376 dafür haftet, dass sie nicht bestehen.

(2) Hat der Verkäufer vor dem Verkauf eine Nachlassverbindlichkeit erfüllt, so kann er von dem Käufer Ersatz verlangen.

§ 2379 Nutzungen und Lasten vor Verkauf

Dem Verkäufer verbleiben die auf die Zeit vor dem Verkauf fallenden Nutzungen. Er trägt für diese Zeit die Lasten, mit Einschluss der Zinsen der Nachlassverbindlichkeiten.

Den Käufer treffen jedoch die von der Erbschaft zu entrichtenden Abgaben sowie die außerordentlichen Lasten, welche als auf den Stammwert der Erbschaftsgegenstände gelegt anzusehen sind.

§ 2380 Gefahrübergang, Nutzungen und Lasten nach Verkauf

Der Käufer trägt von dem Abschluss des Kaufs an die Gefahr des zufälligen Untergangs und einer zufälligen Verschlechterung der Erbschaftsgegenstände. Von diesem Zeitpunkt an gebühren ihm die Nutzungen und trägt er die Lasten.

§ 2381 Ersatz von Verwendungen und Aufwendungen

(1) Der Käufer hat dem Verkäufer die notwendigen Verwendungen zu ersetzen, die der Verkäufer vor dem Verkauf auf die Erbschaft gemacht hat.

(2) Für andere vor dem Verkauf gemachte Aufwendungen hat der Käufer insoweit Ersatz zu leisten, als durch sie der Wert der Erbschaft zur Zeit des Verkaufs erhöht ist.

§ 2382 Haftung des Käufers gegenüber Nachlassgläubigern
(1) Der Käufer haftet von dem Abschluss des Kaufs an den Nachlassgläubigern, unbeschadet der Fortdauer der Haftung des Verkäufers. Dies gilt auch von den Verbindlichkeiten, zu deren Erfüllung der Käufer dem Verkäufer gegenüber nach den §§ 2378, 2379 nicht verpflichtet ist.
(2) Die Haftung des Käufers den Gläubigern gegenüber kann nicht durch Vereinbarung zwischen dem Käufer und dem Verkäufer ausgeschlossen oder beschränkt werden.

§ 2383 Umfang der Haftung des Käufers
(1) Für die Haftung des Käufers gelten die Vorschriften über die Beschränkung der Haftung des Erben. Er haftet unbeschränkt, soweit der Verkäufer zur Zeit des Verkaufs unbeschränkt haftet. Beschränkt sich die Haftung des Käufers auf die Erbschaft, so gelten seine Ansprüche aus dem Kauf als zur Erbschaft gehörend.
(2) Die Errichtung des Inventars durch den Verkäufer oder den Käufer kommt auch dem anderen Teil zustatten, es sei denn, dass dieser unbeschränkt haftet.

§ 2384 Anzeigepflicht des Verkäufers gegenüber Nachlassgläubigern, Einsichtsrecht
(1) Der Verkäufer ist den Nachlassgläubigern gegenüber verpflichtet, den Verkauf der Erbschaft und den Namen des Käufers unverzüglich dem Nachlassgericht anzuzeigen.
Die Anzeige des Verkäufers wird durch die Anzeige des Käufers ersetzt.
(2) Das Nachlassgericht hat die Einsicht der Anzeige jedem zu gestatten, der ein rechtliches Interesse glaubhaft macht.

§ 2385 Anwendung auf ähnliche Verträge
(1) Die Vorschriften über den Erbschaftskauf finden entsprechende Anwendung auf den Kauf einer von dem Verkäufer durch Vertrag erworbenen Erbschaft sowie auf andere Verträge, die auf die Veräußerung einer dem Veräußerer angefallenen oder anderweit von ihm erworbenen Erbschaft gerichtet sind.
(2) Im Falle einer Schenkung ist der Schenker nicht verpflichtet, für die vor der Schenkung verbrauchten oder unentgeltlich veräußerten Erbschaftsgegenstände oder für eine vor der Schenkung unentgeltlich vorgenommene Belastung dieser Gegenstände Ersatz zu leisten. Die in § 2376 bestimmte Verpflichtung zur Gewährleistung wegen eines Mangels im Recht trifft den Schenker nicht; hat der Schenker den Mangel arglistig verschwiegen, so ist er verpflichtet, dem Beschenkten den daraus entstehenden Schaden zu ersetzen.

2. Einführungsgesetz zum Bürgerlichen Gesetzbuche (EGBGB)

in der Fassung der Bekanntmachung vom 21.9.1994 (BGBl. I S. 2494, ber. 1997 S. 1061), zuletzt geändert durch Gesetz vom 11.12.2001 (BGBl. I S. 3513)

Erster Teil. Allgemeine Vorschriften

Erstes Kapitel. Inkrafttreten. Vorbehalt für Landesrecht. Gesetzesbegriff

Artikel 1

(1) Das Bürgerliche Gesetzbuch tritt am 1. Januar 1900 gleichzeitig mit einem Gesetz, betreffend Änderungen des Gerichtsverfassungsgesetzes, der Zivilprozessordnung und der Konkursordnung, einem Gesetz über die Zwangsversteigerung und die Zwangsverwaltung, einer Grundbuchordnung und einem Gesetz über die Angelegenheiten der freiwilligen Gerichtsbarkeit in Kraft.

(2) Soweit in dem Bürgerlichen Gesetzbuch oder in diesem Gesetz die Regelung den Landesgesetzen vorbehalten oder bestimmt ist, dass landesgesetzliche Vorschriften unberührt bleiben oder erlassen werden können, bleiben die bestehenden landesgesetzlichen Vorschriften in Kraft und können neue landesgesetzliche Vorschriften erlassen werden.

Artikel 9. Todeserklärung

Die Todeserklärung, die Feststellung des Todes und des Todeszeitpunkts sowie Lebens- und Todesvermutungen unterliegen dem Recht des Staates, dem der Verschollene in dem letzten Zeitpunkt angehörte, in dem er nach den vorhandenen Nachrichten noch gelebt hat. War der Verschollene in diesem Zeitpunkt Angehöriger eines fremden Staates, so kann er nach deutschem Recht für tot erklärt werden, wenn hierfür ein berechtigtes Interesse besteht.

Zweites Kapitel. Internationales Privatrecht

Vierter Abschnitt. Erbrecht

Artikel 25. Rechtsnachfolge von Todes wegen

(1) Die Rechtsnachfolge von Todes wegen unterliegt dem Recht des Staates, dem der Erblasser im Zeitpunkt seines Todes angehörte.

(2) Der Erblasser kann für im Inland belegenes unbewegliches Vermögen in der Form einer Verfügung von Todes wegen deutsches Recht wählen.

Artikel 26. Verfügungen von Todes wegen

(1) Eine letztwillige Verfügung ist, auch wenn sie von mehreren Personen in derselben Urkunde errichtet wird, hinsichtlich ihrer Form gültig, wenn diese den Formerfordernissen entspricht

1. des Rechts eines Staates, dem der Erblasser ungeachtet des Artikels 5 Abs. 1 im Zeitpunkt, in dem er letztwillig verfügt hat, oder im Zeitpunkt seines Todes angehörte,
2. des Rechts des Ortes, an dem der Erblasser letztwillig verfügt hat,
3. des Rechts eines Ortes, an dem der Erblasser im Zeitpunkt, in dem er letztwillig verfügt hat, oder im Zeitpunkt seines Todes seinen Wohnsitz oder gewöhnlichen Aufenthalt hatte,

4. des Rechts des Ortes, an dem sich unbewegliches Vermögen befindet, soweit es sich um dieses handelt, oder
5. des Rechts, das auf die Rechtsnachfolge von Todes wegen anzuwenden ist oder im Zeitpunkt der Verfügung anzuwenden wäre.

Ob der Erblasser an einem bestimmten Ort einen Wohnsitz hatte, regelt das an diesem Ort geltende Recht.

(2) Absatz 1 ist auch auf letztwillige Verfügungen anzuwenden, durch die eine frühere letztwillige Verfügung widerrufen wird. Der Widerruf ist hinsichtlich seiner Form auch dann gültig, wenn diese einer der Rechtsordnungen entspricht, nach denen die widerrufene letztwillige Verfügung gemäß Absatz 1 gültig war.

(3) Die Vorschriften, welche die für letztwillige Verfügungen zugelassenen Formen mit Beziehung auf das Alter, die Staatsangehörigkeit oder andere persönliche Eigenschaften des Erblassers beschränken, werden als zur Form gehörend angesehen. Das gleiche gilt für Eigenschaften, welche die für die Gültigkeit einer letztwilligen Verfügung erforderlichen Zeugen besitzen müssen.

(4) Die Absätze 1 bis 3 gelten für andere Verfügungen von Todes wegen entsprechend.

(5) Im Übrigen unterliegen die Gültigkeit der Errichtung einer Verfügung von Todes wegen und die Bindung an sie dem Recht, das im Zeitpunkt der Verfügung auf die Rechtsnachfolge von Todes wegen anzuwenden wäre. Die einmal erlangte Testierfähigkeit wird durch Erwerb oder Verlust der Rechtsstellung als Deutscher nicht beeinträchtigt.

Dritter Teil. Verhältnis des Bürgerlichen Gesetzbuches zu den Landesgesetzen

Artikel 133. (Kirchenstühle, Grabstätte)

Unberührt bleiben die landesgesetzlichen Vorschriften über das Recht zur Benutzung eines Platzes in einem dem öffentlichen Gottesdienst gewidmeten Gebäude oder auf einer öffentlichen Begräbnisstätte.

Artikel 140. (Nachlassverzeichnis und -sicherung)

Unberührt bleiben die landesgesetzlichen Vorschriften, nach welchen das Nachlassgericht auch unter anderen als den in § 1960 Abs. 1 des Bürgerlichen Gesetzbuchs bezeichneten Voraussetzungen die Anfertigung eines Nachlassverzeichnisses sowie bis zu dessen Vollendung die erforderlichen Sicherungsmaßregeln, insbesondere die Anlegung von Siegeln, von Amts wegen anordnen kann oder soll.

Artikel 147. (Vormundschafts- und Nachlassbehörden)

(1) Unberührt bleiben die landesgesetzlichen Vorschriften, nach welchen für die dem Vormundschaftsgericht oder dem Nachlassgericht obliegenden Verrichtungen andere als gerichtliche Behörden zuständig sind.*

(2) (weggefallen)

**Die Notariate im württembergischen Rechtsbereich nach dem Landesgesetz über die Freiwillige Gerichtsbarkeit Baden – Württemberg vom 12.2.1975 (GBl. S. 116), zuletzt geändert durch Gesetz vom 19.11.1991 (GBl. S. 681)*

Artikel 148. (Zuständigkeit für Nachlass-Inventar)

Die Landesgesetze können die Zuständigkeit des Nachlassgerichts zur Aufnahme des Inventars ausschließen.

Artikel 213. (Erbrechtliche Verhältnisse)

Für die erbrechtlichen Verhältnisse bleiben, wenn der Erblasser vor dem Inkrafttreten des Bürgerlichen Gesetzbuchs gestorben ist, die bisherigen Gesetze maßgebend. Dies gilt insbesondere auch von den Vorschriften über das erbschaftliche Liquidationsverfahren.

Artikel 214. (Verfügung von Todes wegen)

(1) Die vor dem Inkrafttreten des Bürgerlichen Gesetzbuchs erfolgte Errichtung oder Aufhebung einer Verfügung von Todes wegen wird nach den bisherigen Gesetzen beurteilt, auch wenn der Erblasser nach dem Inkrafttreten des Bürgerlichen Gesetzbuchs stirbt.
(2) Das gleiche gilt für die Bindung des Erblassers bei einem Erbvertrag oder einem gemeinschaftlichen Testament, sofern der Erbvertrag oder das Testament vor dem Inkrafttreten des Bürgerlichen Gesetzbuchs errichtet worden ist.

Artikel 215. (Testierfähigkeit)

(1) Wer vor dem Inkrafttreten des Bürgerlichen Gesetzbuchs die Fähigkeit zur Errichtung einer Verfügung von Todes wegen erlangt und eine solche Verfügung errichtet hat, behält die Fähigkeit, auch wenn er das nach dem Bürgerlichen Gesetzbuch erforderliche Alter noch nicht erreicht hat.
(2) Die Vorschriften des § 2230 des Bürgerlichen Gesetzbuchs finden auf ein Testament Anwendung, das ein nach dem Inkrafttreten des Bürgerlichen Gesetzbuchs gestorbener Erblasser vor diesem Zeitpunkt errichtet hat.

Artikel 217. (Erbverzichtsvertrag)

(1) Die vor dem Inkrafttreten des Bürgerlichen Gesetzbuchs erfolgte Errichtung eines Erbverzichtsvertrags sowie die Wirkungen eines solchen Vertrags bestimmen sich nach den bisherigen Gesetzen.
(2) Das gleiche gilt von einem vor dem Inkrafttreten des Bürgerlichen Gesetzbuchs geschlossenen Vertrag, durch den ein Erbverzichtsvertrag aufgehoben worden ist.

Artikel 218. (Änderung der Landesgesetze)

Soweit nach den Vorschriften dieses Abschnitts die bisherigen Landesgesetze maßgebend bleiben, können sie nach dem Inkrafttreten des Bürgerlichen Gesetzbuchs durch Landesgesetz auch geändert werden.

Sechster Teil. Inkrafttreten und Übergangsrecht aus Anlass der Einführung des Bürgerlichen Gesetzbuchs und dieses Einführungsgesetzes in dem in Artikel 3 des Einigungsvertrages genannten Gebiet

Artikel 230. Inkrafttreten

Das Bürgerliche Gesetzbuch und dieses Einführungsgesetz treten für das in Artikel 3 des Einigungsvertrages genannte Gebiet am Tage des Wirksamwerdens des Beitritts nach Maßgabe der folgenden Übergangsvorschriften in Kraft.*

**Der Beitritt der neuen Bundesländer erfolgte am 3.10.1990*

Artikel 235. Fünftes Buch. Erbrecht

§ 1 Erbrechtliche Verhältnisse

(1) Für die erbrechtlichen Verhältnisse bleibt das bisherige Recht* maßgebend, wenn der Erblasser vor dem Wirksamwerden des Beitritts gestorben ist.
(2) Ist der Erblasser nach dem Wirksamwerden des Beitritts gestorben, so gelten in Ansehung eines nichtehelichen Kindes, das vor dem Beitritt geboren ist, die für die erbrechtlichen Verhältnisse eines ehelichen Kindes geltenden Vorschriften.

§ 2 Verfügungen von Todes wegen

Die Errichtung oder Aufhebung einer Verfügung von Todes wegen vor dem Wirksamwerden des Beitritts wird nach dem bisherigen Recht* beurteilt, auch wenn der Erblasser nach dem Wirksamwerden des Beitritts stirbt. Dies gilt auch für die Bindung des Erblassers bei einem gemeinschaftlichen Testament, sofern das Testament vor dem Wirksamwerden des Beitritts errichtet worden ist.

**§§ 362 – 427 des Zivilgesetzbuches (ZGB) der Deutschen Demokratischen Republik vom 19.6.1975 (GBl. DDR S. 465)*

3. Gesetz über die Angelegenheiten der freiwilligen Gerichtsbarkeit (FGG)

vom 17.5.1898 (RGBl. S. 189), zuletzt geändert durch Gesetz vom 13.12.2001 (BGBl. I S. 3638)

– Auszug –

Fünfter Abschnitt. Nachlass- und Teilungssachen

§ 72 (Zuständigkeit der Amtsgerichte)
Für die dem Nachlassgericht obliegenden Verrichtungen sind die Amtsgerichte zuständig.

§ 73 (Örtliche Zuständigkeit)
(1) Die örtliche Zuständigkeit bestimmt sich nach dem Wohnsitz, den der Erblasser zur Zeit des Erbfalls hatte; in Ermangelung eines inländischen Wohnsitzes ist das Gericht zuständig, in dessen Bezirk der Erblasser zur Zeit des Erbfalls seinen Aufenthalt hatte.
(2) Ist der Erblasser Deutscher und hatte er zur Zeit des Erbfalls im Inland weder Wohnsitz noch Aufenthalt, so ist das Amtsgericht Schöneberg in Berlin-Schöneberg zuständig. Es kann die Sache aus wichtigen Gründen an ein anderes Gericht abgeben; die Abgabeverfügung ist für dieses Gericht bindend.
(3) Ist der Erblasser ein Ausländer und hatte er zur Zeit des Erbfalls im Inland weder Wohnsitz noch Aufenthalt, so ist jedes Gericht, in dessen Bezirk sich Nachlassgegenstände befinden, in Ansehung aller im Inland befindlichen Nachlassgegenstände zuständig. Die Vorschriften des § 2369 Abs. 2 des Bürgerlichen Gesetzbuchs finden Anwendung.

§ 74 (Ort des Fürsorgebedürfnisses)
Für die Sicherung des Nachlasses ist jedes Amtsgericht zuständig, in dessen Bezirk das Bedürfnis der Fürsorge hervortritt. Das Gericht soll von den angeordneten Maßregeln dem nach § 73 zuständigen Nachlassgericht Mitteilung machen.

§ 74a (Vermögenserwerb eines Kindes)
Erhält das Nachlassgericht Kenntnis davon, dass ein Kind Vermögen von Todes wegen erworben hat, das nach § 1640 Abs. 1 Satz 1, Abs. 2 des Bürgerlichen Gesetzbuchs zu verzeichnen ist, so teilt das Nachlassgericht dem Vormundschaftsgericht den Vermögenserwerb mit.

§ 75 (Anwendung von Vormundschaftsrecht)
Auf die Nachlasspflegschaft finden die für Vormundschaftssachen geltenden Vorschriften dieses Gesetzes Anwendung. Unberührt bleiben die Vorschriften über die Zuständigkeit des Nachlassgerichts; das Nachlassgericht kann jedoch die Pflegschaft nach Maßgabe des § 46 an ein anderes Nachlassgericht abgeben.

§ 76 (Beschwerde gegen Anordnung der Nachlassverwaltung)
(1) Gegen eine Verfügung, durch die dem Antrag des Erben, die Nachlassverwaltung anzuordnen, stattgegeben wird, ist die Beschwerde unzulässig.
(2) Gegen eine Verfügung, durch die dem Antrag eines Nachlassgläubigers, die Nachlassverwaltung anzuordnen, stattgegeben wird, findet die sofortige Beschwerde statt. Die Beschwerde steht nur dem Erben, bei Miterben jedem Erben, sowie dem Testamentsvollstrecker zu, welcher zur Verwaltung des Nachlasses berechtigt ist.

§ 77 (Beschwerde gegen Anordnung der Inventarfrist)
(1) Gegen eine Verfügung, durch die dem Erben eine Inventarfrist bestimmt wird, findet die sofortige Beschwerde statt.

(2) Das gleiche gilt von einer Verfügung, durch die über die neue Inventarfrist oder über den Antrag des Erben, die Inventarfrist zu verlängern, entschieden wird.
(3) In den Fällen der Absätze 1, 2 beginnt die Frist zur Einlegung der Beschwerde für jeden Nachlassgläubiger mit dem Zeitpunkt, in welchem die Verfügung demjenigen Nachlassgläubiger bekannt gemacht wird, welcher den Antrag auf die Bestimmung der Inventarfrist gestellt hat.

§ 78 (Akteneinsicht bei Fiskus als Erben)
(1) Hat das Nachlassgericht nach § 1964 des Bürgerlichen Gesetzbuchs festgestellt, dass ein anderer Erbe als der Fiskus nicht vorhanden ist, so steht die Einsicht der dieser Feststellung vorausgegangenen Ermittlungen jedem zu, der ein berechtigtes Interesse glaubhaft macht. Das gleiche gilt von der Einsicht einer Verfügung, welche die Bestimmung einer Inventarfrist oder die Ernennung oder die Entlassung eines Testamentsvollstreckers betrifft, eines Protokolls über die Abgabe der im § 79 bezeichneten eidesstattlichen Versicherung sowie von der Einsicht eines Erbscheins und eines der in den §§ 1507, 2368 des Bürgerlichen Gesetzbuchs und den §§ 37, 38 der Grundbuchordnung vorgesehenen gerichtlichen Zeugnisse.
(2) Von den Schriftstücken, deren Einsicht gestattet ist, kann eine Abschrift gefordert werden; die Abschrift ist auf Verlangen zu beglaubigen.

§ 79 (Eidesstattliche Versicherung des Erben)
Verlangt ein Nachlassgläubiger von dem Erben die Abgabe der im § 2006 des Bürgerlichen Gesetzbuchs vorgesehenen eidesstattlichen Versicherung, so kann die Bestimmung des Termins zur Abgabe der eidesstattlichen Versicherung sowohl von dem Nachlassgläubiger als von dem Erben beantragt werden. Zu dem Termin sind beide Teile zu laden. Die Anwesenheit des Gläubigers ist nicht erforderlich. Die Vorschriften der §§ 478 bis 480, 483 der Zivilprozessordnung gelten entsprechend.

§ 80 (Sofortige Beschwerde gegen Fristsetzung)
Gegen eine Verfügung, durch die nach den §§ 2151, 2153 bis 2155, 2192, 2193 und dem § 2198 Abs. 2 des Bürgerlichen Gesetzbuchs dem Beschwerten oder einem Dritten eine Frist zur Erklärung bestimmt wird, findet die sofortige Beschwerde statt.

§ 81 (Sofortige Beschwerde gegen Testamentsvollstreckeranordnung)
(1) Gegen eine Verfügung, durch die von dem Nachlassgericht ein Testamentsvollstrecker ernannt oder einem zum Testamentsvollstrecker Ernannten eine Frist zur Erklärung über die Annahme des Amtes bestimmt wird, findet die sofortige Beschwerde statt.
(2) Das gleiche gilt von einer Verfügung, durch die ein Testamentsvollstrecker gegen seinen Willen entlassen wird.

§ 82 (Beschwerderecht mehrerer Testamentsvollstrecker)
(1) Führen mehrere Testamentsvollstrecker das Amt gemeinschaftlich, so steht gegen eine Verfügung, durch die das Nachlassgericht Anordnungen des Erblassers für die Verwaltung des Nachlasses außer Kraft setzt oder bei einer Meinungsverschiedenheit zwischen den Testamentsvollstreckern entscheidet, jedem Testamentsvollstrecker die Beschwerde selbständig zu.
(2) Auf eine Verfügung, durch die bei einer Meinungsverschiedenheit zwischen den Testamentsvollstreckern über die Vornahme eines Rechtsgeschäfts das Nachlassgericht entscheidet, finden die Vorschriften des § 53 und 1 Nr. 6 entsprechende Anwendung.

§ 83 (Ablieferung von Testamenten)
(1) Das Nachlassgericht kann im Falle des § 2259 Abs. 1 des Bürgerlichen Gesetzbuchs den Besitzer des Testaments durch Festsetzung von Zwangsgeld zur Ablieferung des Testaments anhalten.
(2) Besteht Grund zu der Annahme, dass jemand ein Testament in Besitz hat, zu dessen Ablieferung er nach § 2259 Abs. 1 des Bürgerlichen Gesetzbuchs verpflichtet ist, so kann er von dem Nachlassgericht zur Abgabe einer eidesstattlichen Versicherung über den Verbleib angehalten

werden; die Vorschriften des § 883 Abs. 2 bis 4, des § 900 Abs. 1 und der §§ 901, 902, 904 bis 910, 912, 913 der Zivilprozessordnung finden entsprechende Anwendung.

§ 83a (Stundung des Pflichtteils)
Für das Verfahren, das die Stundung eines Pflichtteilsanspruchs zum Gegenstand hat (§ 2331a in Verbindung mit § 1382 des Bürgerlichen Gesetzbuchs), gilt § 53a entsprechend.

§ 84 (Kraftloserklärung des Erbscheins)
Gegen einen Beschluss, durch den ein Erbschein für kraftlos erklärt wird, findet die Beschwerde nicht statt. Das gleiche gilt von einem Beschluss, durch den eines der in den §§ 1507, 2368 des Bürgerlichen Gesetzbuchs und den §§ 37, 38 der Grundbuchordnung vorgesehenen gerichtlichen Zeugnisse für kraftlos erklärt wird.

§ 85 (Ausfertigung des Erbscheins)
Wer ein rechtliches Interesse glaubhaft macht, kann verlangen, dass ihm von dem Gericht eine Ausfertigung des Erbscheins erteilt wird. Das gleiche gilt in Ansehung der im § 84 Satz 2 bezeichneten Zeugnisse sowie in Ansehung der gerichtlichen Verfügungen, die sich auf die Ernennung oder die eines Testamentsvollstreckers beziehen.

§ 86 (Erbauseinandersetzung)
(1) Hinterlässt ein Erblasser mehrere Erben, so hat das Nachlassgericht auf Antrag die Auseinandersetzung in Ansehung des Nachlasses zwischen den Beteiligten zu vermitteln, sofern nicht ein zur Bewirkung der Auseinandersetzung berechtigter Testamentsvollstrecker vorhanden ist.
(2) Antragsberechtigt ist jeder Miterbe, der Erwerber eines Erbteils sowie derjenige, welchem ein Pfandrecht oder ein Nießbrauch an einem Erbteile zusteht.

§ 87 (Antragserfordernisse)
(1) In dem Antrag sollen die Beteiligten und die Teilungsmasse bezeichnet werden.
(2) Hält das Gericht vor der Verhandlung mit den Beteiligten eine weitere Aufklärung für angemessen, so hat es den Antragsteller zur Ergänzung des Antrags, insbesondere zur Angabe der den einzelnen Beteiligten in Ansehung des Nachlasses zustehenden Ansprüche, zu veranlassen. Es kann dem Antragsteller auch die Beschaffung der Unterlagen aufgeben.

§ 88 (Pfleger für Abwesenden)
Einem abwesenden Beteiligten kann, wenn die Voraussetzungen der Abwesenheitspflegschaft vorliegen und eine Pflegschaft über ihn nicht bereits anhängig ist, für das Auseinandersetzungsverfahren von dem Nachlassgericht ein Pfleger bestellt werden. Für die Pflegschaft tritt an die Stelle des Vormundschaftsgerichts das Nachlassgericht.

§ 89 (Verhandlungstermin)
Das Gericht hat den Antragsteller und die übrigen Beteiligten, diese unter Mitteilung des Antrags, zu einem Verhandlungstermin zu laden. Die Ladung durch öffentliche Zustellung ist unzulässig. Die Ladung soll den Hinweis darauf enthalten, dass ungeachtet des Ausbleibens eines Beteiligten über die Auseinandersetzung verhandelt werden würde und dass, falls der Termin vertagt oder ein neuer Termin zur Fortsetzung der Verhandlung anberaumt werden sollte, die Ladung zu dem neuen Termin unterbleiben könne. Sind Unterlagen für die Auseinandersetzung vorhanden, so ist in der Ladung zu bemerken, dass die Unterlagen auf der Geschäftsstelle eingesehen werden können.

§ 90 (Ladungsfrist)
(1) Die Frist zwischen der Ladung und dem Termin muss mindestens zwei Wochen betragen.
(2) Diese Vorschrift findet auf eine Vertagung sowie auf einen Termin zur Fortsetzung der Verhandlung keine Anwendung. In diesen Fällen kann die Ladung der zu dem früheren Termin geladenen Beteiligten durch die Verkündung des neuen Termins ersetzt werden.

§ 91 (Vereinbarung)
(1) Treffen die erschienenen Beteiligten vor der Auseinandersetzung eine Vereinbarung über vorbereitende Maßregeln, insbesondere über die Art der Teilung, so hat das Gericht die Vereinbarung zu beurkunden. Das gleiche gilt, wenn nur ein Beteiligter erschienen ist, in Ansehung der von diesem gemachten Vorschläge.
(2) Sind die Beteiligten sämtlich erschienen, so hat das Gericht die von ihnen getroffene Vereinbarung zu bestätigen. Dasselbe gilt, wenn die nicht erschienenen Beteiligten ihre Zustimmung zu gerichtlichem Protokoll oder in einer öffentlich beglaubigten Urkunde erteilen.
(3) Ist ein Beteiligter nicht erschienen, so hat das Gericht, sofern er nicht nach Absatz 2 Satz 2 zugestimmt hat, ihm den Inhalt der Urkunde, soweit dieser ihn betrifft, bekannt zu machen und ihn gleichzeitig zu benachrichtigen, dass er die Urkunde auf der Geschäftsstelle einsehen und eine Abschrift der Urkunde fordern könne. Die Bekanntmachung muss den Hinweis darauf enthalten, dass, wenn der Beteiligte nicht innerhalb einer von dem Gericht zu bestimmenden Frist die Anberaumung eines neuen Termins beantrage oder wenn er in dem neuen Termin nicht erscheine, sein Einverständnis mit dem Inhalt der Urkunde angenommen werden würde. Beantragt der Beteiligte rechtzeitig die Anberaumung eines neuen Termins und erscheint er in diesem Termin, so ist die Verhandlung fortzusetzen. Anderenfalls hat das Gericht die Vereinbarung zu bestätigen.

§ 92 (Wiedereinsetzung)
War im Falle des § 91 der Beteiligte ohne sein Verschulden verhindert, die Anberaumung eines neuen Termins rechtzeitig zu beantragen oder in dem neuen Termin zu erscheinen, so ist ihm auf Antrag von dem Gericht die Wiedereinsetzung in den vorigen Stand zu erteilen, wenn er binnen zwei Wochen nach der Beseitigung des Hindernisses die Anberaumung eines neuen Termins beantragt und die Tatsachen, welche die Wiedereinsetzung begründen, glaubhaft macht. Eine Versäumung, die in dem Verschulden eines Vertreters ihren Grund hat, wird als eine unverschuldete nicht angesehen. Nach dem Ablauf eines Jahres, von dem Ende der versäumten Frist an gerechnet, kann die Wiedereinsetzung nicht mehr beantragt werden.

§ 93 (Auseinandersetzungsplan)
(1) Sobald nach Lage der Sache die Auseinandersetzung stattfinden kann, hat das Gericht einen Auseinandersetzungsplan anzufertigen. Sind die erschienenen Beteiligten mit dem Inhalt des Planes einverstanden, so hat das Gericht die Auseinandersetzung zu beurkunden. Sind die Beteiligten sämtlich erschienen, so hat das Gericht die Auseinandersetzung zu bestätigen; dasselbe gilt, wenn die nicht erschienenen Beteiligten ihre Zustimmung zu gerichtlichem Protokoll oder in einer öffentlich beglaubigten Urkunde erteilen.
(2) Ist ein Beteiligter nicht erschienen, so hat das Gericht nach § 91 Abs. 3 zu verfahren. Die Vorschriften des § 92 finden entsprechende Anwendung.

§ 94 (Losentscheid)
Ist vereinbart, dass eine Verteilung durch das Los geschehen soll, so wird das Los, sofern nicht ein anderes bestimmt ist, für die nicht erschienenen Beteiligten von einem durch das Gericht zu bestellenden Vertreter gezogen.

§ 95 (Streitpunkte)
Ergeben sich bei den Verhandlungen Streitpunkte, so ist ein Protokoll darüber aufzunehmen und das Verfahren bis zur Erledigung der Streitpunkte auszusetzen. Soweit bezüglich der unstreitigen Punkte die Aufnahme einer Urkunde ausführbar ist, hat das Gericht nach den §§ 91, 93 zu verfahren.

§ 96 (Sofortige Beschwerde gegen Vereinbarung oder Auseinandersetzung)
Gegen den Beschluss, durch welchen eine vorgängige Vereinbarung oder eine Auseinandersetzung bestätigt, sowie gegen den Beschluss, durch welchen über den Antrag auf Wiedereinset-

zung in den vorigen Stand entschieden wird, findet die sofortige Beschwerde statt. Die Beschwerde gegen den Bestätigungsbeschluss kann nur darauf gegründet werden, dass die Vorschriften über das Verfahren nicht beobachtet seien.

§ 97 (Wirkung, Genehmigungen)

(1) Eine vorgängige Vereinbarung sowie eine Auseinandersetzung ist nach dem Eintritt der Rechtskraft des Bestätigungsbeschlusses für alle Beteiligten in gleicher Weise verbindlich wie eine vertragsmäßige Vereinbarung oder Auseinandersetzung.

(2) Bedarf ein Beteiligter zur Vereinbarung oder zur Auseinandersetzung der Genehmigung des Vormundschaftsgerichts, so ist, wenn er im Inland keinen Vormund, Betreuer, Pfleger oder Beistand hat, für die Erteilung oder die Verweigerung der Genehmigung an Stelle des Vormundschaftsgerichts das Nachlassgericht zuständig.

§ 98 (Zwangsvollstreckung)

Aus einer vorgängigen Vereinbarung sowie aus einer Auseinandersetzung findet nach dem Eintritt der Rechtskraft des Bestätigungsbeschlusses die Zwangsvollstreckung statt. Die Vorschriften der §§ 795, 797 der Zivilprozessordnung finden Anwendung.

§ 99 (Auseinandersetzung der Gütergemeinschaft)

(1) Nach der Beendigung der ehelichen oder der fortgesetzten Gütergemeinschaft sind auf die Auseinandersetzung über das Gesamtgut die Vorschriften der §§ 86 bis 98 entsprechend anzuwenden.

(2) Für die Auseinandersetzung ist, falls ein Anteil an dem Gesamtgut zu einem Nachlass gehört, das Amtsgericht zuständig, das für die Auseinandersetzung über den Nachlass zuständig ist. Im Übrigen bestimmt sich die Zuständigkeit nach den Vorschriften des § 45.

4. Abgabenordnung (AO 1977)

vom 16.3.1976 (BGBl. I S. 613), zuletzt geändert durch Gesetz vom 20.12.2001 (BGBl. I S. 3858)

– Auszug –

§ 45 Gesamtrechtsnachfolge

(1) Bei Gesamtrechtsnachfolge gehen die Forderungen und Schulden aus dem Steuerschuldverhältnis auf den Rechtsnachfolger über. Dies gilt jedoch bei der Erbfolge nicht für Zwangsgelder.

(2) Erben haben für die aus dem Nachlass zu entrichtenden Schulden nach den Vorschriften des bürgerlichen Rechts über die Haftung des Erben für Nachlassverbindlichkeiten einzustehen. Vorschriften, durch die eine steuerrechtliche Haftung der Erben begründet wird, bleiben unberührt.

§ 49 Verschollenheit

Bei Verschollenheit gilt für die Besteuerung der Tag als Todestag, mit dessen Ablauf der Beschluss über die Todeserklärung des Verschollenen rechtskräftig wird.

§ 265 Vollstreckung gegen Erben

Für die Vollstreckung gegen Erben sind die Vorschriften der §§ 1958, 1960 Abs. 3, § 1961 des Bürgerlichen Gesetzbuches sowie der §§ 747, 748, 778, 779, 781 bis 784 der Zivilprozessordnung entsprechend anzuwenden.

Hinweis: siehe auch das Erbschaftsteuergesetz, S. 104 ff.

5. Abgeordnetengesetz (AbgG)

Gesetz über die Rechtsverhältnisse der Mitglieder des Deutschen Bundestages

in der Fassung der Bekanntmachung vom 21.2.1996 (BGBl. I S. 326), zuletzt geändert durch Gesetz vom 16.2.2002 (BGBl. I S. 693)

– Auszug –

§ 24 Überbrückungsgeld für Hinterbliebene

(1) Die Hinterbliebenen eines Mitglieds des Bundestages erhalten die noch nicht abgerechneten Leistungen nach diesem Gesetz, soweit sie im Zeitpunkt des Todes fällig waren. Der überlebende Ehegatte und die Abkömmlinge erhalten ein Überbrückungsgeld in Höhe einer Abgeordnetenentschädigung nach § 11 Abs. 1. Das Überbrückungsgeld beträgt bei einer Dauer der Mitgliedschaft von mehr als acht Jahren oder von mehr als zwei Wahlperioden das Eineinhalbfache der Abgeordnetenentschädigung nach § 11 Abs. 1. Sind Hinterbliebene im Sinne des Satzes 2 nicht vorhanden, wird sonstigen Personen, die die Kosten der letzten Krankheit oder der Bestattung getragen haben, das Überbrückungsgeld bis zur Höhe ihrer Aufwendungen gewährt.

(2) Das gleiche gilt beim Tod eines ehemaligen Mitglieds des Bundestages, das die Voraussetzungen der Mitgliedschaftsdauer nach § 19 erfüllt und noch keine Altersentschädigung erhält.

Hinweis: Die Abgeordnetengesetze der Bundesländer enthalten vergleichbare Regelungen.

6. Beamtenversorgungsgesetz – (BeamtVG)

Gesetz über die Versorgung der Beamten und Richter in Bund und Ländern

in der Fassung der Bekanntmachung vom 16.3.1999 (BGBl. I S. 322, berichtigt S. 847, 2033), zuletzt geändert durch Gesetz vom 20.12.2001 (BGBl. I S. 3926)

– Auszug –

Abschnitt III
Hinterbliebenenversorgung

§ 16 Allgemeines

Die Hinterbliebenenversorgung (§§ 17 bis 28) umfasst

1. Bezüge für den Sterbemonat,
2. Sterbegeld,
3. Witwengeld,
4. Witwenabfindung,
5. Waisengeld,
6. Unterhaltsbeiträge,
7. Witwerversorgung.

§ 17 Bezüge für den Sterbemonat

(1) Den Erben eines verstorbenen Beamten, Ruhestandsbeamten oder entlassenen Beamten verbleiben für den Sterbemonat die Bezüge des Verstorbenen. Dies gilt auch für eine für den Sterbemonat gewährte Aufwandsentschädigung.

(2) Die an den Verstorbenen noch nicht gezahlten Teile der Bezüge für den Sterbemonat können statt an die Erben auch an die in § 18 Abs. 1 bezeichneten Hinterbliebenen gezahlt werden.

§ 18 Sterbegeld

(1) Beim Tode eines Beamten mit Dienstbezügen oder eines Beamten auf Widerruf im Vorbereitungsdienst erhalten der überlebende Ehegatte und die Abkömmlinge des Beamten Sterbegeld. Das Sterbegeld ist in Höhe des Zweifachen der Dienstbezüge oder der Anwärterbezüge des Verstorbenen ausschließlich der Auslandskinderzuschläge und der Vergütungen in einer Summe zu zahlen; § 5 Abs. 1 Satz 2 und 3 gilt entsprechend. Die Sätze 1 und 2 gelten entsprechend beim Tode eines Ruhestandsbeamten oder eines entlassenen Beamten, der im Sterbemonat einen Unterhaltsbeitrag erhalten hat; an die Stelle der Dienstbezüge tritt das Ruhegehalt oder der Unterhaltsbeitrag zuzüglich des Unterschiedsbetrages nach § 50 Abs. 1.

(2) Sind Anspruchsberechtigte im Sinne des Absatzes 1 nicht vorhanden, so ist Sterbegeld auf Antrag zu gewähren

1. Verwandten der aufsteigenden Linie, Geschwistern, Geschwisterkindern sowie Stiefkindern, wenn sie zur Zeit des Todes des Beamten mit diesem in häuslicher Gemeinschaft gelebt haben oder wenn der Verstorbene ganz oder überwiegend ihr Ernährer gewesen ist,
2. sonstigen Personen, die die Kosten der letzten Krankheit oder der Bestattung getragen haben, bis zur Höhe ihrer Aufwendungen, höchstens jedoch in Höhe des Sterbegeldes nach Absatz 1 Satz 2 und 3.

(3) Stirbt eine Witwe oder eine frühere Ehefrau eines Beamten, der im Zeitpunkt des Todes Witwengeld oder ein Unterhaltsbeitrag zustand, so erhalten die in Absatz 1 genannten Kinder Sterbegeld, wenn sie berechtigt sind, Waisengeld oder einen Unterhaltsbeitrag zu beziehen und wenn sie zur Zeit des Todes zur häuslichen Gemeinschaft der Verstorbenen gehört haben. Absatz 1 Satz 2 erster Halbsatz gilt entsprechend mit der Maßgabe, dass an die Stelle der Dienstbezüge das Witwengeld oder der Unterhaltsbeitrag tritt.

(4) Sind mehrere gleichberechtigte Personen vorhanden, so ist für die Bestimmung des Zahlungsempfängers die Reihenfolge der Aufzählung in den Absätzen 1 und 2 maßgebend; bei Vorliegen eines wichtigen Grundes kann von dieser Reihenfolge abgewichen oder das Sterbegeld aufgeteilt werden.

Hinweis: Regelungen über Bestattungszuschüsse beim Tode von Beamten, Richtern und Soldaten finden sich in den Beihilfevorschriften des Bundes bzw. der Bundesländer; für Bundesbeamte siehe die BhV auf den folgenden Seiten.

7. Beihilfevorschriften (BhV)

Allgemeine Verwaltungsvorschrift für Beihilfen in Krankheits-, Pflege-, Geburts- und Todesfällen

in der Fassung der Bekanntmachung vom 1.11.2001 (Anlage 1 zum BMI-Rundschreiben – D I 5 – 213 100 – 1/1a und h – vom 2. November 2001)

– Auszug –

§ 2 Beihilfeberechtigte Personen

(1) Beihilfeberechtigt sind

1. Beamte und Richter,
2. Ruhestandsbeamte und Richter im Ruhestand sowie frühere Beamte und Richter, die wegen Dienstunfähigkeit oder Erreichens der Altersgrenze entlassen worden oder wegen Ablaufs der Dienstzeit ausgeschieden sind,
3. Witwen und Witwer sowie die in § 23 Beamtenversorgungsgesetz genannten Kinder der in Nummer 1 und 2 bezeichneten Personen.

(2) Beihilfeberechtigung der in Absatz 1 bezeichneten Personen besteht, wenn und solange sie Dienstbezüge, Amtsbezüge, Anwärterbezüge, Ruhegehalt, Übergangsgebührnisse auf Grund gesetzlichen Anspruchs, Witwengeld, Witwergeld, Waisengeld oder Unterhaltsbeitrag erhalten. Sie besteht auch, wenn Bezüge wegen Anwendung von Ruhens- oder Anrechnungsvorschriften nicht gezahlt werden.

(3) Als beihilfeberechtigt gelten unter den Voraussetzungen des § 16 Abs. 2 auch andere natürliche sowie juristische Personen.

(4) Beihilfeberechtigt sind nicht

1. Ehrenbeamte und ehrenamtliche Richter,
2. Beamte und Richter, wenn das Dienstverhältnis auf weniger als ein Jahr befristet ist, es sei denn, dass sie insgesamt mindestens ein Jahr ununterbrochen im öffentlichen Dienst (§ 40 Abs. 6 des Bundesbesoldungsgesetzes) beschäftigt sind,
3. Beamte, Richter und Versorgungsempfänger, denen Leistungen nach § 11 Europaabgeordnetengesetz, § 27 Abgeordnetengesetz oder entsprechenden vorrangigen landesrechtlichen Vorschriften zustehen.

§ 3 Berücksichtigungsfähige Angehörige

(1) Berücksichtigungsfähige Angehörige sind

1. der Ehegatte des Beihilfeberechtigten,
2. die im Familienzuschlag nach dem Bundesbesoldungsgesetz berücksichtigungsfähigen Kinder des Beihilfeberechtigten. Hinsichtlich der Geburt eines nichtehelichen Kindes des Beihilfeberechtigten gilt die Mutter des Kindes als berücksichtigungsfähige Angehörige.

(2) Berücksichtigungsfähige Angehörige sind nicht

1. Geschwister des Beihilfeberechtigten oder seines Ehegatten,
2. Ehegatten und Kinder beihilfeberechtigter Waisen,
3. die Kinder eines Beihilfeberechtigten hinsichtlich der Geburt eines Kindes.

§ 12 Beihilfefähige Aufwendungen in Todesfällen

(1) In Todesfällen wird zu den Aufwendungen für die Leichenschau, den Sarg, die Einsargung, die Aufbahrung, die Einäscherung, die Urne, den Erwerb einer Grabstelle oder eines Beisetzungsplatzes, die Beisetzung, die Anlegung einer Grabstelle einschließlich der Grundlage für ein Grabdenkmal eine Beihilfe bis zur Höhe von 665,00 Euro, in Todesfällen von Kindern bis zur Höhe von 435,00 Euro gewährt, wenn der Beihilfeberechtigte versichert, dass ihm Aufwendungen in dieser Höhe entstanden sind. Stehen Sterbe- oder Bestattungsgelder auf Grund von

Rechtsvorschriften, aus einem Beschäftigungsverhältnis oder aus einer im Sterbemonat nicht ausschließlich durch eigene Beiträge finanzierten Krankenversicherung oder Schadenersatzansprüche von insgesamt mindestens 1.000,00 Euro zu, so beträgt die Beihilfe 333,00 Euro, beim Tod eines Kindes 218,00 Euro; stehen Ansprüche von insgesamt mindestens 2.000,00 Euro zu, wird keine Beihilfe gewährt. Soweit wegen Gewährung von Sterbe- oder Bestattungsgeldern Schadenersatzansprüche kraft Gesetzes übergehen, werden diese Schadenersatzansprüche nicht neben den Sterbe- oder Bestattungsgeldern im Sinne des Satzes 2 bei der Bemessung der Pauschalbeihilfe berücksichtigt. Bestattungsgeld nach §§ 36 oder 53 Bundesversorgungsgesetz bleibt unberücksichtigt.

(2) Ferner sind beihilfefähig die Aufwendungen für die Überführung der Leiche oder Urne bis zur Höhe der Kosten einer Überführung an den Familienwohnsitz im Zeitpunkt des Todes.

(3) Verbleibt mindestens ein pflegebedürftiger berücksichtigungsfähiger oder selbst beihilfeberechtigter Familienangehöriger oder ein berücksichtigungsfähiges Kind unter fünfzehn Jahren im Haushalt und kann dieser beim Tod des den Haushalt allein führenden Beihilfeberechtigten oder berücksichtigungsfähigen Angehörigen nicht durch eine andere im Haushalt lebende Person weitergeführt werden, so sind die Aufwendungen für eine Familien- und Haushaltshilfe in entsprechender Anwendung des § 6 Abs. 1 Nr. 8 bis zu sechs Monaten, in Ausnahmefällen bis zu einem Jahr beihilfefähig.

§ 16 Beihilfen beim Tod des Beihilfeberechtigten

(1) Der hinterbliebene Ehegatte, die leiblichen Kinder und Adoptivkinder eines verstorbenen Beihilfeberechtigten erhalten Beihilfen zu den bis zu dessen Tod und aus Anlass des Todes entstandenen beihilfefähigen Aufwendungen. Die Beihilfe bemisst sich nach den Verhältnissen am Tage vor dem Tod; für die Aufwendungen aus Anlass des Todes gilt § 12. Die Beihilfe wird demjenigen gewährt, der die Originalbelege zuerst vorlegt; dies gilt auch für Aufwendungen aus Anlass des Todes, für die abweichend von § 12 Abs. 1 ebenfalls Ausgabebelege vorzulegen sind.

(2) Andere als die in Absatz 1 genannten natürlichen Personen sowie juristische Personen erhalten die Beihilfe nach Absatz 1, soweit sie die von dritter Seite in Rechnung gestellten Aufwendungen bezahlt haben und die Originalbelege vorlegen. Sind diese Personen Erben des Beihilfeberechtigten, erhalten sie eine Beihilfe auch zu Aufwendungen des Erblassers, die von diesem bezahlt worden sind. Die Beihilfe darf zusammen mit Sterbe- und Bestattungsgeldern sowie sonstigen Leistungen, die zur Deckung der in Rechnung gestellten Aufwendungen bestimmt sind, die tatsächlich entstandenen Aufwendungen nicht übersteigen.

Hinweis: die o.g. Beihilfevorschriften gelten für die Beamten und Richter des Bundes und einiger Bundesländer. Andere Bundesländer haben für ihre Beamten und Richter eigene Beihilfevorschriften (z.B. NRW), die inhaltlich den obigen ähnlich sind, aber aus Platzgründen in diesem Buch nicht abgedruckt sind.

Für die Beamten des Landes NRW gilt die Beihilfeverordnung vom 27.3.1975 (GV NRW S. 33), zuletzt geändert durch Gesetz vom 25.9.2001 (GV NRW S. 708). In § 11 Abs. 1 dieser Verordnung, die dem § 12 Abs. 1 der o.g. Beihilfevorschrift entspricht, ist eine Beihilfe zu den Bestattungskosten in Höhe von bis zu 615 €, bei Todesfällen von Kindern bis zu 410 € vorgesehen.

8. Bundes-Angestelltentarifvertrag (BAT)

(Bund, Länder, Gemeinden)

vom 23. Februar 1961 (GMBl. S. 137), zuletzt geändert durch Tarifvertrag vom 5.10.2000 (GMBl. S. 9999)

– Auszug –

§ 40 Beihilfen bei Geburts-, Krankheits- und Todesfällen, Unterstützungen

Für die Gewährung von Beihilfen in Krankheits-, Geburts- und Todesfällen sowie von Unterstützungen werden die bei dem Arbeitgeber jeweils geltenden Bestimmungen angewendet. Aufwendungen im Sinne des § 9 der Beihilfevorschriften (Bund) sind nicht beihilfefähig.

Nichtvollbeschäftigte Angestellte erhalten von der errechneten Beihilfe den Teil, der dem Verhältnis entspricht, in dem die regelmäßige wöchentliche Arbeitszeit eines entsprechenden vollbeschäftigten Angestellten zu der arbeitsvertraglich vereinbarten durchschnittlichen regelmäßigen wöchentlichen Arbeitszeit steht.

§ 41 Sterbegeld

(1) Beim Tode des Angestellten, der zur Zeit seines Todes nicht nach § 50 beurlaubt gewesen ist und dessen Arbeitsverhältnis zur Zeit seines Todes nicht nach § 59 Abs. 1 UnterAbs. 1 Satz 5 geruht hat, erhalten

a) der überlebende Ehegatte,

b) die Abkömmlinge des Angestellten

Sterbegeld.

(2) Sind Anspruchsberechtigte im Sinne des Absatzes 1 nicht vorhanden, ist Sterbegeld auf Antrag zu gewähren

a) Verwandten der aufsteigenden Linie, Geschwistern, Geschwisterkindern sowie Stiefkindern, wenn sie zur Zeit des Todes des Angestellten mit diesem in häuslicher Gemeinschaft gelebt haben oder wenn der Verstorbene ganz oder überwiegend ihr Ernährer gewesen ist,

b) sonstigen Personen, die die Kosten der letzten Krankheit oder der Bestattung getragen haben, bis zur Höhe ihrer Aufwendungen.

(3) Als Sterbegeld wird für die restlichen Kalendertage des Sterbemonats und für weitere zwei Monate die Vergütung (§ 26) des Verstorbenen gewährt. Hat der Angestellte zur Zeit seines Todes wegen Ablaufs der Bezugsfristen keine Krankenbezüge (§ 37 bzw. § 71) mehr erhalten oder hat die Angestellte zur Zeit ihres Todes Mutterschaftsgeld nach § 13 Mutterschutzgesetz bezogen, wird als Sterbegeld für den Sterbetag und die restlichen Kalendertage des Sterbemonats sowie für weitere zwei Monate die Vergütung (§ 26) des Verstorbenen gewährt. Das Sterbegeld wird in einer Summe ausgezahlt.

9. Bundessozialhilfegesetz (BSHG)

in der Fassung der Bekanntmachung vom 23.3.1994 (BGBl. I S. 646), zuletzt geändert durch Gesetz vom 30.4.2002 (BGBl. I S. 1467)

– Auszug –

§ 14 Alterssicherung
Als Hilfe zum Lebensunterhalt können auch die Kosten übernommen werden, die erforderlich sind, um die Voraussetzungen eines Anspruchs auf eine angemessene Alterssicherung oder auf ein angemessenes Sterbegeld zu erfüllen.

§ 15 Bestattungskosten
Die erforderlichen Kosten einer Bestattung sind zu übernehmen, soweit dem hierzu Verpflichteten nicht zugemutet werden kann, die Kosten zu tragen.

§ 92c Kostenersatz durch Erben
(1) Der Erbe des Hilfeempfängers oder seines Ehegatten, falls dieser vor dem Hilfeempfänger stirbt, ist zum Ersatz der Kosten der Sozialhilfe mit Ausnahme der vor dem 1. Januar 1987 entstandenen Kosten der Tuberkulosehilfe verpflichtet. Die Ersatzpflicht besteht nur für die Kosten der Sozialhilfe, die innerhalb eines Zeitraumes von 10 Jahren vor dem Erbfall aufgewendet worden sind und die das Zweifache des Grundbetrages nach § 81 Abs. 1 übersteigen. Die Ersatzpflicht des Erben des Ehegatten besteht nicht für die Kosten der Sozialhilfe, die während des Getrenntlebens der Ehegatten gewährt worden ist. Ist der Hilfeempfänger der Erbe seines Ehegatten, so ist er zum Ersatz der Kosten nach Satz 1 nicht verpflichtet.
(2) Die Ersatzpflicht des Erben gehört zu den Nachlassverbindlichkeiten. Der Erbe haftet nur mit dem Wert des im Zeitpunkt des Erbfalles vorhandenen Nachlasses.
(3) Der Anspruch auf Kostenersatz ist nicht geltend zu machen,
1. soweit der Wert des Nachlasses unter dem Zweifachen des Grundbetrages nach § 81 Abs. 1 liegt,
2. soweit der Wert des Nachlasses unter dem Betrage von 15.340 Euro liegt, wenn der Erbe der Ehegatte des Hilfeempfängers oder mit diesem verwandt ist und nicht nur vorübergehend bis zum Tode des Hilfeempfängers mit diesem in häuslicher Gemeinschaft gelebt und ihn gepflegt hat,
3. soweit die Inanspruchnahme des Erben nach der Besonderheit des Einzelfalles eine besondere Härte bedeuten würde.

(4) Der Anspruch auf Kostenersatz erlischt in 3 Jahren nach dem Tode des Hilfeempfängers oder seines Ehegatten. § 92a Abs. 3 Satz 2 gilt entsprechend.
Anmerkung zu Absatz 3 Nr. 1: Die Summe beträgt vom 1.1. – 30.6.2002 1.652 Euro.

§ 97 Örtliche Zuständigkeit
(3) In den Fällen des § 15 ist der Träger örtlich zuständig, der bis zum Tod des Hilfeempfängers Sozialhilfe gewährte, in den anderen Fällen der Träger, in dessen Bereich der Sterbeort liegt.
(1–2 und 4–5) Vom Abdruck wurde abgesehen.

Rechtsprechungshinweis: Wer in Erfüllung einer öffentlich-rechtlichen Bestattungspflicht eine Bestattung veranlasst und deshalb Bestattungskosten zu tragen hat, kann Verpflichteter i.S.d. § 15 BSHG sein: BVerwG, Urteil vom 22.2.2001, 5 C 8/00, ZEV 2001, 447. Das gleiche gilt für den Erben (§ 1968 BGB): BVerwG NJW 1998, 1329; OVG Münster NJW 1998, 2154.

10. Bundesversorgungsgesetz (BVG)

Gesetz über die Versorgung der Opfer des Krieges

in der Fassung der Bekanntmachung vom 22.1.1982 (BGBl. I S. 21), zuletzt geändert durch Gesetz vom 30.4.2002 (BGBl. I S. 1467)

– Auszug –

§36 (Gewährung des Bestattungsgeldes)

(1) Beim Tode eines rentenberechtigten Beschädigten wird ein Bestattungsgeld gewährt. Es beträgt 2.839 *Deutsche Mark**, wenn der Tod die Folge einer Schädigung ist, sonst 1.422 *Deutsche Mark***. Der Tod gilt stets dann als Folge einer Schädigung, wenn ein Beschädigter an einem Leiden stirbt, das als Folge einer Schädigung rechtsverbindlich anerkannt und für das ihm im Zeitpunkt des Todes Rente zuerkannt war.

(2) Vom Bestattungsgeld werden zunächst die Kosten der Bestattung bestritten und an den gezahlt, der die Bestattung besorgt hat. Dies gilt auch, wenn die Kosten der Bestattung aus öffentlichen Mitteln bestritten worden sind. Bleibt ein Überschuss, so sind nacheinander der Ehegatte, der Lebenspartner, die Kinder, die Eltern, die Stiefeltern, die Pflegeeltern, die Enkel, die Großeltern, die Geschwister und die Geschwisterkinder bezugsberechtigt, wenn sie mit dem Verstorbenen zur Zeit des Todes in häuslicher Gemeinschaft gelebt haben. Fehlen solche Berechtigte, so wird der Überschuss nicht ausgezahlt.

(3) Stirbt ein nichtrentenberechtigter Beschädigter an den Folgen einer Schädigung, so ist ein Bestattungsgeld bis zu 2.839 *Deutsche Mark** zu zahlen, soweit Kosten der Bestattung entstanden sind.

(4) Eine auf Grund anderer gesetzlicher Vorschriften für den gleichen Zweck zu gewährende Leistung ist auf das Bestattungsgeld anzurechnen.

(5) Stirbt ein Beschädigter an den Folgen einer Schädigung außerhalb seines ständigen Wohnsitzes, so sind die notwendigen Kosten für die Leichenüberführung dem zu erstatten, der sie getragen hat. Das gilt nicht, wenn der Tod während eines Aufenthalts im Ausland eingetreten ist, jedoch kann eine Beihilfe gewährt werden.

(6) Stirbt ein Beschädigter während einer nach den Vorschriften dieses Gesetzes durchgeführten stationären Heilbehandlung nicht an den Folgen einer Schädigung, so sind die notwendigen Kosten der Leichenüberführung nach dem früheren Wohnsitz des Verstorbenen dem zu erstatten, der sie getragen hat.

§ 53 (Höhe des Bestattungsgeldes beim Tode von Hinterbliebenen)

Beim Tode von versorgungsberechtigten Hinterbliebenen wird ein Bestattungsgeld nach Maßgabe der Vorschriften des § 36 gewährt. Es beträgt beim Tode einer Witwe, die mindestens ein waisenrenten- oder waisenbeihilfeberechtigtes Kind hinterlässt, 2.839 *Deutsche Mark**, in allen übrigen Fällen 1.422 *Deutsche Mark***.

* *entspricht 1.452,00 €*

** *entspricht 727,00 €*

§ 66a Umstellung auf Euro

(1) Soweit in den nachfolgenden Absätzen nichts anderes bestimmt ist, wird in diesem Gesetz und in den zu seiner Durchführung erlassenen Verordnungen jeweils die Angabe „*Deutsche Mark*“ durch die Angabe „Euro“ ersetzt.

(2) Soweit in diesem Gesetz und den zu seiner Durchführung erlassenen Verordnungen am 31. Dezember 2001 auf volle Deutsche Mark lautende Beträge bestimmt sind, werden diese, vorbehaltlich der Absätze 3 bis 5, in Euro umgerechnet. Die so ermittelten Beträge sind bis 0,49 Euro nach unten, ab 0,50 Euro nach oben zu runden; § 66 Abs. 1 Satz 1 gilt insoweit nicht.

(3) In § 15 ist zunächst der Multiplikator unter Anwendung des Euro-Umrechnungskurses auf drei Dezimalstellen zu berechnen; ergibt sich dabei in der vierten Dezimalstelle eine der Zahlen 5 bis 9, so ist die dritte Dezimalstelle um 1 zu erhöhen. Mit dem so ermittelten Multiplikator sind die Beträge in § 15 Satz 1 zu berechnen; § 15 Satz 2 zweiter Halbsatz gilt.
(4) Die nach § 30 Abs. 5 für die Zeit ab 1. Juli 2001 bekannt gemachten Vergleichseinkommen sind nach Maßgabe des Absatzes 2 umzurechnen. Sofern für die Ermittlung der Vergleichseinkommen ab 1. Juli 2002 Durchschnittseinkommen im Sinne des § 30 Abs. 5 heranzuziehen sind, die in den Erhebungen des Statistischen Bundesamtes lediglich in Deutsche-Mark-Beträgen nachgewiesen werden, erfolgt deren Umrechnung in Euro gemäß Absatz 2.
(5) Die Beträge in der dem § 2 der Anrechnungs-Verordnung 2001/2002 als Anlage beigegebenen Tabelle sowie die in § 5 dieser Verordnung bestimmten Beträge sind ausgehend von den nach Absatz 2 in Euro umgerechneten Beträgen nach Maßgabe des § 33 neu zu ermitteln. Satz 1 gilt entsprechend für die am 1. Januar 2002 in dem in Artikel 3 des Einigungsvertrages genannten Gebiet geltende Anrechnungs-Verordnung.
(6) Die auf Grund der Absätze 2, 3, 4 Satz 1 und Absatz 5 zu ermittelnden Beträge werden durch das Bundesministerium für Arbeit und Sozialordnung errechnet, in Euro festgesetzt und im Bundesanzeiger bekannt gegeben. Dies gilt auch für die Beträge, die in dem in Artikel 3 des Einigungsvertrages genannten Gebiet ab 1. Januar 2002 gelten, mit Ausnahme der Beträge nach Absatz 4 Satz 1.

§ 37 (Gewährung des Sterbegeldes)

(1) Beim Tode eines Beschädigten ist ein Sterbegeld in Höhe des Dreifachen der Versorgungsbezüge zu zahlen, die ihm für den Sterbemonat nach den §§ 30 bis 33, 34 und 35 zustanden, Pflegezulage jedoch höchstens nach Stufe II. Minderungen der nach Satz 1 maßgebenden Bezüge, die durch Sonderleistungen im Sinne des § 60a Abs. 4 bedingt sind, sowie Erhöhungen dieser Bezüge, die auf Einkommensminderungen infolge des Todes beruhen, bleiben unberücksichtigt.
(2) Anspruchsberechtigt sind in nachstehender Rangfolge der Ehegatte, der Lebenspartner, die Kinder, die Eltern, die Stiefeltern, die Pflegeeltern, die Enkel, die Großeltern, die Geschwister und die Geschwisterkinder, wenn sie mit dem Verstorbenen zur Zeit des Todes in häuslicher Gemeinschaft gelebt haben. Hat der Verstorbene mit keiner dieser Personen in häuslicher Gemeinschaft gelebt, so ist das Sterbegeld in vorstehender Rangfolge dem zu zahlen, den der Verstorbene unterhalten hat.
(3) Sind Anspruchsberechtigte im Sinne des Absatzes 2 nicht vorhanden, kann das Sterbegeld dem gezahlt werden, der die Kosten der letzten Krankheit oder der Bestattung getragen oder den Verstorbenen bis zu seinem Tode gepflegt hat.

11. Erbschaftsteuer- und Schenkungsteuergesetz (ErbStG)

in der Fassung der Bekanntmachung vom 27. Februar 1997 (BGBl. I S. 378), zuletzt geändert durch Gesetz vom 20.12.2001 (BGBl. I S. 3794)

I. Steuerpflicht

§ 1 Steuerpflichtige Vorgänge

(1) Der Erbschaftsteuer (Schenkungsteuer) unterliegen

1. der Erwerb von Todes wegen,
2. die Schenkungen unter Lebenden,
3. die Zweckzuwendungen,
4. das Vermögen einer Stiftung, sofern sie wesentlich im Interesse einer Familie oder bestimmter Familien errichtet ist, und eines Vereins, dessen Zweck wesentlich im Interesse einer Familie oder bestimmter Familien auf die Bindung von Vermögen gerichtet ist, in Zeitabständen von je 30 Jahren seit dem in § 9 Abs. 1 Nr. 4 bestimmten Zeitpunkt.

(2) Soweit nichts anderes bestimmt ist, gelten die Vorschriften dieses Gesetzes über die Erwerbe von Todes wegen auch für Schenkungen und Zweckzuwendungen, die Vorschriften über Schenkungen auch für Zweckzuwendungen unter Lebenden.

§ 2 Persönliche Steuerpflicht

(1) Die Steuerpflicht tritt ein

1. in den Fällen des § 1 Abs. 1 Nr. 1 bis 3, wenn der Erblasser zur Zeit seines Todes, der Schenker zur Zeit der Ausführung der Schenkung oder der Erwerber zur Zeit der Entstehung der Steuer (§ 9) ein Inländer ist, für den gesamten Vermögensanfall. Als Inländer gelten
   a) natürliche Personen, die im Inland einen Wohnsitz oder ihren gewöhnlichen Aufenthalt haben;
   b) deutsche Staatsangehörige, die sich nicht länger als fünf Jahre dauernd im Ausland aufgehalten haben, ohne im Inland einen Wohnsitz zu haben;
   c) unabhängig von der Fünfjahresfrist nach Buchstabe b deutsche Staatsangehörige, die
      aa) im Inland weder einen Wohnsitz noch ihren gewöhnlichen Aufenthalt haben und
      bb) zu einer inländischen juristischen Person des öffentlichen Rechts in einem Dienstverhältnis stehen und dafür Arbeitslohn aus einer inländischen öffentlichen Kasse beziehen,

      sowie zu ihrem Haushalt gehörende Angehörige, die die deutsche Staatsangehörigkeit besitzen. Dies gilt nur für Personen, deren Nachlass oder Erwerb in dem Staat, in dem sie ihren Wohnsitz oder ihren gewöhnlichen Aufenthalt haben, lediglich in einem der Steuerpflicht nach Nummer 3 ähnlichen Umfang zu einer Nachlass- oder Erbanfallsteuer herangezogen wird;
   d) Körperschaften, Personenvereinigungen und Vermögensmassen, die ihre Geschäftsleitung oder ihren Sitz im Inland haben;
2. in den Fällen des § 1 Abs. 1 Nr. 4, wenn die Stiftung oder der Verein die Geschäftsleitung oder den Sitz im Inland hat;
3. in allen anderen Fällen für den Vermögensanfall, der in Inlandsvermögen im Sinne des § 121 des Bewertungsgesetzes besteht. Bei Inlandsvermögen im Sinne des § 121 Nr. 4 des Bewertungsgesetzes ist es ausreichend, wenn der Erblasser zur Zeit seines Todes oder der Schenker zur Zeit der Ausführung der Schenkung entsprechend der Vorschrift am Grund- oder Stammkapital der inländischen Kapitalgesellschaft beteiligt ist. Wird nur ein Teil einer

solchen Beteiligung durch Schenkung zugewendet, gelten die weiteren Erwerbe aus der Beteiligung, soweit die Voraussetzungen des § 14 erfüllt sind, auch dann als Erwerb von Inlandsvermögen, wenn im Zeitpunkt ihres Erwerbs die Beteiligung des Erblassers oder Schenkers weniger als ein Zehntel des Grund- oder Stammkapitals der Gesellschaft beträgt.

(2) Zum Inland im Sinne dieses Gesetzes gehört auch der der Bundesrepublik Deutschland zustehende Anteil am Festlandsockel, soweit dort Naturschätze des Meeresgrundes und des Meeresuntergrundes erforscht oder ausgebeutet werden.

§ 3 Erwerb von Todes wegen

(1) Als Erwerb von Todes wegen gilt

1. der Erwerb durch Erbanfall (§ 1922 des Bürgerlichen Gesetzbuchs), auf Grund Erbersatzanspruchs (§§ 1934a ff. des Bürgerlichen Gesetzbuchs), durch Vermächtnis (§§ 2147 ff. des Bürgerlichen Gesetzbuchs) oder auf Grund eines geltend gemachten Pflichtteilsanspruchs (§§ 2303 ff. des Bürgerlichen Gesetzbuchs);
2. der Erwerb durch Schenkung auf den Todesfall (§ 2301 des Bürgerlichen Gesetzbuchs). Als Schenkung auf den Todesfall gilt auch der auf dem Ausscheiden eines Gesellschafters beruhende Übergang des Anteils oder des Teils eines Anteils eines Gesellschafters einer Personengesellschaft oder Kapitalgesellschaft bei dessen Tod auf die anderen Gesellschafter oder die Gesellschaft, soweit der Wert, der sich für seinen Anteil zur Zeit seines Todes nach § 12 ergibt, Abfindungsansprüche Dritter übersteigt. Wird auf Grund einer Regelung im Gesellschaftsvertrag einer Gesellschaft mit beschränkter Haftung der Geschäftsanteil eines Gesellschafters bei dessen Tod eingezogen und übersteigt der sich nach § 12 ergebende Wert seines Anteils zur Zeit seines Todes Abfindungsansprüche Dritter, gilt die insoweit bewirkte Werterhöhung der Geschäftsanteile der verbleibenden Gesellschafter als Schenkung auf den Todesfall;
3. die sonstigen Erwerbe, auf die die für Vermächtnisse geltenden Vorschriften des bürgerlichen Rechts Anwendung finden;
4. jeder Vermögensvorteil, der auf Grund eines vom Erblasser geschlossenen Vertrages bei dessen Tode von einem Dritten unmittelbar erworben wird.

(2) Als vom Erblasser zugewendet gilt auch

1. der Übergang von Vermögen auf eine vom Erblasser angeordnete Stiftung. Dem steht gleich die vom Erblasser angeordnete Bildung oder Ausstattung einer Vermögensmasse ausländischen Rechts, deren Zweck auf die Bindung von Vermögen gerichtet ist;
2. was jemand infolge Vollziehung einer vom Erblasser angeordneten Auflage oder infolge Erfüllung einer vom Erblasser gesetzten Bedingung erwirbt, es sei denn, dass eine einheitliche Zweckzuwendung vorliegt;
3. was jemand dadurch erlangt, dass bei Genehmigung einer Zuwendung des Erblassers Leistungen an andere Personen angeordnet oder zur Erlangung der Genehmigung freiwillig übernommen werden;
4. was als Abfindung für einen Verzicht auf den entstandenen Pflichtteilsanspruch oder für die Ausschlagung einer Erbschaft, eines Erbersatzanspruchs oder eines Vermächtnisses gewährt wird;
5. was als Abfindung für ein aufschiebend bedingtes, betagtes oder befristetes Vermächtnis, für das die Ausschlagungsfrist abgelaufen ist, vor dem Zeitpunkt des Eintritts der Bedingung oder des Ereignisses gewährt wird;
6. was als Entgelt für die Übertragung der Anwartschaft eines Nacherben gewährt wird;
7. was ein Vertragserbe aufgrund beeinträchtigender Schenkungen des Erblassers (§ 2287 des Bürgerlichen Gesetzbuchs) von dem Beschenkten nach den Vorschriften über die ungerechtfertigte Bereicherung erlangt.

§ 4 Fortgesetzte Gütergemeinschaft

(1) Wird die eheliche Gütergemeinschaft beim Tode eines Ehegatten fortgesetzt (§§ 1483 ff. des Bürgerlichen Gesetzbuchs, Artikel 200 des Einführungsgesetzes zum Bürgerlichen Gesetzbuch), so wird dessen Anteil am Gesamtgut so behandelt, wie wenn er ausschließlich den anteilsberechtigten Abkömmlingen angefallen wäre.

(2) Beim Tode eines anteilsberechtigten Abkömmlings gehört dessen Anteil am Gesamtgut zu seinem Nachlass. Als Erwerber des Anteils gelten diejenigen, denen der Anteil nach § 1490 Satz 2 und 3 des Bürgerlichen Gesetzbuchs zufällt.

§ 5 Zugewinngemeinschaft

(1) Wird der Güterstand der Zugewinngemeinschaft (§ 1363 des Bürgerlichen Gesetzbuchs) durch den Tod eines Ehegatten beendet und der Zugewinn nicht nach § 1371 Abs. 2 des Bürgerlichen Gesetzbuchs ausgeglichen, gilt beim überlebenden Ehegatten der Betrag, den er nach Maßgabe des § 1371 Abs. 2 des Bürgerlichen Gesetzbuchs als Ausgleichsforderung geltend machen könnte, nicht als Erwerb im Sinne des § 3. Bei der Berechnung dieses Betrages bleiben von den Vorschriften der §§ 1373 bis 1383 und 1390 des Bürgerlichen Gesetzbuchs abweichende güterrechtliche Vereinbarungen unberücksichtigt. Die Vermutung des § 1377 Abs. 3 des Bürgerlichen Gesetzbuchs findet keine Anwendung. Wird der Güterstand der Zugewinngemeinschaft durch Ehevertrag vereinbart, gilt als Zeitpunkt des Eintritts des Güterstandes (§ 1374 Abs. 1 des Bürgerlichen Gesetzbuchs) der Tag des Vertragsabschlusses. Soweit der Nachlass des Erblassers bei der Ermittlung des als Ausgleichsforderung steuerfreien Betrages mit einem höheren Wert als dem nach den steuerlichen Bewertungsgrundsätzen maßgebenden Wert angesetzt worden ist, gilt höchstens der dem Steuerwert des Nachlasses entsprechende Betrag nicht als Erwerb im Sinne des § 3.

(2) Wird der Güterstand der Zugewinngemeinschaft in anderer Weise als durch den Tod eines Ehegatten beendet oder wird der Zugewinn nach § 1371 Abs. 2 des Bürgerlichen Gesetzbuchs ausgeglichen, gehört die Ausgleichsforderung (§ 1378 des Bürgerlichen Gesetzbuchs) nicht zum Erwerb im Sinne der §§ 3 und 7.

§ 6 Vor- und Nacherbschaft

(1) Der Vorerbe gilt als Erbe.

(2) Bei Eintritt der Nacherbfolge haben diejenigen, auf die das Vermögen übergeht, den Erwerb als vom Vorerben stammend zu versteuern. Auf Antrag ist der Versteuerung das Verhältnis des Nacherben zum Erblasser zugrunde zu legen. Geht in diesem Fall auch eigenes Vermögen des Vorerben auf den Nacherben über, sind beide Vermögensanfälle hinsichtlich der Steuerklasse getrennt zu behandeln. Für das eigene Vermögen des Vorerben kann ein Freibetrag jedoch nur gewährt werden, soweit der Freibetrag für das der Nacherbfolge unterliegende Vermögen nicht verbraucht ist. Die Steuer ist für jeden Erwerb jeweils nach dem Steuersatz zu erheben, der für den gesamten Erwerb gelten würde.

(3) Tritt die Nacherbfolge nicht durch den Tod des Vorerben ein, gilt die Vorerbfolge als auflösend bedingter, die Nacherbfolge als aufschiebend bedingter Anfall. In diesem Fall ist dem Nacherben die vom Vorerben entrichtete Steuer abzüglich desjenigen Steuerbetrags anzurechnen, welcher der tatsächlichen Bereicherung des Vorerben entspricht.

(4) Nachvermächtnisse und beim Tode des Beschwerten fällige Vermächtnisse stehen den Nacherbschaften gleich.

§ 8 Zweckzuwendungen

Zweckzuwendungen sind Zuwendungen von Todes wegen oder freigebige Zuwendungen unter Lebenden, die mit der Auflage verbunden sind, zugunsten eines bestimmten Zwecks verwendet zu werden, oder die von der Verwendung zugunsten eines bestimmten Zwecks abhängig sind, soweit hierdurch die Bereicherung des Erwerbers gemindert wird.

§ 9 Entstehung der Steuer

(1) Die Steuer entsteht

1. bei Erwerben von Todes wegen mit dem Tode des Erblassers, jedoch
   a) für den Erwerb des unter einer aufschiebenden Bedingung, unter einer Betagung oder Befristung Bedachten sowie für zu einem Erwerb gehörende aufschiebend bedingte, betagte oder befristete Ansprüche mit dem Zeitpunkt des Eintritts der Bedingung oder des Ereignisses,
   b) für den Erwerb eines geltend gemachten Pflichtteilsanspruchs oder Erbersatzanspruchs mit dem Zeitpunkt der Geltendmachung,
   c) im Fall des § 3 Abs. 2 Nr. 1 Satz 1 mit dem Zeitpunkt der Genehmigung der Stiftung und im Fall des § 3 Abs. 2 Nr. 1 Satz 2 mit dem Zeitpunkt der Bildung oder Ausstattung der Vermögensmasse,
   d) in den Fällen des § 3 Abs. 2 Nr. 2 mit dem Zeitpunkt der Vollziehung der Auflage oder der Erfüllung der Bedingung,
   e) in den Fällen des § 3 Abs. 2 Nr. 3 mit dem Zeitpunkt der Genehmigung,
   f) in den Fällen des § 3 Abs. 2 Nr. 4 mit dem Zeitpunkt des Verzichts oder der Ausschlagung,
   g) im Fall des § 3 Abs. 2 Nr. 5 mit dem Zeitpunkt der Vereinbarung über die Abfindung,
   h) für den Erwerb des Nacherben mit dem Zeitpunkt des Eintritts der Nacherbfolge,
   i) im Fall des § 3 Abs. 2 Nr. 6 mit dem Zeitpunkt der Übertragung der Anwartschaft,
   j) im Fall des § 3 Abs. 2 Nr. 7 mit dem Zeitpunkt der Geltendmachung des Anspruchs;
2. bei Schenkungen unter Lebenden mit dem Zeitpunkt der Ausführung der Zuwendung;
3. bei Zweckzuwendungen mit dem Zeitpunkt des Eintritts der Verpflichtung des Beschwerten;
4. in den Fällen des § 1 Abs. 1 Nr. 4 in Zeitabständen von je 30 Jahren seit dem Zeitpunkt des ersten Übergangs von Vermögen auf die Stiftung oder auf den Verein. Fällt bei Stiftungen oder Vereinen der Zeitpunkt des ersten Übergangs von Vermögen auf den 1. Januar 1954 oder auf einen früheren Zeitpunkt, so entsteht die Steuer erstmals am 1. Januar 1984. Bei Stiftungen und Vereinen, bei denen die Steuer erstmals am 1. Januar 1984 entsteht, richtet sich der Zeitraum von 30 Jahren nach diesem Zeitpunkt.

(2) In den Fällen der Aussetzung der Versteuerung nach § 25 Abs. 1 Buchstabe a gilt die Steuer für den Erwerb des belasteten Vermögens als mit dem Zeitpunkt des Erlöschens der Belastung entstanden.

II. Wertermittlung

§ 10 Steuerpflichtiger Erwerb

(1) Als steuerpflichtiger Erwerb gilt die Bereicherung des Erwerbers, soweit sie nicht steuerfrei ist (§§ 5, 13, 13a, 16, 17 und 18). In den Fällen des § 3 gilt als Bereicherung der Betrag, der sich ergibt, wenn von dem nach § 12 zu ermittelnden Wert des gesamten Vermögensanfalls, soweit er der Besteuerung nach diesem Gesetz unterliegt, die nach den Absätzen 3 bis 9 abzugsfähigen Nachlassverbindlichkeiten mit ihrem nach § 12 zu ermittelnden Wert abgezogen werden. Der unmittelbare oder mittelbare Erwerb einer Beteiligung an einer Personengesellschaft, die nicht nach § 12 Abs. 5 zu bewerten ist, gilt als Erwerb der anteiligen Wirtschaftsgüter. Bei der Zweckzuwendung tritt an die Stelle des Vermögensanfalls die Verpflichtung des Beschwerten. Der steuerpflichtige Erwerb wird auf volle 100 Euro nach unten abgerundet. In den Fällen des § 1 Abs. 1 Nr. 4 tritt an die Stelle des Vermögensanfalls das Vermögen der Stiftung oder des Vereins.

(2) Hat der Erblasser die Entrichtung der von dem Erwerber geschuldeten Steuer einem anderen auferlegt oder hat der Schenker die Entrichtung der vom Beschenkten geschuldeten Steuer selbst übernommen oder einem anderen auferlegt, so gilt als Erwerb der Betrag, der sich bei einer Zusammenrechnung des Erwerbs nach Absatz 1 mit der aus ihm errechneten Steuer ergibt.

(3) Die infolge des Anfalls durch Vereinigung von Recht und Verbindlichkeit oder von Recht und Belastung erloschenen Rechtsverhältnisse gelten als nicht erloschen.
(4) Die Anwartschaft eines Nacherben gehört nicht zu seinem Nachlass.
(5) Von dem Erwerb sind, soweit sich nicht aus den Absätzen 6 bis 9 etwas anderes ergibt, als Nachlassverbindlichkeiten abzugsfähig

1. die vom Erblasser herrührenden Schulden, soweit sie nicht mit einem zum Erwerb gehörenden Gewerbebetrieb oder Anteil an einem Gewerbebetrieb in wirtschaftlichem Zusammenhang stehen und bereits nach § 12 Abs. 5 und 6 berücksichtigt worden sind;
2. Verbindlichkeiten aus Vermächtnissen, Auflagen und geltend gemachten Pflichtteilen und Erbersatzansprüchen;
3. die Kosten der Bestattung des Erblassers, die Kosten für ein angemessenes Grabdenkmal, die Kosten für die übliche Grabpflege mit ihrem Kapitalwert für eine unbestimmte Dauer sowie die Kosten, die dem Erwerber unmittelbar im Zusammenhang mit der Abwicklung, Regelung oder Verteilung des Nachlasses oder mit der Erlangung des Erwerbs entstehen. Für diese Kosten wird insgesamt ein Betrag von 10.300 Euro ohne Nachweis abgezogen. Kosten für die Verwaltung des Nachlasses sind nicht abzugsfähig.

(6) Nicht abzugsfähig sind Schulden und Lasten, soweit sie in wirtschaftlichem Zusammenhang mit Vermögensgegenständen stehen, die nicht der Besteuerung nach diesem Gesetz unterliegen. Beschränkt sich die Besteuerung auf einzelne Vermögensgegenstände (§ 2 Abs. 1 Nr. 3, § 19 Abs. 2), sind nur die damit in wirtschaftlichem Zusammenhang stehenden Schulden und Lasten abzugsfähig. Schulden und Lasten, die mit teilweise befreiten Vermögensgegenständen in wirtschaftlichem Zusammenhang stehen, sind nur mit dem Betrag abzugsfähig, der dem steuerpflichtigen Teil entspricht. Schulden und Lasten, die mit dem nach § 13a befreiten Betriebsvermögen in wirtschaftlichem Zusammenhang stehen, sind in vollem Umfang abzugsfähig. Schulden und Lasten, die mit dem nach § 13a befreiten Vermögen eines Betriebs der Land- und Forstwirtschaft oder mit den nach § 13a befreiten Anteilen an Kapitalgesellschaften in wirtschaftlichem Zusammenhang stehen, sind nur mit dem Betrag abzugsfähig, der dem Verhältnis des nach Anwendung des § 13a anzusetzenden Werts dieses Vermögens zu dem Wert vor Anwendung des § 13a entspricht.
(7) In den Fällen des § 1 Abs. 1 Nr. 4 sind Leistungen an die nach der Stiftungsurkunde oder nach der Vereinssatzung Berechtigten nicht abzugsfähig.
(8) Die von dem Erwerber zu entrichtende eigene Erbschaftsteuer ist nicht abzugsfähig.
(9) Auflagen, die dem Beschwerten selbst zugute kommen, sind nicht abzugsfähig.

§ 11 Bewertungsstichtag
Für die Wertermittlung ist, soweit in diesem Gesetz nichts anderes bestimmt ist, der Zeitpunkt der Entstehung der Steuer maßgebend.

§ 12 Bewertung
(1) Die Bewertung richtet sich, soweit nicht in den Absätzen 2 bis 6 etwas anderes bestimmt ist, nach den Vorschriften des Ersten Teils des Bewertungsgesetzes (Allgemeine Bewertungsvorschriften).
(2) Ist der gemeine Wert von Anteilen an einer Kapitalgesellschaft unter Berücksichtigung des Vermögens und der Ertragsaussichten zu schätzen (§ 11 Abs. 2 Satz 2 des Bewertungsgesetzes), wird das Vermögen mit dem Wert im Zeitpunkt der Entstehung der Steuer angesetzt. Der Wert ist nach den Grundsätzen der Absätze 5 und 6 zu ermitteln. Dabei sind der Geschäfts- oder Firmenwert und die Werte von firmenwertähnlichen Wirtschaftsgütern nicht in die Ermittlung einzubeziehen.
(3) Grundbesitz (§ 19 des Bewertungsgesetzes) ist mit dem Grundbesitzwert anzusetzen, der nach dem Vierten Abschnitt des Zweiten Teils des Bewertungsgesetzes (Vorschriften für die Bewertung von Grundbesitz für die Erbschaftsteuer ab 1. Januar 1996 und für die Grunderwerbsteuer ab 1. Januar 1997) auf den Zeitpunkt der Entstehung der Steuer festgestellt wird.

(4) Bodenschätze, die nicht zum Betriebsvermögen gehören, werden angesetzt, wenn für sie Absetzungen für Substanzverringerung bei der Einkunftsermittlung vorzunehmen sind; sie werden mit ihren ertragsteuerlichen Werten angesetzt.
(5) Für den Bestand und die Bewertung von Betriebsvermögen mit Ausnahme der Bewertung der Betriebsgrundstücke (Absatz 3) sind die Verhältnisse zur Zeit der Entstehung der Steuer maßgebend. Die §§ 95 bis 99, 103, 104 und 109 Abs. 1 und 2 und § 137 des Bewertungsgesetzes sind entsprechend anzuwenden. Zum Betriebsvermögen gehörende Wertpapiere, Anteile und Genussscheine von Kapitalgesellschaften sind vorbehaltlich des Absatzes 2 mit dem nach § 11 oder § 12 des Bewertungsgesetzes ermittelten Wert anzusetzen.
(6) Ausländischer Grundbesitz und ausländisches Betriebsvermögen werden nach § 31 des Bewertungsgesetzes bewertet.

§ 13 Steuerbefreiungen

(1) Steuerfrei bleiben

1. a) Hausrat einschließlich Wäsche und Kleidungsstücke beim Erwerb durch Personen der Steuerklasse I, soweit der Wert insgesamt 41 000 Euro nicht übersteigt,
   b) andere bewegliche körperliche Gegenstände, die nicht nach Nummer 2 befreit sind, beim Erwerb durch Personen der Steuerklasse I, soweit der Wert insgesamt 10 300 Euro nicht übersteigt,
   c) Hausrat einschließlich Wäsche und Kleidungsstücke und andere bewegliche körperliche Gegenstände, die nicht nach Nummer 2 befreit sind, beim Erwerb durch Personen der Steuerklassen II und III, soweit der Wert insgesamt 10 300 Euro nicht übersteigt.

   Die Befreiung gilt nicht für Gegenstände, die zum land- und forstwirtschaftlichen Vermögen, zum Grundvermögen oder zum Betriebsvermögen gehören, für Zahlungsmittel, Wertpapiere, Münzen, Edelmetalle, Edelsteine und Perlen;
2. Grundbesitz oder Teile von Grundbesitz, Kunstgegenstände, Kunstsammlungen, wissenschaftliche Sammlungen, Bibliotheken und Archive
   a) mit 60 vom Hundert ihres Werts, wenn die Erhaltung dieser Gegenstände wegen ihrer Bedeutung für Kunst, Geschichte oder Wissenschaft im öffentlichen Interesse liegt, die jährlichen Kosten in der Regel die erzielten Einnahmen übersteigen und die Gegenstände in einem den Verhältnissen entsprechenden Umfang den Zwecken der Forschung oder der Volksbildung nutzbar gemacht sind oder werden,
   b) in vollem Umfang, wenn die Voraussetzungen des Buchstaben a erfüllt sind und ferner
      aa) der Steuerpflichtige bereit ist, die Gegenstände den geltenden Bestimmungen der Denkmalspflege zu unterstellen,
      bb) die Gegenstände sich seit mindestens zwanzig Jahren im Besitz der Familie befinden oder in dem Verzeichnis national wertvollen Kulturgutes oder national wertvoller Archive nach dem Gesetz zum Schutz deutschen Kulturgutes gegen Abwanderung in der im Bundesgesetzblatt Teil III, Gliederungsnummer 224-2, veröffentlichten bereinigten Fassung, zuletzt geändert durch Anlage I Kapitel II Sachgebiet B Abschnitt II Nr. 4 des Einigungsvertrages vom 31. August 1990 in Verbindung mit Artikel 1 des Gesetzes vom 23. September 1990 (BGBl. 1990 II S. 885, 914), eingetragen sind.

Die Steuerbefreiung fällt mit Wirkung für die Vergangenheit weg, wenn die Gegenstände innerhalb von zehn Jahren nach dem Erwerb veräußert werden oder die Voraussetzungen für die Steuerbefreiung innerhalb dieses Zeitraumes entfallen;

3. Grundbesitz oder Teile von Grundbesitz, der für Zwecke der Volkswohlfahrt der Allgemeinheit ohne gesetzliche Verpflichtung zur Benutzung zugänglich gemacht ist und dessen Erhaltung im öffentlichen Interesse liegt, wenn die jährlichen Kosten in der Regel die erzielten Einnahmen übersteigen. Die Steuerbefreiung fällt mit Wirkung für die Vergangenheit weg, wenn der Grundbesitz oder Teile des Grundbesitzes innerhalb von zehn Jahren nach dem Er-

werb veräußert werden oder die Voraussetzungen für die Steuerbefreiung innerhalb dieses Zeitraumes entfallen;

4. ein Erwerb nach § 1969 des Bürgerlichen Gesetzbuchs;

4a. Zuwendungen unter Lebenden, mit denen ein Ehegatte dem anderen Ehegatten Eigentum oder Miteigentum an einem im Inland belegenen, zu eigenen Wohnzwecken genutzten Haus oder einer im Inland belegenen, zu eigenen Wohnzwecken genutzten Eigentumswohnung (Familienwohnheim) verschafft oder den anderen Ehegatten von eingegangenen Verpflichtungen im Zusammenhang mit der Anschaffung oder der Herstellung des Familienwohnheims freistellt. Entsprechendes gilt, wenn ein Ehegatte nachträglichen Herstellungs- oder Erhaltungsaufwand für ein Familienwohnheim trägt, das im gemeinsamen Eigentum der Ehegatten oder im Eigentum des anderen Ehegatten steht;

5. die Befreiung von einer Schuld gegenüber dem Erblasser, sofern die Schuld durch Gewährung von Mitteln zum Zweck des angemessenen Unterhalts oder zur Ausbildung des Bedachten begründet worden ist oder der Erblasser die Befreiung mit Rücksicht auf die Notlage des Schuldners angeordnet hat und diese auch durch die Zuwendung nicht beseitigt wird. Die Steuerbefreiung entfällt, soweit die Steuer aus der Hälfte einer neben der erlassenen Schuld dem Bedachten anfallenden Zuwendung gedeckt werden kann;

6. ein Erwerb, der Eltern, Adoptiveltern, Stiefeltern oder Großeltern des Erblassers anfällt, sofern der Erwerb zusammen mit dem übrigen Vermögen des Erwerbers 41. 000 Euro nicht übersteigt und der Erwerber infolge körperlicher oder geistiger Gebrechen und unter Berücksichtigung seiner bisherigen Lebensstellung als erwerbsunfähig anzusehen ist oder durch die Führung eines gemeinsamen Hausstands mit erwerbsunfähigen oder in der Ausbildung befindlichen Abkömmlingen an der Ausübung einer Erwerbstätigkeit gehindert ist. Übersteigt der Wert des Erwerbs zusammen mit dem übrigen Vermögen des Erwerbers den Betrag von 41. 000 Euro, wird die Steuer nur insoweit erhoben, als sie aus der Hälfte des die Wertgrenze übersteigenden Betrags gedeckt werden kann;

7. Ansprüche nach folgenden Gesetzen in der jeweils geltenden Fassung:
   a) Lastenausgleichsgesetz in der Fassung der Bekanntmachung vom 2. Juni 1993 (BGBl. I S. 845), zuletzt geändert durch Gesetz vom 23. Juni 1994 (BGBl. I S. 1311),
   Währungsausgleichsgesetz in der Fassung der Bekanntmachung vom 1. Dezember 1965 (BGBl. I S. 2059), zuletzt geändert durch Artikel 3d des Gesetzes vom 24. Juli 1992 (BGBl. I S. 1389),
   Altsparergesetz in der im Bundesgesetzblatt Teil III, Gliederungsnummer 621-4, veröffentlichten bereinigten Fassung, zuletzt geändert durch Artikel 65 des Gesetzes vom 5. Oktober 1994 (BGBl. I S. 2911),
   Flüchtlingshilfegesetz in der Fassung der Bekanntmachung vom 15. Mai 1971 (BGBl. I S. 681), zuletzt geändert durch Artikel 24 des Gesetzes vom 26. Mai 1994 (BGBl. I S. 1014),
   Reparationsschädengesetz vom 12. Februar 1969 (BGBl. I S. 105), zuletzt geändert durch Artikel 3e des Gesetzes vom 24. Juli 1992 (BGBl. I S. 1389),
   b) Allgemeines Kriegsfolgengesetz in der im Bundesgesetzblatt Teil III, Gliederungsnummer 653-1, veröffentlichten bereinigten Fassung, zuletzt geändert durch Artikel 67 des Gesetzes vom 5. Oktober 1994 (BGBl. I S. 1389),
   Gesetz zur Regelung der Verbindlichkeiten nationalsozialistischer Einrichtungen und der Rechtsverhältnisse an deren Vermögen vom 17. März 1965 (BGBl. I S. 79), zuletzt geändert durch Artikel 2 Nr. 18 des Gesetzes vom 20. Dezember 1991 (BGBl. I S. 2317),
   c) Häftlingshilfegesetz in der Fassung der Bekanntmachung vom 2. Juni 1993 (BGBl. I S.), zuletzt geändert durch Artikel 1 des Gesetzes vom 8. Juni 1994 (BGBl. I S. 1214);

d) Strafrechtliches Rehabilitierungsgesetz vom 29. Oktober 1992 (BGBl. I S. 1814), zuletzt geändert durch Artikel 6 des Gesetzes vom 23. Juni 1994 (BGBl. I S. 1311),
e) Bundesvertriebenengesetz in der Fassung der Bekanntmachung vom 2. Juni 1993 (BGBl. I S. 829),
f) Vertriebenenzuwendungsgesetz vom 27. September 1994 (BGBl. I S. 2624, 2635);
g) Verwaltungsrechtliches Rehabilitierungsgesetz vom 23. Juni 1994 (BGBl. I S. 1311) und Berufliches Rehabilitierungsgesetz vom 23. Juni 1994 (BGBl. I S. 1311);

8. Ansprüche auf Entschädigungsleistungen nach dem Bundesgesetz zur Entschädigung für Opfer der nationalsozialistischen Verfolgung in der Fassung vom 29. Juni 1956 (BGBl. I S. 559) und nach dem Gesetz über Entschädigungen für Opfer des Nationalsozialismus im Beitrittsgebiet vom 22. April 1992 (BGBl. I S. 906) in der jeweils geltenden Fassung;
9. ein steuerpflichtiger Erwerb bis zu 5. 200 Euro, der Personen anfällt, die dem Erblasser unentgeltlich oder gegen unzureichendes Entgelt Pflege oder Unterhalt gewährt haben, soweit das Zugewendete als angemessenes Entgelt anzusehen ist;

9a. Geldzuwendungen unter Lebenden, die eine Pflegeperson für Leistungen zur Grundpflege oder hauswirtschaftlichen Versorgung vom Pflegebedürftigen erhält, bis zur Höhe des nach § 37 des Elften Buches Sozialgesetzbuch gewährten Pflegegeldes oder eines entsprechenden Pflegegeldes aus privaten Versicherungsverträgen nach den Vorgaben des Elften Buches Sozialgesetzbuch (private Pflegepflichtversicherung) oder einer Pauschalbeihilfe nach den Beihilfevorschriften für häusliche Pflege;

10. Vermögensgegenstände, die Eltern oder Voreltern ihren Abkömmlingen durch Schenkung oder Übergabevertrag zugewandt hatten und die an diese Personen von Todes wegen zurückfallen;
11. der Verzicht auf die Geltendmachung des Pflichtteilsanspruchs oder des Erbersatzanspruchs;
12. Zuwendungen unter Lebenden zum Zwecke des angemessenen Unterhalts oder zur Ausbildung des Bedachten;
13. Zuwendungen an Pensions- und Unterstützungskassen im Sinne des § 5 Abs. 1 Nr. 3 des Körperschaftsteuergesetzes, wenn sie die für eine Befreiung von der Körperschaftsteuer erforderlichen Voraussetzungen erfüllen. Ist eine Kasse nach § 6 des Körperschaftsteuergesetzes teilweise steuerpflichtig, ist auch die Zuwendung im gleichen Verhältnis steuerpflichtig. Die Befreiung fällt mit Wirkung für die Vergangenheit weg, wenn die Voraussetzungen des § 5 Abs. 1 Nr. 3 des Körperschaftsteuergesetzes innerhalb von zehn Jahren nach der Zuwendung entfallen;
14. die üblichen Gelegenheitsgeschenke;
15. Anfälle an den Bund, ein Land oder eine inländische Gemeinde (Gemeindeverband) sowie solche Anfälle, die ausschließlich Zwecken des Bundes, eines Landes oder einer inländischen Gemeinde (Gemeindeverband) dienen;
16. Zuwendungen
    a) an inländische Religionsgesellschaften des öffentlichen Rechts oder an inländische jüdische Kultusgemeinden,
    b) an inländische Körperschaften, Personenvereinigungen und Vermögensmassen, die nach der Satzung, dem Stiftungsgeschäft oder der sonstigen Verfassung und nach ihrer tatsächlichen Geschäftsführung ausschließlich und unmittelbar kirchlichen, gemeinnützigen oder mildtätigen Zwecken dienen. Die Befreiung fällt mit Wirkung für die Vergangenheit weg, wenn die Voraussetzungen für die Anerkennung der Körperschaft, Personenvereinigung oder Vermögensmasse als kirchliche, gemeinnützige oder mildtätige Institution innerhalb von zehn Jahren nach der Zuwendung entfallen und das Vermögen nicht begünstigten Zwecken zugeführt wird,
    c) an ausländische Religionsgesellschaften, Körperschaften, Personenvereinigungen und Vermögensmassen der in den Buchstaben a und b bezeichneten Art unter der Vorausset-

zung, dass der ausländische Staat für Zuwendungen an deutsche Rechtsträger der in den Buchstaben a und b bezeichneten Art eine entsprechende Steuerbefreiung gewährt und das Bundesministerium der Finanzen dies durch förmlichen Austausch entsprechender Erklärungen mit dem ausländischen Staat feststellt;

17. Zuwendungen, die ausschließlich kirchlichen, gemeinnützigen oder mildtätigen Zwecken gewidmet sind, sofern die Verwendung zu dem bestimmten Zweck gesichert ist;
18. Zuwendungen an politische Parteien im Sinne des § 2 des Parteiengesetzes.

(2) Angemessen im Sinne des Absatzes 1 Nr. 5 und 12 ist eine Zuwendung, die den Vermögensverhältnissen und der Lebensstellung des Bedachten entspricht. Eine dieses Maß übersteigende Zuwendung ist in vollem Umfang steuerpflichtig.

(3) Jede Befreiungsvorschrift ist für sich anzuwenden. In den Fällen des Absatzes 1 Nr. 2 und 3 kann der Erwerber der Finanzbehörde bis zur Unanfechtbarkeit der Steuerfestsetzung erklären, dass er auf die Steuerbefreiung verzichtet.

§ 13a Ansatz von Betriebsvermögen, von Betrieben der Land- und Forstwirtschaft und von Anteilen an Kapitalgesellschaften

(1) Betriebsvermögen, land- und forstwirtschaftliches Vermögen und Anteile an Kapitalgesellschaften im Sinne des Absatzes 4 bleiben vorbehaltlich des Satzes 2 insgesamt bis zu einem Wert von 256. 000 Euro außer Ansatz

1. beim Erwerb von Todes wegen; beim Erwerb durch mehrere Erwerber ist für jeden Erwerber ein Teilbetrag von 256. 000 Euro entsprechend einer vom Erblasser schriftlich verfügten Aufteilung des Freibetrags maßgebend; hat der Erblasser keine Aufteilung verfügt, steht der Freibetrag, wenn nur Erben Vermögen im Sinne des Absatzes 4 erwerben, jedem Erben entsprechend seinem Erbteil und sonst den Erwerbern zu gleichen Teilen zu;
2. beim Erwerb durch Schenkung unter Lebenden, wenn der Schenker dem Finanzamt unwiderruflich erklärt, dass der Freibetrag für diese Schenkung in Anspruch genommen wird; dabei hat der Schenker, wenn zum selben Zeitpunkt mehrere Erwerber bedacht werden, den für jeden Bedachten maßgebenden Teilbetrag von 256. 000 Euro zu bestimmen.

Wird ein Freibetrag nach Satz 1 Nr. 2 gewährt, kann für weiteres, innerhalb von zehn Jahren nach dem Erwerb von derselben Person anfallendes Vermögen im Sinne des Absatzes 4 ein Freibetrag weder vom Bedachten noch von anderen Erwerbern in Anspruch genommen werden.

(2) Der nach Anwendung des Absatzes 1 verbleibende Wert des Vermögens im Sinne des Absatzes 4 ist mit 60 vom Hundert anzusetzen.

(3) Ein Erwerber kann den Freibetrag oder Freibetragsanteil (Absatz 1) und den verminderten Wertansatz (Absatz 2) nicht in Anspruch nehmen, soweit er erworbenes Vermögen im Sinne des Absatzes 4 auf Grund einer letztwilligen Verfügung des Erblassers oder einer rechtsgeschäftlichen Verfügung des Erblassers oder Schenkers auf einen Dritten überträgt. Der bei ihm entfallende Freibetrag oder Freibetragsanteil geht auf den Dritten über, bei mehreren Dritten zu gleichen Teilen.

(4) Der Freibetrag und der verminderte Wertansatz gelten für

1. inländisches Betriebsvermögen (§ 12 Abs. 5) beim Erwerb eines ganzen Gewerbebetriebs, eines Teilbetriebs, eines Anteils an einer Gesellschaft im Sinne des § 15 Abs. 1 Nr. 2 und Abs. 3 oder § 18 Abs. 4 des Einkommensteuergesetzes, eines Anteils eines persönlich haftenden Gesellschafters einer Kommanditgesellschaft auf Aktien oder eines Anteils daran;
2. inländisches land- und forstwirtschaftliches Vermögen im Sinne des § 141 Abs. 1 Nr. 1 und 2 des Bewertungsgesetzes, vermietete Grundstücke, Grundstücke im Sinne des § 69 des Bewertungsgesetzes und die in § 13 Abs. 2 Nr. 2 des Einkommensteuergesetzes in der Fassung des Gesetzes vom 24. März 1999 (BGBl. I S. 402) genannten Gebäude oder Gebäudeteile beim Erwerb eines ganzen Betriebs der Land- und Forstwirtschaft, eines Teilbetriebs, eines Anteils an einem Betrieb der Land- und Forstwirtschaft oder eines Anteils daran, unter der

Voraussetzung, dass dieses Vermögen ertragsteuerlich zum Betriebsvermögen eines Betriebs der Land- und Forstwirtschaft gehört;
3. Anteile an einer Kapitalgesellschaft, wenn die Kapitalgesellschaft zur Zeit der Entstehung der Steuer Sitz oder Geschäftsleitung im Inland hat und der Erblasser oder Schenker am Nennkapital dieser Gesellschaft zu mehr als einem Viertel unmittelbar beteiligt war.

(5) Der Freibetrag oder Freibetragsanteil (Absatz 1) und der verminderte Wertansatz (Absatz 2) fallen mit Wirkung für die Vergangenheit weg, soweit der Erwerber innerhalb von fünf Jahren nach dem Erwerb

1. einen Gewerbebetrieb oder einen Teilbetrieb, einen Anteil an einer Gesellschaft im Sinne des § 15 Abs. 1 Nr. 2 und Abs. 3 oder § 18 Abs. 4 des Einkommensteuergesetzes, einen Anteil eines persönlich haftenden Gesellschafters einer Kommanditgesellschaft auf Aktien oder einen Anteil daran veräußert; als Veräußerung gilt auch die Aufgabe des Gewerbebetriebs. Gleiches gilt, wenn wesentliche Betriebsgrundlagen eines Gewerbebetriebs veräußert oder in das Privatvermögen übergeführt oder anderen betriebsfremden Zwecken zugeführt werden oder wenn Anteile an einer Kapitalgesellschaft veräußert werden, die der Veräußerer durch eine Sacheinlage (§ 20 Abs. 1 des Umwandlungssteuergesetzes) aus dem Betriebsvermögen im Sinne des Absatzes 4 erworben hat oder ein Anteil an einer Gesellschaft im Sinne des § 15 Abs. 1 Nr. 2 und Abs. 3 oder § 18 Abs. 4 des Einkommensteuergesetzes oder ein Anteil daran veräußert wird, den der Veräußerer durch eine Einbringung von Betriebsvermögen im Sinne des Absatzes 4 in eine Personengesellschaft (§ 24 Abs. 1 des Umwandlungssteuergesetzes) erworben hat;
2. einen Betrieb der Land- und Forstwirtschaft oder einen Teilbetrieb, einen Anteil an einem Betrieb der Land- und Forstwirtschaft oder einen Anteil daran veräußert; als Veräußerung gilt auch die Aufgabe des Betriebs. Nummer 1 Satz 2 gilt entsprechend;
3. als Inhaber eines Gewerbebetriebs, Gesellschafter einer Gesellschaft im Sinne des § 15 Abs. 1 Nr. 2 und Abs. 3 oder § 18 Abs. 4 des Einkommensteuergesetzes oder persönlich haftender Gesellschafter einer Kommanditgesellschaft auf Aktien bis zum Ende des letzten in die Fünfjahresfrist fallenden Wirtschaftsjahrs Entnahmen tätigt, die die Summe seiner Einlagen und der ihm zuzurechnenden Gewinne oder Gewinnanteile seit dem Erwerb um mehr als 52. 000 Euro übersteigen; Verluste bleiben unberücksichtigt. Gleiches gilt für Inhaber eines begünstigten Betriebs der Land- und Forstwirtschaft oder eines Teilbetriebs oder eines Anteils an einem Betrieb der Land- und Forstwirtschaft;
4. Anteile an Kapitalgesellschaften im Sinne des Absatzes 4 ganz oder teilweise veräußert; eine verdeckte Einlage der Anteile in eine Kapitalgesellschaft steht der Veräußerung der Anteile gleich. Gleiches gilt, wenn die Kapitalgesellschaft innerhalb der Frist aufgelöst oder ihr Nennkapital herabgesetzt wird, wenn diese wesentliche Betriebsgrundlagen veräußert und das Vermögen an die Gesellschafter verteilt wird oder wenn Vermögen der Kapitalgesellschaft auf eine Personengesellschaft, eine natürliche Person oder eine andere Körperschaft (§§ 3 bis 16 des Umwandlungssteuergesetzes) übertragen wird.

(6) In den Fällen des Absatzes 4 Nr. 2 und 3 kann der Erwerber der Finanzbehörde bis zur Unanfechtbarkeit der Steuerfestsetzung erklären, dass er auf die Steuerbefreiung verzichtet.

(7) Die Absätze 1 bis 6 gelten in den Fällen des § 1 Abs. 1 Nr. 4 entsprechend.

III. Berechnung der Steuer

§ 14 Berücksichtigung früherer Erwerbe

(1) Mehrere innerhalb von zehn Jahren von derselben Person anfallende Vermögensvorteile werden in der Weise zusammengerechnet, dass dem letzten Erwerb die früheren Erwerbe nach ihrem früheren Wert zugerechnet werden. Von der Steuer für den Gesamtbetrag wird die Steuer

abgezogen, die für die früheren Erwerbe nach den persönlichen Verhältnissen des Erwerbers und auf der Grundlage der geltenden Vorschriften zur Zeit des letzten Erwerbs zu erheben gewesen wäre. Anstelle der Steuer nach Satz 2 ist die tatsächlich für die in die Zusammenrechnung einbezogenen früheren Erwerbe zu entrichtende Steuer abzuziehen, wenn diese höher ist. Erwerbe, für die sich nach den steuerlichen Bewertungsgrundsätzen kein positiver Wert ergeben hat, bleiben unberücksichtigt.
(2) Die durch jeden weiteren Erwerb veranlasste Steuer darf nicht mehr betragen als 50 vom Hundert dieses Erwerbs.

§ 15 Steuerklassen

(1) Nach dem persönlichen Verhältnis des Erwerbers zum Erblasser oder Schenker werden die folgenden drei Steuerklassen unterschieden:
Steuerklasse I
1. der Ehegatte,
2. die Kinder und Stiefkinder,
3. die Abkömmlinge der in Nummer 2 genannten Kinder und Stiefkinder,
4. die Eltern und Voreltern bei Erwerben von Todes wegen;

Steuerklasse II
1. die Eltern und Voreltern, soweit sie nicht zur Steuerklasse I gehören,
2. die Geschwister,
3. die Abkömmlinge ersten Grades von Geschwistern,
4. die Stiefeltern,
5. die Schwiegerkinder,
6. die Schwiegereltern,
7. der geschiedene Ehegatte;

Steuerklasse III
alle übrigen Erwerber und die Zweckzuwendungen.
(1a) Die Steuerklassen I, II und III Nr. 1 bis 3 gelten auch dann, wenn die Verwandtschaft durch Annahme als Kind bürgerlich-rechtlich erloschen ist.
(2) In den Fällen des § 3 Abs. 2 Nr. 1 und § 7 Abs. 1 Nr. 8 ist der Besteuerung das Verwandtschaftsverhältnis des nach der Stiftungsurkunde entferntest Berechtigten zu dem Erblasser oder Schenker zugrunde zu legen, sofern die Stiftung wesentlich im Interesse einer Familie oder bestimmter Familien im Inland errichtet ist. In den Fällen des § 7 Abs. 1 Nr. 9 Satz 1 gilt als Schenker der Stifter oder derjenige, der das Vermögen auf den Verein übertragen hat, und in den Fällen des § 7 Abs. 1 Nr. 9 Satz 2 derjenige, der die Vermögensmasse im Sinne des § 3 Abs. 2 Nr. 1 Satz 2 oder § 7 Abs. 1 Nr. 8 Satz 2 gebildet oder ausgestattet hat. In den Fällen des § 1 Abs. 1 Nr. 4 wird der doppelte Freibetrag nach § 16 Abs. 1 Nr. 2 gewährt; die Steuer ist nach dem Vomhundertsatz der Steuerklasse I zu berechnen, der für die Hälfte des steuerpflichtigen Vermögens gelten würde.
(3) Im Falle des § 2269 des Bürgerlichen Gesetzbuchs und soweit der überlebende Ehegatte an die Verfügung gebunden ist, sind die mit dem verstorbenen Ehegatten näher verwandten Erben und Vermächtnisnehmer als seine Erben anzusehen, soweit sein Vermögen beim Tode des überlebenden Ehegatten noch vorhanden ist. § 6 Abs. 2 Satz 3 bis 5 gilt entsprechend.

§ 16 Freibeträge

(1) Steuerfrei bleibt in den Fällen des § 2 Abs. 1 Nr. 1 der Erwerb
1. des Ehegatten in Höhe von 307. 000 Euro;
2. der Kinder im Sinne der Steuerklasse I Nr. 2 und der Kinder verstorbener Kinder im Sinne der Steuerklasse I Nr. 2 in Höhe von 205. 000 Euro;
3. der übrigen Personen der Steuerklasse I in Höhe von 51. 200 Euro;
4. der Personen der Steuerklasse II in Höhe von 10. 300 Euro;

5. der Personen der Steuerklasse III in Höhe von 5. 200 Euro.

(2) An die Stelle des Freibetrags nach Absatz 1 tritt in den Fällen des § 2 Abs. 1 Nr. 3 ein Freibetrag von 1. 100 Euro.

§ 17 Besonderer Versorgungsfreibetrag

(1) Neben dem Freibetrag nach § 16 Abs. 1 Nr. 1 wird dem überlebenden Ehegatten ein besonderer Versorgungsfreibetrag von 256. 000 Euro gewährt. Der Freibetrag wird bei Ehegatten, denen aus Anlass des Todes des Erblassers nicht der Erbschaftsteuer unterliegende Versorgungsbezüge zustehen, um den nach § 14 des Bewertungsgesetzes zu ermittelnden Kapitalwert dieser Versorgungsbezüge gekürzt.

(2) Neben dem Freibetrag nach § 16 Abs. 1 Nr. 2 wird Kindern im Sinne der Steuerklasse I Nr. 2 (§ 15 Abs. 1) für Erwerbe von Todes wegen ein besonderer Versorgungsfreibetrag in folgender Höhe gewährt:

1. bei einem Alter bis zu 5 Jahren in Höhe von 52. 000 Euro;
2. bei einem Alter von mehr als 5 bis zu 10 Jahren in Höhe von 41. 000 Euro;
3. bei einem Alter von mehr als 10 bis zu 15 Jahren in Höhe von 30. 700 Euro;
4. bei einem Alter von mehr als 15 bis zu 20 Jahren in Höhe von 20. 500 Euro;
5. bei einem Alter von mehr als 20 Jahren bis zur Vollendung des 27. Lebensjahres in Höhe von 10. 300 Euro.

Stehen dem Kind aus Anlass des Todes des Erblassers nicht der Erbschaftsteuer unterliegende Versorgungsbezüge zu, so wird der Freibetrag um den nach § 13 Abs. 1 des Bewertungsgesetzes zu ermittelnden Kapitalwert dieser Versorgungsbezüge gekürzt. Bei der Berechnung des Kapitalwerts ist von der nach den Verhältnissen am Stichtag (§ 11) voraussichtlichen Dauer der Bezüge auszugehen.

§ 18 Mitgliederbeiträge

Beiträge an Personenvereinigungen, die nicht lediglich die Förderung ihrer Mitglieder zum Zweck haben, sind steuerfrei, soweit die von einem Mitglied im Kalenderjahr der Vereinigung geleisteten Beiträge 300 Euro nicht übersteigen. § 13 Abs. 1 Nr. 16 und 18 bleiben unberührt.

§ 19 Steuersätze

(1) Die Erbschaftsteuer wird nach folgenden Vomhundertsätzen erhoben:

Wert des steuerpflichtigen Erwerbs (§ 10) bis einschließlich . . . Euro	**Vomhundertsatz in der Steuerklasse**		
	I	**II**	**III**
52 000	7	12	17
256 000	11	17	23
512 000	15	22	29
5 113 000	19	27	35
12 783 000	23	32	41
25 565 000	27	37	47
über 25 565 000	30	40	50

(2) Ist im Falle des § 2 Abs. 1 Nr. 1 ein Teil des Vermögens der inländischen Besteuerung auf Grund eines Abkommens zur Vermeidung der Doppelbesteuerung entzogen, ist die Steuer nach dem Steuersatz zu erheben, der für den ganzen Erwerb gelten würde.

(3) Der Unterschied zwischen der Steuer, die sich bei Anwendung des Absatzes 1 ergibt, und der Steuer, die sich berechnen würde, wenn der Erwerb die letztvorhergehende Wertgrenze nicht überstiegen hätte, wird nur insoweit erhoben, als er
a) bei einem Steuersatz bis zu 30 vom Hundert aus der Hälfte,
b) bei einem Steuersatz über 30 vom Hundert aus drei Vierteln,
des die Wertgrenze übersteigenden Betrags gedeckt werden kann.

§ 19a Tarifbegrenzung beim Erwerb von Betriebsvermögen, von Betrieben der Land- und Forstwirtschaft und von Anteilen an Kapitalgesellschaften

(1) Sind in dem steuerpflichtigen Erwerb einer natürlichen Person der Steuerklasse II oder III Betriebsvermögen, land- und forstwirtschaftliches Vermögen oder Anteile an Kapitalgesellschaften im Sinne des Absatzes 2 enthalten, ist von der tariflichen
1. inländisches Betriebsvermögen (§ 12 Abs. 5) beim Erwerb eines ganzen Gewerbebetriebs, eines Teilbetriebs, eines Anteils an einer Gesellschaft im Sinne des § 15 Abs. 1 Nr. 2 und Abs. 3 oder § 18 Abs. 4 des Einkommensteuergesetzes, eines Anteils eines persönlich haftenden Gesellschafters einer Kommanditgesellschaft auf Aktien oder eines Anteils daran;
2. inländisches land- und forstwirtschaftliches Vermögen im Sinne des § 141 Abs. 1 Nr. 1 und 2 des Bewertungsgesetzes, vermietete Grundstücke, Grundstücke im Sinne des § 69 des Bewertungsgesetzes und die in § 13 Abs. 2 Nr. 2 des Einkommensteuergesetzes in der Fassung des Gesetzes vom 24. März 1999 (BGBl. I S. 402) genannten Gebäude oder Gebäudeteile beim Erwerb eines ganzen Betriebs der Land- und Forstwirtschaft, eines Teilbetriebs, eines Anteils an einem Betrieb der Land- und Forstwirtschaft oder eines Anteils daran, unter der Voraussetzung, dass dieses Vermögen ertragsteuerlich zum Betriebsvermögen eines Betriebs der Land- und Forstwirtschaft gehört;
3. Anteile an einer Kapitalgesellschaft, wenn die Kapitalgesellschaft zur Zeit der Entstehung der Steuer Sitz oder Geschäftsleitung im Inland hat und der Erblasser oder Schenker am Nennkapital dieser Gesellschaft zu mehr als einem Viertel unmittelbar beteiligt war,

Erbschaftsteuer ein Entlastungsbetrag nach Absatz 4 abzuziehen.

(2) Der Entlastungsbetrag gilt für
Ein Erwerber kann den Entlastungsbetrag nicht in Anspruch nehmen, soweit er das Vermögen im Sinne des Satzes 1 auf Grund einer letztwilligen Verfügung des Erblassers oder einer rechtsgeschäftlichen Verfügung des Erblassers oder Schenkers auf einen Dritten überträgt.

(3) Der auf das Vermögen im Sinne des Absatzes 2 entfallende Anteil an der tariflichen Erbschaftsteuer bemisst sich nach dem Verhältnis des Werts dieses Vermögens nach Anwendung des § 13a zum Wert des gesamten Vermögensanfalls.

(4) Zur Ermittlung des Entlastungsbetrags ist für den steuerpflichtigen Erwerb zunächst die Steuer nach der tatsächlichen Steuerklasse des Erwerbers zu berechnen und nach Maßgabe des Absatzes 3 aufzuteilen. Für den steuerpflichtigen Erwerb ist dann die Steuer nach Steuerklasse I zu berechnen und nach Maßgabe des Absatzes 3 aufzuteilen. Der Entlastungsbetrag ergibt sich als Unterschiedsbetrag zwischen der auf Vermögen im Sinne des Absatzes 2 entfallenden Steuer nach den Sätzen 1 und 2.

(5) Der Entlastungsbetrag fällt mit Wirkung für die Vergangenheit weg, soweit der Erwerber innerhalb von fünf Jahren nach dem Erwerb
1. einen Gewerbebetrieb oder einen Teilbetrieb, einen Anteil an einer Gesellschaft im Sinne des § 15 Abs. 1 Nr. 2 und Abs. 3 oder § 18 Abs. 4 des Einkommensteuergesetzes, einen Anteil eines persönlich haftenden Gesellschafters einer Kommanditgesellschaft auf Aktien oder einen Anteil daran veräußert; als Veräußerung gilt auch die Aufgabe des Gewerbebetriebs. Gleiches gilt, wenn wesentliche Betriebsgrundlagen eines Gewerbebetriebs veräußert oder in das Privatvermögen übergeführt oder anderen betriebsfremden Zwecken zugeführt werden oder wenn Anteile an einer Kapitalgesellschaft veräußert werden, die der Veräußerer durch eine Sacheinlage (§ 20 Abs. 1 des Umwandlungssteuergesetzes) aus dem Betriebsver-

mögen im Sinne des Absatzes 2 erworben hat, oder ein Anteil an einer Gesellschaft im Sinne des § 15 Abs. 1 Nr. 2 und Abs. 3 oder § 18 Abs. 4 des Einkommensteuergesetzes oder ein Anteil daran veräußert wird, den der Veräußerer durch eine Einbringung von Betriebsvermögen im Sinne des Absatzes 2 in eine Personengesellschaft (§ 24 Abs. 1 des Umwandlungssteuergesetzes) erworben hat;
2. einen Betrieb der Land- und Forstwirtschaft oder einen Teilbetrieb, einen Anteil an einem Betrieb der Land- und Forstwirtschaft oder einen Anteil daran veräußert; als Veräußerung gilt auch die Aufgabe des Betriebs. Nummer 1 Satz 2 gilt entsprechend;
3. als Inhaber eines Gewerbebetriebs, Gesellschafter einer Gesellschaft im Sinne des § 15 Abs. 1 Nr. 2 und Abs. 3 oder § 18 Abs. 4 des Einkommensteuergesetzes oder persönlich haftender Gesellschafter einer Kommanditgesellschaft auf Aktien bis zum Ende des letzten in die Fünfjahresfrist fallenden Wirtschaftsjahrs Entnahmen tätigt, die die Summe seiner Einlagen und der ihm zuzurechnenden Gewinne oder Gewinnanteile seit dem Erwerb um mehr als 52. 000 Euro übersteigen; Verluste bleiben unberücksichtigt. Gleiches gilt für Inhaber eines begünstigten Betriebs der Land- und Forstwirtschaft oder eines Teilbetriebs oder eines Anteils an einem Betrieb der Land- und Forstwirtschaft;
4. Anteile an Kapitalgesellschaften im Sinne des Absatzes 2 ganz oder teilweise veräußert; eine verdeckte Einlage der Anteile in eine Kapitalgesellschaft steht der Veräußerung der Anteile gleich. Gleiches gilt, wenn die Kapitalgesellschaft innerhalb der Frist aufgelöst oder ihr Nennkapital herabgesetzt wird, wenn diese wesentliche Betriebsgrundlagen veräußert und das Vermögen an die Gesellschafter verteilt wird oder wenn Vermögen der Kapitalgesellschaft auf eine Personengesellschaft, eine natürliche Person oder eine andere Körperschaft (§§ 3 bis 16 des Umwandlungssteuergesetzes) übertragen wird.

IV. Steuerfestsetzung und Erhebung

§ 20 Steuerschuldner

(1) Steuerschuldner ist der Erwerber, bei einer Schenkung auch der Schenker, bei einer Zweckzuwendung der mit der Ausführung der Zuwendung Beschwerte und in den Fällen des § 1 Abs. 1 Nr. 4 die Stiftung oder der Verein. In den Fällen des § 3 Abs. 2 Nr. 1 Satz 2 und § 7 Abs. 1 Nr. 8 Satz 2 ist die Vermögensmasse Erwerber und Steuerschuldner, in den Fällen des § 7 Abs. 1 Nr. 8 Satz 2 ist Steuerschuldner auch derjenige, der die Vermögensmasse gebildet oder ausgestattet hat.

(2) Im Falle des § 4 sind die Abkömmlinge im Verhältnis der auf sie entfallenden Anteile, der überlebende Ehegatte für den gesamten Steuerbetrag Steuerschuldner.

(3) Der Nachlass haftet bis zur Auseinandersetzung (§ 2042 des Bürgerlichen Gesetzbuchs) für die Steuer der am Erbfall Beteiligten.

(4) Der Vorerbe hat die durch die Vorerbschaft veranlasste Steuer aus den Mitteln der Vorerbschaft zu entrichten.

(5) Hat der Steuerschuldner den Erwerb oder Teile desselben vor Entrichtung der Erbschaftsteuer einem anderen unentgeltlich zugewendet, haftet der andere in Höhe des Wertes der Zuwendung persönlich für die Steuer.

(6) Versicherungsunternehmen, die vor Entrichtung oder Sicherstellung der Steuer die von ihnen zu zahlende Versicherungssumme oder Leibrente in ein Gebiet außerhalb des Geltungsbereichs dieses Gesetzes zahlen oder außerhalb des Geltungsbereichs dieses Gesetzes wohnhaften Berechtigten zur Verfügung stellen, haften in Höhe des ausgezahlten Betrages für die Steuer. Das gleiche gilt für Personen, in deren Gewahrsam sich Vermögen des Erblassers befindet, soweit sie das Vermögen vorsätzlich oder fahrlässig vor Entrichtung oder Sicherstellung der Steuer in ein Gebiet außerhalb des Geltungsbereichs dieses Gesetzes bringen oder außerhalb des Geltungsbereichs dieses Gesetzes wohnhaften Berechtigten zur Verfügung stellen.

(7) Die Haftung nach Absatz 6 ist nicht geltend zu machen, wenn der in einem Steuerfall in ein Gebiet außerhalb des Geltungsbereichs dieses Gesetzes gezahlte oder außerhalb des Geltungsbereichs dieses Gesetzes wohnhaften Berechtigten zur Verfügung gestellte Betrag 600 Euro nicht übersteigt.

§ 21 Anrechnung ausländischer Erbschaftsteuer

(1) Bei Erwerbern, die in einem ausländischen Staat mit ihrem Auslandsvermögen zu einer der deutschen Erbschaftsteuer entsprechenden Steuer – ausländische Steuer – herangezogen werden, ist in den Fällen des § 2 Abs. 1 Nr. 1, sofern nicht die Vorschriften eines Abkommens zur Vermeidung der Doppelbesteuerung anzuwenden sind, auf Antrag die festgesetzte, auf den Erwerber entfallende, gezahlte und keinem Ermäßigungsanspruch unterliegende ausländische Steuer insoweit auf die deutsche Erbschaftsteuer anzurechnen, als das Auslandsvermögen auch der deutschen Erbschaftsteuer unterliegt. Besteht der Erwerb nur zum Teil aus Auslandsvermögen, ist der darauf entfallende Teilbetrag der deutschen Erbschaftsteuer in der Weise zu ermitteln, dass die für das steuerpflichtige Gesamtvermögen einschließlich des steuerpflichtigen Auslandsvermögens sich ergebende Erbschaftsteuer im Verhältnis des steuerpflichtigen Auslandsvermögens zum steuerpflichtigen Gesamtvermögen aufgeteilt wird. Ist das Auslandsvermögen in verschiedenen ausländischen Staaten belegen, ist dieser Teil für jeden einzelnen ausländischen Staat gesondert zu berechnen. Die ausländische Steuer ist nur anrechenbar, wenn die deutsche Erbschaftsteuer für das Auslandsvermögen innerhalb von fünf Jahren seit dem Zeitpunkt der Entstehung der ausländischen Erbschaftsteuer entstanden ist.

(2) Als Auslandsvermögen im Sinne des Absatzes 1 gelten,

1. wenn der Erblasser zur Zeit seines Todes Inländer war: alle Vermögensgegenstände der in § 121 des Bewertungsgesetzes genannten Art, die auf einen ausländischen Staat entfallen, sowie alle Nutzungsrechte an diesen Vermögensgegenständen;
2. wenn der Erblasser zur Zeit seines Todes kein Inländer war: alle Vermögensgegenstände mit Ausnahme des Inlandsvermögens im Sinne des § 121 des Bewertungsgesetzes sowie alle Nutzungsrechte an diesen Vermögensgegenständen.

(3) Der Erwerber hat den Nachweis über die Höhe des Auslandsvermögens und über die Festsetzung und Zahlung der ausländischen Steuer durch Vorlage entsprechender Urkunden zu führen. Sind diese Urkunden in einer fremden Sprache abgefasst, kann eine beglaubigte Übersetzung in die deutsche Sprache verlangt werden.

(4) Ist nach einem Abkommen zur Vermeidung der Doppelbesteuerung die in einem ausländischen Staat erhobene Steuer auf die Erbschaftsteuer anzurechnen, sind die Absätze 1 bis 3 entsprechend anzuwenden.

§ 22 Kleinbetragsgrenze

Von der Festsetzung der Erbschaftsteuer ist abzusehen, wenn die Steuer, die für den einzelnen Steuerfall festzusetzen ist, den Betrag von 50 Euro nicht übersteigt.

§ 23 Besteuerung von Renten, Nutzungen und Leistungen

(1) Steuern, die von dem Kapitalwert von Renten oder anderen wiederkehrenden Nutzungen oder Leistungen zu entrichten sind, können nach Wahl des Erwerbers statt vom Kapitalwert jährlich im voraus von dem Jahreswert entrichtet werden. Die Steuer wird in diesem Fall nach dem Steuersatz erhoben, der sich nach § 19 für den gesamten Erwerb einschließlich des Kapitalwerts der Renten oder anderen wiederkehrenden Nutzungen oder Leistungen ergibt.

(2) Der Erwerber hat das Recht, die Jahressteuer zum jeweils nächsten Fälligkeitstermin mit ihrem Kapitalwert abzulösen. Für die Ermittlung des Kapitalwerts im Ablösungszeitpunkt sind die Vorschriften der §§ 13 und 14 des Bewertungsgesetzes anzuwenden. Der Antrag auf Ablösung der Jahressteuer ist spätestens bis zum Beginn des Monats zu stellen, der dem Monat vorausgeht, in dem die nächste Jahressteuer fällig wird.

§ 24 Verrentung der Steuerschuld in den Fällen des § 1 Abs. 1 Nr. 4

In den Fällen des § 1 Abs. 1 Nr. 4 kann der Steuerpflichtige verlangen, dass die Steuer in 30 gleichen jährlichen Teilbeträgen (Jahresbeträgen) zu entrichten ist. Die Summe der Jahresbeträge umfasst die Tilgung und die Verzinsung der Steuer; dabei ist von einem Zinssatz von 5,5 vom Hundert auszugehen.

§ 25 Besteuerung bei Nutzungs- und Rentenlast

(1) Der Erwerb von Vermögen, dessen Nutzungen dem Schenker oder dem Ehegatten des Erblassers (Schenkers) zustehen oder das mit einer Rentenverpflichtung oder mit der Verpflichtung zu sonstigen wiederkehrenden Leistungen zugunsten dieser Personen belastet ist, wird ohne Berücksichtigung dieser Belastungen besteuert. Die Steuer, die auf den Kapitalwert dieser Belastungen entfällt, ist jedoch bis zu deren Erlöschen zinslos zu stunden. Die gestundete Steuer kann auf Antrag des Erwerbers jederzeit mit ihrem Barwert nach § 12 Abs. 3 des Bewertungsgesetzes abgelöst werden.

(2) Veräußert der Erwerber das belastete Vermögen vor dem Erlöschen der Belastung ganz oder teilweise, so endet insoweit die Stundung mit dem Zeitpunkt der Veräußerung.

§ 26 Ermäßigung der Steuer bei Aufhebung einer Familienstiftung oder Auflösung eines Vereins

In den Fällen des § 7 Abs. 1 Nr. 9 ist auf die nach § 15 Abs. 2 Satz 2 zu ermittelnde Steuer die nach § 15 Abs. 2 Satz 3 festgesetzte Steuer anteilsmäßig anzurechnen

a) mit 50 vom Hundert, wenn seit der Entstehung der anrechenbaren Steuer nicht mehr als zwei Jahre,

b) mit 25 vom Hundert, wenn seit der Entstehung der anrechenbaren Steuer mehr als zwei Jahre, aber nicht mehr als vier Jahre vergangen sind.

§ 27 Mehrfacher Erwerb desselben Vermögens

(1) Fällt Personen der Steuerklasse I von Todes wegen Vermögen an, das in den letzten zehn Jahren vor dem Erwerb bereits von Personen dieser Steuerklasse erworben worden ist und für das nach diesem Gesetz eine Steuer zu erheben war, ermäßigt sich der auf dieses Vermögen entfallende Steuerbetrag vorbehaltlich des Absatzes 3 wie folgt:

um . . . vom Hundert	**wenn zwischen den beiden Zeitpunkten der Entstehung der Steuer liegen**
50	nicht mehr als 1 Jahr
45	mehr als 1 Jahr, aber nicht mehr als 2 Jahre
40	mehr als 2 Jahre, aber nicht mehr als 3 Jahre
35	mehr als 3 Jahre, aber nicht mehr als 4 Jahre
30	mehr als 4 Jahre, aber nicht mehr als 5 Jahre
25	mehr als 5 Jahre, aber nicht mehr als 6 Jahre
20	mehr als 6 Jahre, aber nicht mehr als 8 Jahre
10	mehr als 8 Jahre, aber nicht mehr als 10 Jahre

(2) Zur Ermittlung des Steuerbetrags, der auf das begünstigte Vermögen entfällt, ist die Steuer für den Gesamterwerb in dem Verhältnis aufzuteilen, in dem der Wert des begünstigten Vermögens zu dem Wert des steuerpflichtigen Gesamterwerbs ohne Abzug des dem Erwerber zustehenden Freibetrags steht.

(3) Die Ermäßigung nach Absatz 1 darf den Betrag nicht überschreiten, der sich bei Anwendung der in Absatz 1 genannten Vomhundertsätze auf die Steuer ergibt, die der Vorerwerber für den Erwerb desselben Vermögens entrichtet hat.

§ 28 Stundung

(1) Gehört zum Erwerb Betriebsvermögen oder land- und forstwirtschaftliches Vermögen, ist dem Erwerber die darauf entfallende Erbschaftsteuer auf Antrag bis zu sieben Jahren zu stunden, soweit dies zur Erhaltung des Betriebs notwendig ist. Die §§ 234, 238 der Abgabenordnung sind anzuwenden; bei Erwerben von Todes wegen erfolgt diese Stundung zinslos. § 222 der Abgabenordnung bleibt unberührt.
(2) Absatz 1 findet in den Fällen des § 1 Abs. 1 Nr. 4 entsprechende Anwendung.

§ 29 Erlöschen der Steuer in besonderen Fällen

(1) Die Steuer erlischt mit Wirkung für die Vergangenheit,

1. soweit ein Geschenk wegen eines Rückforderungsrechts herausgegeben werden musste;
2. soweit die Herausgabe gemäß § 528 Abs. 1 Nr. 2 des Bürgerlichen Gesetzbuchs abgewendet worden ist;
3. soweit in den Fällen des § 5 Abs. 2 unentgeltliche Zuwendungen auf die Ausgleichsforderung angerechnet worden sind (§ 1380 Abs. 1 des Bürgerlichen Gesetzbuchs);
4. soweit Vermögensgegenstände, die von Todes wegen (§ 3) oder durch Schenkung unter Lebenden (§ 7) erworben worden sind, innerhalb von 24 Monaten nach dem Zeitpunkt der Entstehung der Steuer (§ 9) dem Bund, einem Land, einer inländischen Gemeinde (Gemeindeverband) oder einer inländischen Stiftung zugewendet werden, die nach der Satzung, dem Stiftungsgeschäft oder der sonstigen Verfassung und nach ihrer tatsächlichen Geschäftsführung ausschließlich und unmittelbar als gemeinnützig anzuerkennenden steuerbegünstigten Zwecken im Sinne der §§ 52 bis 54 der Abgabenordnung mit Ausnahme der Zwecke, die nach § 52 Abs. 2 Nr. 4 der Abgabenordnung gemeinnützig sind, dient. Dies gilt nicht, wenn die Stiftung Leistungen im Sinne des § 58 Nr. 5 der Abgabenordnung an den Erwerber oder seine nächsten Angehörigen zu erbringen hat, oder soweit für die Zuwendung die Vergünstigung nach § 10b des Einkommensteuergesetzes, § 9 Abs. 1 Nr. 2 des Körperschaftsteuergesetzes oder § 9 Nr. 5 des Gewerbesteuergesetzes in der Fassung der Bekanntmachung vom 21. März 1991 (BGBl. I S. 814), zuletzt geändert durch Artikel 13 des Gesetzes vom 20. Dezember 1996 (BGBl. I S. 2049), in Anspruch genommen wird. Für das Jahr der Zuwendung ist bei der Einkommensteuer oder Körperschaftsteuer und bei der Gewerbesteuer unwiderruflich zu erklären, in welcher Höhe die Zuwendung als Spende zu berücksichtigen ist. Die Erklärung ist für die Festsetzung der Erbschaftsteuer oder Schenkungsteuer bindend.

(2) Der Erwerber ist für den Zeitraum, für den ihm die Nutzungen des zugewendeten Vermögens zugestanden haben, wie ein Nießbraucher zu behandeln.

§ 30 Anzeige des Erwerbs

(1) Jeder der Erbschaftsteuer unterliegende Erwerb (§ 1) ist vom Erwerber, bei einer Zweckzuwendung vom Beschwerten binnen einer Frist von drei Monaten nach erlangter Kenntnis von dem Anfall oder von dem Eintritt der Verpflichtung, dem für die Verwaltung der Erbschaftsteuer zuständigen Finanzamt anzuzeigen.
(2) Erfolgt der steuerpflichtige Erwerb durch ein Rechtsgeschäft unter Lebenden, so ist zur Anzeige auch derjenige verpflichtet, aus dessen Vermögen der Erwerb stammt.
(3) Einer Anzeige bedarf es nicht, wenn der Erwerb auf einer von einem deutschen Gericht, einem deutschen Notar oder einem deutschen Konsul eröffneten Verfügung von Todes wegen beruht und sich aus der Verfügung das Verhältnis des Erwerbers zum Erblasser unzweifelhaft ergibt. Das gleiche gilt, wenn eine Schenkung unter Lebenden oder eine Zweckzuwendung gerichtlich oder notariell beurkundet ist.

(4) Die Anzeige soll folgende Angaben enthalten:
1. Vorname und Familienname, Beruf, Wohnung des Erblassers oder Schenkers und des Erwerbers;
2. Todestag und Sterbeort des Erblassers oder Zeitpunkt der Ausführung der Schenkung;
3. Gegenstand und Wert des Erwerbs;
4. Rechtsgrund des Erwerbs wie gesetzliche Erbfolge, Vermächtnis, Ausstattung;
5. persönliches Verhältnis des Erwerbers zum Erblassers oder zum Schenker wie Verwandtschaft, Schwägerschaft, Dienstverhältnis;
6. frühere Zuwendungen des Erblassers oder Schenkers an den Erwerber nach Art, Wert und Zeitpunkt der einzelnen Zuwendung.

§ 31 Steuererklärung

(1) Das Finanzamt kann von jedem an einem Erbfall, an einer Schenkung oder an einer Zweckzuwendung Beteiligten ohne Rücksicht darauf, ob er selbst steuerpflichtig ist, die Abgabe einer Erklärung innerhalb einer von ihm zu bestimmenden Frist verlangen. Die Frist muss mindestens einen Monat betragen.

(2) Die Erklärung hat ein Verzeichnis der zum Nachlass gehörenden Gegenstände und die sonstigen für die Feststellung des Gegenstandes und des Werts des Erwerbs erforderlichen Angaben zu enthalten.

(3) In den Fällen der fortgesetzten Gütergemeinschaft kann das Finanzamt die Steuererklärung allein von dem überlebenden Ehegatten verlangen.

(4) Sind mehrere Erben vorhanden, sind sie berechtigt, die Steuererklärung gemeinsam abzugeben. In diesem Fall ist die Steuererklärung von allen Beteiligten zu unterschreiben. Sind an dem Erbfall außer den Erben noch weitere Personen beteiligt, können diese im Einverständnis mit den Erben in die gemeinsame Steuererklärung einbezogen werden.

(5) Ist ein Testamentsvollstrecker oder Nachlassverwalter vorhanden, ist die Steuererklärung von diesem abzugeben. Das Finanzamt kann verlangen, dass die Steuererklärung auch von einem oder mehreren Erben mitunterschrieben wird.

(6) Ist ein Nachlasspfleger bestellt, ist dieser zur Abgabe der Steuererklärung verpflichtet.

(7) Das Finanzamt kann verlangen, dass eine Steuererklärung auf einem Vordruck nach amtlich bestimmtem Muster abzugeben ist, in der der Steuerschuldner die Steuer selbst zu berechnen hat. Der Steuerschuldner hat die selbstberechnete Steuer innerhalb eines Monats nach Abgabe der Steuererklärung zu entrichten.

§ 32 Bekanntgabe des Steuerbescheides an Vertreter

(1) In den Fällen des § 31 Abs. 5 ist der Steuerbescheid abweichend von § 122 Abs. 1 Satz 1 der Abgabenordnung dem Testamentsvollstrecker oder Nachlassverwalter bekannt zu geben. Diese Personen haben für die Bezahlung der Erbschaftsteuer zu sorgen. Auf Verlangen des Finanzamts ist aus dem Nachlass Sicherheit zu leisten.

(2) In den Fällen des § 31 Abs. 6 ist der Steuerbescheid dem Nachlasspfleger bekannt zu geben. Absatz 1 Satz 2 und 3 ist entsprechend anzuwenden.

§ 33 Anzeigepflicht der Vermögensverwahrer, Vermögensverwalter und Versicherungsunternehmen

(1) Wer sich geschäftsmäßig mit der Verwahrung oder Verwaltung fremden Vermögens befasst, hat diejenigen in seinem Gewahrsam befindlichen Vermögensgegenstände und diejenigen gegen ihn gerichteten Forderungen, die beim Tod eines Erblassers zu dessen Vermögen gehörten oder über die dem Erblasser zur Zeit seines Todes die Verfügungsmacht zustand, dem für die Verwaltung der Erbschaftsteuer zuständigen Finanzamt anzuzeigen. Die Anzeige ist zu erstatten:
1. in der Regel: innerhalb eines Monats, seitdem der Todesfall dem Verwahrer oder Verwalter bekannt geworden ist;

2. wenn der Erblasser zur Zeit seines Todes Angehöriger eines ausländischen Staats war und nach einer Vereinbarung mit diesem Staat der Nachlass einem konsularischen Vertreter auszuhändigen ist: spätestens bei der Aushändigung des Nachlasses.

(2) Wer auf den Namen lautende Aktien oder Schuldverschreibungen ausgegeben hat, hat dem Finanzamt von dem Antrag, solche Wertpapiere eines Verstorbenen auf den Namen anderer umzuschreiben, vor der Umschreibung Anzeige zu erstatten.

(3) Versicherungsunternehmen haben, bevor sie Versicherungssummen oder Leibrenten einem anderen als dem Versicherungsnehmer auszahlen oder zur Verfügung stellen, hiervon dem Finanzamt Anzeige zu erstatten.

(4) Zuwiderhandlungen gegen diese Pflichten werden als Steuerordnungswidrigkeit mit Geldbuße geahndet.

§ 34 Anzeigepflicht der Gerichte, Behörden und Notare

(1) Die Gerichte, Behörden, Beamten und Notare haben dem für die Verwaltung der Erbschaftsteuer zuständigen Finanzamt Anzeige zu erstatten über diejenigen Beurkundungen, Zeugnisse und Anordnungen, die für die Festsetzung einer Erbschaftsteuer von Bedeutung sein können.

(2) Insbesondere haben anzuzeigen:

1. die Standesämter: die Sterbefälle;
2. die Gerichte und die Notare: die Erteilung von Erbscheinen, Testamentsvollstreckerzeugnissen und Zeugnissen über die Fortsetzung der Gütergemeinschaft, die Beschlüsse über Todeserklärungen sowie die Anordnung von Nachlasspflegschaften und Nachlassverwaltungen;
3. die Gerichte, die Notare und die deutschen Konsuln: die eröffneten Verfügungen von Todes wegen, die abgewickelten Erbauseinandersetzungen, die beurkundeten Vereinbarungen der Gütergemeinschaft und die beurkundeten Schenkungen und Zweckzuwendungen.

§ 35 Örtliche Zuständigkeit

(1) Örtlich zuständig für die Steuerfestsetzung ist in den Fällen, in denen der Erblasser zur Zeit seines Todes oder der Schenker zur Zeit der Ausführung der Zuwendung ein Inländer war, das Finanzamt, das sich bei sinngemäßer Anwendung der §§ 19 Abs. 1 und 20 der Abgabenordnung ergibt. Im Fall der Steuerpflicht nach § 2 Abs. 1 Nr. 1 Buchstabe b richtet sich die Zuständigkeit nach dem letzten inländischen Wohnsitz oder gewöhnlichen Aufenthalt des Erblassers oder Schenkers.

(2) Die örtliche Zuständigkeit bestimmt sich nach den Verhältnissen des Erwerbers, bei Zweckzuwendungen nach den Verhältnissen des Beschwerten, zur Zeit des Erwerbs, wenn

1. bei einer Schenkung unter Lebenden der Erwerber, bei einer Zweckzuwendung unter Lebenden der Beschwerte, eine Körperschaft, Personenvereinigung und Vermögensmasse ist oder
2. der Erblasser zur Zeit seines Todes oder der Schenker zur Zeit der Ausführung der Zuwendung kein Inländer war. Sind an einem Erbfall mehrere inländische Erwerber mit Wohnsitz oder gewöhnlichem Aufenthalt in verschiedenen Finanzamtsbezirken beteiligt, so ist das Finanzamt örtlich zuständig, das zuerst mit der Sache befasst wird.

(3) Bei Schenkungen und Zweckzuwendungen unter Lebenden von einer Erbengemeinschaft ist das Finanzamt zuständig, das für die Bearbeitung des Erbfalls zuständig ist oder sein würde.

(4) In den Fällen des § 2 Abs. 1 Nr. 3 ist das Finanzamt örtlich zuständig, das sich bei sinngemäßer Anwendung des § 19 Abs. 2 der Abgabenordnung ergibt.

V. Ermächtigungs- und Schlussvorschriften

§ 36 Ermächtigungen

(1) Die Bundesregierung wird ermächtigt, mit Zustimmung des Bundesrates

1. zur Durchführung dieses Gesetzes Rechtsverordnungen zu erlassen, soweit dies zur Wahrung der Gleichmäßigkeit bei der Besteuerung, zur Beseitigung von Unbilligkeiten in Härtefällen oder zur Vereinfachung des Besteuerungsverfahrens erforderlich ist, und zwar über
   a) die Abgrenzung der Steuerpflicht,
   b) die Feststellung und die Bewertung des Erwerbs von Todes wegen, der Schenkungen unter Lebenden und der Zweckzuwendungen, auch soweit es sich um den Inhalt von Schließfächern handelt,
   c) die Steuerfestsetzung, die Anwendung der Tarifvorschriften und die Steuerentrichtung,
   d) die Anzeige- und Erklärungspflicht der Steuerpflichtigen,
   e) die Anzeige-, Mitteilungs- und Übersendungspflichten der Gerichte, Behörden, Beamten und Notare, der Versicherungsunternehmen, der Vereine und Berufsverbände, die mit einem Versicherungsunternehmen die Zahlung einer Versicherungssumme für den Fall des Todes ihrer Mitglieder vereinbart haben, der geschäftsmäßigen Verwahrer und Verwalter fremden Vermögens, auch soweit es sich um in ihrem Gewahrsam befindliche Vermögensgegenstände des Erblassers handelt, sowie derjenigen, die auf den Namen lautende Aktien oder Schuldverschreibungen ausgegeben haben;
2. Vorschriften durch Rechtsverordnung zu erlassen über die sich aus der Aufhebung oder Änderung von Vorschriften dieses Gesetzes ergebenden Rechtsfolgen, soweit dies zur Wahrung der Gleichmäßigkeit der Besteuerung oder zur Beseitigung von Unbilligkeiten in Härtefällen erforderlich ist.

(2) Das Bundesministerium der Finanzen wird ermächtigt, den Wortlaut dieses Gesetzes und der zu diesem Gesetz erlassenen Durchführungsverordnung in der jeweils geltenden Fassung satzweise numeriert mit neuem Datum und neuer Paragraphenfolge bekannt zu machen und dabei Unstimmigkeiten des Wortlauts zu beseitigen.

§ 37 Anwendung des Gesetzes

(1) Dieses Gesetz in der Fassung des Artikels 19 des Gesetzes vom 19.12.2000 (BGBl. I S. 1790) findet auf Erwerbe Anwendung, für die die Steuer nach dem 31.12.2001 entstanden ist oder entsteht.

(2) In Erbfällen, die vor dem 31.08.1980 eingetreten sind, und für Schenkungen, die vor diesem Zeitpunkt ausgeführt worden sind, ist weiterhin § 25 in der Fassung des Gesetzes vom 17.04.1974 (BGBl. I S. 933) anzuwenden, auch wenn die Steuer infolge Aussetzung der Versteuerung nach § 25 Abs. 1 Buchstabe a erst nach dem 30.08.1980 entstanden ist oder entsteht.

(3) § 13a Abs. 4 Nr. 2 und § 19a Abs. 2 Nr. 2 in der Fassung des Gesetzes vom 24.03.1999 (BGBl. I S. 402) finden auf Erwerbe Anwendung, für die die Steuer nach dem 31.12.1998 entstanden ist oder entsteht.

(4) § 29 Abs. 1 Nr. 4 Satz 1 in der Fassung des Gesetzes vom 14.07.2000 (BGBl. I S. 1034) ist erstmals auf Erwerbe anzuwenden, für die die Steuer nach dem 31.12.1999 entsteht.

§ 37a Sondervorschriften aus Anlass der Herstellung der Einheit Deutschlands

(1) (weggefallen)

(2) Für den Zeitpunkt der Entstehung der Steuerschuld ist § 9 Abs. 1 Nr. 1 auch dann maßgebend, wenn der Erblasser in dem in Artikel 3 des Einigungsvertrages genannten Gebiet vor dem 1. Januar 1991 verstorben ist, es sei denn, dass die Steuer nach dem Erbschaftsteuergesetz der Deutschen Demokratischen Republik vor dem 1. Januar 1991 entstanden ist. [2]§ 9 Abs. 2 gilt entsprechend, wenn die Versteuerung nach § 34 des Erbschaftsteuergesetzes (ErbStG) der Deutschen Demokratischen Republik in der Fassung vom 18. September 1970 (Sonderdruck Nr. 678 des Gesetzblattes) ausgesetzt wurde.

(3) (weggefallen)
(4) Als frühere Erwerbe im Sinne des § 14 gelten auch solche, die vor dem 1. Januar 1991 dem Erbschaftsteuerrecht der Deutschen Demokratischen Republik unterlegen haben.
(5) Als frühere Erwerbe desselben Vermögens im Sinne des § 27 gelten auch solche, für die eine Steuer nach dem Erbschaftsteuerrecht der Deutschen Demokratischen Republik erhoben wurde, wenn der Erwerb durch Personen im Sinne des § 15 Abs. 1 Steuerklasse I erfolgte.
(6) § 28 ist auch anzuwenden, wenn eine Steuer nach dem Erbschaftsteuerrecht der Deutschen Demokratischen Republik erhoben wird.
(7) Ist in dem in Artikel 3 des Einigungsvertrages genannten Gebiet eine Steuerfestsetzung nach § 33 des Erbschaftsteuergesetzes der Deutschen Demokratischen Republik in der Weise erfolgt, dass die Steuer jährlich im voraus von dem Jahreswert von Renten, Nutzungen oder Leistungen zu entrichten ist, kann nach Wahl des Erwerbers die Jahressteuer zum jeweils nächsten Fälligkeitstermin mit ihrem Kapitalwert abgelöst werden. § 23 Abs. 2 ist entsprechend anzuwenden.
(8) Wurde in Erbfällen, die vor dem 1. Januar 1991 eingetreten sind, oder für Schenkungen, die vor diesem Zeitpunkt ausgeführt worden sind, die Versteuerung nach § 34 des Erbschaftsteuergesetzes der Deutschen Demokratischen Republik ausgesetzt, ist diese Vorschrift weiterhin anzuwenden, auch wenn die Steuer infolge der Aussetzung der Versteuerung erst nach dem 31. Dezember 1990 entsteht.

§§ 38 – 39 (weggefallen)

Hinweis: aus Platzgründen wurde vom Abdruck der Erbschaftsteuer-Durchführungsverordnung (ErbStDV) vom 8. September 1998 (BGBl. I S. 2658) abgesehen.

Siehe auch die Abgabenordnung, S. 94

12. Haftpflichtgesetz (HpflG)

in der Fassung der Bekanntmachung vom 4.1.1978 (BGBl. I S 145)*

§ 1 (Schienenbahn, Schwebebahn)

(1) Wird bei dem Betrieb einer Schienenbahn oder einer Schwebebahn ein Mensch getötet, der Körper oder die Gesundheit eines Menschen verletzt oder eine Sache beschädigt, so ist der Betriebsunternehmer dem Geschädigten zum Ersatz des daraus entstehenden Schadens verpflichtet.

(2) Die Ersatzpflicht ist ausgeschlossen, wenn der Unfall durch höhere Gewalt verursacht ist.

(3) Die Ersatzpflicht ist ferner ausgeschlossen, wenn eine

1. zur Aufbewahrung angenommene Sache beschädigt wird;
2. beförderte Sache beschädigt wird, es sei denn, dass ein Fahrgast sie an sich trägt oder mit sich führt.

§ 2 (Strom-, Rohrleitungsanlage)

(1) Wird durch die Wirkungen von Elektrizität, Gasen, Dämpfen oder Flüssigkeiten, die von einer Stromleitungs- oder Rohrleitungsanlage oder einer Anlage zur Abgabe der bezeichneten Energien oder Stoffe ausgehen, ein Mensch getötet, der Körper oder die Gesundheit eines Menschen verletzt oder eine Sache beschädigt, so ist der Inhaber der Anlage verpflichtet, den daraus entstehenden Schaden zu ersetzen. Das gleiche gilt, wenn der Schaden, ohne auf den Wirkungen der Elektrizität, der Gase, Dämpfe oder Flüssigkeiten zu beruhen, auf das Vorhandensein einer solchen Anlage zurückzuführen ist, es sei denn, dass sich diese zur Zeit der Schadensverursachung in ordnungsmäßigem Zustand befand. Ordnungsmäßig ist eine Anlage, solange sie den anerkannten Regeln der Technik entspricht und unversehrt ist.

(2) Absatz 1 gilt nicht für Anlagen, die lediglich der Übertragung von Zeichen oder Lauten dienen.

(3) Die Ersatzpflicht nach Absatz 1 ist ausgeschlossen,

1. wenn der Schaden innerhalb eines Gebäudes entstanden und auf eine darin befindliche Anlage (Absatz 1) zurückzuführen oder wenn er innerhalb eines im Besitz des Inhabers der Anlage stehenden befriedeten Grundstücks entstanden ist;
2. wenn ein Energieverbrauchgerät oder eine sonstige Einrichtung zum Verbrauch oder zur Abnahme der in Absatz 1 bezeichneten Stoffe beschädigt oder durch eine solche Einrichtung ein Schaden verursacht worden ist;
3. wenn der Schaden durch höhere Gewalt verursacht worden ist, es sei denn, dass er auf das Herabfallen von Leitungsdrähten zurückzuführen ist.

§ 3 (Bergwerk, Grube, Fabrik)

Wer ein Bergwerk, einen Steinbruch, eine Gräberei (Grube) oder eine Fabrik betreibt, haftet, wenn ein Bevollmächtigter oder ein Repräsentant oder eine zur Leitung oder Beaufsichtigung des Betriebes oder der Arbeiter angenommene Person durch ein Verschulden in Ausführung der Dienstverrichtungen den Tod oder die Körperverletzung eines Menschen herbeigeführt hat, für den dadurch entstandenen Schaden.

§ 4 (Mitverschulden)

Hat bei der Entstehung des Schadens ein Verschulden des Geschädigten mitgewirkt, so gilt § 254 des Bürgerlichen Gesetzbuchs; bei Beschädigung einer Sache steht das Verschulden desjenigen, der die tatsächliche Gewalt über die Sache ausübt, dem Verschulden des Geschädigten gleich.

---

* Die Änderungen durch das Zweite Gesetz zur Änderung schadensersatzrechtlicher Vorschriften auf der Grundlage der Beschlussfassung (BR-Drs. 358/02) sind bereits eingearbeitet (In-Kraft-Treten: 1.8.2002). Das Gesetz war bis zum Redaktionsschluss noch nicht im BGBl. verkündet.

§ 5 (Schadensersatz bei Tötung)
(1) Im Falle der Tötung ist der Schadensersatz (§§ 1, 2 und 3) durch Ersatz der Kosten einer versuchten Heilung sowie des Vermögensnachteils zu leisten, den der Getötete dadurch erlitten hat, dass während der Krankheit seine Erwerbsfähigkeit aufgehoben oder gemindert oder eine Vermehrung seiner Bedürfnisse eingetreten war. Der Ersatzpflichtige hat außerdem die Kosten der Beerdigung demjenigen zu ersetzen, dem die Verpflichtung obliegt, diese Kosten zu tragen.
(2) Stand der Getötete zur Zeit der Verletzung zu einem Dritten in einem Verhältnisse, vermöge dessen er diesem gegenüber kraft Gesetzes unterhaltspflichtig war oder unterhaltspflichtig werden konnte, und ist dem Dritten infolge der Tötung das Recht auf den Unterhalt entzogen, so hat der Ersatzpflichtige dem Dritten insoweit Schadensersatz zu leisten, als der Getötete während der mutmaßlichen Dauer seines Lebens zur Gewährung des Unterhalts verpflichtet gewesen sein würde. Die Ersatzpflicht tritt auch dann ein, wenn der Dritte zur Zeit der Verletzung gezeugt, aber noch nicht geboren war.

§ 6 (Umfang des Schadensersatzes)
Im Falle einer Körperverletzung ist der Schadensersatz (§§ 1, 2 und 3) durch Ersatz der Kosten der Heilung sowie des Vermögensnachteils zu leisten, den der Verletzte dadurch erleidet, dass infolge der Verletzung zeitweise oder dauernd seine Erwerbsfähigkeit aufgehoben oder gemindert oder eine Vermehrung seiner Bedürfnisse eingetreten ist. Wegen des Schadens, der nicht Vermögensschaden ist, kann auch eine billige Entschädigung in Geld gefordert werden.

§ 7 (Ausschluss, Beschränkung der Ersatzpflicht)
Die Ersatzpflicht nach den §§ 1 bis 3 dieses Gesetzes darf, soweit es sich um Personenschäden handelt, im voraus weder ausgeschlossen noch beschränkt werden. Das gleiche gilt für die Ersatzpflicht nach § 2 dieses Gesetzes wegen Sachschäden, es sei denn, dass der Haftungsausschluss oder die Haftungsbeschränkung zwischen dem Inhaber der Anlage und einer juristischen Person des öffentlichen Rechts, einem öffentlich-rechtlichen Sondervermögen oder einem Kaufmann im Rahmen eines zum Betriebe seines Handelsgewerbes gehörenden Vertrages vereinbart worden ist. Entgegenstehende Bestimmungen und Vereinbarungen sind nichtig.

§ 8 (Geldrente)
(1) Der Schadensersatz wegen Aufhebung oder Minderung der Erwerbsfähigkeit und wegen Vermehrung der Bedürfnisse des Verletzten sowie der nach § 5 Abs. 2 einem Dritten zu gewährende Schadensersatz ist für die Zukunft durch Entrichtung einer Geldrente zu leisten.
(2) Die Vorschriften des § 843 Abs. 2 bis 4 des Bürgerlichen Gesetzbuchs finden entsprechende Anwendung.
(3) Ist bei der Verurteilung des Verpflichteten zur Entrichtung einer Geldrente nicht auf Sicherheitsleistung erkannt worden, so kann der Berechtigte gleichwohl Sicherheitsleistung verlangen, wenn die Vermögensverhältnisse des Verpflichteten sich erheblich verschlechtert haben; unter der gleichen Voraussetzung kann er eine Erhöhung der in dem Urteile bestimmten Sicherheit verlangen.

§ 9 (Haftungsgrenze bei Tötung oder Verletzung)
Der Unternehmer oder der in § 2 bezeichnete Inhaber der Anlage haftet im Falle der Tötung oder Verletzung eines Menschen für jede Person bis zu einem Kapitalbetrag von 600 000 Euro oder bis zu einem Rentenbetrag von jährlich 36 000 Euro.

§ 10 (Haftungsgrenze bei Sachschaden)
(1) Der Unternehmer oder der in § 2 bezeichnete Inhaber der Anlage haftet für Sachschäden nur bis zum Betrag von 300 000 Euro, auch wenn durch dasselbe Ereignis mehrere Sachen beschädigt werden.

(2) Sind auf Grund desselben Ereignisses an mehrere Personen Entschädigungen zu leisten, die insgesamt den Höchstbetrag von 300 000 Euro übersteigen, so verringern sich die einzelnen Entschädigungen in dem Verhältnis, in dem ihr Gesamtbetrag zu dem Höchstbetrag steht.
(3) Die Absätze 1 und 2 gelten nicht für die Beschädigung von Grundstücken.

§ 11 (Verjährung)
Auf die Verjährung finden die für unerlaubte Handlungen geltenden Verjährungsvorschriften des Bürgerlichen Gesetzbuchs entsprechende Anwendung.

§ 12 (Weitergehende Haftung)
Unberührt bleiben gesetzliche Vorschriften, nach denen ein Ersatzpflichtiger in weiterem Umfang als nach den Vorschriften dieses Gesetzes haftet oder nach denen ein anderer für den Schaden verantwortlich ist.

§ 13 (Mehrere Ersatzpflichtige)
(1) Sind nach den §§ 1, 2 mehrere einem Dritten zum Schadensersatz verpflichtet, so hängt im Verhältnis der Ersatzpflichtigen untereinander Pflicht und Umfang zum Ersatz von den Umständen, insbesondere davon ab, wie weit der Schaden überwiegend von dem einen oder dem anderen verursacht worden ist.
(2) Wenn der Schaden einem der nach §§ 1, 2 Ersatzpflichtigen entstanden ist, gilt Absatz 1 auch für die Haftung der Ersatzpflichtigen untereinander.
(3) Die Verpflichtung zum Ersatz nach Absatz 1 und 2 ist für den nach § 1 zum Schadensersatz Verpflichteten ausgeschlossen, soweit die Schienenbahn innerhalb des Verkehrsraumes einer öffentlichen Straße betrieben wird und wenn der Unfall durch ein unabwendbares Ereignis verursacht ist, das weder auf einem Fehler in der Beschaffenheit der Fahrzeuge oder Anlagen der Schienenbahn noch auf einem Versagen ihrer Vorrichtungen beruht. Als unabwendbar gilt ein Ereignis nur dann, wenn sowohl der Betriebsunternehmer als auch die beim Betrieb tätigen Personen jede nach den Umständen des Falles gebotene Sorgfalt beobachtet haben. Der Ausschluss gilt auch für die Ersatzpflicht gegenüber dem Eigentümer einer Schienenbahn, der nicht Betriebsunternehmer ist.
(4) Die Absätze 1 bis 3 gelten entsprechend, wenn neben den nach den §§ 1, 2 Ersatzpflichtigen ein anderer für den Schaden kraft Gesetzes verantwortlich ist.

§ 14 (Zuständiges Gericht)
Für Klagen, die auf Grund dieses Gesetzes erhoben werden, ist auch das Gericht zuständig, in dessen Bezirk das schädigende Ereignis stattgefunden hat.

13. Heimgesetz (HeimG)

in der Fassung der Bekanntmachung vom 5.11.2001 (BGBl I. S. 2970)

– Auszug –

§ 8 Vertragsdauer

(1 bis 7) Vom Abdruck wurde abgesehen

(8) Mit dem Tod der Bewohnerin oder des Bewohners endet das Vertragsverhältnis. Vereinbarungen über eine Fortgeltung des Vertrags hinsichtlich der Entgeltbestandteile für Wohnraum und Investitionskosten sind zulässig, soweit ein Zeitraum von zwei Wochen nach dem Sterbetag nicht überschritten wird. In diesen Fällen ermäßigt sich das Entgelt um den Wert der von dem Träger ersparten Aufwendungen. Bestimmungen des Heimvertrags über die Behandlung des im Heim befindlichen Nachlasses sowie dessen Verwahrung durch den Träger bleiben wirksam.

(9) Wenn die Bewohnerin oder der Bewohner nur vorübergehend aufgenommen wird, kann der Heimvertrag von beiden Vertragsparteien nur aus wichtigem Grund gekündigt werden. Die Absätze 2 bis 8 sind mit Ausnahme des Absatzes 3 Satz 2 Nr. 2 und 3 und des Absatzes 8 Satz 1 nicht anzuwenden. Die Kündigung ist ohne Einhaltung einer Frist zulässig. Sie bedarf der schriftlichen Form und ist zu begründen.

14. Heimmindestbauverordnung

Verordnung über bauliche Mindestanforderungen für Altenheime, Altenwohnheime und Pflegeheime für Volljährige

vom 27.1.1978 (BGBl. I 1978, S. 189)

– Auszug –

§ 15 Funktions- und Zubehörräume

(1) In jeder Einrichtung müssen mindestens vorhanden sein:

1. ausreichende Kochgelegenheiten für die Bewohner,
2. ein Abstellraum für die Sachen der Bewohner,
3. in Einrichtungen mit Mehrbettzimmern ein Einzelzimmer im Sinne des § 14 zur vorübergehenden Nutzung durch Bewohner,
4. ein Leichenraum, wenn nicht eine kurzfristige Überführung der Leichen sichergestellt ist.

(2) Besteht die Einrichtung aus mehreren Gebäuden, müssen die Anforderungen nach Absatz 1 Nr. 1 und 3 in jedem Gebäude erfüllt werden.

15. Infektionsschutzgesetz – (IfSG)

Gesetz zur Verhütung und Bekämpfung von Infektionskrankheiten beim Menschen

vom 20.7.2000 (BGBl. I S. 1045), geändert durch Gesetz vom 5.11.2001 (BGBl. I S. 2960);

– Auszug –

3. Abschnitt. Meldewesen

§ 6 Meldepflichtige Krankheiten

(1) Namentlich ist zu melden:

1. der Krankheitsverdacht, die Erkrankung sowie der Tod an
   a) Botulismus
   b) Cholera
   c) Diphtherie
   d) humaner spongiformer Enzephalopathie, außer familiär-hereditärer Formen
   e) akuter Virushepatitis
   f) enteropathischem hämolytisch-urämischem Syndrom (HUS)
   g) virusbedingtem hämorrhagischem Fieber
   h) Masern
   i) Meningokokken-Meningitis oder -Sepsis
   j) Milzbrand
   k) Poliomyelitis (als Verdacht gilt jede akute schlaffe Lähmung, außer wenn traumatisch bedingt)
   l) Pest
   m) Tollwut
   n) Typhus abdominalis/Paratyphus

   sowie die Erkrankung und der Tod an einer behandlungsbedürftigen Tuberkulose, auch wenn ein bakteriologischer Nachweis nicht vorliegt,
2. der Verdacht auf und die Erkrankung an einer mikrobiell bedingten Lebensmittelvergiftung oder an einer akuten infektiösen Gastroenteritis, wenn
   a) eine Person betroffen ist, die eine Tätigkeit im Sinne des § 42 Abs. 1 ausübt,
   b) zwei oder mehr gleichartige Erkrankungen auftreten, bei denen ein epidemischer Zusammenhang wahrscheinlich ist oder vermutet wird,
3. der Verdacht einer über das übliche Ausmaß einer Impfreaktion hinausgehenden gesundheitlichen Schädigung,
4. die Verletzung eines Menschen durch ein tollwutkrankes, -verdächtiges oder -ansteckungsverdächtiges Tier sowie die Berührung eines solchen Tieres oder Tierkörpers,
5. soweit nicht nach den Nummern 1 bis 4 meldepflichtig, das Auftreten
   a) einer bedrohlichen Krankheit oder
   b) von zwei oder mehr gleichartigen Erkrankungen, bei denen ein epidemischer Zusammenhang wahrscheinlich ist oder vermutet wird,

   wenn dies auf eine schwerwiegende Gefahr für die Allgemeinheit hinweist und Krankheitserreger als Ursache in Betracht kommen, die nicht in § 7 genannt sind.

Die Meldung nach Satz 1 hat gemäß § 8 Abs. 1 Nr. 1, 3 bis 8, § 9 Abs. 1, 2, 3 Satz 1 oder 3 oder Abs. 4 zu erfolgen.

(2) Dem Gesundheitsamt ist über die Meldung nach Absatz 1 Nr. 1 hinaus mitzuteilen, wenn Personen, die an einer behandlungsbedürftigen Lungentuberkulose leiden, eine Behandlung verweigern oder abbrechen. Die Meldung nach Satz 1 hat gemäß § 8 Abs. 1 Nr. 1, § 9 Abs. 1 und 3 Satz 1 oder 3 zu erfolgen.

(3) Dem Gesundheitsamt ist unverzüglich das gehäufte Auftreten nosokomialer Infektionen, bei denen ein epidemischer Zusammenhang wahrscheinlich ist oder vermutet wird, als Ausbruch nichtnamentlich zu melden. Die Meldung nach Satz 1 hat gemäß § 8 Abs. 1 Nr. 1, 3 und 5, § 10 Abs. 1 Satz 3, Abs. 3 und 4 Satz 3 zu erfolgen.

§ 8 Zur Meldung verpflichtete Personen

(1) Zur Meldung oder Mitteilung sind verpflichtet:

1. im Falle des § 6 der feststellende Arzt; in Krankenhäusern oder anderen Einrichtungen der stationären Pflege ist für die Einhaltung der Meldepflicht neben dem feststellenden Arzt auch der leitende Arzt, in Krankenhäusern mit mehreren selbständigen Abteilungen der leitende Abteilungsarzt, in Einrichtungen ohne leitenden Arzt der behandelnde Arzt verantwortlich,
2. im Falle des § 7 die Leiter von Medizinaluntersuchungsämtern und sonstigen privaten oder öffentlichen Untersuchungsstellen einschließlich der Krankenhauslaboratorien,
3. im Falle der §§ 6 und 7 die Leiter von Einrichtungen der pathologisch-anatomischen Diagnostik, wenn ein Befund erhoben wird, der sicher oder mit hoher Wahrscheinlichkeit auf das Vorliegen einer meldepflichtigen Erkrankung oder Infektion durch einen meldepflichtigen Krankheitserreger schließen lässt,
4. im Falle des § 6 Abs. 1 Nr. 4 und im Falle des § 7 Abs. 1 Nr. 36 bei Tieren, mit denen Menschen Kontakt gehabt haben, auch der Tierarzt,
5. im Falle des § 6 Abs. 1 Nr. 1, 2 und 5 und Abs. 3 Angehörige eines anderen Heil- oder Pflegeberufs, der für die Berufsausübung oder die Führung der Berufsbezeichnung eine staatlich geregelte Ausbildung oder Anerkennung erfordert,
6. im Falle des § 6 Abs. 1 Nr. 1, 2 und 5 der verantwortliche Luftfahrzeugführer oder der Kapitän eines Seeschiffes,
7. im Falle des § 6 Abs. 1 Nr. 1, 2 und 5 die Leiter von Pflegeeinrichtungen, Justizvollzugsanstalten, Heimen, Lagern oder ähnlichen Einrichtungen,
8. im Falle des § 6 Abs. 1 der Heilpraktiker.

(2) Die Meldepflicht besteht nicht für Personen des Not- und Rettungsdienstes, wenn der Patient unverzüglich in eine ärztlich geleitete Einrichtung gebracht wurde. Die Meldepflicht besteht für die in Absatz 1 Nr. 5 bis 7 bezeichneten Personen nur, wenn ein Arzt nicht hinzugezogen wurde.
(3) Die Meldepflicht besteht nicht, wenn dem Meldepflichtigen ein Nachweis vorliegt, dass die Meldung bereits erfolgte und andere als die bereits gemeldeten Angaben nicht erhoben wurden. Satz 1 gilt auch für Erkrankungen, bei denen der Verdacht bereits gemeldet wurde.
(4) Absatz 1 Nr. 2 gilt entsprechend für Personen, die die Untersuchung zum Nachweis von Krankheitserregern außerhalb des Geltungsbereichs dieses Gesetzes durchführen lassen.
(5) Der Meldepflichtige hat dem Gesundheitsamt unverzüglich mitzuteilen, wenn sich eine Verdachtsmeldung nicht bestätigt hat.

§ 9 Namentliche Meldung

(1) Die namentliche Meldung durch eine der in § 8 Abs. 1 Nr. 1, 4 bis 8 genannten Personen muss folgende Angaben enthalten:

1. Name, Vorname des Patienten
2. Geschlecht
3. Tag, Monat und Jahr der Geburt
4. Anschrift der Hauptwohnung und, falls abweichend: Anschrift des derzeitigen Aufenthaltsortes
5. Tätigkeit in Einrichtungen im Sinne des § 36 Abs. 1 oder 2; Tätigkeit im Sinne des § 42 Abs. 1 bei akuter Gastroenteritis, akuter Virushepatitis, Typhus abdominalis/Paratyphus und Cholera
6. Betreuung in einer Gemeinschaftseinrichtung gemäß § 33

7. Diagnose beziehungsweise Verdachtsdiagnose
8. Tag der Erkrankung oder Tag der Diagnose, gegebenenfalls Tag des Todes
9. wahrscheinliche Infektionsquelle
10. Land, in dem die Infektion wahrscheinlich erworben wurde; bei Tuberkulose Geburtsland und Staatsangehörigkeit
11. Name, Anschrift und Telefonnummer der mit der Erregerdiagnostik beauftragten Untersuchungsstelle
12. Überweisung in ein Krankenhaus beziehungsweise Aufnahme in einem Krankenhaus oder einer anderen Einrichtung der stationären Pflege und Entlassung aus der Einrichtung, soweit dem Meldepflichtigen bekannt
13. Blut-, Organ- und Gewebespende in den letzten sechs Monaten
14. Name, Anschrift und Telefonnummer des Meldenden
15. bei einer Meldung nach § 6 Abs. 1 Nr. 3 die Angaben nach § 22 Abs. 2.

Bei den in § 8 Abs. 1 Nr. 4 bis 8 genannten Personen beschränkt sich die Meldepflicht auf die ihnen vorliegenden Angaben.

(2) Die namentliche Meldung durch eine in § 8 Abs. 1 Nr. 2 und 3 genannte Person muss folgende Angaben enthalten:

1. Name, Vorname des Patienten
2. Geschlecht, soweit die Angabe vorliegt
3. Tag, Monat und Jahr der Geburt, soweit die Angaben vorliegen
4. Anschrift der Hauptwohnung und, falls abweichend: Anschrift des derzeitigen Aufenthaltsortes, soweit die Angaben vorliegen
5. Art des Untersuchungsmaterials
6. Eingangsdatum des Untersuchungsmaterials
7. Nachweismethode
8. Untersuchungsbefund
9. Name, Anschrift und Telefonnummer des einsendenden Arztes beziehungsweise des Krankenhauses
10. Name, Anschrift und Telefonnummer des Meldenden.

Der einsendende Arzt hat bei einer Untersuchung auf Hepatitis C dem Meldepflichtigen mitzuteilen, ob ihm eine chronische Hepatitis C bei dem Patienten bekannt ist.

(3) Die namentliche Meldung muss unverzüglich, spätestens innerhalb von 24 Stunden nach erlangter Kenntnis gegenüber dem für den Aufenthalt des Betroffenen zuständigen Gesundheitsamt, im Falle des Absatzes 2 gegenüber dem für den Einsender zuständigen Gesundheitsamt erfolgen. Eine Meldung darf wegen einzelner fehlender Angaben nicht verzögert werden. Die Nachmeldung oder Korrektur von Angaben hat unverzüglich nach deren Vorliegen zu erfolgen. Liegt die Hauptwohnung oder der gewöhnliche Aufenthaltsort der betroffenen Person im Bereich eines anderen Gesundheitsamtes, so hat das unterrichtende Gesundheitsamt das für die Hauptwohnung, bei mehreren Wohnungen das für den gewöhnlichen Aufenthaltsort des Betroffenen zuständige Gesundheitsamt unverzüglich zu benachrichtigen.

(4) Der verantwortliche Luftfahrzeugführer oder der Kapitän eines Seeschiffes meldet unterwegs festgestellte meldepflichtige Krankheiten an den Flughafen- oder Hafenarzt des inländischen Ziel- und Abfahrtsortes. Die dort verantwortlichen Ärzte melden an das für den jeweiligen Flughafen oder Hafen zuständige Gesundheitsamt.

(5) Das Gesundheitsamt darf die gemeldeten personenbezogenen Daten nur für seine Aufgaben nach diesem Gesetz verarbeiten und nutzen. Personenbezogene Daten sind zu löschen, wenn ihre Kenntnis für das Gesundheitsamt zur Erfüllung der in seiner Zuständigkeit liegenden Aufgaben nicht mehr erforderlich ist, Daten zu § 7 Abs. 1 Nr. 21 spätestens jedoch nach drei Jahren.

§ 11 Übermittlungen durch das Gesundheitsamt und die zuständige Landesbehörde

(1) Die an das Gesundheitsamt der Hauptwohnung namentlich gemeldeten Erkrankungen, Todesfälle sowie Nachweise von Krankheitserregern werden gemäß den nach § 4 Abs. 2 Nr. 2 Buchstabe a veröffentlichten Falldefinitionen zusammengeführt und wöchentlich, spätestens am dritten Arbeitstag der folgenden Woche, an die zuständige Landesbehörde sowie von dort innerhalb einer Woche an das Robert Koch-Institut ausschließlich mit folgenden Angaben übermittelt:

1. Geschlecht
2. Monat und Jahr der Geburt
3. zuständiges Gesundheitsamt
4. Tag der Erkrankung oder Tag der Diagnose, gegebenenfalls Tag des Todes und wenn möglich Zeitpunkt oder Zeitraum der Infektion
5. Art der Diagnose
6. wahrscheinlicher Infektionsweg, wahrscheinliches Infektionsrisiko, Zugehörigkeit zu einer Erkrankungshäufung
7. Land, soweit die Infektion wahrscheinlich im Ausland erworben wurde
8. bei Tuberkulose Geburtsland und Staatsangehörigkeit
9. Aufnahme in einem Krankenhaus.

Für die Übermittlungen von den zuständigen Landesbehörden an das Robert Koch-Institut bestimmt das Robert Koch-Institut die Formblätter, die Datenträger, den Aufbau der Datenträger und der einzelnen Datensätze. Die Sätze 1 und 2 gelten auch für Berichtigungen und Ergänzungen früherer Übermittlungen.

(2) Der dem Gesundheitsamt gemäß § 6 Abs. 1 Nr. 3 gemeldete Verdacht einer über das übliche Ausmaß einer Impfreaktion hinausgehenden gesundheitlichen Schädigung sowie der dem Gesundheitsamt gemeldete Fall, bei dem der Verdacht besteht, dass ein Arzneimittel die Infektionsquelle ist, sind vom Gesundheitsamt unverzüglich der zuständigen Landesbehörde und der nach § 77 Arzneimittelgesetz jeweils zuständigen Bundesoberbehörde zu übermitteln. Die Übermittlung muss, soweit ermittelbar, alle notwendigen Angaben, wie Bezeichnung des Produktes, Name oder Firma des pharmazeutischen Unternehmers und die Chargenbezeichnung, bei Impfungen zusätzlich den Zeitpunkt der Impfung und den Beginn der Erkrankung enthalten. Über den gemeldeten Patienten sind ausschließlich das Geburtsdatum, das Geschlecht sowie der erste Buchstabe des ersten Vornamens und der erste Buchstabe des ersten Nachnamens anzugeben. Die zuständige Bundesoberbehörde stellt die Übermittlungen dem Robert Koch-Institut innerhalb einer Woche zur infektionsepidemiologischen Auswertung zur Verfügung. Absatz 1 bleibt unberührt.

(3) Die zuständige Behörde übermittelt über die zuständige Landesbehörde an das Robert Koch-Institut die gemäß Artikel 4 der Entscheidung Nr. 2119/98/EG des Europäischen Parlaments und des Rates vom 24. September 1998 über die Schaffung eines Netzes für die epidemiologische Überwachung und die Kontrolle übertragbarer Krankheiten in der Gemeinschaft (ABl. EG Nr. L 268 S. 1) vorgeschriebenen Angaben. Absatz 1 Satz 2 und § 12 Abs. 1 Satz 3 gelten entsprechend.

4. Abschnitt. Verhütung übertragbarer Krankheiten

§ 16 Allgemeine Maßnahmen der zuständigen Behörde

(1) Werden Tatsachen festgestellt, die zum Auftreten einer übertragbaren Krankheit führen können, oder ist anzunehmen, dass solche Tatsachen vorliegen, so trifft die zuständige Behörde die notwendigen Maßnahmen zur Abwendung der dem Einzelnen oder der Allgemeinheit hierdurch

drohenden Gefahren. Die bei diesen Maßnahmen erhobenen personenbezogenen Daten dürfen nur für Zwecke dieses Gesetzes verarbeitet und genutzt werden.
(2) In den Fällen des Absatzes 1 sind die Beauftragten der zuständigen Behörde und des Gesundheitsamtes zur Durchführung von Ermittlungen und zur Überwachung der angeordneten Maßnahmen berechtigt, Grundstücke, Räume, Anlagen und Einrichtungen sowie Verkehrsmittel aller Art zu betreten und Bücher oder sonstige Unterlagen einzusehen und hieraus Abschriften, Ablichtungen oder Auszüge anzufertigen sowie sonstige Gegenstände zu untersuchen oder Proben zur Untersuchung zu fordern oder zu entnehmen. Der Inhaber der tatsächlichen Gewalt ist verpflichtet, den Beauftragten der zuständigen Behörde und des Gesundheitsamtes Grundstücke, Räume, Anlagen, Einrichtungen und Verkehrsmittel sowie sonstige Gegenstände zugänglich zu machen. Personen, die über die in Absatz 1 genannten Tatsachen Auskunft geben können, sind verpflichtet, auf Verlangen die erforderlichen Auskünfte insbesondere über den Betrieb und den Betriebsablauf einschließlich dessen Kontrolle zu erteilen und Unterlagen einschließlich dem tatsächlichen Stand entsprechende technische Pläne vorzulegen. Der Verpflichtete kann die Auskunft auf solche Fragen verweigern, deren Beantwortung ihn selbst oder einen der in § 383 Abs. 1 Nr. 1 bis 3 der Zivilprozessordnung bezeichneten Angehörigen der Gefahr strafrechtlicher Verfolgung oder eines Verfahrens nach dem Gesetz über Ordnungswidrigkeiten aussetzen würde; Entsprechendes gilt für die Vorlage von Unterlagen.
(3) Soweit es die Aufklärung der epidemischen Lage erfordert, kann die zuständige Behörde Anordnungen über die Übergabe von in Absatz 2 genannten Untersuchungsmaterialien zum Zwecke der Untersuchung und Verwahrung an Institute des öffentlichen Gesundheitsdienstes oder andere vom Land zu bestimmende Einrichtungen treffen.
(4) Das Grundrecht der Unverletzlichkeit der Wohnung (Artikel 13 Abs. 1 Grundgesetz) wird im Rahmen der Absätze 2 und 3 eingeschränkt.
(5) Wenn die von Maßnahmen nach den Absätzen 1 und 2 betroffenen Personen geschäftsunfähig oder in der Geschäftsfähigkeit beschränkt sind, hat derjenige für die Erfüllung der genannten Verpflichtung zu sorgen, dem die Sorge für die Person zusteht. Die gleiche Verpflichtung trifft den Betreuer einer von Maßnahmen nach den Absätzen 1 und 2 betroffenen Person, soweit die Sorge für die Person des Betroffenen zu seinem Aufgabenkreis gehört.
(6) Die Maßnahmen nach Absatz 1 werden auf Vorschlag des Gesundheitsamtes von der zuständigen Behörde angeordnet. Kann die zuständige Behörde einen Vorschlag des Gesundheitsamtes nicht rechtzeitig einholen, so hat sie das Gesundheitsamt über die getroffene Maßnahme unverzüglich zu unterrichten.
(7) Bei Gefahr im Verzuge kann das Gesundheitsamt die erforderlichen Maßnahmen selbst anordnen. Es hat die zuständige Behörde unverzüglich hiervon zu unterrichten. Diese kann die Anordnung ändern oder aufheben. Wird die Anordnung nicht innerhalb von zwei Arbeitstagen nach der Unterrichtung aufgehoben, so gilt sie als von der zuständigen Behörde getroffen.
(8) Widerspruch und Anfechtungsklage gegen Maßnahmen nach den Absätzen 1 bis 3 haben keine aufschiebende Wirkung.

§ 25 Ermittlungen, Unterrichtungspflichten des Gesundheitsamtes bei Blut-, Organ- oder Gewebespendern

(1) Ergibt sich oder ist anzunehmen, dass jemand krank, krankheitsverdächtig, ansteckungsverdächtig oder Ausscheider ist oder dass ein Verstorbener krank, krankheitsverdächtig oder Ausscheider war, so stellt das Gesundheitsamt die erforderlichen Ermittlungen an, insbesondere über Art, Ursache, Ansteckungsquelle und Ausbreitung der Krankheit.
(2) Ergibt sich oder ist anzunehmen, dass jemand, der an einer meldepflichtigen Krankheit erkrankt oder mit einem meldepflichtigen Krankheitserreger infiziert ist oder dass ein Verstorbener, der an einer meldepflichtigen Krankheit erkrankt oder mit einem meldepflichtigen Krankheitserreger infiziert war, nach dem vermuteten Zeitpunkt der Infektion Blut-, Organ- oder Gewebespender war, so hat das Gesundheitsamt, wenn es sich dabei um eine durch Blut, Blut-

produkte, Gewebe oder Organe übertragbare Krankheit oder Infektion handelt, die zuständigen Behörden von Bund und Ländern unverzüglich über den Befund oder Verdacht zu unterrichten. Es meldet dabei die ihm bekannt gewordenen Sachverhalte. Bei Spendern vermittlungspflichtiger Organe (§ 9 Satz 2 des Transplantationsgesetzes) hat das Gesundheitsamt auch die nach § 11 des Transplantationsgesetzes errichtete oder bestimmte Koordinierungsstelle, bei sonstigen Organ- und Gewebespendern nach den §§ 3, 4 oder 8 des Transplantationsgesetzes das Transplantationszentrum, in dem das Organ übertragen wurde oder übertragen werden soll, nach den Sätzen 1 und 2 zu unterrichten.

§ 26 Durchführung

(1) Für die Durchführung der Ermittlungen nach § 25 Abs. 1 gilt § 16 Abs. 2, 3, 5 und 8 entsprechend.

(2) Die in § 25 Abs. 1 genannten Personen können durch das Gesundheitsamt vorgeladen werden. Sie können durch das Gesundheitsamt verpflichtet werden, Untersuchungen und Entnahmen von Untersuchungsmaterial an sich vornehmen zu lassen, insbesondere die erforderlichen äußerlichen Untersuchungen, Röntgenuntersuchungen, Tuberkulintestungen, Blutentnahmen und Abstriche von Haut und Schleimhäuten durch die Beauftragten des Gesundheitsamtes zu dulden sowie das erforderliche Untersuchungsmaterial auf Verlangen bereitzustellen. Darüber hinausgehende invasive Eingriffe sowie Eingriffe, die eine Betäubung erfordern, dürfen nur mit Einwilligung des Betroffenen vorgenommen werden; § 16 Abs. 5 gilt nur entsprechend, wenn der Betroffene einwilligungsunfähig ist. Die bei den Untersuchungen erhobenen personenbezogenen Daten dürfen nur für Zwecke dieses Gesetzes verarbeitet und genutzt werden.

(3) Den Ärzten des Gesundheitsamtes und dessen ärztlichen Beauftragten ist vom Gewahrsamsinhaber die Untersuchung der in § 25 genannten Verstorbenen zu gestatten. Die zuständige Behörde kann gegenüber dem Gewahrsamsinhaber die innere Leichenschau anordnen, wenn dies vom Gesundheitsamt für erforderlich gehalten wird.

(4) Die Grundrechte der körperlichen Unversehrtheit (Artikel 2 Abs. 2 Satz 1 Grundgesetz), der Freiheit der Person (Artikel 2 Abs. 2 Satz 2 Grundgesetz) und der Unverletzlichkeit der Wohnung (Artikel 13 Abs. 1 Grundgesetz) werden insoweit eingeschränkt.

§ 27 Teilnahme des behandelnden Arztes

Der behandelnde Arzt ist berechtigt, mit Zustimmung des Patienten an den Untersuchungen nach § 26 sowie an der inneren Leichenschau teilzunehmen.

§ 28 Schutzmaßnahmen

(1) Werden Kranke, Krankheitsverdächtige, Ansteckungsverdächtige oder Ausscheider festgestellt oder ergibt sich, dass ein Verstorbener krank, krankheitsverdächtig oder Ausscheider war, so trifft die zuständige Behörde die notwendigen Schutzmaßnahmen, insbesondere die in den §§ 29 bis 31 genannten, soweit und solange es zur Verhinderung der Verbreitung übertragbarer Krankheiten erforderlich ist. Unter den Voraussetzungen von Satz 1 kann die zuständige Behörde Veranstaltungen oder sonstige Ansammlungen einer größeren Anzahl von Menschen beschränken oder verbieten und Badeanstalten oder in § 33 genannte Gemeinschaftseinrichtungen oder Teile davon schließen; sie kann auch Personen verpflichten, den Ort, an dem sie sich befinden, nicht zu verlassen oder von ihr bestimmte Orte nicht zu betreten, bis die notwendigen Schutzmaßnahmen durchgeführt worden sind. Eine Heilbehandlung darf nicht angeordnet werden. Die Grundrechte der Freiheit der Person (Artikel 2 Abs. 2 Satz 2 Grundgesetz), der Versammlungsfreiheit (Artikel 8 Grundgesetz) oder der Unverletzlichkeit der Wohnung (Artikel 13 Abs. 1 Grundgesetz) werden insoweit eingeschränkt.

(2) Für Maßnahmen nach Absatz 1 gilt § 16 Abs. 5 bis 8, für ihre Überwachung außerdem § 16 Abs. 2 entsprechend.

16. Lebenspartnerschaftsgesetz (LPartG)

Gesetz über die Eingetragene Lebenspartnerschaft

vom 16.2.2001 (BGBl. I S. 266), geändert durch Gesetz vom 11.12.2001 (BGBl. I S. 3513)

– Auszug –

§ 10 Erbrecht

(1) Der überlebende Lebenspartner des Erblassers ist neben Verwandten der ersten Ordnung zu einem Viertel, neben Verwandten der zweiten Ordnung oder neben Großeltern zur Hälfte der Erbschaft gesetzlicher Erbe. Zusätzlich stehen ihm die zum lebenspartnerschaftlichen Haushalt gehörenden Gegenstände, soweit sie nicht Zubehör eines Grundstücks sind, und die Geschenke zur Begründung der Lebenspartnerschaft als Voraus zu. Ist der überlebende Lebenspartner neben Verwandten der ersten Ordnung gesetzlicher Erbe, so steht ihm der Voraus nur zu, soweit er ihn zur Führung eines angemessenen Haushalts benötigt. Auf den Voraus sind die für Vermächtnisse geltenden Vorschriften anzuwenden.

(2) Sind weder Verwandte der ersten noch der zweiten Ordnung noch Großeltern vorhanden, erhält der überlebende Lebenspartner die ganze Erbschaft.

(3) Das Erbrecht des überlebenden Lebenspartners ist ausgeschlossen, wenn zur Zeit des Todes des Erblassers

1. die Voraussetzungen für die Aufhebung der Lebenspartnerschaft nach § 15 Abs. 2 Nr. 1 oder 2 gegeben waren und der Erblasser die Aufhebung beantragt oder ihr zugestimmt hatte oder
2. der Erblasser einen Antrag nach § 15 Abs. 2 Nr. 3 gestellt hatte und dieser Antrag begründet war. In diesen Fällen gilt § 16 entsprechend.

(4) Lebenspartner können ein gemeinschaftliches Testament errichten. Die §§ 2266 bis 2273 des Bürgerlichen Gesetzbuchs gelten entsprechend.

(5) Auf eine letztwillige Verfügung, durch die der Erblasser seinen Lebenspartner bedacht hat, ist § 2077 Abs. 1 und 3 des Bürgerlichen Gesetzbuchs entsprechend anzuwenden.

(6) Hat der Erblasser den überlebenden Lebenspartner durch Verfügung von Todes wegen von der Erbfolge ausgeschlossen, kann dieser von den Erben die Hälfte des Wertes des gesetzlichen Erbteils als Pflichtteil verlangen. Die Vorschriften des Bürgerlichen Gesetzbuchs über den Pflichtteil gelten mit der Maßgabe entsprechend, dass der Lebenspartner wie ein Ehegatte zu behandeln ist.

(7) Die Vorschriften des Bürgerlichen Gesetzbuchs über den Erbverzicht gelten entsprechend.

17. Personenstandsgesetz (PStG)

in der Fassung der Bekanntmachung vom 8.8.1957 (BGBl. I S. 1125), zuletzt geändert durch Gesetz vom 9.4.2001 (BGBl. I S. 1239)

– Auszug –

Dritter Abschnitt. Geburtenbuch und Sterbebuch

b) Sterbebuch

§ 32 (Anzeige)

Der Tod eines Menschen muss dem Standesbeamten, in dessen Bezirk er gestorben ist, spätestens am folgenden Werktage angezeigt werden.

§ 33 (Anzeigepflichtige)

(1) Zur Anzeige sind, und zwar in nachstehender Reihenfolge, verpflichtet
1. das Familienhaupt,
2. derjenige, in dessen Wohnung sich der Sterbefall ereignet hat,
3. jede Person, die bei dem Tode zugegen war oder von dem Sterbefall aus eigener Wissenschaft unterrichtet ist.

Eine Anzeigepflicht besteht nur, wenn eine in der Reihenfolge früher genannte Person nicht vorhanden oder an der Anzeige verhindert ist.

(2) Die Anzeige ist mündlich zu erstatten.

§ 34 (Anstalten)

Für die Anzeige von Sterbefällen in öffentlichen Entbindungs-, Hebammen-, Kranken- und ähnlichen Anstalten, in öffentlichen Heil-, Pflege- und Entziehungsanstalten, in Gefangenenanstalten und Anstalten, in denen eine mit Freiheitsentziehung verbundene Maßregel der Besserung und Sicherung vollzogen wird, sowie in Einrichtungen der öffentlichen Jugendhilfe gilt § 18 entsprechend. Für Sterbefälle, die sich in privaten Entbindungs-, Hebammen- und Krankenanstalten sowie in Einrichtungen der Träger der freien Jugendhilfe ereignen, gilt § 19 entsprechend.

§ 34a (Anzeige durch Gemeinde)

Ist ein Anzeigepflichtiger nach den §§ 33 und 34 nicht vorhanden oder ist sein Aufenthaltsort unbekannt und kommt der Tod zur Kenntnis der Gemeindebehörde, so kann diese die Anzeige schriftlich erstatten.

§ 35 (Amtliche Ermittlung)

Findet über den Tod einer Person eine amtliche Ermittlung statt, so wird der Sterbefall auf schriftliche Anzeige der zuständigen Behörde eingetragen.

§ 36 (Prüfung)

Der Standesbeamte muss die Angaben des Anzeigenden nachprüfen, wenn er an ihrer Richtigkeit zweifelt.

§ 37 (Eintrag)

(1) In das Sterbebuch werden eingetragen
1. die Vornamen und der Familienname des Verstorbenen, sein Beruf und Wohnort, Ort und Tag seiner Geburt sowie im Falle des Einverständnisses des Anzeigenden seine rechtliche Zugehörigkeit oder seine Nichtzugehörigkeit zu einer Kirche, Religionsgesellschaft oder Weltanschauungsgemeinschaft,
2. die Vornamen und der Familienname des Ehegatten oder ein Vermerk, dass der Verstorbene nicht verheiratet war,

3. Ort, Tag und Stunde des Todes,
4. Vor- und Familienname des Anzeigenden, sein Beruf und Wohnort.

(2) Die Eintragung ist von dem zur Anzeige Erschienenen und von dem Standesbeamten zu unterschreiben.

§ 39 (Bestattung vor Eintragung)
Vor der Eintragung des Sterbefalls darf der Verstorbene nur mit ortspolizeilicher Genehmigung bestattet werden. Fehlt diese, so darf der Sterbefall erst nach Ermittlung des Sachverhalts mit Genehmigung der zuständigen Verwaltungsbehörde eingetragen werden.

§ 40 (Todeserklärungen)
(1) Todeserklärungen und gerichtliche Feststellungen der Todeszeit werden von dem Standesbeamten des Standesamts I in Berlin (West) in ein besonderes Buch für Todeserklärungen eingetragen.
(2) Am Rande des Eintrags werden alle Entscheidungen vermerkt, durch die eine nach dem 30. Juni 1938 ergangene, die Todeserklärung oder die Feststellung der Todeszeit aussprechende Entscheidung aufgehoben, abgeändert oder ergänzt wird.

Achter Abschnitt. Beweiskraft der Personenstandsbücher und -urkunden

§ 61b (Todeserklärungen)
Aus dem Buch für Todeserklärungen werden nur beglaubigte Abschriften erteilt; der Glaubhaftmachung eines rechtlichen Interesses bedarf es nicht.

§ 64 (Sterbeurkunde)
In die Sterbeurkunde werden aufgenommen
1. die Vornamen und der Familienname des Verstorbenen, sein Wohnort, Ort und Tag seiner Geburt sowie seine rechtliche Zugehörigkeit oder seine Nichtzugehörigkeit zu einer Kirche, Religionsgesellschaft oder Weltanschauungsgemeinschaft, wenn die rechtliche Zugehörigkeit oder die Nichtzugehörigkeit im Sterbebuch eingetragen ist,
2. die Vornamen und der Familienname des Ehegatten oder ein Vermerk, dass der Verstorbene nicht verheiratet war,
3. Ort, Tag und Stunde des Todes.

Neunter Abschnitt. Schlussbestimmungen

§ 68a (Auskunftspflichten)
Alle Beteiligten sind verpflichtet, die zur Führung des Heiratsbuchs, des Familienbuchs, des Geburtenbuchs und des Sterbebuchs erforderlichen Angaben zu machen und die erforderlichen Urkunden vorzulegen.

§ 69 (Zwangsgeld)
Wer auf Grund dieses Gesetzes zu Anzeigen oder zu sonstigen Handlungen verpflichtet ist, kann hierzu von dem Standesbeamten durch Festsetzung eines Zwangsgeldes angehalten werden. Das Zwangsgeld darf für den Einzelfall den Betrag von 50 Euro nicht überschreiten; es soll vor der Festsetzung schriftlich angedroht werden.

18. Verordnung zur Ausführung des Personenstandsgesetzes (PStGAV)

in der Fassung der Bekanntmachung vom 25.2.1977 (BGBl. I S. 377)

– Auszug –

§ 29
(1) Eine Lebensgeburt, für die die allgemeinen Bestimmungen über die Anzeige und die Eintragung von Geburten gelten, liegt vor, wenn bei einem Kinde nach der Scheidung vom Mutterleib entweder das Herz geschlagen oder die Nabelschnur pulsiert oder die natürliche Lungenatmung eingesetzt hat.
(2) Hat sich keines der in. Absatz 1 genannten Merkmale des Lebens gezeigt, beträgt das Gewicht der Leibesfrucht jedoch mindestens 500 Gramm, so gilt sie im Sinne des § 24 des Gesetzes als totgeborenes oder in der Geburt verstorbenes Kind.
(3) Hat sich keines der in Absatz 1 genannten Merkmale des Lebens gezeigt und beträgt das Gewicht der Leibesfrucht weniger als 500 Gramm, so ist die Frucht eine Fehlgeburt. Sie wird in den Personenstandsbüchern nicht beurkundet.

§ 30
Wird ein Sterbefall angezeigt und war der Verstorbene verheiratet, so soll der Anzeigende nach Möglichkeit einen Auszug aus dem Familienbuch oder, wenn noch kein Familienbuch angelegt ist, die Heiratsurkunde des Verstorbenen vorlegen. War der Verstorbene nicht verheiratet, so soll der Anzeigende nach Möglichkeit einen Auszug aus dem Familienbuch der Eltern des Verstorbenen oder dessen Geburtsurkunde vorlegen. Der Standesbeamte soll auf die Vorlage der Urkunden verzichten, wenn er die Personenstandsbücher führt, aus denen diese Urkunden auszustellen wären.

§ 31
(1) Der Standesbeamte des Standesamtes 1 in Berlin führt das Buch für Todeserklärungen nach Vordrucken, die als Anlagen D und D 1 dieser Verordnung beigefügt sind. Ein Zweitbuch ist nicht zu führen.
(2) Die Eintragung im Buche für Todeserklärungen nimmt der Standesbeamte auf Grund der Entscheidung vor, durch die die Todeserklärung ausgesprochen oder der Todeszeitpunkt festgestellt wird. Die Geschäftsstelle des Amtsgerichts übersendet eine Ausfertigung aller rechtskräftigen Entscheidungen dem Standesbeamten des Standesamts 1 in Berlin.
(3) Wird eine gerichtliche Entscheidung aufgehoben oder geändert, so gilt Absatz 2 entsprechend.
(4) Wird durch eine gerichtliche Entscheidung nach Absätzen 2 oder 3 der Personenstand eines Kindes betroffen, so hat der Standesbeamte des Standesamts 1 in Berlin dem Standesbeamten, der die Geburt des Kindes beurkundet hat, eine beglaubigte Abschrift aus dem Buch für Todeserklärungen zu übersenden. Ist die Geburt nicht im Geltungsbereich des Gesetzes beurkundet, so ist die beglaubigte Abschrift auch dem Standesbeamten zu übersenden, der das Familienbuch führt, in dem das Kind eingetragen ist.

§ 45
(1) Die Geburt oder den Tod eines Menschen während der Reise auf einem Seeschiff, das berechtigt ist, die Bundesflagge zu führen, hat der Standesbeamte des Standesamtes 1 in Berlin zu beurkunden. Dies gilt auch, wenn sich der Sterbefall während der Seereise außerhalb des Seeschiffes, jedoch nicht an Land oder in einem Hafen im Geltungsbereich des Gesetzes, ereignet hat und der Verstorbene von einem zur Führung der Bundesflagge berechtigten Seeschiff aufgenommen wurde.

(2) Die Geburt oder der Tod muss von dem nach den §§ 17 und 33 des Gesetzes Verpflichteten dem Schiffsführer spätestens am folgenden Tage angezeigt werden. Beendigt der zur Anzeige Verpflichtete seine Reise vor Ablauf dieser Frist, so muss die Anzeige noch auf dem Schiff erstattet werden.
(3) Der Schiffsführer hat über die Anzeige der Geburt oder des Todes eine Niederschrift aufzunehmen, die von ihm und von dem Anzeigenden zu unterschreiben ist. In die Niederschrift sind auch die Angaben aufzunehmen, die nach den §§ 21 und 37 des Gesetzes und nach § 3 dieser Verordnung in das Geburten- oder Sterbebuch einzutragen sind. Der Schiffsführer hat die Niederschrift und eine Abschrift der Niederschrift dem Seemannsamt zu übergeben, bei dem es zuerst möglich ist. Das Seemannsamt übersendet die Niederschrift dem Standesbeamten des Standesamtes 1 in Berlin; die Abschrift ist bei dem Seemannsamt aufzubewahren.

§ 47

Für die Beurkundung der Geburt oder des Todes eines Deutschen auf einem Seeschiff, das nicht berechtigt ist, die Bundesflagge zu führen, gilt § 41 des Gesetzes. Gleiches gilt, wenn der Verstorbene im Fall des § 45 Abs. 1 Satz 2 von einem solchen Seeschiff aufgenommen wurde.

§ 49

Sterbefälle in Landfahrzeugen, auf Binnenschiffen oder in Luftfahrzeugen beurkundet der Standesbeamte, in dessen Bezirk der Verstorbene aus dem Fahrzeug herausgenommen wird.

§ 50

Sterbefälle in Bergwerken beurkundet der Standesbeamte, in dessen Bezirk die Schachteinfahrt liegt.

§ 51

(1) Ist der Ort bekannt, an dem in einem Landfahrzeug, auf einem Binnenschiff oder in einem Luftfahrzeug ein Kind geboren oder ein Mensch gestorben ist, so ist dieser Ort in das Personenstandsbuch einzutragen. Ist dieser Ort nicht bekannt, so ist einzutragen, dass der Personenstandsfall während der Fahrt oder während des Fluges eingetreten ist. Hierbei sind die Orte anzugeben, zwischen denen sich der Personenstandsfall ereignet hat.
(2) Bei Sterbefällen in Bergwerken ist als Sterbeort der Ort der Schachteinfahrt anzugeben.

§ 51

(1) Ist der Sterbeort nicht festzustellen, so beurkundet der Standesbeamte den Sterbefall, in dessen Bezirk der Verstorbene gefunden wurde.
(2) Wird der Verstorbene in einem Gewässer gefunden, so beurkundet der Standesbeamte den Sterbefall, in dessen Bezirk der Verstorbene an Land gebracht wurde.
(3) Wird später festgestellt, dass der Tod in einem anderen Standesamtsbezirk eingetreten ist, so entfällt eine erneute Beurkundung.

§ 52

Das Übereinkommen der Bodenseeuferstaaten über die Beurkundung der auf dem Bodensee eintretenden Geburten und Sterbefälle vom 16. März 1880 (Badisches Gesetz- und Verordnungsblatt S. 102, Württembergisches Regierungsblatt S. 171, Bayerisches Gesetz- und Verordnungsblatt S. 133) bleibt unberührt.

19. Allgemeine Verwaltungsvorschrift zum Personenstandsgesetz

(Dienstanweisung für die Standesbeamten und ihre Aufsichtsbehörden – DA)

in der Fassung der Bekanntmachung vom 27.7.2000 (BAnz. Nr. 154a), geändert durch Verwaltungsvorschrift vom 26.7.2001 (BAnz. Nr. 140, S. 16 289)

– Auszug -

Vierter Teil. Geburtenbuch

Dreiunddreißigster Abschnitt. Aufgaben bei eingehenden Mitteilungen

§ 322 Hinweise bei Mitteilungen über Eheschließungen, Lebenspartnerschaften und Sterbefälle

(1) Erhält der Standesbeamte eine Mitteilung über die Eheschließung einer Person, deren Geburt er beurkundet hat, so hat er am unteren Rande des Geburtseintrags auf Vor- und Familiennamen des Ehegatten, Tag und Ort der Eheschließung sowie Standesamt und Nummer des Heiratseintrags hinzuweisen. Ist die Ehe im Ausland geschlossen, so sind auch die Mitteilungspflichten nach § 123 Abs. 2 und 3 zu beachten. Erkennt der Standesbeamte bei der Eintragung des Hinweises am unteren Rande des Geburtseintrags, dass dem Standesbeamten, der die letzte Eheschließung beurkundet hat, eine frühere Eheschließung verschwiegen wurde, so hat er diesem den Sachverhalt mitzuteilen. Die Sätze 1 bis 3 gelten entsprechend, wenn dem Standesbeamten eine Mitteilung über die Begründung einer Lebenspartnerschaft zugeht; der Leittext der Hinweiszeile Nr. 2 ist anzupassen.

(2) Erhält der Standesbeamte eine Mitteilung über den Tod einer Person, deren Geburt er beurkundet hat, so hat er am unteren Rande des Geburtseintrags auf Tag und Ort des Todes sowie auf Standesamt und Nummer des Sterbeeintrags hinzuweisen. Ist am unteren Rande des Geburtseintrags ein Hinweis auf eine Verwahrungsnachricht über ein Testament oder einen Erbvertrag eingetragen, so gilt § 324. Ist der Sterbefall im Ausland eingetreten, so sind auch die Mitteilungspflichten nach § 124 Abs. 2 und 3 zu beachten.

(3) Erhält der Standesbeamte eine Mitteilung über die Todeserklärung oder die gerichtliche Feststellung der Todeszeit einer Person, deren Geburt er beurkundet hat, so gilt Absatz 2 entsprechend.

(4) Erhält der Standesbeamte, der die Geburt eines Kindes beurkundet hat, die Mitteilung, dass

1. die Eltern des Kindes die Ehe geschlossen haben,
2. das Kind in Spalte 9 des auf Antrag angelegten Familienbuches seiner Eltern eingetragen worden ist (§ 245 Abs. 3 Nr. 2), so hat er am unteren Rande des Geburtseintrags auf Tag und Ort der Eheschließung, Standesamt und Nummer des Heiratseintrags sowie den Führungsort des Familienbuches der Eltern hinzuweisen. Er hat den Standesbeamten, die die Geburt des Vaters und der Mutter des Kindes beurkundet haben, die Eheschließung der Eltern mitzuteilen, damit nach § 323 Abs. 7 Satz 2 und 3 verfahren werden kann; ist die Geburt nicht im Inland beurkundet, so ist die Mitteilung an das Amtsgericht Schöneberg (Hauptkartei für Testamente), 10820 Berlin, zu richten.

§ 323 Mitteilungen an die Testamentskartei

(1) Erhält der Standesbeamte die Mitteilung, dass eine Person, deren Geburt er beurkundet hat, vor einem Notar ein Testament oder einen Erbvertrag errichtet hat oder dass eine Verfügung von Todes wegen in besondere amtliche Verwahrung oder zu den Nachlassakten genommen worden ist

(Verwahrungsnachricht), so hat er die Verwahrungsnachricht in der rechten oberen Ecke mit einer fortlaufenden Nummer zu versehen. Sobald die Zahl 100 000 erreicht ist, beginnt eine neue Reihe, die sich von der vorhergehenden durch Beifügung der Buchstaben A, B usw. unterscheidet. Die Nummer der Verwahrungsnachricht hat der Standesbeamte am unteren Rande des Geburtseintrags des Erblassers an der inneren Ecke zu vermerken, z.B. „T.Nr. 12", „T.Nr. A 310".
(2) Die Verwahrungsnachrichten sind den laufenden Nummern nach zu ordnen (Testamentskartei), vertraulich zu behandeln und ständig unter Verschluss zu halten. Vor dem Tode des Erblassers darf nur dem Erblasser selbst darüber Auskunft erteilt werden, ob eine Verwahrungsnachricht vorliegt oder nicht.
(3) Erhält der Standesbeamte weitere Verwahrungsnachrichten, die den gleichen Geburtseintrag betreffen, so sind sie mit der ersten Verwahrungsnachricht durch Heftung am unteren Rande fest zu verbinden. Sie erhalten keine besondere Nummer. Der Vermerk am unteren Rande des Geburtseintrags bleibt unverändert.
(4) Erhält der Standesbeamte die Mitteilung, dass eine Verwahrungsnachricht gegenstandslos geworden ist, so ist die Verwahrungsnachricht besonders abzulegen (§ 324 Abs. 2 Satz 2). Der Vermerk am unteren Rande des Geburtseintrags ist zu streichen, außer wenn weitere Verwahrungsnachrichten oder Mitteilungen nach Absatz 7 Satz 1 vorliegen. Die Mitteilung über die Aufhebung des Erbvertrages lässt eine Verwahrungsnachricht nicht gegenstandslos werden.
(5) Der Vermerk über eine Verwahrungsnachricht wird weder in das Zweitbuch (Nebenregister) noch in Personenstandsurkunden übernommen. Bei Ablichtungen ist der Vermerk abzudecken; dies gilt auch bei Einsichtnahme.
(6) Erhält der Standesbeamte eine Verwahrungsnachricht, die einen Erblasser betrifft, dessen Geburt er nicht beurkundet hat, so hat er die Verwahrungsnachricht an den zuständigen Standesbeamten weiterzuleiten oder, falls dieser sich nicht aus der Verwahrungsnachricht ergibt, an den Absender zurückzugeben. Betrifft die Verwahrungsnachricht einen in seinem Standesamtsbezirk geborenen Erblasser, dessen Geburt er nicht beurkundet hat (§ 255 Abs. 5 und 6), so hat der Standesbeamte die Verwahrungsnachricht an das Amtsgericht Schöneberg in 10820 Berlin (Hauptkartei für Testamente) weiterzuleiten. Von der Weiterleitung nach Satz 1 oder 2 hat der Standesbeamte den Absender der Verwahrungsnachricht zu unterrichten.
(7) Erhält der Standesbeamte die Mitteilung, dass eine Person, deren Geburt er beurkundet hat,

1. ein Kind hat, mit dessen anderem Elternteil sie nicht verheiratet ist,
2. als Einzelperson ein Kind angenommen hat, so hat er diese Mitteilung wie eine Verwahrungsnachricht zu behandeln und sinngemäß nach den Absätzen 1, 2, 3, 5 und 6 zu verfahren. Geht ihm zu einer Mitteilung nach Satz 1 eine Mitteilung zu, aus der erkennbar ist, dass die ursprüngliche Mitteilung gegenstandslos geworden ist, so sind beide Mitteilungen zu den Sammelakten zu nehmen. Der Vermerk am unteren Rande des Geburtseintrags ist zu streichen, außer wenn Verwahrungsnachrichten nach Absatz 1 oder weitere Mitteilungen nach Satz 1 vorliegen.

§ 324 Mitteilungen an Amtsgerichte und Notare in Nachlasssachen

(1) Stellt der Standesbeamte bei der Eintragung eines Hinweises am unteren Rande des Geburtseintrags über den Tod, die Todeserklärung oder die gerichtliche Feststellung der Todeszeit fest, dass eine Verwahrungsnachricht vorliegt, so hat er dem Absender der Nachricht unverzüglich mitzuteilen, dass der Erblasser verstorben, für tot erklärt oder dass seine Todeszeit gerichtlich festgestellt ist. Die Mitteilung über den Sterbefall soll außer den Angaben, die in die Sterbeurkunde aufzunehmen sind, den letzten Wohnort (Ort, Straße, Hausnummer) des Verstorbenen und, soweit bekannt, den Namen und die Anschrift eines nahen Angehörigen (Ehegatten, Kindes) sowie die in der Verwahrungsnachricht genannte Nummer des Verwahrungsbuches enthalten. Für die Mitteilung über den Sterbefall soll ein nach Landesrecht vorgeschriebener Vordruck verwendet werden; die Mitteilung ist vom Standesbeamten zu unterschreiben und mit dem Dienstsiegel zu versehen.

(2) Die Absendung der Mitteilung über den Sterbefall ist auf der Verwahrungsnachricht mit Angabe des Datums zu vermerken; bei erneuter Absendung einer als unzustellbar zurückgekommenen Mitteilung ist der Vermerk zu ändern. Die Verwahrungsnachricht ist in eine Kartei der erledigten Fälle zu nehmen, wo sie noch fünf Jahre, bei Todeserklärung oder gerichtlicher Feststellung der Todeszeit des Erblassers noch 30 Jahre, aufzubewahren ist.
(3) Wäre die Mitteilung über den Sterbefall an einen namentlich bezeichneten Notar zu senden und ist bekannt, dass dieser verstorben oder aus dem Amt geschieden ist, oder kommt die an den Notar gerichtete Mitteilung als unzustellbar zurück, so ist sie dem für den Amtssitz des Notars zuständigen Amtsgericht zu übersenden.
(4) Ist die Testamentskartei vernichtet, sind die Geburtenbücher (Geburtsregister) aber erhalten geblieben, so hat der Standesbeamte die Mitteilung über den Sterbefall dem für den letzten Wohnsitz des Verstorbenen zuständigen Nachlassgericht zu übersenden.
(5) Stellt der Standesbeamte bei der Eintragung eines Hinweises am unteren Rande des Geburtseintrags über den Tod, die Todeserklärung oder die gerichtliche Feststellung der Todeszeit fest, dass eine Mitteilung über ein Kind des Verstorbenen (§ 323 Abs. 7) vorliegt, so hat er, wenn daneben

1. eine Verwahrungsnachricht vorliegt, in der Mitteilung nach Absatz 1 auf das Vorhandensein des Kindes hinzuweisen;
2. keine Verwahrungsnachricht vorliegt, dem für den Sitz des Standesamts zuständigen Nachlassgericht eine Mitteilung nach Absatz 1 zu machen. Die Mitteilung über das Kind (§ 323 Abs. 7) ist mit dem Absendevermerk nach Absatz 2 Satz 1 zu versehen und zu den Sammelakten zu nehmen.

Fünfter Teil. Sterbebuch

Vierunddreißigster Abschnitt. Sterbefallanzeige

§ 325 Zuständigkeit für die Beurkundung

(1) Für die Beurkundung eines Sterbefalles ist der Standesbeamte zuständig, in dessen Bezirk der Tod eingetreten ist. Ist der Sterbeort nicht festzustellen, so ist der Standesbeamte zuständig, in dessen Bezirk der Verstorbene gefunden wurde; wird später festgestellt, dass der Tod in einem anderen Standesamtsbezirk eingetreten ist, so entfällt eine erneute Beurkundung. Wird der Verstorbene in einem Gewässer gefunden, so ist der Standesbeamte zuständig, in dessen Bezirk der Verstorbene an Land gebracht wurde, auch wenn bekannt ist, dass der Tod in einem anderen Standesamtsbezirk eingetreten ist.
(2) Für die Beurkundung von Sterbefällen in Landfahrzeugen, auf Binnenschiffen und in Luftfahrzeugen ist der Standesbeamte zuständig, in dessen Bezirk der Verstorbene aus dem Fahrzeug herausgenommen wird, von Sterbefällen in Bergwerken der Standesbeamte, in dessen Bezirk die Schachteinfahrt liegt.
(3) Für Sterbefälle auf deutschen Seeschiffen gilt § 340.
(4) Das Übereinkommen der Bodensee-Uferstaaten über die Beurkundung der Geburten und Sterbefälle auf dem Bodensee vom 16. März 1880 (§ 253 Abs. 4) bleibt unberührt. Hiernach ist für die Beurkundung von Sterbefällen in der unmittelbaren Umgebung des Seeufers der Standesbeamte des betreffenden Uferbezirks zuständig, von Sterbefällen auf der Seefläche außerhalb der unmittelbaren Umgebung des Seeufers der Standesbeamte des Bezirks, in dem das Schiff oder Fahrzeug, auf dem der Tod eingetreten ist oder von dem aus der Verstorbene aus dem See herausgenommen worden ist, seinen regelmäßigen Standort hat.
(5) Bei Zweifeln über die Zuständigkeit zur Beurkundung eines Sterbefalles gilt § 23.

§ 326 Anzeigefrist

(1) Der Sterbefall ist spätestens an dem dem Todestag folgenden Werktag dem zuständigen Standesbeamten anzuzeigen. Ist dies ein Sonnabend, so muss die Anzeige an dem darauf folgenden Werktag erstattet werden.

(2) Wird der Sterbefall nicht innerhalb der gesetzlichen Frist angezeigt, so gelten die §§ 69 und 70.

§ 327 Anzeigepflichtige

(1) Zur Anzeige des Sterbefalles sind, und zwar in nachstehender Reihenfolge, verpflichtet

1. das Familienhaupt,
2. derjenige, in dessen Wohnung sich der Sterbefall ereignet hat,
3. jede andere Person, die beim Tod zugegen war oder von dem Sterbefall aus eigenem Wissen unterrichtet ist. Die Anzeige ist mündlich zu erstatten.

(2) Jede der in Absatz 1 Nr. 2 und 3 genannten Personen ist nur dann zur Anzeige verpflichtet, wenn ein in der Reihenfolge früher genannter Verpflichteter nicht vorhanden oder an der Anzeige verhindert ist. Die Berechtigung zur Anzeige wird dadurch nicht berührt.

(3) Als aus eigenem Wissen unterrichtet gilt, wer auf Grund eigener Wahrnehmungen befähigt ist, zu erkennen, dass eine bestimmte Person verstorben ist. Der Standesbeamte soll den Anzeigenden befragen, in welcher Weise er Kenntnis vom Tod erlangt hat.

(4) Von Minderjährigen unter 16 Jahren soll eine Sterbefallanzeige nur entgegengenommen werden, wenn eine Anzeige von einem anderen nach Absatz 1 Verpflichteten nicht zu erreichen ist. Für die Anzeige durch eine Person, die der deutschen Sprache nicht mächtig, gehörlos, stumm, schreibunkundig oder am Schreiben verhindert ist, gelten die §§ 52 und 53.

(5) Die Anzeigepflicht besteht nicht bei Sterbefällen von Mitgliedern einer Truppe der Partner des Nordatlantikvertrages, von Mitgliedern eines zivilen Gefolges und von Angehörigen (Artikel 15 des Zusatzabkommens zu dem Abkommen zwischen den Parteien des Nordatlantikvertrages über die Rechtsstellung ihrer Truppen hinsichtlich der in der Bundesrepublik Deutschland stationierten ausländischen Truppen vom 3. August 1959 – Gesetz vom 18. August 1961 – BGBl. II S. 1183 –). Wird der Sterbefall dennoch bei einem deutschen Standesbeamten angezeigt, so ist er nach den Vorschriften des deutschen Rechts zu beurkunden. Dies gilt auch, wenn der Sterbefall bereits nach ausländischem Recht beurkundet ist. Die Pflicht zur Anzeige bleibt bestehen, wenn der Verstorbene Deutscher war.

(6) Absatz 5 gilt auch bei Sterbefällen von Mitgliedern einer Truppe oder eines zivilen Gefolges, die einem internationalen militärischen Hauptquartier der NATO zugeteilt sind, sowie von Angehörigen (Artikel 2 des Übereinkommens über die Rechtsstellung des einem internationalen militärischen Hauptquartier der NATO in der Bundesrepublik Deutschland zugeteilten Personals der Entsendestaaten in Verbindung mit Artikel 5 des Abkommens zwischen der Bundesrepublik Deutschland und dem obersten Hauptquartier der Alliierten Mächte, Europa, über die besonderen Bedingungen für die Einrichtung und den Betrieb internationaler militärischer Hauptquartiere in der Bundesrepublik Deutschland zu dem Protokoll vom 28. August 1952 über die Rechtsstellung der auf Grund des Nordatlantikvertrages errichteten internationalen militärischen Hauptquartiere – Gesetz vom 17. Oktober 1969 – BGBl. II S. 1997 –).

§ 328 Anzeigepflicht bei Sterbefällen in Anstalten und Einrichtungen

Für die Anzeige von Sterbefällen in Anstalten oder Einrichtungen gilt § 256 Abs. 1 bis 3 entsprechend. Der Anzeigepflicht ist auch genügt, wenn die Anzeige von einer der in § 327 Abs. 1 bezeichneten Personen erstattet worden ist.

§ 329 Anzeige durch Gemeindebehörde

Ist ein Anzeigepflichtiger (§§ 327 und 328) nicht vorhanden oder ist sein Aufenthaltsort unbekannt, und kommt der Tod zur Kenntnis der Gemeindebehörde, so kann diese die Anzeige schriftlich erstatten. § 330 bleibt unberührt.

§ 330 Anzeige bei amtlicher Ermittlung über den Tod

(1) Findet über den Tod einer Person eine amtliche Ermittlung statt, weil z.B. ein gewaltsamer Tod, Freitod oder ein Unglücksfall vorliegt oder vermutet wird, so hat der Standesbeamte den Sterbefall nur auf schriftliche Anzeige der nach Landesrecht zuständigen Behörde einzutragen.

(2) Ergeben sich bei der Anzeige eines Sterbefalles (§§ 327 bis 329) Anhaltspunkte dafür, dass ein Fall des Absatzes 1 vorliegt, so hat der Standesbeamte die Beurkundung des Sterbefalles zurückzustellen und die zuständige Behörde zu benachrichtigen.

(3) Hat der Standesbeamte den Sterbefall bereits auf Grund einer Anzeige eines nach den §§ 327 bis 329 Verpflichteten eingetragen und erhält er nachträglich die schriftliche Anzeige der in Absatz 1 bezeichneten Behörde, so bleibt der Eintrag bestehen; eines Vermerks über die weitere Anzeige bedarf es nicht. Der Standesbeamte hat jedoch zu prüfen, ob eine Berichtigung des Eintrags erforderlich ist.

§ 331 Nachweise bei Anzeige eines Sterbefalles

(1) Bei der Anzeige eines Sterbefalles ist der Personenstand des Verstorbenen anzugeben. Der Standesbeamte soll verlangen, dass ihm eine beglaubigte Abschrift oder ein Auszug aus dem Familienbuch des Verstorbenen – bei Ledigen aus dem Familienbuch der Eltern des Verstorbenen – vorgelegt wird; hierbei soll möglichst der jeweilige Führungsort des Familienbuches angegeben werden. Ist noch kein Familienbuch angelegt, so soll der Standesbeamte die Vorlage der Heiratsurkunde des Verstorbenen – bei Ledigen der Geburtsurkunde des Verstorbenen – verlangen. Bestand die Ehe des Verstorbenen nicht mehr, so soll dies urkundlich nachgewiesen werden.

(2) Der Standesbeamte soll auf die Vorlage der Urkunden verzichten, wenn er die Personenstandsbücher führt, aus denen diese Urkunden auszustellen wären.

(3) Bereitet die Beschaffung der in Absatz 1 genannten Urkunden erhebliche Schwierigkeiten oder unverhältnismäßig hohe Kosten, so kann sich der Standesbeamte mit der Vorlage anderer beweiskräftiger Bescheinigungen begnügen oder sich auf andere Weise Gewissheit von der Richtigkeit der gemachten Angaben verschaffen.

(4) Der Standesbeamte hat alle Angaben zu verlangen, die er für die Beurkundung des Sterbefalles benötigt. Er soll außerdem die Staatsangehörigkeit des Verstorbenen erfragen.

(5) Landesrechtliche Vorschriften über die Vorlage einer ärztlichen Todesbescheinigung oder eines Leichenschauscheines bleiben unberührt.

(6) Für die Anzeige des Sterbefalles kann ein Fragebogen verwendet werden, der auch für die Erledigungsvermerke (§ 358) dienen kann.

§ 332 Unvollständige Angaben

Kann der Anzeigende nicht sofort alle für die Beurkundung des Sterbefalles erforderlichen Angaben machen und kann der Standesbeamte diese Angaben auch nicht aus den von ihm geführten Personenstandsbüchern ergänzen, so muss der Anzeigende die fehlenden Angaben ermitteln und in einer vom Standesbeamten zu bestimmenden Frist die Anzeige vervollständigen. § 56 (unrichtige oder unvollständige Anzeige) und § 69 (Androhung und Festsetzung eines Zwangsgeldes) bleiben unberührt.

§ 333 Prüfungspflicht des Standesbeamten

Der Standesbeamte muss die Angaben des Anzeigenden nachprüfen, wenn er an ihrer Richtigkeit zweifelt. Dabei hat er den Sachverhalt durch eigene Ermittlungen aufzuklären. § 261 Abs. 2 gilt entsprechend.

§ 334 Bestattung vor Beurkundung des Sterbefalles

(1) Der Verstorbene darf nur bestattet werden, nachdem der Standesbeamte den Sterbefall in das Sterbebuch eingetragen hat. Ist der Sterbefall noch nicht in das Sterbebuch eingetragen, weil z.B. der Standesbeamte die Beurkundung zurückgestellt hat (§ 336 Abs. 1), so darf der Verstorbene nur mit Genehmigung der zuständigen Ortspolizeibehörde bestattet werden.

(2) Ist der Verstorbene entgegen der in Absatz 1 genannten Vorschrift bestattet worden, so darf der Standesbeamte den Sterbefall erst nach Ermittlung des Sachverhalts mit Genehmigung der zuständigen Verwaltungsbehörde in das Sterbebuch eintragen. Die Genehmigung ist in der Eintragung nicht zu erwähnen.

Fünfunddreißigster Abschnitt. Eintragung des Sterbefalles

§ 335 Eintragung in das Sterbebuch

(1) Der Standesbeamte hat den Sterbefall in dem Sterbebuch des zur Zeit der Eintragung laufenden Jahres zu beurkunden.

(2) In das Sterbebuch werden eingetragen

1. die Vornamen und der Familienname des Verstorbenen, gegebenenfalls unter Beifügung des Geburtsnamens (§ 57 Abs. 8); für die Eintragung akademischer Grade gilt § 63 Abs. 1,
2. der Beruf des Verstorbenen (§ 62),
3. Wohnort und Wohnung des Verstorbenen (§ 60),
4. Ort und Tag der Geburt des Verstorbenen (§§ 60 und 61),
5. im Falle des Einverständnisses des Anzeigenden die rechtliche Zugehörigkeit oder die Nichtzugehörigkeit des Verstorbenen zu einer Kirche, Religionsgesellschaft oder Weltanschauungsgemeinschaft (§ 64 Abs. 1),
6. Tag, Stunde und Minute des Todes (§ 61),
7. der Sterbeort mit Straße und Hausnummer (§ 60),
8. der Familienstand des Verstorbenen (§ 337),
9. der Anzeigende entsprechend § 267; ist der Anzeigende der Ehegatte, der Lebenspartner oder ein naher Verwandter des Verstorbenen, so kann dies erwähnt werden. Bei mündlicher Anzeige gilt § 54, bei schriftlicher Anzeige § 55.

(3) Die Eintragung ist von dem Standesbeamten, bei mündlicher Anzeige auch von dem Anzeigenden, zu unterschreiben. § 54 Abs. 1 Satz 2 bis 4 und Abs. 2 ist zu beachten.

(4) Für die Eintragungen in das Sterbebuch ist der Zeitpunkt des Todes, für die Angaben über den Anzeigenden der Tag der Eintragung maßgebend.

(5) Für die weiteren Aufgaben nach Eintragung des Sterbefalles gelten die §§ 344 bis 358.

§ 336 Besonderheiten bei der Eintragung

(1) Fehlen Angaben für die Beurkundung des Sterbefalles, so kann der Standesbeamte die Eintragung zurückstellen. Er hat ein Verzeichnis der ihm angezeigten Sterbefälle zu führen, die er wegen fehlender Urkunden oder fehlender Angaben noch nicht in das Sterbebuch eingetragen hat. Es ist darauf zu achten, dass der Sterbefall in angemessener Frist beurkundet wird. Bei Ausländern ist die Mitteilungspflicht nach § 117 Abs. 2 Satz 2 zu beachten.

(2) Ist der Zeitpunkt des Todes nicht genau festzustellen, so ist entweder der ungefähre Zeitpunkt des Todes oder der Zeitraum anzugeben, in dem der Tod eingetreten ist. Die Eintragung lautet z.B.:

1. „... ist am 24. Juni 1962 gegen 06 Uhr in seiner Wohnung verstorben."
2. „... ist am 21. April 1962 zwischen 02 Uhr und 03 Uhr 30 Minuten in Prüm, an der Bundesstraße 51, zwischen Kilometer 16 und 17 verstorben."

(3) Ist auch der Sterbeort nicht bekannt, so ist der Ort anzugeben, an dem der Verstorbene tot aufgefunden wurde; Absatz 4 bleibt unberührt. Die Eintragung lautet z.B.:

1. „... ist zwischen dem 02. November 1962 um 18 Uhr und dem 04. November 1962 um 10 Uhr 15 Minuten verstorben und in der Gemarkung Daun, im Müllerwäldchen, tot aufgefunden worden."
2. „... ist am 07. Juli 1963 zwischen 14 und 18 Uhr verstorben und in Bacharach bei Stromkilometer 405 aus dem Rhein tot geborgen worden."

(4) Ist der Ort nicht bekannt, an dem in einem Landfahrzeug, auf einem Binnenschiff oder in einem Luftfahrzeug der Tod eingetreten ist, so ist einzutragen, dass die Person während der Fahrt oder während des Fluges verstorben ist. Hierbei sind die Orte anzugeben, zwischen denen die Person verstorben ist. Die Eintragung lautet z.B. „... auf der Fahrt zwischen A-dorf und B-dorf ...". Ist der Sterbeort bekannt, so ist auch dieser einzutragen. Die Eintragung lautet z.B. „... in C-dorf auf der Fahrt von A-dorf nach B-dorf ...". Bei Sterbefällen in Bergwerken ist als Sterbeort der Ort der Schachteinfahrt einzutragen.

§ 337 Familienstand des Verstorbenen

(1) Für die Bezeichnung des Familienstandes des Verstorbenen gilt Folgendes:

1. War der Verstorbene im Zeitpunkt des Todes ledig und hatte er das sechzehnte Lebensjahr vollendet, so ist „... war nicht verheiratet" einzutragen. Bei Verstorbenen, die dieses Alter nicht erreicht haben, wird ein Familienstand nicht eingetragen; die Druckwörter „D ... Verstorbene war" sind zu streichen.
2. War der Verstorbene im Zeitpunkt des Todes verheiratet, so sind die Vornamen und der Familienname des Ehegatten einzutragen; war dessen Geburtsname nicht der Ehename, so ist der Geburtsname mit dem Zusatz „geb." beizufügen. Die Eintragung lautet z.B. „Der Verstorbene war verheiratet mit Helga Elfriede Mai geb. Kreuzer". Weitere Angaben über den Ehegatten des Verstorbenen sind nicht einzutragen, außer wenn der Ehegatte den Sterbefall angezeigt hat; in diesem Falle bleibt es dem Standesbeamten überlassen, ob er die weiteren Angaben an dieser Stelle oder bei den Angaben über den Anzeigenden einträgt.
3. War der Verstorbene verheiratet, sein Ehegatte aber für tot erklärt oder dessen Todeszeit gerichtlich festgestellt, so lautet die Eintragung z.B. „Die Verstorbene war verheiratet mit dem für tot erklärten Hans Wilhelm Roll" oder „Der Verstorbene war verheiratet mit Hilde Triller geb. Kullmann, deren Todeszeit gerichtlich festgestellt wurde". 3a. War der Ehegatte des Verstorbenen vor dem 3. Oktober 1990 in dem in Artikel 3 des Einigungsvertrages genannten Gebiet für tot erklärt worden, so lautet die Eintragung abweichend von Nummer 3 z.B. „Die Ehe des Verstorbenen war durch Todeserklärung beendet".
4. War der Verstorbene verwitwet, so sind die Vornamen und der Familienname des letzten Ehegatten einzutragen; war dessen Geburtsname nicht der Ehename, so ist der Geburtsname mit dem Zusatz „geb." beizufügen. Die Eintragung lautet z.B. „Der Verstorbene war Witwer von Erna Hesse geb. Schneider".
5. War der Verstorbene geschieden oder war seine Ehe aufgehoben oder für nichtig erklärt, so ist der Name des früheren Ehegatten nicht einzutragen. Die Eintragung lautet z.B. „Die Verstorbene war geschieden". War die Ehe durch eine ausländische Entscheidung aufgelöst, so sind die §§ 159a und 159b zu beachten; ist die ausländische Entscheidung unwirksam, so ist nach Nummer 2 zu verfahren.

(2) Kann der Anzeigende über den Familienstand des Verstorbenen keine Angaben machen, und kann der Standesbeamte den Familienstand auch nicht selbst ermitteln, so ist einzutragen „Der Familienstand des Verstorbenen ist unbekannt". Die Druckwörter „D ... Verstorbene war" sind zu streichen.

§ 338 Tod eines Unbekannten

(1) Kann der Personenstand eines Verstorbenen nicht ermittelt werden, so ist der Verstorbene in der Eintragung als unbekannter Mann, unbekannte Frau, unbekannter Knabe oder unbekanntes Mädchen zu bezeichnen.
(2) Wird der Personenstand des Verstorbenen nach der Eintragung ermittelt, so ist der Eintrag zu berichtigen (§ 78).

§ 339 Namen für Totgeburt (Altfälle)

Ist ein tot geborenes oder in der Geburt verstorbenes Kind nach den bis zum 30. Juni 1998 geltenden Vorschriften in das Sterbebuch eingetragen worden, so sind auf Antrag der Eltern für das

Kind Vor- und Familiennamen einzutragen; der Antrag kann bis spätestens zum 30. Juni 2003 bei dem für die Führung des Sterbebuches zuständigen Standesbeamten gestellt werden. § 264 Abs. 2a gilt entsprechend.

§ 340 Sterbefälle auf deutschen Seeschiffen

(1) Den Tod eines Menschen während der Reise auf einem Seeschiff, das berechtigt ist, die Bundesflagge zu führen, hat der Standesbeamte des Standesamts I in Berlin zu beurkunden. Dies gilt auch, wenn sich der Sterbefall während der Seereise außerhalb des Seeschiffes, jedoch nicht an Land oder in einem Hafen im Inland ereignet hat und der Verstorbene von einem zur Führung der Bundesflagge berechtigten Seeschiff aufgenommen wurde.

(2) Der Tod muss von dem Anzeigepflichtigen (§ 327) dem Schiffsführer spätestens am folgenden Tag angezeigt werden. Beendigt der zur Anzeige Verpflichtete seine Reise vor Ablauf dieser Frist, so muss die Anzeige noch auf dem Schiff erstattet werden.

(3) Der Schiffsführer hat über die Anzeige des Todes eine Niederschrift aufzunehmen, die von ihm und von dem Anzeigenden zu unterschreiben ist. In die Niederschrift sind auch die Angaben aufzunehmen, die nach § 335 Abs. 2 in das Sterbebuch einzutragen sind. Der Schiffsführer hat die Niederschrift und eine Abschrift der Niederschrift dem Seemannsamt zu übergeben, bei dem es zuerst möglich ist. Das Seemannsamt übersendet die Niederschrift dem Standesbeamten des Standesamts I in Berlin; die Abschrift ist bei dem Seemannsamt aufzubewahren.

(4) Ist der Verstorbene von einem Seeschiff, das nicht berechtigt ist, die Bundesflagge zu führen, oder nach Anlandung im Ausland geborgen worden, so gilt § 387.

(5) Hat sich der Sterbefall außerhalb eines Seeschiffes, das berechtigt ist, die Bundesflagge zu führen, ereignet und ist der Verstorbene nicht aufgefunden worden, so ist eine Beurkundung im Sterbebuch nicht möglich. Das gilt selbst dann, wenn der Tod in einem Seeamtsspruch festgestellt worden ist. In diesem Fall kommt nur eine Todeserklärung oder gerichtliche Feststellung der Todeszeit in Frage.

§ 341 Sterbefälle von Angehörigen der ehemaligen deutschen Wehrmacht und Angehörigen der deutschen Bundeswehr

(1) Sterbefälle von Angehörigen der ehemaligen deutschen Wehrmacht oder diesen in personenstandsrechtlicher Hinsicht gleichgestellten Personen aus Anlass des Weltkrieges 1939/1945 sind von dem Standesbeamten zu beurkunden, in dessen Bezirk der Verstorbene seinen letzten Wohnsitz oder gewöhnlichen Aufenthalt hatte. Dies gilt für Sterbefälle im Inland und im Ausland. Liegt der letzte Wohnsitz oder gewöhnliche Aufenthalt des Verstorbenen nicht im Bezirk eines deutschen Standesbeamten oder ist der deutsche Standesbeamte nicht tätig, so ist für die Beurkundung der Standesbeamte des Standesamts I in Berlin zuständig. Die Anzeige der Sterbefälle obliegt der Deutschen Dienststelle für die Benachrichtigung der nächsten Angehörigen von Gefallenen der ehemaligen deutschen Wehrmacht – Deutsche Dienststelle (WASt) –, Eichborndamm 179, 13403 Berlin.

(2) Ist der Sterbefall im Inland eingetreten, so kann die Anzeige auch von jeder Person erstattet werden, die bei dem Tod zugegen war oder von dem Sterbefall aus eigenem Wissen unterrichtet ist. In diesem Fall ist der Sterbefall dem Standesbeamten anzuzeigen, in dessen Bezirk der Tod eingetreten ist. Der Standesbeamte des Sterbeortes hat den Sterbefall zu beurkunden und der Deutschen Dienststelle (WASt) eine Sterbeurkunde zu übersenden. Vor der Beurkundung ist bei dieser Dienststelle anzufragen, ob der Sterbefall bereits von einem anderen Standesbeamten beurkundet wurde.

(3) Der Standesbeamte kann den Eintrag ergänzen oder berichtigen, wenn ihm von der Deutschen Dienststelle (WASt) eine die frühere Anzeige ergänzende oder berichtigende Anzeige zugeht. Wird der Eintrag gegenstandslos, so lautet der Randvermerk z.B.: „Auf Grund der Anzeige der nebenbezeichneten Dienststelle vom ..., nach der der Verstorbene in ... weder Wohnsitz noch

gewöhnlichen Aufenthalt hatte, wird vermerkt, dass der Eintrag gegenstandslos ist. Der Sterbefall ist beim Standesamt ... unter Nr. .../... beurkundet. Den ... Der Standesbeamte N.“
(4) Der Standesbeamte kann den Eintrag auch auf Grund eigener Ermittlungen oder inländischer Personenstandsurkunden berichtigen (§ 75).
(5) Für die Beurkundung von Sterbefällen von Angehörigen der deutschen Bundeswehr bestehen keine besonderen Vorschriften.

§ 342 Sterbefälle in ehemaligen deutschen Konzentrationslagern
(1) Für die Beurkundung der Sterbefälle von Häftlingen der ehemaligen deutschen Konzentrationslager ist im Inland der Standesbeamte des Sonderstandesamts in Arolsen ausschließlich zuständig.
(2) Die Sterbefälle werden in das Sterbebuch des Sonderstandesamts in Arolsen auf schriftliche Anzeige der Urkundenprüfstelle beim Sonderstandesamt in Arolsen oder der Deutschen Dienststelle für die Benachrichtigung der nächsten Angehörigen von Gefallenen der ehemaligen deutschen Wehrmacht – Deutsche Dienststelle (WASt) –, Eichborndamm 179, 13403 Berlin, eingetragen.
(3) Die Anzeige kann auch von jeder Person erstattet werden, die bei dem Tod zugegen war oder von dem Sterbefall aus eigenem Wissen unterrichtet ist. Zur Entgegennahme dieser Anzeige ist außer dem Standesbeamten des Sonderstandesamts in Arolsen auch der Standesbeamte zuständig, in dessen Bezirk der Anzeigende seinen Wohnsitz oder gewöhnlichen Aufenthalt hat. Der Standesbeamte, der die Anzeige entgegennimmt, hat die Angaben des Anzeigenden nachzuprüfen und den Sachverhalt, soweit erforderlich, durch Ermittlungen aufzuklären. Er kann von dem Anzeigenden und anderen Personen die Versicherung der Richtigkeit ihrer Angaben an Eides statt verlangen. Über die Anzeige ist vom Standesbeamten eine Niederschrift aufzunehmen, die von ihm und dem Anzeigenden zu unterschreiben ist. Dies gilt entsprechend für mündliche Erklärungen anderer Personen. Die Niederschriften über die Anzeige und die mündlichen Erklärungen anderer Personen übersendet der Standesbeamte dem Standesbeamten des Sonderstandesamts in Arolsen. Gleichzeitig teilt er ihm das Ergebnis der sonstigen Ermittlungen mit.
(4) Der Sterbefall wird in das Sterbebuch des Sonderstandesamts in Arolsen nicht eingetragen, wenn er bereits durch einen anderen Standesbeamten beurkundet worden ist. Der Sterbefall wird nur dann erneut beurkundet, wenn Urkunden oder beglaubigte Abschriften aus dem Sterbebuch auf Grund des ersten Eintrags nicht zu erhalten sind.
(5) Ist der Sterbefall im Inland mehrfach beurkundet worden, so bleibt die erste Beurkundung auch dann bestehen, wenn sie von einem anderen Standesbeamten als dem des Sonderstandesamts in Arolsen vorgenommen worden ist. Der Standesbeamte des Sonderstandesamts in Arolsen macht den zu Unrecht bestehenden Eintrag durch einen entsprechenden Randvermerk gegenstandslos.

§ 343 Eintragung in das Buch für Todeserklärungen
(1) Todeserklärungen oder gerichtliche Feststellungen der Todeszeit sind nicht in das Sterbebuch, sondern in ein besonderes Buch für Todeserklärungen einzutragen, das von dem Standesbeamten des Standesamts I in Berlin geführt wird; für die Benutzung gilt § 86 Abs. 3.
(2) Für das Buch für Todeserklärungen sind die Vordrucke D und D 1 gemäß Anlagen 8 und 9 der PStV zu verwenden. Ein Zweitbuch wird nicht geführt.
(3) Die Todeserklärung oder die gerichtliche Feststellung der Todeszeit einer Person darf in das Buch für Todeserklärungen nur auf Grund einer rechtskräftigen gerichtlichen Entscheidung eingetragen werden. Der Standesbeamte des Standesamts I in Berlin erhält eine Ausfertigung dieser Entscheidung von der Geschäftsstelle des Amtsgerichts. Die Todeserklärungen und die gerichtlichen Feststellungen der Todeszeit sind in der Reihenfolge einzutragen, in der die Entscheidungen eingehen.

(4) Für die Eintragungen in das Buch für Todeserklärungen gilt § 335 Abs. 2 Nr. 1 bis 5 entsprechend.
(5) Zum Buch für Todeserklärungen ist eine alphabetisch geordnete Namenkartei zu führen.
(6) Erhält der Standesbeamte des Standesamts I in Berlin eine Ausfertigung der Entscheidung, durch die eine Todeserklärung oder eine gerichtliche Feststellung der Todeszeit, die nach dem 1. Juli 1938 ergangen ist, aufgehoben, geändert oder ergänzt worden ist, so hat er den Sachverhalt am Rande des Eintrags zu vermerken. Nach Eintragung des Randvermerks hat der Standesbeamte Vermerke, Hinweise oder Mitteilungen, die bei der Eintragung des jetzt aufgehobenen, geänderten oder ergänzten Beschlusses gemacht worden sind, zu ergänzen oder zu berichtigen.
(7) Für die Mitteilungspflichten des Standesbeamten gilt § 348. Betrifft die Todeserklärung oder die gerichtliche Feststellung der Todeszeit eine Person, deren Tod bereits von einem Standesbeamten im Inland beurkundet ist, so ist dem Standesbeamten, der das Personenstandsbuch führt, der Sachverhalt mitzuteilen.
(8) Erhält der Standesbeamte des Standesamts I in Berlin die Mitteilung, dass der Tod einer Person beurkundet wurde, deren Todeserklärung oder gerichtliche Feststellung der Todeszeit er bereits im Buch für Todeserklärungen eingetragen hat (§ 346 Abs. 4), so hat er am unteren Rande des Eintrags im Buch für Todeserklärungen auf den Sterbeeintrag hinzuweisen. Bei der Anforderung von Urkunden hat der Standesbeamte des Standesamts I in Berlin dem Antragsteller zu empfehlen, sich wegen Ausstellung einer Personenstandsurkunde mit dem hierfür zuständigen Standesbeamten in Verbindung zu setzen; jedoch kann die Erteilung einer beglaubigten Abschrift aus dem Buch für Todeserklärungen nicht verweigert werden.
(9) Der Standesbeamte des Standesamts I in Berlin führt die nach Anlage I Kapitel II Sachgebiet B Abschnitt III Nr. 2 Buchstabe d bb ddd des Einigungsvertrages übernommene Sammlung von Beschlüssen über Todeserklärungen und Feststellungen der Todeszeit; für die Benutzung gilt § 86 Abs. 3a.

Sechsunddreißigster Abschnitt. Weitere Aufgaben nach Beurkundung eines Sterbefalles

§ 344 Sterbebescheinigung

(1) Der Standesbeamte hat dem Anzeigenden eine Bescheinigung über die Beurkundung des Sterbefalles (Sterbebescheinigung) für die Bestattung gebührenfrei auszustellen. An Stelle der Sterbebescheinigung kann er auch eine Sterbeurkunde ausstellen mit dem Vermerk „Gilt nur für die Bestattung". Besondere landesrechtliche Vorschriften sind zu beachten.
(2) Hat der Standesbeamte die Beurkundung des Sterbefalles nach § 336 Abs. 1 zurückgestellt, so ist eine Bescheinigung darüber auszustellen, dass der Sterbefall angezeigt wurde, aber noch nicht beurkundet werden konnte.

§ 345 Zweitbuch und Namenverzeichnis

(1) Für die Führung des Zweitbuches zum Sterbebuch gelten die §§ 33 bis 38, für die Führung des Namenverzeichnisses die §§ 39 bis 43.
(2) Wird der Sterbefall nicht vom Standesbeamten des Sterbeorts beurkundet (z.B. beim Tod in einem Fahrzeug oder beim Auffinden in einem Gewässer) und ist der Sterbeort bekannt, so ist eine beglaubigte Abschrift des Sterbeeintrags dem für den Sterbeort zuständigen Standesbeamten für einen Vermerk in dessen Namenverzeichnis nach § 39 Abs. 2 zu übersenden.

§ 346 Vermerke, Hinweise und Mitteilungen an Standesämter und andere Behörden

(1) Der Standesbeamte, der einen Sterbefall beurkundet hat, hat
1. am unteren Rande des Sterbeeintrags auf den Geburtseintrag des Verstorbenen hinzuweisen,

2. das Kennzeichen und den Führungsort des Familienbuches der Ehe des Verstorbenen oder, wenn dieser noch nicht verheiratet war, des Familienbuches seiner Eltern (Annehmenden) am unteren Rande des Sterbeeintrags zu vermerken; ist für die Ehe des Verstorbenen noch kein Familienbuch angelegt, so ist seine Eheschließung zu vermerken.

(2) Der Standesbeamte hat außerdem

1. am unteren Rande des Geburtseintrags des Verstorbenen einen Vermerk nach § 322 Abs. 2 Satz 1,
2. in das Familienbuch der Eltern (Annehmenden) des Verstorbenen, wenn er noch nicht verheiratet war, einen Vermerk nach § 239 Abs. 1 Nr. 2,
3. in das Familienbuch der letzten Ehe des Verstorbenen, wenn er verheiratet oder verheiratet gewesen war, einen Vermerk nach § 237 Abs. 1 Nr. 1,
4. am Rande des Heiratseintrags der letzten Ehe des Verstorbenen, wenn er bei seinem Tode verheiratet war und für diese Ehe kein Familienbuch angelegt ist, einen Randvermerk nach § 210 Abs. 1

einzutragen oder den Standesbeamten, die diese Personenstandsbücher führen, den Sachverhalt mitzuteilen. In der Mitteilung an den Standesbeamten, in dessen Geburtenbuch die Geburt des Verstorbenen beurkundet ist, sind wegen der Testamentskartei auch der letzte Wohnort (Ort, Straße, Hausnummer) des Verstorbenen und, soweit bekannt, der Name und die Anschrift eines nahen Angehörigen (Ehegatten, Kindes) anzugeben; die Mitteilung ist vom Standesbeamten zu unterschreiben und mit dem Dienstsiegel zu versehen.

(3) Für die Mitteilungen gilt § 97 Abs. 1a, 2, 3 und 6. Ist der Führungsort des Familienbuches nicht festzustellen, so gilt § 97 Abs. 5.

(4) Wird nach einer Todeserklärung oder einer gerichtlichen Feststellung der Todeszeit der Sterbefall nach den allgemeinen Vorschriften angezeigt und in das Sterbebuch eingetragen, so hat der Standesbeamte, der den Sterbefall beurkundet hat, dem Standesbeamten des Standesamts I in Berlin eine beglaubigte Abschrift des Sterbeeintrags zu übersenden.

(5) Führte der Verstorbene eine Lebenspartnerschaft, so hat der Standesbeamte der Behörde, bei der die Lebenspartnerschaft begründet worden ist, eine beglaubigte Abschrift des Sterbeeintrags zu übersenden, wenn die Behörde auch die Auflösung der Lebenspartnerschaft zu dokumentieren hat.

§ 347 Mitteilung an Hauptkartei für Testamente

(1) Beurkundet der Standesbeamte den Sterbefall einer über 16 Jahre alten Person, deren Geburt nicht von einem Standesbeamten im Inland beurkundet worden ist, so hat er eine Mitteilung an das Amtsgericht Schöneberg (Hauptkartei für Testamente), 10820 Berlin, zu machen; Gleiches gilt unbeschadet der Mitteilungspflicht nach § 346, wenn der Verstorbene vor dem 1. Januar 1977 in dem in Artikel 3 des Einigungsvertrages genannten Gebiet geboren worden ist. Die Mitteilung über den Sterbefall soll außer den Angaben, die in die Sterbeurkunde aufzunehmen sind, den letzten Wohnort (Ort, Straße, Hausnummer) des Verstorbenen und, soweit bekannt, den Namen und die Anschrift eines nahen Angehörigen (Ehegatten, Kindes) enthalten. Für die Mitteilung über den Sterbefall soll ein nach Landesrecht vorgeschriebener Vordruck verwendet werden; die Mitteilung ist vom Standesbeamten zu unterschreiben und mit dem Dienstsiegel zu versehen. Für die Mitteilung kann auch eine Sterbeurkunde verwendet werden.

(2) Liegt der Geburtsort des Verstorbenen in dem in Artikel 3 des Einigungsvertrages genannten Gebiet, so ist die Mitteilung mit einem dicken roten, von links unten nach rechts oben verlaufenden Strich zu versehen.

§ 348 Vermerke, Hinweise und Mitteilungen bei Todeserklärungen an Standesämter

Der Standesbeamte des Standesamts I in Berlin macht nach der Eintragung einer Todeserklärung oder einer gerichtlichen Feststellung der Todeszeit in das Buch für Todeserklärungen die gleichen Vermerke, Hinweise und Mitteilungen, die in den §§ 346 und 347 vorgeschrieben sind.

§ 349 Mitteilung an Meldebehörde
Der Standesbeamte hat den Sterbefall der Meldebehörde mitzuteilen (§ 98).

§§ 350, 351
(weggefallen)

§ 352 Mitteilung an Vormundschaftsgericht und Jugendamt
(1) Der Standesbeamte hat nach Beurkundung eines Sterbefalles dem zuständigen Vormundschaftsgericht eine Mitteilung zu machen, wenn

1. der Verstorbene ein minderjähriges Kind hinterlassen hat,
2. der Verstorbene Vollwaise war. War der Verstorbene verheiratet und stammt das nach Nummer 1 mitzuteilende Kind aus dieser Ehe, so sind auch die Vornamen und der Familienname des überlebenden Ehegatten und seine Wohnung anzugeben. Stammt das Kind aus einer geschiedenen oder einer aufgehobenen Ehe des Verstorbenen, so ist, wenn dem Standesbeamten die Angabe vorliegt, auch das Gericht anzugeben, das die Entscheidung getroffen hat. Ist das hinterlassene minderjährige Kind durch den Sterbefall Vollwaise geworden, so hat der Standesbeamte außerdem dem Jugendamt eine Mitteilung zu machen. Dies gilt auch in den Fällen der Nummer 2.

(2) Der Standesbeamte kann die Mitteilung nach Absatz 1 dem Vormundschaftsgericht und dem Jugendamt übersenden, in dessen Bezirk er seinen Amtssitz hat, wenn ihm nicht bekannt ist, bei welchem Vormundschaftsgericht oder Jugendamt die Vormundschaft geführt wird.

§ 353
(weggefallen)

§ 354 Anzeigepflicht gegenüber dem Finanzamt
(1) Der Standesbeamte hat dem Finanzamt für die Veranlagung zur Erbschaftsteuer die von ihm beurkundeten Sterbefälle durch Übersendung beglaubigter Abschriften der Sterbeeinträge oder der Sterbeurkunden für jeden Kalendermonat mitzuteilen. Diese Personenstandsurkunden sind um Angaben zu den in Muster 3 zu § 4 der Erbschaftsteuer-Durchführungsverordnung (ErbStDV) vom 8. September 1998 (BGBl. I S. 2658) genannten Fragen zu ergänzen, soweit die Angaben dem Standesbeamten bekannt sind.
(2) Die in Absatz 1 genannten Personenstandsurkunden sind in zweifacher Ausfertigung binnen zehn Tagen nach Ablauf des Monats dem für die Verwaltung der Erbschaftsteuer zuständigen Finanzamt, in dessen Bezirk sich der Sitz des Standesbeamten befindet, zu übersenden. Dabei ist die Ordnungsnummer anzugeben, die das Finanzamt dem Standesamt zugeteilt hat. Die Oberfinanzdirektion kann auf die zweite Ausfertigung der Personenstandsurkunde verzichten und für einzelne Standesämter einen längeren oder kürzeren Mitteilungszeitraum festlegen.
(3) Hat die Oberfinanzdirektion angeordnet, dass anstelle der Personenstandsurkunden eine Totenliste vorgelegt werden kann, so gilt hierfür Folgendes: Die Totenliste ist nach dem in Absatz 1 bezeichneten Muster vorbehaltlich Absatz 2 Satz 3 für jeden Kalendermonat aufzustellen und dem zuständigen Finanzamt binnen zehn Tagen nach Ablauf des Mitteilungszeitraumes unter Angabe der Ordnungsnummer (Absatz 2 Satz 2) zu übersenden. In die Totenliste sind einzutragen

1. die Sterbefälle nach der Reihenfolge der Eintragungen in das Sterbebuch,
2. die dem Standesbeamten sonst bekannt gewordenen Sterbefälle von Personen, die im Ausland verstorben sind und bei ihrem Tod einen Wohnsitz oder ihren gewöhnlichen Aufenthalt oder Vermögen im Bezirk des Standesamts gehabt haben.

(4) Sind in dem Mitteilungszeitraum Sterbefälle nicht beurkundet oder bekannt geworden, so hat der Standesbeamte innerhalb von zehn Tagen nach Ablauf des Zeitraumes unter Angabe der Nummer der letzten Eintragung in das Sterbebuch eine Fehlanzeige mit einem Vordruck nach Muster 4 zu § 4 ErbStDV zu übersenden.

§ 355 Mitteilung an Nachlassgericht
Landesrechtliche Vorschriften über die Mitteilung von Sterbefällen an das Nachlassgericht bleiben unberührt.

§ 356 Mitteilung des Todes eines ausländischen Staatsangehörigen oder eines im Ausland Geborenen
(1) Beurkundet der Standesbeamte den Tod eines ausländischen Staatsangehörigen, so sind die Mitteilungspflichten nach § 117 und bei Angehörigen von Staaten, mit denen besondere Vereinbarungen über den Austausch von Personenstandsurkunden bestehen (z.B. §§ 118, 118a, 118b), die besonderen Mitteilungspflichten zu beachten.
(2) Beurkundet der Standesbeamte den Tod einer Person, deren Geburtsort in einem Staate liegt, mit dem besondere Vereinbarungen über den Austausch von Auskünften in Personenstandsangelegenheiten bestehen, so sind die besonderen Mitteilungspflichten nach § 119 zu beachten.
(3) Beurkundet der Standesbeamte den Tod einer Person, deren Geburtsort im Ausland liegt, so sind die Mitteilungspflichten nach § 347 zu beachten.

§ 357 Statistik
Für die Mitarbeit an der Statistik über Sterbefälle gelten die §§ 398 und 399.

§ 358 Erledigungsvermerke
Die Erledigung der in den §§ 344 bis 357 vorgeschriebenen Aufgaben ist aktenkundig zu machen.

Siebenunddreißigster Abschnitt.
Randvermerke zum Sterbeeintrag

§ 359 Allgemeines über die Eintragung von Randvermerken
(1) Am Rande des Sterbeeintrags hat der Standesbeamte zu vermerken
1. die Todeserklärung und die gerichtliche Feststellung der Todeszeit (§ 360),
2. die Anerkennung einer freien Ehe von rassisch und politisch Verfolgten,
3. die Anerkennung einer Nottrauung,
4. die nachträgliche Eheschließung,
5. Berichtungen (§ 364).

(2) Bei Mitteilungen, die nach Eintragung eines Randvermerks zum Sterbeeintrag an einen anderen Standesbeamten zu machen sind, ist § 97 Abs. 1b zu beachten.

§ 360 Randvermerk über Todeserklärung und gerichtliche Feststellung der Todeszeit
(1) Erhält der Standesbeamte, der einen Sterbefall beurkundet hat, eine standesamtliche Mitteilung oder einen sonstigen Nachweis darüber, dass durch Todeserklärung oder gerichtliche Feststellung der Todeszeit der Todeszeitpunkt des Verstorbenen festgestellt worden ist, so hat er den Sachverhalt am Rande des Sterbeeintrags zu vermerken und dabei auf die Nummer des Eintrags im Buch für Todeserklärungen des Standesamts I in Berlin hinzuweisen. Der Randvermerk lautet z.B.: „Durch Beschluss des AG Bonn vom 04. Januar 1961 ist als Zeitpunkt des Todes der 24. Oktober 1950, 24 Uhr, festgestellt worden. Nr. 83/1961 des Buches für Todeserklärungen St.Amt I in Berlin. Den ... Der Standesbeamte N."
(2) Für die weiteren Aufgaben nach Eintragung des Randvermerks gilt § 365.

§§ 361 – 363
(weggefallen)

§ 364 Randvermerk über Berichtigungen
(1) Der Standesbeamte hat Berichtigungen (§§ 74, 75, 78 und 125a) am Rande des Sterbeeintrags zu vermerken.
(2) Für die weiteren Aufgaben nach Eintragung des Randvermerks gilt § 365.

§ 365 Weitere Aufgaben nach Eintragung eines Randvermerks

(1) Der Standesbeamte hat nach Eintragung eines Randvermerks

1. einen entsprechenden Randvermerk in das Zweitbuch einzutragen oder die Eintragung zu veranlassen (§ 82),
2. bei Angehörigen von Staaten, mit denen besondere Vereinbarungen über den Austausch von Personenstandsurkunden bestehen (z.B. §§ 118, 118a, 118b), die besonderen Mitteilungspflichten zu beachten,
3. zu prüfen, ob eine Folgeberichtigung nach § 119a zu veranlassen ist.

(2) Außerdem hat der Standesbeamte zu prüfen, ob Eintragungen, Hinweise oder Mitteilungen, die aus Anlass der Beurkundung des Sterbefalles zu machen waren, nach der Eintragung des Randvermerks unrichtig oder unvollständig geworden sind. Trifft dies zu, so ist eine Änderung der Eintragung oder des Hinweises vorzunehmen oder eine erneute Mitteilung zu machen. In Frage kommen:

1. Eintragungen und Hinweise in anderen Personenstandsbüchern (§ 346),
2. Mitteilungen an andere Standesbeamte (§ 346),
3. Mitteilungen an die Hauptkartei für Testamente (§ 347),
4. Mitteilungen an Meldebehörden (§ 349),
5. Mitteilungen an Vormundschaftsgericht und Jugendamt (§ 352),
6. Mitteilungen an das Finanzamt (§ 354),
7. Mitteilungen an das Nachlassgericht (§ 355),
8. Mitteilungen auf Grund besonderer Vereinbarungen mit anderen Staaten (§ 356 Abs. 1 und 2),
9. Ergänzung des Namenverzeichnisses (§ 42).

(3) Ergibt sich aus dem Randvermerk, dass der Tod in einem anderen Standesamtsbezirk eingetreten ist (§ 325 Abs. 1 Satz 2), so ist ferner eine beglaubigte Abschrift des Sterbeeintrags mit dem Randvermerk dem für die Führung des Sterbebuches zuständigen Standesbeamten für einen Vermerk in dessen Namenverzeichnis nach § 39 Abs. 2 zu übersenden.

§ 366 Erledigungsvermerke

Die Erledigung der in § 365 vorgeschriebenen Aufgaben ist aktenkundig zu machen.

§ 387 Beurkundung von Geburten und Sterbefällen im Ausland

(1) Ist ein Deutscher im Ausland geboren oder gestorben, so kann der Standesfall von jeder Person, die im Inland zur Anzeige verpflichtet wäre (§§ 255, 327), dem Standesbeamten des Standesamts I in Berlin binnen sechs Monaten mündlich oder schriftlich angezeigt werden; dieser hat den Standesfall zu beurkunden.

(2) Ist der Standesfall nicht binnen sechs Monaten angezeigt worden oder lagen die Voraussetzungen des Absatzes 1 für eine Anzeige nicht vor, so kann der Standesfall auf Anordnung der zuständigen Verwaltungsbehörde von dem Standesbeamten des Standesamts I in Berlin beurkundet werden, sofern der Betroffene bei Eintritt des Standesfalls Deutscher war oder im Zeitpunkt der Anordnung Deutscher ist.

(3) Ist ein Staatenloser, heimatloser Ausländer, Asylberechtigter oder ausländischer Flüchtling (§ 147) mit gewöhnlichem Aufenthalt im Inland im Ausland geboren oder gestorben, so kann der Standesfall auf Anordnung der zuständigen Verwaltungsbehörde von dem Standesbeamten des Standesamts I in Berlin beurkundet werden.

(4) Die Anordnung nach Absatz 2 oder 3 kann von den in § 86 Abs. 1 Nr. 2 und 3 genannten Personen beantragt oder von Amts wegen getroffen werden. In ihr müssen die Angaben enthalten sein, die in das Geburten- oder Sterbebuch einzutragen sind (§ 265 Abs. 2, § 335 Abs. 2). Die zuständige Verwaltungsbehörde kann einen Standesbeamten beauftragen, vorbereitende Ermittlungen anzustellen; der Standesbeamte kann Versicherungen an Eides statt verlangen.

(5) Die Absätze 2 und 4 gelten auch für die Beurkundung von Todesfällen deutscher Volkszugehöriger, die die Rechtsstellung eines Deutschen ohne deutsche Staatsangehörigkeit im Sinne des Artikels 116 Abs. 1 des Grundgesetzes nicht mehr erlangt haben, weil sie im Zusammenhang mit den Ereignissen des Zweiten Weltkrieges vor ihrer Aufnahme im Gebiet des Deutschen Reiches nach dem Stand vom 31. Dezember 1937 auf der Flucht oder in der Gefangenschaft verstorben sind.
(6) Die örtliche Zuständigkeit für eine Anordnung nach den Absätzen 2, 3 und 5 richtet sich nach dem Wohnsitz oder beim Fehlen eines Wohnsitzes nach dem gewöhnlichen Aufenthalt des Antragstellers. Hat der Antragsteller weder Wohnsitz noch gewöhnlichen Aufenthalt im Inland, so ist die Senatsverwaltung für Inneres von Berlin zuständig. Soll die Beurkundung von Amts wegen angeordnet werden, so ist die Behörde zuständig, die zuerst mit dem Standesfall befasst wird.
(7) Der Standesbeamte, bei dem ein Antrag auf Anordnung der Beurkundung gestellt wird, nimmt eine Niederschrift auf und stellt alle für die Beurkundung erforderlichen Angaben fest. Er prüft – soweit möglich – die Angaben nach und klärt den Sachverhalt auf. Den Antrag leitet er mit den vorgelegten Beweismitteln, Versicherungen an Eides statt und Zeugenvernehmungen an die für die Anordnung zuständige Verwaltungsbehörde weiter.
(8) In den Fällen der Absätze 2, 3 und 5 ist zu vermerken, dass der Standesfall auf Anordnung beurkundet worden ist.
(9) Wird sowohl beim Standesamt I in Berlin als auch bei einem anderen Standesbeamten für denselben Personenstandsfall ein Personenstandseintrag geführt (Anlage I Kapitel II Sachgebiet B Abschnitt III Nr. 2 Buchstabe d cc des Einigungsvertrages), so hat der Standesbeamte, der die Doppelbeurkundung feststellt, dem Standesbeamten des Standesamts I in Berlin hierüber eine Mitteilung zu machen. Stellt der Standesbeamte des Standesamts I in Berlin die Doppelbeurkundung fest, so teilt er dies dem Standesbeamten mit, der das Personenstandsbuch führt. Die Einträge sind abzugleichen und, falls erforderlich, zu berichtigen. Der Eintrag beim Standesamt I in Berlin wird danach nicht mehr fortgeführt; ihm ist hierüber ein Randvermerk beizuschreiben.

20. Seemannsgesetz (SeemG)

vom 26.7.1957 (BGBl. II S. 713), zuletzt geändert durch Gesetz vom 23.3.2002 (BGBl. I. S. 1163)

– Auszug –

§ 75 Tod des Besatzungsmitglieds

(1) Ist ein Besatzungsmitglied an Bord oder außerhalb des Geltungsbereiches des Grundgesetzes verstorben, so hat der Kapitän für die Bestattung zu sorgen. Wenn die Leiche nicht bis zu einem Hafen im Geltungsbereich des Grundgesetzes mitgenommen werden kann, das Schiff aber zumutbarerweise innerhalb von 24 Stunden nach dem Todesfall einen Hafen erreichen kann und gegen die Mitnahme der Leiche keine gesundheitlichen Bedenken bestehen, so ist die Bestattung an Land vorzunehmen. Ist eine Bestattung auf See erforderlich, so ist sie in einer würdigen Form vorzunehmen.

(2) Muss die Bestattung außerhalb des Geltungsbereiches des Grundgesetzes vorgenommen werden, so trägt der Reeder die Kosten.

§ 76 Sorge für Sachen und Heuerguthaben eines verstorbenen oder vermissten Besatzungsmitglieds

(1) Der Kapitän hat die Sachen eines verstorbenen oder vermissten Besatzungsmitglieds dem Seemannsamt, das zuerst erreicht wird, oder mit dessen Zustimmung einem anderen Seemannsamt zu übergeben. Die Vorschrift des § 52 Abs. 2 findet sinngemäß Anwendung.

(2) Der Reeder hat das Heuerguthaben eines verstorbenen oder vermissten Besatzungsmitglieds dem für den Heimat- oder Registerhafen im Geltungsbereich des Grundgesetzes zuständigen Seemannsamt zu überweisen.

(3) Das Seemannsamt hat die Sachen und das Heuerguthaben eines verstorbenen oder für tot erklärten Besatzungsmitglieds den Erben auf deren Kosten zu übermitteln.

Anmerkung: zur Seeverschollenheit siehe § 5 Verschollenheitsgesetz, S. 203.

21. Soldatenversorgungsgesetz (SVG)

Gesetz über die Versorgung für die ehemaligen Soldaten der Bundeswehr und ihre Hinterbliebenen

in der Fassung der Bekanntmachung vom 9.4.2002 (BGBl. I S. 1258)

– Auszug –

§ 11 Übergangsgebührnisse und Ausgleichsbezüge

(1) Soldaten auf Zeit mit einer Wehrdienstzeit von mindestens vier Jahren erhalten Übergangsgebührnisse, wenn ihr Dienstverhältnis endet wegen Ablaufs der Zeit, für die sie in dieses berufen sind (§ 54 Abs. 1 des Soldatengesetzes), oder wegen Dienstunfähigkeit, die nicht auf eigenes grobes Verschulden zurückzuführen ist. Dies gilt nicht, wenn im Anschluss an die Beendigung des Dienstverhältnisses als Soldat auf Zeit ein Dienstverhältnis als Berufssoldat begründet wird.

(2) Übergangsgebührnisse werden gewährt nach einer Dienstzeit von

1. vier und weniger als sechs Jahren für sechs Monate,
2. sechs und weniger als acht Jahren für ein Jahr,
3. acht und weniger als zwölf Jahren für ein Jahr und neun Monate,
4. zwölf und mehr Jahren für drei Jahre.

In den Fällen des § 4 Abs. 2 Satz 4 Nr. 1 werden Übergangsgebührnisse für ein Jahr und sechs Monate gewährt. Soldaten auf Zeit, deren Anspruch auf Fachausbildung sich nach § 5 Abs. 5 Satz 3 bestimmt, erhalten Übergangsgebührnisse nach Satz 1 Nr. 4 für zwei Jahre. Die Übergangsgebührnisse betragen fünfundsiebzig vom Hundert der Dienstbezüge des letzten Monats; war ein Soldat auf Zeit im letzten Monat ohne Dienstbezüge beurlaubt, gelten als Dienstbezüge die dem letzten Dienstgrad entsprechenden Dienstbezüge. Bei der Berechnung ist der Familienzuschlag (§ 47 Abs. 1 Satz 1) bis zur Stufe 1 zugrunde zu legen.

(3) Wird die Fachausbildung nach § 5 Abs. 7 verlängert, so können für die Zeit der Verlängerung die Übergangsgebührnisse über die in Absatz 2 bestimmten Zeiträume hinaus gewährt werden.

(4) Übergangsgebührnisse können ganz oder zum Teil den Soldaten auf Zeit bewilligt werden, die nach einer Dienstzeit von mindestens vier Jahren auf eigenen Antrag entlassen worden sind, weil das Verbleiben im Wehrdienst für sie wegen außergewöhnlicher persönlicher Gründe eine besondere Härte bedeutet hätte.

(5) Die Übergangsgebührnisse werden in Monatsbeträgen wie die Dienstbezüge gezahlt. Beim Tode des Berechtigten ist der noch nicht ausgezahlte Betrag dem überlebenden Ehegatten oder seinen Abkömmlingen weiterzuzahlen. Sind Anspruchsberechtigte nach Satz 2 nicht vorhanden, so sind die Übergangsgebührnisse den Eltern weiterzuzahlen. Als Ausnahme kann das Bundesministerium der Verteidigung oder die von ihm bestimmte Behörde der Bundeswehrverwaltung die Zahlung für den gesamten Anspruchszeitraum oder für einen Teil desselben auch in einer Summe zulassen; für diesen Zeitraum gilt der Anspruch auf Übergangsgebührnisse als abgegolten.

(6) Übergangsgebührnisse stehen für einen Zeitraum nicht zu, für den Versorgungskrankengeld nach § 16 des Bundesversorgungsgesetzes oder nach Gesetzen, die das Bundesversorgungsgesetz für anwendbar erklären, gewährt wird. Dieser Zeitraum wird in die Zeiträume nach den Absätzen 2 und 3 nicht eingerechnet.

§ 41 (Hinterbliebene von wehrpflichtigen Soldaten und Soldaten auf Zeit)

(1) Auf die Hinterbliebenen eines wehrpflichtigen Soldaten, eines Soldaten, der an einer besonderen Auslandsverwendung nach § 6a des Wehrpflichtgesetzes teilgenommen hat, oder eines Soldaten auf Zeit, der während des Wehrdienstverhältnisses verstorben ist, sind die Vorschriften des § 17 des Beamtenversorgungsgesetzes über die Bezüge im Sterbemonat, auf die Hinterblie-

benen eines Soldaten auf Zeit auch die Vorschriften des § 18 des Beamtenversorgungsgesetzes über das Sterbegeld entsprechend anzuwenden.
(2) Stirbt ein wehrpflichtiger Soldat, ein Soldat, der an einer besonderen Auslandsverwendung nach § 6a des Wehrpflichtgesetzes teilnimmt, oder ein Soldat auf Zeit mit einer Wehrdienstzeit bis zu neun Monaten während des Wehrdienstverhältnisses an den Folgen einer Wehrdienstbeschädigung, so erhalten die Eltern, wenn sie mit dem Verstorbenen zur Zeit des Todes in häuslicher Gemeinschaft gelebt haben, ein Sterbegeld in Höhe von 2.557 Euro. Das Sterbegeld wird nicht gewährt, wenn eine einmalige Unfallentschädigung nach § 63 oder eine einmalige Entschädigung nach § 63a zusteht. Das Sterbegeld vermindert sich um Leistungen, die nach Absatz 1 Satz 1 Halbsatz 2 zu gewähren sind. § 85 Abs. 5 ist entsprechend anzuwenden.

§ 42 (Hinterbliebene von Zeitsoldaten)

(1) Ist ein Soldat auf Zeit, der in der Bundeswehr mindestens sechs Jahre Wehrdienst geleistet hat, während der Dauer seines Dienstverhältnisses verstorben und ist der Tod nicht die Folge einer Wehrdienstbeschädigung, so können die in § 11 Abs. 5 Satz 2 genannten Hinterbliebenen auf Antrag eine laufende Unterstützung auf Zeit erhalten. Die Unterstützung darf nach Höhe und Dauer die Übergangsgebührnisse nicht übersteigen, die der verstorbene Soldat auf Grund der im Zeitpunkt des Todes von ihm abgeleisteten Wehrdienstzeit hätte erhalten können.
(2) § 49 Abs. 2 sowie die §§ 50 und 60 gelten entsprechend. Für die Mindestdienstzeit im Sinne des Absatzes 1 Satz 1 gilt § 13c mit Ausnahme des Absatzes 1 Satz 2 entsprechend.

§ 43 (Hinterbliebene von Berufssoldaten)

(1) Auf die Hinterbliebenen von Berufssoldaten und Soldaten im Ruhestand sind die §§ 16 bis 25, 27, 28, 39, 40, 42 Satz 1 bis 3 sowie die §§ 44, 45 und 86 des Beamtenversorgungsgesetzes entsprechend anzuwenden.
(2) Der Witwe, dem geschiedenen Ehegatten und den Kindern eines verstorbenen Berufssoldaten, dem nach § 36 ein Unterhaltsbeitrag bewilligt worden ist oder hätte bewilligt werden können, kann die in den §§ 19, 20 und 22 bis 25 des Beamtenversorgungsgesetzes vorgesehene Versorgung bis zu der dort bezeichneten Höhe als Unterhaltsbeitrag bewilligt werden. Dies gilt auch für den früheren Ehegatten eines verstorbenen Berufssoldaten oder Soldaten im Ruhestand, dessen Ehe mit diesem aufgehoben oder für nichtig erklärt war. Die §§ 21, 27 und 86 des Beamtenversorgungsgesetzes gelten entsprechend.
(3) Waisengeld wird nicht gewährt, wenn der Ehemann der Mutter während der gesetzlichen Empfängniszeit verschollen war. Dies gilt nicht, wenn der Verschollene zurückgekehrt ist, es sei denn, dass seine Vaterschaft später angefochten worden ist.
(4) Auf die Hinterbliebenen von Berufssoldaten und Soldaten im Ruhestand finden § 26 Abs. 9 und § 26a keine Anwendung.

§ 44 (Bezüge bei Verschollenheit)

(1) Ein verschollener Berufssoldat, Soldat auf Zeit, Soldat im Ruhestand oder anderer Versorgungsempfänger erhält die ihm zustehenden Dienst- oder Versorgungsbezüge bis zum Ablauf des Monats, in dem das Bundesministerium der Verteidigung feststellt, dass sein Ableben mit Wahrscheinlichkeit anzunehmen ist.
(2) Vom Ersten des Monats an, der dem in Absatz 1 bestimmten Zeitpunkt folgt, erhalten die Personen, die im Falle des Todes des Verschollenen nach § 11 Abs. 5 Satz 2 oder 3 oder nach § 11a Abs. 2 Übergangsgebührnisse, nach § 12 Abs. 7 eine Übergangsbeihilfe, nach § 42 eine Unterstützung, nach § 43 Witwen- oder Waisengeld oder einen Unterhaltsbeitrag erhalten würden, diese Bezüge. Die Bezüge für den Sterbemonat und das Sterbegeld werden nicht gewährt.
(3) Kehrt der Verschollene zurück, so lebt sein Anspruch auf Dienst- oder Versorgungsbezüge, soweit nicht besondere gesetzliche Gründe entgegenstehen, wieder auf. Nachzahlungen an Dienst- oder Versorgungsbezügen sind längstens für ein Jahr zu leisten; die nach Absatz 2, nach

§ 80 und nach anderen Gesetzen auf Grund der Verschollenheit für den gleichen Zeitraum gewährten Bezüge sind anzurechnen.
(4) Ergibt sich, dass bei einem Soldaten die Voraussetzungen des § 9 des Bundesbesoldungsgesetzes vorliegen, so können die nach Absatz 2 gezahlten Bezüge von ihm zurückgefordert werden.
(5) Wird der Verschollene für tot erklärt oder die Todeszeit gerichtlich festgestellt oder eine Sterbeurkunde über den Tod des Verschollenen ausgestellt, so ist die Hinterbliebenenversorgung von dem Ersten des auf die Rechtskraft der gerichtlichen Entscheidung oder die Ausstellung der Sterbeurkunde folgenden Monats an unter Berücksichtigung des festgestellten Todeszeitpunktes neu festzusetzen.

Anmerkung: zur Kriegsverschollenheit siehe § 4 Verschollenheitsgesetz, S. 203.

22. Sozialgesetzbuch Fünftes Buch – Gesetzliche Krankenversicherung (SGB V)

vom 20.12.1988 (BGBl. I S. 2477), zuletzt geändert durch Gesetz vom 30.4.2002 (BGBl. I S. 1467)

– Auszug –

Drittes Kapitel: Leistungen der Krankenversicherung

Siebter Abschnitt. Sterbegeld

§ 58 Sterbegeld
Beim Tod eines Versicherten wird ein Zuschuss zu den Bestattungskosten (Sterbegeld) gezahlt, wenn der Verstorbene am 1. Januar 1989 versichert war. Das Sterbegeld wird an denjenigen gezahlt, der die Bestattungskosten trägt.

§ 59 Höhe des Sterbegeldes
Das Sterbegeld beträgt beim Tod eines Mitglieds 1.050 Euro, beim Tod eines nach § 10 Versicherten 525 Euro.

Anmerkung: zum Tod auf Grund eines Arbeitsunfalls siehe SGB VII auf den folgenden Seiten.

23. Sozialgesetzbuch Siebtes Buch – Gesetzliche Unfallversicherung (SGB VII)

vom 7.8.1996 (BGBl. I S. 1254), zuletzt geändert durch Gesetz vom 30.4.2002 (BGBl. I S. 1467)

– Auszug –

Drittes Kapitel: Leistung nach Eintritt eines Versicherungsfalls

Zweiter Abschnitt: Renten, Beihilfen, Abfindungen

Zweiter Unterabschnitt. Leistungen an Hinterbliebene

§ 63 Leistungen bei Tod

(1) Hinterbliebene haben Anspruch auf

1. Sterbegeld,
2. Erstattung der Kosten der Überführung an den Ort der Bestattung,
3. Hinterbliebenenrenten,
4. Beihilfe.

Der Anspruch auf Leistungen nach Satz 1 Nr. 1 bis 3 besteht nur, wenn der Tod infolge eines Versicherungsfalls eingetreten ist.

(2) Dem Tod infolge eines Versicherungsfalls steht der Tod von Versicherten gleich, deren Erwerbsfähigkeit durch die Folgen einer Berufskrankheit nach den Nummern 4101 bis 4104 der Anlage 1 der Berufskrankheiten-Verordnung vom 20. Juni 1968 (BGBl. I S. 721) in der Fassung der Zweiten Verordnung zur Änderung der Berufskrankheiten-Verordnung vom 18. Dezember 1992 (BGBl. I S. 2343) um 50 vom Hundert oder mehr gemindert war. Dies gilt nicht, wenn offenkundig ist, dass der Tod mit der Berufskrankheit nicht in ursächlichem Zusammenhang steht; eine Obduktion zum Zwecke einer solchen Feststellung darf nicht gefordert werden.

(3) Ist ein Versicherter getötet worden, so kann der Unfallversicherungsträger die Entnahme einer Blutprobe zur Feststellung von Tatsachen anordnen, die für die Entschädigungspflicht von Bedeutung sind.

(4) Sind Versicherte im Zusammenhang mit der versicherten Tätigkeit verschollen, gelten sie als infolge eines Versicherungsfalls verstorben, wenn die Umstände ihren Tod wahrscheinlich machen und seit einem Jahr Nachrichten über ihr Leben nicht eingegangen sind. Der Unfallversicherungsträger kann von den Hinterbliebenen die Versicherung an Eides Statt verlangen, dass ihnen weitere als die angezeigten Nachrichten über die Verschollenen nicht bekannt sind. Der Unfallversicherungsträger ist berechtigt, für die Leistungen den nach den Umständen mutmaßlichen Todestag festzustellen. Bei Versicherten in der Seeschiffahrt wird spätestens der dem Ablauf des Heuerverhältnisses folgende Tag als Todestag festgesetzt.

§ 64 Sterbegeld und Erstattung von Überführungskosten

(1) Witwen, Witwer, Kinder, Stiefkinder, Pflegekinder, Enkel, Geschwister, frühere Ehegatten und Verwandte der aufsteigenden Linie der Versicherten erhalten Sterbegeld in Höhe eines Siebtels der im Zeitpunkt des Todes geltenden Bezugsgröße.

(2) Kosten der Überführung an den Ort der Bestattung werden erstattet, wenn der Tod nicht am Ort der ständigen Familienwohnung der Versicherten eingetreten ist und die Versicherten sich dort aus Gründen aufgehalten haben, die im Zusammenhang mit der versicherten Tätigkeit oder mit den Folgen des Versicherungsfalls stehen.

(3) Das Sterbegeld und die Überführungskosten werden an denjenigen Berechtigten gezahlt, der die Bestattungs- und Überführungskosten trägt.
(4) Ist ein Anspruchsberechtigter nach Absatz 1 nicht vorhanden, werden die Bestattungskosten bis zur Höhe des Sterbegeldes nach Absatz 1 an denjenigen gezahlt, der diese Kosten trägt.

Fünfter Abschnitt: Gemeinsame Vorschriften für Leistungen

§ 103 Zwischennachricht, Unfalluntersuchung
(1) Kann der Unfallversicherungsträger in den Fällen des § 36a Abs. 1 Satz 1 des Vierten Buches innerhalb von sechs Monaten ein Verfahren nicht abschließen, hat er den Versicherten nach Ablauf dieser Zeit und danach in Abständen von sechs Monaten über den Stand des Verfahrens schriftlich zu unterrichten.
(2) Der Versicherte ist berechtigt, an der Untersuchung eines Versicherungsfalls, die am Arbeitsplatz oder am Unfallort durchgeführt wird, teilzunehmen. Hinterbliebene, die aufgrund des Versicherungsfalls Ansprüche haben können, können an der Untersuchung teilnehmen, wenn sie dies verlangen.

Siebtes Kapitel: Zusammenarbeit der Unfallversicherungsträger mit anderen Leistungsträgern und ihre Beziehungen zu Dritten

Zweiter Abschnitt: Beziehungen der Unfallversicherungsträger zu Dritten

§ 193 Pflicht zur Anzeige eines Versicherungsfalls durch die Unternehmer
(1) Die Unternehmer haben Unfälle von Versicherten in ihren Unternehmen dem Unfallversicherungsträger anzuzeigen, wenn Versicherte getötet oder so verletzt sind, dass sie mehr als drei Tage arbeitsunfähig werden. Satz 1 gilt entsprechend für Unfälle von Versicherten, deren Versicherung weder eine Beschäftigung noch eine selbständige Tätigkeit voraussetzt.
(2) Haben Unternehmer im Einzelfall Anhaltspunkte, dass bei Versicherten ihrer Unternehmen eine Berufskrankheit vorliegen könnte, haben sie diese dem Unfallversicherungsträger anzuzeigen.
(3) Bei Unfällen der nach § 2 Abs. 1 Nr. 8 Buchstabe b Versicherten hat der Schulhoheitsträger die Unfälle auch dann anzuzeigen, wenn er nicht Unternehmer ist. Bei Unfällen der nach § 2 Abs. 1 Nr. 15 Buchstabe a Versicherten hat der Träger der Einrichtung, in der die stationäre oder teilstationäre Behandlung oder die stationären Leistungen zur medizinischen Rehabilitation erbracht werden, die Unfälle anzuzeigen.
(4) Die Anzeige ist binnen drei Tagen zu erstatten, nachdem die Unternehmer von dem Unfall oder von den Anhaltspunkten für eine Berufskrankheit Kenntnis erlangt haben. Der Versicherte kann vom Unternehmer verlangen, dass ihm eine Kopie der Anzeige überlassen wird.
(5) Die Anzeige ist vom Betriebs- oder Personalrat mit zu unterzeichnen. Der Unternehmer hat die Sicherheitsfachkraft und den Betriebsarzt über jede Unfall- oder Berufskrankheitenanzeige in Kenntnis zu setzen. Verlangt der Unfallversicherungsträger zur Feststellung, ob eine Berufskrankheit vorliegt, Auskünfte über gefährdende Tätigkeiten von Versicherten, haben die Unternehmer den Betriebs- oder Personalrat über dieses Auskunftsersuchen unverzüglich zu unterrichten.
(6) Ist der Bund Unfallversicherungsträger, ist die Anzeige an die Ausführungsbehörde zu richten.

(7) Bei Unfällen in Unternehmen, die der allgemeinen Arbeitsschutzaufsicht unterstehen, hat der Unternehmer eine Durchschrift der Anzeige der für den Arbeitsschutz zuständigen Landesbehörde zu übersenden. Bei Unfällen in Unternehmen, die der bergbehördlichen Aufsicht unterstehen, ist die Durchschrift an die zuständige untere Bergbehörde zu übersenden. Wird eine Berufskrankheit angezeigt, übersendet der Unfallversicherungsträger eine Durchschrift der Anzeige unverzüglich der für den medizinischen Arbeitsschutz zuständigen Landesbehörde. Wird der für den medizinischen Arbeitsschutz zuständigen Landesbehörde eine Berufskrankheit angezeigt, übersendet sie dem Unfallversicherungsträger unverzüglich eine Durchschrift der Anzeige.
(8) Das Bundesministerium für Arbeit und Sozialordnung bestimmt durch Rechtsverordnung mit Zustimmung des Bundesrates den für Aufgaben der Prävention und der Einleitung eines Feststellungsverfahrens erforderlichen Inhalt der Anzeige, ihre Form und die Art und Weise ihrer Übermittlung sowie die Empfänger, die Anzahl und den Inhalt der Durchschriften.
(9) Unfälle nach Absatz 1, die während der Fahrt auf einem Seeschiff eingetreten sind, sind ferner in das Schiffstagebuch einzutragen und dort oder in einem Anhang kurz darzustellen. Ist ein Schiffstagebuch nicht zu führen, haben die Schiffsführer Unfälle nach Satz 1 in einer besonderen Niederschrift nachzuweisen.

Anmerkung: zu § 193 Abs. 9 siehe auch das Seemannsgesetz, S. 156.

24. Strafgesetzbuch (StGB)

in der Fassung der Bekanntmachung vom 10.3.1987 (BGBl. I S. 945, 1160), zuletzt geändert durch Gesetz vom 13.12.2001 (BGBl. I S. 3574)

– Auszug –

Besonderer Teil

Elfter Abschnitt. Straftaten, welche sich auf Religion und Weltanschauung beziehen

§ 167a Störung einer Bestattungsfeier
Wer eine Bestattungsfeier absichtlich oder wissentlich stört, wird mit Freiheitsstrafe bis zu drei Jahren oder mit Geldstrafe bestraft.

§ 168 Störung der Totenruhe
(1) Wer unbefugt aus dem Gewahrsam des Berechtigten den Körper oder Teile des Körpers eines verstorbenen Menschen, eine tote Leibesfrucht, Teile einer solchen oder die Asche eines verstorbenen Menschen wegnimmt oder wer daran beschimpfenden Unfug verübt, wird mit Freiheitsstrafe bis zu drei Jahren oder mit Geldstrafe bestraft.
(2) Ebenso wird bestraft, wer eine Aufbahrungsstätte, Beisetzungsstätte oder öffentliche Totengedenkstätte zerstört oder beschädigt oder wer dort beschimpfenden Unfug verübt.
(3) Der Versuch ist strafbar.

Vierzehnter Abschnitt. Beleidigung

§ 189 Verunglimpfung des Andenkens Verstorbener
Wer das Andenken eines Verstorbenen verunglimpft, wird mit Freiheitsstrafe bis zu zwei Jahren oder mit Geldstrafe bestraft.

25. Strafprozessordnung (StPO)

in der Fassung der Bekanntmachung vom 7.4.1987 (BGBl. I S. 1074, berichtigt S. 1319), zuletzt geändert durch Gesetz vom 15.2.2002 (BGBl. I S. 682)

– Auszug –

Erstes Buch. Allgemeine Vorschriften

Siebenter Abschnitt. Sachverständige und Augenschein

§ 87 (Leichenschau)
(1) Die Leichenschau wird von der Staatsanwaltschaft, auf Antrag der Staatsanwaltschaft auch vom Richter, unter Zuziehung eines Arztes vorgenommen. Ein Arzt wird nicht zugezogen, wenn dies zur Aufklärung des Sachverhalts offensichtlich entbehrlich ist.
(2) Die Leichenöffnung wird von zwei Ärzten vorgenommen. Einer der Ärzte muss Gerichtsarzt oder Leiter eines öffentlichen gerichtsmedizinischen oder pathologischen Instituts oder ein von diesem beauftragter Arzt des Instituts mit gerichtsmedizinischen Fachkenntnissen sein. Dem Arzt, welcher den Verstorbenen in der dem Tod unmittelbar vorausgegangenen Krankheit behandelt hat, ist die Leichenöffnung nicht zu übertragen. Er kann jedoch aufgefordert werden, der Leichenöffnung beizuwohnen, um aus der Krankheitsgeschichte Aufschlüsse zu geben. Die Staatsanwaltschaft kann an der Leichenöffnung teilnehmen. Auf ihren Antrag findet die Leichenöffnung im Beisein des Richters statt.
(3) Zur Besichtigung oder Öffnung einer schon beerdigten Leiche ist ihre Ausgrabung statthaft.
(4) Die Leichenöffnung und die Ausgrabung einer beerdigten Leiche werden vom Richter angeordnet; die Staatsanwaltschaft ist zu der Anordnung befugt, wenn der Untersuchungserfolg durch Verzögerung gefährdet würde. Wird die Ausgrabung angeordnet, so ist zugleich die Benachrichtigung eines Angehörigen des Toten anzuordnen, wenn der Angehörige ohne besondere Schwierigkeiten ermittelt werden kann und der Untersuchungszweck durch die Benachrichtigung nicht gefährdet wird.

§ 88 (Feststellung der Person des Verstorbenen)
Vor der Leichenöffnung ist, wenn nicht besondere Hindernisse entgegenstehen, die Persönlichkeit des Verstorbenen, insbesondere durch Befragung von Personen, die den Verstorbenen gekannt haben, festzustellen. Ist ein Beschuldigter vorhanden, so ist ihm die Leiche zur Anerkennung vorzuzeigen.

§ 89 (Umfang der Leichenöffnung)
Die Leichenöffnung muss sich, soweit der Zustand der Leiche dies gestattet, stets auf die Öffnung der Kopf-, Brust- und Bauchhöhle erstrecken.

§ 90 (Leiche neugeborener Kinder)
Bei Öffnung der Leiche eines neugeborenen Kindes ist die Untersuchung insbesondere auch darauf zu richten, ob es nach oder während der Geburt gelebt hat und ob es reif oder wenigstens fähig gewesen ist, das Leben außerhalb des Mutterleibes fortzusetzen.

§ 91 (Vergiftungsverdacht)
(1) Liegt der Verdacht einer Vergiftung vor, so ist die Untersuchung der in der Leiche oder sonst gefundenen verdächtigen Stoffe durch einen Chemiker oder durch eine für solche Untersuchungen bestehende Fachbehörde vorzunehmen.

(2) Es kann angeordnet werden, dass diese Untersuchung unter Mitwirkung oder Leitung eines Arztes stattzufinden hat.

§ 94 (Beschlagnahme)
(1) Gegenstände, die als Beweismittel für die Untersuchung von Bedeutung sein können, sind in Verwahrung zu nehmen oder in anderer Weise sicherzustellen.
(2) Befinden sich die Gegenstände in dem Gewahrsam einer Person und werden sie nicht freiwillig herausgegeben, so bedarf es der Beschlagnahme.
(3) Die Absätze 1 und 2 gelten auch für Führerscheine, die der Einziehung unterliegen.

Zweites Buch. Verfahren im ersten Rechtszug

Zweiter Abschnitt. Vorbereitung der öffentlichen Klage

§ 159 (Anzeichen unnatürlichen Todes)
(1) Sind Anhaltspunkte dafür vorhanden, dass jemand eines nicht natürlichen Todes gestorben ist, oder wird der Leichnam eines Unbekannten gefunden, so sind die Polizei- und Gemeindebehörden zur sofortigen Anzeige an die Staatsanwaltschaft oder an das Amtsgericht verpflichtet.
(2) Zur Bestattung ist die schriftliche Genehmigung der Staatsanwaltschaft erforderlich.

26. Richtlinien für das Strafverfahren und das Bußgeldverfahren (RiStBV)

Gemeinsame bundesweite Richtlinien der Landesjustizverwaltungen und des Bundesministeriums der Justiz vom 1.1.1977 in der Fassung vom 1.8.2000

– Auszug –

4. Leichenschau und Leichenöffnung

33. Voraussetzungen

(1) Sind Anhaltspunkte dafür vorhanden, dass jemand eines nicht natürlichen Todes gestorben ist, oder wird die Leiche eines Unbekannten gefunden, so prüft der Staatsanwalt, ob eine Leichenschau oder Leichenöffnung erforderlich ist. Eine Leichenschau wird regelmäßig schon dann nötig sein, wenn eine Straftat als Todesursache nicht von vornherein ausgeschlossen werden kann. Die Leichenschau soll möglichst am Tatort oder am Fundort der Leiche durchgeführt werden.

(2) Lässt sich auch bei der Leichenschau eine Straftat als Todesursache nicht ausschließen oder ist damit zu rechnen, dass die Feststellungen später angezweifelt werden, so veranlasst der Staatsanwalt grundsätzlich die Leichenöffnung. Dies gilt namentlich bei Sterbefällen von Personen, die sich in Haft oder sonst in amtlicher Verwahrung befunden haben.

(3) Die Leichenschau nimmt in der Regel der Staatsanwalt wahr. Die Vornahme der Leichenschau durch den Richter und die Anwesenheit des Richters bei der Leichenöffnung sollen nur beantragt werden, wenn dies aus besonderen Gründen, etwa um die Verlesung der Niederschrift nach § 249 StPO zu ermöglichen, erforderlich ist.

(4) Der Staatsanwalt nimmt an der Leichenöffnung nur teil, wenn er dies nach seinem pflichtgemäßen Ermessen im Rahmen einer umfassenden Sachaufklärung für geboten erachtet. Eine Teilnahme des Staatsanwalts wird in der Regel in Betracht kommen in Kapitalsachen, nach tödlichen Unfällen zur Rekonstruktion des Unfallgeschehens, bei Todesfällen durch Schusswaffengebrauch im Dienst, bei Todesfällen in Vollzug freiheitsentziehender Maßnahmen oder in Verfahren, die ärztliche Behandlungsfehler zum Gegenstand haben.

34. Exhumierung

Bei der Ausgrabung einer Leiche sollte einer der Obduzenten anwesend sein. Liegt der Verdacht einer Vergiftung vor, so ist das Mittelstück der Bodenfläche des Sarges herauszunehmen und aufzubewahren; von dem Erdboden, auf dem der Sarg stand, und von dem gewachsenen Boden der Seitenwände des Grabes sind zur chemischen Untersuchung und zum Vergleich Proben zu entnehmen. In solchen Fällen empfiehlt es sich, zur Ausgrabung und zur Sektion der Leiche den chemischen Sachverständigen eines Untersuchungsinstituts beizuziehen, damit er die Aufnahme von Erde, Sargschmuck, Sargteilen, Kleidungsstücken und Leichenteilen selbst vornehmen kann.

35. Entnahme von Leichenteilen

(1) Der Staatsanwalt hat darauf hinzuwirken, dass bei der Leichenöffnung Blut- und Harnproben, Mageninhalt oder Leichenteile entnommen werden, falls es möglich ist, dass der Sachverhalt durch deren eingehende Untersuchung weiter aufgeklärt werden kann. Manchmal, z.B. bei mutmaßlichem Vergiftungstod, wird es sich empfehlen, einen besonderen Sachverständigen zuzuziehen, der diese Bestandteile bezeichnet.

(2) Werden Leichenteile zur weiteren Begutachtung versandt, so ist eine Abschrift der Niederschrift über die Leichenöffnung beizufügen. Die Ermittlungsakten sind grundsätzlich nicht zu übersenden.

36. Beschleunigung

(1) Leichenschau und Leichenöffnung sind mit größter Beschleunigung herbeizuführen, weil die ärztlichen Feststellungen über die Todesursache auch durch geringe Verzögerungen an Zuverlässigkeit verlieren können.

(2) Dies gilt besonders bei Leichen von Personen, die möglicherweise durch elektrischen Strom getötet worden sind; die durch Elektrizität verursachten Veränderungen werden durch Fäulniserscheinungen rasch verwischt. In der Regel wird es sich empfehlen, bereits bei der Leichenöffnung einen auf dem Gebiet der Elektrotechnik erfahrenen Sachverständigen zu beteiligen. In den Fällen, in denen eine Tötung durch elektrischen Strom wahrscheinlich ist, können Verletzungen oder andere Veränderungen oft gar nicht oder nur von einem besonders geschulten Sachverständigen festgestellt werden; daher kann es ferner geboten sein, in schwierig zu deutenden Fällen außer dem elektrotechnischen Sachverständigen nach Anhörung des Gerichtsarztes auch einen erfahrenen Pathologen zu der Leichenöffnung hinzuzuziehen. Besteht der Verdacht, dass der Tod einer Person, die in einem Krankenhaus gestorben ist, durch eine Straftat verursacht wurde, so haben der Staatsanwalt und seine Hilfsbeamten darauf hinzuwirken, dass die Leiche nicht von den Krankenhausärzten geöffnet wird. Da die Krankenhausärzte indes an der Leichenöffnung vielfach ein erhebliches wissenschaftliches Interesse haben, empfiehlt es sich, ihnen die Anwesenheit zu gestatten, sofern nicht gewichtige Bedenken entgegenstehen. Hat das Krankenhaus einen pathologisch besonders ausgebildeten Arzt zur Verfügung, so kann es zweckmäßig sein, auch ihn zu der Leichenöffnung zuzuziehen.

38. Feuerbestattung

Aus dem Bestattungsschein muss sich ergeben, ob auch die Feuerbestattung genehmigt wird. Bestehen gegen diese Bestattungsart Bedenken, weil dadurch die Leiche als Beweismaterial verlorengeht, so wird die Genehmigung hierfür zu versagen sein (§ 3 Abs. 3 des Gesetzes über die Feuerbestattung vom 15.5.1934 (RGBl. I S. 380). Solange der Verdacht eines nicht natürlichen Todes besteht, empfiehlt es sich, die Feuerbestattung nur im Einvernehmen mit dem Arzt (§ 87 Abs. 2 Satz 3 StPO) zu genehmigen.

27. Straßenverkehrsgesetz (StVG)

vom 19.12.1952 (BGBl. I S. 837), zuletzt geändert durch Gesetz vom 15.12.2001 (BGBl. I S. 3762)*

– Auszug –

§ 7 (Halterhaftung)

(1) Wird bei dem Betrieb eines Kraftfahrzeugs oder eines Anhängers, der dazu bestimmt ist, von einem Kraftfahrzeug mitgeführt zu werden, ein Mensch getötet, der Körper oder die Gesundheit eines Menschen verletzt oder eine Sache beschädigt, so ist der Halter verpflichtet, dem Verletzten den daraus entstehenden Schaden zu ersetzen.

(2) Die Ersatzpflicht ist ausgeschlossen, wenn der Unfall durch höhere Gewalt verursacht wird.

(3) Benutzt jemand das Fahrzeug ohne Wissen und Willen des Fahrzeughalters, so ist er an Stelle des Halters zum Ersatz des Schadens verpflichtet; daneben bleibt der Halter zum Ersatz des Schadens verpflichtet, wenn die Benutzung des Fahrzeugs durch sein Verschulden ermöglicht worden ist. Satz 1 findet keine Anwendung, wenn der Benutzer vom Fahrzeughalter für den Betrieb des Kraftfahrzeugs angestellt ist oder wenn ihm das Fahrzeug vom Halter überlassen worden ist. Die Sätze 1 und 2 sind auf die Benutzung eines Anhängers entsprechend anzuwenden.

§ 10 (Ersatzpflicht bei Tötung)

(1) Im Falle der Tötung ist der Schadensersatz durch Ersatz der Kosten einer versuchten Heilung sowie des Vermögensnachteils zu leisten, den der Getötete dadurch erlitten hat, dass während der Krankheit seine Erwerbsfähigkeit aufgehoben oder gemindert oder eine Vermehrung seiner Bedürfnisse eingetreten war. Der Ersatzpflichtige hat außerdem die Kosten der Beerdigung demjenigen zu ersetzen, dem die Verpflichtung obliegt, diese Kosten zu tragen.

(2) Stand der Getötete zur Zeit der Verletzung zu einem Dritten in einem Verhältnis, vermöge dessen er diesem gegenüber kraft Gesetzes unterhaltspflichtig war oder unterhaltspflichtig werden konnte, und ist dem Dritten infolge der Tötung das Recht auf Unterhalt entzogen, so hat der Ersatzpflichtige dem Dritten insoweit Schadensersatz zu leisten, als der Getötete während der mutmaßlichen Dauer seines Lebens zur Gewährung des Unterhalts verpflichtet gewesen sein würde. Die Ersatzpflicht tritt auch dann ein, wenn der Dritte zur Zeit der Verletzung erzeugt, aber noch nicht geboren war.

§ 12 (Höchstbeträge)

(1) Der Ersatzpflichtige haftet

1. im Falle der Tötung oder Verletzung eines Menschen nur bis zu einem Kapitalbetrag von 600 000 Euro oder bis zu einem Rentenbetrag von jährlich 36 000 Euro;
2. im Falle der Tötung oder Verletzung mehrerer Menschen durch dasselbe Ereignis, unbeschadet der in Nummer 1 bestimmten Grenzen, nur bis zu einem Kapitalbetrag von insgesamt 3 000 000 Euro oder bis zu einem Rentenbetrag von jährlich 180 000 Euro; im Falle einer entgeltlichen, geschäftsmäßigen Personenbeförderung gilt diese Beschränkung jedoch nicht für den ersatzpflichtigen Halter des Kraftfahrzeugs oder des Anhängers;
3. im Falle der Sachbeschädigung, auch wenn durch dasselbe Ereignis mehrere Sachen beschädigt werden, nur bis zu einem Betrag von 300 000 Euro.

(2) Übersteigen die Entschädigungen, die mehreren auf Grund desselben Ereignisses nach Absatz 1 zu leisten sind, insgesamt die in Nummer 2 Halbsatz 1 und Nummer 3 bezeichneten

* Die Änderungen durch das Zweite Gesetz zur Änderung schadensersatzrechtlicher Vorschriften auf der Grundlage der Beschlussfassung (BR-Drs. 358/02) sind bereits eingearbeitet (In-Kraft-Treten: 1.8.2002). Das Gesetz war bis zum Redaktionsschluß noch nicht im BGBl. verkündet.

Höchstbeträge, so verringern sich die einzelnen Entschädigungen in dem Verhältnis, in welchem ihr Gesamtbetrag zu dem Höchstbetrag steht.

§ 12a (Höchstbeträge beim Transport gefährlicher Güter)

(1) Werden gefährliche Güter befördert, haftet der Ersatzpflichtige

1. im Falle der Tötung oder Verletzung mehrerer Menschen durch dasselbe Ereignis, unbeschadet der in § 12 Abs. 1 Nr. 1 bestimmten Grenzen, nur bis zu einem Kapitalbetrag von insgesamt 6 000 000 Euro oder bis zu einem Rentenbetrag von jährlich 360 000 Euro,
2. im Falle der Sachbeschädigung an unbeweglichen Sachen, auch wenn durch dasselbe Ereignis mehrere Sachen beschädigt werden, bis zu einem Betrag von 6 000 000 Euro,

sofern der Schaden durch die die Gefährlichkeit der beförderten Güter begründenden Eigenschaften verursacht wird. Im übrigen bleibt § 12 Abs. 1 unberührt.

(2) Gefährliche Güter im Sinne dieses Gesetzes sind Stoffe und Gegenstände, deren Beförderung auf der Straße nach den Anlagen A und B zu dem Europäischen Übereinkommen vom 30. September 1957 über die internationale Beförderung gefährlicher Güter auf der Straße (ADR) (BGBl. 1969 II S. 1489) in der jeweils geltenden Fassung verboten oder nur unter bestimmten Bedingungen gestattet ist.

(3) Absatz 1 ist nicht anzuwenden, wenn es sich um freigestellte Beförderungen gefährlicher Güter oder um Beförderungen in begrenzten Mengen unterhalb der im Unterabschnitt 1.1.3.6. zu dem in Absatz 2 genannten Übereinkommen festgelegten Grenzen handelt.

(4) Absatz 1 ist nicht anzuwenden, wenn der Schaden bei der Beförderung innerhalb eines Betriebes entstanden ist, in dem gefährliche Güter hergestellt, bearbeitet, verarbeitet, gelagert, verwendet oder vernichtet werden, soweit die Beförderung auf einem abgeschlossenen Gelände stattfindet.

(5) § 12 Abs. 2 gilt entsprechend.

§12b (Gleiskettenfahrzeug)

Die §§ 12 und 12a sind nicht anzuwenden, wenn ein Schaden bei dem Betrieb eines gepanzerten Gleiskettenfahrzeugs verursacht wird.

§ 13 (Entrichtung einer Geldrente)

(1) Der Schadensersatz wegen Aufhebung oder Minderung der Erwerbsfähigkeit und wegen Vermehrung der Bedürfnisse des Verletzten sowie der nach § 10 Abs. 2 einem Dritten zu gewährende Schadensersatz ist für die Zukunft durch Entrichtung einer Geldrente zu leisten.

(2) Die Vorschriften des § 843 Abs. 2 bis 4 des Bürgerlichen Gesetzbuchs finden entsprechende Anwendung.

(3) Ist bei der Verurteilung des Verpflichteten zur Entrichtung einer Geldrente nicht auf Sicherheitsleistung erkannt worden, so kann der Berechtigte gleichwohl Sicherheitsleistung verlangen, wenn die Vermögensverhältnisse des Verpflichteten sich erheblich verschlechtert haben; unter der gleichen Voraussetzung kann er eine Erhöhung der in dem Urteil bestimmten Sicherheit verlangen.

28. Transplantationsgesetz (TPG)

Gesetz über die Spende, Entnahme und Übertragung von Organen

vom 5.11.1997 (BGBl. I S. 2631), zuletzt geändert durch Gesetz vom 23.10.2001 (BGBl. I S. 2702)

Erster Abschnitt. Allgemeine Vorschriften

§ 1 Anwendungsbereich
(1) Dieses Gesetz gilt für die Spende und die Entnahme von menschlichen Organen, Organteilen oder Geweben (Organe) zum Zwecke der Übertragung auf andere Menschen sowie für die Übertragung der Organe einschließlich der Vorbereitung dieser Maßnahmen. Es gilt ferner für das Verbot des Handels mit menschlichen Organen.
(2) Dieses Gesetz gilt nicht für Blut und Knochenmark sowie embryonale und fetale Organe und Gewebe.

§ 2 Aufklärung der Bevölkerung, Erklärung zur Organspende, Organspenderegister, Organspendeausweise
(1) Die nach Landesrecht zuständigen Stellen, die Bundesbehörden im Rahmen ihrer Zuständigkeit, insbesondere die Bundeszentrale für gesundheitliche Aufklärung, sowie die Krankenkassen sollen auf der Grundlage dieses Gesetzes die Bevölkerung über die Möglichkeiten der Organspende, die Voraussetzungen der Organentnahme und die Bedeutung der Organübertragung aufklären. Sie sollen auch Ausweise für die Erklärung zur Organspende (Organspendeausweise) zusammen mit geeigneten Aufklärungsunterlagen bereithalten. Die Krankenkassen und die privaten Krankenversicherungsunternehmen stellen diese Unterlagen in regelmäßigen Abständen ihren Versicherten, die das sechzehnte Lebensjahr vollendet haben, zur Verfügung mit der Bitte, eine Erklärung zur Organspende abzugeben.
(2) Wer eine Erklärung zur Organspende abgibt, kann in eine Organentnahme nach § 3 einwilligen, ihr widersprechen oder die Entscheidung einer namentlich benannten Person seines Vertrauens übertragen (Erklärung zur Organspende). Die Erklärung kann auf bestimmte Organe beschränkt werden. Die Einwilligung und die Übertragung der Entscheidung können vom vollendeten sechzehnten, der Widerspruch kann vom vollendeten vierzehnten Lebensjahr an erklärt werden.
(3) Das Bundesministerium für Gesundheit kann durch Rechtsverordnung mit Zustimmung des Bundesrates einer Stelle die Aufgabe übertragen, die Erklärungen zur Organspende auf Wunsch der Erklärenden zu speichern und darüber berechtigten Personen Auskunft zu erteilen (Organspenderegister). Die gespeicherten personenbezogenen Daten dürfen nur zum Zwecke der Feststellung verwendet werden, ob bei demjenigen, der die Erklärung abgegeben hatte, eine Organentnahme nach § 3, § 4 zulässig ist. Die Rechtsverordnung regelt insbesondere

1. die für die Entgegennahme einer Erklärung zur Organspende oder für deren Änderung zuständigen öffentlichen Stellen (Anlaufstellen), die Verwendung eines Vordrucks, die Art der darauf anzugebenden Daten und die Prüfung der Identität des Erklärenden,
2. die Übermittlung der Erklärung durch die Anlaufstellen an das Organspenderegister sowie die Speicherung der Erklärung und der darin enthaltenen Daten bei den Anlaufstellen und dem Register,
3. die Aufzeichnung aller Abrufe im automatisierten Verfahren nach § 10 des Bundesdatenschutzgesetzes sowie der sonstigen Auskünfte aus dem Organspenderegister zum Zwecke der Prüfung der Zulässigkeit der Anfragen und Auskünfte,

4. die Speicherung der Personendaten der nach Absatz 4 Satz 1 auskunftsberechtigten Ärzte bei dem Register sowie die Vergabe, Speicherung und Zusammensetzung der Codenummern für ihre Auskunftsberechtigung,
5 die Löschung der gespeicherten Daten und
6. die Finanzierung des Organspenderegisters.

(4) Die Auskunft aus dem Organspenderegister darf ausschließlich an den Erklärenden sowie an einen von einem Krankenhaus dem Register als auskunftsberechtigt benannten Arzt erteilt werden, der weder an der Entnahme noch an der Übertragung der Organe des möglichen Organspenders beteiligt ist und auch nicht Weisungen eines Arztes untersteht, der an diesen Maßnahmen beteiligt ist. Die Anfrage darf erst nach der Feststellung des Todes gemäß § 3 Abs. 1 Nr. 2 erfolgen. Die Auskunft darf nur an den Arzt weitergegeben werden, der die Organentnahme vornehmen soll, und an die Person, die nach § 3 Abs. 3 Satz 1 die beabsichtigte oder nach § 4 über eine in Frage kommende Organentnahme zu unterrichten ist.

(5) Das Bundesministerium für Gesundheit kann durch allgemeine Verwaltungsvorschrift mit Zustimmung des Bundesrates ein Muster für einen Organspendeausweis festlegen und im Bundesanzeiger bekannt machen.

Zweiter Abschnitt. Organentnahme bei toten Organspendern

§ 3 Organentnahme mit Einwilligung des Organspenders

(1) Die Entnahme von Organen ist, soweit in § 4 nichts Abweichendes bestimmt ist, nur zulässig, wenn
1. der Organspender in die Entnahme eingewilligt hatte,
2. der Tod des Organspenders nach Regeln, die dem Stand der Erkenntnisse der medizinischen Wissenschaft entsprechen, festgestellt ist und
3. der Eingriff durch einen Arzt vorgenommen wird.

(2) Die Entnahme von Organen ist unzulässig, wenn
1. die Person, deren Tod festgestellt ist, der Organentnahme widersprochen hatte,
2. nicht vor der Entnahme bei dem Organspender der endgültige, nicht behebbare Ausfall der Gesamtfunktion des Großhirns, des Kleinhirns und des Hirnstamms nach Verfahrensregeln, die dem Stand der Erkenntnisse der medizinischen Wissenschaft entsprechen, festgestellt ist.

(3) Der Arzt hat den nächsten Angehörigen des Organspenders über die beabsichtigte Organentnahme zu unterrichten. Er hat Ablauf und Umfang der Organentnahme aufzuzeichnen. Der nächste Angehörige hat das Recht auf Einsichtnahme. Er kann eine Person seines Vertrauens hinzuziehen.

§ 4 Organentnahme mit Zustimmung anderer Personen

(1) Liegt dem Arzt, der die Organentnahme vornehmen soll, weder eine schriftliche Einwilligung noch ein schriftlicher Widerspruch des möglichen Organspenders vor, ist dessen nächster Angehöriger zu befragen, ob ihm von diesem eine Erklärung zur Organspende bekannt ist. Ist auch dem Angehörigen eine solche Erklärung nicht bekannt, so ist die Entnahme unter den Voraussetzungen des § 3 Abs. 1 Nr. 2 und 3 und Abs. 2 nur zulässig, wenn ein Arzt den Angehörigen über eine in Frage kommende Organentnahme unterrichtet und dieser ihr zugestimmt hat. Der Angehörige hat bei seiner Entscheidung einen mutmaßlichen Willen des möglichen Organspenders zu beachten. Der Arzt hat den Angehörigen hierauf hinzuweisen. Der Angehörige kann mit dem Arzt vereinbaren, dass er seine Erklärung innerhalb einer bestimmten, vereinbarten Frist widerrufen kann.

(2) Nächste Angehörige im Sinne dieses Gesetzes sind in der Rangfolge ihrer Aufzählung
1. Ehegatte oder eingetragener Lebenspartner (Lebenspartner),
2. volljährige Kinder,

3. Eltern oder, sofern der mögliche Organspender zur Todeszeit minderjährig war und die Sorge für seine Person zu dieser Zeit nur einem Elternteil, einem Vormund oder einem Pfleger zustand, dieser Sorgeinhaber,
4. volljährige Geschwister,
5. Großeltern.

Der nächste Angehörige ist nur dann zu einer Entscheidung nach Absatz 1 befugt, wenn er in den letzten zwei Jahren vor dem Tod des möglichen Organspenders zu diesem persönlichen Kontakt hatte. Der Arzt hat dies durch Befragung des Angehörigen festzustellen. Bei mehreren gleichrangigen Angehörigen genügt es, wenn einer von ihnen nach Absatz 1 beteiligt wird und eine Entscheidung trifft; es ist jedoch der Widerspruch eines jeden von ihnen beachtlich. Ist ein vorrangiger Angehöriger innerhalb angemessener Zeit nicht erreichbar, genügt die Beteiligung und Entscheidung des nächsterreichbaren nachrangigen Angehörigen. Dem nächsten Angehörigen steht eine volljährige Person gleich, die dem möglichen Organspender bis zu seinem Tode in besonderer persönlicher Verbundenheit offenkundig nahegestanden hat; sie tritt neben den nächsten Angehörigen.

(3) Hatte der mögliche Organspender die Entscheidung über eine Organentnahme einer bestimmten Person übertragen, tritt diese an die Stelle des nächsten Angehörigen.

(4) Der Arzt hat Ablauf, Inhalt und Ergebnis der Beteiligung der Angehörigen sowie der Personen nach Absatz 2 Satz 6 und Absatz 3 aufzuzeichnen. Die Personen nach den Absätzen 2 und 3 haben das Recht auf Einsichtnahme. Eine Vereinbarung nach Absatz 1 Satz 5 bedarf der Schriftform.

§ 5 Nachweisverfahren

(1) Die Feststellungen nach § 3 Abs. 1 Nr. 2 und Abs. 2 Nr. 2 sind jeweils durch zwei dafür qualifizierte Ärzte zu treffen, die den Organspender unabhängig voneinander untersucht haben. Abweichend von Satz 1 genügt zur Feststellung nach § 3 Abs. 1 Nr. 2 die Untersuchung und Feststellung durch einen Arzt, wenn der endgültige, nicht behebbare Stillstand von Herz und Kreislauf eingetreten ist und seitdem mehr als drei Stunden vergangen sind

(2) Die an den Untersuchungen nach Absatz 1 beteiligten Ärzte dürfen weder an der Entnahme noch an der Übertragung der Organe des Organspenders beteiligt sein. Sie dürfen auch nicht Weisungen eines Arztes unterstehen, der an diesen Maßnahmen beteiligt ist. Die Feststellung der Untersuchungsergebnisse und ihr Zeitpunkt sind von den Ärzten unter Angabe der zugrundeliegenden Untersuchungsbefunde jeweils in einer Niederschrift aufzuzeichnen und zu unterschreiben. Dem nächsten Angehörigen sowie den Personen nach § 4 Abs. 2 Satz 6 und Abs. 3 ist Gelegenheit zur Einsichtnahme zu geben. Sie können eine Person ihres Vertrauens hinzuziehen.

§ 6 Achtung der Würde des Organspenders

(1) Die Organentnahme und alle mit ihr zusammenhängenden Maßnahmen müssen unter Achtung der Würde des Organspenders in einer der ärztlichen Sorgfaltspflicht entsprechenden Weise durchgeführt werden.

(2) Der Leichnam des Organspenders muss in würdigem Zustand zur Bestattung übergeben werden. Zuvor ist dem nächsten Angehörigen Gelegenheit zu geben, den Leichnam zu sehen.

§ 7 Auskunftspflicht

(1) Dem Arzt, der eine Organentnahme bei einem möglichen Spender nach § 3 oder § 4 beabsichtigt, oder der von der Koordinierungsstelle (§ 11) beauftragten Person ist auf Verlangen Auskunft zu erteilen, soweit dies zur Feststellung, ob die Organentnahme- nach diesen Vorschriften zulässig ist und ob ihr medizinische Gründe entgegenstehen, sowie zur Unterrichtung nach § 3 Abs. 3 Satz 1 erforderlich ist. Der Arzt muss in einem Krankenhaus tätig sein, das nach § 108 des Fünften Buches Sozialgesetzbuch oder nach anderen gesetzlichen Bestimmungen für die Übertragung der Organe, deren Entnahme er beabsichtigt, zugelassen ist oder mit einem solchen Krankenhaus zum Zwecke der Entnahme dieser Organe zusammenarbeitet. Die Auskunft

soll für alle Organe, deren Entnahme beabsichtigt ist, zusammen eingeholt werden. Die Auskunft darf erst erteilt werden, nachdem der Tod des möglichen Organspenders gemäß § 3 Abs. 1 Nr. 2 festgestellt ist.

(2) Zur Auskunft verpflichtet sind

1. Ärzte, die den möglichen Organspender wegen einer dem Tode vorausgegangenen Erkrankung behandelt hatten,
2. Ärzte, die über den möglichen Organspender eine Auskunft aus dem Organspenderegister nach § 2 Abs. 4 erhalten haben,
3. der Arzt, der bei dem möglichen Organspender die Leichenschau vorgenommen hat,
4. die Behörde, in deren Gewahrsam sich der Leichnam des möglichen Organspenders befindet, und
5. die von der Koordinierungsstelle beauftragte Person, soweit sie nach Absatz 1 Auskunft erhalten hat.

Dritter Abschnitt. Organentnahme bei lebenden Organspendern

§ 8 Zulässigkeit der Organentnahme

(1) Die Entnahme von Organen einer lebenden Person ist nur zulässig, wenn

1. die Person
   a) volljährig und einwilligungsfähig ist,
   b) nach Absatz 2 Satz 1 aufgeklärt worden ist und in die Entnahme eingewilligt hat,
   c) nach ärztlicher Beurteilung als Spender geeignet ist und voraussichtlich nicht über das Operationsrisiko hinaus gefährdet oder über die unmittelbaren Folgen der Entnahme hinaus gesundheitlich schwer beeinträchtigt wird,
2. die Übertragung des Organs auf den vorgesehenen Empfänger nach ärztlicher Beurteilung geeignet ist, das Leben dieses Menschen zu erhalten oder bei ihm eine schwerwiegende Krankheit zu heilen, ihre Verschlimmerung zu verhüten oder ihre Beschwerden zu lindern,
3. ein geeignetes Organ eines Spenders nach § 3 oder § 4 im Zeitpunkt der Organentnahme nicht zur Verfügung steht und
4. der Eingriff durch einen Arzt vorgenommen wird.

Die Entnahme von Organen, die sich nicht wieder bilden können, ist darüber hinaus nur zulässig zum Zwecke der Übertragung auf Verwandte ersten oder zweiten Grades, Ehegatten, Lebenspartner, Verlobte oder andere Personen, die dem Spender in besonderer persönlicher Verbundenheit offenkundig nahe stehen.

(2) Der Organspender ist über die Art des Eingriffs, den Umfang und mögliche, auch mittelbare Folgen und Spätfolgen der beabsichtigten Organentnahme für seine Gesundheit sowie über die zu erwartende Erfolgsaussicht der Organübertragung und sonstige Umstände, denen er erkennbar eine Bedeutung für die Organspende beimisst, durch einen Arzt aufzuklären. Die Aufklärung hat in Anwesenheit eines weiteren Arztes, für den § 5 Abs. 2 Satz 1 und 2 entsprechend gilt, und, soweit erforderlich, anderer sachverständiger Personen zu erfolgen. Der Inhalt der Aufklärung und die Einwilligungserklärung des Organspenders sind in einer Niederschrift aufzuzeichnen, die von den aufklärenden Personen, dem weiteren Arzt und dem Spender zu unterschreiben ist. Die Niederschrift muss auch eine Angabe über die versicherungsrechtliche Absicherung der gesundheitlichen Risiken nach Satz 1 enthalten. Die Einwilligung kann schriftlich oder mündlich widerrufen werden.

(3) Die Entnahme von Organen bei einem Lebenden darf erst durchgeführt werden, nachdem sich der Organspender und der Organempfänger zur Teilnahme an einer ärztlich empfohlenen Nachbetreuung bereit erklärt haben. Weitere Voraussetzung ist, dass die nach Landesrecht zu-

ständige Kommission gutachtlich dazu Stellung genommen hat, ob begründete tatsächliche Anhaltspunkte dafür vorliegen, dass die Einwilligung in die Organspende nicht freiwillig erfolgt oder das Organ Gegenstand verbotenen Handeltreibens nach § 17 ist. Der Kommission muss ein Arzt, der weder an der Entnahme noch an der Übertragung von Organen beteiligt ist, noch Weisungen eines Arztes untersteht, der an solchen Maßnahmen beteiligt ist, eine Person mit der Befähigung zum Richteramt und eine in psychologischen Fragen erfahrene Person angehören. Das Nähere, insbesondere zur Zusammensetzung der Kommission, zum Verfahren und zur Finanzierung, wird durch Landesrecht bestimmt.

Vierter Abschnitt. Entnahme, Vermittlung und Übertragung bestimmter Organe

§ 9 Zulässigkeit der Organübertragung

Die Übertragung von Herz, Niere, Leber, Lunge, Bauchspeicheldrüse und Darm darf nur in dafür zugelassenen Transplantationszentren (§ 10) vorgenommen werden. Sind diese Organe Spendern nach § 3 oder § 4 entnommen worden (vermittlungspflichtige Organe), ist ihre Übertragung nur zulässig, wenn sie durch die Vermittlungsstelle unter Beachtung der Regelungen nach § 12 vermittelt worden sind. Sind vermittlungspflichtige Organe im Geltungsbereich dieses Gesetzes entnommen worden, ist ihre Übertragung darüber hinaus nur zulässig, wenn die Entnahme unter Beachtung der Regelungen nach § 11 durchgeführt wurde.

§ 10 Transplantationszentren

(1) Transplantationszentren sind Krankenhäuser oder Einrichtungen an Krankenhäusern, die nach § 105 des Fünften Buches Sozialgesetzbuch oder nach anderen gesetzlichen Bestimmungen für die Übertragung von in § 9 Satz 1 genannten Organen zugelassen sind. Bei der Zulassung nach § 108 des Fünften Buches Sozialgesetzbuch sind Schwerpunkte für die Übertragung dieser Organe zu bilden, um eine bedarfsgerechte, leistungsfähige und wirtschaftliche Versorgung zu gewährleisten und die erforderliche Qualität der Organübertragung zu sichern.

(2) Die Transplantationszentren sind verpflichtet,

1. Wartelisten der zur Transplantation angenommenen Patienten mit den für die Organvermittlung nach § 12 erforderlichen Angaben zu führen sowie unverzüglich über die Annahme eines Patienten zur Organübertragung und seine Aufnahme in die Warteliste zu entscheiden und den behandelnden Arzt darüber zu unterrichten, ebenso über die Herausnahme eines Patienten aus der Warteliste,
2. über die Aufnahme in die Warteliste nach Regeln zu entscheiden, die dem Stand der Erkenntnisse der medizinischen Wissenschaft entsprechen, insbesondere nach Notwendigkeit und Erfolgsaussicht einer Organübertragung,
3. die auf Grund der §§ 11 und 12 getroffenen Regelungen zur Organentnahme und Organvermittlung einzuhalten,
4. jede Organübertragung so zu dokumentieren, dass eine lückenlose Rückverfolgung der Organe vom Empfänger zum Spender ermöglicht wird; bei der Übertragung von vermittlungspflichtigen Organen ist die Kennnummer (§ 13 Abs. 1 Satz 1) anzugeben, um eine Rückverfolgung durch die Koordinierungsstelle zu ermöglichen,
5. vor und nach einer Organübertragung Maßnahmen für eine erforderliche psychische Betreuung der Patienten im Krankenhaus sicherzustellen und
6. nach Maßgabe der Vorschriften des Fünften Buches Sozialgesetzbuch Maßnahmen zur Qualitätssicherung, die auch einen Vergleich mit anderen Transplantationszentren ermöglichen, im Rahmen ihrer Tätigkeit nach diesem Gesetz durchzuführen; dies gilt für die Nachbetreuung von Organspendern nach § 8 Abs. 3 Satz 1 entsprechend.

(3) Absatz 2 Nr. 4 und 6 gilt für die Übertragung von Augenhornhäuten entsprechend.

§ 11 Zusammenarbeit bei der Organentnahme, Koordinierungsstelle

(1) Die Entnahme von vermittlungspflichtigen Organen einschließlich der Vorbereitung von Entnahme, Vermittlung und Übertragung ist gemeinschaftliche Aufgabe der Transplantationszentren und der anderen Krankenhäuser in regionaler Zusammenarbeit. Zur Organisation dieser Aufgabe errichten oder beauftragen die Spitzenverbände der Krankenkassen gemeinsam, die Bundesärztekammer und die Deutsche Krankenhausgesellschaft oder die Bundesverbände der Krankenhausträger gemeinsam eine geeignete Einrichtung (Koordinierungsstelle). Sie muss auf Grund einer finanziell und organisatorisch eigenständigen Trägerschaft, der Zahl und Qualifikation ihrer Mitarbeiter, ihrer betrieblichen Organisation sowie ihrer sachlichen Ausstattung die Gewähr dafür bieten, dass die Maßnahmen nach Satz 1 in Zusammenarbeit mit den Transplantationszentren und den anderen Krankenhäusern nach den Vorschriften dieses Gesetzes durchgeführt werden. Die Transplantationszentren müssen in der Koordinierungsstelle angemessen vertreten sein.

(2) Die Spitzenverbände der Krankenkassen gemeinsam, die Bundesärztekammer, die Deutsche Krankenhausgesellschaft oder die Bundesverbände der Krankenhausträger gemeinsam und die Koordinierungsstelle regeln durch Vertrag die Aufgaben der Koordinierungsstelle mit Wirkung für die Transplantationszentren und die anderen Krankenhäuser. Der Vertrag regelt insbesondere

1. die Anforderungen an die im Zusammenhang mit einer Organentnahme zum Schutz der Organempfänger erforderlichen Maßnahmen sowie die Rahmenregelungen für die Zusammenarbeit der Beteiligten,
2. die Zusammenarbeit und den Erfahrungsaustausch mit der Vermittlungsstelle,
3. die Unterstützung der Transplantationszentren bei Maßnahmen zur Qualitätssicherung,
4. den Ersatz angemessener Aufwendungen der Koordinierungsstelle für die Erfüllung ihrer Aufgaben nach diesem Gesetz einschließlich der Abgeltung von Leistungen, die Transplantationszentren und andere Krankenhäuser im Rahmen der Organentnahme erbringen.

(3) Der Vertrag nach den Absätzen 1 und 2 sowie seine Änderung bedarf der Genehmigung durch das Bundesministerium für Gesundheit und ist im Bundesanzeiger bekannt zu machen. Die Genehmigung ist zu erteilen, wenn der Vertrag oder seine Änderung den Vorschriften dieses Gesetzes und sonstigem Recht entspricht. Die Spitzenverbände der Krankenkassen gemeinsam, die Bundesärztekammer und die Deutsche Krankenhausgesellschaft oder die Bundesverbände der Krankenhausträger gemeinsam überwachen die Einhaltung der Vertragsbestimmungen.

(4) Die Transplantationszentren und die anderen Krankenhäuser sind verpflichtet, untereinander und mit der Koordinierungsstelle zusammenzuarbeiten. Die Krankenhäuser sind verpflichtet, den endgültigen, nicht behebbaren Ausfall der Gesamtfunktion des Großhirns, des Kleinhirns und des Hirnstamms von Patienten, die nach ärztlicher Beurteilung als Spender vermittlungspflichtiger Organe in Betracht kommen, dem zuständigen Transplantationszentrum mitzuteilen, das die Koordinierungsstelle unterrichtet. Das zuständige Transplantationszentrum klärt in Zusammenarbeit mit der Koordinierungsstelle, ob die Voraussetzungen für eine Organentnahme vorliegen. Hierzu erhebt das zuständige Transplantationszentrum die Personalien dieser Patienten und weitere für die Durchführung der Organentnahme und -vermittlung erforderliche personenbezogene Daten. Die Krankenhäuser sind verpflichtet, dem zuständigen Transplantationszentrum diese Daten zu übermitteln; dieses übermittelt die Daten an die Koordinierungsstelle.

(5) Die Koordinierungsstelle veröffentlicht jährlich einen Bericht, der die Tätigkeit jedes Transplantationszentrums im vergangenen Kalenderjahr nach einheitlichen Vorgaben darstellt und insbesondere folgende, nicht personenbezogene Angaben enthält:

1. Zahl und Art der durchgeführten Organübertragungen nach § 9 und ihre Ergebnisse, getrennt nach Organen von Spendern nach den §§ 3 und 4 sowie nach § 8,
2. die Entwicklung der Warteliste, insbesondere aufgenommene, transplantierte, aus anderen Gründen ausgeschiedene sowie verstorbene Patienten,
3. die Gründe für die Aufnahme oder Nichtaufnahme in die Warteliste,

4. Altersgruppe, Geschlecht, Familienstand und Versichertenstatus der zu den Nummern 1 bis 3 betroffenen Patienten,
5. die Nachbetreuung der Spender nach § 8 Abs. 3 Satz 1 und die Dokumentation ihrer durch die Organspende bedingten gesundheitlichen Risiken,
6. die durchgeführten Maßnahmen zur Qualitätssicherung nach § 10 Abs. 2 Nr. 6.

In dem Vertrag nach Absatz 2 können einheitliche Vorgaben für den Tätigkeitsbericht und die ihm zugrundeliegenden Angaben der Transplantationszentren vereinbart werden.

(6) Kommt ein Vertrag nach den Absätzen 1 und 2 nicht innerhalb von zwei Jahren nach Inkrafttreten dieses Gesetzes zustande, bestimmt das Bundesministerium für Gesundheit durch Rechtsverordnung mit Zustimmung des Bundesrates die Koordinierungsstelle und ihre Aufgaben.

§ 12 Organvermittlung, Vermittlungsstelle

(1) Zur Vermittlung der vermittlungspflichtigen Organe errichten oder beauftragen die Spitzenverbände der Krankenkassen gemeinsam, die Bundesärztekammer und die Deutsche Krankenhausgesellschaft oder die Bundesverbände der Krankenhausträger gemeinsam eine geeignete Einrichtung (Vermittlungsstelle). Sie muss auf Grund einer finanziell und organisatorisch eigenständigen Trägerschaft, der Zahl und Qualifikation ihrer Mitarbeiter, ihrer betrieblichen Organisation sowie ihrer sachlichen Ausstattung die Gewähr dafür bieten, dass die Organvermittlung nach den Vorschriften dieses Gesetzes erfolgt. Soweit sie Organe vermittelt, die außerhalb des Geltungsbereichs dieses Gesetzes entnommen werden, muss sie auch gewährleisten, dass die zum Schutz der Organempfänger erforderlichen Maßnahmen nach dem Stand der Erkenntnisse der medizinischen Wissenschaft durchgeführt werden. Es dürfen nur Organe vermittelt werden, die im Einklang mit den am Ort der Entnahme geltenden Rechtsvorschriften entnommen worden sind, soweit deren Anwendung nicht zu einem Ergebnis führt, das mit wesentlichen Grundsätzen des deutschen Rechts, insbesondere mit den Grundrechten, offensichtlich unvereinbar ist.

(2) Als Vermittlungsstelle kann auch eine geeignete Einrichtung beauftragt werden, die ihren Sitz außerhalb des Geltungsbereichs dieses Gesetzes hat und die Organe im Rahmen eines internationalen Organaustausches unter Anwendung der Vorschriften dieses Gesetzes für die Organvermittlung vermittelt. Dabei ist sicherzustellen, dass die Vorschriften der §§ 14 und 15 sinngemäß Anwendung finden; eine angemessene Datenschutzaufsicht muss gewährleistet sein.

(3) Die vermittlungspflichtigen Organe sind von der Vermittlungsstelle nach Regeln, die dem Stand der Erkenntnisse der medizinischen Wissenschaft entsprechen, insbesondere nach Erfolgsaussicht und Dringlichkeit für geeignete Patienten zu vermitteln. Die Wartelisten der Transplantationszentren sind dabei als eine einheitliche Warteliste zu behandeln. Die Vermittlungsentscheidung ist für jedes Organ unter Angabe der Gründe zu dokumentieren und unter Verwendung der Kennnummer dem Transplantationszentrum und der Koordinierungsstelle zu übermitteln.

(4) Die Spitzenverbände der Krankenkassen gemeinsam, die Bundesärztekammer, die Deutsche Krankenhausgesellschaft oder die Bundesverbände der Krankenhausträger gemeinsam und die Vermittlungsstelle regeln durch Vertrag die Aufgaben der Vermittlungsstelle mit Wirkung für die Transplantationszentren. Der Vertrag regelt insbesondere

1. die Art der von den Transplantationszentren nach § 13 Abs. 3 Satz 3 zu meldenden Angaben über die Patienten sowie die Verarbeitung und Nutzung dieser Angaben durch die Vermittlungsstelle in einheitlichen Wartelisten für die jeweiligen Arten der durchzuführenden Organübertragungen,
2. die Erfassung der von der Koordinierungsstelle nach § 13 Abs. 1 Satz 4 gemeldeten Organe,
3. die Vermittlung der Organe nach den Vorschriften des Absatzes 3 sowie Verfahren zur Einhaltung der Vorschriften des Absatzes 1 Satz 3 und 4,
4. die Überprüfung von Vermittlungsentscheidungen in regelmäßigen Abständen durch eine von den Vertragspartnern bestimmte Prüfungskommission,

5. die Zusammenarbeit und den Erfahrungsaustausch mit der Koordinierungsstelle und den Transplantationszentren,
6. eine regelmäßige Berichterstattung der Vermittlungsstelle an die anderen Vertragspartner,
7. den Ersatz angemessener Aufwendungen der Vermittlungsstelle für die Erfüllung ihrer Aufgaben nach diesem Gesetz,
8 eine vertragliche Kündigungsmöglichkeit bei Vertragsverletzungen der Vermittlungsstelle.

(5) Der Vertrag nach den Absätzen 1 und 4 sowie seine Änderung bedarf der Genehmigung durch das Bundesministerium für Gesundheit und ist im Bundesanzeiger bekanntzumachen. Die Genehmigung ist zu erteilen, wenn der Vertrag oder seine Änderung den Vorschriften dieses Gesetzes und sonstigem Recht entspricht. Die Spitzenverbände der Krankenkassen gemeinsam, die Bundesärztekammer und die Deutsche Krankenhausgesellschaft oder die Bundesverbände der Krankenhausträger gemeinsam überwachen die Einhaltung der Vertragsbestimmungen.

(6) Kommt ein Vertrag nach den Absätzen 1 und 4 nicht innerhalb von zwei Jahren nach Inkrafttreten dieses Gesetzes zustande, bestimmt das Bundesministerium für Gesundheit durch Rechtsverordnung mit Zustimmung des Bundesrates die Vermittlungsstelle und ihre Aufgaben.

Fünfter Abschnitt. Meldungen, Datenschutz, Fristen, Richtlinien zum Stand der Erkenntnisse der medizinischen Wissenschaft

§ 13 Meldungen, Begleitpapiere

(1) Die Koordinierungsstelle verschlüsselt in einem mit den Transplantationszentren abgestimmten Verfahren die personenbezogenen Daten des Organspenders und bildet eine Kenn-Nummer, die ausschließlich der Koordinierungsstelle einen Rückschluss auf die Person des Organspenders ermöglicht. Die Kenn-Nummer ist in die Begleitpapiere für das entnommene Organ aufzunehmen. Die Begleitpapiere enthalten daneben alle für die Organübertragung erforderlichen medizinischen Angaben. Die Koordinierungsstelle meldet das Organ, die Kenn-Nummer und die für die Organvermittlung erforderlichen medizinischen Angaben an die Vermittlungsstelle und übermittelt nach Entscheidung der Vermittlungsstelle die Begleitpapiere an das Transplantationszentrum, in dem das Organ auf den Empfänger übertragen werden soll. Das Nähere wird im Vertrag nach § 11 Abs. 2 geregelt.

(2) Die Koordinierungsstelle darf Angaben aus den Begleitpapieren mit den personenbezogenen Daten des Organspenders zur weiteren Information über diesen nur gemeinsam verarbeiten und nutzen, insbesondere zusammenführen und an die Transplantationszentren weitergeben, in denen Organe des Spenders übertragen worden sind, soweit dies zur Abwehr einer zu befürchtenden gesundheitlichen Gefährdung der Organempfänger erforderlich ist.

(3) Der behandelnde Arzt hat Patienten, bei denen die Übertragung vermittlungspflichtiger Organe medizinisch angezeigt ist, mit deren schriftlicher Einwilligung unverzüglich an das Transplantationszentrum zu melden, in dem die Organübertragung vorgenommen werden soll. Die Meldung hat auch dann zu erfolgen, wenn eine Ersatztherapie durchgeführt wird. Die Transplantationszentren melden die für die Organvermittlung erforderlichen Angaben über die in die Wartelisten aufgenommenen Patienten nach deren schriftlicher Einwilligung an die Vermittlungsstelle. Der Patient ist vor der Einwilligung darüber zu unterrichten, an welche Stellen seine personenbezogenen Daten übermittelt werden. Duldet die Meldung nach Satz 1 oder 3 wegen der Gefahr des Todes oder einer schweren Gesundheitsschädigung des Patienten keinen Aufschub, kann sie auch ohne seine vorherige Einwilligung erfolgen; die Einwilligung ist unverzüglich nachträglich einzuholen.

§ 14 Datenschutz

(1) Ist die Koordinierungsstelle oder die Vermittlungsstelle eine nicht-öffentliche Stelle im Geltungsbereich dieses Gesetzes, gilt § 38 des Bundesdatenschutzgesetzes mit der Maßgabe, dass die Aufsichtsbehörde die Einhaltung der Vorschriften über den Datenschutz überwacht, auch wenn ihr hinreichende Anhaltspunkte für eine Verletzung dieser Vorschriften nicht vorliegen oder die Daten nicht in Dateien verarbeitet werden. Dies gilt auch für die Verarbeitung und Nutzung personenbezogener Daten durch Personen mit Ausnahme des Erklärenden, an die nach § 2 Abs. 4 Auskunft aus dem Organspenderegister erteilt oder an die die Auskunft weitergegeben worden ist.

(2) Die an der Erteilung oder Weitergabe der Auskunft nach § 2 Abs. 4 beteiligten Personen mit Ausnahme des Erklärenden, die an der Stellungnahme nach § 8 Abs. 3 Satz 2, die an der Mitteilung, Unterrichtung oder Übermittlung nach § 11 Abs. 4 sowie die an der Organentnahme, -vermittlung oder -übertragung beteiligten Personen dürfen personenbezogene Daten der Organspender und der Organempfänger nicht offenbaren. Dies gilt auch für personenbezogene Daten von Personen, die nach § 3 Abs. 3 Satz 1 über die beabsichtigte oder nach § 4 über eine in Frage kommende Organentnahme unterrichtet worden sind. Die im Rahmen dieses Gesetzes erhobenen personenbezogenen Daten dürfen für andere als in diesem Gesetz genannte Zwecke nicht verarbeitet oder genutzt werden. Sie dürfen für gerichtliche Verfahren verarbeitet und genutzt werden, deren Gegenstand die Verletzung des Offenbarungsverbots nach Satz 1 oder 2 ist.

§ 15 Aufbewahrungs- und Löschungsfristen

Die Aufzeichnungen über die Beteiligung nach § 4 Abs. 4, zur Feststellung der Untersuchungsergebnisse nach § 5 Abs. 2 Satz 3, zur Aufklärung nach § 8 Abs. 2 Satz 3 und zur gutachtlichen Stellungnahme nach § 8 Abs. 3 Satz 2 sowie die Dokumentationen der Organentnahme, -vermittlung und -übertragung sind mindestens zehn Jahre aufzubewahren. Die in Aufzeichnungen und Dokumentationen nach den Sätzen 1 und 2 enthaltenen personenbezogenen Daten sind spätestens bis zum Ablauf eines weiteren Jahres zu vernichten; soweit darin enthaltene personenbezogene Daten in Dateien gespeichert sind, sind diese innerhalb dieser Frist zu löschen.

§ 16 Richtlinien zum Stand der Erkenntnisse der medizinischen Wissenschaft

(1) Die Bundesärztekammer stellt den Stand der Erkenntnisse der medizinischen Wissenschaft in Richtlinien fest für

1. die Regeln zur Feststellung des Todes nach § 3 Abs. 1 Nr. 2 und die Verfahrensregeln zur Feststellung des endgültigen, nicht behebbaren Ausfalls der Gesamtfunktion des Großhirns, des Kleinhirns und des Hirnstamms nach § 3 Abs. 2 Nr. 2 einschließlich der dazu jeweils erforderlichen ärztlichen Qualifikation,
2. die Regeln zur Aufnahme in die Warteliste nach § 10 in Abs. 2 Nr. 2 einschließlich der Dokumentation der Gründe für die Aufnahme oder die Ablehnung der Aufnahme,
3. die ärztliche Beurteilung nach § 11 Abs. 4 Satz 2,
4. die Anforderungen an die im Zusammenhang mit einer Organentnahme zum Schutz der Organempfänger erforderlichen Maßnahmen einschließlich ihrer Dokumentation, insbesondere an
   a) die Untersuchung des Organspenders, der entnommenen Organe und der Organempfänger, um die gesundheitlichen Risiken für die Organempfänger, insbesondere das Risiko der Übertragung von Krankheiten, so gering wie möglich zu halten,
   b) die Konservierung, Aufbereitung, Aufbewahrung und Beförderung der Organe, um diese in einer zur Übertragung oder zur weiteren Aufbereitung und Aufbewahrung vor einer Übertragung geeigneten Beschaffenheit zu erhalten,
5. die Regeln zur Organvermittlung nach § 12 Abs. 3 Satz 1 und
6. die Anforderungen an die im Zusammenhang mit einer Organentnahme und -übertragung erforderlichen Maßnahmen zur Qualitätssicherung.

Die Einhaltung des Standes der Erkenntnisse der medizinischen Wissenschaft wird vermutet, wenn die Richtlinien der Bundesärztekammer beachtet worden sind.
(2) Bei der Erarbeitung der Richtlinien nach Absatz 1 Satz 1 Nr. 1 und 5 sollen Ärzte, die weder an der Entnahme noch an der Übertragung von Organen beteiligt sind, noch Weisungen eines Arztes unterstehen, der an solchen Maßnahmen beteiligt ist, bei der Erarbeitung der Richtlinien nach Absatz 1 Satz 1 Nr. 2 und 5 Personen mit der Befähigung zum Richteramt und Personen aus dem Kreis der Patienten, bei der Erarbeitung von Richtlinien nach Absatz 1 Satz 1 Nr. 5 ferner Personen aus dem Kreis der Angehörigen von Organspendern nach § 3 oder § 4 angemessen vertreten sein.

Sechster Abschnitt. Verbotsvorschriften

§ 17 Verbot des Organhandels

(1) Es ist verboten, mit Organen, die einer Heilbehandlung zu dienen bestimmt sind, Handel zu treiben. Satz 1 gilt nicht für

1. die Gewährung oder Annahme eines angemessenen Entgelts für die zur Erreichung des Ziels der Heilbehandlung gebotenen Maßnahmen, insbesondere für die Entnahme, die Konservierung, die weitere Aufbereitung einschließlich der Maßnahmen zum Infektionsschutz, die Aufbewahrung und die Beförderung der Organe, sowie
2. Arzneimittel, die aus oder unter Verwendung von Organen hergestellt sind und den Vorschriften des Arzneimittelgesetzes über die Zulassung oder Registrierung unterliegen oder durch Rechtsverordnung von der Zulassung oder Registrierung freigestellt sind.

(2) Ebenso ist verboten, Organe, die nach Absatz 1 Satz 1 Gegenstand verbotenen Handeltreibens sind, zu entnehmen, auf einen anderen Menschen zu übertragen oder sich übertragen zu lassen.

Siebter Abschnitt. Straf- und Bußgeldvorschriften

§ 18 Organhandel

(1) Wer entgegen § 17 Abs. 1 Satz 1 mit einem Organ Handel treibt oder entgegen § 17 Abs. 2 ein Organ entnimmt, überträgt oder sich übertragen lässt, wird mit Freiheitsstrafe bis zu fünf Jahren oder mit Geldstrafe bestraft.
(2) Handelt der Täter in den Fällen des Absatzes 1 gewerbsmäßig, ist die Strafe Freiheitsstrafe von einem Jahr bis zu fünf Jahren.
(3) Der Versuch ist strafbar.
(4) Das Gericht kann bei Organspendern, deren Organe Gegenstand verbotenen Handeltreibens waren, und bei Organempfängern von einer Bestrafung nach Absatz 1 absehen oder die Strafe nach seinem Ermessen mildern (§ 49 Abs. 2 des Strafgesetzbuchs).

§ 19 Weitere Strafvorschriften

(1) Wer entgegen § 3 Abs. 1 oder 2 oder § 4 Abs. 1 Satz 2 ein Organ entnimmt, wird mit Freiheitsstrafe bis zu drei Jahren oder mit Geldstrafe bestraft.
(2) Wer entgegen § 8 Abs 1 Satz 1 Nr. 1 Buchstabe a, b Nr. 4 oder Satz 2 ein Organ entnimmt, wird mit Freiheitsstrafe bis zu fünf Jahren oder mit Geldstrafe bestraft.
(3) Wer entgegen § 2 Abs. 4 Satz 1 oder 3 eine Auskunft erteilt oder weitergibt oder entgegen § 13 Abs. 2 Angaben verarbeitet oder nutzt oder entgegen § 14 Abs. 2 Satz 1 bis 3 personenbezogene Daten offenbart, verarbeitet oder nutzt, wird, wenn die Tat nicht in § 203 des Strafgesetzbuchs mit Strafe bedroht ist, mit Freiheitsstrafe bis zu einem Jahr oder mit Geldstrafe bestraft.
(4) In den Fällen der Absätze 1 und 2 ist der Versuch strafbar.

(5) Handelt der Täter in den Fällen des Absatzes 1 fahrlässig, ist die Strafe Freiheitsstrafe bis zu einem Jahr oder Geldstrafe.

§ 20 Bußgeldvorschriften

(1) Ordnungswidrig handelt, wer vorsätzlich oder fahrlässig

1. entgegen § 5 Abs. 2 Satz 3 die Feststellung der Untersuchungsergebnisse oder ihren Zeitpunkt nicht, nicht richtig, nicht vollständig oder nicht in der vorgeschriebenen Weise aufzeichnet oder nicht unterschreibt,
2. entgegen § 9 ein Organ überträgt,
3. entgegen § 10 Abs. 2 Nr. 4, auch in Verbindung mit Abs. 3, die Organübertragung nicht oder nicht in der vorgeschriebenen Weise dokumentiert oder
4. entgegen § 15 Satz 1 eine dort genannte Unterlage nicht oder nicht mindestens zehn Jahre aufbewahrt.

(2) Die Ordnungswidrigkeit kann in den Fällen des Absatzes 1 Nr. 1 bis 3 mit einer Geldbuße bis zu 25.000 Euro, in den Fällen des Absatzes 1 Nr. 4 mit einer Geldbuße bis zu 2.500 Euro geahndet werden.

Achter Abschnitt. Schlussvorschriften

§§ 21 bis 25 Änderungen anderer Gesetze *(nicht abgedruckt)*

§ 26 Inkrafttreten, Außerkrafttreten

(1) Dieses Gesetz tritt am 1. Dezember 1997 in Kraft, soweit in Satz 2 nichts Abweichendes bestimmt ist. § 8 Abs. 3 Satz 2 und 3 tritt am 1. Dezember 1999 in Kraft.

(2) Am 1. Dezember 1997 treten außer Kraft:

1. die Verordnung über die Durchführung von Organtransplantationen vom 4. Juli 1975 (GBl. I Nr. 32 S. 597), geändert durch Verordnung vom 5. August 1987 (GBl. I Nr. 19 S. 199),
2. die Erste Durchführungsbestimmung zur Verordnung über die Durchführung von Organtransplantationen vom 29. März 1977 (GBl. I Nr. 13 S. 141).

28a. Kriterien des Hirntodes. Stellungnahme des Wissenschaftlichen Beirates der Bundesärztekammer

Kriterien des Hirntodes. Entscheidungshilfen zur Feststellung des Hirntodes. Dritte Fortschreibung 1997 mit Ergänzungen gemäß Transplantationsgesetz (TPG) (DÄB 95, Heft 30, 24. Juli 1998 [53] A-1861)

Vorspann

Das am 1. Dezember 1997 in Kraft getretene Transplantationsgesetz weist der Bundesärztekammer eine Fülle neuer Aufgaben zu. Nach § 16 Abs. 1 Nr. 1 „stellt die Bundesärztekammer den Stand der Erkenntnisse der medizinischen Wissenschaft in Richtlinien für die Regeln zur Feststellung des Todes nach § 3 Abs. 1 Nr. 2 und die Verfahrensregeln zur Feststellung des endgültigen nicht behebbaren Ausfalls der Gesamtfunktion des Großhirns, des Kleinhirns und des Hirnstamms nach § 3 Abs. 2 Nr. 2 [. . .] fest.“ § 5 Abs. 1 erfordert eine formale Ergänzung der 1997 vom Wissenschaftlichen Beirat der Bundesärztekammer veröffentlichten dritten Fortschreibung der „Kriterien des Hirntodes“. Demgemäß wird der bisherige Text mit den rechtlich erforderlich gewordenen Ergänzungen veröffentlicht. Die Einfügungen sind in den jeweiligen Abschnitten durch Fettdruck kenntlich gemacht.

Einleitung

Die folgenden Richtlinien sind verpflichtende Entscheidungsgrundlagen für den Arzt, der die unteilbare Verantwortung für die Feststellung des Hirntodes trägt. Mit dem Hirntod ist naturwissenschaftlich-medizinisch der Tod des Menschen festgestellt. Wird vom Arzt ein äußeres sicheres Zeichen des Todes festgestellt, so ist damit auch der Hirntod nachgewiesen. Die Erfüllung der Voraussetzungen, die obligate Feststellung von Bewusstlosigkeit (Koma), Hirnstamm-Areflexie und Atemstillstand (Apnoe) sowie die vorgesehenen Beobachtungszeiten oder geeignete ergänzende Untersuchungen geben dem Arzt die Sicherheit, den Hirntod festzustellen und zu dokumentieren.

Der Hirntod kann in jeder Intensivstation auch ohne ergänzende apparative Diagnostik festgestellt werden. Die Besonderheiten im Kindesalter werden im Abschnitt 4, die Besonderheiten bei primären infratentoriellen Hirnschädigungen in Anmerkung 6 beschrieben.

Definition; Diagnose

Der Hirntod wird definiert als Zustand der irreversibel erloschenen Gesamtfunktion des Großhirns, des Kleinhirns und des Hirnstamms. Dabei wird durch kontrollierte Beatmung die Herz- und Kreislauffunktion noch künstlich aufrechterhalten.

Die Diagnose des Hirntodes erfordert

- die Erfüllung der Voraussetzungen,
- die Feststellung der klinischen Symptome Bewusstlosigkeit (Koma), Hirnstamm-Areflexie und Atemstillstand (Apnoe), sowie
- den Nachweis der Irreversibilität der klinischen Ausfallsymptome.

Das diagnostische Vorgehen wird nachfolgend beschrieben.

Praktische Entscheidungshilfen

1. Voraussetzungen
1.1. Vorliegen einer akuten schweren primären oder sekundären Hirnschädigung.
Bei den primären Hirnschädigungen ist zwischen supratentoriellen und infratentoriellen Schädigungen zu unterscheiden (Anmerkung 1).
1.2. Ausschluss von Intoxikation, dämpfender Wirkung von Medikamenten, neuromuskulärer Blockade, primärer Unterkühlung, Kreislaufschock, Koma bei endokriner, metabolischer oder entzündlicher Erkrankung als möglicher Ursache oder Mitursache des Ausfalls der Hirnfunktion im Untersuchungszeitraum (Anmerkung 2).

2. Klinische Symptome des Ausfalls der Hirnfunktion (Anmerkung 3a und 3b)
2.1. Bewusstlosigkeit (Koma);
2.2. Lichtstarre beider ohne Mydriatikum mittel- bis maximal weiten Pupillen;
2.3. Fehlen des okulo-zephalen Reflexes;
2.4. Fehlen des Kornealreflexes;
2.5. Fehlen von Reaktionen auf Schmerzreize im Trigeminusbereich;
2.6. Fehlen des Pharyngeal- und Trachealreflexes;
2.7. Ausfall der Spontanatmung (Anmerkung 3b).
Die übrige neurologische und vegetative Symptomatik ist zu berücksichtigen (Anmerkung 4).
Die Erfüllung der Voraussetzungen (siehe 1.) und alle geforderten klinischen Symptome (siehe 2.) müssen übereinstimmend und unabhängig von zwei qualifizierten Ärzten (Anmerkung 5) festgestellt und dokumentiert werden (siehe Protokollbogen).

3. Nachweis der Irreversibilität der klinischen Ausfallsymptome
Bei primären supratentoriellen oder bei sekundären Hirnschädigungen muss die Irreversibilität der klinischen Ausfallsymptome nachgewiesen werden entweder
- durch weitere klinische Beobachtungen während angemessener Zeit (siehe 3.1.) oder
- durch ergänzende Untersuchungen (siehe 3.2.).

Bei primären infratentoriellen Hirnschädigungen (siehe Anmerkung 1) kann der Hirntod erst beim Vorliegen eines Null-Linien-EEGs oder beim Nachweis des zerebralen Zirkulationsstillstandes festgestellt werden.
3.1. Zeitdauer der Beobachtung
Die Irreversibilität des Hirnfunktionsausfalls und damit der Hirntod ist erst dann nachgewiesen, wenn die klinischen Ausfallsymptome (siehe 2.)
- bei Erwachsenen und bei Kindern ab dem dritten Lebensjahr
- mit primärer Hirnschädigung nach mindestens zwölf Stunden,
- mit sekundärer Hirnschädigung nach mindestens drei Tagen

erneut übereinstimmend nachgewiesen worden sind.

3.2. Ergänzende Untersuchungen
Sie können nicht allein den irreversiblen Hirnfunktionsausfall nachweisen. Die Irreversibilität der klinischen Ausfallsymptome (siehe 2.) kann – außer durch die Verlaufsbeobachtung – alternativ nachgewiesen werden durch:
- Null-Linien-EEG oder
- Erlöschen evozierter Potentiale oder
- zerebralen Zirkulationsstillstand.

3.2.1. EEG
Ergibt eine standardisierte EEG-Ableitung eine hirnelektrische Stille (Null-Linien-EEG) (Anmerkung 6), so kann die Irreversibilität des Hirnfunktionsausfalls ohne weitere Beobachtungszeit festgestellt werden.

3.2.2. Evozierte Potentiale
Bei primären supratentoriellen und bei sekundären Hirnschädigungen kann unter bestimmten Bedingungen das Erlöschen der intrazerebralen Komponenten der frühen akustischen oder der zerebralen und der hochzervikalen Komponenten der somatosensibel evozierten Potentiale (FAEP, SEP) die Irreversibilität des Hirnfunktionsausfalls beweisen und eine weitere Beobachtungszeit ersetzen (Anmerkung 7).
3.2.3. Zerebraler Zirkulationsstillstand
Dieser kann bei ausreichendem Systemblutdruck mittels Dopplersonographie oder durch zerebrale Perfusionsszintigraphie nachgewiesen werden (Anmerkung 8). Bei zerebralem Zirkulationsstillstand kann die Irreversibilität des Hirnfunktionsausfalls ohne weitere Beobachtungszeit festgestellt werden.
Wurde bei einer zur Klärung der Art der Hirnschädigung oder zur Therapieentscheidung durchgeführten selektiven Angiographie (Anmerkung 8) ein zerebraler Zirkulationsstillstand nachgewiesen, so kann die Irreversibilität des Hirnfunktionsausfalls ohne weitere Beobachtungszeit festgestellt werden.
Trotz irreversibel erloschener Gesamtfunktion des Gehirns kann seine Zirkulation teilweise erhalten sein, wenn der intrakranielle Druck nicht stark genug angestiegen ist, z.B. bei großen offenen Schädel-Hirnverletzungen, aber auch bei sekundären Hirnschäden. Es muss dann die Irreversibilität des Hirnfunktionsausfalles durch Verlaufsbeobachtung oder durch neurophysiologische Befunde nachgewiesen werden.

4. Besonderheiten bei Kindern vor dem dritten Lebensjahr
Bei Frühgeborenen (unter 37 Wochen postmenstruell) ist das den Entscheidungshilfen zugrunde liegende Konzept der Hirntodfeststellung bisher nicht anwendbar.
Bei reifen Neugeborenen (0–28 Tage), Säuglingen (29–365 Tage) und Kleinkindern bis zum vollendeten zweiten Lebensjahr (366–730 Tage) gelten die unter 1. genannten Voraussetzungen und die unter 2. beschriebenen klinischen Ausfallsymptome. Ihre Überprüfung erfordert jedoch wegen der reifungsbedingten pathophysiologischen Umstände besondere Kenntnisse und Erfahrungen.
Die Beobachtungszeit der klinischen Ausfallsymptome beträgt unabhängig von ihrer Ursache
- bei reifen Neugeborenen mindestens 72 Stunden,
- bei Säuglingen und Kleinkindern mindestens 24 Stunden.

Die Irreversibilität der klinischen Ausfallsymptome ist nur dann nachgewiesen, wenn bei den erforderlichen mindestens zwei Untersuchungen jeweils zusätzlich
- entweder ein Null-Linien-EEG (Anmerkung 6)
- oder das Fehlen der FAEP (Anmerkung 7)
- oder dopplersonographisch ein zerebraler Zirkulationstillstand (Anmerkung 8)

festgestellt worden ist.

Das Perfusionsszintigramm muss als ergänzende Untersuchung nur einmal, und zwar nach der zweiten klinischen Feststellung der Ausfallsymptome durchgeführt werden.
Anders als mit dem EEG befassen sich bisher nur wenige Literaturmitteilungen mit dem Nachweis der Irreversibilität der klinischen Ausfallsymptome im
- 1. Lebenshalbjahr mittels Untersuchung der FAEP oder Dopplersonographie,
- 1. Lebensmonat mittels Perfusionsszintigraphie.

Anmerkungen

Anmerkung 1: Art der Hirnschädigung
Primäre Hirnschädigungen, insbesondere Hirnverletzungen, intrakranielle Blutungen, Hirninfarkte, Hirntumoren oder akuter Verschluss-Hydrozephalus, betreffen das Gehirn unmittelbar und strukturell.

Bei primären infratentoriellen Prozessen wird auf die Besonderheiten der Symptomfolge hingewiesen, die den Nachweis eines Null-Linien-EEGs (Anmerkung 6) oder des zerebralen Zirkulationsstillstandes (Anmerkung 8) zwingend erforderlich machen.
Sekundäre Hirnschädigungen betreffen das Gehirn mittelbar über den Stoffwechsel und können die Folge z.B. von Hypoxie, von kardial bedingtem Kreislaufstillstand oder langdauerndem Schock sein (vergleiche Kommentar).

Anmerkung 2: Einschränkende Voraussetzungen
Durch Vorgeschichte und Befund muss sichergestellt sein, dass keiner der unter 1.2. beschriebenen Faktoren die Ausfallsymptome zum Untersuchungszeitpunkt erklärt. Die Bedeutung zentral dämpfender Medikamente für die Ausfallsymptome lässt sich beurteilen durch

- die Zuordnung von bisher verabreichten Medikamenten zu den vorher erhobenen Befunden,
- Wirkung von Antidots,
- medikamentös nicht unterdrückbaren neurophysiologischen Befunde, 1 Untersuchung der Hirndurchblutung.

Bei den hier diskutierten Hirnschädigungen gibt es derzeit für die Beurteilung medikamentöser Einflüsse auf bestimmte Befunde keine gesicherten Konzentrations-Wirkungsbeziehungen der meisten zentral dämpfenden Medikamente.
Im Zweifelsfall muss innerhalb der Hirntoddiagnostik ein zerebraler Zirkulationsstillstand nachgewiesen werden.

Anmerkung 3a: Untersuchung von Koma und Hirnstamm-Areflexie
Der hier zu fordernde Koma-Grad ist definiert als Bewußtlosigkeit ohne Augenöffnung und ohne andere zerebrale Reaktion auf wiederholten adäquaten Schmerzreiz (Anmerkung 4).
Starker Druck auf die supraorbitalen Nervenaustrittspunkte oder Schmerzreize an der Nasenschleimhaut lösen keine motorische und keine vegetative Reaktion aus. (Cave: Gesichtsschädelverletzungen)
Bei dem okulo-zephalen Reflex fehlt bei plötzlicher, passiver Kopf-Seitwärtsdrehung (Cave: HWS-Instabilität) die normale Bulbus-Abweichung zur Gegenseite (Puppenkopfphänomen) und jede andere Augenbewegung. Alternativ kann eine beiderseitige kalt-kalorische Vestibularisprüfung vorgenommen werden; auch dabei muss jede Augenbewegung fehlen. Wartezeit zwischen den Spülungen beider Seiten: 5 Minuten.
Prüfung des Pharyngealreflexes durch mehrfache Spatelberührung im Rachen, des Trachealreflexes durch Reiz mit einem in den Trachealtubus bis zur Carina eingeführten Katheter.

Anmerkung 3b: Prüfung des Atemstillstandes
Der Apnoe-Test ist für die Feststellung des Hirntodes obligatorisch. Er kann wegen der physiologischen Wirkungen der Hyperkapnie erst als letzte klinische Untersuchung des Hirnfunktionsausfalls durchgeführt werden. Ein zentraler Atemstillstand liegt vor, wenn bei bisher gesunden Menschen bei einem pa CO2^3 60 mmHg keine Eigenatmung einsetzt. Die Hyperkapnie von mindestens 60 mmHg kann je nach einer O2-Gaswechselstörung entweder durch Diskonnektion vom Respirator oder durch Hypoventilation herbeigeführt werden. Hinreichende Oxygenation ist durch intratracheale O2-Insufflation oder Beatmung mit reinem O2 zu gewährleisten.
Für Patienten, deren Eigenatmung aufgrund kardio-pulmonaler Vorerkrankungen an einen CO2-Partialdruck von mehr als 45 mmHg adaptiert ist, gibt es keine allgemein anerkannten Werte des pa CO2 für den Apnoe-Test. In diesen Fällen ist der Funktionsausfall des Hirnstamms zusätzlich durch apparative Untersuchungen zu belegen (siehe 3.). Dies gilt auch, wenn ein Apnoe-Test wegen Thorax-Verletzungen oder ähnlicher Traumata nicht durchführbar ist.
Auch bei Anenzephalen muss innerhalb der Hirntod-Diagnostik der Atemstillstand nachgewiesen werden.

Anmerkung 4: Übrige neurologische und vegetative Symptomatik
Beim Hirntoten können spinale Reflexe und Extremitäten-Bewegungen (beispielsweise: Lazarus-Zeichen) sowie die Leitfähigkeit des peripheren Abschnittes von Hirnnerven, die periphere Erregbarkeit und spontane Entladungen im Elektromyogramm der Gesichtsmuskeln vorübergehend noch erhalten bleiben oder wiederkehren, solange der Körper-Kreislauf und die Beatmung aufrecht erhalten werden. Der über den Hirnstamm verlaufende Blinzelreflex erlischt klinisch mit der Hirnstamm-Areflexie.
Diagnostische Einschränkungen durch Blutdruckanstieg oder Fieber sind nicht bekannt geworden. Mit Eintritt des Hirntodes kann, je nach Temperatur von Umgebung und Beatmungsluft, die Körper-Kerntemperatur abfallen. Der Zeitpunkt des Auftretens eines Diabetes insipidus variiert; sein Fehlen schließt die Diagnose des Hirntodes nicht aus. Das Fortbestehen einer Schwangerschaft widerspricht nicht dem eingetretenen Hirntod der Mutter. Eine Schwangerschaft wird endokrinologisch von der Plazenta und nicht vom Gehirn der Mutter aufrechterhalten.

Anmerkung 5: Qualitätsanforderungen an die zwei Untersucher
Die beiden den Hirntod feststellenden und dokumentierenden Ärzte müssen gemäß den Anforderungen der „Richtlinien zum Inhalt der Weiterbildung" über eine mehrjährige Erfahrung in der Intensivbehandlung von Patienten mit schweren Hirnschädigungen verfügen. Nach dem endgültigen, nicht behebbaren Stillstand von Herz und Kreislauf kann der Hirntod von jedem approbierten Arzt durch äußere sichere Todeszeichen (zum Beispiel Totenflecke, Totenstarre) indirekt nachgewiesen werden.

Anmerkung 6: EEG-Untersuchung
Das EEG soll in Anlehnung an die Richtlinien der Deutschen Gesellschaft für klinische Neurophysiologie abgeleitet werden und muss von einem darin erfahrenen Arzt kontrolliert und beurteilt werden:

1. Die Registrierung muss mindestens 30 Minuten kontinuierlich, einwandfrei auswertbar und artefaktarm erfolgen.
2. Abgeleitet werden kann mit Klebe- oder mit Nadelelektroden. Stahlnadelelektroden können Polarisationseffekte zeigen. Daher muss für die gewählte Kombination aus Verstärker und Elektrode eine technisch stabile EEG-Ableitung über entsprechend lange Zeiten sichergestellt sein.
3. Die Elektroden sind nach dem 10:20-System zu setzen. Die Ableitprogramme sollen auch Abgriffe mit doppelten Elektroden-Abständen beinhalten, zum Beispiel: Fp1-C3, F3-P3 usw. Bei digitalen Systemen mit referentieller Registrierung sind für die Darstellungen Programme zu verwenden, die obige Empfehlungen berücksichtigen.
4. Die Elektrodenübergangswiderstände sollen zwischen 1 kOhm und 10 kOhm liegen und möglichst gleich niedrig sein. Die Messungen der Übergangswiderstände sollen die Referenzelektrode(n) und die Erdungselektrode(n) einschließen. Die Werte der Widerstände müssen zu Beginn und Ende der Aufzeichnung dokumentiert werden. Widerstände unter 1 kOhm können durch Flüssigkeits- oder Elektroden-Gel-Brücken verursacht werden.
5. Die Registrierung soll mit Standard-Filtereinstellungen erfolgen: untere Grenzfrequenz 0,53 Hz (Zeitkonstante 0,3 s), obere Grenzfrequenz 70 Hz, bei digitalen Systemen mit steilen Filterflanken entsprechend höher. Um auch sehr langsame Frequenzen zu erfassen, ist mindestens 10 Minuten mit einer unteren Grenzfrequenz von 0,16 Hz oder darunter (Zeitkonstante von 1 s oder länger) zu registrieren.
6. Die Ableitung soll mit der Verstärkereinstellung von 5 beziehungsweise 7 µV/mm begonnen werden. Die der Beurteilung zugrunde liegenden mindestens 30minütigen EEG-Abschnitte müssen mit höherer Verstärkung, teilweise mit einer Empfindlichkeit von wenigstens 2 µV mm aufgezeichnet werden. Bei digitaler EEGTechnik muss die Auswertung mit einer Auflösung von 2 µV/mm möglich sein. Die Geräteeichung soll mit einem Signal erfolgen,

dessen Höhe der Amplitude des zu erwartenden Signals entspricht, z.B. 20 µV bei einer Empfindlichkeit von 2 µV/mm. Die Eichsignale müssen am Beginn, bei jeder Änderung und am Ende der Ableitung aufgezeichnet werden. Steht kein entsprechend kleines Eichsignal zur Verfügung, muss das Eichsignal mit der Standardeinstellung aufgezeichnet und jede Verstärkeränderung dokumentiert werden.

7. Der Rauschpegel des EEG-Gerätes muss so gering sein, dass eine sichere Abgrenzung von EEG-Potentialen um 2 µV möglich ist.
8. Die Ableitung muss mit mindestens 8 EEG-Kanälen erfolgen. Zusätzlich ist kontinuierlich das EKG aufzuzeichnen. Andere als EKG-Artefakte müssen sicher identifiziert und vom EEG abgegrenzt werden.
9. Zu Beginn der Ableitung soll die Funktionstüchtigkeit der einzelnen Verstärker durch das Auslösen von Artefakten (Berühren der Elektroden) überprüft werden.

Anmerkung 7: Multimodal evozierte Potentiale

Die Untersuchungen sollen in Anlehnung an die Richtlinien der Deutschen Gesellschaft für klinische Neurophysiologie durchgeführt werden und müssen von einem in der Methode erfahrenen Arzt ausgeführt und einwandfrei dokumentiert werden.

Folgende FAEP-Muster weisen bei primären supratentoriellen und bei sekundären Hirnschädigungen die Irreversibilität der klinischen Ausfallsymptome gemäß den Voraussetzungen nach:

- Der progrediente, konsekutive Verlust der Wellen mit schließlich bilateralem Ausfall aller Komponenten,
- der progrediente, konsekutive Ausfall der Wellen III–V mit ein- oder beidseitig erhaltenen Wellen I oder I und II,
- isoliert erhaltene Wellen I oder I und II.

Stimulation: Geschirmte Kopfhörer mit überprüfter Reizpolarität und bekanntem, vom Hersteller belegtem Frequenzgang (alternativ pneumatisch arbeitende Kopfhörer, wobei die Latenzen um die Laufzeit im Schlauch zu korrigieren sind).

- Klickreize 100 µsec Dauer, Reizfrequenz 10–15 Hz, ungerade Wiederholungsrate,
- Sog- und Druckreize müssen getrennt gemittelt und gespeichert werden; falls dies technisch nicht möglich ist, sollen nur Sogpulse verwendet werden,
- Schalldruck 95 dB HL; kontralaterales Ohr mit 30 dB unter Klick-Schalldruck verrauschen.

Analysezeit: 10 ms, zur Artefaktabgrenzung (50 Hz) 20 ms.

Filtereinstellung (bei 6 dB/Oktave Filter): untere Grenzfrequenz 100–150 Hz, obere Grenzfrequenz 3000 Hz.

Elektrodenposition: Vertex (Cz), Referenz am ipsilateralen Ohrläppchen oder Mastoid (Welle I bei Ableitung mit Nadelelektrode aus dem Gehörgang besser zu identifizieren).

Elektroden: Sowohl Nadel- als auch Klebeelektroden. Der Elektrodenwiderstand soll 5 kW nicht überschreiten.

Mittelungsschritte: 1000–2000. Jede Messung muss mindestens einmal wiederholt werden, um die Wellen reproduzierbar zu belegen. Auf eine wirksame Artefaktunterdrückung ist zu achten.

Die hochzervikalen SEP erlöschen entsprechend dem kranio-kaudal fortschreitenden Zirkulationsausfall nicht notwendigerweise gleichzeitig mit dem EEG und den FAEP. Wenn keine Halsmarkschädigung vorliegt, weisen folgende SEP-Muster bei primären supratentoriellen und bei sekundären Hirnschädigungen die Irreversibiltät der klinischen Ausfallsymptome gemäß den Voraussetzungen nach:

- Ausfall der Komponente N 13 (ableitbar über HWK 2) bei Fehlen des kortikalen Primärkomplexes bei FzReferenz,
- Abbruch der Kette der Far-field-Potentiale spätestens nach der Komponente N 11/P 11 bei extrakranieller Referenz und Ableitung über der sensiblen Rinde.

Stimulation: Rechteckimpulse, Dauer 0,1–0,2 ms, Frequenz 3–5 Hz, Reizstärke 2–3 mA über der motorischen Schwelle, Kathode proximal.
Analysezeit: Bei Armnerven-Stimulation 40–50 ms, bei fehlender Reizantwort zu verdoppeln.
Filtereinstellung (bei 6 dB/Oktave Filter): untere Grenzfrequenz für kortikales SEP 5–10 Hz, für spinales SEP 20–50 Hz; obere Grenzfrequenz 1000–2000 Hz.
Elektrodenposition: Referenz Fz: Erb´scher Punkt, Dornfortsätze C7 und C2, kortikal C3´, C4´; Referenz Hand: C3´, C4´.
Elektrodenarten: Sowohl Nadel- als auch Klebeelektroden, Elektrodenwiderstand nicht über 5 kW.
Mittelungsschritte: 512–2048, mindestens einmal reproduziertes Potential. Auf eine wirksame Unterdrückung von Artefakten ist zu achten.

Anmerkung 8: Zerebraler Zirkulationsstillstand
Der irreversible Hirnfunktionsausfall ist meistens Folge eines zerebralen Zirkulationsstillstandes. Bei großen offenen Schädel-Hirn-Verletzungen und vereinzelt bei sekundären Hirnschädigungen kommt es aber, wenn der intrakranielle Druck nicht stark genug ansteigt, nicht zu einem zerebralen Zirkulationsstillstand. In diesen Fällen ist die Irreversibilität des Hirnfunktionsausfalles entweder durch Verlaufsbeobachtung oder neurophysiologische Befunde nachzuweisen.

Dopplersonographie
Der zerebrale Zirkulationsstillstand kann mit der Dopplersonographie durch transkranielle Beschallung der Hirnbasisarterien und Untersuchung der extrakraniellen hirnversorgenden Arterien von einem in dieser Methode speziell erfahrenen Untersucher bewiesen werden, wenn bei mindestens zweimaliger Untersuchung im Abstand von wenigstens 30 Minuten einer der folgenden Befunde beidseitig dokumentiert wird:

1. Biphasische Strömung (oszillierende Strömung) mit gleich ausgeprägter antero- und retrograder Komponente oder kleine frühsystolische Spitzen, die kleiner als 50 cm/s sind, und sonst fehlende systolische und diastolische Strömung in den Aa. cerebri mediae, Aa. carotides internae intrakraniell, sowie in den übrigen beschallbaren intrakraniellen Arterien und in den extrakraniellen Aa. carotides internae und Aa. vertebrales.
2. Ein Fehlen der Strömungssignale bei transkranieller Beschallung der Hirnbasisarterien kann nur dann als sicheres Zeichen eines zerebralen Kreislaufstillstandes gewertet werden, wenn derselbe Untersucher einen Signalverlust bei zuvor eindeutig ableitbaren intrakraniellen Strömungssignalen dokumentiert hat und an den extrakraniellen hirnversorgenden Arterien ebenfalls ein zerebraler Kreislaufstillstand nachweisbar ist.

Perfusionsszintigraphie
Hierbei müssen Radiopharmaka verwendet werden, deren diagnostische Sicherheit validiert worden ist wie das Tc-99m-Hexamethylpropylenaminoxim (HMPAO). Statische Szintigraphien erfassen die Gewebsdurchblutung durch den über viele Stunden in nahezu unveränderter Konzentration „getrappten" hydrophilen Tracer. Die fehlende Aufnahme des Radiopharmakons kann nicht medikamentös oder stoffwechselbedingt sein.
Szintigraphische Kriterien des Hirntodes sind die fehlende Darstellung der zerebralen Gefäße, der zerebralen Perfusion und der Anreicherung im Hirngewebe.
Die Szintigraphie muss in verschiedenen Ansichten und kann auch in tomographischer Technik erfolgen. Nach Bolusinjektion des Radiopharmakons erfolgt zunächst die Darstellung der großen kranialen Gefäße von ventral, anschließend erfolgen statische Szintigraphien zur Erfassung der Gewebsdurchblutung.
Eine Qualitätskontrolle soll in vitro durch die Bestimmung der Markierungsausbeute (möglichst größer als 90 Prozent) mittels Dünnschichtchromatographie erfolgen. Zusätzlich sollte durch Szintigraphien von Thorax und Abdomen die Prüfung der physiologischen Verteilung des Radiopharmakons als In-vivo-Qualitätskontrolle vorgenommen werden.

Angiographie
Die Indikationsstellung zur selektiven arteriellen Angiographie setzt Möglichkeiten therapeutischer Konsequenzen voraus.
Bei einer selektiven arteriellen Angiographie entsprechend 3. 2. 3. muss eine Darstellung beider Karotiden und des vertebrobasilären Kreislaufs erfolgen. Wenn dabei ein eindeutiger Stillstand des injizierten Kontrastmittels an der Hirnbasis oder im Anfangsteil der großen Hirnarterien erkennbar ist, so liegt ein zerebraler Zirkulationsstillstand vor. Dabei muss die Lage des Katheters dokumentiert sein und bei der Untersuchung von Erwachsenen ein ausreichender arterieller Blutmitteldruck > 80 mmHg, bei Kindern bis zur Pubertät > 60 mmHg bestanden haben.

Kommentar

Etwaige Zweifel an klinischen oder ergänzenden Untersuchungsbefunden erfordern in jedem Falle weitere Beobachtung und Behandlung.
Die auf wenige Minuten begrenzte Wiederbelebungszeit des Gehirns ist grundsätzlich kürzer als diejenige des Herzens. Zeitgrenzen für die Irreversibilität eines elektrokardiographisch als Kammerflimmern oder Asystolie dokumentierten Herzstillstandes können wegen der stark variablen Bedingungen nicht angegeben werden. In jedem Fall führt ein Herz-Kreislaufstillstand früher zum Hirntod als zur Irreversibilität des Herzstillstandes.

Todeszeitpunkt

Festgestellt wird nicht der Zeitpunkt des eintretenden, sondern der Zustand des bereits eingetretenen Todes. Als Todeszeit wird die Uhrzeit registriert, zu der die Diagnose und Dokumentation des Hirntodes abgeschlossen sind.

Geltungsbereich und Protokollierung

Die beschriebene Todesfeststellung durch Nachweis des Hirntodes ist unabhängig von einer danach medizinisch möglichen Organentnahme.
Die zur Diagnose des Hirntodes führenden klinischen und apparativen ergänzenden Untersuchungsbefunde sowie alle Umstände, die auf ihre Ausprägung Einfluss nehmen können, müssen mit Datum und Uhrzeit sowie den Namen der untersuchenden Ärzte dokumentiert werden. Die Aufzeichnung der Befunde ist auf dem Protokollbogen (siehe nachstehend abgedrucktes Muster) vorzunehmen; dieser ist im Krankenblatt zu archivieren.
Auch der indirekte Nachweis des Hirntodes durch äußere sichere Todeszeichen muss von zwei Ärzten bestätigt werden. Diese Bestätigung (s. „Hinweise zu Organ- und Gewebeentnahmen bei toten Spendern gemäß Transplantationsgesetz“) ist zusammen mit der amtlichen Todesbescheinigung (Leichenschauschein) aufzubewahren.
Die Protokollierung über Ort, Zeit und Teilnehmer des zu führenden Gespräches mit den Angehörigen ist notwendig.

Protokoll zur Feststellung des Hirntodes

Name__________ Vorname__________ geb.:__________ Alter:__________

Klinik:__________

Untersuchungsdatum:__________ Uhrzeit:__________ Protokollbogen-Nr.:__________

1. Voraussetzungen

1.1 Diagnose__________

Primäre Hirnschädigung:__________ supratentoriell__________ infratentoriell__________

Sekundäre Hirnschädigung:__________

Zeitpunkt des Unfalls/Krankheitsbeginns:__________

1.2 Folgende Feststellungen und Befunde bitte beantworten mit ja oder nein

Intoxikation	ausgeschlossen:__________
Relaxation	ausgeschlossen:__________
Primäre Hypothermie	ausgeschlossen:__________
Metabolisches oder endokrines Koma	ausgeschlossen:__________
Schock	ausgeschlossen:__________
Systolischer Blutdruck	__________mmHg

2. Klinische Symptome des Ausfalls der Hirnfunktion

2.1 Koma__________

2.2 Pupillen	weit / mittelweit	
	Lichtreflex beidseits	fehlt__________
2.3 Okulo-zephaler Reflex (Puppenkopf-Phänomen)	beidseits	fehlt__________
2.4 Korneal-Reflex beidseits		fehlt__________
2.5 Trigeminus-Schmerz-Reaktion beidseits		fehlt__________
2.6 Pharyngeal-/Tracheal-Reflex		fehlt__________
2.7 Apnoe-Test bei art. $p_a CO_2$ __________mmHg		erfüllt__________

3. Irreversibilitätsnachweis durch 3.1 oder 3.2

3.1 Beobachtungszeit:

Zum Zeitpunkt der hier protokollierten Untersuchungen bestehen die obengenannten Symptome seit __________ Std.

Weitere Beobachtung ist erforderlich mindestens 12/24/72 Stunden ja__________ nein__________

3.2. Ergänzende Untersuchungen:

	ja	nein	Datum	Uhrzeit	Arzt
3.2.1 Isoelektrisches (Null-Linien-) EEG, 30 Min. abgeleitet:					
3.2.2 Frühe akustisch evozierte Hirnstammpotentiale Welle III–V beidseits erloschen					
Medianus-SEP beidseits erloschen					

3.2.3 Zerebraler Zirkulationsstillstand beidseits festgestellt durch:

Dopplersonographie:__________ Perfusionsszintigraphie:__________ Zerebrale Angiographie:__________

Datum__________ Uhrzeit__________ untersuchender Arzt__________

Abschließende Diagnose:

Aufgrund obiger Befunde, zusammen mit den Befunden der Protokollbögen Nr.__________, wird der Hirntod und somit der **Tod des Patienten** festgestellt am:__________ um__________ Uhr.

Untersuchender Arzt:__________ __________

Name Unterschrift

Hinweise zu Organ- und Gewebeentnahmen bei toten Spendern gemäß Transplantationsgesetz

Das Transplantationsgesetz macht in § 3 Abs. 1 Nr. 2 die Todesfeststellung, in § 3 Abs. 2 Nr. 2 die Hirntodfeststellung zur unerlässlichen Voraussetzung jeder Organ- und Gewebeentnahme bei toten Spendern. Die Todesfeststellung muss nach „Regeln", die Hirntodfeststellung nach „Verfahrensregeln" erfolgen, „die dem Stand der Erkenntnisse der medizinischen Wissenschaft entsprechen".

Die Forderung an die Todesfeststellung wird sowohl durch den Nachweis des Hirntodes, des inneren sicheren Todeszeichens, als auch durch den Nachweis äußerer sicherer Todeszeichen erfüllt, wobei die Hirntodfeststellung gemäß den „Richtlinien zur Feststellung des Hirntodes" des Wissenschaftlichen Beirates der Bundesärztekammer erfolgen muss (§ 16 Abs. 1 Nr. 1 Transplantationsgesetz).

Wenn der Tod durch den Nachweis des Hirntodes festgestellt wurde, erfüllt die vorgeschriebene Protokollierung die beiden Bestimmungen gemäß § 3 Abs. 1 Nr. 2 und § 3 Abs. 2 Nr. 2 des Transplantationsgesetzes. Unabhängig davon muss die amtliche Todesbescheinigung (Leichenschauschein) zusätzlich ausgestellt werden. Wenn der Tod durch äußere sichere Todeszeichen festgestellt wurde, ist damit auch der Hirntod nachgewiesen. Gleichwohl muss infolge von § 3 Abs. 2 Nr. 2 in Verbindung mit § 5 Abs. 1 des Transplantationsgesetzes auch der indirekt nachgewiesene Hirntod von zwei Ärzten bestätigt werden, wenn Organe und Gewebe zur Transplantation entnommen werden sollen. Die Bestätigung (s. untenstehendes Muster) ist entsprechend der allgemeinen Aufbewahrungspflicht nach § 10 (Muster-)Berufsordnung 1997 zu archivieren und ersetzt nicht die amtliche Todesbescheinigung.

Alle Vorschriften des Transplantationsgesetzes über die Entnahme von Organen und Geweben bei toten Spendern einschließlich der Vorschriften über die Information oder die Befragung der Angehörigen und einschließlich der Dokumentationspflichten gelten unabhängig von Ort und Zeit des ärztlichen Eingriffs nach der Todesfeststellung und damit beispielsweise auch für die Hornhautentnahme in Instituten der Rechtsmedizin, der Pathologie oder in anderen Einrichtungen.

BESTÄTIGUNG

Bei Frau/Herrn ....

.... geb. ....

habe ich am .... um .....

.... Uhr als äußeres sicheres Todeszeichen

....

....

.... festgestellt.

Damit ist der Tod und auch der endgültige, nicht behebbare Ausfall der Gesamtfunktion des Gehirns nachgewiesen.

....

Ort, Datum

Untersuchender Arzt: ....

....

Name, Unterschrift

28b. Organentnahme nach Herzstillstand („Non heart-beating donor")

Mitteilung der Bundesärztekammer (DÄB 95, Heft 50, 11. Dezember 1998 [63] A-3235)

In Eurotransplant Newsletter 148, September 1998, wird ein Herz- und Kreislaufstillstand von 10 Min. bei normaler Körpertemperatur als „Äquivalent zum Hirntod" bezeichnet und damit eine Nierenentnahme bei diesen „Non heart-beating donors" begründet. Demgegenüber ist im Anschluss an die gemeinsame Stellungnahme der Bundesärztekammer und der Deutschen Transplantationsgesellschaft von 1995 medizinisch, ärztlich und rechtlich festzuhalten:

1. Ein Herz- und Kreislaufstillstand von 10 Minuten bei normaler Körpertemperatur ist bisher nicht als sicheres „Äquivalent zum Hirntod" nachgewiesen und kann deshalb nicht die Todesfeststellung durch Nachweis von sicheren Todeszeichen ersetzen.
2. Die biologisch unmögliche Reanimation ist von einer ärztlich aus guten Gründen abgebrochenen oder unterlassenen Reanimation zu unterscheiden. Dieser Unterschied und seine Bedeutung für das ärztliche Handeln ergeben sich auch daraus, dass ein und derselbe medizinische Befund des Herz- und Kreislaufstillstands vier verschiedenen Kategorien von „Non heart-beating donors" zugeordnet wird. Die biologisch unmögliche Reanimation und damit der irreversible Herzstillstand kann bisher weder durch die Dauer noch durch andere Kriterien als die sicheren Todeszeichen nachgewiesen werden. Die Kriterien für einen Therapieabbruch einschließlich der Reanimationsbemühungen sind bisher nicht standardisiert und standardisierbar.
3. Es gibt kein einheitliches Transplantationsgesetz aller Länder des Eurotransplantbereichs oder der Europäischen Union. Für Deutschland gilt seit 1. Dezember 1997 das deutsche Transplantationsgesetz. Es unterscheidet klar die Organ- und Gewebeentnahme beim toten und beim lebenden Spender. Eingriffe zur Organ- und Gewebeentnahme beim toten Spender setzen u. a. die Feststellung seines Todes nach Regeln gemäß dem Erkenntnisstand der medizinischen Wissenschaft voraus. Diese Voraussetzung erfüllt ein Herz- und Kreislaufstillstand von 10 Min. bei normaler Körpertemperatur als mögliches, aber unsicheres Todeszeichen nicht. Ein im Ausland nicht gemäß den deutschen Gesetzesvorschriften entnommenes Organ darf in Deutschland nicht transplantiert werden.

28c. Empfehlungen für die Zusammenarbeit zwischen Krankenhäusern und Transplantationszentren bei der postmortalen Organentnahme

Ständige Kommission Organtransplantation der Bundesärztekammer
Stand: 6.8.1999 (DÄB 1999; 96: 2044-2046)

Vorwort

Das Transplantationsgesetz verpflichtet die Krankenhäuser zur Meldung potentieller Organspender an die Transplantationszentren, sofern die medizinischen Voraussetzungen gemäß den „Richtlinien zur Feststellung des Hirntodes" erfüllt sind. Dabei sind die Anforderungen an die Organentnahme zum Schutz des Organempfängers zu beachten.
Die vielfachen Verknüpfungen der gesetzlichen Vorgaben waren Anlass für die Ständige Kommission Organtransplantation, die zu beachtenden Anforderungen an alle in diesem Bereich tätigen Ärzte in den nachfolgenden Empfehlungen zusammenzufassen.
Prof. Dr. med. Jörg-Dietrich Hoppe, Präsident der Bundesärztekammer und des Deutschen Ärztetages, Prof. Dr. jur. Dr. med. h. c. H.-L. Schreiber, Vorsitzender der Ständigen Kommission Organtransplantation der Bundesärztekammer.

A. Gesetzliche Verpflichtung zur Meldung postmortaler potentieller Organspender und zur ärztlichen Zusammenarbeit bei der Organentnahme (§ 11 [1; 4])

„Die Entnahme von vermittlungspflichtigen Organen einschließlich der Vorbereitung ... ist gemeinschaftliche Aufgabe der Transplantationszentren und der anderen Krankenhäuser ..."
„Die Transplantationszentren und die anderen Krankenhäuser sind verpflichtet, untereinander und mit der Koordinierungsstelle zusammenzuarbeiten. Die Krankenhäuser sind verpflichtet, den endgültigen, nicht behebbaren Ausfall der Gesamtfunktion des Großhirns, des Kleinhirns und des Hirnstamms von Patienten, die nach ärztlicher Beurteilung als Spender vermittlungspflichtiger Organe in Betracht kommen" ... der Koordinierungsstelle mitzuteilen.
Sinngemäß sollte die Verpflichtung zur Meldung postmortaler potentieller Spender auch nach irreversiblem Herzstillstand sowohl in Krankenhäusern wie in Instituten der Rechtsmedizin und der Pathologie wahrgenommen werden, da dann Hornhaut, Herzklappen und andere Gewebe zur Transplantation entnommen werden können.
Der folgende Text befasst sich nur mit der Zusammenarbeit von Intensivstationen, Transplantationszentren und der Koordinierungsstelle bei der postmortalen Organentnahme.

B. Organisatorische Hinweise zur Zusammenarbeit

Um die gesetzliche Verpflichtung erfüllen zu können, müssen Träger wie Ärzte eines jeden Krankenhauses mit einer Intensivstation die entsprechenden Voraussetzungen schaffen. Für jede Intensivstation soll ein ihren Gegebenheiten angepasstes einheitliches Vorgehen festgelegt werden. Neue Mitarbeiter müssen im Rahmen der Diensteinführung über die jeweiligen Einzelheiten informiert werden und die Kenntnisnahme schriftlich bestätigen.
Zur Feststellung des Hirntodes gemäß den Richtlinien der Bundesärztekammer stehen jederzeit rufbereite Konsiliardienste zur Verfügung. Sie können über die Organisationszentralen der Koordinierungsstelle gerufen werden.
Die Eignung von Organen für eine Transplantation ergibt sich aus der Anamnese der Vorerkrankungen und aus verschiedenen Befunden (Einzelheiten s. unten). Konsile – noch ohne persönliche Daten – mit transplantationsmedizinisch erfahrenen Ärzten können Fehleinschätzungen und Belastungen vermeiden helfen und sollen die Explantation nicht transplantabler Organe verhüten.
Vor einem Gespräch mit Angehörigen über eine postmortale potentielle Organspende müssen sowohl die Voraussetzungen der Hirntodfeststellung und das klinische Syndrom des Hirntodes

von wenigstens einem Arzt nachgewiesen, als auch die medizinische Kriterien einer postmortalen Organspende geprüft sein.
Gegebenenfalls kann im Gespräch mit den Angehörigen darauf hingewiesen werden, dass über eine postmortale Organspende erst nach erneuter und getrennter Untersuchung durch einen zweiten, eventuell von auswärts hinzugezogenen Arzt entschieden werden könne und müsse. Dadurch wird den Angehörigen auch Zeit zum Nachdenken wie zur Besprechung innerhalb der Familie, mit dem Krankenhausseelsorger oder einer anderen Vertrauensperson gelassen.
Die Organisationszentralen der Koordinierungsstelle können die jeweils vereinbarten Aufgaben zur Vorbereitung von Organentnahmen einschließlich der Hilfe beim Gespräch mit den Angehörigen übernehmen.

C. Medizinische Voraussetzungen einer postmortalen Organspende und „zum Schutz der Organempfänger erforderliche Maßnahmen“ (§ 16 [1; 4])

Der Todesnachweis des potentiellen Organspenders muss nach den von der Bundesärztekammer festgelegten „Richtlinien zur Feststellung des Hirntodes“ erfolgen. Die Qualifikationsanforderung an die beiden Untersucher – mehrjährige Erfahrung in der Intensivbehandlung schwerer Hirnschädigungen – und die Vorschriften zur Protokollierung sind zu beachten.
Medizinische Ausschlusskriterien einer postmortalen Organspende sind maligne Tumoren und Systemerkrankungen, die nach üblichem medizinischem Standard noch nicht als geheilt gelten können, bestimmte übertragbare Infektionskrankheiten und ärztlich allgemein bekannte spezielle Infektionsrisiken. Ausnahmen und Einzelheiten sind gemäß dem jeweiligen wissenschaftlichen Erkenntnisstand in Konsensus-Papieren geregelt.
Bevor „der Tod des möglichen Organspenders festgestellt ist“ (§ 7), dürfen nur seine aktuell behandelnden Ärzte vom Hausarzt und von früher behandelnden Ärzten anamnestische Daten erfragen. Nach der Todesfeststellung „sind Ärzte, die den möglichen Organspender wegen einer dem Tod vorausgegangenen Erkrankung behandelt hatten, zur Auskunft verpflichtet (gegenüber) dem Arzt, der eine Organentnahme ... beabsichtigt oder (gegenüber) der von der Koordinierungsstelle ... beauftragten Person ... soweit dies erforderlich ist ... (für die) beabsichtigte Organentnahme ... Die Auskunft soll für alle Organe, deren Entnahme beabsichtigt ist, zusammen eingeholt werden.“ (§ 7)
Die für die Entscheidung über eine postmortale Organspende wichtigen Befunde ergeben sich im wesentlichen aus den Untersuchungen für die Intensivbehandlung. Weitere Untersuchungen dürfen erst nach der Todesfeststellung durch Hirntodnachweis und nach Zustimmung zur postmortalen Organspende erfolgen.

D. Zustimmung als Voraussetzung einer postmortalen Organspende (§ 3, § 4)

Gespräche mit Angehörigen über eine postmortale potentielle Organspende lassen sich nicht normieren; gesetzliche Vorschriften müssen aber beachtet werden (§ 3, § 4):
Organspendeausweis oder andere schriftliche Erklärung des toten potentiellen Organspenders (§ 3 [1]): „Die Einwilligung und die Übertragung der Entscheidung können vom vollendeten 16., der Widerspruch kann vom vollendeten 14. Lebensjahr an erklärt werden.“ (§ 2 [2])
Schriftliche Willensäußerungen eines entscheidungsfähigen Menschen für den Fall seines Todes, die medizinisch und rechtlich ausgeführt werden können, verpflichten Angehörige und Ärzte. Trotzdem sollte der Arzt individuell prüfen, ob eine medizinisch mögliche und rechtlich zulässige Organentnahme gegen den Willen von Angehörigen menschlich vertretbar ist.
Über „die beabsichtigte Organentnahme hat der Arzt den nächsten Angehörigen des Organspenders zu unterrichten“ (§ 3 [3]). Grundsätzlich soll die Information genau und umfassend sein. Der Gesprächspartner sollte aber rücksichtsvoll gefragt werden, welche Einzelheiten er wirklich wissen will.
Fehlende schriftliche Erklärung des toten potentiellen Organspenders (§ 4[1]):

Der nächste Angehörige des verstorbenen Menschen „ist zu befragen, ob ihm von diesem eine Erklärung zur Organspende bekannt ist" (§ 4 [1]).
Auch eine mündliche Äußerung des verstorbenen Menschen bindet Angehörige wie Ärzte. Obwohl der Arzt nur mit den Angehörigen sprechen kann, die zu ihm kommen oder notfalls telefonisch erreichbar sind, muss er gegebenenfalls auf ihre vom Gesetz festgesetzte „Rangfolge" – Ehegatte, volljährige Kinder, Eltern oder Vormund oder Pfleger, volljährige Geschwister, Großeltern – hinweisen. Der – mit der jüngsten Äußerung des verstorbenen Menschen begründete – Einwand eines einzigen „gleichrangigen Angehörigen" kann also den Ausschlag geben.
Fehlende schriftliche und mündliche Äußerung des toten potentiellen Organspenders (§ 4 [1,2]): Der „nächste Angehörige" entscheidet über die postmortale Organspende. „Der nächste Angehörige ist nur dann zu einer Entscheidung befugt, wenn er in den letzten zwei Jahren vor dem Tod des möglichen Organspenders zu diesem persönlich Kontakt hatte. Der Arzt hat dies durch Befragung des Angehörigen festzustellen." (§ 4 [2])
„Der Angehörige hat bei seiner Entscheidung einen mutmaßlichen Willen des möglichen Organspenders zu beachten. Der Arzt hat den Angehörigen hierauf hinzuweisen" (§ 4 [1]). Dieser Hinweis hilft erfahrungsgemäß Angehörigen bei ihrer Entscheidung. Der „mutmaßliche Wille des möglichen Organspenders" lässt sich unter anderem aus seinen vergleichbaren früheren Äußerungen und aus seiner am besten den Angehörigen bekannten allgemeinen Lebenseinstellung erschließen.
Der Arzt muss alles ihm Mögliche versuchen, um den nach der „Rangfolge" (§ 4 [2]) entscheidenden Angehörigen zu erreichen. Welche Zeit des Wartens dafür „angemessen" ist, hängt von der Gesamtheit der Umstände ab und sollte auch mit den erreichbaren Angehörigen vereinbart werden.
Fehlende schriftliche und mündliche Äußerung des toten potentiellen Organspenders und fehlende Gesprächsmöglichkeit mit Angehörigen:
In dieser Lage ist eine Organentnahme zur Transplantation rechtlich unzulässig.

E. Anforderungen an die Explantation (§ 6, § 16 [1; 4])

Die Explantation hat sowohl die Würde des toten Organspenders zu beachten als auch eine Schädigung der zur Transplantation vorgesehenen Organe zu vermeiden. Beide Forderungen werden durch das standardisierte chirurgische Vorgehen erfüllt. Der erforderliche Schutz des Organempfängers vor der Übertragung maligner Tumor- und Systemerkrankungen sowie vor inkurablen Infektionen ist – soweit überhaupt möglich – durch die Konsile zur grundsätzlichen Eignung der Organe für eine Transplantation zu gewährleisten.
„Die Konservierung, Aufbereitung, Aufbewahrung und Beförderung der Organe ... zu einer Übertragung" ist in den Konsensus-Papieren dem Erkenntnisstand der Wissenschaft angepasst.

F. Dokumentationsverpflichtungen (§ 3, § 4, § 5, § 16)

Die Auskünfte zur Anamnese, die über die Eignung der Organe zur Transplantation entscheidenden Befunde, besonders die „zum Schutz der Organempfänger" überprüften Daten sind zu dokumentieren. Der Arzt ist verpflichtet, die personellen und sachlichen Einzelheiten seines Gespräches mit den Angehörigen über eine postmortale Organspende (§ 4 [4]) sowie den „Ablauf und Umfang der Organentnahme (§ 3 [3]) aufzuzeichnen". Angehörige müssen ihre Auskünfte und Entscheidungen nicht selbst unterschreiben, haben aber wie die mit der Entscheidung beauftragte Person (§ 2 [2]) ein Anrecht auf Einsichtnahme in die ärztlichen Aufzeichnungen sowohl über das Gespräch (§ 4 [4]) wie über die Organentnahme und können dazu „eine Person ihres Vertrauens hinzuziehen" (§ 3 [3]). Darüber hinaus ist ihnen „Gelegenheit zu geben zur Einsichtnahme" in das Protokoll der Todesfeststellung. Auch dazu „können sie eine Person ihres Vertrauens hinzuziehen" (§ 5 [2]).

29. Unfallverhütungsvorschrift der Gartenbau-Berufsgenossenschaft

Friedhöfe und Krematorien (VSG 4.7)

vom 1. Januar 2000; Stand: Juni 2001

§ 1 Grundsätze
Diese Unfallverhütungsvorschrift gilt für Friedhöfe und Krematorien.

Durchführungsanweisung
Zu den Friedhöfen im Sinne dieser Unfallverhütungsvorschrift gehören auch Leichenhallen, Sektionsräume und Glockentürme auf Friedhöfen.

§ 2 Einrichtung von Leichenhallen und Sektionsräumen
Der Unternehmer muss sicherstellen, dass

1. Räume zur Leichenaufbewahrung von sonstigen Räumen getrennt sind,
2. in Leichenhallen und Sektionsräumen bzw. auf Friedhöfen Waschgelegenheiten mit fließendem kaltem und warmem Wasser vorhanden sind. In Sektionsräumen müssen Hähne für Zu- und Abwasser so eingerichtet sein, dass sie nicht mit den Händen berührt werden müssen,
3. Räume, in denen Leichen aufbewahrt werden, mit zuverlässig wirkenden Lüftungseinrichtungen versehen sind; dies gilt nicht für Kühlzellen. Die Lüftungseinrichtungen müssen gegen das Eindringen von Fliegen und anderem Ungeziefer gesichert sein. Oberflächen von Wänden, Böden und Decken müssen aus Material hergestellt sein, welches gut zu reinigen und zu desinfizieren ist,
4. alle der Leichenaufbewahrung dienenden Räume mit Abflüssen versehen sind, andernfalls Mittel zur Beseitigung von Flüssigkeiten bereitstehen,
5. Tische in Sektionsräumen aus geeignetem Material bestehen, einen Ablauf und eine abwaschbare, glatte und fugenlose Oberfläche haben. Der Standraum um den Sektionstisch muss mindestens die doppelte Breite des Sektionstisches haben.

Durchführungsanweisung zu Ziffer 2

1. *Die Anforderung an die Hähne ist als erfüllt anzusehen, wenn z. B. Fotozellen, Arm- oder Fußhebel verwendet werden.*
2. *Auf die Unfallverhütungsvorschrift "Arbeitsstätten, bauliche Anlagen und Einrichtungen" (VSG 2.1) wird verwiesen.*

Durchführungsanweisung zu Ziffer 3

1. *Die Anforderungen sind erfüllt, wenn z. B. bei Zellen für einen Sarg die Zuluftöffnung mindestens 400 cm² und die Abluftöffnung mindestens 200 cm² groß ist, sofern keine Zwangsbe- und -entlüftung vorgesehen ist. Querlüftung ist anzustreben. Die Zuluftöffnung soll in der Nähe des Fußbodens liegen und die Luft soll möglichst unmittelbar dem Freien entnommen werden. Die Abluftöffnung soll möglichst unter der Decke angeordnet und mittels Abluftschacht über das Dach hinausgeführt werden. Bei einer Zwangsbelüftung muss der stündliche Luftaustausch mindestens das 6- bis 8fache des Raumvolumens betragen.*
2. *Bezüglich der Einrichtung von Kühlzellen wird auf die Unfallverhütungsvorschrift "Kälteanlagen, Wärmepumpen und Kühleinrichtungen" (VBG 20) hingewiesen.*
3. *Gegen Eindringen von Fliegen schützen z. B. Gitter und Gaze.*

Durchführungsanweisung zu Ziffer 4
Zur Beseitigung von Flüssigkeiten eignen sich Sägemehl, Zellstoff, Sand und ähnliche absorbierende Stoffe.

Durchführungsanweisung zu Ziffer 5
Geeignet sind Tische aus Keramik, Kunststoff, Stein oder Edelstahl. Ungeeignet sind Tische aus Holz oder korrodierenden Werkstoffen und Kopfkeile aus Holz.

§ 3 Betrieb von Leichenhallen und Sektionsräumen

(1) Die Türen von Leichenhallen und -zellen sind geschlossen zu halten.

(2) Leichenhallen und Sektionsräume sind frei von Ungeziefer zu halten.

(3) Räume, in denen Leichen aufbewahrt werden, müssen ausreichend be- und entlüftet werden.

(4) Geräte und Instrumente, die in Sektionsräumen verwendet werden, dürfen zu keinem anderen Zweck benutzt werden. Sie sind nach Gebrauch zu reinigen, zu desinfizieren und sicher zu verschließen.

(5) Nach Anweisung des Obduzenten sind Sektionsräume nach jeder Benutzung gründlich zu reinigen und zu desinfizieren. Sektionsrückstände sind hygienisch zu beseitigen.

(6) Der Unternehmer muss sicherstellen, dass in Leichenhallen und Sektionsräumen
- geeignete Arbeits- und Schutzkleidung,
- bei Seuchengefahr oder Geruchsbelästigung Gesichtsmasken,
- Einweghandtücher,
- geeignete Wasch- und zugelassene Desinfektionsmittel

bereitstehen.

Durchführungsanweisung
1. *Geeignete Schutzkleidung sind z. B. Einweghandschuhe, Einweganzüge oder körpergerechte Arbeitskleidung, die bei mindestens 96°C gewaschen werden kann.*
2. *Desinfektionsmittel werden vom Bundesgesundheitsamt zugelassen und in einer Liste über geprüfte und anerkannte Desinfektionsmittel und Desinfektionsverfahren veröffentlicht.*

§ 4 Krematorien

(1) Der Unternehmer muss sicherstellen, dass Arbeitsplätze an Einäscherungsanlagen so eingerichtet sind, dass sie ausreichend be- und entlüftet werden und Versicherte mit Stäuben aus Verbrennungsrückständen nicht in gesundheitsgefährdender Weise in Berührung kommen.

Durchführungsanweisung
1. *Hinsichtlich der Lüftung und der Raumtemperaturen wird auf die Unfallverhütungsvorschrift "Arbeitsstätten, bauliche Anlagen und Einrichtungen" (VSG 2.1) verwiesen.*
2. *Versicherte kommen mit Stäuben aus Verbrennungsrückständen nicht in gesundheitsgefährdender Weise in Berührung, wenn z. B.*
   - *bei der Aufbereitung von Ascherückständen Absauganlagen eingesetzt werden,*
   - *an Staubabscheidern Auffangbehälter staubfrei entsorgt werden (z. B. Verwendung verschweißbarer Folienbeutel oder verschließbarer staubdichter Auffangbehälter).*
3. *Auf die Sicherheitsregeln für Krematorien (Anhang) wird verwiesen.*
4. *Auf die UVV "Technische Arbeitsmittel" (VSG 3.1 § 27) wird verwiesen.*

(2) Beim Betrieb von Einäscherungsanlagen muss sich eine zweite Person, die im Gefahrfall Hilfe leisten kann, in erreichbarer Nähe befinden.

Durchführungsanweisung
Beim Einsatz von Notsignalanlagen muss gewährleistet sein, dass Hilfe im Gefahrfall in kürzester Zeit geleistet werden kann.

A Unfallverhütungsvorschrift

§ 5 Verkehrswege

Der Unternehmer muss sicherstellen, dass

1. Verkehrswege auf Friedhöfen so beschaffen und bemessen sind, dass sie je nach ihrem Bestimmungszweck sicher begangen oder befahren werden können,
2. Treppen auf Friedhöfen so beschaffen und bemessen sind, dass sie sicher begangen werden können.

Durchführungsanweisung zu Ziffer 2

Die Forderung ist als erfüllt anzusehen, wenn die Treppen mit Geländer oder Handlauf nach der Unfallverhütungsvorschrift "Arbeitsstätten, bauliche Anlagen und Einrichtungen" (VSG 2.1) ausgerüstet sind. Die Forderung ist auch als erfüllt anzusehen, wenn die Steigung (Stufenhöhe) 10 cm nicht überschreitet und die Treppe dem Geländeverlauf angepasst ist.

§ 6 Verbaumaterial für Gräber

Für den Verbau und zur Sicherung ausgehobener Gräber hat der Unternehmer geeignetes Verbaumaterial und Beerdigungsbohlen in ausreichendem Maße bereitzustellen.

Durchführungsanweisung

Zum Verbau sind z. B. geeignet:

- *Verbaugeräte, z. B. Bohlen, Spindeln, Verbaukästen, für die statische Belastungsnachweise vorliegen*
- *Holzbohlen (Güteklasse 1, mindestens 5 cm Dicke) und Spreizen (Güteklasse 1, mind. 10 cm Durchmesser)*
- *Brusthölzer der Güteklasse 1 von 8/16 cm*

§ 7 Ausschachten von Gräbern

(1) Grabmale und Einfassungen sowie Sonderzubehör, die ein sicheres Ausheben des Grabes nicht gewährleisten, sind zu entfernen.

Durchführungsanweisung

1. *Um ein sicheres Ausheben von Gräbern zu gewährleisten, kann es notwendig sein, auch Einrichtungen von Nachbargräbern zu entfernen.*
2. *Eine Entfernung von Grabmalen ist nicht erforderlich, wenn Streifenfundamente vorhanden und die Grabmale sicher befestigt sind.*

(2) Das Unterhöhlen der Grabwände und Fundamente ist unzulässig.

(3) Beim Ausheben von Gräbern ist ständig eine Leiter, die vom Grab aus erreichbar ist, bereitzustellen. Schalungen und Spreizen dürfen für den Ein- und Ausstieg nicht benutzt werden.

Durchführungsanweisung

Auf die Unfallverhütungsvorschrift "Leitern und Tritte" (VSG 2.3) wird verwiesen.

(4) Mit Fortschreiten der Ausschachtungsarbeiten ist das Grab entsprechend der Standfestigkeit des Bodens zu verbauen.

Durchführungsanweisung

Bei standfesten Böden ist in der Regel ein Verbau bis 50 cm Tiefe allseitig ausreichend, bei nicht standfesten Böden und bei Gräbern über 1,75 m Tiefe ist allseitig durchgehend zu verbauen.

(5) Beim Ausheben von Gräbern in nicht standfestem Boden und von Gräbern über 1,75 m Tiefe muss sich eine zweite Person, die im Gefahrfall Hilfe leisten kann, in Sichtnähe befinden.

(6) Der Aushub muss auf jeder Seite mindestens 60 cm vom Grabrand weg gelagert werden. Ist dies nicht möglich, ist ein wirksamer Schutz gegen Abrutschen des aufgeworfenen Bodens und gegen Einstürzen der Grabwände zu schaffen.

(7) Es sind sicher aufliegende Beerdigungsbohlen auszulegen.

Durchführungsanweisung
Beerdigungsbohlen sind geeignet, wenn sie stabil, trittsicher und rutschfest ausgeführt sind und eine Mindestbreite von 40 cm haben (z. B. Grabrandroste).

(8) Ausgehobene Grabstellen sind so zu sichern, dass Personen nicht hineinfallen können.

(9) Beim Zuschütten der Gräber dürfen die Absteifungen erst entfernt werden, wenn sie durch das Verfüllen entbehrlich geworden sind.

§ 8 Erdcontainer
Erdcontainer sind standsicher aufzustellen.

Durchführungsanweisung
Zur standsicheren Aufstellung von Erdcontainern gehört, dass die Stützfüße in ausreichendem Abstand zum auszuhebenden Grab angeordnet und ausreichende Unterlagen zur Druckverteilung verwendet werden.

§ 9 Errichten von Grabmalen und Fundamenten
Der Unternehmer muss sicherstellen, dass
1. Grabmale und Fundamente nach den anerkannten Regeln der Baukunst errichtet werden,
2. Grabmale jährlich mindestens einmal auf ihre Standfestigkeit überprüft werden. Das Prüfergebnis ist schriftlich festzuhalten. Nicht standfeste Grabmale sind zu sichern oder zu entfernen.

Durchführungsanweisung
Zu den anerkannten Regeln der Baukunst gehört z. B. die "Richtlinie für die Erstellung und Prüfung von Grabmalanlagen" i.d.F. der 4. Auflage vom Oktober 2000 des Bundesinnungsverbandes des deutschen Steinmetz-, Stein- und Holzbildhauerhandwerks. Bezüglich der Prüfung der Standfestigkeit von Grabmalen wird auf die vorgenannte Richtlinie (Anlage 1) verwiesen. Die Druckprüfung kann z.B. auch von Hand erfolgen.

§ 10 Glocken
Der Unternehmer muss sicherstellen, dass Versicherte nicht durch herabstürzende Klöppel getroffen werden.

Durchführungsanweisung
Die Forderung gilt z B. als erfüllt, wenn bei Anlagen ohne Fangeinrichtung eine jährliche Sachkundigenprüfung durchgeführt wird, deren Prüfergebnis schriftlich festgehalten wird.

§ 11 Ordnungswidrigkeiten
Ordnungswidrig im Sinne des § 209 Absatz 1 Nr. 1 Siebtes Buch Sozialgesetzbuch (SGB VII) handelt, wer vorsätzlich oder fahrlässig den Bestimmungen des § 7 zuwiderhandelt.

§ 12 Inkrafttreten
Diese Unfallverhütungsvorschrift tritt am 1. Januar 2000 in Kraft. Gleichzeitig tritt die Unfallverhütungsvorschrift – Friedhöfe und Krematorien (UVV 4.7) vom 1. Januar 1981 in der Fassung vom 1. Januar 1997 außer Kraft.

Beschluss
Die vorstehende Unfallverhütungsvorschrift wird von der Vertreterversammlung beschlossen.
Magdeburg, den 26. Mai 1999

Genehmigung
Die vorstehende Unfallverhütungsvorschrift "Friedhöfe und Krematorien" (VSG 4.7) wird genehmigt.
Bonn, den 11. August 1999
Dienstsiegel – Der Bundesminister für Arbeit und Sozialordnung

Anhang: Sicherheitsregeln für Krematorien

1. Anwendungsbereich

Diese Sicherheitsregeln finden Anwendung für Krematorien und deren Einzelbestandteile zur Kremation. Sie sollen die in Anhang I aufgezählten mitgeltenden Vorschriften hinsichtlich des Arbeitsschutzes entsprechend ergänzen.

Einzelbestandteile können z.B. sein: Zerkleinerungs- und Abfüllanlage, Sortiertisch, Filteranlage, Verbrennungsofen, Einfuhrvorrichtung, Steuerstand.

1.1 Allgemeine Vorschriften

Krematorien und deren Einzelbestandteile müssen nach Maßgabe dieser Sicherheitsregeln sowie den einschlägigen Unfallverhütungsvorschriften und Regeln der Technik so beschaffen sein, dass bei bestimmungsgemäßer Verwendung Personen vor Gefahren so weit geschützt sind, wie es die Art der bestimmungsgemäßen Verwendung gestattet.

Die bestimmungsgemäße Verwendung legt der Hersteller in der Betriebsanleitung fest. Ansonsten bestimmt der Betreiber die Bedingungen für die bestimmungsgemäße Verwendung (Betriebsanweisung).

Der Träger der Feuerbestattungsanlage hat eine geeignete und zuverlässige Person als deren technischen Leiter zu bestimmen. Die Einäscherungsanlage darf nur von sachkundigem Personal bedient werden.

Arbeitsplätze in Krematorien müssen mit einem Feuerwehrplan, Reinigungsplan, Hautschutzplan und Desinfektionsplan ausgestattet sein. Feuerlöscheinrichtungen müssen vorhanden sein.

Bei Instandsetzungsarbeiten und Beseitigung von Betriebsstörungen, bei denen eine Belastung durch Verbrennungsrückstände nicht ausgeschlossen werden kann, müssen Chemikalienschutzhandschuhe, Einmalschutzanzüge und Vollmasken mit einem P3-Filter getragen werden.

Bei der Reinigung und Reparatur an mit Rohgas berührten Innenwandungen von Öfen sind Dioxinanhaftungen nicht auszuschließen. Auf TRGS 557 wird verwiesen.

1.2 Sicherung von Gefahrstellen

Gefahrstellen in Krematorien und an deren Einzelbestandteile müssen vorrangig durch konstruktive Maßnahmen vermieden werden, z.B. durch die Einhaltung der EN 294.

Im Bereich der Verbrennungsöfen müssen alle Arbeitsplätze gefahrlos verlassen werden können. Befindet sich die Anlage auf mehreren Etagen, so muss jede mit einem besonders gekennzeichneten Notausgang ausgestattet sein.

Auf die Arbeitsstättenverordnung und -richtlinien wird verwiesen.

Transportwege müssen auf Geländeniveau, rutschfest und leicht zu säubern sein. Metallroste müssen ausreichend breit, gesichert und rutschhemmend (R11) ausgeführt sein.

Auf ZH 1/196 wird verwiesen.

Särge müssen nach ergonomischen Gesichtspunkten gelagert und transportiert werden. Dazu sind Sargwagen, Flurförderzeuge, Krananlagen, Elektrowagen entsprechend einzusetzen.

Bei kraftbewegten Sargeinführeinrichtungen in den Verbrennungsraum müssen Sicherheitseinrichtungen vorhanden sein, die verhindern, dass Personen gefährdet werden. Dies können z.B. Lichtschranken, Schaltleisten, Stellteile ohne Selbsthaltefunktion sein.

Der Beschickungsvorgang muss durch das Bedienungspersonal überwacht werden können.

1.3 Warneinrichtungen

Eine optische oder akustische Warneinrichtung muss auf Betriebsstörungen und auf gefährliche Gaskonzentrationen der Atmosphäre in den Innenräumen hinweisen.

1.4 Betriebsanweisungen

Der Betreiber hat für den Betrieb eines Krematoriums und deren Einzelbestandteile Betriebsanweisungen zu erstellen. Betriebsanweisungen müssen z. B. erstellt werden für

- Öfen,
- Zerkleinerungs- und Abfüllanlagen,
- Absauganlagen, z.B. Staubsauger,
- Sortiertisch

und gemäß TRGS 555 z.B. für

- Filterasche,
- Knochenasche,
- Säuren und Laugen,
- Desinfektionsmittel.

2. Bau und Ausrüstung der Anlagen

Arbeitsplätze in Krematorien und deren Bestandteile müssen so eingerichtet sein, dass sie ausreichend be- und entlüftet werden. Versicherte dürfen mit den Stäuben aus den Verbrennungsrückständen nicht in gesundheitsgefährdender Weise in Berührung kommen. Ein Arbeitsplatz ist ausreichend be- und entlüftet, wenn eine Luftwechselzahl Z5 erreicht wird.

Es ist technisch sicherzustellen, dass Rauchgase nicht in den Beschickungsraum eindringen können.

Die Staubbelastung am Arbeitsplatz ist gemäß TRGS 402 und TRGS 403 zu ermitteln. Ein schriftlicher Nachweis ist bereitzuhalten.

Die Wärmebelastung darf 26°C nicht überschreiten. Die Lärmbelastung im Maschinenraum darf 85 dB(A) nicht überschreiten.

Auf die Bestimmungen der Arbeitsstättenverordnung wird verwiesen.

Bei Stromausfall dürfen an Einäscherungsanlagen keine sicherheitsbedenklichen Zustände auftreten, ggf. ist ein Notstromerzeuger zu installieren.

Die Feuerungsanlagen müssen vor der ersten Inbetriebnahme und nach Umbauten durch einen Sachverständigen geprüft werden. Nach Angaben der Hersteller sind wiederkehrende Prüfungen vorzunehmen. Die Ergebnisse der Prüfung sind schriftlich festzuhalten.

3. Bau und Ausrüstung von Filteranlagen

Die Filterstäube müssen so entsorgt werden, dass die Versicherten nicht mit den Stäuben bzw. mit den Reststoffen aus der Rauchgaswäsche in Berührung kommen. Staubsammelbehälter dürfen nicht umgefüllt werden.

4. Bau und Ausrüstung von Sortier-, Abfüll- und Zerkleinerungsanlagen

Die Asche muss staubfrei gehandhabt und zur Aschenaufbereitungsanlage transportiert werden. Sie darf dazwischen nicht umgefüllt werden.

Verbrennungsreste sind so zu sortieren, zu zerkleinern und in Urnen abzufüllen, dass die Versicherten nicht mit Stäuben in Berührung kommen. Dies kann z.B. durch eine zentrale Absauganlage vermieden werden.

Wird von Hand sortiert, hat dies unter einer Absauganlage zu erfolgen. Versicherte, die damit beschäftigt sind, haben Chemikalienschutzhandschuhe zu tragen.

Verbrennungsrückstände dürfen nur feucht oder mit Hilfe eines Saugers der Filterkategorie C beseitigt werden.

5. Aufbewahrungsräume für Leichen

Krematorien müssen mit kühlbaren Aufbewahrungsräumen für Leichen ausgestattet sein. Eine sechs- bis achtfache Luftwechselzahl und eine Solltemperatur von 5° C sind sicherzustellen.

A Unfallverhütungsvorschrift Sicherheitsregeln

1. Mitgeltende Vorschriften und Regelwerke

1. Unfallverhütungsvorschriften und Regelwerke der Gartenbau- Berufsgenossenschaft, Frankfurter Straße 126, 34121 Kassel

UVV 1.1	Allgemeine Vorschriften
UVV 1.4	Allgemeine Bestimmungen für elektrische Anlagen und Betriebsmittel
UVV 2.1	Allgemeine Bestimmungen für bauliche Anlagen und Einrichtungen
UVV 3.1	Allgemeine Bestimmungen für Maschinen, Geräte, Werkzeuge, technische Anlagen und Fahrzeuge
UVV 3.5	Besondere Bestimmungen für Fördereinrichtungen
UVV 4.7	Friedhöfe und Krematorien

2. DIN-Normen, VDE-Bestimmungen, Richtlinien und Verordnungen

Arbeitsstättenverordnung

DIN-EN 294	
ZH 1/196	Merkblatt für Metallroste
ZH 1/201	Regeln für die Ausrüstung von Arbeitsstätten mit Feuerlöschern
VDI-Richtlinie 3891	
27. BImSchVO	

Gefahrstoffverordnung

TRGS 102	Technische Richtkonzentration für gefährliche Stoffe Nr. 42
TRGS 402	Ermittlung und Beurteilung der Konzentrationen gefährlicher Stoffe in der Luft in Arbeitsbereichen
TRGS 403	Bewertung von Stoffgemischen in der Luft am Arbeitsplatz
TRGS 555	Betriebsanweisung und Unterweisung nach § 20 GefStoffV
TRGS 557	Dioxine (polyhalogenierte Dibenzo-p-Dioxine und Dibenzo- Furane)

Vom Abdruck der als Anlage 1 bezeichneten Richtlinie für die Erstellung und Prüfung von Grabmalanlagen des Bundesinnungsverbandes des deutschen Steinmetz-, Stein- und Holzbildhauerhandwerks wurde aus Platzgründen abgesehen. Diese Anlage sowie die in der o.g. Unfallverhütungsvorschrift erwähnten weiteren Dokumente sind im Internet nachzulesen unter: http://www.lsv-gartenbau.de/gartenbg.htm oder können angefordert werden bei der Gartenbau-Berufsgenossenschaft, Frankfurter Str. 126, 34121 Kassel, Tel. 0561-928-0

30. Verschollenheitsgesetz (VerschG)

in der Fassung der Bekanntmachung vom 15.1.1951 (BGBl. I S. 63), zuletzt geändert durch Gesetz vom 27.6.2000 (BGBl. I S. 897)

– Auszug –

Abschnitt I. Voraussetzungen der Todeserklärung, Lebens- und Todesvermutungen

§ 1 (Begriff)
(1) Verschollen ist, wessen Aufenthalt während längerer Zeit unbekannt ist, ohne dass Nachrichten darüber vorliegen, ob er in dieser Zeit noch gelebt hat oder gestorben ist, sofern nach den Umständen hierdurch ernstliche Zweifel an seinem Fortleben begründet werden.
(2) Verschollen ist nicht, wessen Tod nach den Umständen nicht zweifelhaft ist.

§ 2 (Todeserklärung)
Ein Verschollener kann unter den Voraussetzungen der §§ 3 bis 7 im Aufgebotsverfahren für tot erklärt werden.

§ 3 (Zulässigkeit)
(1) Die Todeserklärung ist zulässig, wenn seit dem Ende des Jahres, in dem der Verschollene nach den vorhandenen Nachrichten noch gelebt hat, zehn Jahre oder, wenn der Verschollene zur Zeit der Todeserklärung das achtzigste Lebensjahr vollendet hätte, fünf Jahre verstrichen sind.
(2) Vor dem Ende des Jahres, in dem der Verschollene das fünfundzwanzigste Lebensjahr vollendet hätte, darf er nach Absatz 1 nicht für tot erklärt werden.

§ 4 (Kriegsverschollenheit)
(1) Wer als Angehöriger einer bewaffneten Macht an einem Kriege oder einem kriegsähnlichen Unternehmen teilgenommen hat, während dieser Zeit im Gefahrgebiet vermisst worden und seitdem verschollen ist, kann für tot erklärt werden, wenn seit dem Ende des Jahres, in dem der Friede geschlossen oder der Krieg oder das kriegsähnliche Unternehmen ohne Friedensschluss tatsächlich beendigt ist, ein Jahr verstrichen ist.
(2) Ist der Verschollene unter Umständen vermisst, die eine hohe Wahrscheinlichkeit seines Todes begründen, so wird die in Absatz 1 bestimmte Jahresfrist von dem Zeitpunkt ab berechnet, in dem er vermisst worden ist.
(3) Den Angehörigen einer bewaffneten Macht steht gleich, wer sich bei ihr aufgehalten hat.

§ 5 (Seeverschollenheit)
(1) Wer bei einer Fahrt auf See, insbesondere infolge Untergangs des Schiffes, verschollen ist, kann für tot erklärt werden, wenn seit dem Untergang des Schiffes oder dem sonstigen die Verschollenheit begründenden Ereignis sechs Monate verstrichen sind.
(2) Ist der Untergang des Schiffes, der die Verschollenheit begründet haben soll, nicht feststellbar, so beginnt die Frist von sechs Monaten (Absatz 1) erst ein Jahr nach dem letzten Zeitpunkt, zu dem das Schiff nach den vorhandenen Nachrichten noch nicht untergegangen war; das Gericht kann diesen Zeitraum von einem Jahr bis auf drei Monate verkürzen, wenn nach anerkannter seemännischer Erfahrung wegen der Beschaffenheit und Ausrüstung des Schiffes, im Hinblick auf die Gewässer, durch welche die Fahrt führen sollte, oder aus sonstigen Gründen anzunehmen ist, dass das Schiff schon früher untergegangen ist.

§ 6 (Luftverschollenheit)
Wer bei einem Fluge, insbesondere infolge Zerstörung des Luftfahrzeugs, verschollen ist, kann für tot erklärt werden, wenn seit der Zerstörung des Luftfahrzeugs oder dem sonstigen die Verschollenheit begründenden Ereignis oder, wenn diese Ereignisse nicht feststellbar sind, seit dem

letzten Zeitpunkt, zu dem der Verschollene nach den vorhandenen Nachrichten noch gelebt hat, drei Monate verstrichen sind.

§ 7 (Sonstige Lebensgefahr)
Wer unter anderen als den in den §§ 4 bis 6 bezeichneten Umständen in eine Lebensgefahr gekommen und seitdem verschollen ist, kann für tot erklärt werden, wenn seit dem Zeitpunkt, in dem die Lebensgefahr beendigt ist oder ihr Ende nach den Umständen erwartet werden konnte, ein Jahr verstrichen ist.

§ 8 (Mehrere Voraussetzungen erfüllt)
Liegen bei einem Verschollenen die Voraussetzungen sowohl des § 4 als auch der §§ 5 oder 6 vor, so ist nur der § 4 anzuwenden.

§ 9 (Todesvermutung; Todeszeit)
(1) Die Todeserklärung begründet die Vermutung, dass der Verschollene in dem im Beschluss festgestellten Zeitpunkt gestorben ist. Dies gilt auch, wenn vor der Todeserklärung ein anderer Zeitpunkt im Sterbebuch eingetragen ist.
(2) Als Zeitpunkt des Todes ist der Zeitpunkt festzustellen, der nach dem Ergebnis der Ermittlungen der wahrscheinlichste ist.
(3) Lässt sich ein solcher Zeitpunkt nicht angeben, so ist als Zeitpunkt des Todes festzustellen:
a) in den Fällen des § 3 das Ende des fünften Jahres oder, wenn der Verschollene das achtzigste Lebensjahr vollendet hätte, des dritten Jahres nach dem letzten Jahre, in dem der Verschollene den vorhandenen Nachrichten zufolge noch gelebt hat;
b) in den Fällen des § 4 der Zeitpunkt, in dem der Verschollene vermisst worden ist;
c) in den Fällen der §§ 5 und 6 der Zeitpunkt, in dem das Schiff untergegangen, das Luftfahrzeug zerstört oder das sonstige die Verschollenheit begründende Ereignis eingetreten oder – falls dies nicht feststellbar ist – der Verschollene zuerst vermisst worden ist;
d) in den Fällen des § 7 der Beginn der Lebensgefahr.
(4) Ist die Todeszeit nur dem Tage nach festgestellt, so gilt das Ende des Tages als Zeitpunkt des Todes.

§ 10 (Lebensvermutung)
Solange ein Verschollener nicht für tot erklärt ist, wird vermutet, dass er bis zu dem in § 9 Abs. 3, 4 genannten Zeitpunkt weiter lebt oder gelebt hat.

§ 11 (Vermutung des gleichzeitigen Todes)
Kann nicht bewiesen werden, dass von mehreren gestorbenen oder für tot erklärten Menschen der eine den anderen überlebt hat, so wird vermutet, dass sie gleichzeitig gestorben sind.

Abschnitt II. Zwischenstaatliches Recht

§ 12 (Internationale Zuständigkeit)
(1) Für Todeserklärungen und Verfahren bei Feststellung der Todeszeit sind die deutschen Gerichte zuständig, wenn der Verschollene oder der Verstorbene in dem letzten Zeitpunkt, in dem er nach den vorhandenen Nachrichten noch gelebt hat,
1. Deutscher war oder
2. seinen gewöhnlichen Aufenthalt im Inland hatte.
(2) Die deutschen Gerichte sind auch dann zuständig, wenn ein berechtigtes Interesse an einer Todeserklärung oder Feststellung der Todeszeit durch sie besteht.
(3) Die Zuständigkeit nach den Absätzen 1 und 2 ist nicht ausschließlich.

Abschnitt III. Verfahren bei Todeserklärungen

§ 13 (Verfahren der freiwilligen Gerichtsbarkeit)
(1) Das Aufgebotsverfahren nach § 2 ist eine Angelegenheit der freiwilligen Gerichtsbarkeit.
(2) Es gelten dafür die besonderen Vorschriften der §§ 14 bis 38.

§ 14 (Sachliche Zuständigkeit)
Für das Aufgebotsverfahren sind die Amtsgerichte sachlich zuständig.

§ 15 (Örtliche Zuständigkeit)
(1) Örtlich zuständig ist das Gericht, in dessen Bezirk der Verschollene seinen letzten inländischen Wohnsitz oder in Ermangelung eines inländischen Wohnsitzes seinen letzten gewöhnlichen Aufenthalt im Inlande gehabt hat.
(2) Ist die Verschollenheit durch den Untergang eines in einem deutschen Schiffsregister eingetragenen Schiffes begründet, so ist an Stelle des in Absatz 1 genannten Gerichts das Gericht des Heimathafens oder Heimatortes zuständig. Dieses Gericht kann jedoch die Sache aus wichtigem Grund an ein anderes Gericht abgeben.

§ 16 (Antrag; Berechtigte)
(1) Das Aufgebotsverfahren wird nur auf Antrag eingeleitet.
(2) Den Antrag können stellen:
a) der Staatsanwalt;
b) der gesetzliche Vertreter des Verschollenen;
c) der Ehegatte, die Abkömmlinge und die Eltern des Verschollenen sowie jeder andere, der ein rechtliches Interesse an der Todeserklärung hat.
(3) Der gesetzliche Vertreter kann den Antrag nur mit Genehmigung des Vormundschaftsgerichts stellen.

§ 17 (Eintritt)
Jeder Antragsberechtigte kann neben dem Antragsteller oder an dessen Stelle in das Verfahren eintreten. Durch den Eintritt erlangt er die rechtliche Stellung eines Antragstellers. Der Eintritt ist auch zur Einlegung eines Rechtsmittels zulässig.

§ 18 (Glaubhaftmachung)
Vor der Einleitung des Verfahrens hat der Antragsteller die zur Begründung des Antrags erforderlichen Tatsachen glaubhaft zu machen.

§ 19 (Aufgebot)
(1) Ist der Antrag zulässig, so hat das Gericht das Aufgebot zu erlassen.
(2) In das Aufgebot ist insbesondere aufzunehmen:
a) die Bezeichnung des Antragstellers;
b) die Aufforderung an den Verschollenen, sich bis zu einem bestimmten Zeitpunkt zu melden, widrigenfalls er für tot erklärt werden könne;
c) die Aufforderung an alle, die Auskunft über den Verschollenen geben können, dem Gericht bis zu dem nach Buchstabe b bestimmten Zeitpunkt Anzeige zu machen.

§ 20 (Öffentliche Bekanntmachung)
(1) Das Aufgebot muss durch eine Tageszeitung öffentlich bekannt gemacht werden. Das Gericht kann abweichend anordnen, dass eine einmalige Einrückung in den Bundesanzeiger erfolgt, wenn dies dem Zweck des Aufgebots dienlich ist.
(2) Das Gericht kann anordnen, dass das Aufgebot daneben in anderer Weise, insbesondere durch Rundfunk, öffentlich bekannt gemacht wird. Das Aufgebot soll an die Gerichtstafel angeheftet werden.

§ 21 (Aufgebotsfrist)
(1) Zwischen dem Tage, an dem das Aufgebot zum ersten Mal durch eine Tageszeitung oder den Bundesanzeiger öffentlich bekannt gemacht ist, und dem nach § 19 Abs. 2 Buchstabe b bestimmten Zeitpunkt muss eine Frist (Aufgebotsfrist) von mindestens sechs Wochen liegen.
(2) Die Aufgebotsfrist soll, wenn nicht besondere Gründe vorliegen, nicht mehr als ein Jahr betragen.
(3) Ist das Aufgebot öffentlich bekannt gemacht, so kann die Aufgebotsfrist nicht mehr abgekürzt werden.

§ 22 (Beteiligung der Staatsanwaltschaft)
Vor der Bekanntmachung des Aufgebots ist in jedem Falle dem Staatsanwalt, vor der Entscheidung dem Antragsteller und dem Staatsanwalt Gelegenheit zur Äußerung zu geben.

§ 22a (Beurkundung im Sterbebuch)
Ist der Tod des Verschollenen bereits im Sterbebuche beurkundet worden und wird ein Aufgebotsverfahren zum Zwecke der Todeserklärung durchgeführt, so hat die Eintragung im Sterbebuche für das Verfahren keine Beweiskraft.

§ 23 (Feststellung des Todeszeitpunkts)
In dem Beschluss, durch den der Verschollene für tot erklärt wird, ist der Zeitpunkt seines Todes nach § 9 Abs. 2, 3 festzustellen.

§ 24 (Öffentliche Bekanntmachung; Zustellung)
(1) Der Beschluss, durch den der Verschollene für tot erklärt wird, ist öffentlich bekannt zu machen. § 20 ist entsprechend anzuwenden.
(2) Der Beschluss ist ferner dem Antragsteller und dem Staatsanwalt zuzustellen.
(3) Die erste öffentliche Bekanntmachung gilt als Zustellung, auch soweit dieses Gesetz daneben eine besondere Zustellung vorschreibt. Die Zustellung gilt als am Ende des Tages bewirkt, an dem der Beschluss in der Tageszeitung oder im Bundesanzeiger öffentlich bekannt gemacht ist.

§ 25 (Ablehnungsbeschluss)
Der Beschluss, durch den die Todeserklärung abgelehnt wird, ist dem Antragsteller und dem Staatsanwalt zuzustellen.

§ 26 (Sofortige Beschwerde)
(1) Gegen den Beschluss, durch den der Verschollene für tot erklärt wird, und gegen den Beschluss, durch den die Todeserklärung abgelehnt wird, ist die sofortige Beschwerde zulässig. Die Beschwerdefrist beträgt einen Monat.
(2) Die Beschwerde steht zu
a) gegen den Beschluss, durch den der Verschollene für tot erklärt wird, dem Antragsteller und jedem, der an der Aufhebung der Todeserklärung oder an der Berichtigung des Zeitpunktes des Todes ein rechtliches Interesse hat;
b) gegen den Beschluss, durch den die Todeserklärung abgelehnt wird, dem Antragsteller.

§ 29 (Wirksamwerden)
(1) Beschlüsse des Amtsgerichts, durch welche die Todeserklärung ausgesprochen wird, werden mit ihrer Rechtskraft wirksam.
(2) § 26 Satz 2 des Gesetzes über die Angelegenheiten der freiwilligen Gerichtsbarkeit ist nicht anwendbar.
(3) Beschlüsse, die auf sofortige weitere Beschwerde ergehen, werden mit der letzten Zustellung wirksam; § 24 Abs. 3 bleibt unberührt.

§ 30 (Aufhebungsantrag)

(1) Hat der Verschollene die Todeserklärung überlebt, so kann er oder der Staatsanwalt ihre Aufhebung beantragen.

(2) Der Antrag ist bei dem Amtsgericht zu stellen, bei dem das Aufgebotsverfahren anhängig gewesen oder an welches die Sache abgegeben worden ist.

§ 33a (Änderungsverfahren)

(1) Ist der Verschollene nicht in dem Zeitpunkt verstorben, der als Zeitpunkt des Todes festgestellt worden ist, so kann jeder, der ein rechtliches Interesse an der Feststellung einer anderen Todeszeit hat, die Änderung der Feststellung beantragen, wenn die Tatsache, aus der sich die Unrichtigkeit der Feststellung ergibt, ihm ohne sein Verschulden erst bekannt geworden ist, als er sie in dem Aufgebotsverfahren nicht mehr geltend machen konnte.

(2) Der Antrag ist vor Ablauf einer Notfrist von einem Monat zu stellen. Die Frist beginnt mit dem Tage, an dem der Antragsberechtigte von der Tatsache Kenntnis erhalten hat, jedoch nicht vor Eintritt der Rechtskraft der Todeserklärung. Nach Ablauf von fünf Jahren, von dem Tage der Rechtskraft der Todeserklärung an gerechnet, ist der Antrag unstatthaft.

(3) Für das Änderungsverfahren gelten §§ 17, 18, § 19 Abs. 1, Abs. 2 Buchstabe c, §§ 20, 21, 23 bis 29, § 30 Abs. 2, § 31 Abs. 2 entsprechend. Der Beschluss, durch den die Feststellung des Todes geändert wird, ist auch demjenigen zuzustellen, der die Todeserklärung erwirkt hat. Die Änderung soll auf dem Beschluss, durch den der Verschollene für tot erklärt worden ist, und auf dessen Ausfertigung vermerkt werden.

Abschnitt IV. Verfahren bei Feststellung der Todeszeit

§ 39 (Zulässigkeit)

Ist die Todeserklärung mit Rücksicht auf § 1 Abs. 2 unzulässig, eine Eintragung im Sterbebuch aber nicht erfolgt, so kann beantragt werden, den Tod und den Zeitpunkt des Todes durch gerichtliche Entscheidung festzustellen. Wird der Antrag von dem Ehegatten gestellt, so steht eine Eintragung im Sterbebuch der Feststellung nicht entgegen.

§ 41 (Nachweis des Todes)

(1) Vor der Einleitung des Verfahrens hat der Antragsteller nachzuweisen, dass der Tod nach den Umständen nicht zweifelhaft ist, sofern dies nicht offenkundig ist.

(2) Die übrigen zur Begründung des Antrags erforderlichen Tatsachen hat der Antragsteller glaubhaft zu machen.

§ 42 (Öffentliche Aufforderung)

(1) Ist der Antrag zulässig, so soll das Gericht eine öffentliche Aufforderung an alle, die über den Zeitpunkt des Todes Angaben machen können, erlassen, dies dem Gericht bis zu einem bestimmten Zeitpunkt anzuzeigen.

(2) Von der öffentlichen Aufforderung kann das Gericht absehen, wenn dadurch nach den Umständen eine weitere Aufklärung des Sachverhalts nicht erwartet werden kann.

§ 49 (Eintritt von Rechtswirkungen; Anfechtungsklage)

(1) Ist der Eintritt einer Rechtswirkung an den Erlass des die Todeserklärung aussprechenden Urteils geknüpft, so tritt sie, wenn ein Verschollener nach diesem Gesetz für tot erklärt wird, mit dem Zeitpunkt ein, in dem die Todeserklärung wirksam wird.

(2) Der Aufhebung einer Todeserklärung infolge einer Anfechtungsklage steht deren Aufhebung oder Änderung nach den §§ 30 bis 33a dieses Gesetzes gleich.

31. Internationales Abkommen über Leichenbeförderung

vom 10.2.1937 (RGBl. 1938 II S. 199)

In dem Wunsche, die sich aus der Verschiedenheit der Bestimmungen über Leichenbeförderung ergebenden Unzuträglichkeiten zu vermeiden, und in Anbetracht der Zweckmäßigkeit einer allgemeinen Regelung dieser Frage verpflichten sich die unterzeichneten Regierungen, Leichen solcher Personen, die auf dem Gebiet eines der anderen Vertragsstaaten verstorben sind, in ihr Gebiet oder durch ihr Gebiet befördern zu lassen unter der Bedingung, dass folgende Vorschriften beachtet werden:

A. Allgemeine Vorschriften

Artikel 1 (Leichenpass)
Jede Leichenbeförderung, gleichviel mit welchem Beförderungsmittel und unter welchen Umständen sie erfolgt, bedarf eines besonderen Passes (Leichenpasses), der möglichst dem als Anlage beigefügten Muster entsprechen und in allen Fällen den Namen, den Vornamen und das Alter des Verstorbenen sowie den Ort, den Tag und die Ursache des Todes enthalten muss; dieser Pass wird von der Behörde ausgestellt, die für den Ort des Todes oder falls es sich um ausgegrabene sterbliche Überreste handelt, den Ort der Beisetzung (Ausgrabung) zuständig ist.
Es empfiehlt sich, den Pass nicht nur in der Sprache des Landes, in dem er ausgestellt worden ist, sondern daneben auch in mindestens einer der im internationalen Verkehr gebräuchlichsten Sprachen abzufassen.

Artikel 2 (Transportunterlagen)
Außer den in den internationalen Abkommen über Transport allgemein vorgesehenen Urkunden verlangen das Bestimmungsland oder die Durchfuhrländer keine anderen Schriftstücke als den im vorhergehenden Artikel bezeichneten Pass. Der Leichenpass darf von der verantwortlichen Behörde erst ausgestellt werden nach Vorlage

1. eines beglaubigten Auszugs aus dem Sterberegister,
2. amtlicher Bescheinigungen, wonach gegen die Beförderung vom gesundheitlichen oder amtsärztlichen Standpunkt aus keine Bedenken bestehen und wonach die Leiche gemäß den Bestimmungen dieses Abkommens eingesargt worden ist.

Artikel 3 (Transportsarg)
Die Leiche wird in einen Metallsarg gelegt, dessen Boden mit einer ungefähr 5 cm dicken Schicht aus einem säureverzehrenden Stoff (Torf, Sägemehl, Holzkohlenstaub usw.) unter Zusatz eines antiseptischen Mittels belegt sein muss. Ist der Tod auf eine ansteckende Krankheit zurückzuführen, so muss die Leiche selbst in ein mit einer antiseptischen Lösung durchtränktes Leichentuch eingewickelt werden.
Der Metallsarg wird hernach luftdicht verschlossen (gelötet) und in einem Holzsarg derart befestigt, dass er sich darin nicht bewegen kann. Der Holzsarg muss mindestens 3 cm dick, seine Fugen müssen wasserdicht und durch höchstens 20 cm voneinander entfernte Schrauben verschlossen sein, er ist durch Metallbänder zu sichern.

Artikel 4 (Beförderungsverbot)
Die Beförderung der Leichen solcher Personen, die an Pest, Cholera, Pocken oder Flecktyphus verstorben sind, zwischen den Gebieten jedes der Vertragsstaaten ist frühestens ein Jahr nach dem Todesfall erlaubt.

B. Besondere Vorschriften

Artikel 5 (Eisenbahntransport)
Für die Beförderung mit der Eisenbahn gelten außer den allgemeinen Vorschriften der Art. 1 bis 4 folgende Bestimmungen:
a) Der Sarg wird in einem geschlossenen Wagen befördert. Jedoch kann ein offener Wagen benutzt werden, falls der Sarg in einem geschlossenen Leichenwagen aufgegeben wird und in diesem Wagen bleibt.
b) Jedem Lande steht die Entscheidung darüber zu, innerhalb welcher Frist die Leiche bei der Ankunft abgeholt werden muss. Falls der Absender in befriedigender Weise dartun kann, dass die Leiche innerhalb dieser Frist tatsächlich abgeholt wird, so ist die Begleitung des Sarges nicht nötig.
c) Zusammen mir dem Sarg dürfen nur Gegenstände wie Kränze, Blumensträuße usw. befördert werden.
d) Der Sarg ist auf schnellstem Wege und möglichst ohne Umladung zu befördern.

Artikel 6 (Leichenwagen)
Für die Beförderung mit Kraftwagen gelten außer den allgemeinen Vorschriften der Art. 1 bis 4 folgende Bestimmungen:
a) Der Sarg ist möglichst in einem besonderen Leichenwagen oder in einem geschlossenen gewöhnlichen Gepäckwagen zu befördern.
b) Zusammen mit dem Sarg dürfen nur Gegenstände wie Kränze, Blumensträuße usw. befördert werden.

Artikel 7 (Lufttransport)
Für die Beförderung auf dem Luftweg gelten außer den allgemeinen Vorschriften der Art. 1 bis 4 folgende Bestimmungen:
a) Der Sarg ist entweder in einem Luftfahrzeug, das besonders und ausschließlich dieser Beförderung dient, oder in einem besonders und ausschließlich diesem Zwecke vorbehaltenen Abteil eines gewöhnlichen Luftfahrzeugs zu befördern.
b) Zusammen mit dem Sarg dürfen in demselben Luftfahrzeug oder Abteil nur Gegenstände wie Kränze, Blumensträuße usw. befördert werden.

Artikel 8 (Seetransport)
Für die Beförderung auf dem Seeweg gelten außer den allgemeinen Vorschriften der Art. 1 bis 4 folgende Bestimmungen:
a) Der Holzsarg, der gemäß den Bestimmungen im Art. 3 den Metallsarg enthält, ist in einer gewöhnlichen Holzkiste so unterzubringen, dass er sich nicht verschieben kann.
b) Diese Kiste ist mit ihrem Inhalt so unterzubringen, dass jede Berührung mit Lebens- oder Genussmitteln und jede Belästigung der Fahrgäste und der Besatzung ausgeschlossen sind.

Artikel 9 (Todesfall an Bord)
Bei einem an Bord eingetretenen Todesfall kann die Leiche unter den Bedingungen des vorgehenden Art. 8 aufbewahrt werden. Die nach Art. 2 notwendigen Urkunden und Bescheinigungen sind gemäß den Gesetzen des Landes auszustellen, dessen Flagge das Schiff führt, die Beförderung ist in der gleichen Weise auszufahren, wie bei einer an Bord verladenen Leiche.
Falls der Todesfall weniger als 48 Stunden vor Ankunft des Schiffes in dem Hafen, wo die Beerdigung stattfinden soll, eingetreten ist und falls die für die genaue Durchführung der Bestimmungen unter a) von Art. 8 notwendigen Materialien an Bord nicht vorhanden sind, so kann die in ein mit einer antiseptischen Lösung durchtränktes Leichentuch eingewickelte Leiche in einen festen Holzsarg gelegt werden. Dieser muss aus mindestens 3 cm dicken Brettern mit wasserdichten Fugen bestehen und mit Schrauben verschlossen sein, der Boden muss vorher mit einer ungefähr 5 cm dicken Schicht aus einem säureverzehrenden Stoff (Torf, Sägemehl, Holzkohlen-

staub usw.) unter Zusatz eines antiseptischen Mittels belegt worden sein. Hiernach wird der Holzsarg in einer Kiste so untergebracht, dass er sich nicht verschieben kann. Die Bestimmungen dieses Absatzes finden jedoch keine Anwendung, wenn der Todesfall infolge einer der im Artikel 4 bezeichneten Krankheiten eingetreten ist.
Dieser Artikel gilt nicht für Schiffe, deren Fahrten weniger als 24 Stunden dauern, wenn sie bei einem an Bord eintretenden Todesfall unverzüglich nach ihrer Ankunft in dem Hafen, wo die Ablieferung der Leiche erfolgen soll, diese den zuständigen Behörden übergeben.

Schlussbestimmungen

Artikel 10 (Keine schärferen Bedingungen)
Die allgemeinen und besonderen Bestimmungen dieses Abkommens stellen das Höchstmaß der Bedingungen dar (die Tarife ausgenommen), die für die Übernahme der Leichen aus einem der Vertragsländer gelten. Diese Länder sind berechtigt, auf Grund zweiseitiger Abkommen oder gemeinsam getroffener besonderer Entschließungen größere Erleichterungen zu gewähren.
Das Abkommen gilt nicht für Leichenbeförderungen innerhalb der Grenzgebiete.

Artikel 11 (Keine Anwendung auf Bestattungen)
Dieses Abkommen bezieht sich auf die alsbald nach dem Tode oder der Ausgrabung erfolgende internationale Leichenbeförderung. Die Bestimmungen des Abkommens berühren in keiner Weise die in den betreffenden Ländern geltenden Vorschriften über Beerdigungen oder Ausgrabungen.
Das Abkommen findet auf die Beförderung von Leichenasche keine Anwendung.

Artikel 12 bis 16 (Protokollbestimmungen)
Vom Abdruck wurde abgesehen

Hinweis: Das obenstehende sog. Berliner Abkommen ist am 1.6.1938 in Kraft getreten. Ihm gehören folgende Staaten als Vertragsparteien an: Ägypten, Belgien, Deutschland, Frankreich, Italien, Mexiko, Österreich, Portugal, Rumänien, Schweiz, Tschechische Republik, Slowakei, Türkei und Zaire. Liechtenstein und Ungarn sind dem Abkommen nicht beigetreten, die zuständigen Institutionen wenden jedoch das Abkommen an.

Das vom Gesundheitsausschuss des Europarats erarbeitete Europäische (Straßburger) Abkommen (Agreement on the Transfer of Corpses) ist am 11.11.1975 in Kraft getreten. Ihm gehören derzeit folgende Vertragsparteien an: Belgien, Griechenland, Island, Luxemburg, Niederlande, Norwegen, Österreich, Portugal, Schweden, Schweiz, Türkei, Zypern, Finnland, Frankreich, Lettland, Slowakei, Slowenien und Spanien. Dänemark, Liechtenstein und Ungarn sind dem Abkommen nicht beigetreten, die zuständigen Institutionen wenden das Abkommen aber an. Da das Abkommen für Deutschland nicht gilt, wurde von einem Abdruck abgesehen. Es kann in englischer Sprache im Internet nachgelesen werden: http://conventions.coe.int/Treaty/en/Treaties/Html/080.htm.

B. Als Landesrecht fortgeltendes ehemaliges Reichsrecht

1. Gesetz über die Feuerbestattung

vom 15.5.1934 (RGBl. I S. 380)
Landesrechtliche Fundstellen:
Hessen: geändert durch Gesetz vom 31.1.1978 GVBI. Hessen S. 109
Nordrhein-Westfalen: RGS NW S. 80, geändert durch Gesetz vom 3.12.1974 (GV NRW S. 1504)
Rheinland-Pfalz: i.d.F. der Bekanntmachung vom 18.8.1972 (GVBl. 1972 Sonderband Reichsrecht, S. 57)
Saarland: geändert durch Gesetz vom 5. Februar 1997 (Amtsbl. S. 258), BS Saar Nr. 2129-2)
Schleswig-Holstein: i.d.F. der Bekanntmachung vom 31.12.1971, Gl.-Nr.: 2128-1, zuletzt geändert durch Verordnung vom 24.10.1996, GVOBl. S. 652)

Hinweis: In Brandenburg, Hessen, Niedersachsen, Nordrhein-Westfalen, Saarland, Sachsen-Anhalt, Schleswig-Holstein und Thüringen gilt das Gesetz über die Feuerbestattung als Landesrecht fort (Art. 129 GG). Es kann durch Landesrecht geändert werden. Das Gesetz gilt nicht mehr in Baden-Württemberg, Bayern, Berlin, Bremen, Hamburg, Mecklenburg-Vorpommern, Rheinland-Pfalz und Sachsen. Brandenburg und Sachsen-Anhalt haben in ihren Bestattungsgesetzen die nachfolgenden Bestimmungen nicht ausdrücklich aufgehoben, gehen aber offenbar davon aus, dass diese dort nicht mehr fortgelten.

§ 1 (Gleichstellung)
Die Feuerbestattung ist der Erdbestattung grundsätzlich gleichgestellt; sie unterliegt den durch die Sicherheit der Rechtspflege gebotenen Einschränkungen.

§ 2 (Bestimmungsrecht der Bestattungsart)
(1) Die Bestattungsart richtet sich nach dem Willen des Verstorbenen.
(2) Liegt eine Willensbekundung des Verstorbenen über die Bestattungsart nicht vor, so haben die Angehörigen, soweit sie geschäftsfähig sind, diese zu bestimmen. Als Angehörige im Sinne dieser Bestimmungen gelten der Ehegatte, Verwandte und Verschwägerte ab- und aufsteigender Linie, Geschwister und deren Kinder sowie der Verlobte.
(3) Bestehen unter den Angehörigen Meinungsverschiedenheiten über die Art der Bestattung, so geht der Wille des Ehegatten demjenigen der Verwandten, der Wille der Kinder oder ihrer Ehegatten dem der übrigen Verwandten, der Wille näherer Verwandter dem der entfernteren Verwandten oder des Verlobten vor.
(4) Bei Meinungsverschiedenheiten unter Angehörigen gleichen Grades hat die *Polizeibehörde**, bei der die Genehmigung der Feuerbestattung beantragt ist (§ 3 Abs. 1), ihre Entscheidung unter Berücksichtigung der Umstände des Falles zu treffen.
(5) Wer nicht zu den Angehörigen des Verstorbenen (Abs. 2) gehört, kann Feuerbestattung nur beantragen, wenn der Verstorbene sie gewollt hat.

** In Nordrhein-Westfalen: „Ordnungsbehörde"*

[in Schleswig-Holstein haben die Absätze 4 und 5 sowie der dort eingefügte Absatz 6 folgende Fassung:
„(4) Bei Meinungsverschiedenheiten unter Angehörigen gleichen Grades entscheidet die örtliche Ordnungsbehörde des Einäscherungsortes unter Berücksichtigung der Umstände des Falles.

Ehem. Reichsrecht

(5) Wer nicht zu den Angehörigen des Verstorbenen (Absatz 2) gehört, muss gegenüber der örtlichen Ordnungsbehörde des Einäscherungsortes nachweisen, dass die Feuerbestattung dem Willen des Verstorbenen entspricht (§ 4).

(6) In den Fällen der Absätze 4 und 5 unterrichtet die örtliche Ordnungsbehörde des Einäscherungsortes den Leiter der Feuerbestattungsanlage."]

§ 3 (Genehmigung der Feuerbestattung)

(1) Die Feuerbestattung bedarf der schriftlichen Genehmigung der *Polizeibehörde** des Einäscherungsortes. Der Antrag ist spätestens 24 Stunden vor dem Zeitpunkt der Einäscherung zu stellen.

(2) Die Genehmigung darf nur erteilt werden, wenn beigebracht sind

1. die amtliche Sterbeurkunde;
2. eine nach einer Leichenschau ausgestellte, mit Angabe der Todesursache versehene amtsärztliche Bescheinigung, dass sich ein Verdacht, der Verstorbene sei eines nicht natürlichen Todes gestorben, nicht ergeben hat. Kann der Amtsarzt die Todesursache bei der Leichenschau nicht einwandfrei feststellen, so hat er den Arzt, der den Verstorbenen während einer dem Tode unmittelbar vorangegangenen Erkrankung behandelt hat, zuzuziehen oder die Vorlage einer Bescheinigung dieses Arztes über die Art der Krankheit, Dauer der Behandlung und Todesursache zu verlangen. Lassen sich die bestehenden Zweifel auch hierdurch nicht beseitigen, so ist die Leichenöffnung vorzunehmen. War der zuständige beamtete Arzt zugleich der behandelnde Arzt, so ist die amtsärztliche Bescheinigung durch einen anderen beamteten Arzt auszustellen;
3. eine Bescheinigung der Polizeibehörde des Sterbeorts, dass ihr keine Umstände bekannt sind, die auf Herbeiführung des Todes durch eine *strafbare Handlung*** schließen lassen;
4. in den Fällen des § 2 Abs. 5 der Nachweis, dass die Feuerbestattung dem Willen des Verstorbenen entspricht (§ 4) .

(3) Die Bescheinigung des Amtsarztes (Nr. 2) und die Bescheinigung der Polizeibehörde des Sterbeortes (Nr. 3) wird in den Fällen des § 159 Abs. 2 StPO durch die nach § 159 Abs. 2 StPO erteilte Genehmigung ersetzt. Sie muss die Erklärung enthalten, dass die Feuerbestattung für unbedenklich erachtet wird.

(4) Ist der Tod im Ausland erfolgt, so bestimmt die *Polizeibehörde** des Einäscherungsortes, ob auf die Bescheinigung der Polizeibehörde des Sterbeortes (Nr. 3) verzichtet wird, oder durch welche anderen Nachweise sie ersetzt werden kann.

* *In Nordrhein-Westfalen: „Ordnungsbehörde"*

** *In Nordrhein-Westfalen: „Straftat"*

[§ 3 hat in Schleswig-Holstein folgende Fassung:

„(1) Die Feuerbestattung darf erst vorgenommen werden, wenn durch eine nach einer Leichenschau von einem Arzt der Kreisgesundheitsbehörde ausgestellte Bescheinigung festgestellt worden ist, dass sich ein Verdacht, der Verstorbene sei eines nicht natürlichen Todes gestorben, nicht ergeben hat. Kann der Arzt der Kreisgesundheitsbehörde die Todesursache bei der Leichenschau nicht einwandfrei feststellen, so hat er von dem Arzt, der den Verstorbenen während einer dem Tode unmittelbar vorangegangenen Krankheit behandelt hat oder der den Tod bescheinigt hat, mündliche oder schriftliche Erläuterungen über Art der Krankheit, Dauer der Behandlung und Todesursache zu verlangen. Lassen sich die bestehenden Zweifel auch hierdurch nicht beseitigen, so darf die Bescheinigung nach Satz 1 erst dann ausgestellt werden, wenn die Zweifel durch eine Leichenöffnung ausgeräumt worden sind. War der die Bescheinigung ausstellende Arzt zugleich der behandelnde Arzt, so ist die Bescheinigung durch einen anderen Arzt der Kreisgesundheitsbehörde auszustellen.

(2) Die Bescheinigung nach Absatz 1 Satz 1 wird in den Fällen des § 159 Abs. 1 der Strafprozessordnung durch die nach § 159 Abs. 2 der Strafprozessordnung erteilte Genehmigung ersetzt. Diese muss die Erklärung enthalten, dass die Feuerbestattung für unbedenklich erachtet wird."]

§ 4 (Nachweis des Willens des Verstorbenen)

Der Nachweis, dass die Feuerbestattung dem Willen des Verstorbenen entspricht (§ 2 Abs. 1), kann erbracht werden

1. durch eine von dem Verstorbenen getroffene Verfügung von Todes wegen,
2. durch eine von dem Verstorbenen abgegebene mündliche Erklärung, die von einer zur Führung eines öffentlichen Siegels berechtigten Person als in ihrer Gegenwart abgegeben beurkundet ist,
3. durch eine unter Angabe des Ortes und Tages eigenhändig geschriebene und unterschriebene Erklärung des Verstorbenen.

§ 5 (Sorgeberechtigter)

War der Verstorbene zur Zeit seines Todes noch nicht 16 Jahre alt oder war er geschäftsunfähig, so bestimmt derjenige, dem die Sorge für die Person des verstorbenen oblag, die Bestattungsart.

§ 6 (Kosten der Bestattung)

Fallen die Bestattungskosten *der öffentlichen Fürsorge** zur Last, so ist diese nicht verpflichtet, etwaige höhere Kosten der Feuerbestattung zu tragen.

** In Rheinland-Pfalz: „dem Träger der Sozialhilfe"*

Hinweis: siehe zu vorstehender Bestimmung § 15 BSHG, S. 101.

[im Saarland ist § 6 entfallen; die Folgeparagraphen sind im Saarland entsprechend umnummeriert; statt § 7 § 6 usw.]

§ 7 (Feuerbestattungsanlagen)

Die Einäscherung von Leichen darf nur in behördlich genehmigten Anlagen (Feuerbestattungsanlagen) erfolgen. Die Bedingungen, die an die Einrichtung solcher Anlagen zu stellen sind, werden durch *die obersten Landesbehörden** festgesetzt.

** In Nordrhein-Westfalen: „den Regierungspräsidenten"*

[§ 7 gilt in Hessen in folgender Fassung: „Die Einäscherung von Leichen darf nur in behördlich genehmigten Anlagen (Feuerbestattungsanlagen) erfolgen. Die Genehmigung zur Errichtung einer Feuerbestattungsanlage wird, wenn es sich bei dem Antragsteller um einen Landkreis oder eine kreisfreie Stadt handelt, von dem Regierungspräsidenten, im Übrigen von dem Landrat als Behörde der Landesverwaltung erteilt. Die Bedingungen, die an die Errichtung solcher Anlagen zu stellen sind, werden durch den Minister des Innern festgelegt." (Vgl. Art. 7 des Gesetzes über Aufgabenverlagerung vom 31. 1. 1978 GVBl. Hessen S. 109).]

§ 8 (Errichtung von Feuerbestattungsanlagen)

(1) Die Genehmigung zur Errichtung einer Feuerbestattungsanlage darf nur Gemeinden, Gemeindeverbänden und solchen Körperschaften des öffentlichen Rechts, denen die Sorge für die Beschaffung öffentlicher Begräbnisplätze obliegt, erteilt werden. Bei Erteilung der Genehmigung ist auf eine würdige Ausgestaltung der Anlage hinzuwirken.
(2) Die Genehmigung einer Anlage schließt die Genehmigung des Betriebes der Feuerbestattung unter den in der Genehmigungsurkunde festgesetzten Bedingungen ein.
(3) Die Körperschaft, der die Genehmigung erteilt worden ist, kann mit Zustimmung der Aufsichtsbehörde die Errichtung und den Betrieb der Feuerbestattungsanlage widerruflich einem rechtsfähigen Feuerbestattungsverein übertragen.

[§ 8 Abs. 3 ist in Hessen folgender Satz 2 angefügt: „Will ein Landkreis oder eine kreisfreie Stadt eine Übertragung vornehmen, so ist Aufsichtsbehörde der Regierungspräsident, im Übrigen der Landrat als Behörde der Landesverwaltung."]

§ 9 (Urnenbeisetzung)

(1) Die Aschenreste jeder Leiche sind in ein amtlich zu verschließendes Behältnis aufzunehmen und in einer Urnenhalle, einem Urnenhain, einer Urnengrabstelle oder in einem Grabe beizusetzen.

(2) Es ist Vorsorge zu treffen, dass jederzeit festgestellt werden kann

1. von wem die Aschenreste herrühren,
2. wo die Aschenreste des Verstorbenen aufbewahrt werden.

(3) Ausnahmen von der Bestimmung des Abs. 1 können in besonderen Fällen durch die *Polizeibehörde** des Einäscherungsortes, soweit nötig, im Benehmen mit der *Polizeibehörde** des Ortes, an dem die Verwahrung der Aschenreste stattfinden soll, zugelassen werden.

** In Nordrhein-Westfalen: „Ordnungsbehörde"; in Schleswig-Holstein: „örtliche Ordnungsbehörde"*

§ 10 (Verordnungsermächtigung)

Der *Reichsminister des Innern** erlässt die zur Durchführung und Ergänzung dieses Gesetzes erforderlichen Rechts- und Verwaltungsvorschriften. Soweit er von dieser Befugnis keinen Gebrauch macht, können die obersten Landesbehörden Durchführungsvorschriften erlassen.

** In Nordrhein-Westfalen: „Innenminister"*

*[dieser § lautet im Saarland als § 9 wie folgt:
Das Ministerium für Frauen, Arbeit, Gesundheit und Soziales erlässt die zur Durchführung dieses Gesetzes erforderlichen Rechts- und Verwaltungsvorschriften."]*

[§ 10 lautet in Schleswig-Holstein wie folgt: „Das Ministerium für Arbeit, Gesundheit und Soziales erlässt die zur Durchführung dieses Gesetzes erforderlichen Rechts- und Verwaltungsvorschriften."]

§ 11

Das Gesetz tritt am 1. 7. 1934 in Kraft.

2. Verordnung zur Durchführung des Feuerbestattungsgesetzes

vom 10.8.1938 (RGBl. I S. 1000)
Fundstelle in NRW: RGS NW S. 81, geändert durch Verordnung vom 18.5.1982, GV NW S. 250; Fundstelle in Rheinland-Pfalz: i.d.F. der Bekanntmachung vom 18.8.1972, GVBl. 1972 Sondernr. Reichsrecht S. 58, geändert durch Verordnung vom 14.4.1976 GVBl. S. 141; Fundstelle in Schleswig-Holstein: Glied.Nr. 2128-1-1, geändert durch Verordnung vom 24.10.1996, GVOBl. S. 652

Hinweis: Diese Verordnung gilt nicht mehr in Baden-Württemberg, Bayern, Berlin, Bremen, Hamburg, Mecklenburg-Vorpommern, Rheinland-Pfalz und Sachsen. Brandenburg und Sachsen-Anhalt haben in ihren Bestattungsgesetzen die nachfolgenden Bestimmungen nicht ausdrücklich aufgehoben, gehen aber offenbar davon aus, dass diese dort nicht mehr fortgelten.

Auf Grund des § 10 des Gesetzes über die Feuerbestattung vom 15.5.1934 (RGBl. I S. 380) wird verordnet:

§ 1 (Wirksambleiben von Erklärungen)
Die vor Inkrafttreten des Gesetzes auf dem Formblatt eines Feuerbestattungsvereins abgegebene, eigenhändig unterschriebene Erklärung, durch die der auf Feuerbestattung gerichtete Wille bekundet ist, bleibt, auch wenn sie nicht eigenhändig geschrieben ist, wirksam.

§ 2 (Verzeichnis der Genehmigungen)
(1) Die *Polizeibehörde** des Einäscherungsortes hat über alle von ihr genehmigten Feuerbestattungen, gegebenenfalls für jede selbständige Anlage gesondert, ein Verzeichnis zu führen, in das unter fortlaufenden Nummern einzutragen sind:
1. Zu- und Vorname des Verstorbenen,
2. Geburtstag und Geburtsort,
3. Todestag und Sterbeort,
4. letzter Wohnort,
5. Stand oder Beruf,
6. Konfession,
7. Todesursache,
8. Tag und Stunde der Einäscherung,
9. Ausstellungstag und Nummer der Genehmigungsurkunde,
10. Beisetzungsort der Aschenreste,
11. Änderungen des Beisetzungsortes der Aschenreste (§ 10 Abs. 2).

(2) Das Verzeichnis ist mit den der Genehmigung zugrunde liegenden Bescheinigungen und Nachweisen 30 Jahre nach der letzten im Verzeichnis erfolgten Eintragung aufzubewahren.

* *In Nordrhein-Westfalen: „Ordnungsbehörde"*

§ 3 (Ärztliche Bescheinigung)
(1) Die nach § 3 Abs. 2 des Gesetzes vorgeschriebene amtsärztliche Bescheinigung ist durch den für den Sterbeort oder für den Ort der Einäscherung zuständigen Amts- *oder Gerichts*arzt auszustellen.
(2) Die *obersten Landesbehörden* können, soweit nötig, zur Vornahme der Leichenschau und zur Ausstellung der Bescheinigung auch andere Ärzte ermächtigen, die die amtsärztliche Prüfung als Kreis-, Bezirks- oder Gerichtsarzt bestanden oder an einem Sonderlehrgang mit Erfolg teilgenommen haben, durch den die für die gerichtliche Leichenschau erforderlichen Kenntnisse vermittelt werden, oder die bereits vor Inkrafttreten des Gesetzes mit Wahrnehmung dieser Verrichtungen betraut waren.

[§ 3 Absatz 2 gilt in Hessen in folgender Fassung:
„(2) Der Regierungspräsident kann, soweit nötig, zur Vornahme der Leichenschau und zur Ausstellung der Bescheinigung auch andere Ärzte ermächtigen, die die amtsärztliche Prüfung. . . bestanden oder an einem Sonderlehrgang mit Erfolg teilgenommen haben, durch den die für die gerichtliche Leichenschau erforderlichen Kenntnisse vermittelt werden, oder die bereits vor Inkrafttreten des Gesetzes mit Wahrnehmung dieser Verrichtungen betraut waren.“]

[§ 3 gilt in Nordrhein-Westfalen in folgender Fassung:
„(1) Die nach § 3 Abs. 2 des Gesetzes vorgeschriebene amtsärztliche Bescheinigung ist durch den für den Sterbeort oder für den Ort der Einäscherung zuständigen Amtsarzt nach anliegendem Muster (Anlage 1) auszustellen.
(2) Der Regierungspräsident kann, soweit nötig, zur Vornahme der Leichenschau und zur Ausstellung der Bescheinigung auch andere Ärzte ermächtigen, die die amtsärztliche Prüfung bestanden oder an einem Sonderlehrgang mit Erfolg teilgenommen haben, durch den die für die gerichtliche Leichenschau erforderlichen Kenntnisse vermittelt werden, oder die bereits vor Inkrafttreten des Gesetzes mit Wahrnehmung dieser Verrichtungen betraut waren.“]

[§ 3 gilt in Rheinland-Pfalz in folgender Fassung:
„(1) Die nach § 3 Abs. 2 des Gesetzes vorgeschriebene amtsärztliche Bescheinigung ist durch den für den Sterbeort oder für den Ort der Einäscherung zuständigen Amts- oder Gerichtsarzt auszustellen. Hierzu wird ihm der Leichenschauschein (Anlage II der Landespolizeiverordnung über das Leichenwesen vom 21. Oktober 1974 (GVBl. S. 448, BS 2127-1-) vorgelegt, der zu diesem Zweck vom Standesbeamten den Angehörigen oder dem von diesen beauftragten Bestattungsunternehmen ausgehändigt wird. Der Leichenschauschein ist nach Einsichtnahme dem Gesundheitsamt des Sterbeortes zuzuleiten.
(2) Die höhere Verwaltungsbehörde kann, soweit nötig, zur Vornahme der Leichenschau und zur Ausstellung der Bescheinigung auch andere Ärzte ermächtigen, die die amtsärztliche Prüfung als Kreis-, Bezirks- oder Gerichtsarzt bestanden oder an einem Sonderlehrgang mit Erfolg teilgenommen haben, durch den die für die gerichtliche Leichenschau erforderlichen Kenntnisse vermittelt werden, oder die bereits vor Inkrafttreten des Gesetzes mit Wahrnehmung dieser Verrichtungen betraut waren.
(3) Höhere Verwaltungsbehörde im Sinne von Absatz 2 ist die Bezirksregierung.“]

§ 4 (Leichen aus dem Ausland)

Bei Leichen, die aus dem Ausland zur Einäscherung eingeliefert werden, entscheidet die *Polizeibehörde** des Einäscherungsortes, ob der gemäß den Bestimmungen des Internationalen Abkommens über Leichenbeförderung ausgestellte Leichenpass für den Nachweis der Todesursache ausreicht. Etwa bestehende Zweifel sind durch Vornahme der amtsärztlichen Leichenschau gemäß § 3 Abs. 2 Nr. 2 des Gesetzes zu klären.

** In Nordrhein-Westfalen: „Ordnungsbehörde“*

§ 5 (Widerruf der Erklärung zur Feuerbestattung)

Die auf Feuerbestattung gerichtete Willensbekundung kann widerrufen werden. Der Widerruf muss einwandfrei nachgewiesen werden; als einwandfrei nachgewiesen gilt der Widerruf insbesondere dann, wenn er in einer der Formen des § 4 Nr. 1 bis 3 des Gesetzes erklärt ist.

§ 6 (Leichenhalle)

Für die Feuerbestattungsanlage muss eine Leichenhalle vorhanden sein, in der die Leichen vor der Einäscherung untergebracht werden können. Außerdem muss ein Raum für die Vornahme der Leichenöffnung zur Verfügung stehen, der die für diesen Zweck erforderlichen Einrichtungen zu enthalten hat.

§ 7 (Aufsicht über Feuerbestattungsanlage)
Die Feuerbestattungsanlage und deren Betrieb unterliegen der Aufsicht der *Polizeibehörde* des Ortes, in dem die Anlage sich befindet. Der Betrieb regelt sich nach einer *von der obersten Landesbehörde* zu genehmigenden Betriebsordnung, in der auch die Gebühren festzusetzen sind.

[In Nordrhein-Westfalen gilt § 7 in folgender Fassung:
„§ 7 (Aufsicht über Feuerbestattungsanlage)
Die Feuerbestattungsanlage und deren Betrieb unterliegen der Aufsicht der Ordnungsbehörde. Der Betrieb regelt sich nach einer von dem Regierungspräsidenten zu genehmigenden Betriebsordnung, in der auch die Gebühren festzusetzen sind.“]

§ 8 (Verpflichtung des Leiters)
Der für den Betrieb der Feuerbestattungsanlage verantwortliche Leiter ist von der die Aufsicht führenden Polizeibehörde ausdrücklich in Pflicht zu nehmen.

§ 9 (Genehmigung)
Die Einäscherung darf erst erfolgen, wenn die schriftliche Genehmigung der *Polizeibehörde** des Einäscherungsortes (§ 3 des Gesetzes) dem für den Betrieb der Feuerbestattungsanlage verantwortlichen Leiter vorgelegt worden ist. Die Einäscherung ist innerhalb dreimal 24 Stunden nach erfolgter *polizeilicher*** Genehmigung vorzunehmen. Kann die Frist nicht eingehalten werden, so hat der für den Betrieb der Feuerbestattungsanlage verantwortliche Leiter unter Angabe des Grundes der Verzögerung bei der *Polizeibehörde** eine Verlängerung der Frist zu beantragen.

* *In Nordrhein-Westfalen: „Ordnungsbehörde“*
** *In Nordrhein-Westfalen: „ordnungsbehördlicher“*

§ 10 (Mitteilung über Einäscherung)
(1) Der für die Feuerbestattungsanlage verantwortliche Betriebsleiter hat die Einäscherung sowie die Beisetzung oder Versendung der Aschenreste unverzüglich der zuständigen *Polizeibehörde** mitzuteilen. Hierbei sind anzugeben: Zu- und Vorname des Eingeäscherten, Nummer und Ausstellungstag der *polizeilichen*** Genehmigungsurkunde, Zeitpunkt der Einäscherung sowie Zeit und Ort der Beisetzung der Aschenreste, im Falle ihrer Versendung Anschrift, unter der die Aschenreste versandt worden sind. Der Versand von Aschenresten darf erst erfolgen, wenn dem Betriebsleiter eine Bescheinigung der Friedhofsverwaltung über die Genehmigung zu ihrer Beisetzung vorliegt.
(2) Sind die Aschenreste zwecks Beisetzung nach einem anderen Ort versandt worden, so hat die Friedhofsverwaltung oder die *Polizeibehörde** dieses Ortes der *Polizeibehörde** des Einäscherungsortes die erfolgte Beisetzung anzuzeigen. Auch eine Versendung bereits beigesetzter Aschenreste ist der *Polizeibehörde** des Einäscherungsortes mitzuteilen.
(3) Die Aushändigung der Aschenreste an die Angehörigen oder deren Beauftragte, auch zwecks Beisetzung an einem anderen Ort, ist vorbehaltlich der Ausnahme im § 9 Abs. 3 des Gesetzes nicht zulässig.
(4) Die Ruhefrist für die Aschenreste beträgt 20 Jahre, wenn für die Erdbestattung am gleichen Ort eine Ruhefrist von 20 Jahren oder mehr vorgesehen ist, in allen übrigen Fällen ist die Ruhefrist für Aschenreste mindestens auf den als Ruhefrist bei Erdbestattungen am gleichen Ort vorgesehenen Zeitraum zu bemessen. Nach Ablauf der Ruhefrist sind die alsdann noch vorhandenen und als solche erkennbaren Aschenreste und ihre Behältnisse in einer Gemeinschaftsgrabstätte dem Erdboden einzuverleiben.
* *In Nordrhein-Westfalen: „Ordnungsbehörde“*
** *In Nordrhein-Westfalen: „ordnungsbehördlichen“*

Ehem. Reichsrecht

§ 11 (Einäscherungsverzeichnis)
(1) Über die in der Feuerbestattungsanlage vorgenommenen Einäscherungen ist ein Verzeichnis nach beigefügtem Muster (Einäscherungsverzeichnis) zu führen. Das Verzeichnis ist am Ende jedes Kalenderjahres abzuschließen und mit dem von der *Polizeibehörde** geführten Verzeichnis (§ 2) abzustimmen.
(2) Das Einäscherungsverzeichnis mit den ihm zugrundeliegenden Genehmigungsurkunden ist 30 Jahre nach der letzten im Verzeichnis erfolgten Eintragung aufzubewahren.

** In Nordrhein-Westfalen: „Ordnungsbehörde"*

§ 12 (Sargbenutzung)
(1) Die Leichen sind in den Särgen oder Ersatzsärgen einzuäschern, in denen sie zur Feuerbestattungsanlage gelangen. Die Särge müssen aus dünnem Holz oder Zinkblech bestehen und frei von Metallbeschlägen sein. Pech darf zur Abdichtung der Fugen nicht verwendet werden. Als Unterlage für die Leiche sowie als Füllmasse für etwaige Kissen sind Säge- oder Hobelspäne, Holzwolle oder Torfmull zu benutzen. Die Auskleidung des Sarges sowie die Bekleidung der Leiche kann in der üblichen Weise erfolgen, doch sind zur Befestigung der Auskleidung Metallstifte und zum Schließen der Kleidung Nadeln, Haken oder Ösen unzulässig, dagegen einfache umsponnene Knöpfe gestattet.
(2) *Der Reichsminister des Innern** kann zur Herstellung von Särgen sowie als Unterlage für die Leiche und als Füllmasse für die Kissen an Stelle der im Abs. 1 genannten Stoffe auch andere Stoffe zulassen.

** In Nordrhein-Westfalen: „Der Innenminister"*
** In Schleswig-Holstein: „Das Ministerium für Frauen, Arbeit, Gesundheit und Soziales"*

[Absatz 2 gilt in Hessen in folgender Fassung:
„(2) Der Minister des Innern kann zur Herstellung von Särgen sowie als Unterlage für die Leiche und als Füllmasse für die Kissen an Stelle der im Abs. 1 genannten Stoffe auch andere Stoffe zulassen."]

§ 13 (Verbot mehrerer Einäscherungen)
In jeder Einäscherungskammer darf jeweilig nur eine Leiche eingeäschert werden. An den Särgen ist vor der Einbringung in den Verbrennungsofen ein durch die Ofenhitze nicht zerstörbares Schild anzubringen, auf welchem die Nummer, unter der die Eintragung in das Einäscherungsverzeichnis erfolgt ist, sowie der Name der Feuerbestattungsanlage deutlich sichtbar eingeschlagen sein muss. Die Aschenreste jeder Leiche sind mit dem Nummernschild in einem widerstandsfähigen, dauerhaften, luft- und wasserdichten Behältnis zu sammeln, das durch eine amtlich bestellte Person zu verschließen ist. Der Deckel des Behältnisses ist mit einem festsitzenden dauerhaften Schild zu versehen, das in deutlicher, geprägter Schrift folgende Angaben zu enthalten hat:

1. die mit dem Einäscherungsverzeichnis und dem Nummernschild in der Asche übereinstimmende Einäscherungsnummer,
2. Zu- und Vorname sowie Stand des Verstorbenen,
3. Ort, Tag und Jahr seiner Geburt,
4. Ort, Tag und Jahr seines Todes,
5. Ort und Tag der Einäscherung.

§ 14 (Gebühren)
(1) Die durch die amtsärztliche Leichenschau entstehenden Kosten sind nach den Mindestsätzen der Gebührenordnung für amts- oder gerichtsärztliche Verrichtungen zu berechnen. Außerdem sind die notwendigen Reisekosten zu erstatten. Die entstehenden Kosten fallen dem Bestattungspflichtigen zur Last.

(2) Soweit für das polizeiliche Genehmigungsverfahren Gebühren erhoben werden, sollen sie den Betrag von drei Reichsmark nicht übersteigen.

[§ 14 gilt in Hessen in folgender Fassung:
„Die durch die amtsärztliche Leichenschau entstehenden Kosten sind nach der Verordnung über die Gebührenerhebung der Gesundheitsämter vom 28. März 1935 (RGBl. I S. 481), zuletzt geändert durch Verordnung vom 13. November 1967 (GVBl. I S. 187), zu berechnen. Außerdem sind die notwendigen Reisekosten zu erstatten. Die entstehenden Kosten fallen dem Bestattungspflichtigen zur Last." Absatz 2 ist in Hessen entfallen.]

[§ 14 gilt in Nordrhein-Westfalen in folgender Fassung:
„(1) Die durch die amtsärztliche Leichenschau entstehenden Kosten sind nach der Verordnung über die Gebührenerhebung der Gesundheitsämter zu berechnen. Außerdem sind die notwendigen Reisekosten zu erstatten. Die entstehenden Kosten fallen dem Bestattungspflichtigen zur Last.
(2) Soweit für das ordnungsbehördliche Genehmigungsverfahren Gebühren erhoben werden, sollen sie den Betrag von drei Deutsche Mark nicht übersteigen."]

[§ 14 ist in Rheinland-Pfalz aufgehoben].

3. Dritte Durchführungsverordnung zum Gesetz über die Vereinheitlichung des Gesundheitswesens

(Dienstordnung für die Gesundheitsämter – Besonderer Teil)

vom 30.3.1935 (RMin. Bl. Zentralbl. f. d. Deutsche Reich S. 327 ff.)

Hinweis: Diese Verordnung gilt nicht mehr in Baden-Württemberg, Bayern, Bremen, Hamburg, Rheinland-Pfalz und Sachsen.

– Auszug –

Abschnitt XXI. Leichenwesen, Erd- und Feuerbestattung

§ 72 Leichenschau

Das Gesundheitsamt hat darauf hinzuwirken, dass die Leichenschau nach Möglichkeit überall eingerichtet und möglichst von Ärzten durchgeführt wird. Insbesondere hat das Gesundheitsamt auf die sorgfältige Ausstellung der Totenscheine durch die Ärzte zu achten.

§ 73 Leichenbeförderung

(1) Das Gesundheitsamt hat darüber zu wachen, dass Aufbahrung, Beförderung, Bestattung, Ausgrabung und Umbettung der Leichen in gesundheitlich einwandfreier Weise erfolgen und die in dieser Hinsicht erlassenen Vorschriften befolgt werden.

(2) Soweit die Ausstellung eines Leichenpasses von der Beibringung einer amtsärztlichen Bescheinigung über die Todesursache und die Unbedenklichkeit der Beförderung abhängig ist, hat der Amtsarzt nach Anhörung des Arztes, der den Verstorbenen in der tödlich gewordenen Krankheit behandelt hat, diese Bescheinigung auszustellen. Genügen die dem Amtsarzt unterbreiteten Unterlagen für die Bestätigung der Unbedenklichkeit einer Beförderung nicht, so darf die Ausstellung der Bescheinigung erst nach vorheriger Besichtigung der Leiche erfolgen.

(3) Für die Beförderung der Leichen von Personen, die an einer gemeingefährlichen Krankheit gestorben sind, ist die Ausstellung der amtsärztlichen Bescheinigung für die Frist eines Jahres nach dem Tode zu versagen. Bei Fleckfieber ist die Beförderung erlaubt, wenn die Leiche zuverlässig entlaust ist. Bei Diphterie, Ruhr, Scharlach, Typhus, Paratyphus, Milzbrand oder Rotz hat das Gesundheitsamt nach Lage des Falles zu entscheiden, ob mit Rücksicht auf die Gefahr einer Verschleppung der Krankheit die Bescheinigung abzulehnen ist. Handelt es sich um die Leiche einer Person, die an einer anderen übertragbaren Krankheit gestorben ist, so darf aus diesem Umstand ein Bedenken gegen die Beförderung nicht hergeleitet werden.

§ 74 Ausgrabung von Leichen

Bei der Ausgrabung von Leichen ist, falls sie nicht auf gerichtliche Anordnung erfolgt (vgl. § 87 Abs. 3 der Strafprozessordnung), vom beamteten Arzt eine gutachtliche Äußerung darüber abzugeben, ob und unter welchen Bedingungen die Ausgrabung unbedenklich ist.

§ 75 Anlegung und Erweiterung von Begräbnisplätzen

(1) Bei der Anlegung neuer und der Erweiterung bestehender Begräbnisplätze und Krematorien hat der Amtsarzt auf Antrag nach örtlicher Besichtigung und nach Maßgabe der gesetzlichen und sonstigen Vorschriften sich gutachtlich zu äußern.

(2) Die Entwürfe der zu erlassenden Begräbnis- und Friedhofsordnungen werden von dem Amtsarzt geprüft.

(3) Auf die Errichtung und die einwandfreie Beschaffenheit von Leichenhallen hat das Gesundheitsamt hinzuwirken.

§ 76 Beaufsichtigung der Begräbnisplätze
Die Begräbnisplätze und Krematorien sind von dem Amtsarzt auf Einrichtung und Ordnung des Betriebes gelegentlich der Ortsbesichtigung (§ 23 dieser Dienstordnung) zu besichtigen. Die Schließung ungünstig gelegener Begräbnisplätze ist anzustreben, insbesondere wenn gesundheitsschädliche Einflüsse auf die Umgebung zu befürchten sind.

§ 77 Feuerbestattung
Der beamtete Arzt hat die durch § 3 des Reichsgesetzes über die Feuerbestattung vom 15. 5. 1934 (Reichsgesetzbl. I S. 380) und § 3 der zur Durchführung dieses Gesetzes erlassenen Verordnung vom 26. 6. 1934 (Reichsgesetzbl. I S. 529) vorgeschriebenen Leichenschau vorzunehmen.

4. Betriebsordnung für Feuerbestattungsanlagen

RdErl. d. RMDI vom 5.11.1935 (RMBliV S. 1363)

§ 1 (Verantwortlichkeit)
Für den Betrieb der Feuerbestattungsanlage ist der Betriebsleiter verantwortlich.

§ 2 (Annahme von Leichen)
(1) Leichen dürfen nur angenommen werden, wenn der Einlieferer die Leiche und sich selbst zweifelsfrei ausweist. Die Leichen müssen in Holz- oder Zinksärgen gebettet sein. Die Särge müssen möglichst frei von unverbrennbaren Metallverzierungen (Beschläge, Griffe) und von einer Größe und Beschaffenheit sein, die einmal bei der Einführung in die Einäscherungskammer keine Schwierigkeiten bereitet und sodann eine rauch- und geruchfreie Verbrennung gewährleistet.
(2) Folgende Maße der Särge sollen nicht überschritten werden:
Länge: 2100 mm
Breite: 750 mm (in Ausnahmefällen bis 800 mm)
Höhe: 720 mm (ausschließlich etwaiger Füße)
(3) Am Kopfende eines jeden Sarges soll sich ein Firmenschild des Einlieferers befinden, auf welchem Vor- und Zuname, das Geburts- und Sterbedatum des Verstorbenen sowie Tag und Stunde der Trauerfeier deutlich vermerkt ist.
(4) Befinden sich Wertgegenstände an der Leiche, so hat der Einlieferer darauf hinzuweisen und der Abnehmende sich von dem Vorhandensein derselben zu überzeugen.
(5) Die Einlieferung einer Leiche ist in ein Buch (Einlieferungsbuch) mit folgenden Angaben zu vermerken:
a) Vor- und Zuname der eingelieferten Leiche,
b) Name (Firma) des Einlieferers,
c) Tag der Einlieferung,
d) ob und welche Wertsachen sich an der Leiche befinden.
Der Abnehmende und der Einlieferer haben die Richtigkeit der Angaben im Buch durch Unterschrift zu bescheinigen.

§ 3 (Zeitpunkt der Einäscherung)
(1) Den Zeitpunkt der Einäscherung bestimmt der Betriebsleiter.
(2) Die Einäscherung darf nicht vor Ablauf von 24 Stunden nach Stellung des Antrages bei der Polizeibehörde des Einäscherungsortes erfolgen. Sie darf erst vorgenommen werden, wenn die schriftliche Genehmigung der Polizeibehörde des Einäscherungsortes (§ 3 des Gesetzes) vorgelegt ist. Sie muss jedoch innerhalb dreimal 24 Stunden nach erfolgter polizeilicher Genehmigung vorgenommen werden. Kann diese Frist nicht eingehalten werden, so hat der Betriebsleiter unter Angabe des Grundes der Verzögerung bei der Polizeibehörde eine Verlängerung der Frist zu beantragen.

§ 4 (Bestattungsfeier)
(1) Die Trauerhalle der Feuerbestattungsanlage des Friedhofs steht für die Trauerfeierlichkeiten zur Verfügung. Die Leichen werden in die Leichenhalle aufgenommen. Leichen mit Wertgegenständen sind in besondere Obhut zu nehmen. Bei der Aufnahme sind die Verschraubungen des Sarges zu lösen. Spätestens eine halbe Stunde vor der Einäscherungsfeier werden die Särge geschlossen. Soweit es der Betrieb erlaubt, kann den Angehörigen bis zum Beginn der Bestattungsfeier gestattet werden, die Leiche zu sehen. Das öffentliche Ausstellen von Leichen und die Öffnung des Sarges bei den Bestattungsfeierlichkeiten ist verboten, sofern nicht die Polizeibehörde eine Ausnahme gestattet hat.

(2) Für die Behandlung der Leichen von Personen, welche an einer ansteckenden Krankheit gestorben sind, gelten die vom Reich und von den Ländern hierzu erlassenen Bestimmungen. Das Öffnen der Särge ist in diesen Fällen nicht zulässig.

§ 5 (Bestimmungen zur Einäscherung)

(1) Die Leichen sind in den Särgen oder Einsatzsärgen einzuäschern, in denen sie eingeliefert worden sind. In einer Einäscherungskammer darf jeweilig nur eine Leiche eingeäschert werden.
(2) Die Leiche eines totgeborenen oder in der Geburt verstorbenen Kindes kann zusammen mit der Leiche der Mutter eingeäschert werden.
(3) Es ist darauf zu achten, dass sich die Einäscherung würdig gestaltet.
(4) Der Einäscherungsofen ist vor der Einführung der Leiche bis zur Durchglühung der Kammerwände aufzuheizen, damit sich der Einäscherungsprozess ohne Nach- oder Zuheizung vollziehen kann. Nur in Ausnahmefällen darf während des Einäscherungsprozesses eine Zusatzheizung vorgenommen werden.
(5) Vor der Einführung des Sarges in den Ofen ist an dem Sarg ein unzerstörbares Schild anzubringen, auf welchem die Nummer, unter der die Eintragung in das Einäscherungsregister erfolgt ist, und der Name der Feuerbestattungsanlage deutlich eingeschlagen sein muss.
(6) Während des Einäscherungsvorganges ist darauf zu achten, dass dem Schornstein möglichst kein Rauch entströmt. Eingriffe jeder Art zur Beschleunigung des Vorganges sind streng verboten.
(7) Bei der Einbringung des Sarges in den Verbrennungsofen ist zwei Angehörigen des Verstorbenen oder zwei von ihnen bezeichneten Vertrauenspersonen die Anwesenheit zu gestatten. Die Beobachtung der Einäscherung selbst ist weder den Angehörigen des Verstorbenen noch dritten Personen, sondern nur Angestellten der Anstalt gestattet. Der Leiter der Gemeinde oder die von ihm dazu beauftragte Stelle kann einzelnen Personen die Erlaubnis zur Beobachtung erteilen, wenn diese ein wissenschaftliches Interesse nachweisen.

§ 6 Behandlung der Aschenreste

(1) Nach Beendigung der Einäscherung ist die Einäscherungskammer sorgfältig zu reinigen. Die verbliebenen Aschenreste sind dem Ofen zu entnehmen, abzukühlen, von Metallteilen durch Magneten zu befreien und sodann mit dem Erkennungsschild in einem widerstandsfähigen, dauerhaften, luft- und wasserdichten Metallbehältnis zu sammeln und amtlich zu verschließen. Der Deckel des Behältnisses hat aus dauerhaftem Metall (z.B. Kupfer) zu bestehen. In deutlich geprägter, möglichst erhabener Schrift hat er oder ein auf ihm festsitzendes, dauerhaftes Metallschild folgende Angaben zu enthalten:

1. Die mit dem Einäscherungsverzeichnis und dem Nummernschild in der Asche übereinstimmende Einäscherungsnummer,
2. Zu- und Vorname sowie Stand des Verstorbenen,
3. Ort, Tag und Jahr seiner Geburt,
4. Ort, Tag und Jahr seines Todes,
5. Ort und Tag der Einäscherung.

(2) Die Behältnisse sollen dem vom Deutschen Normenausschuss Berlin aufgestellten Normformblatt DIN 3198 „Aschenkapseln für Urnen" entsprechen.

§ 7 Einäscherungsverzeichnis

Über die vorgenommenen Einäscherungen ist ein Verzeichnis nach Anlage 2 § 11 der Verordnung vom 26.6.1934 zur Durchführung des Feuerbestattungsgesetzes (RGBl. 1 S. 519) zu führen, am Ende des Kalenderjahres abzuschließen und mit dem von der Polizeibehörde geführten zu vergleichen.

§ 8 Beisetzung der Aschenreste

(1) Die Aschenreste jeder Leiche sind in einer Urnenhalle, einem Urnenhain, einer Urnengrabstätte oder in einem Grabe beizusetzen, sofern nicht durch die Polizeibehörde gemäß § 9 Abs. 3 des Reichsgesetzes über die Feuerbestattung eine Ausnahme zugelassen worden ist.

(2) Die Aschenreste dürfen auch nicht vorübergehend in den Besitz der Angehörigen gelangen. Deshalb ist die Aushändigung des Aschenbehältnisses an sie oder an ihre Beauftragten nicht, auch nicht zwecks Beisetzung an einem anderen Orte, zulässig.

C. Landesrecht

1. Baden-Württemberg

1a. Gesetz über das Friedhofs- und Leichenwesen (Bestattungsgesetz)

vom 21.7.1970 (GBl. S. 395), zuletzt geändert durch Gesetz vom 7.2.1994 (GBl. S. 86)

Erster Teil. Friedhofswesen

Erster Abschnitt. Anlegung und Unterhaltung von Bestattungsplätzen

1. Friedhöfe

§ 1 Allgemeines

(1) Die Gemeinden sind verpflichtet, Friedhöfe anzulegen, zu unterhalten und zu erweitern (Gemeindefriedhöfe), wenn hierfür ein öffentliches Bedürfnis vorliegt. Für die verstorbenen Gemeindeeinwohner sowie für die in der Gemeinde verstorbenen oder tot aufgefundenen Personen ohne Wohnsitz oder mit unbekanntem Wohnsitz müssen Friedhöfe bereitstehen.

(2) Kirchen und Kirchengemeinden sowie Religions- und Weltanschauungsgemeinschaften, die Körperschaften des öffentlichen Rechts sind, können eigene Friedhöfe anlegen, unterhalten und erweitern (kirchliche Friedhöfe).

§ 2 Allgemeine Anforderungen

(1) Friedhöfe sind würdig anzulegen und zu unterhalten. Sie müssen den polizeilichen Erfordernissen, insbesondere denen der Gesundheit, entsprechen.

(2) Bei der Planung, Anlegung und Erweiterung von Friedhöfen sind die Belange des Städtebaues, der Landschaftspflege und der Denkmalpflege zu berücksichtigen.

§ 3 Abstandsvorschriften

(1) Bei Anlegung oder Erweiterung von Friedhöfen müssen die Gräberfelder von Gebäuden mit störenden Betrieben mindestens 75 m entfernt sein. Der gleiche Abstand ist zu Gewerbe- und Industriegebieten einzuhalten, die in einem Bebauungsplan festgesetzt sind, es sei denn, dass sie innerhalb dieser Entfernung bereits vollständig mit nicht störenden Betrieben überbaut sind oder planungsrechtliche Festsetzungen nur eine solche Bebauung zulassen. Zu sonstigen Gebäuden und zu Grundstücksflächen, die nach den Festsetzungen eines Bebauungsplans oder sonstigen Rechtsvorschriften überbaubar sind, ist ein Abstand von mindestens 25 m einzuhalten. Die genannten Abstände sind auch bei einer Verlegung von Gräberfeldern zur Friedhofsgrenze hin zu beachten.

(2) Die zuständige Behörde kann hiervon Ausnahmen bewilligen, wenn Abweichung mit den nachbarlichen Belangen vereinbar ist, Ruhe und Würde des Friedhofs nicht wesentlich beeinträchtigt werden und polizeiliche Gründe nicht entgegenstehen.

§ 4 Bodenbeschaffenheit und Lage

(1) Auf Friedhöfen dürfen Gräberfelder für die Erdbestattung nur in ausreichender Entfernung von Wasserversorgungsanlagen und nur auf Böden angelegt werden, die zur Leichenverwesung geeignet und die fähig sind, die Verwesungsprodukte ausreichend vom Grundwasser und der Außenluft fernzuhalten.

(2) Friedhöfe dürfen nicht in Überschwemmungsgebieten, Wasserschutzgebieten oder Quellenschutzgebieten angelegt werden. Ist die weitere Zone eines Wasserschutzgebietes oder Quellenschutzgebietes unterteilt, so gilt das Verbot nur für den inneren Bereich.
(3) Die zuständige Behörde kann Ausnahmen von dem Verbot des Absatzes 2 für Wasserschutzgebiete und Quellenschutzgebiete zulassen, wenn eine Verunreinigung der Gewässer oder eine sonstige nachteilige Veränderung ihrer Eigenschaften nicht zu besorgen ist.

§ 5 Genehmigung
(1) Friedhöfe dürfen nur mit Genehmigung der zuständigen Behörde oder auf Grund eines Bebauungsplanes angelegt oder erweitert werden. Bei kirchlichen Friedhöfen darf die Genehmigung nur im Einvernehmen mit der Gemeinde erteilt werden.
(2) Die Genehmigung ist schriftlich zu erteilen. Sie darf nur versagt werden, wenn das Vorhaben den §§ 2 bis 4 oder sonstigen Rechtsvorschriften nicht entspricht.
(3) Die Genehmigung ersetzt nicht eine nach anderen Rechtsvorschriften notwendige öffentlich-rechtliche Erlaubnis, Bewilligung, Genehmigung, Verleihung oder Zustimmung.

§ 6 Ruhezeit
Für jeden Friedhof ist im Benehmen mit dem Gesundheitsamt festzulegen, wie lange die Grabstätten nicht erneut belegt werden dürfen (Ruhezeit). Die Ruhezeit der Leichen ist nach der Verwesungsdauer festzulegen. Sie beträgt bei Leichen von Kindern, die vor Vollendung des zweiten Lebensjahres gestorben sind, mindestens 6 Jahre, bei Leichen von Kindern, die vor Vollendung des zehnten Lebensjahres gestorben sind, mindestens 10 Jahre, im Übrigen mindestens 15 Jahre (Mindestruhezeit). Diese Mindestruhezeiten sind auch für Aschen Verstorbener einzuhalten.

§ 7 Verkehrssicherheit auf Gemeindefriedhöfen
Die mit der Verkehrssicherheit auf Gemeindefriedhöfen zusammenhängenden Pflichten obliegen den Organen und Bediensteten des Friedhofträgers als Amtspflichten in Ausübung hoheitlicher Tätigkeit.

§ 8 Nutzungsbeschränkungen
(1) Bei der Errichtung von Gebäuden, die nicht Friedhofszwecken dienen, ist von Friedhöfen ein Abstand von mindestens 10 m einzuhalten; für störende Betriebe beträgt der Abstand mindestens 75 m.
(2) Die Baurechtsbehörde kann hiervon Ausnahmen bewilligen, wenn Ruhe und Würde des Friedhofs nicht wesentlich beeinträchtigt werden und polizeiliche Gründe nicht entgegenstehen.

2. Private Bestattungsplätze

§ 9
(1) Private Bestattungsplätze dürfen nur mit Genehmigung der zuständigen Behörde angelegt oder erweitert werden. Die Genehmigung darf nur im Einvernehmen mit der Gemeinde erteilt werden. Sie bedarf der Schriftform.
(2) Die Genehmigung darf nur erteilt werden, wenn
1. ein berechtigtes Bedürfnis nachgewiesen ist,
2. eine würdige Gestaltung und Unterhaltung des Bestattungsplatzes während der Ruhezeit gesichert erscheint und
3. sonstige öffentliche Interessen oder überwiegende Belange Dritter nicht entgegenstehen.

(3) Die §§ 2 bis 4, § 5 Abs. 3 und 6 gelten entsprechend.

Zweiter Abschnitt. Entwidmung und Schließung von Bestattungsplätzen

§ 10 Entwidmung vor Ablauf der Ruhezeit
(1) Vor Ablauf der Ruhezeit dürfen Friedhöfe oder Teile von Friedhöfen nicht entwidmet werden.

(2) Die zuständige Behörde kann hiervon Ausnahmen bewilligen, wenn einer Nutzung des Friedhofsgeländes zu anderen Zwecken vor Ablauf der Ruhezeit ein zwingendes öffentliches Interesse besteht. In diesem Fall müssen Leichen und Aschen Verstorbener, deren Ruhezeit noch nicht abgelaufen ist, umgebettet und die Grabeinrichtungen verlegt werden. Die zuständige Behörde hat die notwendigen Schutzmaßnahmen anzuordnen. Die Umbettung bedarf keiner Erlaubnis nach § 41. Nutzungsberechtigte sind durch Einräumung eines entsprechenden Nutzungsrechts zu entschädigen.

§ 11 Nutzung privater Bestattungsplätze zu anderen Zwecken
Private Bestattungsplätze dürfen vor Ablauf der Ruhezeit anderen Zwecken nur zugeführt werden, wenn Leichen und Aschen Verstorbener, deren Ruhezeit noch nicht abgelaufen ist, umgebettet worden sind. Aufgefundene Leichenreste sind beizusetzen.

Dritter Abschnitt. Grabstätten

§ 12 Reihengräber und Wahlgräber
(1) Auf Gemeindefriedhöfen ist für jeden Verstorbenen eine Einzelgrabstätte (Reihengrab) zur Verfügung zu stellen.
(2) An Grabstätten auf Gemeindefriedhöfen kann ein öffentlich-rechtliches Nutzungsrecht eingeräumt werden (Wahlgrab). Das Nutzungsrecht wird durch eine schriftliche Nutzungserlaubnis erworben. Die Voraussetzungen für den Erwerb und der Inhalt des Nutzungsrechts sowie der Kreis der Nutzungsberechtigten sind in Friedhofsordnungen festzulegen.
(3) Die Einräumung eines Nutzungsrechts an Grabstätten auf kirchlichen Friedhöfen bleibt unberührt.

§ 13 Grüfte und Grabgebäude
(1) Auf Gemeindefriedhöfen dürfen Grüfte und Grabgebäude nur angelegt oder erweitert werden, wenn die Friedhofsordnung dies zulässt.
(2) Grüfte und Grabgebäude müssen den polizeilichen Erfordernissen entsprechen. Sie dürfen nur mit Genehmigung der zuständigen Behörde angelegt oder erweitert werden. Ist zugleich eine Baugenehmigung erforderlich, so ist die Baurechtsbehörde zuständig.

§ 14 Gestaltung und Ausstattung
Gestaltung und Ausstattung der Grabstätten müssen der Würde des Orts entsprechen; Grabausstattungen müssen standsicher sein. Der Träger des Bestattungsplatzes ist berechtigt, nicht standsichere Grabausstattungen zu befestigen oder zu entfernen.

Vierter Abschnitt. Ordnung auf Bestattungsplätzen

§ 15 (Friedhofssatzung)
(1) Für Gemeindefriedhöfe ist eine Friedhofsordnung als Satzung zu erlassen. Sie enthält die Bestimmungen, die notwendig sind, Tote geordnet und würdig zu bestatten, beizusetzen und zu ehren sowie die Ordnung auf dem Friedhof aufrechtzuerhalten.
(2) Die Ordnung auf anderen Bestattungsplätzen kann durch Polizeiverordnung geregelt werden.

Fünfter Abschnitt. Bestattungseinrichtungen

§ 16 Leichenhallen
Die Gemeinden sollen Leichenhallen errichten, soweit dafür ein öffentliches Bedürfnis besteht.

§ 17 Feuerbestattungsanlagen
Feuerbestattungsanlagen dürfen nur mit Genehmigung der zuständigen Behörde betrieben werden. Die Genehmigung ist schriftlich zu erteilen. Sie darf nur versagt werden, wenn die Feuerbe-

stattungsanlage oder ihr Betrieb den Anforderungen des § 19 oder sonstigen Rechtsvorschriften nicht entspricht. § 5 Abs. 3 gilt entsprechend.

§ 18 Sonstige Bestattungseinrichtungen
Die Gemeinden haben dafür zu sorgen, dass die sonstigen notwendigen Bestattungseinrichtungen zur Verfügung stehen. Dies gilt nicht für Bestattungseinrichtungen auf kirchlichen Friedhöfen und privaten Bestattungsplätzen. § 11 Abs. 1 Satz 2 der Gemeindeordnung für Baden-Württemberg bleibt unberührt.

§ 19 Allgemeine Anforderungen an Bestattungseinrichtungen
Bestattungseinrichtungen sind würdig und entsprechend den polizeilichen Erfordernissen zu gestalten und zu betreiben.

Zweiter Teil. Leichenwesen

Erster Abschnitt. Leichenschau

§ 20 Leichenschaupflicht
(1) Menschliche Leichen und Totgeburten (Leichen) sind zur Feststellung des Todes, des Todeszeitpunktes, der Todesart und der Todesursache von einem Arzt zu untersuchen (Leichenschau).
(2) Jeder niedergelassene Arzt ist verpflichtet, die Leichenschau auf Verlangen vorzunehmen. Gleiches gilt für Ärzte von Krankenhäusern und sonstigen Anstalten für Sterbefälle in der Anstalt.

§ 21 Veranlassung der Leichenschau
(1) Bei einem Sterbefall sind verpflichtet, die Leichenschau unverzüglich zu veranlassen
1. der Ehegatte, die volljährigen Kinder, die Eltern, die Großeltern, die volljährigen Geschwister und Enkelkinder des Verstorbenen (Angehörige),
2. derjenige, in dessen Wohnung, Einrichtung oder auf dessen Grundstück der Sterbefall sich ereignet hat,
3. jede Person, die bei dem Tode zugegen war oder von dem Sterbefall aus eigenem Wissen unterrichtet ist.

(2) Bei einer Totgeburt sind verpflichtet, die Leichenschau unverzüglich zu veranlassen
1. der eheliche Vater,
2. die Hebamme, die bei der Geburt zugegen war,
3. der Arzt, der dabei zugegen war,
4. jede andere Person, die dabei war oder von der Totgeburt aus eigenem Wissen unterrichtet ist.

(3) Eine Verpflichtung, die Leichenschau zu veranlassen, besteht nur, wenn eine in der Reihenfolge zuvor genannte Person nicht vorhanden oder verhindert ist.
(4) Bei Sterbefällen und Totgeburten sind vor den in den Absätzen 1 und 2 genannten Personen verpflichtet
1. in Krankenhäusern und Entbindungsheimen der leitende Arzt, bei mehreren selbständigen Abteilungen der leitende Abteilungsarzt,
2. auf Beförderungsmitteln deren Führer,
3. in Pflege- und Altersheimen, Erziehungs- und Gefangenenanstalten und ähnlichen Einrichtungen der Leiter.

§ 22 Vornahme der Leichenschau
(1) Der Arzt hat die Leichenschau unverzüglich vorzunehmen. Er ist berechtigt, zu diesem Zweck jederzeit den Ort zu betreten, an dem die Leiche sich befindet, und dort die Leichenschau vorzunehmen. Das Grundrecht der Unverletzlichkeit der Wohnung (Artikel 13 Abs. 1 des Grundgesetzes) wird insoweit eingeschränkt.

(2) Der Arzt hat unverzüglich eine Todesbescheinigung und einen Leichenschauschein auszustellen, wenn er sichere Zeichen des Todes festgestellt hat.
(3) Ergeben sich Anhaltspunkte für einen nicht natürlichen Tod oder handelt es sich um die Leiche eines Unbekannten, so hat der Arzt sofort eine Polizeidienststelle zu verständigen. Er hat, soweit ihm das möglich ist, dafür zu sorgen, dass an der Leiche und deren Umgebung bis zum Eintreffen der Polizei keine Veränderungen vorgenommen werden. Die Todesbescheinigung darf erst ausgehändigt werden, wenn die Staatsanwaltschaft oder der Amtsrichter die Bestattung schriftlich genehmigt hat.
(4) Der Leichenschauschein darf für die Todesursachenstatistik, für Zwecke eines epidemiologischen Krebsregisters sowie für die Durchführung von wissenschaftlich-medizinischen Forschungsvorhaben von öffentlichen Einrichtungen mit der Aufgabe unabhängiger wissenschaftlicher Forschung verwendet werden. Das Gesundheitsamt kann zur Durchführung wissenschaftlich-medizinischer Forschungsvorhaben in den Leichenschauschein Einsicht gewähren oder Auskünfte daraus erteilen, soweit
1. ein öffentliches Interesse an dem Forschungsvorhaben besteht und
2. keine Anhaltspunkte dafür vorliegen, dass schutzwürdige Belange des Verstorbenen oder der Hinterbliebenen beeinträchtigt werden, oder das öffentliche Interesse an dem Forschungsvorhaben diese erheblich überwiegt. Die Einsichtnahme oder Auskunfterteilung kann insbesondere versagt werden, wenn sie einen unverhältnismäßig großen Aufwand verursacht. Für die Verarbeitung der Angaben im Leichenschauschein bei der Durchführung von wissenschaftlich-medizinischen Forschungsvorhaben von öffentlichen Einrichtungen gilt § 30 Abs. 3 und 4 des Landesdatenschutzgesetzes entsprechend; öffentliche Einrichtungen, die ihren Sitz nicht im Geltungsbereich dieses Gesetzes haben, haben sich schriftlich zu verpflichten, die Daten nur für das Forschungsvorhaben zu nutzen und die Vorschriften des § 30 Abs. 3 und 4 des Landesdatenschutzgesetzes einzuhalten.

(5) Das Gesundheitsamt kann auf Antrag in den Leichenschauschein Einsicht gewähren oder Auskünfte daraus erteilen, wenn der Antragsteller ein rechtliches Interesse an der Kenntnis über die Todesumstände des namentlich bezeichneten Verstorbenen glaubhaft macht und kein Grund zu der Annahme besteht, dass durch die Offenbarung schutzwürdige Belange des Verstorbenen oder der Hinterbliebenen beeinträchtigt werden.

§ 23 Auskunftspflicht

Ärzte und Heilpraktiker, die den Verstorbenen wegen einer dem Tode vorausgegangenen Erkrankung behandelt haben, und die Angehörigen des Verstorbenen sind verpflichtet, dem Arzt, der die Leichenschau vornimmt, über diese Erkrankung und die Todesumstände Auskunft zu geben.

§ 24 Kosten der Leichenschau

Die Kosten der Leichenschau fallen demjenigen zur Last, der die Bestattungskosten zu tragen hat, soweit nicht andere hierzu verpflichtet sind. Zu diesen Kosten gehört auch das Entgelt, das einem nach § 23 Auskunftspflichtigen für die Auskunft zusteht.

Zweiter Abschnitt. Umgang mit Leichen

§ 25 Allgemeines

Mit Leichen ist würdig und in gesundheitlich unbedenklicher Weise umzugehen.

§ 26 Leichenbesorger

Personen, die gewerbsmäßig oder berufsmäßig Leichen reinigen, ankleiden oder einsargen, dürfen nicht im Lebensmittel-, Gaststätten- oder Friseurgewerbe tätig sein.

§ 27 Überführung in Leichenhallen

(1) Ist eine öffentliche Leichenhalle vorhanden, so muss jede Leiche binnen 36 Stunden nach Eintritt des Todes, jedoch nicht vor Ausstellung der Todesbescheinigung, dorthin überführt wer-

den, wenn sie nicht innerhalb dieser Frist in einer anderen Leichenhalle oder einem Leichenraum aufgebahrt wird. Unberührt bleiben besondere Schutzvorschriften.
(2) Die zuständige Behörde kann von Absatz 1 Satz 1 Ausnahmen bewilligen, wenn die beabsichtigte Aufbahrung gesundheitlich unbedenklich ist.
(3) Für die Verpflichtung, die Leiche in eine öffentliche Leichenhalle zu überführen, gilt § 31 entsprechend.

§ 28 Außergerichtliche Leichenöffnung
Ergeben sich Anhaltspunkte für einen nicht natürlichen Tod oder handelt es sich um die Leiche eines Unbekannten, so darf eine außergerichtliche Leichenöffnung nur vorgenommen werden, wenn die Staatsanwaltschaft oder der Amtsrichter der Leichenöffnung zugestimmt oder die Bestattung schriftlich genehmigt hat.

§ 29 Konservierung von Leichen
(1) Leichen, die erdbestattet werden sollen, dürfen nur konserviert werden, wenn für den vorgesehenen Bestattungsort (§ 33 Abs. 1) die Bestattung konservierter Leichen zugelassen ist und wenn nicht zu besorgen ist, dass diese innerhalb der Ruhezeit unzureichend verwesen. Dies gilt nicht, wenn die Leiche in das Ausland befördert werden soll.
(2) Solange keine Todesbescheinigung (§ 22 Abs. 2) vorliegt, dürfen Leichen nicht konserviert werden.

Dritter Abschnitt. Bestattung und Ausgrabung von Leichen, Beisetzung von Aschen Verstorbener

1. Bestattung und Beisetzung

§ 30 Bestattungspflicht
(1) Jede Leiche muss bestattet werden.
(2) Fehlgeburten, die nicht bestattet werden, und abgetrennte Körperteile sind hygienisch einwandfrei und dem sittlichen Empfinden entsprechend zu beseitigen, soweit und solange sie nicht wissenschaftlichen Zwecken dienen.

§ 31 Bestattungspflichtige
(1) Für die Bestattung müssen die Angehörigen (§ 21 Abs. 1 Nr. 1) sorgen. Für die Reihenfolge der Verpflichtungen gilt § 21 Abs. 3 entsprechend.
(2) Wird nicht oder nicht rechtzeitig für die Bestattung gesorgt, so hat die zuständige Behörde diese anzuordnen oder auf Kosten des Bestattungspflichtigen selbst zu veranlassen, wenn nicht die Leiche einem anatomischen Institut zugeführt wird.

§ 32 Bestattungsart
(1) Die Bestattung kann als Erd- oder Feuerbestattung vorgenommen werden.
(2) Werden von Angehörigen (§ 21 Abs. 1 Nr. 1) Einwendungen gegen die Feuerbestattung erhoben, so ist nur die Erdbestattung zulässig, sofern ein Gericht nicht anders entscheidet.

§ 33 Bestattungs- und Beisetzungsort
(1) Leichen dürfen nur auf Bestattungsplätzen erdbestattet werden. Die zuständige Behörde kann Erdbestattungen an anderen Orten zulassen, die §§ 2, 4 und 6, § 9 Abs. 2 sowie § 11 gelten entsprechend.
(2) Leichen dürfen nur in Feuerbestattungsanlagen eingeäschert werden (Feuerbestattung), deren Betrieb behördlich genehmigt ist.
(3) Für die Beisetzung von Aschen Verstorbener gilt Absatz 1 entsprechend. § 4 ist jedoch nicht anzuwenden.

§ 34 Zulässigkeit der Erdbestattung

(1) Leichen dürfen erst dann erdbestattet werden, wenn der Arzt die Todesbescheinigung ausgestellt und der Standesbeamte auf ihr die vollzogene Eintragung des Sterbefalles in das Sterbebuch vermerkt hat.

(2) Solange die Todesbescheinigung nicht den Vermerk des Standesbeamten trägt, darf die Leiche nur mit Genehmigung der für den Sterbeort zuständigen Behörde bestattet werden.

(3) Leichen, die aus einem Gebiet außerhalb Baden-Württembergs überführt worden sind, dürfen erst erdbestattet werden, wenn ein Leichenpass vorliegt. Für die Erdbestattung von Leichen aus einem anderen Land der Bundesrepublik Deutschland genügt eine nach den Vorschriften dieses Landes ausgestellte Bescheinigung, aus der sich die Zulässigkeit der Bestattung ergibt. Liegen diese Unterlagen nicht vor, so darf die Leiche nur mit Erlaubnis der für den Bestattungsort zuständigen Behörde bestattet werden.

(4) Sind Anhaltspunkte für einen nicht natürlichen Tod vorhanden oder handelt es sich um die Leiche eines Unbekannten, so ist zur Bestattung außerdem die schriftliche Genehmigung der Staatsanwaltschaft oder des Amtsrichters erforderlich.

§ 35 Zulässigkeit der Feuerbestattung

(1) Leichen dürfen nur mit Erlaubnis der zuständigen Behörde feuerbestattet werden.

(2) Sind Anhaltspunkte für einen nicht natürlichen Tod vorhanden oder handelt es sich um die Leiche eines Unbekannten, so darf die Erlaubnis erst dann erteilt werden, wenn die Staatsanwaltschaft oder der Amtsrichter die Feuerbestattung schriftlich genehmigt hat.

§ 36 Frühester Bestattungszeitpunkt

(1) Leichen dürfen frühestens 48 Stunden nach Eintritt des Todes bestattet werden.

(2) Die zuständige Behörde kann eine frühere Bestattung zulassen,

1. wenn offenkundig jede Möglichkeit eines Scheintodes ausgeschlossen ist oder
2. wenn gesundheitliche Gründe hierfür vorliegen.

(3) Die zuständige Behörde kann aus gesundheitlichen Gründen eine frühere Bestattung anordnen.

§ 37 Bestattungs- und Beförderungsfrist

(1) Leichen, die nicht in Leichenhallen oder Leichenräumen aufgebahrt sind, müssen spätestens 96 Stunden nach Eintritt des Todes bestattet sein oder bei einer Beförderung in das Gebiet einer anderen Gemeinde auf den Weg gebracht werden. Trifft die Leiche nach Ablauf dieser Frist am Bestattungsort ein, so ist sie dort unverzüglich zu bestatten. Tage, an denen nicht bestattet wird, bleiben bei der Berechnung der Bestattungsfrist unberücksichtigt. Können die zur Bestattung oder Beförderung nach §§ 34, 35 und 44 erforderlichen Unterlagen nicht rechtzeitig beschafft werden, so ist die Bestattung oder Beförderung unverzüglich vorzunehmen, sobald die Unterlagen vorliegen.

(2) Die zuständige Behörde kann hiervon Ausnahmen zulassen, wenn keine gesundheitlichen Gefahren zu befürchten sind. Sie kann aus gesundheitlichen Gründen anordnen, dass eine Leiche früher zu bestatten oder auf den Weg zu bringen ist. Die für Bestattungen auf Bestattungsplätzen und in Feuerbestattungsanlagen Verantwortlichen dürfen Bestattungen nur zulassen, wenn ihnen die nach § 34 und § 35 Abs. 1 sowie § 36 Abs. 2 vorgeschriebenen Bestattungsunterlagen ausgehändigt worden sind oder wenn eine Anordnung nach § 36 Abs. 3 oder § 37 Abs. 2 Satz 2 vorliegt.

§ 39 Särge und Urnen, konservierte Leichen

(1) Für die Erdbestattung dürfen nur Holzsärge verwendet werden, es sei denn, dass eine Leiche in einem Metallsarg zum Bestattungsort überführt werden musste.

(2) Ist zu befürchten, dass Leichen in Särgen aus Hartholz oder Metall innerhalb der Ruhezeit oder der Nutzungszeit nicht ausreichend verwesen, so kann in der Friedhofsordnung insbesondere vorgeschrieben werden,

1. dass Särge aus leicht verweslichem Holz zu verwenden sind,
2. dass Leichen, die in Särgen aus Hartholz oder Metall überführt worden sind, in besonderen Teilen des Friedhofs bestattet werden. Für diese Friedhofsteile ist eine längere Ruhezeit festzulegen.

(3) Die Aschen Verstorbener sind in festen und verschlossenen Urnen beizusetzen.

(4) Das Sozialministerium kann durch Rechtsverordnung zulassen, dass für Särge andere, dem Holze gleichwertige Materialien verwendet werden.

(5) Absatz 2 Nr. 2 gilt für konservierte Leichen entsprechend.

§ 40 Bestattungsbuch

Für alle Grabstätten ist vom Träger des Bestattungsplatzes ein Bestattungsbuch zu führen. In das Bestattungsbuch sind Namen, Geschlecht, Geburtsdatum und Todestag des Verstorbenen, der Tag der Bestattung oder der Beisetzung sowie die Nummer der Grabstätte einzutragen.

2. Ausgrabung

§ 41

Leichen dürfen nur mit Erlaubnis der zuständigen Behörde ausgegraben werden. Diese hat die zum Schutze der Gesundheit notwendigen Maßnahmen anzuordnen.

Vierter Abschnitt. Leichen in anatomischen Instituten

§ 42

(1) Leichen dürfen in einem anatomischen Institut wissenschaftlichen Zwecken erst dann zugeführt werden, wenn die für die Erdbestattung nach § 34 vorgeschriebenen Bestattungsunterlagen vorliegen.

(2) § 37 Abs. 1 gilt nicht für die Bestattung von Leichen, die zu wissenschaftlichen Zwecken in anatomische Institute gebracht werden. § 29 Abs. 1 ist nicht anzuwenden.

(3) Das anatomische Institut hat dafür zu sorgen, dass durch die ihm zugeführten Leichen übertragbare Krankheiten nicht weiterverbreitet werden.

(4) Das anatomische Institut muss für die Bestattung der Leichen sorgen, sobald sie nicht mehr wissenschaftlichen Zwecken dienen.

Fünfter Abschnitt. Leichenbeförderung

§ 43 Allgemeines

Leichen sind in würdiger und gesundheitlich unbedenklicher Weise zu befördern.

§ 44 Leichenpass

(1) Leichen dürfen in Orte außerhalb der Bundesrepublik Deutschland nur mit einem Leichenpass befördert werden.

(2) Zur Beförderung in ein anderes Land der Bundesrepublik Deutschland ist ein Leichenpass auszustellen, wenn das Land die Beförderung oder die Bestattung der Leiche von der Vorlage eines Leichenpasses abhängig macht. Entsprechendes gilt für die Beförderung mit der Eisenbahn.

(3) Das Sozialministerium kann durch Rechtsverordnung bestimmen, dass Leichen auch in anderen Fällen nur mit einem Leichenpass befördert werden dürfen, wenn dies zur Verhütung gesundheitlicher Gefahren notwendig ist.

(4) Der Leichenpass darf erst ausgestellt werden, wenn die für eine Erdbestattung nach § 34 Abs. 1,2 und 4 vorgeschriebenen Bestattungsunterlagen vorliegen.

§ 45 Leichen aus dem Ausland

(1) Aus dem Ausland dürfen Leichen nur mit einem Leichenpass der zuständigen Behörde überführt werden, in deren Bezirk die Landesgrenze überschritten wird. § 35 Abs. 2 gilt entsprechend.

(2) Wird eine Leiche aus dem Ausland zuerst durch ein anderes Land der Bundesrepublik Deutschland befördert, so genügt ein von diesem Land ausgestellter Leichenpass.

§ 46 Beförderungsunterlagen und Beförderungsverzeichnis

(1) Leichen dürfen, wenn kein Leichenpass auszustellen ist, in andere Gemeinden erst dann befördert werden, wenn die für eine Erdbestattung nach § 34 Abs. 1, 2 und 4 vorgeschriebenen Bestattungsunterlagen oder die Erlaubnis zur Feuerbestattung vorliegen. Diese Unterlagen oder der Leichenpass sind bei der Beförderung mitzuführen.

(2) Absatz 1 gilt nicht für Beförderungen im Rahmen strafprozessualer Ermittlungen und für Beförderungen zur nächsten Leichenhalle oder zum nächsten Bestattungsplatz.

(3) Unternehmen, die Leichen gewerbsmäßig oder berufsmäßig befördern, sind verpflichtet, Beförderungen in andere Gemeinden unverzüglich in ein Verzeichnis einzutragen. Dabei sind Namen, Geburtsdatum und Todestag des Verstorbenen sowie Beginn und Zielort der Beförderung anzugeben. Die zuständige Behörde kann aus dem Verzeichnis Auskunft über jede Beförderung verlangen; es ist ihr auf Verlangen vorzulegen. Das Verzeichnis ist solange aufzubewahren, dass aus ihm über die Beförderungen innerhalb der letzten fünf Jahre Auskunft gegeben werden kann.

§ 47 Leichenwagen

(1) Leichen dürfen im Straßenverkehr in andere Gemeinden nur mit Leichenwagen befördert werden.

(2) Die zuständige Behörde kann zulassen, dass andere Fahrzeuge benutzt werden, wenn eine würdige Beförderung gesichert ist und gesundheitliche Gefahren nicht zu befürchten sind. Die Benutzung von Fahrzeugen, die der gewerblichen Personenbeförderung, der Beförderung von Lebensmitteln oder von Tieren dienen, darf nicht zugelassen werden.

(3) Leichenwagen sind Fahrzeuge, die zur Leichenbeförderung eingerichtet sind und ausschließlich hierfür verwendet werden.

§ 48 Bergung von Leichen

Die §§ 44 bis 47 gelten nicht für die Bergung von Leichen und die Beförderung tödlich Verunglückter von der Unfallstelle weg.

Dritter Teil. Ordnungswidrigkeiten und Rechtsvorschriften

§ 49 Ordnungswidrigkeiten

(1) Ordnungswidrig handelt, wer vorsätzlich oder fahrlässig

1. einen privaten Bestattungsplatz ohne Genehmigung der zuständigen Behörde anlegt oder erweitert (§ 9 Abs. 1),
2. einen privaten Bestattungsplatz entgegen § 11 vor Ablauf der Ruhezeit anderen Zwecken zuführt,
3. eine Gruft oder ein Grabgebäude ohne Genehmigung anlegt oder erweitert (§ 13 Abs. 2 Satz 2),
4. als Arzt die Leichenschau entgegen § 20 Abs. 2 nicht oder nicht unverzüglich vornimmt (§ 22 Abs. 1),
5. der ihm obliegenden Pflicht, die Leichenschau zu veranlassen, nicht oder nicht unverzüglich nachkommt (§ 21),
6. als Arzt die Todesbescheinigung oder den Leichenschauschein nicht oder nicht unverzüglich ausstellt (§ 22 Abs. 2),
7. als Arzt entgegen § 22 Abs. 3 eine Polizeidienststelle nicht oder nicht sofort verständigt,

Landesrecht

8. entgegen § 28 eine außergerichtliche Leichenöffnung vornimmt,
9. eine Leiche beiseite schafft oder der Bestattung entzieht,
10. eine Leiche entgegen § 33 Abs. 1 außerhalb von Bestattungsplätzen bestattet oder bestatten lässt oder entgegen § 33 Abs. 2 außerhalb von behördlich genehmigten Feuerbestattungsanlagen einäschert oder einäschern lässt,
11. die Asche Verstorbener entgegen § 33 Abs. 3 außerhalb von Bestattungsplätzen beisetzt oder beisetzen lässt,
12. eine Leiche vorzeitig (§ 36) oder ohne die erforderlichen Bestattungsunterlagen (§ 38) bestattet oder bestatten lässt,
13. als Bestattungspflichtiger (§ 31 Abs. 1) entgegen § 37 Abs. 1 die Bestattung oder die Beförderung der Leiche verzögert oder die Anordnung der Bestattung oder Beförderung durch die zuständige Behörde nach § 36 Abs. 3 oder § 37 Abs. 2 Satz 2 nicht befolgt,
14. eine Leiche ohne Erlaubnis der zuständigen Behörde ausgräbt oder ausgraben lässt (§ 41),
15. eine Leiche ohne den nach § 44 Abs. 1 oder 2 oder § 45 vorgeschriebenen Leichenpass oder ohne die in § 46 Abs. 1 Satz 1 vorgeschriebenen Beförderungsunterlagen befördert oder befördern lässt,
16. entgegen § 46 Abs. 3 das Beförderungsverzeichnis nicht oder nicht ordnungsgemäß führt oder der zuständigen Behörde auf Verlangen aus dem Verzeichnis keine Auskunft erteilt oder es ihr nicht vorlegt,
17. eine Leiche entgegen § 47 nicht in einem Leichenwagen befördert oder befördern lässt.

(2) Ordnungswidrig handelt auch, wer
1. entgegen § 22 Abs. 1 Satz 2 die Leichenschau behindert oder vereitelt, insbesondere als Inhaber der tatsächlichen Gewalt dem Arzt das Betreten des Ortes verweigert, an dem die Leiche sich befindet,
2. als Arzt, Heilpraktiker oder als Angehöriger des Verstorbenen entgegen § 23 dem Arzt, der die Leichenschau vornimmt, die Auskunft verweigert oder unrichtig erteilt,
3. entgegen § 29 Leichen konserviert.

(3) Ordnungswidrig handelt auch, wer vorsätzlich oder fahrlässig
1. einer auf Grund dieses Gesetzes erlassenen Rechtsverordnung oder
2. den zur Aufrechterhaltung der Ordnung auf Bestattungsplätzen nach § 15 erlassenen Rechtsvorschriften zuwiderhandelt, wenn die Rechtsvorschriften für einen bestimmten Tatbestand auf diese Bußgeldvorschrift verweisen.

(4) Ordnungswidrig handelt ferner, wer als Arzt in der Todesbescheinigung oder in dem Leichenschein unrichtige Angaben macht.

(5) Die Ordnungswidrigkeit und der Versuch einer Ordnungswidrigkeit nach Absatz 1 Nr. 9 können mit einer Geldbuße bis zu *2.000 Deutsche Mark** geahndet werden.

(6) Verwaltungsbehörde im Sinne des § 36 Abs. 1 Nr. 1 des Gesetzes über Ordnungswidrigkeiten ist die untere Verwaltungsbehörde. Zur Erteilung einer Verwarnung und zur Erhebung von Verwarnungsgeld nach § 56 des Gesetzes über Ordnungswidrigkeiten ist auch die Ortspolizeibehörde zuständig.

** entspricht 1.022,58 €. Eine Euroänderung der Bestimmung ist bisher nicht erfolgt.*

§ 50 Rechtsvorschriften

(1) Das Sozialministerium kann durch Rechtsverordnung Vorschriften erlassen über:
1. das Genehmigungsverfahren bei Anlegung oder Erweiterung von Bestattungsplätzen (§ 5 Abs. 1 und § 9 Abs. 1),
2. das Genehmigungsverfahren für den Betrieb von Feuerbestattungsanlagen (§ 17),
3. die an Bestattungseinrichtungen sowie an ihren Betrieb zu stellenden Anforderungen (§ 19) und die Überwachung,
4. die Durchführung der Leichenschau,

5. Inhalt, Gestaltung und Ausstellung der Todesbescheinigung und des Leichenschauscheines (§ 22 Abs. 2) sowie ihre Weiterleitung an die zuständigen Behörden,
6. den Umgang mit Leichen (§ 25),
7. das Erlaubnisverfahren für Bestattungen (§ 34 Abs. 3 sowie § 35 Abs. 1),
8. die Feuerbestattung sowie die Aufbewahrung, den Versand und die Beisetzung von Aschen Verstorbener, soweit dies zur Wahrung der Würde, aus polizeilichen Gründen oder zur Sicherung der Strafrechtspflege geboten ist,
9. den Verbleib der Bestattungsunterlagen (§ 38),
10. das Erlaubnisverfahren bei Ausgrabung von Leichen (§ 41),
11. das Verfahren bei Ausstellung des Leichenpasses (§ 44 Abs. 4 und § 45 Abs. 1),
12. die Beförderung von Leichen (§ 43), insbesondere
    a) die Einsargung von Leichen,
    b) die Beschaffenheit der Särge,
    c) besondere Schutzmaßnahmen bei Ansteckungsgefahr,
    d) die an Leichenwagen zu stellenden Anforderungen und
    e) die Begleitpersonen und ihre Pflichten.

(2) Das Sozialministerium bestimmt durch Rechtsverordnung die zuständige Behörde im Sinne dieses Gesetzes.

Vierter Teil. Übergangs- und Schlussbestimmungen

§ 51 Friedhofsordnungen

(1) Friedhofsordnungen, die bei Inkrafttreten dieses Gesetzes bestehen, gelten weiter, soweit sie ihm nicht widersprechen.

(2) Wer nach Inkrafttreten dieses Gesetzes gegen die polizeilichen Vorschriften einer nach Absatz 1 weitergeltenden Friedhofsordnung verstößt, handelt ordnungswidrig im Sinne des § 49 Abs. 3 Nr. 2. Für Zuwiderhandlungen, die nach Ablauf von zwei Jahren seit Inkrafttreten dieses Gesetzes begangen werden, gilt dies nur, wenn die Friedhofsordnung für bestimmte Tatbestände auf diese Bußgeldvorschrift verweist.

§ 52 Ruhezeiten

Die Mindestruhezeiten des § 6 Satz 3 und 4 sind auch für die bei Inkrafttreten dieses Gesetzes bestehenden Bestattungsplätze maßgebend.

§ 53 Bestellte Leichenbeschauer

Nach Inkrafttreten dieses Gesetzes wird die Leichenschau nicht mehr von amtlich bestellten Leichenbeschauern wahrgenommen.

§ 54 Sonderbestimmungen

Unberührt bleiben

1. internationale Vereinbarungen, insbesondere über die Leichenbeförderung,
2. Vorschriften über die Beförderung von Leichen auf Eisenbahnen, auf dem Seewege, auf Binnenwasserstraßen und auf dem Luftwege,
3. Vorschriften über den Umgang mit radioaktiven Leichen,
4. weitergehende Anordnungen über die Aufbewahrung, Einsargung, Beförderung und Bestattung der Leichen nach § 42 des *Bundes-Seuchengesetzes** vom 18. Juli 1961 (BGBl. IS. 1012),
5. Vorschriften über die Erhaltung der Gräber der Opfer von Krieg und Gewaltherrschaft.

** Siehe jetzt das Infektionsschutzgesetz (IfSG)*

§ 55 Aufhebung von Rechtsvorschriften

(1) Vorschriften, die diesem Gesetz entsprechen oder widersprechen, werden aufgehoben. Insbesondere werden aufgehoben

Landesrecht

1. die württ. Verfügung, betreffend die Ablieferung von Leichnamen an die anatomischen Anstalten des Königreichs, vom 4. Juni 1862 (Reg. Bl. S. 157),
2. die bad. Verordnung, den Vollzug und die Überwachung der Leichenschau und die statistischen Erhebungen aus den Standesbüchern betreffend, vom 7. Januar 1870 (GVBl. S. 55),
3. die bad. Verordnung, die sanitätspolizeilichen Maßregeln in bezug auf Leichen und Begräbnisstätten betreffend, vom 16. Dezember 1875 (GVBl. S. 369),
4. die bad. Verordnung, das Verfahren bei gewaltsamen Todesfällen betreffend, vom II. September 1879 (GVBl. S. 637),
5. die württ. Verfügung des Ministeriums des Innern, betreffend das polizeiliche Verfahren hinsichtlich der Leichen der Selbstmörder, vom 19. Juni 1880,
6. die württ. Königliche Verordnung, betreffend die Leichenschau, die Leichenöffnung und das Begräbnis, vom 24. Januar 1882 (Reg. Bl. S. 33),
7. die württ. Verfügung des Ministeriums des Innern, betreffend die Dienstanweisung für die Leichenschauer vom 3. Februar 1882 (Reg. Bl. S. 41),
8. die bad. Verordnung, die Begräbnisplätze und die Beerdigung betreffend, vom 20. Juli 1882 (GVBl. S. 202),
9. die württ. Verfügung der Ministerien der Justiz und des Innern, betreffend das Verfahren in den Fällen eines nicht natürlichen Todes oder bei Auffindung von Leichen, sowie die Mitteilung von Sterbefällen an das Standesamt unter den Voraussetzungen des § 157 der Reichsstrafprozessordnung, vom 19. Februar 1885 (Reg. Bl. S. 31),
10. die bad. Verordnung, den Transport von Leichen betreffend, vom 1. Februar 1888 (GVBl. S. 49),
11. die württ. Bekanntmachung des Ministeriums des Innern, betreffend die Beförderung von Leichen auf dem Seewege, vom 9. März 1906 (Reg. Bl. S. 33),
12. die bad. Verordnung, die Beförderung von Leichen auf dem Seeweg betreffend, vom 28. Juni 1906 (GVBl. S. 148),
13. die württ. Verfügung des Ministeriums des Innern, betreffend die Beförderung von Leichen, vom 7. August 1907 (Reg. Bl. S. 289),
14. die württ. Verordnung des Justizministeriums und des Innenministeriums über die Gebühren der Leichenschauer vom 18. Mai 1932 (Reg. Bl. S. 167),
15. die preuß. Polizeiverordnung über das Leichenwesen vom 18. April 1933 (Gesetzsamml. S. 149),
16. die württ. Verordnung des Justiz-, des Innen- und des Finanzministeriums über die Bewegung der Bevölkerung und über die Todesursachen vom 29. Dezember 1933 (Reg. Bl. S. 448),
17. das Gesetz über die Feuerbestattung vom 15. Mai 1934 (RGBl. 1 S. 380),
18. die Verordnung zur Durchführung des Feuerbestattungsgesetzes vom 10. August 1938 (RGBl. 1 S. 1000),
19. die Polizeiverordnung des Regierungspräsidiums Südwürttemberg-Hohenzollern für die Landkreise Hechingen und Sigmaringen über das Leichenwesen vom 8. April 1963 (GesBl. S. 48),
20. die Polizeiverordnung des Innenministeriums zur Änderung der Vorschriften über die Leichenschau vom 14. August 1964 (GesBl. S. 301).

(2) Aufgehoben werden ferner

1. § 96 des Polizeistrafgesetzbuches für Baden vom 31. Oktober 1863 (Reg. Bl. S. 439) in der Fassung der Bekanntmachung vom 25. Juli 1923 (GVBl. S. 216),
2. Art. 24 und 25 des württ. Gesetzes, betreffend Änderungen des Polizeistrafrechts bei Einführung des Strafgesetzbuchs für das Deutsche Reich württ. Polizeistrafgesetz vom 27. Dezember 1871 (Reg. Bl. S. 391),

3. die §§ 22, 72 bis 75 und 77 der Dritten Durchführungsverordnung zum Gesetz über die Vereinheitlichung des Gesundheitswesens vom 30. März 1935 (RMBl. S. 327). In § 1 Abs. 1 Satz 1 dieser Verordnung werden die Worte „die Leichenschau bestätigen" gestrichen.

(3) In § 129 Abs. 1 des Polizeistrafgesetzbuches für Baden wird das Wort „Friedhöfe" gestrichen; in Art. 23 Abs. 1 des württ. Polizeistrafgesetzes werden die Worte „Grabmäler" und „Friedhöfe" gestrichen.

§ 56 Inkrafttreten

Dieses Gesetz tritt am 1. Januar 1971 in Kraft. Vorschriften, die zum Erlass von Rechtsverordnungen, von Friedhofsordnungen und Polizeiverordnungen ermächtigen, treten am Tage nach der Verkündigung in Kraft.

1b. Rechtsverordnung des Sozialministeriums zur Durchführung des Bestattungsgesetzes (Bestattungsverordnung – BestattVO)

vom 15.9.2000 (GBl. S. 669), geändert durch Verordnung vom 14.2.2002 (GBl. S. 127)

Auf Grund von § 50 des Bestattungsgesetzes (BestattG) vom 21. Juli 1970 (GBl. S. 395), zuletzt geändert durch Gesetz vom 7. Februar 1994 (GBl. S. 86), wird verordnet:

Erster Abschnitt. Bestattungsplätze

§ 1 Genehmigungsantrag und Unterlagen

(1) Für kirchliche Friedhöfe und private Bestattungsplätze ist der Genehmigungsantrag (§ 5 Abs. 1 BestattG) bei der Gemeinde, für Gemeindefriedhöfe unmittelbar bei der Genehmigungsbehörde (§ 31 Abs. 1) einzureichen.

(2) Aus dem Genehmigungsantrag müssen sich ergeben

1. die Bezeichnung des Grundstücks nach dem Grundstücksblatt sowie die Nummern der Flurstücke und ihre Begrenzung durch das Liegenschaftskataster,
2. Lage und Begrenzung des Begräbnisplatzes sowie der katastermäßigen Grenzen des Grundstücks zugewandten Gräberfelder,
3. die vorhandenen baulichen Anlagen auf dem Grundstück und auf den benachbarten Grundstücken unter Angabe ihrer Nutzung,
4. die Festsetzungen von Bebauungsplänen über die Art angrenzender Baugebiete sowie die fest gesetzten Baulinien, Baugrenzen und Bebauungstiefen.

Die hierzu notwendigen Planunterlagen müssen den Vorschriften für Bauvorlagen entsprechen.

§ 2 Öffentliche Auslegung

(1) Die Gemeinde hat die Planungsunterlagen (§ 1 Abs. 2) einen Monat öffentlich auszulegen. Ort und Dauer der Auslegung sind mindestens eine Woche vorher öffentlich bekannt zu machen. Dabei ist darauf hinzuweisen, dass während der Auslegungsfrist bei der Gemeinde Bedenken vorgebracht werden können.

(2) Werden gegen die Anlegung oder Erweiterung von kirchlichen Friedhöfen oder von privaten Bestattungsplätzen Bedenken vorgebracht, so gibt die Gemeinde dem Antragsteller Gelegenheit, sich hierzu zu äußern. Sie leitet sodann den Genehmigungsantrag mit den nicht berücksichtigten Bedenken, der Äußerung des Antragstellers und einer eigenen Stellungnahme hierzu der Genehmigungsbehörde zu. Die Gemeinde erklärt dabei, ob und unter welchen Voraussetzungen sie der Genehmigung zustimmt.

(3) Bei Gemeindefriedhöfen gilt Absatz 2 Satz 2 entsprechend.

§ 3 Verfahren vor der Genehmigungsbehörde

Die Genehmigungsbehörde kann von dem Antragsteller weitere Unterlagen anfordern, insbesondere ein geologisches Gutachten über die Bodenbeschaffenheit und die Eignung des vorgesehenen Geländes. Sie entscheidet im Benehmen mit dem Gesundheitsamt und dem Wasserwirtschaftsamt.

Zweiter Abschnitt. Bestattungseinrichtungen

1. Feuerbestattungsanlagen

§ 4 Anforderungen

(1) Für die Feuerbestattungsanlage muss eine Leichenhalle vorhanden sein. In ihr sind die Leichen bis zur Einäscherung aufzubahren.

(2) Für Leichenöffnungen, die bei den zur Feuerbestattung vorgesehenen Leichen notwendig werden, müssen geeignete Räumlichkeiten mit den hierzu erforderlichen Einrichtungen zur Verfügung stehen.
(3) Für Bestattungsfeierlichkeiten müssen geeignete Räumlichkeiten zur Verfügung stehen.

§ 5 Leiter
Der Träger der Feuerbestattungsanlage hat eine geeignete und zuverlässige Person als verantwortlichen Leiter der Feuerbestattungsanlage zu bestimmen und den Überwachungsbehörden zu benennen.

§ 6 Überwachung
(1) Die Feuerbestattungsanlage einschließlich der Leichenhalle der Räumlichkeiten für Leichenöffnungen und Bestattungsfeierlichkeiten sowie deren Einrichtungen und Betrieb unterliegen der Überwachung durch die Ortspolizeibehörde und das Gesundheitsamt (Überwachungsbehörden).
(2) Die Überwachungsbehörden und deren Beauftragte sind berechtigt, zu diesem Zweck die Feuerbestattungsanlage zu betreten und zu besichtigen sowie die Verzeichnisse und Unterlagen über die Feuerbestattungsanlage einzusehen. Der Leiter der Feuerbestattungsanlage und das sonstige Personal sind verpflichtet, den Überwachungsbehörden und deren Beauftragten die Feuerbestattungsanlage und ihre Einrichtungen zugänglich zu machen. Sie sind ferner verpflichtet, die erforderlichen Auskünfte zu erteilen und Unterlagen vorzulegen.

2. Leichenhallen

§ 7 Leichenhallen
(1) Die zur Aufbahrung der Leichen vorgesehenen Räume der Leichenhalle müssen gut lüftbar, kühl, leicht zu reinigen sowie gegen das Betreten durch Unbefugte und das Eindringen von Tieren geschützt sein. Diese Räume dürfen anderen Zwecken nicht dienen.
(2) Für den Leiter der Leichenhalle und deren Überwachung gelten §§ 5 und 6 entsprechend.

Dritter Abschnitt. Leichenschau

§ 8 Verhinderung des Arztes
Kann ein niedergelassener Arzt oder ein Anstaltsarzt (§ 20 Abs. 2 BestattG) dem Verlangen auf Vornahme der Leichenschau aus zwingenden Gründen, insbesondere zum Schutz eines höherwertigen Gutes, nicht oder nicht unverzüglich nachkommen, so hat er das Verlangen unter Berufung hierauf abzulehnen. Ergeben sich nachträglich solche Hinderungsgründe, so ist dafür zu sorgen, dass die Leichenschau von einem anderen Arzt vorgenommen wird; dies gilt auch für einen Arzt, der nicht zur Vornahme der Leichenschau verpflichtet ist, sich aber hierzu bereit erklärt hat. Bei im Rettungsdienst eingesetzten Notärzten ist das Vorliegen solcher Hinderungsgründe anzunehmen. Deshalb hat der Notarzt lediglich den Tod festzustellen. Bei Anhaltspunkten auf einen nicht natürlichen Tod hat der Notarzt sofort die Rettungsleitstelle zu benachrichtigen, die die Polizei in Kenntnis setzt. Der Notarzt soll den Eintritt des Todes auf dem Vordruck nach Anlage 4 feststellen; Blatt 1 des Vordrucks verbleibt bei der Leiche, die Durchschrift auf Blatt 2 wird einem Angehörigen des Verstorbenen oder der Polizei ausgehändigt, Blatt 3 ist für die Unterlagen des Notarztes bestimmt.

§ 9 Vornahme der Leichenschau
(1) Die ärztliche Leichenschau ist an dem Ort, an dem der Tod eingetreten oder die Leiche aufgefunden worden ist, vorzunehmen. Sie soll nicht im Freien erfolgen.
(2) Wird dem Arzt das Betreten des Ortes verwehrt oder wird er an der Vornahme der Leichenschau gehindert oder dabei behindert, so hat er die Ortspolizeibehörde zu verständigen, sofern er nicht unmittelbar die Hilfe der Polizeidienststelle in Anspruch nimmt.

(3) Der Arzt hat sich durch gründliche Untersuchung der entkleideten Leiche bei ausreichender Beleuchtung Gewissheit über den Eintritt des Todes zu verschaffen; der Zustand der Leiche und die Todesumstände sind sind im Einzelnen zu beschreiben (Todeszeitpunkt, Todesursache und Todesart). Er hat zu diesem Zweck nötigenfalls Auskünfte über eine dem Tod vorausgegangene Erkrankung und die Todesumstände einzuholen. Werden Auskünfte verweigert oder erkennbar unvollständig oder unrichtig erteilt, hat der Arzt die Ortspolizeibehörde zu verständigen.
(4) Stellt der Arzt Anhaltspunkte für einen nicht natürlichen Tod fest oder handelt es sich bei der Leiche um die einer unbekannten Person, hat er jede weitere Veränderung an der Leiche zu unterlassen, insbesondere von der Entkleidung der Leiche zunächst abzusehen. Er hat unverzüglich die nächste Polizeidienststelle zu benachrichtigen.
(5) Ist die Todesart ungeklärt, hat der Arzt unverzüglich die örtliche Polizeidienststelle zu verständigen.

§ 10 Auskunftspflicht
Der Arzt, der die Leichenschau vorgenommen hat, ist verpflichtet, dem Arzt, der die ärztliche Bescheinigung für die Feuerbestattung ausstellt (§ 17 Abs. 1), auf Verlangen Auskunft über das Ergebnis der Untersuchungen und Erhebungen zu geben.

§ 11 Todesbescheinigung
(1) Der Arzt, der eine Leichenschau vornimmt, füllt den Vordrucksatz „Todesbescheinigung" gemäß der Anlage 2 (Blätter A, B, und 1 bis 5) aus. Dieser enthält, als nicht vertraulicher Teil, die Todesbescheinigung für das Standesamt (Blatt A) und für die Ortspolizeibehörde für den Fall der Feuerbestattung (Blatt B) sowie einen vertraulichen Teil (Blätter 1 bis 5).
(2) Der nicht vertrauliche Teil der Todesbescheinigung ist der Person auszuhändigen, die für die Bestattung zu sorgen hat; ist dies nicht möglich, verbleibt er bei der Leiche.
(3) Der nicht vertrauliche Teil der Todesbescheinigung ist dem Standesamt vorzulegen. Der Standesbeamte trägt die für das Standesamt vorgesehenen Angaben ein und gibt sie sodann zurück. Blatt B ist der Ortspolizeibehörde des Sterbeortes zuzuleiten, wenn eine Feuerbestattung durchgeführt werden soll.
(4) Im Falle einer Erdbestattung vermerkt der Träger des Bestattungsplatzes auf dem nicht vertraulichen Teil der Todesbescheinigung Tag und Ort der Bestattung.

§ 12 Vertraulicher Teil der Todesbescheinigung
(1) Der Arzt stellt den vertraulichen Teil der Todesbescheinigung (Leichenschauschein) gemäß der Anlage 2 aus.
(2) Der Arzt verschließt Blatt 1 und 2 des vertraulichen Teils der Todesbescheinigung in dem dafür vorgesehenen Umschlag 1 und übergibt diesen einem Angehörigen des Verstorbenen, der Polizei oder belässt ihn bei der Leiche. Der Angehörige, die Polizei oder das beauftragte Bestattungsunternehmen hat den Umschlag 1 zusammen mit dem nicht vertraulichen Teil der Todesbescheinigung unverzüglich dem Standesamt vorzulegen.
(3) Der Arzt verschließt Blatt 3 (Feuerbestattung) des vertraulichen Teils der Todesbescheinigung in Umschlag 2. Die Durchschrift (Doppel) des vertraulichen Teils für die Obduktion (Blatt 4) verbleibt mit den beiden nicht ausgefüllten Obduktionsscheinen (Anlage 3) in dem vom Arzt verschlossenen Umschlag 3. Umschlag 2 und 3 verbleibt bei der Leiche. Befinden sich die Umschläge 2 oder 3 zum Zeitpunkt der Bestattung noch bei der Leiche, leitet das Bestattungsunternehmen diese Umschläge an das zuständige Gesundheitsamt weiter. Blatt 5 ist für die Unterlagen des Arztes bestimmt.
(4) Liegen Anhaltspunkte für einen nicht natürlichen Tod vor oder ist die Todesart ungeklärt, so trennt der Arzt die bis dahin ausgefüllte Durchschrift des vertraulichen Teils für die Obduktion (Blatt 4) ab, verschließt diese mit den beiden nicht ausgefüllten Obduktionsscheinen (Anlage 3) in Umschlag 3 und belässt Umschlag 3 bei der Leiche. Der Arzt wartet das Ergebnis der amtlichen Ermittlungen über die Todesart ab und leitet anschließend den vertraulichen Teil der To-

desbescheinigung unmittelbar dem Standesamt zu. Die Staatsanwaltschaft unterrichtet den Arzt unverzüglich über die festgestellte Todesart.

(5) Der Standesbeamte trägt in den vertraulichen Teil der Todesbescheinigung die für das Standesamt vorgesehenen Angaben ein und leitet sie dem für den Sterbeort zuständigen Gesundheitsamt zu. Die Originale der Todesbescheinigungen und gegebenenfalls die Obduktionsscheine werden dort 30 Jahre lang aufbewahrt. Die Frist beginnt mit Ablauf des Sterbejahres.

(6) Das Gesundheitsamt überprüft die ärztlichen Angaben des vertraulichen Teils der Todesbescheinigung. Soweit erforderlich, sind die Angaben durch Rückfragen zu ergänzen. Der Arzt, der die Leichenschau vorgenommen hat, und der behandelnde Arzt müssen dem Gesundheitsamt auf Verlangen Auskunft über die ärztlichen Angaben des vertraulichen Teils der Todesbescheinigung geben.

(7) Das Gesundheitsamt übersendet bis zum Zehnten jeden Monats die vertraulichen Teile der Todesbescheinigung des vergangenen Monats gesammelt mit dem Vermerk „Vertrauliche Dienstsache" dem Statistischen Landesamt Baden-Württemberg zur Auswertung. Eine Übersendung erfolgt erst bei Vorliegen der Obduktionsscheine. Im Falle einer vorgenommenen Obduktion wird mit dem vertraulichen Teil der Todesbescheinigung der ausgefüllte Obduktionsschein übersandt.

(8) Postsendungen mit geöffneten Todesbescheinigungen sind mit dem Vermerk „Vertrauliche Dienstsache – Nur von einem Arzt des Gesundheitsamtes zu öffnen" zu versehen.

Vierter Abschnitt. Umgang mit Leichen

§ 13 Ausstellen von Leichen

(1) Leichen dürfen nicht öffentlich ausgestellt, Särge bei Bestattungsfeierlichkeiten nicht geöffnet werden.

(2) Die Ortspolizeibehörde kann hiervon Ausnahmen zulassen, wenn die Würde gewahrt bleibt und keine gesundheitlichen Bedenken bestehen.

§ 14 Schutzmaßnahmen bei Ansteckungsgefahr

(1) War der Verstorbene bei seinem Tode an einer meldepflichtigen übertragbaren Krankheit erkrankt, deren Erreger beim Umgang mit der Leiche übertragen werden können, oder besteht der Verdacht einer solchen Erkrankung, so hat der Arzt, soweit die Meldepflicht dies verlangt, das für den Sterbeort zuständige Gesundheitsamt zu benachrichtigen und in jedem Fall für die sofortige Einsargung der Leiche und Kennzeichnung des Sarges Sorge zu tragen. Gesetzliche Meldepflichten bleiben unberührt.

(2) Der Sarg darf nur mit Erlaubnis der Ortspolizeibehörde geöffnet werden; sie hört zuvor das Gesundheitsamt.

(3) Der Arzt, der die Leichenschau vornimmt, hat dafür zu sorgen, dass die Leichenbesorger und die Personen, die sich in der Umgebung der Leiche bis zu ihrer Überführung aufhalten, auf die Ansteckungsgefahr hingewiesen werden.

§ 15 Leichenbesorger

Personen, die gewerbsmäßig oder berufsmäßig Leichen reinigen, ankleiden oder einsargen, müssen hierbei Überkleider oder Schürzen tragen. Sie haben nach Beendigung der Tätigkeit ihre Hände und Unterarme sowie die verwendeten Geräte gründlich zu reinigen. Bei Ansteckungsgefahr (§ 14 Abs. 1 Satz 1) sind diese sowie Überkleider und Schürzen auch zu desinfizieren.

Fünfter Abschnitt. Feuerbestattung

1. Erlaubnis

§ 16 Verfahren

(1) Die Erlaubnis zur Feuerbestattung (§ 35 Abs. 1 BestattG) wird von der Ortspolizeibehörde des Einäscherungsorts erteilt.

(2) Die Erlaubnis darf nur erteilt werden, wenn vorliegen

1. die Todesbescheinigung oder, bei Sterbefällen außerhalb des Landes, die Sterbeurkunde,
2. die Bescheinigung der Ortspolizeibehörde des Sterbeorts, dass keine Anhaltspunkte für einen nicht natürlichen Tod bekannt sind und
3. die Bescheinigung eines Arztes (§ 17), dass er bei einer Untersuchung der Leiche keine Anhaltspunkte für einen nicht natürlichen Tod festgestellt hat.

(3) Die Erlaubnisbehörde kann weitere Unterlagen verlangen. Bei Sterbefällen im Ausland kann sie auf die Bescheinigung der Ortspolizeibehörde verzichten.

(4) Die Bescheinigungen der Ortspolizeibehörde und des Arztes sind nicht erforderlich, wenn die Staatsanwaltschaft oder der Amtsrichter die Feuerbestattung genehmigt hat.

§ 17 Ärztliche Bescheinigung

(1) Die ärztliche Bescheinigung nach § 16 Abs. 2 Nr. 3 kann ausgestellt werden

1. von einem Arzt des für den Sterbeort oder den Einäscherungsort zuständigen Gesundheitsamts,
2. von einem Arzt eines gerichtsmedizinischen Instituts,
3. von einem Arzt, der über besondere Kenntnisse auf gerichtsmedizinischem Gebiet verfügt und von dem Gesundheitsamt zur Ausstellung solcher Bescheinigungen ermächtigt worden ist, oder
4. von einem sonstigen Arzt, der in einem anderen Bundesland zur Ausstellung solcher Bescheinigungen ermächtigt ist. Die Untersuchung ist von einem anderen Arzt als demjenigen, der die Leichenschau nach § 20 Abs. 1 BestattG durchgeführt hat, vorzunehmen.

(2) Für das Ausmaß der Untersuchung der Leiche gilt § 9 Abs. 3 entsprechend. Der Arzt holt nötigenfalls Auskunft bei dem Arzt ein, der die Leichenschau vorgenommen hat.

(3) In Zweifelsfällen kann der Arzt die Ausstellung der Bescheinigung von dem Ergebnis einer Leichenöffnung abhängig machen.

(4) Ergeben sich bei der Untersuchung der Leiche Anhaltspunkte für einen nicht natürlichen Tod oder ist die Todesart ungeklärt, so hat der Arzt sofort eine Polizeidienststelle zu verständigen. Er hat, soweit ihm das möglich ist, dafür zu sorgen, dass an der Leiche und der Umgebung bis zum Eintreffen der Polizei keine Veränderungen vorgenommen werden.

(5) (aufgehoben)

2. Durchführung der Feuerbestattung

§ 18 Verzeichnis

(1) Die Verwaltung der Feuerbestattungsanlage führt über die zur Feuerbestattung eingelieferten Leichen ein Einlieferungsverzeichnis, aus dem sich der Name des Verstorbenen, des Einlieferers und der Tag der Einlieferung ergeben müssen.

(2) Über die in der Feuerbestattungsanlage vorgenommenen Einäscherungen ist ein Einäscherungsverzeichnis zu führen, das folgende Angaben enthalten muss:

1. Nummer der Einäscherung,
2. Name und Vorname des Verstorbenen,
3. Geburtsdatum und Geburtsort,
4. Sterbedatum und Sterbeort,
5. letzter Wohnort oder gewöhnlicher Aufenthaltsort,
6. Tag der Einäscherung,

7. Empfänger der Asche (Übersendung, Übergabe oder Aushändigung nach § 23).

(3) Das Einlieferungsverzeichnis und das Einäscherungsverzeichnis können zusammengefasst werden.

§ 19 Einäscherungssärge

Einäscherungssärge dürfen nur aus Vollholz, das keine Imprägnierstoffe, Holzschutzmittel und halogenorganische Verbindungen enthält, bestehen. Für Beschläge, die Auskleidung von Särgen, Sargbeigaben und die Totenkleidung dürfen nur solche Materialien verwendet werden, die erwarten lassen, dass schädliche Umwelteinwirkungen im Sinne des Bundes-Immissionsschutzgesetzes (BImSchG) nicht hervorgerufen werden und Gefahren für das Personal oder Beschädigungen der Feuerbestattungsanlage nicht zu befürchten sind. Insbesondere dürfen hierbei keine Imprägnierstoffe, Holzschutzmittel, halogenorganische Verbindungen und Schwermetalle enthalten sein. Andere Materialien dürfen eingesetzt werden, sofern die Gleichwertigkeit hinsichtlich der Emissionen luftfremder Stoffe, Ascherückstände und der allgemeinen Eignungsvoraussetzungen durch Gutachten einer nach § 26 BImSchG bekannt gegebenen Messstelle nachgewiesen wird.

§ 20 Einäscherung

(1) In dem Verbrennungsraum darf jeweils nur eine Leiche eingeäschert werden. Mit Einwilligung der Angehörigen kann die Leiche eines Kindes bis zum vollendeten ersten Lebensjahr zusammen mit der Leiche der Mutter oder des Vaters eingeäschert werden.

(2) Vor der Einäscherung ist ein Kennzeichen mit der jeweiligen Nummer des Einäscherungsverzeichnisses und der Bezeichnung der Feuerbestattungsanlage in den Verbrennungsraum einzubringen. Das Kennzeichen muss hitzebeständig sein.

(3) Nach der Einäscherung ist die Asche des Verstorbenen mit dem Kennzeichen nach Absatz 3 in einer Urne zu sammeln.

3. Urnen

§ 21 Beschaffenheit

(1) Die Urne muss aus festem Material sein. Sie ist sofort zu verschließen.

(2) Die Urne muss äußerlich an geeigneter Stelle wie folgt dauerhaft gekennzeichnet sein.

1. Bezeichnung der Feuerbestattungsanlage,
2. Nummer des Einäscherungsverzeichnisses,
3. Name und Vorname des Verstorbenen,
4. Geburtsdatum,
5. Sterbedatum.

§ 22 Weitergabe

(1) Die Urnen werden von der Feuerbestattungsanlage unmittelbar an den zur Beisetzung der Aschen vorgesehenen Bestattungsplatz übersandt.

(2) Die Urnen können auf Wunsch der Angehörigen des Verstorbenen einem von diesen beauftragten Bestattungsunternehmen zur Beförderung nach einem Bestattungsplatz übergeben werden. Das Bestattungsunternehmen muss die Urne unverzüglich dorthin überführen und sie einer zur Entgegennahme befugten Person aushändigen; es darf die Urne nicht anderen Personen aushändigen.

(3) Den Angehörigen des Verstorbenen oder deren Beauftragten darf die Urne nur dann ausgehändigt werden, wenn sie eine Ausnahmebewilligung zur Beisetzung der Asche an anderen Orten gemäß § 33 Abs. 1 und 3 BestattG vorlegen. Die zuständige Behörde kann weitere Ausnahmen zulassen. Absatz 2 bleibt unberührt.

(4) Urnen dürfen von der Feuerbestattungsanlage nur weitergegeben werden, wenn gewährleistet ist, dass sie am vorgesehenen Ort beigesetzt werden können.

§ 23 Beisetzung

(1) Die Aschen Verstorbener können auf Bestattungsplätzen in Erdgrabstätten, Urnengrabstätten und sonstigen Urnenstätten beigesetzt werden.

(2) Für jede Urne ist eine Einzelbeisetzungsstelle zur Verfügung zu stellen. Werden Aschen mehrerer Verstorbener in einer gemeinsamen Urnenstätte beigesetzt, so muss der Träger des Bestattungsplatzes Vorsorge treffen, dass die Asche eines Verstorbenen jederzeit aufgefunden werden kann.

Sechster Abschnitt. Leichenbeförderung

§ 24 Leichenpass

(1) Der Leichenpass (§§ 44 und 45 BestattG) muss folgende Angaben enthalten:

1. Name und Vorname des Verstorbenen.
2. Geburtsdatum und Geburtsort,
3. Sterbedatum und Sterbeort,
4. Beförderungsmittel,
5. Absendeort, Beförderungsweg und Bestimmungsort.

(2) Bei Beförderungen in das Ausland muss der Leichenpass folgenden Vermerk tragen: „Da diese Leichenbeförderung ordnungsgemäß genehmigt ist, werden alle Staaten, auf deren Hoheitsgebiet die Beförderung stattfinden soll, gebeten, den Transport frei und ungehindert passieren zu lassen." Dieser Vermerk und der zum Verständnis der sonstigen Angaben vorgesehene Text sind in englischer und französischer Sprache zu wiederholen.

(3) Macht ein ausländischer Staat, mit dem keine Vereinbarung über die Leichenbeförderung besteht, die Beförderung auf seinem Hoheitsgebiet von weiteren Angaben abhängig, so sollen diese, soweit tunlich, in den Leichenpass aufgenommen werden.

(4) Ein Leichenpass für die Beförderung einer aus dem Ausland überführten Leiche darf nur erteilt werden, wenn ein Leichenpass des Absendestaates vorgelegt wird.

§ 25 Särge

(1) Die Leichen dürfen in andere Gemeinden nur in verschlossenen abgedichteten Särgen mit ausreichend hoher saugfähiger Bodenlage befördert werden. Soweit kein Holzsarg verwendet wird, muss der Sarg aus reinigungsfähigem und desinfektionsfähigem Material bestehen. Bei Wiederverwendung ist nach jedem Gebrauch eine gründliche Reinigung und Desinfektion vorzunehmen. § 14 bleibt unberührt.

(2) Werden Leichen in das Ausland befördert, muss der Holzsarg einen Innensarg aus Zink enthalten oder mit Zinkblech ausgekleidet sein. Wird ein Innensarg verwendet, so ist dessen Boden mit einer ausreichend hohen Schicht aufsaugender Stoffe zu bedecken.

§ 26 Transportbegleiter

Jede Leiche muss bei der Beförderung im Straßenverkehr in andere Gemeinden von einer zuverlässigen Person begleitet werden. Der Transportbegleiter ist verpflichtet, dafür zu sorgen, dass

1. die notwendigen Beförderungsunterlagen (§ 46 Abs. 1 BestattG) mitgeführt werden,
2. die Beförderung zügig erfolgt,
3. der Sarg während der Überführung geschlossen bleibt und nicht ohne zwingenden Grund von dem Fahrzeug herabgenommen wird,
4. die Leiche am Bestimmungsort unverzüglich der Bestattung zugeführt wird, wenn sie zu diesem Zweck dorthin überführt worden ist,
5. die Personen, denen die Leiche übergeben wird, gegebenenfalls auf eine Ansteckungsgefahr (§ 14 Abs. 1 Satz 1) hingewiesen werden.

§ 27 Leichenwagen

(1) Leichenwagen (§ 47 Abs. 3 BestattG) müssen nachstehenden Anforderungen entsprechen:

1. Sie müssen würdig gestaltet sein.
2. Der Laderaum muss umschlossen, verschließbar und vom Fahrerraum getrennt sein.
3. Der Boden des Laderaums muss so beschaffen sein, dass die aus einem Sarg austretende Flüssigkeit nicht in das Freie gelangt.
4. Der Laderaum einschließlich aller Einbauten muss abwaschbar sowie für eine Desinfektion geeignet sein.
5. Der Sarg muss so befestigt werden können. dass er sich während der Fahrt nicht verschiebt.

(2) Der Laderaum des Leichenwagens ist gründlich zu reinigen, wenn aus dem Sarg Flüssigkeit ausgetreten ist. Bei Ansteckungsgefahr (§ 14 Abs. 1 Satz 1) ist er auch zu desinfizieren.

§ 28 Sonderbestimmungen

(1) Die §§ 24 bis 27 sind nicht anwendbar, soweit internationale Vereinbarungen etwas anderes bestimmen.

(2) Die §§ 25 und 26 gelten nicht für die Bergung von Leichen und die Beförderung tödlich Verunglückter von der Unfallstelle weg. Soweit möglich, ist hierfür ein geeigneter Transportsarg zu benutzen, der nach jedem Gebrauch gründlich zu reinigen und bei Ansteckungsgefahr (§ 14 Abs. 1 Satz 1) auch zu desinfizieren ist.

Siebter Abschnitt. Sonstiges

§ 29 Verbleib der Bestattungsunterlagen

(1) Die Bestattungsunterlagen für die Erdbestattung (§ 38 BestattG) sind von dem Träger des Bestattungsplatzes für die Dauer der Ruhefrist aufzubewahren.

(2) Die Erlaubnis zur Feuerbestattung ist von dem Träger der Feuerbestattungsanlage mindestens 15 Jahre aufzubewahren.

§ 30 Ausgrabung von Leichen

Die Erlaubnis zur Ausgrabung einer Leiche ist im Benehmen mit dem Gesundheitsamt zu erteilen. Ihre Erteilung kann davon abhängig gemacht werden, dass der Antragsteller das Einverständnis des Trägers des Bestattungsplatzes mit der Ausgrabung nachweist.

§ 31 Zuständige Behörde

(1) Zuständige Behörde im Sinne von § 3 Abs. 2, § 4 Abs. 3 , § 5 Abs. 1 Satz 1 und § 9 Abs. 1 Satz 1 und Abs. 3 BestattG ist die untere Verwaltungsbehörde.

(2) Zuständige Behörde im Sinne von § 13 Abs. 2 Satz 3 und § 17 BestattG ist die Baurechtsbehörde.

(3) Im Übrigen ist zuständige Behörde im Sinne des Bestattungsgesetzes die Ortspolizeibehörde.

§ 32 Ordnungswidrigkeiten

Ordnungswidrig im Sinne des § 49 Abs. 3 Nr. 1 BestattG handelt, wer vorsätzlich oder fahrlässig

1. als Arzt entgegen § 8 Satz 1 und 3 die Vornahme der Leichenschau ablehnt, entgegen § 9 Abs. 1 oder 3 die Leichenschau nicht ordnungsgemäß durchführt, entgegen § 11 Abs. 1 Satz 1 oder § 12 Abs. 1 die Vordrucke nicht vollständig ausfüllt oder entgegen § 10 Abs. 1 oder § 12 Abs. 6 Satz 3 die Auskunft nicht, nicht vollständig oder nicht richtig erteilt,
2. als Angehöriger des Verstorbenen entgegen § 12 Abs. 2 den ihm übergebenen Leichenschauschein nicht unverzüglich dem Standesamt vorlegt,
3. als Beauftragter eines Bestattungsunternehmens entgegen § 12 Abs. 3 Satz 4 die Umschläge 2 oder 3 nicht an das zuständige Gesundheitsamt weiterleitet,
4. entgegen § 13 Abs. 1 Leichen öffentlich ausstellt oder Särge bei Bestattungsfeierlichkeiten öffnet,

Landesrecht

5. als Angehöriger oder Beauftragter eines Bestattungsunternehmens entgegen § 22 Abs. 2 Satz 2 Halbsatz 2 Urnen anderen aushändigt,
6. als Angehöriger des Verstorbenen oder dessen Beauftragter seinen Verpflichtungen nach § 22 Abs. 3 zuwiderhandelt,
7. als Transportbegleiter seinen Verpflichtungen nach § 26 Satz 2 Nrn. 1 bis 4 zuwiederhandelt.

Achter Abschnitt. Schlussbestimmungen

§ 33 Inkrafttreten

Diese Rechtsverordnung tritt am 1. November 2000 in Kraft. Gleichzeitig tritt die Rechtsverordnung des Sozialministeriums zur Durchführung des Bestattungsgesetzes vom 10. Dezember 1970 (GBl. S. 521) außer Kraft.

Artikel 2 (der Änderungsverordnung vom 14. 2. 2002)

Die mit der Bestattungsverordnung vom 15. September 2000 (GBl. S. 669) zum 1. November 2000 als Anlagen 1 bis 5 geführten Anlagen dürfen bis zum 28. Februar 2005 verwendet werden.

Information für die Ärztin/den Arzt (aus Anlage 1 der Bestattungsverordnung)

Die Feststellung des Todes und die Durchführung der Leichenschau stellen häufig die letzte ärztliche Maßnahme an der verstorbenen Person dar. Hierfür gelten dieselben Sorgfaltspflichten wie bei lebenden Personen. Bei etwaigen Kollisionen mit den Interessen anderer Personen – seien dies Angehörige, andere Ärzte oder Ärztinnen oder Polizeibeamte – hat der Arzt oder die Ärztin grundsätzlich die Interessen der verstorbenen Person an einer sorgfältigen und objektiven Leichenschau wahrzunehmen. Mit der Ausstellung der Todesbescheinigung werden die Weichen gestellt, ob die Leiche zur Bestattung freigegeben wird oder ob weitere Ermittlungen im Hinblick auf einen nicht natürlichen Tod erforderlich sind. Von der sorgfältigen Todesbescheinigung hängt auch die Qualität der Todesursachen-Statistik ab.

Um Fehler zu vermeiden, hat die Ärztin oder der Arzt die unbekleidete Leiche von allen Seiten und bei ausreichender Beleuchtung in Augenschein zu nehmen. Eine Teilbesichtigung der Leiche ist auf keinen Fall zulässig. Eine Leichenschau im Freien sollte nicht erfolgen.

Die Qualifizierung der Todesart als natürlich oder nicht natürlich bzw. ungeklärt gibt Hinweise auf die Notwendigkeit weiterer Feststellungen.

Hat der Arzt oder die Ärztin Zweifel, dass der Patient eines natürlichen Todes gestorben ist, dann hat er/sie die Kategorie „Anhaltspunkte für einen nicht natürlichen Tod" anzukreuzen, wenn der Tod durch Unfall, Selbsttötung, Tod durch strafbare Handlung, sonstige Gewalteinwirkung (z.B. Sturz), Vergiftung und bei Verdachtsfällen der vorgenannten Kategorien eingetreten ist.

Eine ungeklärte Todesart wird dann angenommen, wenn keine Anhaltspunkte für einen nicht natürlichen Tod erkennbar sind, die Todesursache nicht bekannt ist und trotz sorgfältiger Untersuchung und Einbeziehung der Vorgeschichte keine konkreten Befunde einer lebensbedrohlichen Krankheit vorliegen, die einen Tod aus krankhafter natürlicher Ursache und völlig unabhängig von rechtlich bedeutsamen Faktoren (z.B. Unfall) plausibel erklären.

Wird eine natürliche Todesart attestiert, so kann bei Vorliegen berechtigter Interessen und der rechtlichen Voraussetzungen (Zustimmung des Verstorbenen zu Lebzeiten oder der Hinterbliebenen nach Aufklärung) von den totensorgeberechtigten Hinterbliebenen, von behandelnden oder aus wissenschaftlichen Gründen interessierten Ärzten oder von Versicherungsgesellschaften eine klinische Obduktion in Auftrag gegeben werden. Dieselben Voraussetzungen gelten für eine klinische Obduktion in Fällen mit Anhaltspunkten für einen nicht natürlichen Tod oder bei ungeklärter Todesart, wenn die Staatsanwaltschaft keine Sektion angeordnet hat und die Leiche freigegeben ist.

Bei der Feststellung eines natürlichen Todes ist der konkrete Befund in der vorgesehenen Spalte der Todesbescheinigung -vertraulicher Teil- zu dokumentieren, bei Anhaltspunkten für einen nicht natürlichen Tod sind diese ebenso dort anzuführen. Ergeben sich Anhaltspunkte für einen nicht natürlichen Tod oder ist die Todesart ungeklärt oder handelt es sich um die Leiche einer unbekannten Person, so hat der Arzt oder die Ärztin unverzüglich eine Polizeidienststelle zu verständigen.

Hinweise zur Todesbescheinigung
Der Formularsatz für die Todesbescheinigung umfasst:
- einen nicht vertraulichen Teil (Blatt A und B),
- einen vertraulichen Teil (Blatt 1 bis 5),
- zwei Obduktionsscheine,
- drei Umschläge.

Todesbescheinigung – nicht vertraulicher Teil –
Beim Ausfüllen des nicht vertraulichen Teils ist zu beachten, dass nach Ausfüllen des Feldes für Personalangaben Blatt A und B des nicht vertraulichen Teils vom vertraulichen abgetrennt wird. Die restlichen Rubriken des nicht vertraulichen Teils sind daraufhin vollständig auszufüllen. Der nicht vertrauliche Teil der Todesbescheinigung wird nach dem Ausfüllen den Angehörigen zur Vorlage beim Standesamt (Blatt A) und zur Übermittlung an die Ortspolizeibehörde im Falle einer Feuerbestattung (Blatt B) übergeben.

Todesbescheinigung – vertraulicher Teil –
Die amtliche Todesursachenstatistik wird nach den Regeln der Weltgesundheitsorganisation (WHO) durchgeführt. In diesem Zusammenhang ist es erforderlich, dass der Krankheitsablauf unter „Todesursache/Klinischer Befund" in seiner Kausalkette angegeben wird.

Nachdem alle Exemplare des vertraulichen Teils (Blatt 1 – 5) ausgefüllt und unterzeichnet sind, werden Blatt 1 und 2 abgetrennt, einmal in der Mitte gefaltet und so in den anhängenden Fensterbriefumschlag 1 eingelegt, dass die Personalangaben sichtbar sind. Dieser Umschlag wird von der Ärztin oder dem Arzt persönlich verschlossen. Die Ärztin oder der Arzt übergibt den Umschlag 1 einem Angehörigen des Verstorbenen, der Polizei oder belässt ihn bei der Leiche. Der Angehörige, die Polizei oder das beauftragte Bestattungsunternehmen hat diesen Umschlag 1 zusammen mit dem nicht vertraulichen Teil der Todesbescheinigung unverzüglich dem Standesamt vorzulegen. Dieses trägt die notwendigen Daten in das hierfür vorgesehene Feld ein und bestätigt die Eintragungen durch Stempel und Unterschrift des Standesbeamten unterhalb des auszufüllenden Feldes auf dem Umschlag. Blatt 3 (Doppel für die Feuerbestattung für den Arzt oder die Ärztin, welche/r die Bescheinigung nach § 17 BestattVO ausstellt) wird im Umschlag 2 verschlossen und bei der Leiche belassen. Das Doppel für die Obduktion (Blatt 4) wird zusammen mit den beiden nicht ausgefüllten Obduktionsscheinen in Umschlag 3 gelegt. Dieser Umschlag wird ebenfalls von der Ärztin oder dem Arzt persönlich verschlossen und verbleibt bei der Leiche. Blatt 5 des vertraulichen Teils ist für die Unterlagen der Ärztin oder des Arztes bestimmt.

Erläuterungen
Für die Qualität der Todesursachen-Statistik ist das Ausfüllen der Spalte „Zeitdauer zwischen Beginn der Krankheit und Tod" von großer Bedeutung. Weitere Angaben zu der „Unmittelbar zu Tode führenden Krankheit" sowie den „Anderen wesentlichen Krankheiten" im Sinn einer Multi-Morbidität können im Feld „Nähere Angaben zur Todesursache und zu Begleiterkrankungen (Epikrise)" genannt werden. Es wird gebeten, die Formulare in Blockschrift und mit Kugelschreiber auszufüllen.

Der Formularsatz ist u.a. erhältlich bei:
W. Kohlhammer Verlag GmbH, Heßbrühlstr. 69, 70565 Stuttgart, Tel. 0711-7863-281 (oder -282),
DBS Gemeindeverlag Pfullingen, Dieselstr. 1, 72793 Pfullingen, Tel. 07121-9757-0

2. Bayern

2a. Bestattungsgesetz (BestG)

vom 24.9.1970 (GVBl. S. 417), zuletzt geändert durch Gesetz vom 10.8.1994 (BVBl. S. 770)

Abschnitt 1. Leichenwesen und Bestattung

Hinweis: Die Übergabe von Leichen an anatomische Institute ist geregelt in der Entschließung vom 19.6.1961 (MABl. S. 448), geändert am 14.3.1973 (MABl. S. 274)

Art. 1 Bestattung

(1) Jede Leiche muss bestattet werden, und zwar durch Beisetzung in einer Grabstätte (Erdbestattung) oder durch Einäscherung in einer Feuerbestattungsanlage und Beisetzung der in einer festen Urne verschlossenen Aschenreste in einer Grabstätte (Feuerbestattung) oder durch Einäscherung in einer Feuerbestattungsanlage und Beisetzung der Urne von einem Schiff auf hoher See (Seebestattung). Leichen und Aschenreste Verstorbener müssen, wenn dieses Gesetz nichts anderes zulässt, auf Friedhöfen beigesetzt werden.

(2) Für Art, Ort und Durchführung der Bestattung ist, soweit öffentliche Belange nicht entgegenstehen, der Wille des Verstorbenen oder, wenn der Verstorbene noch nicht 16 Jahre alt oder wenn er geschäftsunfähig war, der Wille der Personensorgeberechtigten zu berücksichtigen. Ist der Wille des Verstorbenen oder der Personensorgeberechtigten nicht nachweisbar, so kommt es auf den Willen der Angehörigen an, die auf Grund des Art. 15, Abs. 2 Nr. 1 für die Bestattung zu sorgen haben.

Art. 2 Ärztliche Leichenschau

(1) Jede Leiche muss vor der Bestattung zur Feststellung des Todes, der Todesart (natürlicher oder nicht natürlicher Tod) und der Todesursache von einem Arzt untersucht werden (Leichenschau).

(2) Auf Verlangen eines jeden auf Grund des Art. 15 zur Veranlassung der Leichenschau Verpflichteten oder einer nach Art. 14 Abs. 2 zuständigen Stelle oder deren Beauftragten sind zur Leichenschau verpflichtet,

1. jeder Arzt, der in dem Gebiet der Kreisverwaltungsbehörde, in dem sich die Leiche befindet, oder in dem Gebiet einer angrenzenden kreisfreien Gemeinde niedergelassen ist,
2. in Krankenhäusern und Entbindungsheimen außerdem jeder dort tätige Arzt. Ein Arzt, der für die Behandlung von Notfällen eingeteilt ist und die verstorbene Person vorher nicht behandelt hat, kann sich im Rahmen seiner Pflicht nach Satz 1 auf die Feststellung des Todes, des Todeszeitpunktes, des Zustandes der Leiche und der äußeren Umstände beschränken, wenn sichergestellt ist, dass der behandelnde Arzt oder ein anderer Arzt die noch fehlenden Feststellungen treffen wird.

(3) Der Arzt kann die Leichenschau verweigern, wenn sie ihn oder einen Angehörigen, zu dessen Gunsten ihm in Strafverfahren wegen familienrechtlicher Beziehung das Zeugnisverweigerungsrecht zusteht, der Gefahr aussetzen würde, wegen einer Straftat oder einer Ordnungswidrigkeit verfolgt zu werden.

Art. 3 Betretungs- und Auskunftsrecht

(1) Zur Leichenschau dürfen der Arzt und die von ihm zugezogenen Sachverständigen und Gehilfen jederzeit den Ort betreten, an dem sich die Leiche befindet. Der Inhaber der tatsächlichen Gewalt hat ihnen Grundstücke, Räume und bewegliche Sachen zugänglich zu machen.

(2) Wer den Verstorbenen unmittelbar vor dem Tod berufsmäßig behandelt oder gepflegt hat, oder wer mit der verstorbenen Person zusammengelebt hat oder die Umstände des Todes kennt, hat auf Verlangen des Arztes, der die Leichenschau vornimmt, unverzüglich die zu diesem Zweck erforderlichen Auskünfte zu erteilen und Unterlagen vorzulegen. Die gleiche Verpflichtung trifft jeden Arzt, der den Verstorbenen nach dessen Tod untersucht hat. Der Verpflichtete kann die Auskunft und die Vorlage von Unterlagen verweigern, soweit er dadurch sich selbst oder einen in § 383 Abs. 1 Nrn. 1 bis 3 der Zivilprozessordnung bezeichneten Angehörigen der Gefahr aussetzen würde, wegen einer Straftat oder einer Ordnungswidrigkeit verfolgt zu werden.

Art. 3a Todesbescheinigung

(1) Der Arzt hat über die Leichenschau eine Todesbescheinigung auszustellen, die aus einem vertraulichen und einem nicht vertraulichen Teil besteht.

(2) Die Todesbescheinigung wird bei dem Gesundheitsamt, in dessen Bezirk der Sterbeort liegt, aufbewahrt. Liegt der Sterbeort außerhalb des Geltungsbereichs dieses Gesetzes, so ist für die Aufbewahrung das Gesundheitsamt zuständig, in dessen Bereich der Wohnort der verstorbenen Person liegt. Die Gesundheitsämter dürfen die Todesbescheinigung zur Erfüllung ihrer Aufgaben auswerten.

(3) Personenbezogene Auskünfte aus dem vertraulichen Teil der Todesbescheinigung dürfen nur erteilt, Einsicht in diese nur gewährt werden, wenn die verstorbene Person zu Lebzeiten hierin eingewilligt hat oder soweit dies für Gerichte, Staatsanwaltschaften oder Polizei zur Verfolgung von Straftaten oder für Ämter für Versorgung und Familienförderung zu ihrer Aufgabenerfüllung erforderlich ist. Abweichend von Satz 1 können Auskünfte erteilt oder Einsicht auch gewährt werden,

1. soweit die auskunftsuchende Person oder Behörde ein berechtigtes Interesse an der Kenntnis über die Todesumstände einer namentlich bezeichneten verstorbenen Person glaubhaft macht und kein Grund zu der Annahme besteht, dass durch die Offenbarung schutzwürdige Interessen des Verstorbenen beeinträchtigt werden, oder
2. wenn eine Hochschule oder andere wissenschaftliche Einrichtung die Angaben für ein wissenschaftliches Forschungsvorhaben benötigt und
   a) durch sofortige Anonymisierung der Angaben oder auf andere Weise sichergestellt wird, dass schutzwürdige Interessen der verstorbenen Person nicht beeinträchtigt werden oder
   b) das öffentliche Interesse an der Forschung das schutzwürdige Interesse der verstorbenen Person erheblich übersteigt und der Zweck der Forschung auf andere Weise nicht oder nur mit unverhältnismäßigem Aufwand erreicht werden kann und kein Grund zu der Annahme besteht, dass das schutzwürdige Interesse von Angehörigen der verstorbenen Person an dem Ausschluss der Verarbeitung oder Nutzung überwiegt. Die auskunftsuchende Person oder Behörde darf personenbezogene Daten, die sie auf diese Weise erfährt, nur zu dem von ihr im Antrag angegebenen Zweck verwenden.

(4) Ob die Voraussetzungen des Absatzes 3 Satz 2 Nr. 2 vorliegen, entscheidet die Regierung, in deren Bezirk die Auskunft oder Einsicht gewährt werden soll; betrifft das Forschungsvorhaben mehrere Regierungsbezirke, bestimmt das Staatsministerium für Arbeit und Sozialordnung, Familie, Frauen und Gesundheit die zuständige Regierung. In den Fällen des Absatzes 3 Satz 2 Nr. 1 entscheidet die Kreisverwaltungsbehörde.

(5) Befugnisse zur Einsichtnahme aufgrund anderer Rechtsvorschriften bleiben unberührt.

Art. 4 Kosten

Die Verpflichtung, die Kosten der Leichenschau endgültig zu tragen, richtet sich nach den für die Bestattungskosten geltenden Rechtsvorschriften, soweit nichts anderes bestimmt ist.

Art. 5 Allgemeine Anforderungen

Mit Leichen und Aschenresten Verstorbener darf nur so verfahren werden, dass keine Gefahren für die öffentliche Sicherheit oder Ordnung, insbesondere für die Gesundheit und für die Belange der Strafrechtspflege zu befürchten sind und die Würde des Verstorbenen und das sittliche Empfinden der Allgemeinheit nicht verletzt werden. Das gilt insbesondere für die Bestattung, die Leichenschau, die Bergung, Verwahrung, Einsargung, Aufbahrung, Beförderung und die Entfernung aus einer Grabstätte (Ausgrabung).

Art. 6 Tot- und Fehlgeburten, Körper- und Leichenteile
(1) Für eine totgeborene oder während der Geburt verstorbene Leibesfrucht mit einem Gewicht von mindestens 500 Gramm (Totgeburt) gelten die Vorschriften dieses Gesetzes und die auf Grund dieses Gesetzes ergangenen Rechtsvorschriften über Leichen und Aschenreste Verstorbener sinngemäß. Eine totgeborene oder während der Geburt verstorbene Leibesfrucht mit einem Gewicht unter 500 Gramm (Fehlgeburt) kann bestattet werden; im Übrigen findet Absatz 3 entsprechende Anwendung.
(2) Für aus Schwangerschaftsabbrüchen stammende Feten und Embryonen findet Absatz 3 entsprechende Anwendung.
(3) Körper- und Leichenteile müssen durch den Verfügungsberechtigten oder, wenn ein solcher nicht feststellbar oder verhindert ist, durch den Inhaber des Gewahrsams unverzüglich in schicklicher und gesundheitlich unbedenklicher Weise beseitigt werden, soweit und solange sie nicht medizinischen oder wissenschaftlichen Zwecken dienen oder als Beweismittel von Bedeutung sind.

Abschnitt 2. Bestattungseinrichtungen

Art. 7 Bereitstellung von Bestattungseinrichtungen
Die Gemeinden sind verpflichtet, die erforderlichen Bestattungseinrichtungen, insbesondere Friedhöfe und Leichenräume auch für die Bestattung von Fehlgeburten, herzustellen und zu unterhalten, soweit dafür ein öffentliches Bedürfnis besteht.

Art. 8 Friedhöfe
(1) Friedhöfe sind öffentliche Einrichtungen, die den Verstorbenen als würdige Ruhestätte und der Pflege ihres Andenkens gewidmet sind.
(2) Träger von Friedhöfen und Leichenhäusern können nur juristische Personen des öffentlichen Rechts sein. Friedhofsträger ist, wer den Friedhof in eigener Verantwortung verwaltet.
(3) In den Gemeindefriedhöfen ist die Beisetzung der verstorbenen Gemeindeeinwohner und, wenn eine ordnungsmäßige Beisetzung nicht anderweitig sichergestellt ist, auch der im Gemeindegebiet oder in einem angrenzenden gemeindefreien Gebiet Verstorbenen oder tot Aufgefundenen zu gestatten. Die Grundstückseigentümer in gemeindefreien Gebieten haben der Gemeinde die Kosten zu ersetzen, die aus der Beisetzung der dort Verstorbenen oder tot Aufgefundenen entstehen und anderweitig nicht gedeckt sind.
(4) In Friedhöfen der Kirchen oder Religionsgemeinschaften ist auch die Beisetzung Andersgläubiger unter den für sie üblichen Formen und ohne räumliche Absonderung zu gestatten, wenn eine andere geeignete Grabstätte nicht vorhanden ist; Absatz 3 gilt entsprechend. Bestattungs- und Totengedenkfeiern und die Gestaltung der Grabstätten dürfen das religiöse Empfinden der Kirchen oder Religionsgemeinschaft nicht verletzen.

Art. 9 Anforderungen für Friedhöfe und Grabstätten
(1) Die Friedhöfe und die einzelnen Grabstätten müssen so beschaffen sein, dass sie dem Friedhofszweck (Art. 8 Abs. 1), den Erfordernissen des Wasserhaushalts und der öffentlichen Sicherheit, insbesondere der Gesundheit, entsprechen. Die Friedhöfe müssen sich in das Orts- und Landschaftsbild einfügen; die Erfordernisse der Raumordnung und Landesplanung und einer geordneten städtebaulichen Entwicklung sind zu beachten.
(2) Friedhöfe dürfen nur mit Genehmigung der zuständigen Behörde angelegt oder wesentlich geändert werden. Die Genehmigung ist zu erteilen, wenn die Voraussetzungen des Absatzes 1 erfüllt sind und sonstige Vorschriften des öffentlichen Rechts nicht entgegenstehen. Die Geneh-

migung ist nicht erforderlich, wenn die Anlegung oder Änderung des Friedhofs in einem Bebauungsplan festgesetzt ist.
(3) An die Gestaltung der Grabstätten in bestimmten Friedhöfen oder Friedhofsteilen können über den Absatz 1 hinausgehende Anforderungen gestellt werden, wenn im Gemeindegebiet andere Friedhöfe oder Friedhofsteile zur Verfügung stehen, für die solche zusätzlichen Anforderungen nicht gelten. Für Gemeindefriedhöfe darf von Satz 1 nicht zum Nachteil anderer Friedhöfe Gebrauch gemacht werden.

Art. 10 Ruhezeiten

(1) Der Friedhofsträger bestimmt Ruhezeiten für Leichen und für Aschenreste Verstorbener. Die Ruhezeit für Leichen ist nach Anhörung des Gesundheitsamtes unter Berücksichtigung der Verwesungsdauer festzusetzen.
(2) Während der Ruhezeit dürfen in einer Grabstätte weitere Leichen oder Aschenreste Verstorbener beigesetzt und Fehlgeburten oder Körper- und Leichenteile aufgenommen werden, wenn die Grabstätte dazu bestimmt und geeignet ist.

Art. 11 Schließung und Entwidmung

(1) Der Friedhofsträger kann den Friedhof für weitere Beisetzungen schließen. Er darf den Friedhof entwidmen, wenn sämtliche Ruhezeiten abgelaufen sind. Die Sätze 1 und 2 gelten nicht, soweit Grabnutzungsrechte entgegenstehen.
(2) Zur Abwehr von Gefahren für die öffentliche Sicherheit kann die zuständige Behörde nach Anhörung des Friedhofsträgers Friedhöfe für weitere Beisetzungen schließen und Umbettungen anordnen, ohne an Ruhezeiten gebunden zu sein.
(3) Wird ein Friedhof auf Grund gesetzlicher Vorschriften für einen anderen öffentlichen Zweck in Anspruch genommen, so sind Leichen und Aschenreste Verstorbener, deren Ruhezeit noch nicht abgelaufen ist, umzubetten.
(4) Die Absätze 1 bis 3 gelten für Teile eines Friedhofs entsprechend.

Art. 12 Beisetzung außerhalb von Friedhöfen

(1) Beisetzungen außerhalb von Friedhöfen sind mit Genehmigung der zuständigen Behörden zulässig. Die Genehmigung kann erteilt werden, wenn

1. ein wichtiger Grund das rechtfertigt, oder wenn es dem Herkommen entspricht,
2. der Bestattungsplatz den nach Art. 9 Abs. 1 für Friedhöfe geltenden Anforderungen entspricht,
3. die Erhaltung des Bestattungsplatzes während der Ruhezeit gesichert ist und
4. überwiegende Belange Dritter nicht entgegenstehen.

Die Genehmigung zur Beisetzung einer Urne von einem Schiff auf hoher See ist zu erteilen, wenn dies nachweislich dem Willen des Verstorbenen entspricht und andere Rechtsvorschriften nicht entgegenstehen.
(2) Wenn die Voraussetzungen für die Genehmigung nicht vorliegen, kann die zuständige Behörde weitere Beisetzungen untersagen und Umbettungen anordnen, ohne an Ruhezeiten gebunden zu sein. Art. 11 Abs. 3 und 4 gilt entsprechend. Zur Umbettung ist der Inhaber der tatsächlichen Gewalt über den Bestattungsplatz verpflichtet.
(3) Die zuständige Behörde setzt die Ruhezeit fest. Im Übrigen gilt Art. 10 entsprechend.
(4) Der Bestattungsplatz darf für andere Zwecke nur verwendet werden, wenn sämtliche Ruhezeiten abgelaufen oder die Leichen und Aschenreste Verstorbener, deren Ruhezeit noch nicht abgelaufen ist, umgebettet worden sind.
(5) Die Beisetzung auf vor dem Inkrafttreten dieses Gesetzes genehmigten Bestattungsplätzen bedarf keiner Genehmigung, wenn sie nach den bisher geltenden Rechtsvorschriften keiner Genehmigung bedurfte. Die zuständige Behörde kann die weitere Benutzung solcher Bestattungsplätze untersagen und Umbettungen anordnen, ohne an Ruhezeiten gebunden zu sein, wenn die Voraussetzungen des Absatzes 1 Nr. 2 bis 4 nicht vorliegen.

Art. 13 Feuerbestattungsanlagen

(1) Feuerbestattungsanlagen müssen so beschaffen sein und so betrieben werden, dass den Anforderungen des Art. 5 entsprochen werden kann.

(2) Feuerbestattungsanlagen dürfen nur mit Genehmigung der zuständigen Behörde betrieben oder in ihrem Betrieb wesentlich geändert werden. Die Genehmigung ist zu erteilen, wenn die Voraussetzungen des Absatzes 1 erfüllt sind und sonstige Vorschriften des öffentlichen Rechts nicht entgegenstehen. Der Betrieb der Feuerbestattungsanlage kann untersagt werden, wenn er Vorschriften des öffentlichen Rechts widerspricht.

(3) Art. 8 Abs. 3 gilt entsprechend.

Art. 13a Enteignung

Zur Schaffung oder Änderung von Bestattungseinrichtungen kann nach den Vorschriften des Bayerischen Gesetzes über die entschädigungspflichtige Enteignung enteignet werden.

Abschnitt 3. Aufsicht und Ermächtigungen

Art. 14 Behördliche Überwachung

(1) Die Gemeinden und die Landratsämter als staatliche Verwaltungsbehörden haben dafür zu sorgen, dass die Vorschriften dieses Gesetzes und die auf Grund dieses Gesetzes ergangenen Rechtsvorschriften eingehalten werden. Sie können die hierzu erforderlichen Anordnungen für den Einzelfall treffen.

(2) Soweit Anordnungen nach Absatz 1 nicht möglich oder nicht zulässig sind oder keinen Erfolg versprechen, muss die Gemeinde, in unaufschiebbaren Fällen die Polizei, für die Leichenschau, die Bestattung und die ihr vorausgehenden notwendigen Verrichtungen, für die Beseitigung von Fehlgeburten und Körper- und Leichenteilen und für Umbettungen selbst oder durch vertraglich Beauftragte sorgen. Die Gemeinde und der Träger der Polizei können von einem Pflichtigen Ersatz der notwendigen Kosten verlangen. Erfüllt eine Gemeinde ihre Verpflichtungen nach Satz 1 nicht oder nicht rechtzeitig, so kann an ihrer Stelle und auf ihre Kosten unmittelbar die Rechtsaufsichtsbehörde handeln. Soweit in gemeindefreien Gebieten die Verpflichtung nach Satz 1 von den Grundstückseigentümern zu erfüllen ist, gelten die Sätze 2 und 3 entsprechend.

(3) Die zuständigen Stellen und deren Beauftragte können zum Vollzug dieses Gesetzes und der auf Grund dieses Gesetzes ergangenen Rechtsvorschriften Grundstücke, Räume und dort befindliche bewegliche Sachen betreten. Der Inhaber der tatsächlichen Gewalt hat ihnen diese zugänglich zu machen. Wer Tatsachen kennt, deren Kenntnis für den Vollzug der Absätze 1 und 2 erforderlich ist, ist verpflichtet, auf Verlangen der zuständigen Stelle unverzüglich Auskunft darüber zu erteilen; entsprechendes gilt für die Vorlage von Unterlagen. Art. 3 Abs. 2 Satz 2 findet Anwendung.

(4) Die Gesundheitsämter wirken beim Vollzug dieses Gesetzes und der auf Grund dieses Gesetzes ergangenen Rechtsvorschriften mit, soweit gesundheitliche Belange berührt werden; sie sind von den zuständigen Stellen insoweit zu beteiligen. Absatz 3 gilt für die Gesundheitsämter entsprechend.

Art. 15 Verpflichtete

(1) Das Staatsministerium des Innern wird ermächtigt, durch Rechtsverordnung zu bestimmen, wer die Leichenschau zu veranlassen und für die Bestattung, die ihr vorausgehenden notwendigen Verrichtungen und für Umbettungen zu sorgen hat, unter welchen Voraussetzungen diese Verpflichtungen bestehen und wie und innerhalb welcher Zeit sie zu erfüllen sind.

(2) Nach Absatz 1 können verpflichtet werden

1. der Ehegatte, die Verwandten und Verschwägerten auf- und absteigender Linie, die Adoptiveltern und Adoptivkinder, die Geschwister des Verstorbenen und deren Kinder; die Rei-

Landesrecht

henfolge der Verpflichteten soll sich nach dem Grad der Verwandtschaft oder Schwägerschaft richten,
2. die Personenberechtigten,
3. der Betreuer, soweit die Sorge für die Person des Verstorbenen zu dessen Lebzeiten zu seinem Aufgabenkreis gehört hat. Zur Veranlassung der Leichenschau können außerdem verpflichtet werden der Eigentümer und der Inhaber der tatsächlichen Gewalt von Grundstücken, Räumen und beweglichen Sachen, wenn sich die Leiche dort befindet, in Betrieben, Heimen, Schulen, Anstalten und sonstigen Einrichtungen außerdem deren Leiter und in Krankenhäusern und Entbindungsheimen die Ärzte in leitender Stellung.

Art. 16 Durchführungsvorschriften

Das Staatsministerium des Innern wird ermächtigt, durch Rechtsverordnungen

1. die Anforderungen der Art. 1, 2, 3a, 5, 6, 9, 10, 12 und 13 näher zu regeln und die erforderlichen Vorschriften zu erlassen, um die Einhaltung dieser Anforderungen und darüber hinausgehende Belange der öffentlichen Sicherheit und Ordnung sicherzustellen, ferner um die von Leichen, Fehlgeburten, Körper- und Leichenteilen ausgehenden Gefährdungen abzuwehren und zu verhindern, dass öffentliche Bestattungseinrichtungen mehr, als durch eine schickliche Totenehrung geboten, beansprucht werden. In diesen Rechtsverordnungen kann das Staatsministerium des Innern insbesondere
   a) die in Art. 15 Abs. 2 Genannten und diejenigen, die beim Tod zugegen waren oder eine Leiche auffinden, zur Meldung des Todesfalles verpflichteten,
   b) vorschreiben, dass die Leichenschau durch einen im öffentlichen Gesundheitsdienst tätigen oder von der zuständigen Behörde bestellten Arzt durchzuführen oder zu wiederholen oder eine innere Leichenschau vorzunehmen ist, ferner bestimmen, dass die Ärzte an Verstorbenen, die sie behandelt haben, die Leichenschau nicht vornehmen dürfen,
   c) die Pflichten des Arztes, der die Leichenschau vornimmt, und desjenigen, der die Leichenschau veranlasst hat, festlegen.
   d) Näheres über die Todesbescheinigung und deren Aufbewahrung regeln,
   e) Anforderungen und Pflichten für diejenigen bestimmen, die berufsmäßig die Bestattung von Leichen vorbereiten oder durchführen (Bestatter), und dabei vorschreiben, dass die Bestatter die Gewähr für die gesetz- und fachmäßige Vorbereitung und Durchführung der Bestattung bieten müssen,
   f) Anforderungen für Friedhöfe, Bestattungsplätze, Feuerbestattungsanlagen und sonstige Bestattungseinrichtungen, für ihren Betrieb und ihre Überwachung, ferner für Grabstätten, Särge, Sargausstattungen, Urnen, die Bekleidung von Leichen und die Beförderungsmittel für Leichen und für Aschenreste Verstorbener stellen,
   g) bestimmen, wie im Falle des Art. 1 Abs. 2 Satz 2 zu verfahren ist, wenn über Art, Ort oder Durchführung der Bestattung Meinungsverschiedenheiten unter gleichrangig verpflichteten Angehörigen bestehen,
   h) die Beförderung, Bestattung und Ausgrabung von einer Erlaubnis oder einer Anzeige und bestimmten Nachweisen, die Ausgrabung insbesondere von einem wichtigen Grunde abhängig machen,
   i) zur Sicherstellung der Bestattung die Schließung von Friedhöfen von einer vorherigen Anzeige abhängig machen;
2. Ärzte bestimmter Fachrichtungen oder Ärzte, die zu dem Verstorbenen in einer familienrechtlichen Beziehung der in Art. 2 Abs. 3 bezeichneten Art gestanden haben, von der Verpflichtung nach Art. 2 Abs. 2 auszunehmen;
3. vorzusehen, dass die zuständige Behörde Ausnahmen von der Pflicht, Aschenreste Verstorbener in eine Urne aufzunehmen, die Aschenreste beizusetzen oder die für sie festgesetzte Ruhezeit einzuhalten, zulassen kann, soweit Art. 5 nicht entgegensieht;

4. unbeschadet des Art. 14 die zuständigen Behörden und sonstigen zuständigen Stellen zum Vollzug dieses Gesetzes und der auf Grund dieses Gesetzes ergangenen Rechtsvorschriften und zum Vollzug der zwischenstaatlichen Vereinbarungen über das Leichen- und Bestattungswesen zu bestimmen;
5. die sonstigen zur Ausführung dieses Gesetzes erforderlichen Vorschriften zu erlassen, insbesondere die in diesem Gesetz oder in den auf Grund dieses Gesetzes ergangenen Rechtsvorschriften vorgesehenen Verwaltungsverfahren näher zu regeln.

Art. 17 Örtliche Vorschriften

(1) Soweit es zum Schutz der Gesundheit oder zur Verhinderung einer über eine schickliche Totenehrung hinausgehenden Inanspruchnahme öffentlicher Bestattungseinrichtungen erforderlich ist und nicht andere Rechtsvorschriften darüber bestehen, können die Gemeinden Verordnungen über die Vorbereitung und Durchführung der Bestattung, insbesondere über die Verrichtungen an Leichen und ihre Verwahrung, ferner über die Beschaffenheit der Särge, Sargausstattungen, Urnen und die Bekleidung von Leichen und die Anlage, Tiefe, Instandhaltung und Öffnung der Grabstätten erlassen.

(2) Die Gemeinden können durch Verordnung die zur Aufrechterhaltung der öffentlichen Sicherheit und Ordnung auf Friedhöfen, in Feuerbestattungsanlagen, Leichenräumen und ähnlichen Einrichtungen erforderlichen Vorschriften erlassen, insbesondere ein deren Ordnung und Würde verletzendes Verhalten verbieten, soweit nicht bereits andere Rechtsvorschriften darüber bestehen.

(3) Soweit Gemeinden Regelungen im Sinn der Absätze 1 und 2 durch Verordnung getroffen haben, können sie Satzungen darüber nicht mehr erlassen.

(4) Die Vorschriften über das Verfahren beim Erlass bewehrter Gemeindeverordnungen sind anzuwenden.

Abschnitt 4. Ordnungswidrigkeiten, Übergangs- und Schlussvorschriften

Art. 18 Ordnungswidrigkeiten

(1) Mit Geldbuße kann belegt werden, wer

1. eine Leiche beiseite schafft oder bestattet, ohne dass die in diesem Gesetz oder auf Grund dieses Gesetzes oder in anderen Rechtsvorschriften festgelegten Voraussetzungen für die Bestattung vorliegen,
2. ohne die vorgeschriebene Leichenschau und ohne sichere Zeichen des Todes eine Leichenöffnung vornimmt oder eine Leiche zu medizinischen oder wissenschaftlichen Zwecken verwendet,
3. bei der Öffnung einer Leiche oder ihrer Verwendung zu medizinischen oder wissenschaftlichen Zwecken oder wer als Arzt bei der Leichenschau oder als Bestatter in Ausübung seines Berufs Anzeichen für einen nicht natürlichen Tod feststellt und nicht unverzüglich die Polizei oder Staatsanwaltschaft verständigt,
4. eine Leiche eines Unbekannten oder eine Leiche, für die Anhaltspunkte eines nicht natürlichen Todes bestehen, öffnet oder zu medizinischen oder wissenschaftlichen Zwecken verwendet, bevor nicht die Staatsanwaltschaft oder der Amtsrichter zugestimmt oder die Bestattung schriftlich genehmigt hat,
5. fortfährt, eine Leiche, an der bisher unbekannte Anzeichen eines nicht natürlichen Todes auftauchen, zu öffnen oder zu medizinischen oder wissenschaftlichen Zwecken zu verwenden, bevor nicht die Staatsanwaltschaft oder der Amtsrichter zugestimmt oder die Bestattung schriftlich genehmigt hat,
6. als Arzt der Pflicht, die Leichenschau vorzunehmen, nicht oder nicht rechtzeitig nachkommt,

7. entgegen Art. 3 und Art. 14 Abs. 3 Grundstücke, Räume und bewegliche Sachen nicht betreten lässt oder nicht zugänglich macht, die erforderlichen Auskünfte nicht oder unrichtig erteilt oder Unterlagen nicht vorlegt,
8. entgegen Art. 3a Abs. 3 Satz 3 personenbezogene Daten für andere Zwecke verwendet,
9. den durch Art. 6 Abs. 2 oder auf Grund des Art. 5 festgelegten Pflichten nicht oder nicht rechtzeitig nachkommt,
10. die Leichenschau, die Bestattung oder die Beseitigung von Fehlgeburten, Körper- oder Leichenteilen verhindert oder zu verhindern versucht,
11. in einer nicht zugelassenen Art und Weise Leichen bestattet oder bestatten lässt oder einäschert oder einäschern lässt,
12. entgegen Art. 12 Abs. 4 einen Bestattungsplatz für andere Zwecke verwendet, bevor sämtliche Ruhezeiten abgelaufen oder die Leichen und Aschenreste Verstorbener, deren Ruhezeit noch nicht abgelaufen ist, umgebettet worden sind,
13. einer Rechtsverordnung nach Art. 15 bis 17 zuwiderhandelt, soweit sie für einen bestimmten Tatbestand auf diese Bußgeldvorschrift verweist.

(2) Mit Geldbuße kann auch belegt werden, wer in den Fällen des Absatzes 1 Nr. 1 bis 5, 8, 9 und 11 die Tat fahrlässig begangen hat.

Art. 19 Einschränkung von Grundrechten

(1) Auf Grund dieses Gesetzes kann das Grundrecht der Unverletzlichkeit der Wohnung eingeschränkt werden (Art. 13 des Grundgesetzes für die Bundesrepublik Deutschland, Art. 106 der Verfassung des Freistaates Bayern).

(2) Für eine Maßnahme auf Grund dieses Gesetzes, die eine Enteignung enthält, ist dem Eigentümer oder dem sonstigen Berechtigten nach den Vorschriften des Bayerischen Gesetzes über die entschädigungspflichtige Enteignung Entschädigung in Geld zu leisten.

Art. 20 Übergangs- und Schlussvorschriften

(1) Mit dem Inkrafttreten dieses Gesetzes, treten unbeschadet der Absätze 2 und 3, alle Vorschriften des Landesrechts außer Kraft, die diesem Gesetz entsprechen oder widersprechen. Insbesondere treten außer Kraft

1. das Gesetz über die Feuerbestattung vom 15. Mai 1934 (BayBSErgB S. 81) mit der hierzu erlassenen Durchführungsverordnung vom 10. August 1938 (BayBSErgB S. 83),
2. die Art. 43, 60 Abs. 1 und 61, Abs. 1 und Abs. 2 des Polizeistrafgesetzbuches für Bayern vom 26. Dezember 1871 (BayBS I S. 341),
3. Art. 122 Abs. 2 der Gemeindeordnung für den Freistaat Bayern vom 25. Januar 1952 (BayBS I S. 461) i. d. F. vom 11. Juli 1958 (GVBl. S. 147),
4. die oberpolizeilichen Vorschriften über die Leichenschau und die Zeit der Beerdigung vom 20. November 1885 (BayBS II S. 134),
5. die Verordnung, die Errichtung und Benützung von Grüften und sonstigen Begräbnisstätten außer den öffentlichen Kirchhöfen betreffend, vom 14. Oktober 1862 (BayBS II S. 134),
6. die Bekanntmachung über die Einsargung von Leichen vom 17. Juli 1942 (BayBS II S. 144),
7. die Verordnung über die Entschädigung der Leichenschauer vom 16. Mai 1958 (GVBl. S. 76), zuletzt geändert durch Verordnung vom 2. Januar 1968 (GVBl. S. 14),
8. die §§ 22, 72 und 77 der Dritten Durchführungsverordnung zum Gesetz über die Vereinheitlichung des Gesundheitswesens vom 30. März 1935 (BayBSErgB S. 70). In § 1 Abs. 1 Satz 1 dieser Verordnung werden die Wörter „die Leichenschau betätigen" gestrichen.

(2) Die Bekanntmachung über die Beförderung von Leichen vom 10. Juni 1942 (BayBS II S. 141) gilt, soweit sie diesem Gesetz und den auf Grund dieses Gesetzes ergangenen Rechtsvorschriften nicht widerspricht, bis zum Inkrafttreten der entsprechenden Rechtsvorschriften nach Art. 16 Nr. 1 dieses Gesetzes weiter.

(3) Unberührt bleiben
1. zwischenstaatliche Vereinbarungen, insbesondere über die Leichenbeförderung,
2. die Vorschriften des Polizeirechts,
3. Art. 24 der Gemeindeordnung, Art. 18 der Landkreisordnung, Art. 18 der Bezirksordnung und die darauf beruhenden Satzungen, soweit sie diesem Gesetz und den auf Grund des Art. 16 ergangenen Rechtsvorschriften nicht widersprechen. Bestattungseinrichtungen sind Einrichtungen im Sinne des Art. 24 Abs. 3 der Gemeindeordnung.

(4) Mit dem Inkrafttreten dieses Gesetzes erlöschen die Bestellungen zum Leichenschauer.

(5) Vor Inkrafttreten dieses Gesetzes genehmigte Feuerbestattungsanlagen gelten als genehmigt im Sinne des Art. 13.

2b. Verordnung zur Durchführung des Bestattungsgesetzes (Bestattungsverordnung – BestV)

vom 1.3.2001 (BayGVBl. S. 92) 2127-1-1-G

Auf Grund von
1. Art. 15 und 16 des Bestattungsgesetzes -BestG- (BayRS 2127-1-A), zuletzt geändert durch § 5 des Gesetzes vom 26. Juli 1997 (GVBl S. 323), in Verbindung mit Art. 1 Abs. 1 Sätze 1 und 2 Nr. 15 und Abs. 2 des Gesetzes zur Überleitung von Zuständigkeiten vom 23. Juli 1993 (GVBl S. 496, BayRS 1102-7-S), und
2. Art. 90 Abs. 4 der Bayerischen Bauordnung (BayBO) erlassen das Bayerische Staatsministerium für Gesundheit, Ernährung und Verbraucherschutz und das Bayerische Staatsministerium des Innern folgende Verordnung:

Abschnitt I. Ärztliche Leichenschau

§ 1 Veranlassung der Leichenschau

(1) Die Leichenschau (Art. 2 BestG) ist unverzüglich zu veranlassen, zur Nachtzeit jedoch nur, wenn Anhaltspunkte für einen nicht natürlichen Tod vorliegen. Hierzu sind, wenn sie geschäftsfähig sind, verpflichtet:
1. a) der Ehegatte,
   b) die Kinder,
   c) die Eltern; bei Annahme Volljähriger (§ 1767 BGB) der Annehmende vor den Eltern,
   d) die Großeltern,
   e) die Enkelkinder,
   f) die Geschwister,
   g) die Kinder der Geschwister des Verstorbenen und
   h) die Verschwägerten ersten Grades,
2. die Personensorgeberechtigten,
3. der Betreuer, soweit die Sorge für die Person des Verstorbenen zu dessen Lebzeiten zu seinem Aufgabenkreis gehört hat,
4. a) auf Schiffen der Schiffsführer,
   b) in Krankenhäusern der leitende Arzt; bestehen mehrere selbständige Abteilungen, dann der leitende Abteilungsarzt,
   c) in Heimen, insbesondere Pflegeheimen, Altenheimen und Altenwohnheimen, Säuglings-, Kinder- und Jugendheimen, in Therapieeinrichtungen und in Gemeinschaftsunterkünften, ferner in Justizvollzugsanstalten, sowie in ähnlichen Einrichtungen deren Leiter, wenn sich die Leiche dort befindet.

(2) Bestimmt die Gemeinde nach Art. 14 Abs. 1 Satz 2 BestG die nach Absatz 1 Satz 2 Nr. 1 verpflichteten Angehörigen, so soll sie dabei den Grad der Verwandtschaft oder Schwägerschaft berücksichtigen.

§ 2 Veränderungsverbot

(1) Vor der Leichenschau darf eine Leiche nicht
1. eingesargt oder
2. in Räume gebracht werden, die zur Aufbewahrung von Leichen bestimmt sind.

(2) Absatz 1 Nr. 2 gilt nicht, wenn der Tod in einem Krankenhaus, Pflegeheim, Altenheim oder Altenwohnheim eingetreten ist und die Leiche bis zur Leichenschau dort verbleibt.

§ 3 Durchführung der Leichenschau

(1) Der zur Leichenschau zugezogene Arzt hat die Leichenschau unverzüglich und sorgfältig vorzunehmen. Bestehen vor Durchführung der Leichenschau keine begründeten Zweifel an einem natürlichen Tod, so führt der Arzt die Leichenschau an der vollständig entkleideten Leiche durch; die Feststellung eines natürlichen Todes setzt in jedem Fall die Durchführung der Leichenschau an der vollständig entkleideten Leiche voraus. Die Leichenschau an der vollständig entkleideten Leiche erfolgt unter Einbeziehung aller Körperregionen einschließlich aller Körperöffnungen, des Rückens und der behaarten Kopfhaut.

(2) Der zur Leichenschau zugezogene Arzt hat über die Leichenschau eine Todesbescheinigung auszustellen, die aus einem vertraulichen und einem nicht vertraulichen Teil besteht. Er darf die Todesbescheinigung erst ausstellen, wenn er an der Leiche sichere Anzeichen des Todes festgestellt hat. Vom nicht vertraulichen Teil der Todesbescheinigung hat er eine Durchschrift zu fertigen.

(3) Findet der zur Leichenschau zugezogene Arzt im Rahmen der Leichenschau Anhaltspunkte dafür, dass der Tod durch Selbsttötung, durch Unfall, durch strafbare Handlung oder durch sonstige Einwirkung von außen herbeigeführt wurde, ist in der Todesbescheinigung die Todesart „Nicht natürlicher Tod" anzugeben. Ist dem zur Leichenschau zugezogenen Arzt die Klärung der Todesart nicht möglich, ist in der Todesbescheinigung die Todesart als „ungeklärt" anzugeben.

(4) Ist der zur Leichenschau zugezogene Arzt für die Behandlung von Notfällen eingeteilt (Notarzt, Notfallarzt) und hat er die verstorbene Person vorher nicht behandelt, so kann er sich auf die Ausstellung einer vorläufigen Todesbescheinigung beschränken, wenn sichergestellt ist, dass der behandelnde Arzt oder ein anderer Arzt die noch fehlenden Feststellungen treffen wird. In der vorläufigen Todesbescheinigung werden der Tod, der Todeszeitpunkt, der Zustand der Leiche und die äußeren Umstände festgestellt. Absatz 1 Satz 2 findet keine Anwendung. Im Fall des Satzes 1 hat derjenige, der die Leichenschau veranlasst hat, einen weiteren Arzt zur Vornahme der vollständigen Leichenschau zu benachrichtigen. § 1 Abs. 1 Satz 1 gilt entsprechend.

(5) Die Todesbescheinigung ist, vorbehaltlich des § 4 Abs. 1 Satz 2, mit der Durchschrift unverzüglich demjenigen auszuhändigen, der die Leichenschau veranlasst hat. Dieser hat die Todesbescheinigung mit der Durchschrift unverzüglich dem für die Beurkundung des Sterbefalls zuständigen Standesamt zuzuleiten. Falls er nicht selbst für die Bestattung sorgt, hat er die Durchschrift der Todesbescheinigung, auf der der Standesbeamte die Beurkundung des Sterbefalls vermerkt hat, dem zur Bestattung Verpflichteten zu übergeben. Ist dieser nicht zur Stelle, so hat derjenige, der die Leichenschau veranlasst hat, die Durchschrift der Todesbescheinigung der Gemeinde oder, wenn sich die Leiche im gemeindefreien Gebiet befindet, dem Landratsamt zuzuleiten. In den Fällen des Absatzes 4 gilt Satz 1 entsprechend derjenige, der die Leichenschau veranlasst hat, hat die vorläufige Todesbescheinigung dem Arzt zu übergeben, der die vollständige Leichenschau vornimmt. Die vorläufige Todesbescheinigung darf nicht an den Standesbeamten weitergeleitet werden.

(6) Wird eine innere Leichenschau durchgeführt, so hat der obduzierende Arzt eine Bescheinigung über die von ihm festgestellte Todesursache und andere wesentliche Krankheiten (Obduktionsschein) auszustellen. Der Obduktionsschein ist unverzüglich dem für den Sterbeort zuständigen Gesundheitsamt zuzuleiten.

(7) Inhalt und Form der Todesbescheinigung, der vorläufigen Todesbescheinigung und des Obduktionsscheins müssen den vom Staatsministerium für Gesundheit, Ernährung und Verbraucherschutz im Allgemeinen Ministerialblatt bekannt gemachten Mustern entsprechen.

§ 4 Nicht natürlicher Tod, ungeklärte Todesart, Leiche eines Unbekannten

(1) Ergeben sich Anhaltspunkte für einen nicht natürlichen Tod, ist die Todesart ungeklärt (§ 3 Abs. 3) oder wird die Leiche eines Unbekannten aufgefunden, so dürfen bis zum Eintreffen des Arztes, der die Leichenschau vornimmt, an der Leiche nur Veränderungen vorgenommen werden, die aus Gründen der Öffentlichen Sicherheit zwingend erforderlich sind. Der zur Leichen-

schau zugezogene Arzt hat sogleich die Polizei zu verständigen und ihr die Todesbescheinigung mit der Durchschrift zuzuleiten. In den Fällen des § 3 Abs. 4 ist mit der Todesbescheinigung auch die vorläufige Todesbescheinigung zuzuleiten.
(2) Gericht, Staatsanwaltschaft und Polizei können die Todesbescheinigung einsehen, wenn Anhaltspunkte für einen nicht natürlichen Tod vorliegen, die Todesart ungeklärt ist (§ 3 Abs. 3) oder die Leiche eines Unbekannten aufgefunden wird.
(3) Die Polizei leitet die Todesbescheinigung und deren Durchschrift zusammen mit der Anzeige des Sterbefalls (§ 35 des Personenstandsgesetzes (BGBl. III 211-l), zuletzt geändert durch Art. 3 Nr. 9 des Gesetzes vom 15. Juli 1999 (BGB1 I S. 1618)) dem für die Beurkundung des Sterbefalls zuständigen Standesbeamten zu. Die Durchschrift der Todesbescheinigung darf dem zur Bestattung Verpflichteten erst ausgehändigt werden, wenn die Staatsanwaltschaft oder der Richter beim Amtsgericht die Bestattung schriftlich genehmigt hat.

§ 5 Leichenschau in sonstigen Fällen
(1) Die Leichenschau ist von einem Arzt des Gesundheitsamts, in dessen Amtsbezirk sich die Leiche befindet, durchzuführen, wenn kein anderer Arzt die Leichenschau vornimmt.
(2) Ist anzunehmen, dass die Leichenschau nicht ordnungsgemäß vorgenommen wird oder vorgenommen wurde, so kann die Staatsanwaltschaft oder die Polizei verlangen, dass die Leichenschau von einem Arzt des Gesundheitsamts, in dessen Amtsbezirk sich die Leiche befindet, von einem Landgerichtsarzt, von einem Facharzt für Rechtsmedizin oder von einem durch die Polizei besonders verpflichteten Arzt vorgenommen wird, oder wenn sie bereits durchgeführt worden ist, wiederholt wird.

Abschnitt II. Vorbereitung der Bestattung

§ 6 Hygienisches Verhalten der Bestatter
Ein Bestatter muss bei der Vorbereitung von Leichen zur Bestattung flüssigkeitsdichte Schutzkleidung einschließlich Handschuhe tragen. Nach Beendigung der Tätigkeit sind die Hände und Unterarme, die verwendeten Geräte und die Schutzkleidung gründlich zu reinigen und im Fall des § 7 zu desinfizieren.

§ 7 Schutzmaßnahmen
(1) Litt der Verstorbene bei seinem Tod an einer übertragbaren Krankheit, bei der die konkrete Gefahr besteht, dass gefährliche Erreger beim Umgang mit der Leiche übertragen werden, oder besteht der Verdacht einer solchen Krankheit, so gilt unbeschadet der nach anderen Vorschriften zur Verhütung und Bekämpfung von Infektionskrankheiten angeordneten Schutzmaßnahmen für diejenigen, die eine Bestattung vorbereiten, folgendes:
1. Die Leiche darf nicht behandelt, insbesondere nicht gewaschen, rasiert, frisiert oder umgekleidet werden, soweit bei Vornahme der Behandlung die konkrete Gefahr der Übertragung besteht;
2. die Leiche ist unverzüglich in ein mit einem geeigneten Desinfektionsmittel getränktes Tuch oder auf andere ebenso geeignete Weise einzuhüllen, soweit dadurch die Gefahr einer Weiterverbreitung der Krankheit verhindert wird, und einzusargen;
3. der Sarg darf nicht geöffnet werden und am Sarg ist ein entsprechender deutlich erkennbarer Hinweis anzubringen.

Die Gemeinde kann nach Anhörung des Gesundheitsamts Ausnahmen von Satz 1 zulassen.
(2) Absatz 1 Satz 1 Nr. 3 ist auch anzuwenden, wenn eine Leiche mit einer Bescheinigung nach § 9 Abs. 2 Satz 2 überführt wird.

Abschnitt III. Überführung von Leichen

§ 8 Zulässigkeit der Leichenüberführung

Die Überführung einer Leiche ist nur zulässig, wenn
1. die Voraussetzungen für die Bestattung vorliegen (§§ 16 Abs. 1 und 17 Abs. 1 Satz l),
2. keine gesundheitlichen Gefahren zu befürchten sind und
3. Gründe der Strafrechtspflege nicht entgegenstehen.

§ 9 Mitzuführende Unterlagen

(1) Bei der Überführung zum Zweck der Bestattung sind mitzuführen:
1. die für die Erdbestattung nach § 16 Abs. 1 oder für die Feuerbestattung nach § 17 Abs. 1 vorgeschriebenen Unterlagen, wobei an die Stelle der Durchschrift der Todesbescheinigung die Sterbeurkunde oder eine Bescheinigung des für den Sterbeort zuständigen Standesbeamten über die Eintragung des Sterbefalls treten kann, oder
2. die Genehmigung nach § 39 Satz 1 des Personenstandsgesetzes,
3. bei Verdacht eines nicht natürlichen Todes die Bestattungsgenehmigung nach § 159 Abs. 2 der Strafprozessordnung und
4. bei Überführung zum Zweck der Feuerbestattung außerdem eine Bestätigung der zuständigen Polizeidienststelle, dass ihr keine Anhaltspunkte für einen nicht natürlichen Tod bekannt sind.

(2) Statt der Unterlagen des Absatzes 1 sind mitzuführen:
1. ein Leichenpass nach dem vom Staatsministerium für Gesundheit, Ernährung und Verbraucherschutz im Allgemeinen Ministerialblatt bekannt gemachten Muster, wenn das Land, in das die Leiche überführt werden soll, oder ein auf der Fahrt berührtes Land einen Leichenpass verlangt,
2. bei Leichen, die aus einem Gebiet außerhalb der Bundesrepublik Deutschland überführt werden, ein dem Leichenpass nach Muster vergleichbares Dokument des Landes, aus dem die Überführung erfolgt, oder, falls ein solches nicht vorliegt, des Landes, von dem aus die Grenze der Bundesrepublik Deutschland überschritten wird.

Liegt weder ein Leichenpass noch ein ihm vergleichbares Dokument vor, so ist eine von der Gemeinde, in deren Zuständigkeitsbereich die Überführung in Bayern beginnt, ausgestellte Bescheinigung über die Zulässigkeit der Weiterbeförderung zum Bestattungsplatz mitzuführen.

(3) Bei der Überführung aus einem anderen Land der Bundesrepublik Deutschland werden die dort für eine Überführung vorgesehenen Unterlagen als mitzuführende Unterlagen im Sinn der Absätze 1 und 2 anerkannt.

(4) Bei der Überführung in Einrichtungen zur inneren Leichenschau, in denen die Todesursache aus anderen als strafprozessualen Gründen festgestellt werden soll, genügt das Mitführen der Todesbescheinigung.

§ 10 Leichenpass

(1) Der Leichenpass (§ 9 Abs. 2 Satz 1 Nr. 1) wird von der Gemeinde ausgestellt, in deren Gebiet die Beförderung beginnt. Er darf nur ausgestellt werden, wenn die Überführung nach § 8 zulässig ist und die Beförderungsunterlagen (§ 9 Abs. l) vorgelegt worden sind.

(2) Macht ein Land, mit dem keine Vereinbarung über die Leichenüberführung besteht, die Überführung in oder durch sein Hoheitsgebiet von weiteren Angaben in dem Leichenpass abhängig, so müssen diese unter Beachtung der Fußnoten des vom Staatsministerium für Gesundheit, Ernährung und Verbraucherschutz im Allgemeinen Ministerialblatt bekannt gemachten Musters (§ 9 Abs. 2 Satz 1 Nr. 1) aufgenommen werden.

§ 11 Pflichten der für die Leichenüberführung Verantwortlichen

Die für die Leichenüberführung Verantwortlichen haben dafür zu sorgen, dass
1. die Überführung nur durch zuverlässige Personen erfolgt,

2. die vorgeschriebenen Unterlagen mitgeführt werden und
3. die Überführung ohne vermeidbare Aufenthalte und ohne vermeidbare Verlagerung des Sarges aus dem Transportfahrzeug durchgeführt wird.

§ 12 Sargbeschaffenheit

Die Leiche darf nur in einem fest verschlossenen, widerstandsfähigen und gut abgedichteten Holzsarg befördert werden, dessen Boden mit einer ausreichend hohen Schicht aufsaugender Stoffe bedeckt ist. Es können Särge aus einem anderen Material verwendet werden, wenn der Hersteller durch Sachverständigengutachten nachweist, dass der Sarg den Anforderungen des Satzes 1 an eine Überführung und den Anforderungen des § 30 an eine Bestattung entspricht.

§ 13 Leichenwagen

(1) Leichen dürfen im Straßenverkehr nur mit Fahrzeugen befördert werden, deren Aufbauten zur Leichenbeförderung eingerichtet sind und ausschließlich für diesen Zweck verwendet werden. Die Gemeinde kann für den Einzelfall Ausnahmen zulassen, wenn eine würdige Beförderung gesichert ist und gesundheitliche Gefahren nicht zu befürchten sind.

(2) Die Aufbauten müssen folgenden Anforderungen entsprechen:
1. sie müssen eine würdige Beförderung gewährleisten,
2. sie müssen umschlossen und vom Fahrerraum getrennt sein,
3. ihr Boden muss gegen das Durchdringen von Flüssigkeiten abgedichtet sein,
4. sie müssen einschließlich des Fahrerraums leicht wasch- und desinfizierbar sein; sofern der Fahrerraum vom Transportraum durch eine geschlossene Wand getrennt ist, kann das Erfordernis der Wasch- und Desinfizierbarkeit des Fahrerraums entfallen,
5. der Sarg muss so befestigt werden können, dass er sich während der Fahrt nicht verschieben kann.

(3) Bei Auslaufen von Flüssigkeit aus dem Sarg sind die Aufbauten und der Fahrerraum gründlich zu reinigen und im Fall des Abs. 1 auch zu desinfizieren. Sofern der Fahrerraum vom Transportraum durch eine geschlossene Wand getrennt ist, ist eine Reinigung und Desinfektion des Fahrerraums nicht erforderlich.

§ 14 Sondervorschriften

(l) Die Vorschriften dieses Abschnitts gelten nicht für die Überführung im Rahmen strafprozessualer Ermittlungen.

(2) Für die Überführung von Leichen zum Bestattungsplatz am Sterbeort finden von den Vorschriften dieses Abschnitts lediglich § 8 Nr. 3, § 11 Nrn. 1 und 3 und § 13 Abs. 3 Anwendung. Satz 1 findet entsprechende Anwendung, wenn Sterbeort und Bestattungsplatz innerhalb einer Verwaltungsgemeinschaft gelegen sind. Fahrzeuge, die der Beförderung von Personen, Tieren oder Lebensmitteln dienen, dürfen nicht benutzt werden. Ausnahmen von Satz 3 sind mit Genehmigung der Gemeinde oder im Fall des Satzes 2 der Verwaltungsgemeinschaft zulässig, wenn eine würdige Leichenüberführung gewährleistet ist und gesundheitliche Gefahren nicht zu befürchten sind.

(3) Für die Überführung von Leichen tödlich Verunglückter (Bergungstransporte) kann die Gemeinde, in deren Bereich die Beförderung beginnt, Ausnahmen von den Vorschriften dieses Abschnitts zulassen.

(4) Unberührt bleiben
1. internationale Verträge über den Leichentransport,
2. zwischenstaatliche Vereinbarungen,
3. das Beförderungsrecht der Deutschen Bahn AG,
4. Sonderregelungen für den Rettungsdienst, den Verteidigungs- und Katastrophenfall.

Abschnitt IV. Bestattung und Ausgrabung

§ 15 Bestattungspflichtige

Für die Bestattung und die ihr vorausgehenden notwendigen Verrichtungen haben die in § 1 Abs. 1 Satz 2 Nr. 1 genannten Angehörigen zu sorgen. Bestimmt die Gemeinde nach Art. 14 Abs. 1 Satz 2 BestG die nach Satz 1 verpflichteten Angehörigen, so soll sie dabei den Grad der Verwandtschaft oder Schwägerschaft berücksichtigen.

§ 16 Voraussetzungen für die Erdbestattung

(1) Eine Leiche darf erst dann zur Erde bestattet werden, wenn
1. der Arzt die Todesbescheinigung ausgestellt hat und
2. der Standesbeamte auf der Todesbescheinigung und deren Durchschrift die Beurkundung des Sterbefalls vermerkt hat oder wenn statt dessen die Genehmigung nach § 39 des Personenstandsgesetzes vorliegt, dass der Verstorbene schon vor der Beurkundung bestattet werden darf.

(2) Ist eine Leiche von auswärts an den Bestattungsort überführt worden, so darf sie ohne die Nachweise nach Absatz 1 bestattet werden, wenn ein Leichenpass oder eine Bescheinigung eines anderen Landes der Bundesrepublik Deutschland, aus der sich die Zulässigkeit der Bestattung ergibt, vorgewiesen wird. Liegen die Unterlagen nach Satz 1 nicht vor, so darf die Leiche nur mit Erlaubnis der Gemeinde des Bestattungsorts bestattet werden.

(3) Sind Anhaltspunkte für einen nicht natürlichen Tod vorhanden, ist die Todesart ungeklärt (§ 3 Abs. 3) oder wird die Leiche eines Unbekannten aufgefunden, so ist zur Bestattung außerdem die schriftliche Genehmigung der Staatsanwaltschaft oder des Richters beim Amtsgericht erforderlich.

§ 17 Voraussetzung für die Feuerbestattung

(1) Der Träger einer Feuerbestattungsanlage darf eine Feuerbestattung nur durchführen, wenn
1. die Voraussetzungen des § 16 Abs. 1 und 2 gegeben sind,
2. die für den Sterbeort zuständige Polizeidienststelle bestätigt, dass ihr keine Anhaltspunkte für einen nicht natürlichen Tod bekannt sind und
3. die Feuerbestattung
   a) dem Willen des Verstorbenen oder,
   b) dem Willen der Personensorgeberechtigten, soweit der Verstorbene zum Zeitpunkt seines Todes noch nicht 16 Jahre alt oder geschaftsunfähig war oder,
   c) dem Willen des Betreuers, soweit die Sorge für die Person des Verstorbenen zu dessen Lebzeiten zu seinem Aufgabenkreis gehört hat,

entspricht. Nummer 2 gilt nicht in den Fällen des Absatzes 5.

(2) Der Nachweis, dass die Feuerbestattung dem Willen des Verstorbenen entspricht, kann erbracht werden durch
1. eine vom Verstorbenen getroffene Verfügung von Todes wegen,
2. eine vom Verstorbenen zur Niederschrift vor einem Notar abgegebene mündliche Erklärung oder
3. eine schriftliche Erklärung des Verstorbenen.

(3) Ist der Wille des Verstorbenen, der Personensorgeberechtigten oder des Betreuers nicht nachweisbar, so kommt es auf den Willen der in § 1 Abs. 1 Satz 2 Nr. 1 genannten Angehörigen des Verstorbenen an. Das Recht nach Satz 1, die Art der Bestattung zu bestimmen, besteht nur, wenn in der Reihenfolge vorher genannte Angehörige nicht vorhanden oder verhindert sind oder sich nicht um die Bestattung kümmern. Bestehen unter mehreren gleichrangigen Angehörigen Meinungsverschiedenheiten über die Art der Bestattung, so ist bis zu einer gegenteiligen rechtskräftigen gerichtlichen Entscheidung nur die Erdbestattung zulässig. Ist in den in Satz 1 genannten Fällen auch der Wille der Angehörigen nicht nachweisbar, so bestimmt die Gemeinde die Art der Bestattung, soweit sie nach Art. 14 Abs. 2 Satz 1 BestG für die Bestattung zu sorgen hat.

(4) In Fällen, in denen Zweifel über die Todesart bestehen, darf die Bestätigung nach Absatz 1 Nr. 2 erst nach weiteren Ermittlungen erteilt werden. Lässt sich die Todesart auch dadurch nicht klären, so wird die Bestätigung unter der Bedingung erteilt, dass ein Arzt des für den Einäscherungsort zuständigen Gesundheitsamts auf Grund einer inneren Leichenschau bescheinigt, dass keine Anhaltspunkte für einen nicht natürlichen Tod bestehen. § 4 Abs. 1 Satz 2 gilt entsprechend.

(5) Leichen, die aus dem Ausland zur Feuerbestattung gebracht werden, dürfen nur eingeäschert werden, wenn der nach den Bestimmungen des Internationalen Abkommens über Leichenbeförderung vom 10. Februar 1937 (RGBl. 1938 II S. 199) ausgestellte Leichenpass oder sonstige amtliche Beförderungsunterlagen für den Nachweis eines natürlichen Todes ausreichen. Reichen diese Beförderungsunterlagen dafür nicht aus und lassen sich Zweifel über die Todesart nicht auf andere Weise klären, so darf die Leiche nur eingeäschert werden, wenn ein Arzt des für den Einäscherungsort zuständigen Gesundheitsamts auf Grund einer inneren Leichenschau bescheinigt, dass keine Anhaltspunkte für einen nicht natürlichen Tod bestehen. Im Übrigen gilt Absatz 4 Satz 3 entsprechend.

(6) Sind Anhaltspunkte für einen nicht natürlichen Tod vorhanden, ist die Todesart ungeklärt (§ 3 Abs. 3) oder wird die Leiche eines Unbekannten aufgefunden, so darf die Leiche erst eingeäschert werden, wenn die Staatsanwaltschaft oder der Richter beim Amtsgericht die Feuerbestattung genehmigt. Die Genehmigung ersetzt die Bestätigung nach Absatz 1 Satz 1 Nr. 2 und die Bescheinigung des Gesundheitsamts nach den Absätzen 4 und 5.

§ 18 Frühester Bestattungszeitpunkt

(1) Die Bestattung ist frühestens 48 Stunden nach Eintritt des Todes zulässig.

(2) Die Gemeinde kann auf Antrag eine frühere Bestattung zulassen, wenn
1. ein berechtigtes Interesse des Antragstellers oder seiner Angehörigen daran besteht oder
2. der Einhaltung der Frist nach Absatz 1 wegen besonderer örtlicher Verhältnisse erhebliche Hindernisse entgegenstehen oder
3. gesundheitliche Gefahren zu befürchten sind.

(3) Unter den Voraussetzungen des Absatzes 2 Nrn. 2 und 3 kann die Gemeinde auch eine frühere Bestattung anordnen.

§ 19 Bestattungs- und Beförderungsfrist

(1) Eine Leiche muss spätestens 96 Stunden nach Feststellung des Todes bestattet sein oder, wenn sie nach den Bestimmungen dieser Verordnung überführt werden soll, auf den Weg gebracht werden. Trifft eine Leiche nach Ablauf dieser Frist am Bestattungsort ein, so ist sie dort unverzüglich zu bestatten. Sonntage, gesetzliche Feiertage und Samstage bleiben bei der Berechnung der Bestattungsfrist unberücksichtigt. Können die zur Bestattung oder Beförderung erforderlichen Unterlagen nicht rechtzeitig beschafft werden, so ist die Bestattung oder Beförderung unverzüglich vorzunehmen, sobald die Unterlagen vorliegen.

(2) Die Gemeinde kann Ausnahmen von Absatz 1 zulassen, wenn gesundheitliche Gefahren nicht zu befürchten sind. Sie kann anordnen, dass eine Leiche früher zu bestatten oder auf den Weg zu bringen ist, wenn gesundheitliche Gefahren zu befürchten sind.

(3) Die Absätze 1 und 2 gelten nicht, wenn Leichen
1. zu medizinischen oder wissenschaftlichen Zwecken in ein Krankenhaus oder in eine wissenschaftliche Einrichtung gebracht werden oder
2. im Rahmen strafprozessualer Ermittlungen untersucht werden.

Die Leichen sind zu bestatten, sobald sie nicht mehr diesen Zwecken dienen.

§ 20 Bestattungsunterlagen

Die für die Bestattung auf Friedhöfen und in Feuerbestattungsanlagen Verantwortlichen und die zur Genehmigung von Beisetzungen außerhalb von Friedhöfen zuständigen Behörden oder die Inhaber von Bestattungsplätzen im Sinn des Art. 12 Abs. 5 Satz l BestG dürfen Bestattungen nur zulassen, wenn ihnen für eine Erdbestattung die nach § 16 und für eine Feuerbestattung die nach § 17 vorgeschriebenen Unterlagen vorgelegt worden sind. In den Fällen von § 18 Abs. 2 und § 19 Abs. 2 Satz 1 ist außerdem die Erlaubnis der Gemeinde, in den Fällen von § 18 Abs. 3 und § 19 Abs. 2 Satz 2 die Anordnung der Gemeinde vorzulegen.

§ 21 Ausgrabung

(1) Eine Leiche darf zum Zweck der Umbettung und der nachträglichen Einäscherung oder Überführung nur mit Genehmigung der Gemeinde ausgegraben werden. Diese hat die zum Schutz der Gesundheit notwendigen Maßnahmen anzuordnen.

(2) Bei der Ausgrabung von Leichen oder Leichenteilen sind Vorkehrungen zu treffen, die sicherstellen, dass die Würde des Verstorbenen nicht verletzt wird; dies gilt auch nach Ablauf der Ruhefrist.

Abschnitt V. Feuerbestattungsanlagen

§ 22 Genehmigung des Betriebs von Feuerbestattungsanlagen und Aufsicht

(1) Der Betrieb oder die wesentliche Änderung des Betriebs einer Feuerbestattungsanlage ist nur mit Genehmigung der für den Betriebsort zuständigen unteren Bauaufsichtsbehörde zulässig. Bei Feuerbestattungsanlagen in privater Trägerschaft hat die Gemeinde die Einhaltung von § 17 durch regelmäßige Kontrollen zu überwachen.

(2) Der Genehmigungsantrag ist schriftlich einzureichen. Die Genehmigungsbehörde kann die Vorlage der erforderlichen Unterlagen, insbesondere

1. einer Bau- und Funktionsbeschreibung der Einäscherungsanlage,
2. der Betriebsordnung (§ 25 Abs. 2) und
3. von Unterlagen, aus denen ersichtlich ist, dass die Anforderungen der 27. Verordnung zur Durchführung des Bundes-Immissionsschutzgesetzes (27. BImSchV) erfüllt werden, verlangen.

(3) Der Betreiber einer Feuerbestattungsanlage hat die nach § 17 vorgeschriebenen Unterlagen mindestens für zehn Jahre aufzubewahren. § 29 Abs. 3 Satz 3 gilt entsprechend.

(4) § 32 Abs. 2 und Art. 69 BayBO gelten entsprechend.

§ 23 Beschaffenheit

(1) Unbeschadet weitergehender Vorschriften des öffentlichen Rechts sind Feuerbestattungsanlagen so einzurichten, zu betreiben und zu unterhalten, dass Gefahren, erhebliche Nachteile oder erhebliche Belästigungen für die Allgemeinheit oder die Bewohner, Eigentümer oder Besitzer benachbarter Grundstücke nicht entstehen.

(2) Einäscherungskammern sind so einzurichten, zu betreiben und zu unterhalten, dass die Asche rein, vollständig und unvermischt gewonnen werden kann.

§ 24 Leichenräume

Für Feuerbestattungsanlagen müssen ausreichende und geeignete Leichenräume vorhanden sein.

§ 25 Betriebsleiter, Betriebsordnung

(1) Der Träger der Feuerbestattungsanlage hat einen für den Betrieb verantwortlichen Leiter zu bestellen.

(2) Der Träger der Feuerbestattungsanlage hat den Betrieb durch eine Betriebsordnung zu regeln, die Bestimmungen enthält über

1. die mit dem Betrieb der Anlage zusammenhängenden Aufgaben und ihre Verteilung,
2. das Verfahren bei der Einlieferung der Leichen,
3. die Verwahrung der Leichen,
4. das Verfahren bei der Einäscherung, insbesondere die Feststellung der Identität der Leichen,
5. die Behandlung der Asche und
6. die Kennzeichnung, Aufbewahrung, Herausgabe und den Versand der Urnen.

§ 26 Einäscherung
Die Leichen sind in den Särgen oder Einsatzsärgen einzuäschern, in denen sie zur Feuerbestattungsanlage gelangen. An dem Sarg ist, ehe er in den Verbrennungsofen eingebracht wird, eine durch die Ofenhitze nicht zerstörbare Marke anzubringen, auf welcher die Nummer der Eintragung der Einäscherung in das Bestattungsverzeichnis (§ 29) und der Name der Feuerbestattungsanlage deutlich sichtbar sind.

§ 27 Aufnahme der Asche in Urnen
Die Asche einer jeden Leiche ist mit der Nummernmarke (§ 26 Satz 2) in einer festen Urne zu verschließen; soll die Urne über der Erde beigesetzt werden, so muss sie dauerhaft und wasserdicht sein. Auf dem Deckel der Urne sind folgende Angaben haltbar und deutlich anzubringen:
1. die Nummer der Eintragung der Einäscherung in das Bestattungsverzeichnis,
2. Zu- und Vornamen des Verstorbenen,
3. Ort, Tag und Jahr seiner Geburt, seines Todes und der Einäscherung.

§ 28 Herausgabe und Versendung der Asche
(1) Asche darf nur herausgegeben oder versandt werden an
1. Träger von Friedhöfen,
2. Bestattungspflichtige, wenn ihnen die Beisetzung der Asche außerhalb eines Friedhofs genehmigt wurde, oder wenn sie hierzu keiner Genehmigung bedürfen (Art. 12 Abs. 5 BestG) und an deren Beauftragte. Asche darf nur versandt werden, wenn der Empfänger vorher zugestimmt hat.

(2) Bestattungspflichtige, die zur Beisetzung der Asche außerhalb eines Friedhofs keiner Genehmigung bedürfen, müssen das durch eine Bestätigung der zuständigen Behörde nachweisen. Die Behörde ist verpflichtet, diese Erklärung abzugeben, wenn die Voraussetzungen des Art. 12 Abs. 5 BestG gegeben sind.

Abschnitt VI. Bestattungsverzeichnisse und Bestattungszubehör

§ 29 Bestattungsverzeichnisse
(1) Die Träger von Friedhöfen, Feuerbestattungsanlagen und die zur Genehmigung von Beisetzungen außerhalb von Friedhöfen zuständigen Behörden sind verpflichtet, Bestattungsverzeichnisse zu führen. Diese Verzeichnisse müssen enthalten:
1. Zu- und Vornamen des Verstorbenen;
2. Ort, Tag und Jahr seiner Geburt und seines Todes;
3. a) den Tag der Beisetzung, die Bezeichnung der Grabstätte oder des Bestattungsplatzes und die Ruhezeit oder
   b) den Tag und die Nummer der Einäscherung, den Tag der Herausgabe oder Versendung der Asche und Namen und Anschrift ihres Empfängers;
4. für den Fall, dass Leichen oder Aschen vor Ablauf der Ruhezeit aus einer Grabstätte entfernt werden, den Tag der Entfernung und den neuen Bestattungsort.

Litt der Verstorbene bei seinem Tod an einer übertragbaren Krankheit im Sinn des § 7 Abs. 1, so ist das bei Erdbestattungen zu vermerken.

(2) Eine nach Art. 12 Abs. 5 BestG genehmigungsfreie Beisetzung ist der zur Genehmigung von Beisetzungen außerhalb von Friedhöfen zuständigen Behörde zur Eintragung in das Bestattungsverzeichnis anzuzeigen.

(3) Die Bestattungsverzeichnisse sind mindestens bis zum Ablauf der Ruhefrist aufzubewahren. Die Träger von Feuerbestattungsanlagen haben die Verzeichnisse über die Einäscherungen mindestens zehn Jahre aufzubewahren. Wird der Betrieb einer nicht von einer Gemeinde betriebenen Feuerbestattungsanlage eingestellt, hat der Träger der Anlage die Verzeichnisse der Gemeinde, die sie bis zum Ablauf der Frist aufbewahrt, zu übergeben.

§ 30 Särge, Sargausstattungen, Bekleidung von Leichen

(1) Für Erdbestattungen und für Einäscherungen sind Särge aus Vollholz zu verwenden. Für Erdbestattungen ist die Verwendung anderer Materialien zulässig, wenn die Särge so beschaffen sind, dass

1. bis zur Bestattung Flüssigkeit nicht austreten kann,
2. die physikalische, chemische oder biologische Beschaffenheit des Bodens oder des Grundwassers nicht nachteilig verändert wird,
3. die Verwesung der Leiche innerhalb der Ruhezeit ermöglicht wird,
4. keine Zersetzungsstoffe austreten können, wenn die Särge zur Bestattung in Grüften dienen,
5. bei der Verbrennung nach dem Stand der Technik die geringstmöglichen Emissionen entstehen.

Für Einäscherungen ist die Verwendung anderer Materialien als Vollholz zulässig, wenn die Särge den Anforderungen des Satzes 2 Nrn. 1 und 5 entsprechen.

(2) Überurnen zur Beisetzung von Urnen müssen so beschaffen sein, dass die physikalische, chemische oder biologische Beschaffenheit des Bodens oder des Grundwassers nicht nachteilig verändert wird.

(3) Särge und Überurnen dürfen zur Bestattung oder Einäscherung nur angenommen werden, wenn der Hersteller durch Sachverständigengutachten nachweist, dass sie den vorstehenden Anforderungen entsprechen.

(4) Für Sargausstattungen und zur Bekleidung der Leichen ist leicht vergängliches Material zu verwenden. Absatz 1 Satz 2 Nrn. 2, 3, 5 und Absatz 3 gelten entsprechend.

Abschnitt VII. Verfahren, Schlussvorschriften

§ 31 Zuständigkeit

Zuständige Behörde im Sinn des Bestattungsgesetzes und dieser Verordnung ist, wenn nichts anderes bestimmt ist, die Kreisverwaltungsbehörde.

§ 32 Genehmigung der Anlage von Friedhöfen

(1) Mit dem Antrag auf Genehmigung der Anlage oder wesentlichen Änderung eines Friedhofs sind alle für die Beurteilung des Vorhabens erforderlichen Unterlagen einzureichen, insbesondere

1. ein Übersichtslageplan;
2. ein Lageplan auf der Grundlage der amtlichen Flurkarte; dieser Plan muss enthalten
   a) die auf dem Friedhofsgrundstück und auf den benachbarten Grundstücken bestehenden baulichen Anlagen, ferner auch Hochspannungsleitungen und unterirdische Leitungen für das Fernmeldewesen, für die Versorgung mit Elektrizität, Gas, Wärme und Wasser und die Kanalisationsanlagen;
   b) die oberirdischen Gewässer, Wasserentnahmestellen, die Überschwemmungs-, Wasserschutz- und Heilquellenschutzgebiete bis zu einer Entfernung von mindestens 200 m um die geplante Friedhofsanlage; die jeweils höchsten und mittleren Wasserstände sind anzugeben;
3. ein Gestaltungsplan mit
   a) den bestehenden und geplanten Zufahrtswegen,
   b) der Aufteilung der gesamten Friedhofsfläche nach der Art ihrer Verwendung;
4. Angaben über das Niveau der Erdoberfläche, das Bodenprofil bis 1 m unter die Grabessohle, den bei Schürfungen angetroffenen und den zu erwartenden höchsten Grundwasserstand im Bereich der zur Erdbestattung vorgesehenen Flächen;
5. die nach der Bauvorlagenverordnung vom 8. Dezember 1997 (GVBl. S. 822, ber. 1998 S. 271, BayRS 2132-1-2-I), geändert durch Verordnung vom 28. Dezember 1999 (GVBl. S. 589), zusätzlich erforderlichen Unterlagen.

Die zuständige Behörde soll auf Unterlagen verzichten, soweit sie für die Beurteilung der Genehmigungsfähigkeit des Vorhabens nicht erforderlich sind.
(2) Der Antrag auf Genehmigung ist schriftlich einzureichen. Die zuständige Behörde macht das Vorhaben in dem für amtliche Bekanntmachungen bestimmten Blatt mit der Aufforderung, etwaige Einwendungen vorzubringen, bekannt und legt die Unterlagen drei Wochen öffentlich aus. Die Auslegungsfrist beginnt am Tag nach der Bekanntmachung. Die Gemeinde, in der der Friedhof errichtet oder geändert werden soll, soll auf die Bekanntmachung in ortsüblicher Weise hinweisen.

§ 33 Genehmigung von Beisetzungen außerhalb von Friedhöfen

Der Antrag auf Genehmigung einer Beisetzung außerhalb von Friedhöfen (Art. 12 Abs. 1 BestG) ist bei der Behörde, in deren Bereich der Bestattungsplatz liegt, schriftlich einzureichen. Die Behörde kann Unterlagen, insbesondere über die Lage und die Beschaffenheit des Bestattungsplatzes, verlangen. Sie soll die Gemeinde, in deren Gebiet die Beisetzung vorgesehen ist und die Eigentümer der an den Bestattungsplatz angrenzenden Grundstücke hören. Die Genehmigung ist auch der Gemeinde des Beisetzungsorts bekannt zu geben.

§ 34 Ordnungswidrigkeiten

Nach Art. 18 Abs. 1 Nr. 13 BestG kann mit Geldbuße belegt werden, wer

1. entgegen § 2 Abs. 1 vor der Leichenschau eine Leiche einsargt oder in Räume bringt, die zur Aufbewahrung von Leichen bestimmt sind,
2. entgegen § 3 Abs. 1 eine Leichenschau nicht oder nicht in der vorgeschriebenen Weise vornimmt,
3. entgegen § 3 Abs. 2 Satz 2 eine Todesbescheinigung ausstellt,
4. entgegen § 3 Abs. 2 Satz 1, Abs. 4 Satz 1,2, Abs. 6 Satz 1 in Verbindung mit Abs. 7 eine Todesbescheinigung, eine vorläufige Todesbescheinigung oder einen Obduktionsschein nicht in der vorgeschriebenen Weise ausstellt,
5. der Vorschrift des § 3 Abs. 5 oder 6 Satz 2 über die Aushändigung, Zuleitung oder Übergabe der Todesbescheinigung, der vorläufigen Todesbescheinigung oder des Obduktionsscheins zuwiderhandelt,
6. entgegen § 4 Abs. 1 Satz 1 Veränderungen an einer Leiche vornimmt,
7. entgegen § 4 Abs. 1 Satz 2 oder 3 als zugezogener Arzt die Polizei nicht sogleich verständigt oder ihr die Todesbescheinigung nebst Durchschrift oder die vorläufige Todesbescheinigung nicht zuleitet,
8. entgegen § 6 Satz 2 und § 13 Abs. 3 Satz 1 nicht die erforderliche Desinfektion vornimmt,
9. entgegen § 7 Abs. 1 Satz 1 Nr. 1 eine Leiche behandelt,
10. entgegen § 7 Abs. 1 Satz 1 Nr. 2 die Leiche nicht unverzüglich auf die vorgeschriebene Weise einhüllt und einsargt,
11. entgegen § 7 Abs. 1 Satz 1 Nr. 3 oder Abs. 2 den Sarg öffnet oder den erforderlichen Hinweis nicht anbringt,
12. entgegen § 8 eine Leiche überführt,
13. entgegen § 9 Abs. 1 oder 2, auch in Verbindung mit Abs. 3 oder entgegen Abs. 4 Unterlagen nicht mitführt,
14. entgegen § 13 Abs. 1 Satz 1 keinen Leichenwagen verwendet, der den Anforderungen des § 13 Abs. 2 entspricht,
15. entgegen § 14 Abs. 2 Satz 3 Fahrzeuge benutzt,
16. entgegen § 17 Abs. 1, Abs. 3 Satz 3, Abs. 5 Satz 1 oder 2 oder Abs. 6 Satz 1 eine Feuerbestattung durchführt,
17. entgegen § 21 Abs. 1 Satz 1 eine Leiche ausgräbt,
18. entgegen § 22 Abs. 1 Satz 1 eine Feuerbestattungsanlage betreibt,

19. entgegen § 22 Abs. 3 oder § 29 Abs. 3 Unterlagen oder Bestattungsverzeichnisse nicht aufbewahrt oder im Fall der Betriebseinstellung einer Feuerbestattungsanlage nicht der Gemeinde übergibt.

§ 35 Verweisungen

Die in dieser Verordnung enthaltenen Verweisungen betreffen die genannten Vorschriften in der jeweils geltenden Fassung.

§ 36 In-Kraft-Treten, Außer-Kraft-Treten

(1) Diese Verordnung tritt am 1. Juni 2001 in Kraft.

(2) Mit Ablauf des 31. Mai 2001 treten die Verordnung zur Durchführung des Bestattungsgesetzes vom 9. Dezember 1970 (BayRS 2127-1-1-A), geändert durch Verordnung vom 6. November 1993 (GVBl. S. 851) und die Zweite Verordnung zur Durchführung des Bestattungsgesetzes vom 21. Juli 1975 (BayRS 2127-1-2-A) außer Kraft.

2c. Aufgaben der Gemeinden beim Vollzug des Bestattungsgesetzes

Bekanntmachung des Bayer. Staatsministeriums des Innern vom 17.9.1987 (MBl. S. 687) geändert durch Bekanntmachung vom 16.2.1995 (AllMBl. S. 195).

Nach Art. 149 Abs. 1 Satz 1 der Verfassung haben die Gemeinden dafür zu sorgen, dass jeder Verstorbene schicklich beerdigt werden kann. Gemäß Art. 83 Abs. 1 der Verfassung gehört die Totenbestattung zum eigenen Wirkungskreis der Gemeinden.
Den Gemeinden obliegen dabei folgende Aufgaben:
-Herstellung und Unterhaltung der erforderlichen Bestattungseinrichtungen (Art. 7 BestG)
-Erlass gemeindlicher Rechtsvorschriften (Art. 23, 24, GO, Art. 17 BestG)
-Überwachung des Bestattungswesens (Art. 14 BestG).

1. Bestattungseinrichtungen

1. 1 Begriff

Bestattungseinrichtungen im Sinn von Art. 7 BestG sind nicht nur Grundstücke und Gebäude wie z.B. Friedhöfe, Leichenräume (Leichenhäuser) und Feuerbestattungsanlagen, sondern alle Einrichtungen, die unmittelbar der Bestattung und deren Vorbereitung dienen sollen. Die Einrichtungen umfassen auch das geeignete Personal, um die Verstorbenen waschen, ankleiden, einsargen, befördern, bestatten und umbetten zu können.

1. 2 Bedürfnis für gemeindliche Bestattungseinrichtungen

Zu den Aufgaben der Gemeinden nach Art. 7 BestG gehört nicht nur das Herstellen und Unterhalten von Bestattungseinrichtungen, sondern auch deren Betrieb. Die Gemeinden müssen jedoch Bestattungseinrichtungen nur herstellen, unterhalten und betreiben, soweit dafür ein öffentliches Bedürfnis besteht. Das ist in dem Umfang nicht der Fall, in dem Dritte Bestattungseinrichtungen bereithalten. Das Ausmaß der gemeindlichen Pflicht ist daher für jede einzelne Gemeinde besonders festzustellen. Im Gegensatz zur Pflicht ist das Recht der Gemeinden, Bestattungseinrichtungen zu betreiben, von der Tätigkeit Dritter nicht abhängig. Dieses Recht folgt aus dem Verfassungsauftrag der Art. 149, 83. Von einer Gemeinde kann daher nicht verlangt werden, dass sie die Tätigkeit ihrer Bestattungseinrichtungen einschränkt oder einstellt, wenn kirchliche Friedhofsträger oder private Unternehmer tätig sind oder tätig werden wollen.

1. 3 Bestattungshoheitsverwaltung und Bestattungswirtschaftsbetriebe

1. 3. 1 Die Herstellung und Unterhaltung von Bestattungseinrichtungen im Sinn von Art. 7 BestG ist eine Aufgabe, die ihrem Wesen nach zwingend hoheitlicher Natur ist (Bestattungshoheitsverwaltung). Dazu gehören der Betrieb von Friedhöfen, Leichenräumen und Feuerbestattungsanlagen, aber auch Dienstleistungen, für die gemäß Art. 24 Abs. 1 Nr. 2 GO ein Benutzungszwang angeordnet werden kann (z.B. Aufbahrung von Leichen, Bestattung). An der hoheitlichen Natur der Aufgabe ändert sich nichts, wenn die Gemeinde sie in privatrechtlicher Form erfüllt (s. Nr. 2. 1. 2).

1. 3. 2 Neben ihrer hoheitlichen Tätigkeit können die Gemeinden Leistungen anbieten, die auch von privatwirtschaftlich tätigen Bestattungsunternehmen erbracht werden (Bestattungswirtschaftsbetrieb). Für die wirtschaftliche Betätigung der Gemeinden gilt der 4. Abschnitt der Gemeindeordnung. Dabei ist nach der Grundsatzentscheidung des Bayerischen Verfassungsgerichtshofs vom 23. Dezember 1957 (BayVBl. 1958, S. 51) folgendes zu beachten:
Ist der Zweck des Unternehmens in erster Linie darauf gerichtet, an dem vom Wettbewerb beherrschten Wirtschaftsleben teilzunehmen und dabei Gewinne zu erzielen, sind die Vorschriften des kommunalen Wirtschaftsrechts in vollem Umfang anwendbar. Soweit dagegen ein Unternehmen der Daseinsvorsorge dient, gelten die Einschränkungen des Art. 89 Abs. 1 und 2 GO nicht.

Die Totenfürsorge ist eine den Gemeinden durch Verfassung und Gesetz zugewiesene gemeinnützige Aufgabe, die in engem Zusammenhang mit anderen öffentlichen Aufgaben, vor allem dem Schutz der Bevölkerung vor gesundheitlichen Gefahren, steht. Sie kann nicht vorwiegend am wirtschaftlichen Erfolg ausgerichtet sein, sondern ist ohne Rücksicht auf Gewinn zu erfüllen. Die Einschränkungen des Art. 89 Abs. 1 und 2 GO sind daher auf Bestattungswirtschaftsbetriebe grundsätzlich nicht anwendbar. Etwas anderes gilt aber für Tätigkeiten, die nach Art und Umfang über die Totenfürsorge hinausgehen (z.B. Einrichtung einer Friedhofsgärtnerei, Verkauf von Kränzen und Blumen, regelmäßige Durchführung von Fernüberführungen).

1. 3. 3 Bestattungswirtschaftsbetriebe unterliegen den wettbewerbsrechtlichen Vorschriften des Gesetzes gegen den unlauteren Wettbewerb (UWG) und des Gesetzes gegen Wettbewerbsbeschränkungen (GWB). Das bedeutet vor allem, dass die Gemeinden die inhaltliche Verknüpfung ihrer hoheitlichen Aufgaben mit den Aufgaben von Bestattungswirtschaftsbetrieben im Wettbewerb mit privaten Bestattungsunternehmen nicht missbräuchlich ausnutzen dürfen. Ein Missbrauch liegt u.a. vor, wenn sie aus dieser Verknüpfung wettbewerbliche Vorteile ziehen, die ihre Mitbewerber nicht erzielen können. Die Gemeinden müssen daher den Bestattungswirtschaftsbetrieb sowohl in der Bezeichnung wie auch räumlich, organisatorisch und personell so vom Hoheitsbereich trennen, dass der Bürger ohne Schwierigkeiten erkennen kann, welche Leistungen er aus öffentlich-rechtlichen Gründen nur bei der Gemeinde und welche er auch bei privaten Bestattungsunternehmen erhält. Auch sonst dürfen gemeindliche Bestattungswirtschaftsbetriebe, die über eine marktstarke Stellung oder über eine gegenüber privaten Bestattungsunternehmen überlegene Marktmacht verfügen, andere Unternehmen (z.B. Zulieferer, private Bestattungsunternehmen) nicht unmittelbar oder mittelbar unbillig behindern oder ohne sachlich gerechtfertigten Grund ungleich behandeln (z.B. durch nicht gerechtfertigte Ausgestaltung von Preisen oder Geschäftsbedingungen).

1. 4 Durchführung gemeindlicher Aufgaben durch private Unternehmer

Die Gemeinden müssen ihre mit dem Betrieb von Bestattungseinrichtungen zusammenhängenden hoheitlichen Aufgaben nicht selbst durch eigenes Personal oder eigene Bestattungseinrichtungen erfüllen, sondern können sich – soweit die Aufgabe dafür geeignet ist – auch privater Unternehmen bedienen. Sie müssen aber die Rechtsbeziehungen zu dem Unternehmer so gestalten, dass dieser nur als Gehilfe zur Erfüllung ihrer hoheitlichen Aufgaben tätig wird. Eine Übertragung der Aufgaben selbst, also eine Beleihung des Unternehmers, ist mangels gesetzlicher Grundlage nicht möglich.

1. 4. 1 Im Verhältnis zu den Benutzern der Bestattungseinrichtungen müssen die Gemeinden Partner der wegen einer Bestattung anzuknüpfenden Rechtsbeziehungen bleiben. Der Unternehmer tritt nur in Kontakt mit dem Benutzer, soweit er anstelle der Gemeinde die mit der Bestattung verbundenen Arbeiten (z.B. Grabherstellung, Schmücken der Leichenhalle, Schließen des Grabes) verrichtet und dabei anfallende Schreibarbeiten erledigt. Hoheitliche Maßnahmen wie Grabzuteilungen oder Gebührenfestsetzungen trifft die Gemeinde selbst. Gebühren, die die Gemeinde festgesetzt hat, kann ein privater Unternehmer einheben, wenn ihm die Gemeinde insoweit die Kassengeschäfte mit Genehmigung der Rechtsaufsichtsbehörde gemäß Art. 101 Abs. 1 GO übertragen hat. Dabei ist § 56 KommHV zu beachten. Hat die Gemeinde die Benutzung der Bestattungseinrichtungen privatrechtlich geregelt, kann der Unternehmer als Vertreter der Gemeinde auch das privatrechtliche Entgelt aufgrund der gemeindlichen Vorgaben bestimmen und vom Schuldner fordern.

1. 4. 2 Verträge, die die Gemeinden zur Erfüllung ihrer hoheitlichen Bestattungsaufgaben mit privaten Unternehmern schließen, setzen grundsätzlich einen Wettbewerb voraus. Die Laufzeit solcher Verträge sollte verhältnismäßig kurz (etwa auf ein bis zwei Jahre) befristet sein.

1. 4. 3 Der Vertrag muss so gestaltet sein, dass der Unternehmer aus seiner Tätigkeit im hoheitlichen Bereich nicht missbräuchlich wettbewerbswidrige Vorteile für seinen eigenen Unternehmensbereich zu Lasten anderer privater Unternehmer erlangen kann (vgl. Nr. 1. 3. 3). Der

Benutzer muss deutlich erkennen können, ob der Unternehmer ihm gegenüber als Vertreter der Gemeinde oder für das eigene Unternehmen tätig wird.

1. 5 Anlage von Bestattungseinrichtungen

Für die Anlage von Friedhöfen, Leichenhäusern und Gruften gilt nach wie vor die Bekanntmachung vom 8. Juli 1911 (BayBSVI I S. 33).

1. 6 Verkehrssicherungspflicht

Die Gemeinden sind als Friedhofsträger verpflichtet, die gemeindlichen Friedhöfe in einem verkehrssicheren Zustand zu halten. Die Verkehrssicherungspflicht umfasst die Sicherung vor Gefahren auf den Wegen und vor Gefahren, die von Gebäuden, Grabdenkmälern und erkennbar gefährdenden Bäumen ausgehen. Die Friedhofsträger sind grundsätzlich nicht verpflichtet, die Aufstellung von Grabmälern zu überwachen, sie müssen jedoch in angemessenen Zeitabständen die Standfestigkeit aufgestellter Grabmäler überprüfen (sog. Rüttelprobe durch fachkundige Bedienstete oder berufserfahrene Handwerksmeister). In der Regel genügt eine jährliche Überprüfung nach dem Ende der winterlichen Witterung. Im Übrigen wird den Gemeinden empfohlen, in ihre Friedhofssatzungen Vorschriften über die standsichere Aufstellung von Grabdenkmälern aufzunehmen.

2. Gemeindliche Rechtsvorschriften

2. 1 Verordnungen und Satzungen

Die Gemeinden können Regelungen im Bestattungswesen sowohl durch Verordnung als auch durch Satzung treffen. Der Erlass der Verordnung gehört gemäß Art. 42 Abs. 1 Satz 2 LStVG zum übertragenen Wirkungskreis; bei ihrem Vollzug handeln die Gemeinden aber (ebenso wie beim Erlass und Vollzug gemeindlicher Satzungen) im eigenen Wirkungskreis.

2. 1. 1 Nach Art. 17 Abs. 1 BestG können die Gemeinden Verordnungen über die Vorbereitung und Durchführung der Bestattung erlassen, soweit das zum Schutz der Gesundheit oder zur Verhinderung einer über eine schickliche Totenehrung hinausgehenden Inanspruchnahme öffentlicher Bestattungseinrichtungen erforderlich ist. Nach Art. 17 Abs. 2 BestG können die Gemeinden durch Verordnung auch die zur Aufrechterhaltung der öffentlichen Sicherheit und Ordnung auf Friedhöfen, in Feuerbestattungsanlagen, Leichenräumen und ähnlichen Einrichtungen erforderlichen Vorschriften erlassen.

2. 1. 2 Nach Art. 24 GO können die Gemeinden Satzungen über die Benutzung gemeindlicher Bestattungseinrichtungen erlassen. Art. 24 GO und ebenso die darauf beruhenden Satzungen bleiben gemäß Art. 20 Abs. 3 Nr. 3 BestG unberührt, soweit sie dem BestG und der Verordnung zur Durchführung des Bestattungsgesetzes (BestV) nicht widersprechen. Die anstelle einer Satzung auch mögliche Regelung der Benutzung durch privatrechtliche Verträge ist weniger zweckmäßig.

2. 1. 3 Für das Verhältnis von gemeindlichen Satzungen zu Gemeindeverordnungen gilt folgendes:

Die Regelungsbereiche von Verordnung und Satzung können sich überschneiden; z.B. können Vorschriften über die Vorbereitung und Durchführung der Bestattung, den Transport der Leichen in das Leichenhaus, das Reinigen und Bekleiden der Leichen und die Beschaffenheit der Särge sowohl in einer Satzung nach Art. 24 GO als auch in einer Verordnung nach Art. 17 BestG erlassen werden. Um doppelte und möglicherweise widersprüchliche Regelungen zu vermeiden, sind einerseits Verordnungen nur zugelassen, soweit nicht andere Rechtsvorschriften bereits dieselben Gegenstände regeln (Art. 17 Abs. 1 BestG). Zu diesen anderen Rechtsvorschriften gehören auch gemeindliche Satzungen nach Art. 24 GO. Andererseits können Satzungen nicht mehr erlassen werden, soweit Gemeinden Regelungen im Sinn der Absätze 1 und 2 des Art. 17 BestG durch Verordnung getroffen haben (Art. 17 Abs. 3 BestG). Will eine Gemeinde bestimmte Fragen des Bestattungswesens durch Verordnung regeln und sieht sich hieran durch Satzungsvorschriften gehindert, kann sie die Vorschrift zu diesem Zweck förmlich aufheben. Gleiches gilt im umgekehrten Verhältnis. Satzungen nach Art. 24 GO sind nur für gemeindliche Einrichtungen möglich. Wenn in einer Gemeinde nur gemeindliche Bestattungseinrichtungen vorhanden sind, kann sie auf den Erlass einer Verordnung verzichten, denn alle zum Schutz der Gesundheit erforderlichen Regelungen können dann auch durch gemeindliche Satzung getroffen werden. Verordnungen nach Art. 17 BestG sind in ihrer Wirkung nicht auf gemeindliche Bestattungseinrichtungen beschränkt; sie gelten also auch für kirchliche Friedhöfe. In solchen Verordnungen können jedoch keine Regelungen über öffentlich-rechtliche Benutzungsgebühren, über die Gestaltung von Grabdenkmälern, die Bepflanzung von Gräbern und dgl. getroffen werden. Diese Regelungen bleiben gemeindlichen oder – für kirchliche Friedhöfe – kirchlichen Satzungen vorbehalten. Sowohl die Gemeinde als auch die Kirchenverwaltung unterliegen dabei den Beschränkungen des Art. 9 BestG.

2. 2 Benutzungszwang

Nach Art. 24 Abs. 1 Nr. 2 GO können die Gemeinden aus Gründen des öffentlichen Wohls die Benutzung ihrer Bestattungseinrichtungen durch Satzung zur Pflicht machen. Dies gilt auch dann, wenn die Gemeinden sich zur Durchführung ihrer hoheitlichen Aufgaben privater Unternehmer bedienen (Nr. 1. 4).

2. 2. 1 Ein Benutzungszwang zugunsten gemeindlicher Einrichtungen schließt, soweit er reicht, private Bestattungsunternehmen aus. Seine Rechtmäßigkeit ist daher für jede einzelne Einrichtung unter Berücksichtigung der örtlichen Verhältnisse vor allem am Maßstab von Art. 12 GG zu prüfen. Nach der Rechtsprechung des Bundesverfassungsgerichts zu Art. 12 GG ist zu unterscheiden zwischen einer bloßen Regelung der Berufsausübung, wie sie regelmäßig bei einer Beschränkung in nur einzelnen Verrichtungen vorliegt, und einer nur unter erschwerten Voraussetzungen zulässigen Berufswahlsperre, die es unmöglich macht, den betreffenden Beruf zu ergreifen und auszuüben (Urteil vom 11.6.1958, BVerfGE 7, 377/405 ff.). Für die Einführung eines Benutzungszwangs, der lediglich eine Berufsausübungsregelung enthält, genügt es, wenn Gründe des öffentlichen Wohls (im Bestattungswesen z.B. Schutz und Förderung der Gesundheit, Gewährleistung eines ordnungsgemäßen Anstaltsbetriebs usw.) dies zweckmäßig erscheinen lassen und die Betroffenen dadurch nicht unzumutbar belastet werden. Ein Benutzungszwang hingegen, der sich aufgrund seiner rechtlichen Ausgestaltung und seines sachlichen Umfangs als Berufswahlsperre in der betroffenen Gemeinde auswirkt, ist nur zum unbedingt notwendigen Schutz besonders wichtiger, überragender Gemeinschaftsgüter (z.B. Schutz der Bevölkerung vor gesundheitlichen Gefahren) zulässig. Eine gesundheitliche Gefährdung der Bevölkerung, die einen derartig weitreichenden Benutzungszwang rechtfertigen könnte, wird aber nicht schon dadurch begründet, dass sich auch private Gewerbetreibende im Bestattungswesen betätigen. Vielmehr ist anzunehmen, dass ein privater Bestattungsunternehmer die ihm auch gegenüber der Öffentlichkeit obliegende Aufgabe ordnungsgemäß nach den gesetzlichen Vorschriften erfüllen wird. Sollte dies im Einzelfall nicht zutreffen, kann ihm bereits bei einem einmaligen schwerwiegenden Verstoß die gewerbliche Tätigkeit untersagt werden.

2. 2. 2 Zulässig ist der Benutzungszwang für alle im Zusammenhang mit der Bestattung stehenden Verrichtungen, die auf dem gemeindlichen Friedhof vorzunehmen sind. Dazu gehören unter anderem folgende Leistungen:

- Ausschmücken des Aufbahrungsraums und der Aussegnungshalle (Grundausstattung mit Trauerschmuck),
- Beförderung des Sargs von der Leichenhalle zum Grab,
- Ausschachten und Schließen des Grabs sowie eigentliche Grablegung,
- bei Feuerbestattungen auch die Beisetzung der Urne.

Den Wünschen der Hinterbliebenen sollte jedoch so weit wie möglich entsprochen werden. Auf eine Trauerfeier in der Trauerhalle oder auf musikalische Darbietungen können sie verzichten. Es steht ihnen auch frei, Kränze und Blumengebinde mitzubringen und am Sarg niederzulegen.

2. 2. 3 Gegen die Anordnung eines Benutzungszwangs für das gemeindliche Leichenhaus bestehen grundsätzlich keine Bedenken. Das gilt auch für Fälle, in denen Leichen vom Sterbeort nach auswärts transportiert werden sollen. Durch den Leichenhauszwang wird sichergestellt, dass Leichen erst dann überführt werden, wenn sie ordnungsgemäß eingesargt worden sind, der Leichenpass ausgestellt ist und alle sonstigen Voraussetzungen für die Überführung erfüllt sind. Auf diese Weise können die Gemeinden ihren Überwachungsaufgaben nach Art. 14 Abs. 1 BestG nachkommen.
Vom Leichenhauszwang sollten jedoch Ausnahmegenehmigungen vorgesehen werden. Ausnahmen können z.B. für in Krankenhäusern verstorbene auswärtige Patienten in Frage kommen, wenn die Überführung unmittelbar bevorsteht, das Krankenhaus geeignete Räume zur Aufbewahrung besitzt und wenn im Krankenhaus geeignetes Personal zur Verfügung steht, um die Überwachungsaufgaben der Gemeinde zu erfüllen (vgl. Nr. 3. 1). Es muss sichergestellt sein, dass die Leiche erst überführt wird, wenn die Voraussetzungen für eine ordnungsgemäße Überführung erfüllt sind. Da die Gemeinden für kirchliche Leichenhäuser keinen Benutzungszwang durch eine Satzung gemäß Art. 24 GO festsetzen können, kommt insoweit nur eine Regelung in einer Verordnung nach Art. 17 Abs. 1 BestG in Frage. Gibt es in einer Gemeinde sowohl ein kirchliches als auch ein gemeindliches Leichenhaus, ist nur eine einheitliche Regelung in dieser Form möglich.
2. 2. 4 Ein Benutzungszwang für gemeindliche Friedhöfe kann nicht angeordnet werden. Ist in einer Gemeinde nur ein gemeindlicher Friedhof vorhanden, ergibt sich die Benutzungspflicht – abgesehen von einer Überführung nach auswärts – unmittelbar aus den Art. 1 Abs. 1 und Art. 8 Abs. 2 BestG. Besteht außerdem noch ein kirchlicher Friedhof, wäre ein Benutzungszwang für den gemeindlichen Friedhof wegen Art. 24 Abs. 3 GO in Verbindung mit Art. 20 Abs. 3 Nummer 3 Satz 2 BestG unzulässig.
2. 2. 5 Ein Benutzungszwang kann nicht angeordnet werden für
- die Lieferung von Särgen, Sargausstattungen (Sargdecken, Sargtüchern, Sargkissen), Überurnen, Kränzen und Blumenschmuck sowie die Sargeinbettung, Sargbedeckung, Grabdekoration und Grabschmuck,
- die Beschaffung der erforderlichen amtlichen Bescheinigung,
- die Vermittlung von Trauerdrucksachen, Todesanzeigen und Danksagungen.

Alle genannten Leistungen können ohne Schädigung öffentlicher Interessen auch von Privaten erbracht werden.
2. 2. 6 Ein Benutzungszwang kommt auch für die Leichenversorgung (Reinigen, Ankleiden und Einsargen) nicht in Frage. Es bestehen keine Anhaltspunkte dafür, dass die Leichenversorgung sachgerecht allein durch die Gemeinden und nicht auch durch private Gewerbetreibende wahrgenommen werden könnte. Das gleiche gilt für die Versorgung von Unfalltoten und sonst tot aufgefundenen Personen, die aus Gründen der öffentlichen Sicherheit schon vor der Einsargung ins Leichenhaus gebracht werden. Ein Zwang, die Leichenversorgung von der Gemeinde vornehmen zu lassen, kann auch für Verstorbene in gemeindlichen Krankenanstalten und Altenheimen nicht festgesetzt werden. Zu den Aufgaben dieser Anstalten gehört es nicht, die Leichen der in ihnen Verstorbenen herzurichten und einzusargen. Gibt es in der Anstalt keinen Raum für die Leichenversorgung, muss die Gemeinde dafür sorgen, dass die Verstorbenen aus der Anstalt in schicklicher, unauffälliger und hygienisch einwandfreier Weise weggebracht werden. Deswegen muss aber die Gemeinde die Verstorbenen nicht durch eigene Einrichtungen endgültig für die Bestattung einsargen lassen.
2. 2. 7 Ein Benutzungszwang für den Leichentransport ist unzulässig. Das gilt nicht nur für Überführungen, sondern auch für Transporte innerhalb der Gemeinde. Ein auf das Gemeindegebiet bezogener Benutzungszwang wäre eine Einschränkung der Berufsausübung, für die Gründe des öffentlichen Wohls nicht ersichtlich sind.

2. 3 Benutzungs- und Verwaltungsgebühren
Haben die Gemeinden das Benutzungsverhältnis öffentlich-rechtlich geregelt, so müssen sie für die Inanspruchnahme ihrer Bestattungseinrichtungen Benutzungsgebühren aufgrund einer Gebührensatzung gemäß Art. 8 Abs. 1 Satz 1 KAG erheben. Die Erhebung von Verwaltungsgebühren für Amtshandlungen im Vollzug bestattungsrechtlicher Vorschriften richtet sich nach Satzungen gemäß Art. 22 KAG.

2. 4 Vorschriften über die gewerbliche Tätigkeit auf Friedhöfen
Jegliche gewerbliche Tätigkeit auf Friedhöfen muss vom Friedhofsträger ausdrücklich zugelassen worden sein. Nach der Rechtsprechung des Bayerischen Verwaltungsgerichtshofs (Urteil vom 8.3.1968, VGH n. F. 21, 47/49) erfordert es der Friedhofszweck, dass der Träger die Ausübung gewerblicher Tätigkeiten auf dem Friedhof allgemein regelt. Dies hat grundsätzlich durch die Friedhofssatzung zu geschehen; eine privatrechtliche Regelung durch allgemeine Geschäftsbedingungen kann in Frage kommen, wenn die Benutzung des Friedhofs dem Privatrecht unterstellt ist. Die Gemeinden haben im einzelnen die Zulassung der gewerblichen Tätigkeit auf ihren Friedhöfen, also auch die Voraussetzung für deren Erteilung oder Versagung, näher festzulegen. Sie können diese Tätigkeit weiteren Beschränkungen unterwerfen (z.B. zeitlichen Beschränkungen, Verbot der Berufsausübung in der Nähe von Bestattungsfeiern).
Die Gemeinden sind im Rahmen des Friedhofszwecks unter Beachtung des Gleichheitssatzes befugt, die ihnen erforderlich und geeignet erscheinenden Vorschriften zu erlassen. Sie können danach die Zulassung gewerblicher Tätigkeiten von einer Überprüfung der Sachkunde, Eignung und Zuverlässigkeit des Gewerbetreibenden abhängig machen, dürfen allerdings an die Sachkunde keine Anforderungen stellen, die über das geltende Handwerksrecht hinausgehen. Gewerbliche Tätigkeiten sind vor allem die Errichtung von Grabmälern und die Grabpflege. Die privaten Bestattungsunternehmer sind auf Tätigkeiten beschränkt, die nicht einem Benutzungszwang für gemeindliche Einrichtungen unterliegen.

2. 5 Vorschriften über die Grabgestaltung
2. 5. 1 Art. 9 Abs. 1 BestG enthält allgemeine Anforderungen an Friedhöfe und Grabstätten. Die Gemeinden können diese Anforderungen in der Friedhofssatzung näher konkretisieren, soweit dies verhältnismäßig ist und dem Friedhofszweck sowie dem Recht der Hinterbliebenen auf individuelle Grabgestaltung nicht widerspricht. Danach sind vor allem folgende Festlegungen möglich:
- Genehmigungspflicht für das Aufstellen von Grabmälern,
- maximale Höhe von Grabmälern,
- Verbot, völlig ungewöhnliche Werkstoffe oder aufdringliche Farben zu verwenden,
- Verbot provokativer Zeichen und Grabinschriften.

Besondere ästhetische oder gestalterische Vorstellungen dürfen die Gemeinden im Rahmen von Art. 9 Abs. 1 BestG nicht durchzusetzen versuchen.
2. 5. 2 Anforderungen an die Gestaltung von Grabstätten, die über Art. 9 Abs. 1 BestG hinausgehen, können die Gemeinden nur stellen, wenn im Gemeindegebiet andere gemeindliche Friedhöfe oder Friedhofsteile in einem gemeindlichen Friedhof zur Verfügung stehen, für die solche zusätzlichen Anforderungen nicht gelten (Art. 9 Abs. 3 BestG). Auch solche Vorschriften sind jedoch nur zulässig, wenn sie die Handlungsfreiheit des Nutzungsberechtigten nicht unverhältnismäßig einschränken und nicht im Widerspruch zum Friedhofszweck stehen. Die Wahlmöglichkeit zwischen mehreren Friedhöfen oder Friedhofsteilen mit unterschiedlichen Gestaltungsvorschriften muss sowohl tatsächlich bestehen als auch in der Friedhofssatzung verankert sein; sie muss sich auf Reihengräber und auf Wahlgräber erstrecken. Außerdem müssen die Bereiche, in denen die Hinterbliebenen von ihrem Recht auf individuelle Grabgestaltung Gebrauch machen können, gleichwertig sein. Den Gemeinden wird empfohlen, ihre Satzungen zu überprüfen

und sie, soweit notwendig, der Rechtslage anzupassen. Dies gilt insbesondere für Vorschriften über den Benutzungszwang, die den in dieser Bekanntmachung enthaltenen, auf der Rechtsprechung beruhenden Hinweisen widersprechen.

2. 6 Anforderungen an Särge, Sargausstattungen u.ä.

Durch die Verordnung zur Änderung der Bestattungsverordnung vom 6. November 1993 (BayRS 2127-1-1-A, GVBl S. 851) wurde § 20 BestV geändert. Die Vorschrift enthält eine abschließende landeseinheitliche Regelung über die Anforderungen an das Material und die Beschaffenheit von Särgen, Sargausstattungen, Urnen und Sterbebekleidung zum Schutz der Umwelt. Gemäß Art. 17 Abs. 1 BestG können die Gemeinden deshalb hierüber keine Regelungen durch Verordnung mehr treffen. Eine Regelung durch Satzung ist gemäß Art. 20 Abs. 3 BestG nur insoweit möglich, als sie § 20 BestV nicht widerspricht. Bestehende gemeindliche Verordnungen und Satzungen, die § 20 BestV widersprechen, wurden zum 1. Dezember 1993 insoweit unwirksam.

2. 6. 1 Beim Vollzug von § 20 BestV ist folgendes zu beachten:

- § 20 Abs. 1 Satz 3 Nr. 2 schließt die Verwendung von massiven Eichensärgen nicht aus, es sei denn, ortsrechtliche Vorschriften über die Begrenzung des Gewichts von Särgen (vgl. Nr. 2. 6. 2) stehen entgegen.
- Der Stand der Technik gemäß § 20 Abs. 1 Satz 3 Nr. 3 wird derzeit von der VDI-Richtlinie 3891 – Emissionsminderung Einäscherungsanlagen – beschrieben.
- Der gemäß § 20 Abs. 3 erforderliche Nachweis soll in einer Herstellungsbeschreibung bestehen, die mit einer Bestätigung des Herstellers verbunden ist, dass der Sarg den Vorschriften entspricht.
- Als leicht vergängliches Material zur Bekleidung von Leichen gemäß § 20 Abs. 4 gelten auch Straßenkleider oder -anzüge. Hinsichtlich der Beschaffenheit von Sargausstattungen wird auf die VDI-Richtlinie 3891 – Emissionsminderung Einäscherungsanlagen – verwiesen.

2. 6. 2 Nach der Entscheidung des Bayerischen Verfassungsgerichtshofs vom 15. April 1994 (Vf. 6-VII-92; BayVBl. I 1994 S. 590) können von der gesetzlichen Ermächtigung in Art. 17 Abs. 1 BestG auch Vorschriften über die Beschränkung der Größe und des Gewichts von Särgen gedeckt sein. § 20 BestV steht einer entsprechenden Regelung nicht entgegen, da diese Bestimmung lediglich Vorschriften über das Material und die Beschaffenheit von Särgen, nicht jedoch über deren Abmessungen und Gewicht enthält.

3. Überwachung des Bestattungswesens, Zuständigkeiten

Nach Art. 14 Abs. 1 Satz 1 BestG haben die Gemeinden und die Landratsämter als staatliche Verwaltungsbehörden die Aufgabe, die Einhaltung des Bestattungsgesetzes und der auf seiner Grundlage erlassenen Rechtsvorschriften zu überwachen. Trotz der Aussage über die Regelzuständigkeit der Kreisverwaltungsbehörden in § 21 BestV sind in der Mehrzahl der Fälle die Gemeinden zuständig. Die Überwachung ist für sie eine Aufgabe des eigenen Wirkungskreises. Soweit kreisfreie Gemeinden oder Große Kreisstädte Aufgaben der Kreisverwaltungsbehörden wahrnehmen, werden sie im übertragenen Wirkungskreis tätig (Art. 9 Abs. 1 Satz 1 GO; § 1 Nr. 8 der Verordnung über Aufgaben der Großen Kreisstädte).

3. 1 Personal

Zur Erfüllung ihrer Überwachungsaufgaben haben die Gemeinden dafür zu sorgen, dass geeignetes – gegebenenfalls auch ehrenamtliches – Personal (z.B. Leichenwärter) jederzeit zur Verfügung steht. Das Personal hat auch darauf zu achten, dass die Vorschriften des Bestattungsrechts von privaten Bestattungsunternehmen eingehalten werden. Das gilt vor allem dann, wenn eine Leiche von auswärtigen Unternehmern versorgt und transportiert wird.

3. 2 Befugnisse
Die Gemeinden üben die Aufsicht über das Bestattungswesen im Verhältnis zu Dritten zum einen durch Entscheidungen über die im Bestattungsrecht (einschließlich Gemeindeverordnungen nach Art. 17 BestG) vorgesehenen Genehmigungen usw. aus. Zum anderen sind sie gemäß Art. 14 Abs. 1 Satz 2 BestG befugt, die erforderlichen Anordnungen für den Einzelfall zu treffen (hierzu gehören nicht Entscheidungen der Gemeinde als Friedhofsträger). Soweit nicht die Polizei zuständig ist, kann es nach Art. 14 Abs. 2 BestG auch notwendig sein, dass die Gemeinde eine notwendige Maßnahme selbst vornimmt oder Dritte damit vertraglich beauftragt.

3. 3 Zuständigkeit beim Auseinanderfallen von Wohnsitz und Sterbegemeinde
Welche Gemeinde beim Auseinanderfallen von Wohnsitz- und Sterbegemeinde zum Zeitpunkt des Todes für die Maßnahmen nach Art. 14 Abs. 1 und 2 BestG zuständig ist, ist weder im Bestattungsgesetz noch in den dazu erlassenen Verordnungen ausdrücklich geregelt. Die Frage hat dann praktische Bedeutung, wenn der Verstorbene vermögenslos war und keine bestattungspflichtigen Angehörigen hinterlassen hat, so dass die zuständige Behörde auch die Kosten einer etwaigen Überführung und der Bestattung zu tragen hat. Aus dem Zusammenhang der Vorschriften des Bestattungsrechts ergibt sich dazu folgendes:

3. 3. 1 Zuständigkeit der Sterbegemeinde
Die Sterbegemeinde hat mit dem Eintritt eines Todesfalls die bestattungsrechtliche Pflicht, unverzüglich die Leichenschau zu veranlassen und innerhalb der 96-Stunden-Frist nach § 10 Abs. 1 BestV die Überführung in die Wege zu leiten. Zur Beisetzung der in ihrem Gebiet Verstorbenen oder tot Aufgefundenen, die nicht Gemeindeeinwohner sind, ist sie gemäß Art. 8 Abs. 3 Satz 1 BestG nur verpflichtet, wenn eine ordnungsgemäße Bestattung nicht anderweitig sichergestellt ist. Wenn die Wohnsitzgemeinde bekannt ist, kann die anderweitige Beisetzung als sichergestellt gelten, da in diesem Fall die Wohnsitzgemeinde gemäß Art. 8 Abs. 3 Satz 1 BestG verpflichtet ist, die Beisetzung der verstorbenen Gemeindeeinwohner zu gestatten. Die bestattungsrechtliche Zuständigkeit der Sterbegemeinde endet mit der Übergabe der Leiche an die Wohnsitzgemeinde beziehungsweise bei Feuerbestattungen mit dem Verbringen der Leiche in eine Feuerbestattungsanlage.

3. 3. 2 Zuständigkeit der Wohnsitzgemeinde
Die Wohnsitzgemeinde, die nach Art. 8 Abs. 3 Satz 1 BestG zur Beisetzung verpflichtet ist, muss die überführte Leiche übernehmen und hat daraufhin selbst die bestattungsrechtliche Pflicht, für die Bestattung zu sorgen. Im Falle einer Feuerbestattung ist die Einäscherung Teil der Bestattungspflicht der Wohnsitzgemeinde.

3. 3. 3 Kostentragungspflicht
Die Gemeinden tragen jeweils die Kosten für die in ihre Zuständigkeit fallenden Aufgaben. Einen Erstattungsanspruch gegen den Träger der Sozialhilfe haben die Gemeinden hierfür weder nach Art. 14 Abs. 2 Satz 2 BestG, da der Träger der Sozialhilfe nicht allgemein »Pflichtiger« im Sinne dieser Vorschrift ist, noch nach § 15 BSHG, da den Gemeinden die Kostentragung zugemutet werden kann.

4. Aufgehoben werden die Bekanntmachungen vom
- 14. Februar 1950 (BayBSVI S. 131),
- 14. Januar 1972 (GBl S. 62),
- 13. Februar 1974 (GBl S. 149).

2d. Grundsätze für die Anlage von Friedhöfen, Leichenhäusern und Grüften

Bekanntmachung vom 8.7.1911 (BayBSVI 1 S. 33)

Zur Beurteilung der bei der Anlage von Friedhöfen in Betracht kommenden gesundheitlichen Fragen wurden in der Ministerialentschließung vom 14.8.1865 allgemeine Gesichtspunkte aufgestellt. Diese Gesichtspunkte sind zum Teil veraltet. An ihre Stelle treten nachstehende Grundsätze, die sich zugleich auch mit der Errichtung von Leichenhäusern und Grüften befassen.

Grundsätze für die Anlage von Friedhöfen, Leichenhäusern und Grüften

Vorbemerkung

Leichen, die der Erde übergeben werden, fallen für gewöhnlich der Zerstörung anheim. Die Zersetzung erfolgt in der ersten Zeit unter dem Einfluss der auf der Oberfläche und im Innern der Leiche vorhandenen Bakterien und Pilze, später auch unter dem Einflusse verschiedener Tierarten (Insektenlarven, Würmer); sie setzt immer eine gewisse Feuchtigkeit des Bodens voraus. Die Zersetzung unter reichlichem Sauerstoffzutritt führt zur vollständigen Verbrennung der organischen Bestandteile des Körpers und wird als Verwesung bezeichnet; sie liefert als Endprodukte unschädliche Stoffe. Die Zersetzung bei Sauerstoffabschluss oder mangelhaftem Sauerstoffzutritt führt zur Fäulnis; die Fäulnis liefert als Endprodukte übelriechende, zum Teil auch gesundheitsschädliche Stoffe. Wenn die zur Zersetzung nötige Feuchtigkeit fehlt, so tritt Vertrocknung der Leiche ein. Wenn Leichen unmittelbar im Wasser oder in einem ganz mit Wasser durchtränkten Boden liegen, kommt es zur Bildung von Leichenwachs; zu Leichenwachs umgewandelte Leichen oder Leichenteile bilden eine fettige Masse und bedürfen zum vollständigen Zerfall außerordentlich langer Zeit.

I. Friedhöfe

Der Boden soll so beschaffen sein, dass die Verwesung der Leichen möglichst rasch erfolgt. Dies ist bei einem Boden der Fall, der zeitweise durch Oberflächenwasser durchfeuchtet wird, die Hauptmasse des Wassers aber nur kurze Zeit zurückbehält und dann wieder der Luft ungehinderten Zutritt gewährt; als völlig einwandfrei ist ein Boden jedoch erst dann zu bezeichnen, wenn er auch imstande ist, die Zersetzungsprodukte zurückzuhalten und zu verhindern, dass übelriechende gasförmige Stoffe in die Außenluft, Krankheitskeime und in Wasser gelöste schädliche Stoffe in die tieferen Bodenschichten und das Grundwasser gelangen. Diese Bedingungen erfüllt am besten ein Boden, der aus Kies und Sand oder aus Kies und Lehm besteht, oder ein Humus-(Lehm-)boden, der reichlich mit Kies und Sand gemischt ist. Grober Schotter (ohne Sand oder Lehmbeimengung) ist ungeeignet, weil er den Gasen den Weg zur Erdoberfläche, den im Wasser löslichen Stoffen und den Keimen den Weg ins Grundwasser frei lässt; reicher Lehm- oder Torfboden ist ungeeignet, weil er für Luft nicht durchlässig ist. Zu berücksichtigen ist, dass ein ursprünglich geeigneter Boden durch oftmalige Benützung immer reicher an feinkörnigen Überresten von Leichen (Knochenerde) wird und dadurch allmählich undurchlässig und ungeeignet werden kann. Für die Eignung eines Bodens zur Anlegung von Gräbern kommt auch sein Grundwasserstand in Betracht. Da der Grundwasserstand nach Jahreszeit und Witterung schwankt, ist der höchste vorkommende Grundwasserstand zu ermitteln. Es ist unter allen Umständen zu vermeiden, dass die Grabessohle vom Grundwasser erreicht wird oder dass Särge in jene Zone zu liegen kommen, bis zu der das Wasser (durch Kapillarität) aufsteigt. Es soll vielmehr zwischen der Grabessohle und dem höchsten Grundwasserstand eine mindestens 50 cm starke Bodenschicht sich befinden, die einerseits trockene Lagerung der Särge gewährleistet und andererseits den Übergang gelöster Fäulnisstoffe in das Grundwasser verhindert. Bei sehr großporigem Kiesboden soll diese Schicht mächtiger sein, ebenso bei sehr dichtem, feinkörnigem Boden, in dem erfahrungsgemäß das Kapillarwasser besonders hoch aufsteigt. Ein nach seiner Zusammensetzung geeigneter Boden kann ungeeignet sein, wenn er Überschwemmungen ausgesetzt oder in einer Mulde gelegen ist, in der sich die Niederschläge sammeln. Ein an sich nicht verwendbarer Boden kann häufig durch Entwässerung oder Aufschüttung geeignet gemacht werden.

Lage der Friedhöfe
Bei der Wahl des Platzes ist auf die Richtung des Grundwasserstromes zu achten. Das Grundwasser des Friedhofes soll besonders in großporigem Boden nicht gegen benachbarte Brunnen, die aus dem Grundwasser gespeist werden, fließen. Bei Beachtung dieses Grundsatzes und bei einwandfreier Bodenbeschaffenheit ist eine Gefährdung der Umgebung durch Anlage eines Friedhofs nicht zu befürchten. Immerhin ist es, um jede Beunruhigung der Bevölkerung zu vermeiden, zweckmäßig, den Friedhof in einiger Entfernung von Wohngebäuden zu errichten. Meist sprechen schon die Interessen des Verkehrs, der baulichen Ausdehnung der Ortschaft, die Abneigung der Lebenden gegen alle an den Tod erinnernden Vorgänge gegen die Anlage in der Nähe größerer Wohnungskomplexe.

Tiefe der Gräber
Die Tiefe soll von der Erdoberfläche an für die Gräber von Erwachsenen wenigstens 1,80 m, für die von Kindern unter 12 Jahren wenigstens 1,30 m, für die von Kindern unter 7 Jahren wenigstens 1,10 m, für die von Kindern unter 2 Jahren wenigstens 0,80 m betragen.

Zwischenschicht
Zwischen den einzelnen Gräbern soll eine Erdschicht von mindestens 0,60 m Dicke sich befinden. Wo wegen der großen Zahl der Leichen sogenannte Reihengräber angelegt werden müssen, kann ausnahmsweise von dieser Zwischenschicht abgesehen werden, sofern die vorgeschriebene Tiefe eingehalten wird.

Größe der Gräber
Für den Beerdigungsplatz eines Erwachsenen ist einschließlich des Zwischenweges eine Länge von 2,50 m und eine Breite von 1,50 m, bei Reihengräbern eine Länge von 2,20 m und eine Breite von 0,80 m in Ansatz zu bringen; die Länge und Breite der Gräber für Kinder bemisst sich nach der Größe der Särge.

Ruhefrist
Für jeden Begräbnisplatz ist die Zeit, vor deren Ablauf eine schon belegte Grabstelle zum Begraben einer anderen Leiche nicht benützt werden darf, festzusetzen. Diese Ruhefrist muss der Zeit entsprechen, die zum Zerfall der Leiche nötig ist; sie hängt von der Bodenbeschaffenheit und dem Alter der Beerdigten ab. Bei günstigen Bodenverhältnissen verwest die Leiche eines Erwachsenen in 4-7 Jahren, unter ungünstigen Umständen erst in 15-30 und mehr Jahren. Leichen von Kindern unter 10 Jahren brauchen etwa 1/3-1/2 dieser Zeit. Welche Ruhefrist zu wählen ist, muss für jeden Friedhof gesondert entschieden werden; ausschlaggebend bleibt dabei die bei Eröffnung von Gräbern gemachte Erfahrung.

Größe der Friedhöfe
Aus der Zahl der nach zehnjährigem Durchschnitt oder für die Zukunft voraussichtlich zur Beerdigung gelangenden Leichen der verschiedenen Altersklassen, aus der Größe der einzelnen Gräber und aus der nach Erfahrungen festgestellten oder nach der Bodenbeschaffenheit anzunehmenden Ruhefrist lässt sich der Raum für die gewöhnlichen Gräber berechnen. Für Familiengräber, Grüfte, das Leichenhaus und die größeren Wege ist zu der berechneten Fläche ein Zuschlag zu machen, der durch die örtlichen Verhältnisse bestimmt wird. Auch für gärtnerische Anlagen, die nicht nur einen Schmuck des Friedhofs bilden, sondern auch gesundheitliche Vorzüge haben, soll ein angemessener Raum vorgesehen werden. Besonders ist darauf zu achten, dass die Wege, vor allem die Hauptwege, eine dem zu erwartenden Verkehr entsprechende Breite erhalten.

II. Leichenhäuser

Die baldige Entfernung der Leichen aus der Umgebung der Lebenden ist für die öffentliche Gesundheitspflege von großer Wichtigkeit, besonders dann, wenn es sich um Leichen von Personen handelt, die an ansteckenden Krankheiten gestorben sind. Es ist deshalb in größeren Orten die Errichtung von Leichenhäusern zu fördern. Leichenhäuser sollen außer dem Aufbewahrungsraum ein heizbares Zimmer und einen Abort für den Wächter, ferner einen heizbaren Raum für die Vornahme von Leichenöffnungen enthalten. Sie müssen mit Wasser versorgt sein.

III. Grüfte

Ähnlich wie im Erdgrabe vollzieht sich, wenn gewöhnliche Holzsärge benützt werden, die Zersetzung in gemauerten Grüften. Da aber kein die Zersetzungsgase zurückhaltendes Erdreich den Sarg umgibt, können unter Umständen, so besonders bei mangelhafter (schadhafter) Deckung, übelriechende und giftige Gase in die Außenluft gelangen. Von diesem Standpunkt aus ist die Neuanlage von Grüften in oder unter geschlossenen Räumen, die Menschen dauernd oder vorübergehend zum Aufenthalte dienen, gefährlich und ausnahmsweise nur dann zu gestatten, wenn starkwandige, luftdicht abgeschlossene Metall- oder Steinsärge benützt und die Grüfte selbst mit wasserdichtem Boden und einem über Dach führenden Entlüftungsrohr versehen und völlig dicht gedeckt werden. Auf offenen Friedhöfen kann auch bei Verwendung durchlässiger Särge jede Gefährdung der Besucher ausgeschlossen werden, wenn die Anlage der Grüfte in einer Weise erfolgt, dass die gasförmigen und flüssigen Zersetzungsstoffe in den Boden abgeleitet werden. Zu diesem Zweck muss der obere Verschluss der Grüfte ein möglichst dichter sein und müssen andererseits die Wände gegen das umgebende Erdreich undicht hergestellt werden. Als undicht sind schon die gewöhnlichen Ziegel- und Backsteinmauern zu betrachten, sofern sie nicht mit Mörtel verputzt werden. In verputzten Mauern und in Beton müssen besondere Luftschlitze angebracht werden, oder es muss die Sohle der Gruft ein geringes Gefälle und an der tiefsten Stelle eine Öffnung erhalten, durch welche die flüssigen und gasförmigen Stoffe in das umgebende Erdreich austreten können.

2e. Verfahren bei Anhaltspunkten für einen nicht natürlichen Todesfall und bei Auffinden von unbekannten Leichen

Gemeinsame Bekanntmachung der Staatsministerien der Justiz, des Innern und der Finanzen vom 23.2.1973 (MABl. S. 181)

Zum Vollzug des § 159 der Strafprozessordnung und des § 4 der Bestattungsverordnung vom 9. Dezember 1970 (GVBl. S. 671) wird bestimmt:

1. Geltungsbereich

1. 1 Die nachfolgenden Bestimmungen sind anzuwenden, wenn Anhaltspunkte dafür vorhanden sind, dass jemand eines nicht natürlichen Todes gestorben ist oder wenn der Leichnam eines Unbekannten gefunden wird.

1. 2 Nicht natürlich ist der durch Selbstmord, Unfall, strafbare Handlung oder sonst durch Einwirkung von außen herbeigeführte Tod.

1. 3 Unbekannt ist ein Toter, der nicht sofort identifiziert werden kann.

1. 4 Stirbt ein Unbekannter nach längerer Behandlung im Krankenhaus, so wird sein Leichnam nicht „gefunden«. Dagegen wird der Leichnam eines Unbekannten gefunden, wenn jemand zwar unter den Augen anderer gestorben ist, aber eine sofortige Identifizierung nicht möglich ist.

2. Bergung, Transport, Bewachung und Unterbringung der Leiche

2. 1 Die Polizei hat unverzüglich dafür zu sorgen, dass die Leiche geborgen und bewacht oder sicher untergebracht wird. An der Leiche dürfen bis zum Eintreffen des Arztes, der die Leichenschau vornimmt, Veränderungen nur vorgenommen werden, die aus Gründen der öffentlichen Sicherheit zwingend erforderlich sind. Spuren, die zur Aufklärung der Todesursache dienen können, dürfen nicht vernichtet oder beeinträchtigt werden.

2. 2 Die Kosten der Bergung, des Transports, der Bewachung und Unterbringung der Leiche sind zunächst von der Polizei zu tragen. Für die Behandlung dieser Kosten gelten die GemB vom 24. Mai 1957 (BayBSVI III S. 413, BayBSVJu V S. 352) und die hierzu ergangene MB vom 7. Juni 1962 (MABl. S. 417), geändert durch MB vom 13. Oktober 1965 (MABl. S. 511) und vom 3. März 1966 (GBl. S. 142) entsprechend.

3. Anzeige

3. 1 Die Polizei hat den Todesfall oder die Auffindung der Leiche und die dabei getroffenen Feststellungen unverzüglich dem Staatsanwalt oder, wenn dieser nicht zu erreichen und Eile geboten ist, dem Amtsrichter anzuzeigen. Die Anzeige ist schriftlich nachzureichen, wenn sie zunächst auf andere Weise übermittelt worden ist.

3. 2 Unberührt bleiben Anzeigepflichten der Polizei nach sonstigen Bestimmungen, insbesondere

3. 2. 1 nach den zu § 35 des Personenstandsgesetzes erlassenen Vorschriften (vgl. Abschnitt VI Nr. 2 der MB über den Vollzug des Personenstandsgesetzes vom 3. Juli 1968, MABl. S. 265),

3. 2. 2 nach der MB über die Nachrichtenstelle für Vermisste, unbekannte Tote und unbekannte hilflose Personen beim Bayer. Landeskriminalamt vom 23. September 1953 (BayBSVI II S. 41), zuletzt geändert durch MB vom 29. Juni 1971 (MABl. S. 686).

3. 3 Der zur Leichenschau zugezogene Arzt hat nach Art. 18 Abs. 1 Nr. 3 des Bestattungsgesetzes vom 24. September 1970 (GVBl. S. 417, her. S. 521) und § 4 Abs. 1 Satz 2 der Bestattungsverordnung vom 9. Dezember 1970 (GVBl. S. 671) unverzüglich die Polizei oder Staatsanwaltschaft zu verständigen.

4. Weiteres Verfahren nach der Anzeige

4. 1 Der Staatsanwalt (Amtsrichter) verfährt auf Grund einer nach Nr. 31 erstatteten Anzeige nach Nrn. 28 bis 33 der Richtlinien für das Strafverfahren und das Bußgeldverfahren (RiStBV) vom 1. Dezember 1970 (vgl. JMBl. S. 162).

4. 2 Die Genehmigung der Staatsanwaltschaft oder des Amtsrichters nach § 159 Abs. 2 StPO zur Bestattung einer Leiche ist auf Formblättern nach dem Muster der Anlage zu erteilen.
4. 3 Ist auf Grund der Anzeige lediglich der Amtsrichter tätig geworden, ist die Anzeige nach Erledigung auch dem zuständigen Staatsanwalt zu übersenden.

5. Ärztliche und richterliche Leichenschau
Art. 2 Abs. 1 des Bestattungsgesetzes schreibt bei jedem Todesfall eine ärztliche Leichenschau vor; diese ist von der richterlichen Leichenschau nach § 87 der Strafprozessordnung zu unterscheiden, die Beweiszwecken im Strafverfahren dient und erforderlichenfalls neben der ärztlichen Leichenschau i. S. des Bestattungsgesetzes vorzunehmen ist. Ist anzunehmen, dass die Leichenschau nicht ordnungsgemäß vorgenommen wird, so kann die Staatsanwaltschaft oder die Polizei verlangen, dass die Leichenschau von einem Arzt des Gesundheitsamtes, in dessen Amtsbezirk sich die Leiche befindet, oder von einem Landgerichtsarzt vorgenommen wird oder, wenn sie bereits durchgeführt worden ist, wiederholt wird; die Kostentragungspflicht und die Höhe der Kosten richten sich in diesen Fällen nach der Gebührenordnung der Gesundheitsverwaltung (GGebO) vom 28. März 1967 (GVBl. S. 324), ggf. in Verbindung mit Art. 14 Abs. 2 Satz 1 und 2 des Bestattungsgesetzes (Art. 4 des Bestattungsgesetzes).

6. Aufhebung einer früheren Bekanntmachung
Die MB über das Verfahren und die Zuständigkeit bei Auffindung von Leichen vom 3. Dezember 1953 (BayBSVI II S. 112, BayBSVJu IV S. 173) wird aufgehoben.

3. Berlin

3a. Gesetz über das Leichen- und Bestattungswesen (Bestattungsgesetz)

vom 2.11.1973 (GVBl. S. 1830) zuletzt geändert durch Gesetz vom 15.10.2001 (GVBl. S. 540)

Erster Abschnitt. Anwendungsbereich

§ 1 Leichen

(1) Dieses Gesetz findet auf menschliche Leichen Anwendung.

(2) Leichen im Sinne dieses Gesetzes sind auch totgeborene Kinder. Als totgeborene Kinder gelten Leibesfrüchte, die mindestens 1000 Gramm wiegen und bei denen sich nach der Scheidung vom Mutterleib keines der Merkmale des Lebens gezeigt hat.

§ 2 Ehrfurcht vor Toten

Wer mit Leichen umgeht, hat dabei die gebotene Ehrfurcht vor dem toten Menschen zu wahren.

Zweiter Abschnitt. Leichenschau

§ 3 Leichenschaupflicht

(1) Jede Leiche ist zur Feststellung des Todes, des Todeszeitpunktes, der Todesart und der Todesursache von einem Arzt zu untersuchen (Leichenschau).

(2) Jeder niedergelassene Arzt ist verpflichtet, die Leichenschau auf Verlangen vorzunehmen, sofern er nicht aus wichtigem Grund daran gehindert ist. Bei Sterbefällen in Krankenanstalten trifft diese Verpflichtung die dort tätigen Ärzte.

§ 4 Veranlassung der Leichenschau

(1) Bei einem Sterbefall haben die Leichenschau unverzüglich zu veranlassen:

1. der Ehegatte oder Lebenspartner,
2. die volljährigen Kinder,
3. die Eltern,
4. andere Verwandte,
5. Personen, mit denen der Verstorbene in häuslicher Gemeinschaft gelebt hat,
6. derjenige, in dessen Räumen oder auf dessen Grundstück sich der Sterbefall ereignet hat,
7. jede Person, die bei dem Tode zugegen war oder durch eigene Feststellungen davon Kenntnis erlangt hat.

(2) Bei einer Totgeburt haben die Leichenschau unverzüglich zu veranlassen:

1. der eheliche Vater,
2. die Hebamme, die bei der Geburt zugegen war,
3. der Arzt, der dabei zugegen war,
4. jede Person, die dabei zugegen war oder durch eigene Feststellungen von der Geburt Kenntnis erlangt hat.

(3) Eine Verpflichtung, die Leichenschau zu veranlassen, besteht nur, wenn die in der Reihenfolge früher genannten Personen nicht vorhanden oder aus wichtigem Grund verhindert sind.

(4) Bei Sterbefällen und Totgeburten in den nachstehend aufgeführten Einrichtungen sind vor den in den Absätzen 1 und 2 genannten Personen verpflichtet, die Leichenschau zu veranlassen:

1. in Krankenanstalten und Entbindungsheimen der leitende Arzt, bei mehreren selbständigen Abteilungen der leitende Abteilungsarzt,
2. in sonstigen Anstalten und Heimen aller Art deren Leiter.

§ 5 Leichen von Unbekannten
Wer bei dem Tode eines Unbekannten zugegen ist oder die Leiche eines Unbekannten findet, hat hiervon unverzüglich die Polizeibehörde zu benachrichtigen. Die Leichenschau wird in diesen Fällen von der Polizeibehörde veranlasst.

§ 6 Vornahme der Leichenschau
(1) Der Arzt hat die Leichenschau grundsätzlich innerhalb von zwölf Stunden nach der Aufforderung hierzu vorzunehmen und über seine Feststellungen unter Verwendung des amtlichen Vordrucks unverzüglich einen Leichenschauschein auszustellen.
(2) Ergeben sich bei der Leichenschau Anhaltspunkte dafür, dass der Verstorbene eines nicht natürlichen Todes gestorben oder seine Todesart ungewiß ist, so beendet der Arzt die Leichenschau mit dieser Feststellung und benachrichtigt sofort die Polizeibehörde.

§ 7 Auskunftspflicht
(1) Ärzte, Zahnärzte und Heilpraktiker, die den Verstorbenen vor seinem Tode behandelt haben, sind verpflichtet, dem Arzt, der die Leichenschau vornimmt, auf Verlangen über den von ihnen festgestellten Krankheitszustand Auskunft zu geben.
(2) Die in Absatz 1 genannten Ärzte, Zahnärzte und Heilpraktiker sind berechtigt, die Auskünfte auch der Polizeibehörde zu geben.

§ 8 Kosten der Leichenschau
Die Kosten der Leichenschau und der Ausstellung des Leichenschauscheines hat, soweit nicht ein anderer dazu verpflichtet ist, derjenige zu tragen, der für die Kosten der Bestattung aufzukommen hat.

Dritter Abschnitt. Behandlung und Beförderung von Leichen

§ 9 Überführung in Leichenhallen
(1) Jede Leiche ist innerhalb von 36 Stunden in eine Leichenhalle zu überführen, sofern sie nicht innerhalb dieser Frist bestattet oder an einen Ort außerhalb Berlins befördert wird.
(2) Leichenhallen im Sinne des Absatzes 1 sind die von dem Bezirksamt als geeignet anerkannten Leichenaufbewahrungsräume der Krankenanstalten, der Friedhöfe, der Krematorien, der anatomischen Institute, der gewerblichen Bestattungsunternehmer und der Polizeibehörde.
(3) Für die Verpflichtung, die Leiche in eine Leichenhalle überführen zu lassen, gilt § 16 entsprechend.

§ 10 Einsargung
Leichen sind spätestens vor der Beförderung zu dem Bestattungsort einzusargen und in einem Sarg zu bestatten. Nicht eingesargte Leichen sind bedeckt zu transportieren.

§ 11 Leichenpass
(1) Leichen dürfen nach einem Ort außerhalb Berlins nur mit einem Leichenpass befördert werden.
(2) Leichen von Personen, die außerhalb Berlins verstorben sind, dürfen nach oder durch Berlin nur befördert werden, wenn für sie ein Leichenpass oder eine von der zuständigen Behörde ausgestellte Bescheinigung vorliegt, aus der sich die Zulässigkeit der Beförderung und der Bestattung ergibt.
(3) Bei der Beförderung ist der Leichenpass oder die in Absatz 2 genannte Bescheinigung mitzuführen.

§ 12 Leichenwagen
Leichen dürfen auf Straßen nur mit Fahrzeugen befördert werden, die zur Leichenbeförderung eingerichtet sind und ausschließlich zu diesem Zweck benutzt werden. Dies gilt nicht für die Bergung von Leichen und die Beförderung tödlich Verunglückter von der Unfallstelle.

§ 13 Aufbahrung von Leichen
Leichen können vor der Bestattung im geschlossenen Sarg an einem Ort aufgebahrt werden, den das Bezirksamt allgemein oder für den Einzelfall als für die Aufbahrung geeignet anerkannt hat. Die Aufbahrung ist auch über den in § 9 Abs. 1 genannten Zeitraum hinaus zulässig.

§ 14 Öffentliches Ausstellen von Leichen
(1) Leichen dürfen außerhalb des Leichenschauhauses der Polizeibehörde nicht öffentlich ausgestellt werden. Das Öffnen oder Offenlassen des Sarges während der Bestattungsfeierlichkeiten ist verboten.
(2) Das Bezirksamt kann Ausnahmen von den Verboten des Absatzes 1 zulassen.

Vierter Abschnitt. Bestattung

§ 15 Bestattungspflicht
(1) Jede Leiche muss bestattet werden.
(2) Eine totgeborene oder während der Geburt verstorbene Leibesfrucht mit einem Gewicht unter 1000 Gramm kann bestattet werden.
(3) Abgetrennte Körper- und Leichenteile sind, soweit sie nicht wissenschaftlichen Zwecken dienen, in hygienisch einwandfreier und dem sittlichen Empfinden entsprechender Weise zu beseitigen. Dasselbe gilt für Leibesfrüchte im Sinne von Absatz 2, die nicht bestattet werden.

§ 16 Bestattungspflichtige Personen
(1) Für die Bestattung der Leiche haben zu sorgen:
1. der Ehegatte oder Lebenspartner,
2. die volljährigen Kinder,
3. die Eltern,
4. die volljährigen Geschwister,
5. die volljährigen Enkelkinder,
6. die Großeltern.

(2) Eine Verpflichtung, für die Bestattung zu sorgen, besteht nur, wenn die in der Reihenfolge früher genannten Angehörigen nicht vorhanden oder aus wichtigem Grund gehindert sind, für die Bestattung zu sorgen.
(3) Wenn die Angehörigen oder Dritte nicht oder nicht rechtzeitig für die Bestattung sorgen, ist das Bezirksamt dazu verpflichtet.
(4) Eine auf Gesetz oder Rechtsgeschäft beruhende Verpflichtung, die Kosten der Bestattung zu tragen, wird durch diese Vorschrift nicht berührt.

§ 17 Bestattungsarten
Die Bestattung kann als Erdbestattung oder als Feuerbestattung vorgenommen werden.

§ 18 Bestattungsort
(1) Erdbestattungen dürfen nur auf öffentlichen (landeseigenen und nichtlandeseigenen) Friedhöfen vorgenommen werden. Die zuständige Behörde kann Ausnahmen zulassen.
(2) Bei Feuerbestattungen dürfen Einäscherungen in den Krematorien des Landes Berlin vorgenommen werden. Für die Beisetzung von Aschen Verstorbener gilt Absatz 1 entsprechend.
(3) Die für die Errichtung und den Betrieb von Krematorien zuständige Senatsverwaltung kann mit Zustimmung der Senatsverwaltung für Finanzen und im Einvernehmen mit der Senatsverwaltung für Inneres die Errichtung und den Betrieb einzelner Feuerbestattungsanlagen widerruflich einem privaten Rechtsträger übertragen.

§ 19 Zulässigkeit der Bestattung
(1) Ein in Berlin Verstorbener darf erst bestattet werden, wenn ein Bestattungsschein erteilt worden ist und der Standesbeamte die Anzeige des Sterbefalles bescheinigt hat.

(2) Handelt es sich um die Leiche eines Unbekannten oder sind Anhaltspunkte dafür vorhanden, dass jemand eines nicht natürlichen Todes gestorben ist, so darf der Bestattungsschein erst erteilt werden, wenn die Staatsanwaltschaft oder der Amtsrichter die Bestattung schriftlich genehmigt hat (§ 159 Abs. 2 der Strafprozessordnung).
(3) Die den vertraulichen Teil des Leichenschauscheines verwahrende Behörde ist berechtigt, der Polizeibehörde auf Anfrage oder von Amts wegen die Auskünfte aus dem Leichenschauschein zu geben, die für den Vollzug des § 159 der Strafprozessordnung und des § 1559 der Reichsversicherungsordnung* erforderlich sind. Dies gilt nicht für Angaben, die im Leichenschauschein nur zur Durchführung des Gesetzes über die Statistik der Bevölkerungsbewegung und die Fortschreibung des Bevölkerungsstandes eingetragen sind.

** Jetzt § 193 SGB-VII*

§ 20 Besondere Voraussetzungen der Feuerbestattung
(1) Leichen dürfen erst eingeäschert werden, wenn die Erlaubnis zur Feuerbestattung erteilt worden ist.
(2) Die Erlaubnis darf nur erteilt werden, wenn festgestellt worden ist, dass der Verstorbene eines natürlichen Todes gestorben ist. Dazu hat ein Arzt des Landesinstituts für gerichtliche und soziale Medizin eine weitere Leichenschau vorzunehmen. Kann bei der Leichenschau eine natürliche Todesursache nicht zuverlässig festgestellt werden, hat der Arzt Auskünfte nach § 7 einzuholen. Reichen die Auskünfte zur Feststellung einer natürlichen Todesursache nicht aus, so ist die Polizeibehörde zu benachrichtigen.
(3) Ergeben sich bei der Leichenschau Anhaltspunkte dafür, dass der Verstorbene eines nicht natürlichen Todes gestorben ist, so ist unverzüglich die Polizeibehörde zu verständigen. In diesem Fall darf die Erlaubnis zur Feuerbestattung erst erteilt werden, wenn die Staatsanwaltschaft oder der Amtsrichter die Bestattung schriftlich genehmigt hat (§ 159 Abs. 2 der Strafprozessordnung).

§ 21 Zeitpunkt der Bestattung
Die Bestattung darf frühestens 48 Stunden nach Eintritt des Todes stattfinden, sofern nicht die zuständige Behörde aufgrund des *Bundes-Seuchengesetzes** eine vorzeitige Bestattung anordnet. Die für die Bestattungen auf öffentlichen Friedhöfen und für Einäscherungen in Krematorien Verantwortlichen dürfen Bestattungen und Einäscherungen nur zulassen, wenn ihnen die nach § 11 Abs. 2, § 19 Abs. 1 und § 20 Abs. 1 vorgeschriebenen Bestattungs- und Beförderungsunterlagen ausgehändigt worden sind.

** Siehe jetzt das Infektionsschutzgesetz (IfSG)*

§ 22 Bestattungsunterlagen
Die für die Bestattungen auf öffentlichen Friedhöfen und für Einäscherungen in Krematorien Verantwortlichen dürfen Bestattungen und Einäscherungen nur zulassen, wenn ihnen die nach § 11 Abs. 2, § 19 Abs. 1 und § 20 Abs. 1 vorgeschriebenen Bestattungs- und Beförderungsunterlagen ausgehändigt worden sind.

§ 23 Ausgrabung von Leichen
(1) Bestattete Leichen dürfen nur mit Erlaubnis des Bezirksamtes ausgegraben werden. Die Erlaubnis kann unter Bedingungen, die dem Schutz der Gesundheit dienen, erteilt werden.
(2) Absatz 1 gilt nicht, wenn ein Gericht eine Leichenschau oder eine Leichenöffnung angeordnet oder die Polizeibehörde sie zur Untersuchung eines Unfalles (§ 1559 der Reichsversicherungsordnung*) veranlasst hat.

** Jetzt § 193 SGB-VII*

Fünfter Abschnitt. Schlussvorschriften

§ 24 Ordnungswidrigkeiten

(1) Ordnungswidrig handelt, wer vorsätzlich oder fahrlässig
1. als Arzt
   a) die Leichenschau entgegen § 6 Abs. 1 nicht oder nicht rechtzeitig vornimmt, obwohl er sich zur Vornahme der Leichenschau bereit erklärt hat,
   b) den Leichenschauschein entgegen § 6 Abs. 1 unvollständig, unrichtig oder nicht unverzüglich ausstellt,
   c) die Polizeibehörde entgegen § 6 Abs. 2 nicht oder nicht rechtzeitig benachrichtigt,
2. als Arzt, Zahnarzt oder Heilpraktiker Auskünfte nach § 7 unrichtig erteilt,
3. als Bestattungsunternehmer
   a) eine Leiche nicht innerhalb der Frist des § 9 Abs. 1 in eine Leichenhalle überführt, obwohl er die Bestattung übernommen hat,
   b) eine Leiche entgegen § 10 nicht in einem Sarg oder entgegen § 12 nicht in einem Leichenwagen befördert,
4. in grober Weise gegen das Gebot des § 2 verstößt,
5. die Leichenschau entgegen § 4 nicht oder nicht rechtzeitig veranlasst,
6. eine Leiche entgegen § 9 in einer nicht als geeignet anerkannten Leichenhalle aufbewahrt,
7. eine Leiche entgegen § 15 Abs. 1 der Bestattung entzieht oder eine Leiche bestattet, ohne dass die Voraussetzungen des § 11 Abs. 2 oder des § 19 Abs. 1 vorliegen,
8. als bestattungspflichtiger Angehöriger entgegen § 16 Abs. 1 und 2 nicht für die Bestattung sorgt, es sei denn, dass ein anderer Angehöriger oder ein Dritter für die Bestattung sorgt,
9. entgegen § 18 außerhalb öffentlicher Friedhöfe eine Leiche bestattet oder Asche Verstorbener beisetzt oder eine Leiche außerhalb eines Krematoriums einäschert,
10. eine bestattete Leiche ohne die nach § 23 vorgeschriebene Erlaubnis ausgräbt oder den Bedingungen, unter denen die Erlaubnis erteilt wurde, zuwiderhandelt.

(2) Ordnungswidrig handelt auch, wer vorsätzlich oder fahrlässig einer auf Grund des § 25 erlassenen Rechtsverordnung zuwiderhandelt, soweit die Rechtsverweisung für einen bestimmten Tatbestand auf diese Bußgeldvorschrift verweist.

(3) Die Ordnungswidrigkeit kann mit einer Geldbuße bis zu 1. 500 Euro geahndet werden.

(4) Verwaltungsbehörde im Sinne des § 36 Abs. 1 Nr. 1 des Gesetzes über Ordnungswidrigkeiten ist im Falle des Absatzes 1 Nr. 1 Buchstabe c der Polizeipräsident in Berlin, im Falle des Absatzes 1 Nr. 9 das für das Friedhofswesen zuständige Mitglied des Senats, in allen übrigen Fällen des Absatzes 1 das Bezirksamt.

§ 25 Rechtsverordnungen

(1) Der Senat kann zur Durchführung dieses Gesetzes Rechtsverordnungen erlassen über
1. den Inhalt, die Ausstellung und die Verwendung des Leichenschauscheins, des Bestattungsscheins und des Leichenpasses,
2. die Behandlung und die Beförderung von Leichen, insbesondere über die zu treffenden Schutzmaßnahmen und die Beschaffenheit der Särge,
3. die an Leichenhallen zu stellenden Anforderungen und ihre Überwachung,
4. die Aufbewahrung und den Versand von Aschen Verstorbener.

(2) Der Senat kann durch Rechtsverordnung aus Gründen der öffentlichen Sicherheit oder Ordnung
1. Ausnahmen von den Vorschriften des § 10 Satz 1 und des § 12 zulassen,
2. anordnen, dass die Feuerbestattung auch ohne die besonderen Voraussetzungen des § 20 stattfinden darf.

(3) Die Geltungsdauer einer Rechtsverordnung nach Absatz 2 ist zu befristen; die Frist darf drei Monate nicht überschreiten.

§ 26 Verwaltungsvorschriften
Die zur Ausführung dieses Gesetzes erforderlichen Verwaltungsvorschriften erlässt das zuständige Mitglied des Senats im Einvernehmen mit dem Senator für Inneres.

§ 27 Änderung des Gesetzes über die Friedhöfe Berlins
(gegenstandslos)

§ 28 Inkrafttreten
(1) Dieses Gesetz tritt mit Ausnahme der §§ 25 und 26 neun Monate nach der Verkündung im Gesetz- und Verordnungsblatt für Berlin in Kraft; die §§ 25 und 26 treten am Tage nach der Verkündung in Kraft.
(2) Gleichzeitig treten außer Kraft:
1. das Gesetz über die Feuerbestattung vom 15. Mai 1934 (RGBl. 1 5. 380),
2. die Verordnung zur Durchführung des Feuerbestattungsgesetzes vom 10. August 1938 (RGBl. 1 5. 1000), geändert durch Verordnung vom 24. April 1942 (RGBl. 1 5. 242),
3. die Polizeiverordnung über das Leichenwesen vom 18. April 1933 (GVBl. Sb. 1 2129-1).

3b. Verordnung zur Durchführung des Bestattungsgesetzes (DVO-Bestattungsgesetz)

vom 22.10.1980 (GVBl. 5. 2403), zuletzt geändert durch die Verordnung vom 24.3.1987 (GVBl. S. 1085).

Auf Grund des § 25 Abs. 1 des Bestattungsgesetzes vom 2. November 1973 (GVBl. 5. 1830) wird verordnet:

Erster Abschnitt. Leichenschauschein, Bestattungsschein und Leichenpass

§ 1 Leichenschauschein

(1) Der Leichenschauschein besteht aus einem nicht vertraulichen Teil und einem vertraulichen Teil. Der nicht vertrauliche Teil des Leichenschauscheins ist in einer Ausfertigung, der vertrauliche Teil in drei Ausfertigungen auszufüllen.

(2) Das Muster des Leichenschauscheins bestimmt das für das Gesundheitswesen zuständige Mitglied des Senats im Einvernehmen mit dem Senator für Inneres.

§ 2 Inhalt des Leichenschauscheins

(1) Der nicht vertrauliche Teil des Leichenschauscheins enthält folgende Daten:

1. Name und Vorname, Geschlecht, Geburtsdatum, Geburtsort und Wohnort des Verstorbenen;
2. Sterbeort, bei Sterbefällen im Krankenhaus die Aufnahmenummer des Verstorbenen und den Aufnahmetag;
3. bei unbekannten Toten das vermutliche Alter;
4. Zeitpunkt des Todes;
5. Ort, Tag und Uhrzeit der Todesfeststellung;
6. bei Kindern, die weniger als 24 Stunden gelebt haben, Lebensdauer in Stunden;
7. behandelnder Arzt des Verstorbenen;
8. Todesart (natürlicher Tod, nicht natürlicher Tod, ungeklärt);
9. bei nicht natürlichem Tod die Beschreibung des Ereignisses, das zum Tode geführt hat, mit Art der Verletzung und der Einwirkung;
10. die Angabe, ob eine Meldepflicht nach dem Bundes-Seuchengesetz* bestand;
11. die Angabe, ob von der Leiche die Gefahr der Krankheitsübertragung (Seuchengefahr) ausgeht.

(2) Der vertrauliche Teil des Leichenschauscheins enthält zusätzlich folgende Daten:

1. Art des Todeseintritts (Endzustand);
2. Todesursache, Grundkrankheit (klinische und ggf. pathologisch-anatomische Beurteilung);
3. andere wesentliche Krankheiten zur Zeit des Todes;
4. bei Tod durch Unfall die Schilderung der näheren Umstände;
5. die Angabe, ob eine Vergiftung vorlag;
6. bei Totgeborenen und Kindern unter einem Jahr
   a) die nähere Bezeichnung des Ortes, an dem die Geburt erfolgte,
   b) Gewicht und Größe bei der Geburt,
   c) Reife bei der Geburt,
   d) die Angabe, ob das Kind aus einer Mehrlingsgeburt stammt;
7. bei Frauen die Angabe, ob
   a) eine Schwangerschaft vorlag,
   b) in den letzten drei Monaten eine Entbindung erfolgt war;
8. die Angabe, ob eine Leichenöffnung vorgesehen ist.

(3) Der ausstellende Arzt hat die einzelnen Teile des Leichenschauscheins unter Angabe des Ortes und Tages der Ausstellung sowie seines Namens und seiner Anschrift eigenhändig zu unterschreiben.

** Siehe jetzt das Infektionsschutzgesetz (IfSG)*

§ 3 Verwendung des Leichenschauscheins

(1) Der Arzt hat den nicht vertraulichen Teil des Leichenschauscheins offen demjenigen, der für die Bestattung sorgt (§ 16 des Bestattungsgesetzes) oder dessen Beauftragten auszuhändigen. Dieser ist verpflichtet, ihn unverzüglich einer Meldestelle des Landeseinwohneramtes Berlin vorzulegen und an den für die Beurkundung des Sterbefalles zuständigen Standesbeamten weiterzuleiten.

(2) Ist eine Feuerbestattung vorgesehen, so händigt der Standesbeamte den nicht vertraulichen Teil des Leichenschauscheins der in Absatz 1 genannten Person zur Weiterleitung an das die Einäscherung vornehmende Krematorium aus, das ihn der für den Einäscherungsort zuständigen Meldestelle des Landeseinwohneramtes Berlin vorlegt. Nach der Erteilung der Erlaubnis zur Feuerbestattung (§ 20 des Bestattungsgesetzes) leitet diese den nicht vertraulichen Teil des Leichenschauscheins an das Statistische Landesamt Berlin weiter, welches ihn an das Landeseinwohneramt Berlin zurücksendet. Ist eine Erdbestattung vorgesehen, so übersendet der Standesbeamte den nicht vertraulichen Teil des Leichenschauscheins an das Statistische Landesamt Berlin, das ihn an das Landeseinwohneramt Berlin weiterleitet.

(3) Der Arzt hat die erste Ausfertigung des vertraulichen Teils des Leichenschauscheins unverzüglich an das Bezirksamt des Sterbeortes (Gesundheitsamt) zu übersenden. Dieses prüft die Vollständigkeit der medizinischen Angaben und leitet ihn an das statistische Landesamt Berlin weiter. Ist eine Erdbestattung vorgesehen, ist die zweite Ausfertigung des vertraulichen Teils des Leichenschauscheins der ersten beizufügen. Die dritte Ausfertigung ist beizufügen, wenn eine Leichenöffnung nicht vorgesehen ist.

(4) Ist eine Feuerbestattung vorgesehen, so hat der Arzt die zweite Ausfertigung des vertraulichen Teils des Leichenschauscheins in einem besonderen, verschlossenen Umschlag der in Absatz 1 genannten Person zur Weiterleitung an das die Einäscherung vornehmende Krematorium auszuhändigen, das diese Ausfertigung dem Landesinstitut für gerichtliche und soziale Medizin übergibt. Wenn die Bestattungspflichtigen innerhalb der Aufbewahrungsfrist des § 4 Abs. 3 statt der Erdbestattung eine Feuerbestattung vornehmen lassen wollen, übersendet das Bezirksamt des Sterbeortes (Gesundheitsamt) oder das Statistische Landesamt die zweite Ausfertigung des vertraulichen Teils des Leichenschauscheins an das die Einäscherung vornehmende Krematorium.

(5) Ist eine Leichenöffnung vorgesehen, hat der die äußere Leichenschau vornehmende Arzt die dritte Ausfertigung des vertraulichen Teils des Leichenschauscheins an das pathologische Institut zu übersenden, das die Leichenöffnung vornehmen soll. Der die innere Leichenschau vornehmende Arzt hat die von ihm ermittelte Todesursache einzutragen und seine Feststellungen zu unterschreiben. Er übersendet die dritte Ausfertigung des vertraulichen Teils des Leichenschauscheins innerhalb von fünf Tagen nach der Leichenöffnung dem Statistischen Landesamt Berlin; sollte die vorgesehene Leichenöffnung nicht stattfinden, so ist diese Ausfertigung mit dem Vermerk „Leichenöffnung nicht erfolgt“ ebenfalls dem Statistischen Landesamt Berlin zu übersenden.

(6) Für die Weitergabe aller Ausfertigungen des vertraulichen Teils des Leichenschauscheins sind Umschläge mit dem deutlich sichtbaren Hinweis „Vertraulich, Verschlossen“ zu verwenden.

§ 4 Aufbewahrung und Auskunftserteilung

(1) Zuständig für die Aufbewahrung des nicht vertraulichen Teils des Leichenschauscheins und für die Erteilung von Auskünften daraus ist das Landeseinwohneramt Berlin. Die Frist für die Aufbewahrung beträgt fünf Jahre und beginnt mit dem Ende des Sterbejahres.

(2) Angaben aus dem nicht vertraulichen Teil des Leichenschauscheins dürfen Behörden nur übermittelt werden, wenn diese sie zur rechtmäßigen Erfüllung der innerhalb ihrer Zuständigkeit

liegenden Aufgaben benötigen, Privatpersonen nur, soweit diese ein berechtigtes Interesse glaubhaft machen.
(3) Zuständig für die Aufbewahrung der ersten Ausfertigung des vertraulichen Teils des Leichenschauscheins ist das Statistische Landesamt Berlin. Die Aufbewahrungszeit beträgt mindestens drei Monate vom Ablauf des Sterbemonats an gerechnet. Das gleiche gilt für die zweite Ausfertigung, wenn diese dem Statistischen Landesamt Berlin nach § 3 Abs. 3 Satz 3 von dem Bezirksamt (Gesundheitsamt) und für die dritte Ausfertigung, wenn diese von einem pathologischen Institut übersandt wird.
(4) Bei Feuerbestattungen ist für die Aufbewahrung der zweiten Ausfertigung des vertraulichen Teils des Leichenschauscheins das Landesinstitut für gerichtliche und soziale Medizin zuständig. Die Aufbewahrungszeit beträgt mindestens einen Monat vom Ablauf des Sterbemonats an gerechnet.

§ 5 Ausstellung des Bestattungsscheins
Der Bestattungsschein wird erst nach Vorlage des nicht vertraulichen Teils des Leichenschauscheins ausgestellt. In Fällen des § 19 Abs. 2 des Bestattungsgesetzes muss auch die Bestattungsgenehmigung der Staatsanwaltschaft vorliegen; diese ist mit dem Bestattungsschein zu verbinden.

§ 6 Inhalt des Bestattungsscheins
(1) Der Bestattungsschein enthält folgende Daten:
1. Name und Vorname des Verstorbenen;
2. Geburtsdatum und Geburtsort;
3. Sterbedatum und Sterbeort;
4. letzter Wohnort des Verstorbenen;
5. die Erklärung, dass die Bestattung vorgenommen werden darf;
6. den Zeitpunkt, von dem an die Bestattung erfolgen kann;
7. die Angabe, ob eine Meldepflicht nach dem Bundes-Seuchengesetz* bestand;
8. die Angabe, ob von der Leiche die Gefahr der Krankheitsübertragung (Seuchengefahr) ausgeht.

(2) Der Bestattungsschein ist mit der Bescheinigung des Standesamtes über die Anzeige des Sterbefalles zu verbinden.
(3) Der Bestattungsschein wird der in § 3 Abs. 1 genannten Person zur Vorlage bei der Friedhofsverwaltung oder dem Krematorium ausgehändigt.

** Siehe jetzt das Infektionsschutzgesetz (IfSG)*

§ 7 Aufbewahrung des Bestattungsscheins
Der Bestattungsschein wird
1. bei Erdbestattung von der für den Bestattungsort zuständigen Friedhofsverwaltung, in den Fällen des § 18 Abs. 1 Satz 2 des Bestattungsgesetzes von der für die Ausnahmegenehmigung zuständigen Behörde und
2. bei Feuerbestattung von dem die Einäscherung vornehmenden Krematorium zusammen mit der Erlaubnis des Landeseinwohneramtes nach § 20 Abs. 1 des Bestattungsgesetzes für die Ruhezeit aufbewahrt.

§ 8 Beantragung eines Leichenpasses
Dem Antrag auf Ausstellung eines Leichenpasses sind folgende Unterlagen beizufügen:
1. die Sterbeurkunde oder die Bescheinigung des Standesbeamten über die Anzeige des Sterbefalles;
2. der Bestattungsschein;
3. ein ärztliches Zeugnis darüber, dass die Leiche befördert werden kann. Auf eine bestehende Ansteckungsgefahr ist unter Hinweis auf die Schutzmaßnahmen nach § 12 hinzuweisen;

4. eine Bescheinigung des Bestattungsunternehmens darüber, dass die Leiche den Vorschriften dieser Verordnung entsprechend eingesargt und befördert wird. Im Fall einer Ansteckungsgefahr hat er die Einhaltung der Schutzmaßnahmen nach § 12 zu bestätigen.

§ 9 Inhalt des Leichenpasses

Der Leichenpass enthält folgende Angaben:

1. Name und Vorname des Verstorbenen;
2. Geburtsdatum und Geburtsort;
3. Sterbedatum und Sterbeort;
4. die Bestätigung der vorschriftsmäßigen Einsargung;
5. Beförderungsmittel;
6. Absendeort, Beförderungsweg und Bestimmungsort;
7. die Bestätigung, dass keine Anhaltspunkte für einen nicht natürlichen Tod vorliegen oder dass die Staatsanwaltschaft die Bestattung schriftlich genehmigt hat.

Zweiter Abschnitt. Behandlung und Beförderung von Leichen

§ 10 Schutz der Gesundheit und der Totenruhe

Leichen und Aschen Verstorbener sind so zu behandeln, dass die menschliche Gesundheit nicht gefährdet und die Totenruhe nicht mehr als unumgänglich gestört wird. Die Leichen sind in den Särgen erdzubestatten oder einzuäschern, in denen sie zum Bestattungsort gelangen.

§ 11 Konservierung von Leichen

(1) Leichen dürfen nur konserviert werden, wenn sie ins Ausland befördert werden sollen. Bei Bestattungen in Berlin kann das Bezirksamt des Bestattungsortes Ausnahmen zulassen.

(2) Leichen dürfen erst konserviert werden, wenn der Bestattungsschein erteilt worden ist.

§ 12 Schutzmaßnahmen bei Ansteckungsgefahr

(1) Bestand zum Zeitpunkt des Todes des Verstorbenen eine Meldepflicht nach dem Bundes-Seuchengesetz*, sind unbeschadet der nach dem Bundes-Seuchengesetz erlassenen Anordnungen zusätzlich folgende Schutzmaßnahmen zu treffen:

1. Die Leiche darf nicht gewaschen, rasiert, frisiert oder umgekleidet werden. Die zuständige Behörde kann bei Vorliegen eines wichtigen Grundes eine Ausnahme zulassen, sofern die Gewähr besteht, dass die von ihr angeordneten Vorsichtsmaßnahmen durchgeführt werden.
2. Die Leiche ist unverzüglich in Tücher, die mit einer desinfizierenden Flüssigkeit getränkt sind, einzuhüllen.
3. Die Leiche ist unverzüglich in einem festen, gut abgedichteten Sarg einzusargen, dessen Boden mit einer 5 bis 10 cm hohen Schicht aus Sägemehl, Torfmull oder aus anderen aufsaugenden Stoffen bedeckt oder auf andere Weise gegen das Durchsickern von Feuchtigkeit nach außen geschützt wird, und bei dem der Austritt von Gerüchen verhindert wird.
4. Der Sarg ist nach dem Einsargen sofort zu verschließen und in einen besonderen verschlossenen Raum einer öffentlichen Leichenhalle zu überführen.
5. Der Sarg darf nur mit Erlaubnis der zuständigen Behörde wieder geöffnet werden. Am Sarg ist als Hinweis eine Namenskarte anzubringen, die den Namen des Verstorbenen und des Bestattungsunternehmers sowie auffällig die Aufschrift Seuchengefahr enthält.
6. Personen, die mit der Leiche in unmittelbare Berührung kommen, müssen vor Beginn ihrer Verrichtungen waschbare Oberkleider oder Schürzen anlegen, die nach beendeter Tätigkeit sorgfältig zu desinfizieren sind. Sie haben vor Verlassen des Totenzimmers ihre Hände und Unterarme sowie die verwendeten Geräte in einer desinfizierenden Flüssigkeit zu reinigen.

(2) Die in Absatz 1 Nr. 2 bis 4 genannten Maßnahmen dürfen erst getroffen werden, wenn ein Arzt die Leichenschau vorgenommen hat.

(3) Der die Leichenschau vornehmende Arzt hat nötigenfalls dafür zu sorgen, dass die Personen, die sich in der Umgebung der Leiche bis zu ihrer Überführung aufhalten, und der Bestattungsunternehmer auf die Ansteckungsgefahr und die gebotene Vorsicht hingewiesen werden.

** Siehe jetzt das Infektionsschutzgesetz (IfSG)*

§ 13 Leichenbesorger

Personen, die gewerbs- oder berufsmäßig Leichen reinigen, ankleiden oder einsargen (Leichenbesorger), müssen vor Beginn ihrer Tätigkeit waschbare Überkleider oder Schürzen anlegen. Unmittelbar nach Beendigung der Tätigkeit haben sie ihre Hände und Unterarme, die Überkleider oder Schürzen und die verwendeten Geräte gründlich zu reinigen. § 12 Abs. 1 Nr. 6 bleibt unberührt.

§ 14 Beschaffenheit der Särge bei Erdbestattungen

Für die Erdbestattung darf nur ein fester Sarg verwendet werden, der so gefügt und abgedichtet sein muss, dass bis zur Beisetzung jedes Durchsickern von Feuchtigkeit nach außen ausgeschlossen ist und der Austritt von Gerüchen verhindert wird. Der Sarg darf nicht aus schwer vergänglichen Stoffen hergestellt sein; dies gilt auch für die Innenausstattung des Sarges und die Bekleidung der Leiche. § 12 Abs. 1 Nr. 3 bleibt unberührt.

§ 15 Beschaffenheit der Särge bei Feuerbestattungen

(1) Für die Feuerbestattung ist ein fester Sarg aus dünnem Holz oder Zinkblech oder anderen, von dem für das Friedhofswesen zuständigen Mitglied des Senats als gleichwertig anerkannten Stoffen zu verwenden. Der Sarg muss so gefügt und abgedichtet sein, dass bis zur Einäscherung jedes Durchsickern von Feuchtigkeit nach außen ausgeschlossen ist und der Austritt von Gerüchen verhindert wird. Pech darf zur Abdichtung der Fugen nicht verwendet werden. § 12 Abs. 1 Nr. 3 bleibt unberührt.

(2) Der Sarg muss frei von unverbrennbaren Verzierungen (Beschläge, Griffe) sein. Zur Befestigung der Auskleidung des Sarges und zum Schließen der Bekleidung der Leiche dürfen unverbrennbare Gegenstände nicht verwendet werden. Der Sarg einschließlich der Auskleidung und des Anstrichs, die Sargbeigaben sowie die Bekleidung der Leiche müssen so beschaffen sein, dass bei der Einäscherung eine Rauch- und Rußentwicklung, Geruchsbelästigungen sowie Gefahren für Beschäftigte oder Beschädigungen der Verbrennungsanlage nicht entstehen und zu befürchten sind. Als Unterlagen für die Leiche und als Füllmasse für Kissen sind Säge- oder Hobelspäne, Holzwolle oder Torfmull oder andere, von dem für das Friedhofswesen zuständigen Mitglied des Senats als gleichwertig anerkannte Stoffe zu benutzen.

§ 16 Beschaffenheit der Särge bei Beförderung von Leichen

Leichen dürfen an einen Ort außerhalb Berlins nur in einem widerstandsfähigen verschlossenen Metallsarg oder in einem den Anforderungen des § 12 Abs. 1 Nr. 3 entsprechenden Holzsarg befördert werden.

§ 17 Anforderungen an Leichenwagen

(1) Der Laderaum von Leichenwagen muss umschlossen, verschließbar und vom Fahrerraum getrennt sein. Er muss abwaschbar sowie für eine Desinfektion geeignet sein; dasselbe gilt für alle Einbauten. Der Boden des Laderaums muss feuchtigkeitsundurchlässig sein. Der Sarg muss so befestigt werden können, dass er sich während der Fahrt nicht verschiebt.

(2) Der Laderaum des Leichenwagens ist gründlich zu reinigen, wenn aus dem Sarg Flüssigkeit ausgetreten ist. Bei Ansteckungsgefahr (§ 12 Abs. 1) ist er auch zu desinfizieren.

§ 18 Transportbegleiter

(1) Der für die Beförderung einer Leiche nach einem Ort außerhalb Berlins Verantwortliche hat dafür zu sorgen, dass der Leichenwagen von einer zuverlässigen Person begleitet wird. Diese kann auch der Führer des Fahrzeugs sein, mit dem die Leiche befördert wird.

(2) Die Begleitperson hat dafür zu sorgen, dass

1. der Leichenpass oder die in § 11 Abs. 2 des Bestattungsgesetzes genannte Bescheinigung mitgeführt wird;
2. die Beförderung zügig erfolgt und möglichst ohne Unterbrechung bis zum Bestimmungsort durchgeführt wird;
3. der Sarg geschlossen bleibt und nicht ohne zwingenden Grund von dem Fahrzeug herabgenommen wird;
4. die Leiche am Bestimmungsort unmittelbar nach der Ankunft zu der Bestattungsstelle oder zu einer Leichenhalle gebracht wird;
5. bei Ansteckungsgefahr (§ 12 Abs. 1) die Personen, denen die Leiche übergeben wird, darauf hingewiesen werden.

Dritter Abschnitt. Leichenhallen

§ 19 Allgemeine Anforderungen an Leichenhallen

(1) Bei der Anerkennung der Leichenhalle nach § 9 Abs. 2 des Bestattungsgesetzes ist unter Berücksichtigung der Größe der Leichenhalle die höchst zulässige Zahl der dort aufzubahrenden Leichen festzusetzen.
(2) Leichenhallen dürfen nicht mit Räumen überbaut sein, die Wohnzwecken dienen oder von anderen als den in § 9 Abs. 2 des Bestattungsgesetzes aufgezählten Einrichtungen benutzt werden sollen.

§ 20 Besondere Anforderungen an Leichenhallen

(1) Leichenhallen sind würdig zu gestalten.
(2) Leichenhallen müssen ausreichend hell, leicht zu lüften und zu reinigen sowie gegen das Betreten durch Unbefugte und das Eindringen von Tieren geschützt sein. Die Aufbewahrungstemperatur in Leichenhallen darf 10° C nicht überschreiten.
(3) Die Wände in Leichenhallen müssen leicht abwaschbar und desinfektionsbeständig sein. Der Fußboden in Leichenhallen muss fugenlos oder fugendicht sein; er muss leicht zu reinigen und zu desinfizieren sein.
(4) Soweit in Leichenhallen Leichen von Verstorbenen aufbewahrt werden, bei deren Tod eine Meldepflicht nach dem *Bundes-Seuchengesetz** bestand, muss dafür ein besonderer verschlossener Raum vorhanden sein.

** Siehe jetzt das Infektionsschutzgesetz (IfSG)*

§ 21 Vorschriften für bestehende Leichenhallen

(1) Wer bei Inkrafttreten dieser Verordnung eine Leichenhalle betreibt, hat binnen einer Frist von drei Monaten beim Bezirksamt einen Antrag auf Anerkennung der Geeignetheit der Leichenhalle zu stellen. Bis zur Entscheidung gilt die Leichenhalle als geeignet.
(2) Das Bezirksamt kann davon absehen, die Erfüllung einzelner Anforderungen der §§ 19, 20 zu verlangen, soweit die Beschaffenheit der Räume bisher nicht zu beanstanden war und die wesentlichen Voraussetzungen für die Anerkennung einer Leichenhalle erfüllt sind.

§ 22 Überwachung

(1) Zuständig für die Überwachung der Leichenhallen ist das Bezirksamt.
(2) Die Beauftragten des Bezirksamtes sind befugt, zu diesem Zweck die Leichenhallen und ihre Einrichtungen während der üblichen Geschäftszeit zu betreten und zu besichtigen. Der Leiter der Einrichtung, der die Leichenhalle betreibt und das sonstige Personal sind verpflichtet, den Beauftragten des Bezirksamtes die Leichenhalle und ihre Einrichtungen zugänglich zu machen und ihnen die erforderlichen Auskünfte zu erteilen.

Vierter Abschnitt. Aufbewahrung und Versand von Aschen Verstorbener

§ 23 Aufnahme der Asche in Urnen

Nach Durchführung der Feuerbestattung ist die Asche der Leiche in ein Behältnis (Urne) aufzunehmen, das von dem Krematorium bereitgestellt wird. Das Behältnis wird amtlich verschlossen.

§ 24 Beschaffenheit von Urnen

(1) Die Urne muss aus festem Material sein. Sie darf jedoch nicht aus schwer vergänglichen Stoffen hergestellt sein.

(2) Der Deckel der Urne muss mit einem festsitzenden, dauerhaften Schild versehen sein, auf dem in deutlich geprägter Schrift folgende Angaben stehen:

1. Bezeichnung des Krematoriums,
2. Name und Vorname des Verstorbenen,
3. Tag und Jahr seiner Geburt,
4. Tag und Jahr seines Todes,
5. Tag der Einäscherung,
6. die Nummer der Eintragung der Einäscherung in das Einäscherungsverzeichnis.

§ 25 Weitergabe und Versand von Aschen im Inland

(1) Die Urne wird von dem Krematorium unmittelbar an den vorgesehenen Bestattungsort übersandt. Der Versand ist erst zulässig, wenn eine Bescheinigung der Friedhofsverwaltung vorliegt, dass die Urne beigesetzt wird.

(2) Der Urne ist ein Versandschein beizufügen, der außer den auf dem Deckelschild der Urne stehenden Angaben (§ 24 Abs. 2) auch Angaben über den Geburtsort und den Sterbeort des Eingeäscherten enthalten muss.

(3) Den Angehörigen des Verstorbenen oder deren Beauftragten darf die Urne nur dann ausgehändigt werden, wenn sie eine Genehmigung der zuständigen Behörde vorlegen, dass die Asche außerhalb eines Friedhofs beigesetzt werden darf.

§ 26 Weitergabe und Versand von Aschen im Ausland

(1) Für die Weitergabe und den Versand von Urnen, die nicht im Inland beigesetzt werden sollen, gilt § 25 entsprechend.

(2) Der Versand und die Herausgabe der Urne ist jedoch zulässig, wenn

1. entgegen § 25 Abs. 1 Satz 2 eine Bescheinigung der Friedhofsverwaltung nachweislich nicht erreichbar ist,
2. entgegen § 25 Abs. 3 die Angehörigen den Nachweis darüber führen, dass die Beisetzung der Asche nach dem am Beisetzungsort geltenden ausländischen Recht keiner Genehmigung bedarf und sichergestellt ist, dass die Urne an den vorgesehenen Ort im Ausland gelangt.

§ 27 Beisetzung der Asche auf Friedhöfen

Die Asche eines Verstorbenen ist in der Urne beizusetzen, soweit sie nicht für eine Grabstätte bestimmt ist, die eigens für die behältnislose Beisetzung von Aschen eingerichtet ist.

§ 28 Umbetten von Urnen

Für die Weitergabe, Versendung und Beisetzung von Urnen, die umgebettet werden sollen, gelten die §§ 25 und 26 entsprechend.

Fünfter Abschnitt. Schlussvorschriften

§ 29 Sondervorschriften

Von dieser Verordnung bleiben unberührt:

1. zwischenstaatliche Vereinbarungen, insbesondere über die Leichenbeförderung;

2. Vorschriften über die Beförderung von Leichen auf Eisenbahnen, auf dem Seewege, auf den Binnenwasserstraßen und auf dem Luftwege;
3. seuchenrechtliche Vorschriften;
4. Vorschriften über den Umgang mit radioaktiven Leichen;
5. Anordnungen, die vom Gericht oder von der Staatsanwaltschaft im einzelnen getroffen werden.

(1) Ordnungswidrig im Sinne des § 24 Abs. 2 des Bestattungsgesetzes handelt, wer vorsätzlich oder fahrlässig

1. den ihm vom Arzt ausgehändigten Leichenschauschein nicht unverzüglich
   a) entgegen § 3 Abs. 1 der Meldestelle des Landeseinwohneramtes Berlin vorlegt und an den Standesbeamten weiterleitet,
   b) entgegen § 3 Abs. 4 an das die Einäscherung vornehmende Krematorium weiterleitet,
2. entgegen § 3 Abs. 2 den ihm vom Standesbeamten ausgehändigten Leichenschauschein nicht an das die Einäscherung vornehmende Krematorium weiterleitet,
3. entgegen § 3 Abs. 3 als Arzt den Leichenschauschein nicht unverzüglich an das Bezirksamt des Sterbeortes übersendet,
4. entgegen § 3 Abs. 5 als Arzt den Leichenschauschein nicht an das pathologische Institut, nicht oder nicht fristgemäß an das Statistische Landesamt Berlin übersendet,
5. entgegen § 11 eine Leiche konserviert,
6. als Bestattungsunternehmer
   a) entgegen § 12 Abs. 1 die erforderlichen Schutzmaßnahmen unterlässt,
   b) Särge, Sargbeigaben oder Leichenbekleidung verwendet, die nicht den in §§ 14 bis 16 genannten Anforderungen entsprechen,
   c) eine Leiche mit einem Leichenwagen befördert oder befördern lässt, der nicht den in § 17 Abs. 1 genannten Anforderungen entspricht,
   d) entgegen § 18 Abs. 1 nicht dafür sorgt, dass der Leichenwagen von einer zuverlässigen Person begleitet wird;
7. als Leichenbesorger den in § 13 oder als Transportbegleiter den in § 18 genannten Pflichten zuwiderhandelt;
8. unbefugt eine amtlich verschlossene Urne öffnet oder das auf dem Deckel der Urne gemäß § 24 Abs. 2 angebrachte Schild entfernt.

(2) Verwaltungsbehörde im Sinne des § 36 Absatz 1 Nr. 1 des Gesetzes über Ordnungswidrigkeiten ist in den Fällen des Absatzes 1 Nr. 1 und 2 das Landeseinwohneramt, in allen übrigen Fällen das Bezirksamt.

§ 31 Inkrafttreten

Diese Verordnung tritt am Tage nach der Verkündung im Gesetz- und Verordnungsblatt für Berlin in Kraft.

3c. Gesetz über die landeseigenen und nichtlandeseigenen Friedhöfe Berlins (Friedhofsgesetz)

vom 1.11.1995 (GVBl. S. 707), geändert durch Gesetz vom 15.10.2001 (GVBl. S. 540)

Erster Abschnitt. Allgemeine Vorschriften

§ 1 Geltungsbereich

Die Vorschriften dieses Gesetzes gelten für die landeseigenen und nichtlandeseigenen Friedhöfe (öffentliche Friedhöfe) Berlins.

§ 2 Zweckbestimmung

(1) Die würdige Bestattung von verstorbenen Personen ist eine öffentliche Aufgabe, die auf öffentlichen Friedhöfen wahrgenommen wird. Öffentliche Friedhöfe stellen kulturelle Einrichtungen dar, welche die Ehrung der Toten und die Pflege des Andenkens ermöglichen.
(2) Auf landeseigenen Friedhöfen wird unabhängig von Konfession und Weltanschauung bestattet. Friedhofsträger ist das Land Berlin. Die Ausübung religiöser und weltanschaulicher Gebräuche bei Bestattungen und Totengedenkfeiern im Rahmen der Friedhofsordnung wird gewährleistet.
(3) Nichtlandeseigene Friedhöfe sind Friedhöfe, die der Bestattung der Mitglieder von Kirchen, Religionsgesellschaften oder Weltanschauungsgemeinschaften entsprechend der jeweiligen Friedhofsordnung dienen. Träger von nichtlandeseigenen Friedhöfen können Körperschaften des öffentlichen Rechts und gemäß § 3 Abs. 2 beliehene Religionsgesellschaften oder Weltanschauungsgemeinschaften sein, denen die Verwaltung und Organisation eines Friedhofs oder Friedhofsteils gemäß § 3 Abs. 3 übertragen wurde. Die Bestattung von Verstorbenen, die nicht der jeweiligen Konfession oder Weltanschauungsgemeinschaft angehören, liegt im Ermessen des jeweiligen Friedhofsträgers und darf bei Vorliegen von zwingenden Gründen des öffentlichen Interesses nicht verweigert werden, soweit es die religiösen Ordnungen der jeweiligen Religionsgesellschaften zulassen.
(4) Friedhöfe sind Grünanlagen mit besonderer Zweckbestimmung. Sie sind Teil des städtischen Grüns und haben darüber hinaus vor allem in innerstädtischen Lagen Bedeutung für die ruhige und besinnliche Erholung der Bevölkerung.

§ 3 Genehmigungserfordernis und Zuständigkeiten

(1) Friedhöfe dürfen nur mit Genehmigung der für das Friedhofswesen zuständigen Senatsverwaltung angelegt oder erweitert werden. Die Genehmigung ist zu versagen, wenn das Vorhaben den Bestimmungen nach § 5 oder sonstigen Rechtsvorschriften widerspricht. Widmung, Schließung und Aufhebung obliegen dem Friedhofsträger und dürfen erst nach Herbeiführung des Einvernehmens mit der für das Friedhofswesen zuständigen Senatsverwaltung erfolgen. Das Einvernehmen zur Schließung darf ohne zwingende Gründe des öffentlichen Interesses nicht verweigert werden. In den Fällen der Anlegung, Erweiterung und Aufhebung ist außerdem das Einvernehmen der für das Gesundheitswesen zuständigen Senatsverwaltung erforderlich.
(2) Gemeinnützige Religionsgesellschaften, die nicht als Körperschaften des öffentlichen Rechts anerkannt sind, können von der für das Friedhofswesen zuständigen Senatsverwaltung widerruflich mit dem hoheitlichen Bestattungsrecht beliehen werden, wenn sie in der Lage sind, den sachlichen und ideellen Bedarf sowie das langfristige wirtschaftliche Leistungsvermögen nachzuweisen. Gleiches gilt für gemeinnützige Weltanschauungsgemeinschaften.
(3) Die Friedhofsverwaltung und die Friedhofsorganisation obliegen dem jeweiligen Friedhofsträger. Der Friedhofsträger kann unter der Voraussetzung, dass er auch Eigentümer des Friedhofsgrundstücks ist, einer beliehenen Religionsgesellschaft oder Weltanschauungsgemeinschaft im Sinne des Absatzes 2 die Verwaltung und Organisation eines Friedhofs oder Friedhofsteils

durch Vertrag übertragen. In diesem Fall geht die Zuständigkeit dafür auf die jeweilige Gemeinschaft über. Die Eigentumsverhältnisse am Friedhofsgrundstück bleiben unberührt.

§ 4 Verkehrssicherungspflicht

(1) Der Friedhofsträger haftet für den verkehrssicheren Zustand des Friedhofs und seiner Anlagen. Für die Verkehrssicherheit einer Grabstätte, an der ein Nutzungsrecht vergeben wurde, hat der jeweilige Nutzungsberechtigte Sorge zu tragen.
(2) Die Verkehrssicherungspflicht auf landeseigenen Friedhöfen wird als öffentlich-rechtliche Pflicht wahrgenommen. Absatz 1 Satz 2 bleibt unberührt.

Zweiter Abschnitt. Planung, Anlegung, Erweiterung, Schließung und Aufhebung von Friedhöfen

§ 5 Allgemeine Bestimmungen

(1) Friedhöfe sind so zu gestalten und zu unterhalten, dass sie dem Anspruch an Ruhe und Würde eines Friedhofs entsprechen und historische Strukturen gewahrt werden.
(2) Bei Planung, Anlegung, Erweiterung, Schließung sowie Aufhebung von Friedhöfen und Friedhofsteilen sind
1. die Friedhofsentwicklungsplanung,
2. die Bauleitplanung und
3. die Landschaftsplanung zu beachten.

(3) Friedhöfe müssen den Anforderungen der öffentlichen Sicherheit und Ordnung, insbesondere denen der Gesundheit, entsprechen. Die Eignung der Bodenbeschaffenheit und der Grundwasserverhältnisse ist nachzuweisen.

§ 6 Friedhofsentwicklungsplan

Die für das Friedhofswesen zuständige Senatsverwaltung stellt unter Beteiligung der Friedhofsträger und der für Angelegenheiten der Religionsgesellschaften und Weltanschauungsgemeinschaften zuständigen Senatsverwaltung einen Friedhofsentwicklungsplan auf, der die vorhandene Versorgung mit Friedhofsflächen feststellt sowie die angestrebte, wohngebietsbezogene Versorgung und die notwendigen Entwicklungsmaßnahmen nach ihrer Dringlichkeit darlegt. Der Friedhofsentwicklungsplan enthält die nach Schließung und Aufhebung beabsichtigte folgende Nutzung, wobei grundsätzlich die Folgenutzung als Grünfläche vorzusehen ist. Eine spätere bauliche oder sonstige, mit der ehemaligen Friedhofsnutzung nicht harmonisierende Nutzung ist aus Gründen der Pietät grundsätzlich nicht zulässig. Eine andere Folgenutzung kann nur aus zwingendem öffentlichen Interesse und nach besonders eingehender Prüfung zugelassen werden. Der Plan wird vom Senat beschlossen und ist dem Abgeordnetenhaus zur Kenntnis zu geben. Er ist nach Bedarf zu aktualisieren.

§ 7 Schließung und Aufhebung

(1) Ein Friedhof oder Friedhofsteil kann aus städtebaulichen, wirtschaftlichen oder anderen zwingenden Gründen des öffentlichen Interesses für weitere Bestattungen gesperrt werden (Schließung). Dieses gilt auch für einzelne Bestattungs- und Grabstättenarten. Als Ersatz für die Nutzungsrechte, die bis zum Zeitpunkt der Schließung nicht ausgeübt worden sind, werden auf Antrag des jeweiligen Nutzungsberechtigten Nutzungsrechte auf einem anderen Friedhof oder Friedhofsteil eingeräumt oder eine Rückzahlung der auf die restliche Laufzeit entfallenden Gebühren geleistet. Die Schließung eines Friedhofs oder Friedhofsteils ist öffentlich bekannt zu machen.
(2) Soll ein Friedhof nach der Schließung einer anderen Nutzung zugeführt werden (Aufhebung), so ist eine Frist von 30 Jahren nach der letzten Bestattung einzuhalten. Ein Friedhof oder Friedhofsteil darf nicht aufgehoben werden, wenn aus religiösen Gründen ein dauerndes Ruherecht gewährt worden ist. Die Aufhebung eines Friedhofs oder Friedhofsteils ist öffentlich bekannt zu machen.

(3) Abweichend von Absatz 2 Satz 1 kann ein Friedhof oder Friedhofsteil vor Ablauf von 30 Jahren nach der letzten Bestattung mit Zustimmung des Senats aufgehoben werden, wenn zwingende Gründe des öffentlichen Interesses es erfordern und religiöse Überzeugungen nicht entgegenstehen. Den Nutzungsberechtigten sind für die restliche Dauer der Nutzungsrechte entsprechende Rechte auf einem anderen Friedhofsteil oder einem anderen Friedhof einzuräumen. Die Verstorbenen sind in diesem Fall in die neuen Grabstätten umzubetten. Durch die Umbettungen, das Umsetzen der Grabmäler und das Herrichten der neuen Grabstätten dürfen den Nutzungsberechtigten keine Kosten entstehen.
(4) Eine geringfügige Inanspruchnahme eines Friedhofsteils aus zwingenden Gründen des Gemeinwohls für andere Zwecke bedarf der Zustimmung der für das Friedhofswesen zuständigen Senatsverwaltung, soweit sie Umbettungen erforderlich macht. Absatz 3 Satz 2 bis 4 gilt entsprechend.

Dritter Abschnitt. Umwelt- und Naturschutz

§ 8 Allgemeine Anforderungen
Die bei der Anlegung, Gestaltung, Nutzung und Unterhaltung Beteiligten haben den Anforderungen des Umwelt- und Naturschutzes Rechnung zu tragen.

§ 9 Besondere Anforderungen
(1) Die Ziele und Erfordernisse der Abfallvermeidung und Abfallverwertung sind zu beachten. Die Abfallverwertung hat Vorrang vor der sonstigen Entsorgung, wenn sie technisch nach den örtlichen Gegebenheiten möglich und der hierdurch entstehende Kostenaufwand nicht unzumutbar ist. Das Belassen von nicht kompostierbaren Abfällen auf dem Friedhof ist nicht zulässig.
(2) Grabmäler dürfen nicht aus ressourcenschädigenden Materialien bestehen.
(3) Die Verwendung von nicht biologisch abbaubaren Materialien bei den Bestattungen sowie von nicht kompostierbaren Materialien bei der gärtnerischen Gestaltung von Grabstätten und der Trauerfloristik ist nicht gestattet. Ausgenommen sind ausdrücklich im Belegungsplan zugelassene Gestaltungsmittel und Behältnisse für den zeitweiligen Blumenschmuck. Abbauprodukte dürfen keine ressourcenschädigende Eigenschaft haben.

Vierter Abschnitt. Nutzungsrecht und Ruhezeit

§ 10 Nutzungsrecht
(1) Eine Bestattung ist nur zulässig, wenn zuvor das Nutzungsrecht an einer Grabstätte erworben wurde. Der Nutzungsberechtigte darf darüber befinden, wer auf der Grabstätte beigesetzt und wie die Grabstätte gestaltet und gepflegt werden soll, wobei die geltende Friedhofsordnung zu beachten ist. Das Nutzungsrecht wird auf Grundlage der jeweiligen Friedhofsordnung und Gebührenordnung vergeben. Der Erwerber des Nutzungsrechts an einer Grabstätte ist Nutzungsberechtigter, soweit keine andere Regelung getroffen worden ist.
(2) Die Dauer des Nutzungsrechts entspricht mindestens der Ruhezeit gemäß § 11 Abs. 1 Satz 1.
(3) Die Vergabe des Nutzungsrechts an einer Grabstätte berührt nicht deren Eigentumsverhältnisse.

§ 11 Ruhezeit
(1) Die Ruhezeit beträgt für Erd- und Urnenbestattungen mindestens 20 Jahre. Der Friedhofsträger kann längere Ruhezeiten bestimmen und die Ruhezeit aus religiösen Gründen auf Dauer festlegen.
(2) Eine Grabstätte darf nur belegt werden, wenn die Mindestruhezeit eingehalten wird. Sie darf erst nach Ablauf der Ruhezeit des zuletzt Bestatteten neu belegt oder anderweitig verwendet werden.

Landesrecht

Fünfter Abschnitt. Grabstätten und Umbettungen

§ 12 Grabstätten

(1) Gestaltung und Ausstattung der Grabstätten müssen der Würde des Ortes und den Anforderungen an die Verkehrssicherheit entsprechen.

(2) Grabstätten werden unterschieden in Erdgrabstätten, Urnengrabstätten und Aschengrabstätten. Erdgrabstätten dienen der Aufnahme von menschlichen Leichen in Särgen. In Urnengrabstätten werden die verschlossenen Urnen mit der Asche Verstorbener beigesetzt. Aschengrabstätten stehen für das Ausstreuen der Asche Verstorbener zur Verfügung. Der Friedhofsträger entscheidet, welche Arten von Grabstätten er anbietet. Auf landeseigenen Friedhöfen sind Grabstättenarten entsprechend dem Bedarf bereitzuhalten.

(3) Grabstätten für Erdbestattungen erfordern eine Erdbedeckung (ohne Hügel) von mindestens 0,90 Metern über der Sargoberkante. Zwischen den einzelnen Särgen muss eine mindestens 0,30 Meter starke Erdwand verbleiben.

(4) Unterirdisch beigesetzte Urnen müssen eine Überdeckung von mindestens 0,50 Metern aufweisen.

(5) Gebaute Grüfte, einschließlich Grabkammern, dürfen nicht angelegt werden.

(6) Grabstätten von Persönlichkeiten, die sich besonders verdient gemacht haben oder deren Andenken in der Öffentlichkeit fortlebt, kann das Land Berlin als Ehrengrabstätten anerkennen. Einzelheiten der Anerkennung als Ehrengrab, der Finanzierung, der Pflege und der Unterhaltung werden durch die für das Friedhofswesen zuständige Senatsverwaltung geregelt.

(7) Der rechtliche Status der Gräber der Opfer von Krieg und Gewaltherrschaft sowie die Verpflichtung zu ihrer Erhaltung und Pflege bleiben durch dieses Gesetz unberührt.

(8) Die Gräberfelder auf den landeseigenen Friedhöfen in Lichtenberg, Treptow und Pankow, auf denen die Verfolgten des Nationalsozialismus beigesetzt sind, bleiben für diesen Personenkreis mit der bisherigen Zweckbestimmung erhalten. Personen, die nach dem Gesetz über Entschädigungen für Opfer des Nationalsozialismus im Beitrittsgebiet vom 22. April 1992 (BGBl. S. 906) anerkannt sind, können dort weiterhin bestattet werden. Satz 1 gilt nicht für Personen, die für Unterdrückungsmaßnahmen verantwortlich waren. Näheres regelt eine Verwaltungsvorschrift.

§ 13 Gebeine und Urnenreste

Wenn beim Ausheben eines Grabes zur Neubelegung Sargteile, Gebeine und Urnenreste gefunden werden, sind diese unter der Sohle des neu aufgeworfenen Grabes zu versenken oder auf eine andere Art würdig beizusetzen. Werden noch nicht verweste Leichen vorgefunden, so ist das Grab sofort wieder zu verschließen. Die Mindestruhezeit für das betroffene Grabfeld ist durch den Friedhofsträger zu überprüfen und gegebenenfalls zu verlängern.

§ 14 Ausgrabungen und Umbettungen

(1) Die Ruhe der Toten darf grundsätzlich nicht gestört werden.

(2) Das Ausgraben einer Leiche zum Zwecke der Umbettung oder Einäscherung erfordert die Zustimmung der Friedhofsverwaltung. Die Zustimmung darf nur erteilt werden, wenn ein wichtiger Grund besteht, die Erlaubnis des Bezirksamts nach dem Bestattungsgesetz vom 2. November 1973 (GVBl. 5. 1830), zuletzt geändert durch Gesetz vom 21. September 1995 (GVBl. S. 608), in der jeweils gültigen Fassung vorliegt und durch die Maßnahme weitere Grabstätten nicht beeinträchtigt werden.

(3) Das Ausgraben der Urnen bedarf der Zustimmung der Friedhofsverwaltung.

(4) Eine Umbettung der Asche Verstorbener ist ausgeschlossen.

(5) Die Ruhezeiten vor und nach der Umbettung müssen insgesamt mindestens der Ruhezeit gemäß § 11 Abs. 1 Satz 1 entsprechen.

(6) Die Absätze 1 bis 3 gelten nicht für Umbettungen nach § 7 Abs. 3.

(7) § 23 Abs. 2 des Bestattungsgesetzes in der jeweils gültigen Fassung bleibt unberührt.

Sechster Abschnitt. Erlass ergänzender Vorschriften

§ 15 Friedhofsordnungen

(1) Die Friedhofsträger regeln die Verwaltung und die Benutzung der Friedhöfe durch Friedhofsordnungen oder vergleichbare Regelungen. Die für das Friedhofswesen zuständige Senatsverwaltung erlässt zu diesem Zweck eine Rechtsverordnung für landeseigene Friedhöfe.

(2) Jeder Friedhofsträger soll folgende Sachverhalte regeln:

1. Verhalten auf dem Friedhof,
2. Benutzung der Friedhofseinrichtungen,
3. Anbieten von Waren und Diensten sowie das Ausüben von Diensten auf dem Friedhof,
4. Nutzungsrechte an Grabstätten,
5. Arten, Größe und Belegung der Grabstätten,
6. Gestaltung, Pflege und Unterhaltung der Grabstätten nach ökologischen Gesichtspunkten,
7. Größe, Material und Gestaltung der Grabmäler,
8. Beschaffenheit der Särge und Urnen,
9. Ausheben und Verfüllen der Gräber,
10. Verkehrssicherungspflicht sowie
11. Haftung bei Diebstahl oder Beschädigung durch Dritte oder durch Tiere.

(3) Vorschriften der jeweiligen Friedhofsordnung und dieses Gesetzes sowie Vorschriften des Natur- und Umweltschutzrechts, die den Friedhofsbesucher oder Nutzungsberechtigten direkt betreffen, sind auf dem Friedhof sichtbar bekannt zu machen.

§ 16 Friedhofsgebührenordnungen

(1) Die Friedhofsträger sind berechtigt, für die Benutzung ihrer Friedhöfe und Einrichtungen sowie für einzelne Leistungen der Friedhofsverwaltungen auf Grundlage einer Friedhofsgebührenordnung Gebühren zu erheben.

(2) Für die Benutzung der landeseigenen Friedhöfe und ihrer Einrichtungen sowie für einzelne Leistungen ihrer Friedhofsverwaltung werden Gebühren auf Grund des Gesetzes über Gebühren und Beiträge vom 22. Mai 1957 (GVBl. S. 516), zuletzt geändert durch Gesetz vom 30. Oktober 1969 (GVBl. S. 2252), in der jeweils gültigen Fassung erhoben.

(3) Die Gebühren für die Benutzung landeseigener und nichtlandeseigener Friedhöfe sollen nicht übermäßig voneinander abweichen. Die Gebührenordnungen nach Absatz 1 sind der für das Friedhofswesen zuständigen Senatsverwaltung zur Kenntnis zu geben.

§ 17 Verarbeitung personenbezogener Daten

(1) Die Verarbeitung personenbezogener Daten durch die zuständigen Friedhofsverwaltungen ist zur Aufgabenerfüllung zulässig. Hierzu gehört insbesondere die Führung von Namensregistern der Nutzungsberechtigten, der Verstorbenen und der auf dem Friedhof gewerblich Tätigen.

(2) Die für das Friedhofswesen zuständige Senatsverwaltung erlässt für die landeseigenen Friedhöfe durch Rechtsverordnung Vorschriften über die Verarbeitung personenbezogener Daten, insbesondere über Art und Umfang der Daten, ihre Verarbeitung in Dateien und auf sonstigen Datenträgern, ihre Löschung sowie die Datensicherung.

Siebenter Abschnitt. Übergangs- und Schlussvorschriften

§ 18 Übergangsbestimmungen

(1) Die Dauer der Ruhezeit vor Inkrafttreten dieses Gesetzes bestatteter Verstorbener bestimmt sich nach den geltenden Vorschriften zum Zeitpunkt der Bestattung, soweit dieses Gesetz nicht längere Ruhezeiten vorschreibt.

(2) Die Grabmalordnung vom 6. April 1966 (GVBl. S. 63) gilt bis zum Inkrafttreten der auf Grund von § 15 Abs. 1 Satz 2 erlassenen Friedhofsordnung weiter fort.

§ 19 Ordnungswidrigkeiten

(1) Ordnungswidrig handelt, wer vorsätzlich oder fahrlässig

1. nicht kompostierbare Materialien auf einem Friedhof belässt,
2. nicht biologisch abbaubare Materialien bei den Bestattungen verwendet,
3. nicht kompostierbare Materialien, mit Ausnahme der durch den Belegungsplan zugelassenen Gestaltungsmittel, bei der gärtnerischen Gestaltung von Grabstätten oder bei der Trauerfloristik verwendet oder
4. der auf Grund dieses Gesetzes für landeseigene Friedhöfe erlassenen Rechtsverordnung zuwiderhandelt, soweit die Rechtsverordnung für einen bestimmten Tatbestand auf diese Bußgeldvorschriften verweist.

(2) Die Ordnungswidrigkeit kann mit einer Geldbuße bis zu 5.000 Euro geahndet werden.

(3) Verwaltungsbehörde im Sinne des § 36 Abs. 1 Nr. 1 des Gesetzes über Ordnungswidrigkeiten für die Verfolgung und Ahndung von Ordnungswidrigkeiten auf landeseigenen und nichtlandeseigenen Friedhöfen ist das Bezirksamt.

§ 20 Durchführung des Gesetzes

Verwaltungsvorschriften zur Ausführung dieses Gesetzes erlässt die für das Friedhofswesen zuständige Senatsverwaltung im Einvernehmen mit den für das Gesundheitswesen sowie für die Angelegenheiten der Religionsgesellschaften und Weltanschauungsgemeinschaften zuständigen Senatsverwaltungen.

§ 21 Aufhebung von Rechtsvorschriften

Es werden aufgehoben:

1. das Friedhofsgesetz in der Fassung vom 16. Februar 1976 (GVBl. 5. 466), zuletzt geändert durch Artikel 16 des Gesetzes vom 26. Januar 1993 (GVBl. 5. 40),
2. das Gesetz über nichtlandeseigene Friedhöfe vom 18. Dezember 1970 (GVBl. 5. 2072),
3. Anlage 1 Abschnitt IX Nr. 4 des Gesetzes über die Vereinheitlichung des Berliner Landesrechts vom 28. September 1990 (GVBl. S. 2119), das zuletzt durch Artikel II des Gesetzes vom 19. Oktober 1995 (GVBl. 5. 686) geändert worden ist.

§ 22 Inkrafttreten

Dieses Gesetz tritt einen Monat nach der Verkündung im Gesetz- und Verordnungsblatt für Berlin in Kraft.

3d. Verordnung über die Verwaltung und Benutzung der landeseigenen Friedhöfe Berlins (Friedhofsordnung)

vom 19.11.1997, GVBl. S. 614, geändert durch Gesetz vom 15.10.2001 (GVBl. S. 540)

Auf Grund des § 15 Abs. 1 des Friedhofsgesetzes vom 1. November 1995 (GVBl. S. 707) wird verordnet:

Erster Teil. Allgemeine Vorschriften

§ 1 Geltungsbereich und Zuständigkeit

(1) Diese Verordnung gilt für die landeseigenen Friedhöfe im Land Berlin.
(2) Die Verwaltung der Friedhöfe obliegt den Bezirken.

§ 2 Schließung und Aufhebung

(1) Schließung und Aufhebung eines Friedhofs oder Friedhofsteils werden durch schriftliche Benachrichtigung der Nutzungsberechtigten, Aushang am Friedhofseingang und im Amtsblatt von Berlin bekannt gemacht.
(2) Werden bei der Schließung eines Friedhofs oder Friedhofsteils Ersatznutzungsrechte gemäß § 7 Abs. 1 Friedhofsgesetz eingeräumt, sind auf Antrag des Nutzungsberechtigten bereits Bestattete umzubetten und die Grabausstattungsgegenstände umzusetzen.

§ 3 Ruhezeit

Die Ruhezeit beträgt grundsätzlich 20 Jahre. Soweit längere Ruhezeiten erforderlich sind, werden diese nach Zustimmung der für das Friedhofswesen zuständigen Senatsverwaltung im Belegungsplan ausgewiesen.

Landesrecht

Zweiter Teil. Ordnungsvorschriften

§ 4 Besuchszeiten

(1) Die Besuchszeiten sind von der Friedhofsverwaltung festzulegen und am Friedhofseingang bekannt zu machen. Außerhalb dieser Zeiten ist ein Aufenthalt auf dem Friedhof nicht zulässig.
(2) Die Friedhofsverwaltung kann das Betreten des Friedhofs oder einzelner Friedhofsteile aus wichtigem Grund vorübergehend untersagen oder beschränken.

§ 5 Verhalten auf dem Friedhof

(1) Das Verhalten auf dem Friedhof hat der Trauer, dem Totengedenken und der Besinnung zu entsprechen. Das Friedhofspersonal kann Verhaltensanordnungen treffen. Wer die Anordnungen nicht befolgt, kann vom Friedhof verwiesen werden.
(2) Kinder unter 10 Jahren dürfen den Friedhof nur in Begleitung und unter Aufsicht Erwachsener betreten.
(3) Es ist verboten:

1. die Wege mit Fahrzeugen aller Art – einschließlich Fahrrädern – zu befahren mit Ausnahme von Kinderwagen, Handwagen, Rollstühlen und Krankenfahrstühlen,
2. gewerbliche Tätigkeiten in der Nähe einer Bestattung vorzunehmen, soweit diese mit der Bestattung in keinem direkten Zusammenhang stehen,
3. gewerbliche Filmaufnahmen vorzunehmen,
4. Druckschriften zu verteilen,
5. die Einrichtungen und Anlagen zu verunreinigen und zu beschädigen,
6. die Wege und sonstige zum Betreten vorgesehene Flächen zu verlassen,
7. Sport- oder Spielgeräte zu benutzen,
8. Tiere, ausgenommen Führhunde für Blinde, mitzuführen,
9. in der Nähe von Bestattungsfeierlichkeiten zu rauchen,

10. Pflanzen, Schnittblumen oder sonstigen zeitweiligen Grabschmuck ohne vorherige Benachrichtigung der Friedhofsverwaltung mitzunehmen. Die Friedhofsverwaltung kann Ausnahmen zulassen.

§ 6 Zulassung von Gewerbetreibenden

(1) Gewerbliche Tätigkeiten auf einem Friedhof bedürfen der vorherigen Zulassung durch eine Friedhofsverwaltung. Diese erfolgt in Form einer Generalzulassung für sämtliche Friedhöfe oder in Form einer Einzelzulassung für die Friedhöfe eines Bezirkes. Die Zulassung gilt zwei Jahre. Sie kann mit Auflagen und unter dem Vorbehalt des Widerrufs erteilt werden. Die Zulassungsbescheinigung muss bei jeder gewerblichen Tätigkeit auf dem Friedhof mitgeführt werden.

(2) Zugelassen werden dürfen Tätigkeiten, die mit dem Friedhofszweck in unmittelbarem Zusammenhang stehen und mit der Ordnung auf dem Friedhof vereinbar sind. Als mit dem Friedhofszweck nicht vereinbar gilt insbesondere das Anbieten von Dienstleistungen und Waren aller Art. Die Zulassung berechtigt zum Befahren der Wege nach Maßgabe der von den einzelnen Friedhofsverwaltungen gemäß Absatz 5 getroffenen Regelungen.

(3) Die Zulassung ist zu erteilen, wenn der Gewerbetreibende die erforderliche fachliche und persönliche Zuverlässigkeit besitzt, eine Betriebshaftpflichtversicherung in angemessener Höhe abgeschlossen hat und die Unfallverhütungsvorschriften der ihn betreffenden Berufsgenossenschaft anerkennt. Der Nachweis der fachlichen Zuverlässigkeit (Sachkunde) wird widerlegbar vermutet bei

1. sämtlichen Gewerbetreibenden durch Mitgliedschaft in einer Innung oder in einem Fach- oder Berufsverband,
2. Gärtnern, wenn die gärtnerischen Arbeiten durch eine Fachkraft ausgeführt oder zumindest überwacht werden, die die Gehilfenprüfung des Ausbildungsberufs „Gärtner" abgelegt hat,
3. Steinmetzen und Bildhauern durch Eintragung in die Handwerksrolle. Der Nachweis der Sachkunde kann im Übrigen insbesondere durch Zeugnisse oder fertiggestellte Arbeiten erbracht werden. Die Vermutung des Satzes 2 gilt nicht, wenn eine Zulassung des Antragstellers innerhalb der letzten zwei Jahre vor Antragstellung auf Grund von fachlicher Unzuverlässigkeit widerrufen wurde.

(4) Generalzulassungen kann sowohl die Friedhofsverwaltung des Bezirks, in dem sich die Hauptniederlassung des Gewerbebetriebes befindet, als auch die Friedhofsverwaltung des Bezirks, in dem der Gewerbetreibende überwiegend tätig ist, erteilen. Einzelzulassungen erteilt jede Friedhofsverwaltung für ihren Bezirk.

(5) Der Gewerbetreibende ist an die Auflagen der Friedhöfe gebunden. Zu den Auflagen gehören insbesondere die Zeiten, zu denen gewerbliche Tätigkeiten erlaubt sind, sowie die Bestimmung der zulässigen Achslast der Fahrzeuge. Der Gewerbetreibende ist verpflichtet, der Friedhofsverwaltung die amtlichen Kennzeichen der eingesetzten Fahrzeuge mitzuteilen.

§ 7 Anzeigepflicht von Gewerbetreibenden

Der Gewerbetreibende hat der zuständigen Friedhofsverwaltung jede gewerbliche Tätigkeit auf dem Friedhof vor Beginn anzuzeigen. Näheres regelt die Friedhofsverwaltung.

§ 8 Widerruf der Zulassung

Die Zulassung gemäß § 6 Abs. 1 kann durch schriftlichen Bescheid widerrufen werden, wenn die erforderliche fachliche oder persönliche Zuverlässigkeit nicht mehr gegeben ist. An der persönlichen Zuverlässigkeit fehlt es insbesondere, wenn der Gewerbetreibende wiederholt und schwerwiegend

1. gegen Auflagen gemäß § 6 Abs. 1 Satz 4 oder Abs. 5,
2. gegen § 5 Abs. 1 Satz 1 oder Abs. 3 verstößt oder
3. Anordnungen des Friedhofspersonals gemäß § 5 Abs. 1 Satz 2 nicht befolgt.

Dritter Teil. Bestattungen

§ 9 Allgemeines

(1) Bestattungen sind eine hoheitliche Aufgabe und obliegen der Friedhofsverwaltung. Zu den hoheitlichen Aufgaben gehören sämtliche Tätigkeiten auf dem Friedhof, die für einen würdigen Umgang mit Verstorbenen erforderlich sind und die die Einhaltung der hygienischen Anforderungen gewährleisten. Dazu gehören sämtliche Tätigkeiten von der Annahme des Verstorbenen auf dem Friedhof bis zum Schließen der Gruft.
(2) Bestattung ist die Erdbestattung einer menschlichen Leiche in einem Sarg und die Beisetzung von menschlicher Asche.
(3) Bei der Anmeldung von Bestattungen sind der Friedhofsverwaltung die nach § 11 Abs. 2 und § 19 Abs. 1 des Bestattungsgesetzes vom 2. November 1973 (GVBl. S. 1830), zuletzt geändert durch Gesetz vom 21. September 1995 (GVBl. S. 608), in der jeweils gültigen Fassung vorgeschriebenen Bestattungs- und Beförderungsunterlagen auszuhändigen. Ist die Bestattung in einer Grabstätte vorgesehen, an der bereits ein Nutzungsrecht besteht, ist dieses nachzuweisen.
(4) Die Friedhofsverwaltung und der Nutzungsberechtigte vereinbaren den Zeitpunkt der Bestattung. Erdbestattungen sollen in der Regel spätestens vier Tage nach Einlieferung des Sarges in die Leichenhalle erfolgen.

§ 10 Bestattungsfeierlichkeiten

(1) Bestattungsfeierlichkeiten (Trauerfeier und stille Abschiednahme) sind in der Feierhalle oder einem gesondert hergerichteten Raum abzuhalten.
(2) Die Friedhofsverwaltung und der Nutzungsberechtigte vereinbaren Ort und Dauer der Bestattungsfeierlichkeit.
(3) Bis zum Beginn der Bestattungsfeierlichkeiten darf der Sarg auf Wunsch von Angehörigen zur persönlichen Abschiednahme geöffnet werden.
(4) Das Aufstellen des Sarges in der Feierhalle ist verboten, wenn Ansteckungsgefahr besteht oder Bedenken auf Grund des Zustandes der Leiche bestehen.
(5) Für den Schmuck und die Beleuchtung der Feierhalle ist die Friedhofsverwaltung zuständig. Die Friedhofsverwaltung kann auf Antrag des Nutzungsberechtigten die Tätigkeit von nach § 6 Abs. 1 zugelassenen gewerblichen Gärtnern und Bestattern, des Nutzungsberechtigten selbst oder einer von ihm beauftragten Person gestatten.
(6) Wünscht der Nutzungsberechtigte, dass in der Feierhalle vorhandene religiöse oder weltliche Symbole während der Trauerfeier nicht sichtbar sind, ist diesem Wunsch in geeigneter Weise zu entsprechen.
(7) An der Grabstätte ist die Benutzung von technischen Hilfsmitteln zur Schallverstärkung nicht zulässig.

§ 11 Erdbestattung

Grundsätzlich darf in einem Sarg nur eine Leiche bestattet werden. Die Friedhofsverwaltung kann bei Kindern bis zum Alter von fünf Jahren Ausnahmen zulassen.

§ 12 Särge und Urnen

(1) Särge und deren Innenausstattung, die Bekleidung der Leiche und unterirdisch beigesetzte Urnen und Überurnen dürfen nur aus Materialien bestehen, die innerhalb der Ruhezeit vergehen. Die Abbauprodukte dürfen keine ressourcenschädigenden Eigenschaften haben. Die Eignung ist bei der Einlieferung nachzuweisen.
(2) Särge dürfen im Außenmaß höchstens 2,15 m lang und 0,85 m breit sowie 0,75 m ausschließlich der Sargfüße hoch sein. Sind in Ausnahmefällen größere Särge erforderlich, ist die notwendige Sarggröße bei der Anmeldung der Bestattung anzugeben.
(3) Überurnen dürfen höchstens 0,31 m hoch sein und eine Breite und Tiefe oder einen Außendurchmesser von 0,21 m haben. Die Friedhofsverwaltung kann für die Beisetzung aus dem Aus-

Landesrecht

land eingehender größerer Überurnen mit Aschen im Ausland Verstorbener Ausnahmen zulassen.
(4) Bei Einlieferung in die Leichenhalle muss der Sarg mit einer Karte versehen sein, die den Namen des Verstorbenen und des Bestattungsunternehmens enthält.

§ 13 Ausheben von Grüften
(1) Für das Ausheben von Grüften gelten die berufsgenossenschaftlichen Unfallverhütungsvorschriften für Friedhöfe. Liegt kein Standsicherheitsnachweis von einem Steinmetz, Stein- oder Holzbildhauer vor, ist bei Zweifeln an der Standsicherheit ein Grabmal abzubauen, falls nicht auf andere geeignete Weise ein Umstürzen des Grabmals verhindert werden kann.
(2) Ist durch das Ausheben einer Gruft die Beeinträchtigung von benachbarten Grabstätten voraussehbar, hat die Friedhofsverwaltung die erforderlichen Maßnahmen zu treffen und den betroffenen Nutzungsberechtigten vor Beginn der Maßnahme unverzüglich zu benachrichtigen. Soweit Maßnahmen an einer benachbarten Grabstätte auf Grund eines Verstoßes gegen geltendes Recht durch den benachbarten Nutzungsberechtigten notwendig sind, trägt dieser die entstehenden Kosten.

§ 14 Umbettungen
(1) Umbettungen obliegen der Friedhofsverwaltung. Sie trifft die notwendigen Maßnahmen zur Sicherung angrenzender Grabstätten sowie sonstiger Friedhofsflächen. Vor der Umbettung ist dem Nutzungsberechtigten Gelegenheit zu geben, sich zur Umbettung zu äußern.
(2) Umbettungen von Särgen sollen bei kühler Witterung vorgenommen werden.

Vierter Teil. Nutzungsrechte

§ 15 Inhalt und Erwerb des Nutzungsrechts
(1) Nutzungsberechtigter an einer Grabstätte darf eine natürliche Person, ein gemeinnütziger Verein oder das Land Berlin sein. Der Erwerb eines Nutzungsrechts zwecks Gewinnerzielung jeder Art ist unzulässig.
(2) Das Nutzungsrecht an einer Grabstätte entsteht auf Antrag durch Zuweisung der Grabstätte durch die Friedhofsverwaltung. Es beinhaltet das Recht, Verstorbene in der Grabstätte bestatten zu lassen und die Einrichtungen des Friedhofs entsprechend dem Friedhofszweck zu nutzen sowie das Recht und die Pflicht, die Grabstätte entsprechend dem Belegungsplan zu gestalten, zu pflegen und instandzuhalten. Gemeinnützige Vereine dürfen neue Nutzungsrechte nur an Familiengrabstätten erwerben. Der Personenkreis der Verstorbenen ist auf die Mitglieder des Vereins und ihm nahestehender Personen beschränkt. Ist ein gemeinnütziger Verein Nutzungsrechtsnachfolger einer Reihen- oder Wahlgrabstätte, beinhaltet das Nutzungsrecht ausschließlich das Recht und die Pflicht der Gestaltung, Pflege und Instandhaltung sowie das Recht, die Einrichtungen des Friedhofs zu nutzen. Änderungen des Belegungsplans sind vom Nutzungsberechtigten zu berücksichtigen, soweit der Nutzungsberechtigte nicht unzumutbar belastet wird. § 25 Abs. 2 Satz 2 und 3 bleiben unberührt. Das Nutzungsrecht berechtigt zur Aufstellung eines Grabmals. § 26 Abs. 3 bleibt unberührt. An Grabstätten von besonderer Bedeutung für den Friedhof kann die Friedhofsverwaltung ein Nutzungsrecht mit Auflagen vergeben.
(3) Es besteht ein Anspruch auf Vergabe des Nutzungsrechts an den verfügbaren Grabstätten. Der Nutzungsberechtigte hat keinen Anspruch auf Unveränderlichkeit der Umgebung.
(4) Der Vergabe des Nutzungsrechts hat in der Regel eine persönliche Beratung des Antragstellers durch die Friedhofsverwaltung vorauszugehen. Die Friedhofsverwaltung hat auf die Wahlmöglichkeit zwischen einer Grabstätte in einem Grabfeld mit allgemeinen und einer Grabstätte in einem Grabfeld mit zusätzlichen Gestaltungsvorschriften hinzuweisen und deren Besonderheiten sowie die Grabstättenarten und deren Kosten zu erläutern. Der Nutzungsberechtigte ist verpflichtet, den Empfang der Gestaltungsvorschriften einschließlich weiterer Hinweise zur Friedhofsnutzung schriftlich zu bestätigen.

(5) Ist der Nutzungsberechtigte keine natürliche Person, so ist der Nachweis erforderlich, dass das Gestalten, Pflegen und Instandhalten der Grabstätte für die Zeit des Nutzungsrechts gesichert ist.
(6) Der Nutzungsberechtigte kann für den Fall seines Todes widerruflich einen Rechtsnachfolger bestimmen. Erfolgt eine derartige Regelung nicht oder ist der vom Verstorbenen bestimmte Rechtsnachfolger zur Rechtsnachfolge nicht bereit, geht das Nutzungsrecht in folgender Rangfolge über:
1. auf den Ehepartner oder Lebenspartner,
2. auf den Partner einer eheähnlichen Lebensgemeinschaft. Der eheähnlichen Lebensgemeinschaft sind gleichgeschlechtliche Lebensgemeinschaften gleichgestellt. Im Übrigen gilt die Erbrechtsfolge. Bei Erbengemeinschaften bestimmt sich die Reihenfolge zusätzlich nach dem höheren Lebensalter.

(7) Die Übertragung des Nutzungsrechts auf einen Dritten zu Lebzeiten des Nutzungsberechtigten bedarf eines Antrages und der schriftlichen Zustimmung des Nachfolgers. Liegen die Voraussetzungen vor, erfolgt die Übertragung durch schriftliche Zustimmung der Friedhofsverwaltung.
(8) Der Nutzungsberechtigte hat der Friedhofsverwaltung Änderungen des Namens und der Anschrift mitzuteilen. Für Nachteile, die dem Nutzungsberechtigten aus der Unterlassung einer solchen Mitteilung entstehen, haftet das Land Berlin nicht.

§ 16 Gestalten, Pflegen und Instandhalten

(1) Eine Grabstätte ist innerhalb von drei Monaten nach Erwerb des Nutzungsrechts vom Nutzungsberechtigten entsprechend dem jeweiligen Belegungsplan zu gestalten, soweit die Witterung dieses nicht ausschließt.
(2) Eine Grabstätte darf nur mit Pflanzen bepflanzt werden, die andere Grabstätten und sonstige Flächen des Friedhofs nicht beeinträchtigen. Die Friedhofsverwaltung kann den Schnitt oder die Beseitigung stark wuchernder und abgestorbener Gehölze verlangen. Verwelkte Blumen und Kränze sind vom Nutzungsberechtigten unverzüglich von der Grabstätte zu entfernen.
(3) Grabeinfassungen dürfen aus geschnittenen Hecken, Metall und Stein angelegt werden, soweit dies der Belegungsplan ausweist.
(4) Das Gestalten, Pflegen und Instandhalten der allgemeinen gärtnerischen Anlagen, insbesondere der Rand- und Zwischenpflanzungen, obliegt ausschließlich der Friedhofsverwaltung.

§ 17 Verstoß gegen Gestaltungs-, Pflege- und Instandhaltungsvorschriften

(1) Entspricht die Gestaltung einer Grabstätte nicht dem Belegungsplan oder wird eine Grabstätte nicht gestaltet, gepflegt oder instandgehalten, ist die Friedhofsverwaltung berechtigt, dem Nutzungsberechtigten angemessene Maßnahmen aufzugeben. Für die Durchführung der einzelnen auferlegten Maßnahmen bestimmt die Friedhofsverwaltung eine angemessene Frist. Führt der Nutzungsberechtigte die Maßnahmen nicht fristgemäß durch, richtet sich das weitere Verfahren nach den allgemeinen Vorschriften für das Verwaltungs-Vollstreckungsverfahren der Behörden Berlins. Ist die Anwendung des Verwaltungszwanges untunlich, ist die Friedhofsverwaltung berechtigt, die Grabstätte einzuebnen. § 18 Abs. 3 Satz 2 und 3 gilt entsprechend ab dem Zeitpunkt der Einebnung.
(2) Grabausstattungsgegenstände und Inschriften, die der Würde des Friedhofs nicht entsprechen, hat die Friedhofsverwaltung unverzüglich zu entfernen. Von der Friedhofsverwaltung entfernte Gegenstände werden für die Dauer von zwei Monaten nach Benachrichtigung des Nutzungsberechtigten zum Abholen bereitgehalten. Holt der Nutzungsberechtigte die Gegenstände nicht ab, gehen diese entschädigungslos in das Eigentum des Landes Berlin über.

§ 18 Erlöschen des Nutzungsrechts

(1) Das Nutzungsrecht an einer Grabstätte erlischt, wenn
1. die Zeit abgelaufen ist, für die es erworben wurde,

2. der Berechtigte auf das Nutzungsrecht verzichtet, wobei erst nach Ablauf der Ruhezeit oder nach Umbettung der Verzicht erklärt werden kann, oder
3. die Grabstätte gemäß § 17 Abs. 1 eingeebnet wird und die Mindestruhezeit abgelaufen ist.

(2) Auf das Erlöschen des Nutzungsrechts nach Absatz 1 Nr. 1 soll durch Aushang am Friedhofseingang oder auf andere geeignete Weise und bei Wahl- und Familiengrabstätten durch ein zusätzliches Schild auf der Grabstätte hingewiesen werden.

(3) Nach Erlöschen des Nutzungsrechts ist ausschließlich die Friedhofsverwaltung berechtigt, die Grabstätte abzuräumen. Die Pflanzen gehen mit Erlöschen des Nutzungsrechts und die übrigen Gegenstände nach Ablauf von sechs Monaten entschädigungslos in das Eigentum des Landes Berlin über, falls der Nutzungsberechtigte die Gegenstände nicht rechtzeitig abholt. Satz 2 findet keine Anwendung, soweit eine abweichende Vereinbarung getroffen wurde oder die Gegenstände aus Gründen des Denkmalschutzes verbleiben müssen.

(4) Die in oberirdisch beigesetzten Urnen enthaltenen Aschen werden nach Ablauf des Nutzungsrechts von der Friedhofsverwaltung an einer hierfür bestimmten Stelle des Friedhofs in den Erdboden gegeben.

(5) Bei Erlöschen des Nutzungsrechts gemäß Absatz 1 Nr. 2 und 3 erfolgt keine Erstattung der Gebühren.

Fünfter Teil. Grabfelder und Grabstätten

§ 19 Belegungspläne

(1) Für jeden Friedhof sind von der Friedhofsverwaltung Belegungspläne aufzustellen, aus denen Art, Lage und Gestaltung der vorgesehenen Grabfelder und der einzelnen Grabstätten ersichtlich sind. Die Grabfelder werden unterschieden in Grabfelder mit allgemeinen und Grabfelder mit zusätzlichen Gestaltungsvorschriften.

(2) Jeder Bezirk, der Friedhöfe verwaltet, ist verpflichtet, Grabfelder mit allgemeinen Gestaltungsvorschriften einzurichten. Die allgemeinen Gestaltungsvorschriften betreffen die Verkehrssicherheit, die Würde des Ortes und das pietätvolle Erscheinungsbild der Grabstätten. Die zusätzlichen Gestaltungsvorschriften sind Bestimmungen über

1. die Werkstoffe, die Abmessungen, die Bearbeitung und die Beschriftung der Grabmäler,
2. die Art der gärtnerischen Gestaltung der Grabstätten,
3. die Grabeinfassungen und
4. Bänke und andere Sitzgelegenheiten.

(3) Die Belegungspläne sind vom Bezirksamt zu beschließen. Weichen die Belegungspläne von der Friedhofsentwicklungsplanung ab, ist vor Beschlussfassung die Stellungnahme der für das Friedhofswesen zuständigen Senatsverwaltung einzuholen.

§ 20 Grabstättenarten

(1) Jeder Bezirk, der Friedhöfe verwaltet, hat grundsätzlich folgende Arten von Grabstätten auf der Grundlage des erkennbaren Bedarfs und unter Berücksichtigung der örtlichen Verhältnisse einzurichten:

1. Erdgrabstätten:
   a) Erdreihengrabstätten,
   b) Erdwahlgrabstätten,
   c) Erdfamiliengrabstätten,
   d) Erdgemeinschaftsgrabstätten.
2. Urnengrabstätten:
   a) Urnenreihengrabstätten,
   b) Urnenwahlgrabstätten,
   c) Urnenfamiliengrabstätten,
   d) Urnengemeinschaftsgrabstätten,
   e) Urnenwandgrabstätten.

3. Aschengemeinschaftsgrabstätten.

(2) Besteht eine Grabstättenart gemäß Absatz 1 auf einem Friedhof nicht, hat die Friedhofsverwaltung dem Antragsteller landeseigene Friedhöfe zu benennen, auf denen geeignete Grabstätten vorhanden sind. Es besteht kein Anspruch auf Einrichtung einer bestimmten Grabstättenart auf einem bestimmten Friedhof.

§ 21 Reihengrabstätten

(1) Reihengrabstätten sind Einzelgrabstätten, die der Reihe nach belegt werden. Es besteht kein Anspruch auf Zuweisung einer bestimmten Grabstätte. Mit Zustimmung der Friedhofsverwaltung kann zusätzlich eine Urne in einer belegten Erdreihengrabstätte für die restliche Dauer des Nutzungsrechts beigesetzt werden, wenn gleichzeitig zur Wahrung der Ruhezeit der Urne ein Nutzungsrecht an einer anderen Grabstätte erworben wird oder bereits besteht.

(2) Reihengrabstätten für Erdbestattungen sind in einer Länge von 2,50 m und in einer Breite von 1,25 m anzulegen, Urnenreihengrabstätten in einer Größe von 0,50 m x 0,625 m.

(3) Das Nutzungsrecht wird im Todesfalle für die Dauer der Ruhezeit vergeben. Die Verlängerung des Nutzungsrechts ist ausgeschlossen.

§ 22 Wahlgrabstätten

(1) Eine Erdwahlgrabstätte besteht aus einer Grabstelle oder aus bis zu vier nebeneinander liegenden Grabstellen. Mit Zustimmung der Friedhofsverwaltung kann zusätzlich eine Urne je Grabstelle beigesetzt werden. Erdwahlgrabstätten sind in einer Länge von 2,50 m und in einer Breite von 1,25 m je Grabstelle anzulegen.

(2) In einer Urnenwahlgrabstätte dürfen bis zu vier Urnen beigesetzt sein. Urnenwahlgrabstätten sind in einer Größe von 1 m x 1 m anzulegen.

(3) Sofern eine ausreichende Anzahl von Grabstätten vorhanden ist, bedarf die Vergabe des Nutzungsrechts keines Todesfalles.

(4) Das Nutzungsrecht ist auf Antrag nach Maßgabe des Belegungsplans um jeweils 5, 10, 15 oder 20 Jahre verlängerbar. Die Verlängerung soll die gesamte Grabstätte umfassen. Eine Beschränkung auf einzelne Grabstellen ist aus wichtigem Grund zulässig. Auf die erstmalige Verlängerung von bis zu 20 Jahren hat der Nutzungsberechtigte einen Anspruch. Der Antrag auf Verlängerung ist grundsätzlich frühestens ein Jahr und spätestens drei Monate vor Ablauf des Nutzungsrechts zu stellen. Bei Nachbelegungen ist eine Verlängerung des Nutzungsrechts zur Sicherung der Mindestruhezeit des zuletzt Bestatteten erforderlich.

§ 23 Familiengrabstätten

Lage und Größe einer Familiengrabstätte innerhalb einer Fläche, die im Belegungsplan für Familiengrabstätten ausgewiesen ist, werden durch die Friedhofsverwaltung unter angemessener Berücksichtigung der Wünsche des Antragstellers bestimmt. Der Nutzungsberechtigte hat das Recht, die Anzahl der Grabstellen einer Familiengrabstätte zu bestimmen. Hierbei ist er für eine Sargbeisetzung an eine Mindestfläche mit einer Länge von 2,50 m und einer Breite von 1,25 m gebunden. Für eine Urnenbeisetzung ist eine Mindestfläche mit einer Länge und Breite von 1 m zugrundezulegen. § 22 Abs. 3 und 4 gilt entsprechend.

§ 24 Urnenwandgrabstätten

Urnenwandgrabstätten dienen der oberirdischen Beisetzung von Urnen in baulichen Anlagen. Das Innenmaß von Urnenwandgrabstätten muss mindestens eine Breite von 0,40 m, eine Tiefe von 0,22 m und eine Höhe von 0,40 m haben. Die Verlängerung des Nutzungsrechts ist ausgeschlossen. Die Friedhofsverwaltung kann Ausnahmen zulassen, sofern eine ausreichende Anzahl von Grabstätten vorhanden ist. § 22 Abs. 3 und 4 Satz 1 und 5 gilt entsprechend.

§ 25 Gemeinschaftsgrabstätten

(1) In einer Erdgemeinschaftsgrabstätte wird der Reihe nach auf einer Fläche von 2,50 m x 1,25 m je Sarg bestattet. In Urnen- und Aschengemeinschaftsgrabstätten wird der Reihe nach auf einer Fläche von 0,33 m x 0,33 m je Beisetzung unterirdisch bestattet.

(2) Das Nutzungsrecht wird anlässlich eines Todesfalles vergeben und beinhaltet ausschließlich das Recht, einen Verstorbenen bestatten zu lassen. Das Gestalten, Pflegen und Instandhalten von Gemeinschaftsgrabstätten obliegt ausschließlich der Friedhofsverwaltung. Blumenschmuck und Kränze dürfen an den von der Friedhofsverwaltung dafür vorgesehenen Stellen niedergelegt werden. Die Verlängerung des Nutzungsrechts ist ausgeschlossen.

Sechster Teil. Grabmäler

§ 26 Allgemeines

(1) Grabmäler müssen sich in das Gesamtbild des Friedhofs und des Grabfeldes einordnen und der Würde des Ortes entsprechen. Gestaltung und Inschriften dürfen nicht dazu geeignet sein, die Gefühle anderer Menschen zu verletzen und Weltanschauungen verächtlich zu machen.

(2) In Grabfeldern mit zusätzlichen Gestaltungsvorschriften sind nur bearbeitete Grabmäler in gedeckten Farben aus den Materialien Stein, Holz, Metall und Keramik zulässig.

(3) Die Friedhofsverwaltung kann Gemeinschaftsgrabstätten mit einem Gemeinschaftsgrabmal oder einer einheitlichen Grabkennzeichnung der einzelnen Grabstellen ausstatten.

§ 27 Abmessungen

(1) Ein Grabmal darf eine den Größenverhältnissen der Grabstätte angemessene Größe und Form nicht überschreiten.

(2) Für die Größe, Stärke und Neigung von Grabmälern gelten folgende Regeln:

1. Auf Wahl- und Reihengrabstätten ist die Breite der Grabmäler einschließlich Sockel auf 70 % der Grabstättenbreite beschränkt. Wandähnlich gestaltete Grabmäler auf mehrstelligen Wahlgrabstätten dürfen höchstens 2 m breit sein.
2. Grabplatten dürfen bis zu 40 % der Fläche der Grabstätte bedecken. Bei Urnenreihengrabstätten dürfen die Grabplatten höchstens 0,30 m x 0,30 m groß sein. Grabplatten können untersagt werden, wenn auf Grund der Bodenversiegelung die vollständige Verwesung der Leiche und die Zersetzung der in § 12 Abs. 1 Satz 1 genannten Gegenstände innerhalb der Ruhezeit gefährdet sind.
3. Die durchgehende Stärke von stehenden Grabmälern muss mindestens 0,10 m und von liegenden Grabmälern mindestens 0,08 m betragen.
4. Liegende Grabmäler dürfen nicht mehr als 15 % Neigung aufweisen. Näheres wird durch die Belegungspläne geregelt.

(3) Die Friedhofsverwaltung kann Ausnahmen zulassen.

§ 28 Errichten und Verändern von Grabmälern

Grabmäler und Fundamente dürfen ausschließlich von Fachleuten errichtet und verändert werden. Stehende Grabmäler sind so zu errichten, dass sie beim Ausheben benachbarter Grabstätten weder umstürzen noch sich senken können. Die berufsgenossenschaftlichen Unfallverhütungsvorschriften für Friedhöfe, die das Errichten von Grabmälern und Fundamenten betreffen, einschließlich der Ordnungswidrigkeitsvorschriften, gelten entsprechend. Die Vorschriften der Bauordnung für Berlin (BauO Bln) in der Fassung vom 3. September 1997 (GVBl. S. 421) bleiben unberührt.

§ 29 Zustimmungserfordernis

(1) Das Errichten und das Entfernen eines Grabmals während der Dauer des Nutzungsrechts bedürfen der vorherigen schriftlichen Zustimmung der Friedhofsverwaltung. Die Zustimmung ist

vom Nutzungsberechtigten schriftlich vor Beginn der Arbeiten unter Nachweis des Nutzungsrechts zu beantragen. Dem Antrag auf Errichten eines Grabmals ist zweifach beizufügen

1. der Entwurf mit Grundriss und Ansichten in einem angemessenen Maßstab unter Angabe des Materials, der Bearbeitung, der Anordnung der Schrift, Ornamente und Symbole, der Fundamentierung einschließlich der Verdübelung sowie
2. Zeichnungen der Schrift, der Ornamente und der Symbole in einem angemessenen Maßstab unter Angabe des Materials und seiner Bearbeitung. Ausführungszeichnungen sind einzureichen, soweit dies zum Verständnis erforderlich ist. In besonderen Fällen kann die Vorlage eines Modells in einem angemessenen Maßstab oder in natürlicher Größe verlangt werden. Bei Grabfeldern mit allgemeinen Gestaltungsvorschriften kann die Friedhofsverwaltung auf die Vorlage von Unterlagen nach Satz 3 verzichten.

(2) Ist ein Grabmal ohne Zustimmung errichtet worden, kann die Friedhofsverwaltung die teilweise oder vollständige Entfernung des Grabmals verlangen, wenn nicht auf andere Weise ein rechtmäßiger Zustand hergestellt werden kann. Ist ein Grabmal abweichend von den Unterlagen, die Grundlage der Zustimmung waren, errichtet worden, kann die Friedhofsverwaltung dem Nutzungsberechtigten angemessene Maßnahmen zur Beseitigung der Abweichung aufgeben. Kommt der Nutzungsberechtigte der Aufforderung, bestimmte Maßnahmen vorzunehmen, nicht fristgemäß nach, kann die Friedhofsverwaltung das Grabmal von der Grabstätte entfernen, falls die Anwendung von Zwangsmitteln im Sinne des Verwaltungs-Vollstreckungsgesetzes untunlich ist. Die Friedhofsverwaltung bewahrt die von der Grabstätte entfernten Gegenstände für einen Zeitraum von 6 Monaten nach Entfernung zum Abholen durch den Nutzungsberechtigten auf, soweit nichts anderes vereinbart ist. Danach gehen die Gegenstände entschädigungslos in das Eigentum des Landes Berlin über.

(3) Die Zustimmung zur Errichtung erlischt, wenn das Grabmal nicht innerhalb eines Jahres nach Erteilung der Zustimmung errichtet worden ist.

(4) Für die Dauer eines Jahres nach der Bestattung kann ein provisorisches Grabzeichen aufgestellt werden. Die Friedhofsverwaltung ist davon in Kenntnis zu setzen. Ein provisorisches Grabzeichen ist bei Aufstellung eines Grabmals oder nach Ablauf der Jahresfrist unaufgefordert zu entfernen.

(5) Die Veränderung eines Grabmals ist der Friedhofsverwaltung unter Nachweis des Nutzungsrechts vor Beginn der Arbeiten anzuzeigen.

Siebenter Teil. Ordnungswidrigkeiten, Verkehrssicherungspflicht und Haftung

§ 30 Ordnungswidrigkeiten

Ordnungswidrig im Sinne des § 19 Abs. 1 Nr. 4 Friedhofsgesetz handelt, wer vorsätzlich oder fahrlässig

1. sich entgegen § 4 Abs. 1 Satz 2 außerhalb der Besuchszeiten auf einem Friedhof aufhält,
2. den Anordnungen des Friedhofspersonals gemäß § 5 Abs. 1 Satz 2 nicht Folge leistet,
3. entgegen § 5 Abs. 3 Nr. 1 die Wege ohne Genehmigung der Friedhofsverwaltung mit einem motorisierten Fahrzeug befährt,
4. entgegen § 5 Abs. 3 Nr. 2 ohne Genehmigung der Friedhofsverwaltung gewerbliche Tätigkeiten in der Nähe einer Bestattung vornimmt, soweit diese mit der Bestattung in keinem direkten Zusammenhang stehen,
5. entgegen § 5 Abs. 3 Nr. 3 ohne Genehmigung der Friedhofsverwaltung gewerbliche Filmaufnahmen vornimmt,
6. entgegen § 5 Abs. 3 Nr. 4 ohne Genehmigung der Friedhofsverwaltung Druckschriften verteilt,
7. entgegen § 5 Abs. 3 Nr. 5 die Einrichtungen oder Anlagen verunreinigt oder beschädigt,

8. entgegen § 6 Abs. 1 Satz 1 gewerbliche Tätigkeiten ohne vorherige Zulassung durch eine Friedhofsverwaltung vornimmt,
9. entgegen § 10 Abs. 7 an der Grabstätte technische Hilfsmittel zur Schallverstärkung benutzt,
10. entgegen § 12 Abs. 1 Satz 1 und 2 Särge oder eine Innenausstattung, eine Bekleidung der Leiche oder für die unterirdische Beisetzung Urnen oder Überurnen verwendet, die nicht innerhalb der Ruhezeit vergehen oder deren Abbauprodukte ressourcenschädigende Eigenschaften haben,
11. entgegen § 15 Abs. 1 Satz 2 ein Nutzungsrecht zwecks Gewinnerzielung erwirbt,
12. entgegen § 15 Abs. 2 Satz 2 der Pflicht zuwiderhandelt, die Grabstätte entsprechend dem Belegungsplan zu gestalten, zu pflegen oder instandzuhalten,
13. entgegen § 17 Abs. 1 Satz 1 und 2 die aufgegebenen Maßnahmen nicht fristgemäß vornimmt,
14. entgegen § 26 Abs. 1 Satz 1 ein Grabmal errichtet, das der Würde des Ortes nicht entspricht,
15. entgegen § 26 Abs. 1 Satz 2 ein Grabmal errichtet, dessen Gestaltung oder Inschrift dazu geeignet sind, die Gefühle anderer Menschen zu verletzen oder Weltanschauungen verächtlich zu machen,
16. entgegen § 29 Abs. 1 Satz 1 ein Grabmal ohne vorherige schriftliche Zustimmung der Friedhofsverwaltung während der Dauer des Nutzungsrechts entfernt,
17. entgegen § 29 Abs. 2 Satz 1 der Aufforderung der Friedhofsverwaltung, das Grabmal zu entfernen, nicht fristgemäß nachkommt,
18. entgegen § 29 Abs. 2 Satz 2 den von der Friedhofsverwaltung aufgegebenen Maßnahmen zur Beseitigung einer Abweichung nicht fristgemäß nachkommt,
19. entgegen § 29 Abs. 5 die Veränderung eines Grabmals nicht vor Beginn der Arbeiten der Friedhofsverwaltung anzeigt.

§ 31 Verkehrssicherungspflicht

(1) Zwecks Erfüllung der Verkehrssicherungspflicht hat die Friedhofsverwaltung bei Schnee- und Eisglätte angemessene Maßnahmen zu ergreifen.
(2) Die Friedhofsverwaltung hat sich durch jährliche Kontrollen nach Ende der Frostperiode von dem verkehrssicheren Zustand der Grabmäler zu überzeugen und bei Zweifeln bezüglich der Standsicherheit einen Sachverständigen hinzuzuziehen. Das Ergebnis der Kontrollen ist schriftlich festzuhalten.
(3) Die Friedhofsverwaltung hat Erkenntnisse bezüglich mangelnder Verkehrssicherheit eines Grabmals dem Nutzungsberechtigten unverzüglich mitzuteilen. Ist der Aufenthaltsort des Nutzungsberechtigten unbekannt, kann die Mitteilung durch entsprechenden Hinweis auf der Grabstätte und Aushang am Friedhofseingang erfolgen. Kommt der Nutzungsberechtigte seiner Verkehrssicherungspflicht nicht unverzüglich nach, ist die Friedhofsverwaltung berechtigt, das Grabmal oder Teile davon niederzulegen oder von der Grabstätte zu entfernen. Bei schwerwiegender Unfallgefahr entfällt die vorherige Mitteilungspflicht. Auf von der Grabstätte entfernte Gegenstände findet § 18 Abs. 3 Satz 2 und 3 entsprechend Anwendung. Für den Beginn der sechsmonatigen Frist ist die Mitteilung von der Entfernung des Gegenstandes an den Nutzungsberechtigten maßgeblich. Ist der Aufenthaltsort unbekannt, beginnt die Frist mit Entfernung des Gegenstandes.

§ 32 Haftung

Für Diebstähle auf dem Friedhof und für Beschädigungen der Grabstätten und ihrer Ausstattung durch Dritte, Tiere und durch höhere Gewalt haftet das Land Berlin nicht. Dasselbe gilt für den Verlust von Wertgegenständen, die bei dem Verstorbenen belassen werden.

Achter Teil. Übergangs- und Schlussbestimmungen

§ 33 Übergangsbestimmungen

(1) Eine bei Inkrafttreten dieser Rechtsverordnung vorhandene Grabstätte darf bis zum Erlöschen des Nutzungsrechts nach Maßgabe der folgenden Absätze bestehen bleiben. Urnenwandgrabstätten bleiben bis zu einer Umgestaltung durch die Friedhofsverwaltung unverändert bestehen.

(2) An Erdreihengrabstätten der Größe 2,50 m x 1 m, die bei Inkrafttreten dieser Verordnung eingerichtet und unbelegt sind, kann bis zum 31. Dezember 2000 ein Nutzungsrecht vergeben werden.

(3) In Erdsondergrabstätten, an denen bei Inkrafttreten dieser Verordnung ein Nutzungsrecht als Tiefgrab besteht, darf bis zum 31. Dezember 2006 in dem zum Zeitpunkt der Vergabe zulässigen Umfange bestattet werden.

(4) In Erdsondergrabstätten, an denen bei Inkrafttreten dieser Verordnung ein Nutzungsrecht besteht, und in denen bereits erdbestattet ist, dürfen bis zum 31. Dezember 2006 zusätzlich Urnen in dem zum Zeitpunkt der Vergabe zulässigen Umfang bestattet werden.

(5) Urnengrabstätten der Größe 0,70 m x 0,70 m und 0,75 m x 0,75 m werden nicht mehr vergeben. Bei Inkrafttreten dieser Verordnung bestehende Nutzungsrechte berechtigen zur Bestattung von bis zu vier Urnen. Nachbestattungen sind bis zum 31. Dezember 2006 zulässig.

(6) In Urnensondergrabstätten und Urnengrabstätten der Größe 1 m x 1 m, an denen bei Inkrafttreten dieser Verordnung ein Nutzungsrecht besteht, darf bis zum 31. Dezember 2006 in dem zum Zeitpunkt der Vergabe zulässigen Umfange bestattet werden.

(7) Zeitlich nicht begrenzte Nutzungsrechte an Urnengemeinschaftsanlagen erlöschen mit Ablauf des 31. Dezember 2017.

(8) In Familiengrabstätten für Urnen- und Erdbestattung, an denen ein Nutzungsrecht von 60 Jahren vergeben wurde, dürfen Bestattungen nur vorgenommen werden, soweit die Ruhezeiten nicht die restliche Nutzungsdauer überschreiten.

(9) In den Fällen der Absätze 3 bis 6 kann die Friedhofsverwaltung zur Vermeidung von besonderen Härten für den Nutzungsberechtigten Ausnahmen zulassen. Aus dem gleichen Grund kann sie im Falle des Absatz 8 eine weitere Bestattung zulassen, obwohl die Ruhezeit die restliche Nutzungsdauer überschreitet.

(10) Mit Erlöschen eines vor Inkrafttreten dieser Verordnung erworbenen Nutzungsrechts hat der Nutzungsberechtigte sämtliche Grabausstattungsgegenstände von der Grabstätte zu entfernen. Kommt dieser der Pflicht nicht nach, entfernt die Friedhofsverwaltung die Gegenstände. § 18 Absatz 3 Satz 2 und 3 gilt entsprechend.

§ 34 Inkrafttreten

Diese Verordnung tritt einen Monat nach der Verkündung im Gesetz- und Verordnungsblatt für Berlin in Kraft.

3e. Verordnung über die Verarbeitung personenbezogener Daten im Bereich der landeseigenen Friedhöfe Berlins

vom 16.12.1993 (GVBl. S. 645), verkündet am 29.12.1993

§ 1

Das für die Verwaltung der Friedhöfe zuständige Bezirksamt (Friedhofsverwaltung) ist berechtigt, für die Zwecke
1. des Erwerbs, der Verlängerung oder der Verlängerung von Nutzungsrechten an Grabstätten gemäß §§ 5, 8, 10 und 11 des Friedhofsgesetzes,
2. die Klärung von Angelegenheiten der Verkehrssicherheit von Grabmalen gemäß § 25 des Friedhofsgesetzes,
3. die Einhaltung von Gestaltungsvorschriften gemäß §§ 12 und 24 des Friedhofsgesetzes

Register der Bestatteten (§ 2) und der Nutzungsberechtigten (§ 3) sowie Auftragsregister (§ 4) zu führen.

§ 2

Folgende personenbezogene Daten von Verstorbenen dürfen verarbeitet werden:
1. Vor-, Geburts- und Nachnamen,
2. letzte Anschrift,
3. Geburts- und Sterbedatum,
4. Sterberegisternummer,
5. Einäscherungsdatum und Einäscherungsnummer,
6. Bestattungsdatum,
7. Art und Lage der Grabstätte,
8. Dauer des Nutzungsrechts.

§ 3

Folgende personenbezogene Daten von Nutzungsberechtigten dürfen verarbeitet werden:
1. Vor-, Geburts- und Nachnamen des Nutzungsberechtigten sowie des Verwandtschaftsverhältnisses zum Verstorbenen,
2. Anschrift,
3. Art und Lage der Grabstätte,
4. Name und Anschrift des vom Nutzungsberechtigten benannten Nachfolgers im Nutzungsrecht oder von Bevollmächtigten.

§ 4

Von den auf den Friedhöfen gewerblich Tätigen gemäß § 7 des Friedhofsgesetzes dürfen Folgende personenbezogene Daten verarbeitet werden:
1. Vor- und Nachname des gewerblich Tätigen,
2. Name und Anschrift des Betriebes,
3. Art des Gewerbes.

§ 5

Die Verarbeitung von personenbezogenen Daten nach §§ 2, 3 und 4 darf auf einheitlichen Fachvordrucken oder im automatisierten Verfahren erfolgen.

§ 6

(1) Die in § 4 genannten Daten sind zu löschen, wenn die Tätigkeit auf dem Friedhof eingestellt wird.

(2) Die in §§ 2 und 3 genanten Daten sind aufzubewahren, solange ein Nutzungsrecht an einer Grabstätte besteht und dies zur Erfüllung der gesetzlichen Anzeigepflicht entsprechend § 24 des Friedhofsgesetzes erforderlich ist. Danach dürfen die Daten der Verstorbenen nur noch geson-

dert, durch technische und organisatorische Maßnahmen gesichert, aufbewahrt werden. Sie dürfen dann nur noch genutzt werden, wenn auskunftsbegehrende Angehörige ein berechtigtes Interesse geltend machen können oder dies für wissenschaftliche Zwecke erforderlich ist. Die Daten der Nutzungsberechtigten sind 10 Jahre nach Ablauf des Nutzungsrechtes zu löschen.

§ 7

Diese Verordnung tritt am Tage nach der Verkündung im Gesetz- und Verordnungsblatt für Berlin in Kraft.

4. Brandenburg

Hinweis: Siehe auch das Feuerbestattungsgesetz und die dazugehörigen Verordnungen (Seite 211 ff.)

4a. Gesetz über das Leichen-, Bestattungs- und Friedhofswesen im Land Brandenburg (Brandenburgisches Bestattungsgesetz – BbgBestG)

vom 7.11.2001 (GBVl. Nr. 16 S. 226)

Abschnitt 1. Allgemeines

§ 1 Grundsätze

(1) Die würdige Bestattung von verstorbenen Personen ist eine öffentliche Aufgabe.

(2) Mit Leichen, Leichen- und Körperteilen, Aschenresten Verstorbener, Embryonen und Föten aus Schwangerschaftsabbrüchen und Fehlgeborenen darf nur so verfahren werden, dass keine Gefahren für die öffentliche Sicherheit oder Ordnung, insbesondere für die Gesundheit und für die Belange der Strafrechtspflege, zu befürchten sind und die Würde des Verstorbenen und das sittliche Empfinden der Allgemeinheit nicht verletzt werden.

§ 2 Bestattungseinrichtungen

(1) Bestattungseinrichtungen sind Einrichtungen, Bauwerke und Räumlichkeiten, die der Vorbereitung und Durchführung der Bestattung dienen. Dazu zählen insbesondere Friedhöfe, Feierhallen auf den Friedhöfen, Leichenhallen und Feuerbestattungsanlagen.

(2) Bestattungseinrichtungen müssen der Würde des Menschen, den allgemeinen sittlichen Vorstellungen und den anerkannten gesellschaftlichen Ordnungen entsprechen. Sie müssen so beschaffen sein, dass die öffentliche Sicherheit sowie die Gesundheit und das Wohl der Allgemeinheit nicht beeinträchtigt werden.

(3) Leichenhallen sind Räumlichkeiten, die ausschließlich der Aufbewahrung von Leichen dienen. Sie müssen den Anforderungen der Hygiene entsprechen.

Abschnitt 2. Leichenwesen

Unterabschnitt 1. Menschliche Leichen, Leichenschau

§ 3 Begriffsbestimmungen

(1) Leiche im Sinne dieses Gesetzes ist der Körper eines Menschen, bei dem sichere Zeichen des Todes bestehen oder bei dem der Tod auf andere Weise zuverlässig festgestellt worden ist. Leblose Teile eines menschlichen Körpers gelten dann einer Leiche zugehörig, wenn ohne sie ein Weiterleben des Individuums unmöglich wäre. Als Leiche gilt auch der Körper eines Neugeborenen, bei dem nach vollständigem Verlassen des Mutterleibes

1. entweder das Herz geschlagen oder die Nabelschnur pulsiert oder die natürliche Lungenatmung eingesetzt hat und das danach verstorben ist oder
2. keines der unter Nummer 1 genannten Lebenszeichen festzustellen war, das Geburtsgewicht jedoch mindestens 500 Gramm betrug (Totgeborenes).

(2) Der Körper eines Neugeborenen mit einem Gewicht unter 500 Gramm, bei dem nach vollständigem Verlassen des Mutterleibes keines der in Absatz 1 Satz 3 Nr. 1 genannten Lebenszeichen festzustellen war (Fehlgeborenes), gilt nicht als Leiche im Sinne dieses Gesetzes.

§ 4 Veranlassung der Leichenschau

(1) Jede Leiche ist zur Feststellung des Todes, des Todeszeitpunktes, der Todesart und der Todesursache von einem approbierten Arzt zu untersuchen (Leichenschau).

(2) Die Leichenschau haben unverzüglich zu veranlassen:

1. die Personen, die mit dem Verstorbenen in häuslicher Gemeinschaft gelebt haben,
2. derjenige, in dessen Wohnung, Unternehmen oder Einrichtung sich der Sterbefall ereignet hat und
3. jeder, der eine Leiche auffindet. Die Pflicht besteht nicht, wenn bereits ein anderer die Leichenschau veranlasst hat oder wenn in den Fällen der Nummer 3 die Polizei benachrichtigt wurde.

§ 5 Ärztliche Leichenschaupflicht

(1) Zur Vornahme der Leichenschau sind verpflichtet: bei Sterbefällen in Krankenhäusern und anderen Einrichtungen, zu deren Aufgaben auch die ärztliche Behandlung der aufgenommenen Personen gehört, jeder dort tätige Arzt; bei mehreren Ärzten kann die Leitung der Einrichtung regeln, welcher von ihnen die Leichenschau vorzunehmen hat, bei häuslichen und sonstigen Sterbefällen jeder erreichbare niedergelassene Arzt oder ein Arzt im ärztlichen Notfalldienst, bei Sterbefällen während eines Rettungseinsatzes mit Notarztbeteiligung der beteiligte Notarzt, bei Sterbefällen während eines Rettungseinsatzes ohne Notarztbeteiligung der nächste erreichbare niedergelassene Arzt, ein Arzt im ärztlichen Notfalldienst oder der im nächstgelegenen Krankenhaus diensthabende Arzt.

(2) Ein im Notfalldienst oder Rettungsdienst tätiger Arzt kann sich auf die Feststellung des Todes, des Todeszeitpunktes und der äußeren Umstände beschränken, wenn er durch die Durchführung der Leichenschau an der Wahrnehmung seiner Aufgaben im Notfalldienst oder Rettungsdienst gehindert würde und er dafür sorgt, dass ein anderer Arzt eine vollständige Leichenschau durchführt. Er hat unverzüglich eine vorläufige Bescheinigung über die Feststellung des Todes auszustellen.

(3) Ein Arzt kann es ablehnen, über die Feststellung des Todes hinaus die Leichenschau fortzusetzen, wenn er durch die weiteren Feststellungen sich selbst oder einen seiner in § 52 Abs. 1 der Strafprozessordnung bezeichneten Angehörigen der Gefahr einer strafrechtlichen Verfolgung oder eines Verfahrens nach dem Gesetz über Ordnungswidrigkeiten aussetzen würde.

§ 6 Durchführung der Leichenschau

(1) Die Leichenschau ist unverzüglich nach der Aufforderung dazu durchzuführen. Die Leichenschau soll an dem Ort, an dem der Tod eingetreten ist oder die Leiche aufgefunden wurde, vorgenommen werden. Der Arzt und die von ihm hinzugezogenen Helfer sind berechtigt, jederzeit den Ort zu betreten, an dem sich die Leiche befindet. Befindet sich die Leiche nicht in einem geschlossenen Raum oder ist aus anderen Gründen an diesem Ort eine ordnungsgemäße Leichenschau nicht möglich oder zweckmäßig, kann sich der Arzt auf die Todesfeststellung beschränken, wenn sichergestellt ist, dass die vollständige Leichenschau an einem geeigneten Ort durchgeführt wird. Die Leichenschau ist an der vollständig entkleideten Leiche unter Einbeziehung aller Körperregionen einschließlich der Körperöffnungen durchzuführen.

(2) Angehörige und Personen, die den Verstorbenen während einer dem Tod vorangegangenen Krankheit behandelt oder gepflegt haben, sind verpflichtet, dem die Leichenschau durchführenden Arzt auf Verlangen Auskunft über Krankheiten und andere Gesundheitsschädigungen des Verstorbenen und über sonstige für seinen Tod möglicherweise ursächliche Ereignisse zu erteilen. Sie können die Auskunft auf Fragen verweigern, wenn sie durch die Auskunft sich selbst oder einen ihrer in § 52 Abs. 1 der Strafprozessordnung bezeichneten Angehörigen der Gefahr einer strafrechtlichen Verfolgung oder eines Verfahrens nach dem Gesetz über Ordnungswidrigkeiten aussetzen würden.

Landesrecht

(3) Ist durch äußere Merkmale bereits erkennbar oder lässt sich nicht ausschließen, dass es sich um einen nicht natürlichen Tod handelt, oder handelt es sich um einen unbekannten Toten, hat der Arzt unverzüglich die Polizei oder die Staatsanwaltschaft zu verständigen. Er hat in diesem Fall bis zum Eintreffen der Polizei oder Staatsanwaltschaft von einer weiteren Leichenschau abzusehen und dafür zu sorgen, dass keine Veränderungen an der Leiche und der unmittelbaren Umgebung vorgenommen werden. Als nicht natürlich ist ein Tod anzunehmen, der durch Selbsttötung oder durch einen Unfall herbeigeführt wurde oder bei dem eine Einwirkung von fremder Hand ursächlich gewesen ist. Ergeben sich erst während der Leichenschau Hinweise auf einen nicht natürlichen Tod oder lässt sich die Todesart nicht aufklären, hat der Arzt ebenso zu verfahren.
(4) War der Verstorbene an einer aufgrund des Infektionsschutzgesetzes vom 20. Juli 2000 (BGBl. I S. 1045) meldepflichtigen Krankheit erkrankt oder mit einem meldepflichtigen Krankheitserreger infiziert und ist durch den Umgang mit der Leiche eine Weiterverbreitung möglich, gehen sonstige Gefahren von der Leiche aus oder besteht ein Verdacht hierfür, hat der Arzt die Leiche deutlich sichtbar entsprechend zu kennzeichnen.

§ 7 Kosten der Leichenschau

(1) Bei Sterbefallen in Krankenhäusern und anderen Einrichtungen, zu deren Aufgaben auch die ärztliche Behandlung der aufgenommenen Personen gehört, kann eine besondere Vergütung für die Leichenschau und die Ausstellung des Totenscheins nicht verlangt werden. In den übrigen Fällen hat der zur Bestattung Verpflichtete die Kosten für die Leichenschau und die Ausstellung des Totenscheins zu tragen oder dem Veranlasser zu erstatten.
(2) In den Fällen des § 14 trägt die Einrichtung, die die Leiche für Zwecke der Forschung und Lehre übernimmt, die Kosten der Leichenschau und die Ausstellung des Totenscheins.

Unterabschnitt 2. Klinische und anatomische Sektion

§ 8 Klinische Sektion

(1) Die klinische Sektion ist die letzte ärztliche Handlung im Interesse der Patienten und der Allgemeinheit.
(2) Klinische Sektion (innere Leichenschau) ist die ärztliche fachgerechte Öffnung einer Leiche, die Entnahme und Untersuchung von Organen und Geweben sowie die äußere Wiederherstellung des Leichnams.
(3) Sie ist Teil der Qualitätssicherung und dient der Überprüfung ärztlichen Handelns im Hinblick auf Diagnose, Therapie und Todesursache, der Lehre und Ausbildung, der Epidemiologie, der medizinischen Forschung sowie Begutachtung.

§ 9 Antrag

(1) Die klinische Sektion wird von dem behandelnden Arzt bei einer dafür ermächtigten Einrichtung für Pathologie oder Rechtsmedizin unter Angabe des Grundes angemeldet. Er hat die Voraussetzungen nach § 10 zu prüfen, gegebenenfalls erforderliche Einwilligungen einzuholen und zu dokumentieren.
(2) Die klinische Sektion kann auch auf Antrag des jeweils nächsten Angehörigen gemäß § 10 Abs. 5 oder einer hierzu bevollmächtigten Person durchgeführt werden, sofern Persönlichkeitsrechte des Verstorbenen dabei nicht verletzt werden. Dem Antrag ist eine Begründung beizufügen.
(3) Die Entscheidung, ob eine klinische Sektion durchgeführt wird, trifft der leitende Arzt der ermächtigten Einrichtung oder ein von ihm beauftragter Arzt mit abgeschlossener Weiterbildung im Fach Pathologie oder Rechtsmedizin.

§ 10 Zulässigkeit der klinischen Sektion

(1) Außer in den sonst durch Gesetz geregelten Fällen ist die klinische Sektion zulässig, wenn der Verstorbene oder seine jeweils nächsten Angehörigen gemäß Absatz 5 schriftlich in die Sektion eingewilligt haben.

(2) Die klinische Sektion ist außerdem zulässig, wenn
1. die klinische Sektion zur Klärung der Todesursache oder zur Überprüfung der Diagnose- und Therapieverfahren (Qualitätskontrolle) dient oder
2. ein besonderes, dem Fortschritt der Medizin dienendes wissenschaftliches Interesse in Lehre, Forschung und Epidemiologie besteht oder
3. die Fürsorge für die Hinterbliebenen, insbesondere im Gutachterwesen, im Versicherungsrecht, bei Erb- oder Infektionskrankheiten, die klinische Sektion erfordert und Ausschlussgründe nach Absatz 3 dem nicht entgegenstehen.

(3) Die klinische Sektion ist nicht zulässig, wenn
1. sie erkennbar dem Willen des Verstorbenen widerspricht,
2. der Verstorbene eine einmal dokumentierte Zustimmung zur Sektion gegenüber dem behandelnden Arzt zurückgenommen hat oder
3. eine Einwilligung nach Absatz 1 nicht vorliegt und ein Angehöriger gemäß Absatz 5 nach dokumentierter Information über die beabsichtigte Sektion innerhalb von acht Tagesstunden widersprochen hat. Maßgeblich sind nur Tagesstunden zwischen 7 und 22 Uhr. Bei mehreren Angehörigen genügt es, wenn einer von ihnen beteiligt wird und eine Entscheidung trifft; es ist jedoch der Widerspruch eines jeden von ihnen beachtlich.

(4) Der klinischen Sektion hat die Leichenschau nach den Bestimmungen dieses Gesetzes vorauszugehen. Anhaltspunkte für einen nicht natürlichen Tod dürfen sich dabei nicht ergeben haben.

(5) Nächste Angehörige sind in der Rangfolge ihrer Aufzählung der Ehegatte, volljährige Kinder, die Eltern, volljährige Geschwister, volljährige Enkelkinder, Großeltern sowie der Partner, mit dem der Verstorbene in einer auf Dauer angelegten nichtehelichen Lebensgemeinschaft gelebt hat.

§ 11 Durchführung der klinischen Sektion

(1) Klinische Sektionen dürfen nur in Einrichtungen durchgeführt werden, die dazu von dem für das Gesundheitswesen zuständigen Ministerium ermächtigt worden sind. Dieses kann im Einvernehmen mit dem für die Landesorganisation zuständigen Mitglied der Landesregierung durch Rechtsverordnung
1. die Zuständigkeit für die Erteilung der Ermächtigung nach Satz 1 auf eine nachgeordnete Behörde übertragen und
2. die sachlichen Voraussetzungen für die Erteilung der Ermächtigung nach Satz 1 im Einzelnen Gesundheitswesen zuständige Mitglied der Landesregierung festlegen.

(2) Nach der klinischen Sektion ist das äußere Erscheinungsbild des Leichnams in Achtung vor dem Verstorbenen in einer der ärztlichen Sorgfaltspflicht entsprechenden Weise wiederherzustellen.

(3) Für die klinische Sektion dürfen die zur Untersuchung erforderlichen Organe und Gewebe entnommen werden. Soweit es im Hinblick auf den Zweck der klinischen Sektion nach § 8 erforderlich ist, dürfen Leichenteile zurückbehalten werden.

§ 12 Unentgeltlichkeit der Einwilligung in die klinische Sektion

Für die Einwilligung in eine klinische Sektion darf keine Gegenleistung verlangt oder gewährt werden. Die Kosten der klinischen Sektion sind, soweit dies nicht in anderen Gesetzen besonders geregelt ist, von demjenigen zu tragen, der die Vornahme veranlasst hat oder in dessen Interesse sie erfolgt.

§ 13 Identitätsangaben, Verfahren der klinischen Sektion

(1) Der die klinische Sektion durchführende Arzt fertigt eine Niederschrift (Sektionsbericht) an. Diese enthält:
1. Angaben über das Vorliegen der Zulässigkeitsvoraussetzungen nach § 10 und
2. das Untersuchungsergebnis.

(2) Eine Ausfertigung der Niederschrift wird dem behandelnden Arzt im Sinne des § 9 Abs. 1 umgehend zugesandt und von ihm der Krankengeschichte beigefügt.
(3) Ergeben sich bei der klinischen Sektion Anhaltspunkte dafür, dass der Verstorbene eines nicht natürlichen Todes gestorben ist, so beendet der Arzt die Sektion sofort und benachrichtigt unverzüglich die Polizei.

§ 14 Anatomische Sektion
Die anatomische Sektion ist die Zergliederung von Leichen oder Leichenteilen in anatomischen Instituten zum Zwecke der Lehre und Forschung über den Aufbau des menschlichen Körpers.

§ 15 Zulässigkeit der anatomischen Sektion
(1) Die anatomische Sektion darf nur vorgenommen werden, wenn
1. die anatomische Sektion zur Ausbildung des Nachwuchses in medizinischen und naturwissenschaftlichen Berufen gemäß Approbations- oder Ausbildungsordnung dient,
2. der Verstorbene der anatomischen Sektion schriftlich zugestimmt hat und
3. die Leichenschau nach § 4 Abs. 1 stattgefunden hat und ein natürlicher Tod vorliegt oder wenn eine Freigabe des Leichnams durch die Staatsanwaltschaft vorliegt. Sie darf nur unter ärztlicher Aufsicht oder Leitung oder unter Aufsicht oder Leitung von Hochschullehrern der Anatomie vorgenommen werden.

(2) § 12 und § 13 Abs. 3 gelten auch für die anatomische Sektion.

§ 16 Verfahren der anatomischen Sektion
(1) Der für die anatomische Sektion verantwortliche Arzt oder Hochschullehrer fertigt eine Niederschrift über das Vorliegen der Voraussetzungen nach § 15 an.
(2) Nach Beendigung der anatomischen Sektion hat der verantwortliche Arzt oder Hochschullehrer für die Bestattung zu sorgen. Er fertigt darüber eine Niederschrift an.
(3) Soweit es im Hinblick auf den Zweck der anatomischen Sektion nach § 14 erforderlich ist, dürfen Leichenteile zurückbehalten werden.

Unterabschnitt 3. Totenschein, Aufbewahrung und Beförderung von Leichen

§ 17 Totenschein und Sektionsschein
(1) Unverzüglich nach Beendigung der Leichenschau hat der Arzt den Totenschein auszustellen. Der Totenschein dient dem Nachweis des Todeszeitpunktes und der Todesursache, der für die Aufklärung von etwaigen Straftaten erforderlichen Mitteilung der Todesart, der Prüfung, ob seuchenhygienische oder sonstige Maßnahmen zur Gefahrenabwehr erforderlich sind, sowie Zwecken der Statistik und Forschung.
(2) Wird eine Sektion durchgeführt, so hat der obduzierende Arzt der für den Sterbeort zuständigen unteren Gesundheitsbehörde unverzüglich eine Bescheinigung über die von ihm festgestellte Todesursache und andere wesentliche Krankheiten (Sektionsschein) nach deren Klärung zu übersenden.
(3) Totenscheine und Sektionsscheine sind von der für den Sterbeort zuständigen unteren Gesundheitsbehörde auf ordnungsgemäße Ausstellung zu überprüfen und 30 Jahre lang aufzubewahren. Ärzte, die eine Leichenschau oder eine Sektion vorgenommen haben, sind verpflichtet, auf Anforderung der unteren Gesundheitsbehörde lückenhafte Totenscheine und Sektionsscheine unverzüglich zu vervollständigen. Sie sowie Ärzte, die den Verstorbenen vorher behandelt haben, sind verpflichtet, die zur Überprüfung und Vervollständigung erforderlichen Auskünfte zu erteilen. § 6 Abs. 2 Satz 2 gilt entsprechend.
(4) Die untere Gesundheitsbehörde kann auf Antrag Auskünfte aus Totenscheinen und Sektionsscheinen im erforderlichen Umfang erteilen und insoweit auch Einsicht gewähren und Ablichtungen davon aushändigen,

1. wenn der Antragsteller ein berechtigtes Interesse glaubhaft macht und kein Grund zu der Annahme besteht, dass durch die Offenbarung schutzwürdige Belange des Verstorbenen oder seiner Angehörigen beeinträchtigt werden, oder
2. wenn der Antragsteller die Angaben für ein wissenschaftliches Forschungsvorhaben benötigt und
   a) durch sofortige Anonymisierung oder Pseudonymisierung der Angaben sichergestellt wird, dass schutzwürdige Belange des Verstorbenen und seiner Angehörigen nicht beeinträchtigt werden, oder
   b) das für das Gesundheitswesen zuständige Ministerium festgestellt hat, dass das öffentliche Interesse an dem Forschungsvorhaben das Geheimhaltungsinteresse des Verstorbenen und seiner Angehörigen erheblich überwiegt und der Zweck der Forschung nicht auf andere Weise oder nur mit unverhältnismäßigem Aufwand erreicht werden kann. Im Fall der Weitergabe von Daten nach Nummer 2 gilt § 28 Abs. 2 des Brandenburgischen Datenschutzgesetzes entsprechend.

(5) Das für das Gesundheitswesen zuständige Mitglied der Landesregierung wird ermächtigt, durch Rechtsverordnung im Einvernehmen mit dem für den Datenschutz zuständigen Mitglied der Landesregierung
1. den Inhalt des Totenscheins, der Bescheinigung über die Feststellung des Todes nach § 5 Abs. 2 Satz 2 und des Sektionsscheins sowie
2. deren Empfänger, die zu beachtenden Datenschutzmaßnahmen, die Auswertung und den sonstigen Umgang mit diesen Bescheinigungen näher zu regeln.

§ 18 Aufbewahrung und Beförderung von Leichen

(1) Jede Leiche ist innerhalb von 24 Stunden nach Eintritt des Todes, bei späterem Auffinden unverzüglich, in eine Leichenhalle zu überführen. Die Überführung darf erst nach der ärztlichen Leichenschau stattfinden. Die untere Gesundheitsbehörde kann im Einzelfall Ausnahmen zulassen, sofern Gründe der Hygiene nicht entgegenstehen, oder die Frist nach Satz 1 aus Gründen der Hygiene verkürzen.

(2) Zur Beförderung von Leichen sind diese einzusargen. Dazu sind geschlossene widerstandsfähige Särge zu verwenden, die insbesondere eine gesundheitliche Gefährdung der Umgebung während der Beförderung ausschließen. Im Straßenverkehr sind Leichen in Fahrzeugen zu befördern, die ausschließlich für den Transport von Särgen und Urnen bestimmt und hierfür eingerichtet sind. Die Beförderung von Leichen in Anhängern von Fahrzeugen ist nicht zulässig. Die untere Gesundheitsbehörde kann Ausnahmen zulassen. Unterbrechungen bei der Überführung sind zu vermeiden. Die Sätze 1 bis 4 gelten nicht für die Bergung von Leichen, insbesondere für die Beförderung tödlich Verunglückter von der Unfallstelle.

(3) Wer eine nach § 6 Abs. 4 zu kennzeichnende Leiche einsargt, hat die Kennzeichnung auf dem Sarg zu wiederholen.

(4) Leichen dürfen von einem Ort außerhalb der Bundesrepublik Deutschland nur dann in das Land Brandenburg befördert werden, wenn aus dem Leichenpass oder einer amtlichen Bescheinigung hervorgeht, ob der Verstorbene an einer übertragbaren Krankheit gelitten hat oder nicht. Die untere Gesundheitsbehörde kann Ausnahmen zulassen. Für die Beförderung einer Leiche aus dem Land Brandenburg an einen anderen Ort außerhalb der Bundesrepublik Deutschland stellt die untere Gesundheitsbehörde einen Leichenpass auf Antrag aus. Sie ist berechtigt, die dafür erforderlichen Nachweise zu verlangen sowie eigene Ermittlungen durchzuführen und Auskünfte einzuholen.

Abschnitt 3. Bestattungswesen

§ 19 Bestattungspflicht

(1) Jede Leiche muss bestattet werden. Dies gilt nicht für Totgeborene mit einem Gewicht unter 1.000 Gramm. Diese Totgeborenen sowie Fehlgeborene sind auf Wunsch eines Elternteils zu bestatten.

(2) Werden Totgeborene oder Fehlgeborene mit einem Gewicht unter 1.000 Gramm nicht bestattet, sind sie von der Einrichtung, in der die Geburt erfolgt ist, oder durch den Inhaber des Gewahrsams hygienisch einwandfrei und dem sittlichen Empfinden entsprechend zu beseitigen, sofern sie nicht rechtmäßig zu medizinischen, pharmazeutischen oder wissenschaftlichen Zwecken verwendet werden. Für die Beseitigung von Föten aus Schwangerschaftsabbrüchen sowie von Körperteilen gilt Satz 1 entsprechend.

(3) Die Erdbestattung oder Einäscherung ist innerhalb von zehn Tagen nach Feststellung des Todes durchzuführen. Die untere Gesundheitsbehörde kann im Einzelfall die Frist verlängern, sofern gesundheitliche oder hygienische Bedenken nicht entgegenstehen, oder die Frist nach Satz 1 aus Gründen der Hygiene verkürzen. Satz 1 gilt nicht für die in § 6 Abs. 3 genannten Todesfälle.

§ 20 Bestattungspflichtige Personen

(1) Für die Bestattung haben die volljährigen Angehörigen in folgender Reihenfolge zu sorgen:

1. der Ehegatte,
2. die Kinder,
3. die Eltern,
4. die Geschwister,
5. die Enkelkinder,
6. die Großeltern und
7. der Partner einer auf Dauer angelegten nichtehelichen Lebensgemeinschaft.

Kommt für die Bestattungspflicht ein Paar (Nummer 3) oder eine Mehrheit von Personen (Nummern 2 und 4 bis 6) in Betracht, so geht jeweils die ältere Person der jüngeren hinsichtlich der Bestattungspflicht vor.

(2) Sind Bestattungspflichtige im Sinne des Absatzes 1 nicht vorhanden oder nicht zu ermitteln oder kommen sie ihrer Pflicht nicht nach und veranlasst kein anderer die Bestattung, hat die für den Sterbeort zuständige örtliche Ordnungsbehörde auf Kosten des Bestattungspflichtigen für die Bestattung zu sorgen. Tritt der Tod in einem Luftfahrzeug ein, so ist die örtliche Ordnungsbehörde des Ortes zuständig, an dem das Flugzeug landet.

(3) In den Fällen des § 14 (anatomische Sektion) ist die Einrichtung, die die Leiche für Zwecke der Forschung und Lehre übernommen hat, für die Bestattung verantwortlich, sobald die Leiche für diese Zwecke nicht mehr benötigt wird.

(4) Eine auf Gesetz oder Rechtsgeschäft beruhende Verpflichtung, die Kosten zu tragen, bleibt unberührt.

§ 21 Bestattungsarten

(1) Die Bestattung kann als Erdbestattung oder als Feuerbestattung mit anschließender Beisetzung der Asche durchgeführt werden.

(2) Die Art und der Ort der Bestattung richten sich nach dem Willen des Verstorbenen, soweit gesetzliche Bestimmungen oder zwingende öffentliche Belange nicht entgegenstehen. Bei Verstorbenen, deren Wille nicht bekannt ist, und bei Verstorbenen, die das 14. Lebensjahr nicht vollendet hatten oder die geschäftsunfähig waren, bestimmt der Bestattungspflichtige die Bestattungsart und den Bestattungsort.

(3) Veranlasst die nach § 20 Abs. 2 zuständige Behörde die Bestattung, ist die ortsübliche Bestattungsart zu wählen. Nicht zulässig sind in diesem Fall das Verstreuen der Asche und die Ur-

nenbeisetzung auf Hoher See. Handelt es sich um die Leiche eines Unbekannten, so ist nur die Erdbestattung zulässig.

§ 22 Voraussetzungen der Bestattung

(1) Die Bestattung von Leichen ist zulässig, wenn seit Eintritt des Todes 48 Stunden verstrichen sind, eine Leichenschau durchgeführt worden ist und eine Bescheinigung mit dem Vermerk der Eintragung in das Sterbebuch oder eine Genehmigung der für den Bestattungsort zuständigen Ordnungsbehörde vorgelegt wird. Die untere Gesundheitsbehörde kann Ausnahmen von der Frist nach Satz 1 zulassen. Bei Totgeborenen oder während der Geburt verstorbenen Kindern ist anstelle einer Bescheinigung mit dem Vermerk der Eintragung in das Sterbebuch eine Bescheinigung mit dem Vermerk der Eintragung in das Geburtenbuch vorzulegen.

(2) Soll ein Fehlgeborenes bestattet werden, so ist dem Träger des Friedhofes oder dem Betreiber einer Feuerbestattungsanlage eine ärztliche Bescheinigung vorzulegen, aus der sich das Datum und der Umstand der Fehlgeburt sowie Name und Anschrift der Mutter ergeben.

§ 23 Feuerbestattung

(1) Eine Feuerbestattung ist nur zulässig, wenn durch eine zweite Leichenschau bestätigt worden ist, dass keine Anhaltspunkte für einen nicht natürlichen Tod bestehen oder die Staatsanwaltschaft in Kenntnis solcher Anhaltspunkte einer Feuerbestattung zustimmt. Sie setzt die eindeutig ermittelte Todesursache voraus, es sei denn, diese ist auch durch eine Leichenöffnung nicht zu klären gewesen. Wenn eine Leichenöffnung nach § 87 Abs. 2 der Strafprozessordnung durchgeführt worden ist oder es sich um ein Totgeborenes mit einem Gewicht unter 1.000 Gramm handelt, ist eine zweite Leichenschau nicht erforderlich.

(2) Die zweite Leichenschau nach Absatz 1 darf nur durch einen Arzt der unteren Gesundheitsbehörde oder einen von der unteren Gesundheitsbehörde hierfür ermächtigten Arzt durchgeführt werden. Der ermächtigte Arzt muss die Anerkennung zum Führen der Gebietsbezeichnung Rechtsmedizin oder Pathologie besitzen.

(3) Angehörige und Personen, die den Verstorbenen während einer dem Tod vorausgehenden Krankheit behandelt oder gepflegt haben, sowie Ärzte, die die erste Leichenschau oder eine Sektion vorgenommen haben, sind verpflichtet, dem für die zweite Leichenschau zuständigen Arzt auf Verlangen Auskunft über Krankheiten und andere Gesundheitsschädigungen des Verstorbenen und über sonstige für seinen Tod möglicherweise ursächliche Ereignisse zu erteilen. § 6 Abs. 2 Satz 2 gilt entsprechend. Die Durchführung der zweiten Leichenschau ist zu dokumentieren. Die Aufzeichnungen sind vom Betreiber der Feuerbestattungsanlage 20 Jahre lang aufzubewahren.

(4) Leichen dürfen nur in genehmigten Feuerbestattungsanlagen eingeäschert werden.

(5) Einäscherungen dürfen nur in einem hierfür geeigneten umweltverträglichen Sarg erfolgen. Die Asche jeder Leiche ist in einer Urne aufzunehmen. Die Urne ist zu kennzeichnen und zu verschließen. Über die vorgenommene Einäscherung und den Verbleib der Asche hat der Betreiber der Feuerbestattungsanlage ein Verzeichnis (Feuerbestattungsverzeichnis) zu führen, das 20 Jahre aufzubewahren ist.

(6) Der Betreiber der Feuerbestattungsanlage darf die Urne nur zur Beisetzung aushändigen oder versenden.

§ 24 Feuerbestattungsanlagen

(1) Feuerbestattungsanlagen dürfen von Gemeinden, Gemeindeverbänden, kommunalen Zweckverbänden sowie privaten Rechtsträgern errichtet und betrieben werden.

(2) Standort und Beschaffenheit der Feuerbestattungsanlagen müssen den Grundsätzen der §§ 1 und 2 Abs. 2 entsprechen. Eine Feuerbestattungsanlage muss mit einer Leichenhalle und mit einem Raum zur Durchführung der zweiten Leichenschau verbunden sein. Ihre Errichtung und ihr Betrieb bedürfen der Genehmigung.

(3) Der Betreiber der Feuerbestattungsanlage hat die Gewähr dafür zu bieten, dass der Betrieb der Feuerbestattungsanlage ordnungsgemäß geführt wird. Der Betreiber hat eine geeignete und zuverlässige Person als verantwortlichen Leiter der Feuerbestattungsanlage zu bestimmen und der zuständigen Überwachungsbehörde zu benennen.
(4) Die Landesregierung wird ermächtigt, durch Rechtsverordnung die Anforderungen an Feuerbestattungsanlagen, ihren Betrieb und ihre Überwachung näher zu regeln. Dies gilt auch für die persönlichen und sachlichen Anforderungen an den Betreiber der Feuerbestattungsanlage.
(5) Zuständig für die Genehmigung des Betriebs und die Überwachung des Betriebs der Feuerbestattungsanlagen sind die Landräte und Oberbürgermeister als allgemeine untere Landesbehörden.

§ 25 Beisetzung

(1) Erdbestattungen dürfen nur auf Friedhöfen vorgenommen werden. Die örtliche Ordnungsbehörde kann im Einvernehmen mit der unteren Gesundheitsbehörde im Einzelfall Ausnahmen zulassen, wenn ein wichtiger Grund vorliegt und öffentliche Belange nicht entgegenstehen.
(2) Bei einer Feuerbestattung ist die Urne mit der Asche auf einem Friedhof oder in geeigneter Form in einer Kirche beizusetzen. Die Asche kann auch auf einer hierfür bestimmten Stelle eines Friedhofes verstreut werden. Auf Wunsch des Verstorbenen darf außerdem die Urne von einem Schiff aus auf Hoher See beigesetzt werden, wenn andere Rechtsvorschriften nicht entgegenstehen. Sonstige Beisetzungen außerhalb von Friedhöfen kann die örtliche Ordnungsbehörde im Einzelfall im Einvernehmen mit der unteren Gesundheitsbehörde zulassen, wenn ein wichtiger Grund vorliegt und öffentliche Belange nicht entgegenstehen.

Abschnitt 4. Friedhofswesen

§ 26 Friedhöfe

(1) Friedhöfe sind Einrichtungen, die den Verstorbenen als würdige Ruhestätte und der Pflege ihres Andenkens gewidmet sind.
(2) Träger von Friedhöfen können nur Gemeinden sowie Religionsgemeinschaften, die Körperschaften des öffentlichen Rechts sind, sein.

§ 27 Gemeindefriedhöfe

(1) Die Gemeinden haben Friedhöfe anzulegen und zu erweitern sowie Leichenhallen zu errichten und diese Einrichtungen zu unterhalten, soweit hierfür ein öffentliches Bedürfnis besteht. Ein öffentliches Bedürfnis für die Errichtung oder Erweiterung eines Friedhofes besteht grundsätzlich nicht, wenn die Gemeinde sicherstellt, dass der Friedhof eines anderen Trägers in zumutbarer Nähe benutzt werden kann. Satz 2 gilt für Leichenhallen entsprechend.
(2) Auf Gemeindefriedhöfen ist die Bestattung verstorbener Gemeindeeinwohner sowie bei besonderem berechtigten Interesse auch die Bestattung einer sonstigen verstorbenen Person zuzulassen. Die Bestattung einer anderen in der Gemeinde verstorbenen oder tot aufgefundenen Person ist insbesondere zuzulassen, wenn

1. diese keinen festen Wohnsitz hatte,
2. ihr letzter Wohnsitz unbekannt ist,
3. ihre Überführung an den früheren Wohnsitz unverhältnismäßig hohe Kosten verursachen würde oder
4. wenn Gründe der öffentlichen Sicherheit oder Ordnung eine Bestattung in der Gemeinde erfordern.

(3) Auf Gemeindefriedhöfen wird unabhängig von Konfession und Weltanschauung bestattet.

§ 28 Andere Friedhöfe

(1) Religionsgemeinschaften, die Körperschaften des öffentlichen Rechts sind, können eigene Friedhöfe nach Maßgabe der Gesetze anlegen, erweitern und wiederbelegen sowie Leichenhallen errichten. Sie sind Friedhofsträger.

(2) Die Bestattung von Verstorbenen, die nicht der jeweiligen Religionsgemeinschaft angehören, liegt auf Friedhöfen nach Absatz 1 im Ermessen des jeweiligen Friedhofsträgers. Soweit es die religiöse Ordnung der jeweiligen Religionsgemeinschaft zulässt, darf die Bestattung der in § 27 Abs. 2 genannten Verstorbenen nicht verweigert werden, wenn in zumutbarer Entfernung keine gemeindlichen Friedhöfe bestehen. Dies gilt auch dann, wenn es sich um andersgläubige oder konfessionslose Verstorbene handelt.

§ 29 Planung, Anlegung und Erweiterung von Friedhöfen

(1) Die Anlegung und die Erweiterung eines Friedhofes bedürfen einer schriftlichen Genehmigung durch die nach § 31 zuständige Behörde. Die Genehmigung ist zu versagen, wenn das Vorhaben den Bestimmungen dieses Gesetzes oder sonstigen Rechtsvorschriften widerspricht.

(2) Die Wahl des Standorts, die Gestaltung und die Unterhaltung der Friedhöfe müssen dem Anspruch an Ruhe und Würde eines Friedhofes entsprechen und historische Strukturen wahren.

(3) Friedhöfe müssen den Anforderungen der öffentlichen Sicherheit und Ordnung, insbesondere denen der Gesundheit entsprechen. Die Eignung der Bodenbeschaffenheit und der Grundwasserverhältnisse ist nachzuweisen.

(4) Die Anlegung und Erweiterung von Friedhöfen sind durch den Friedhofsträger öffentlich bekannt zu machen.

§ 30 Schließung und Aufhebung von Friedhöfen

(1) Ein Friedhof kann ganz oder teilweise vom Träger für weitere Bestattungen gesperrt werden (Schließung). Dieses gilt auch für einzelne Bestattungs- und Grabstättenarten. Als Ersatz für die Nutzungsrechte, die bis zum Zeitpunkt der Schließung nicht ausgeübt worden sind, werden auf Antrag des jeweiligen Nutzungsberechtigten Nutzungsrechte auf einem anderen Friedhof eingeräumt oder eine Rückzahlung der auf die restliche Laufzeit entfallenden Entgelte geleistet.

(2) Die Schließung ist der nach § 31 zuständigen Behörde anzuzeigen. Die Träger von Friedhöfen nach § 28 Abs. 1 haben von der Schließung betroffene Gemeinden von der beabsichtigten Schließung frühzeitig zu unterrichten.

(3) Soll der Friedhof nach der Schließung einer anderen Nutzung zugeführt werden (Aufhebung), so ist der Ablauf der Mindestruhezeit nach der letzten Bestattung einzuhalten.

(4) Abweichend von Absatz 3 kann ein Friedhof ganz oder teilweise vor Ablauf der Mindestruhezeit nach der letzten Bestattung aufgehoben werden, wenn zwingende Gründe des öffentlichen Interesses es erfordern. Den Nutzungsberechtigten sind für die restliche Dauer der Nutzungsrechte entsprechende Rechte auf einem anderen Friedhofsteil oder einem anderen Friedhof einzuräumen. Die Verstorbenen sind in diesem Fall in die neuen Grabstätten umzubetten. Durch die Umbettung, das Umsetzen der Grabmale und das Herrichten der neuen Grabstätten dürfen den Nutzungsberechtigten keine Kosten entstehen.

(5) Die Aufhebung bedarf der Genehmigung der nach § 31 zuständigen Behörde.

(6) Besteht ein zwingendes öffentliches Interesse an der Nutzung des Friedhofes zu anderen Zwecken, kann die Genehmigungsbehörde nach § 31 nach Anhörung des Trägers und der Gemeinde die Aufhebung anordnen. Dies gilt auch, sofern die Schließung oder Aufhebung des Friedhofes aus Gründen der Abwehr gesundheitlicher Gefahren notwendig ist.

(7) Die Schließung und Aufhebung von Friedhöfen der Gemeinde ist öffentlich bekannt zu machen.

§ 31 Genehmigungsbehörde
Zuständige Behörden für die Genehmigung der Anlegung, Erweiterung und Aufhebung von Friedhöfen sind der Landrat oder der Oberbürgermeister als allgemeine untere Landesbehörden. Die Baugenehmigung ersetzt die Genehmigung nach Satz 1.

§ 32 Ruhezeit
(1) Die Ruhezeit für Erdbestattungen beträgt mindestens 20 Jahre, für Urnenbestattungen mindestens 15 Jahre. Der Friedhofsträger kann längere Ruhezeiten bestimmen und die Ruhezeit aus religiösen Gründen auf Dauer festlegen.
(2) Ein Grab darf nur neu belegt oder anderweitig verwendet werden, wenn die nach Absatz 1 bestimmte Ruhezeit abgelaufen ist.

§ 33 Ausgrabung, Umbettung
(1) Die Ruhe der Toten darf grundsätzlich nicht gestört werden.
(2) Ausgrabungen und Umbettungen von Leichen und Urnen darf der Träger des Friedhofes vor Ablauf der Ruhezeit nur zulassen, wenn ein wichtiger Grund eine Störung der Totenruhe rechtfertigt. Ausgrabungen und Umbettungen von Leichen bedürfen der Zustimmung der unteren Gesundheitsbehörde. Umbettungen von Leichen im Zeitraum von zwei Wochen bis zu sechs Monaten nach der Beisetzung sind unzulässig, sofern die Ausgrabung oder Umbettung nicht richterlich angeordnet ist.
(3) Die Ausgrabung aus Gemeinschaftsanlagen oder Sammelgräbern ist unzulässig.
(4) Dem Antrag auf Erteilung einer Genehmigung zur Umbettung ist der Nachweis beizufügen, dass eine andere Grabstätte zur Verfügung steht.
(5) Mit einer Umbettung beginnt keine neue Ruhezeit.
(6) Werden bei Erdarbeiten außerhalb von Friedhöfen Überreste einer menschlichen Leiche gefunden, sind diese nach Abschluss etwaiger polizeilicher Ermittlungen auf einem Friedhof wieder der Erde zu übergeben, soweit sie nicht wissenschaftlichen Zwecken zugeführt werden.

§ 34 Friedhofsordnungen
Der Friedhofsträger kann die Ordnung, Benutzung und Gestaltung der Friedhöfe sowie die Ausübung gewerblicher Tätigkeiten auf dem Friedhof durch eine Satzung (Friedhofsordnung) regeln. Der Träger ist verpflichtet, über erfolgte Bestattungen Buch zu führen.

§ 35 Umwelt- und Naturschutz
Bei der Anlegung, Gestaltung, Nutzung und Unterhaltung des Friedhofes haben die Beteiligten den Anforderungen des Umwelt- und Naturschutzes Rechnung zu tragen.

Abschnitt 5. Gemeinsame Vorschriften

§ 36 Aufgabenwahrnehmung
(1) Die Überwachung der in Abschnitt 2 dieses Gesetzes geregelten Anforderungen an die Leichenschau, die Sektion und den Umgang mit Toten- und Sektionsscheinen sowie die den unteren Gesundheitsbehörden nach diesem Gesetz zugewiesenen Aufgaben nehmen die Landkreise und kreisfreien Städte als Pflichtaufgaben zur Erfüllung nach Weisung wahr. Oberste Aufsichtsbehörde ist das für Gesundheitswesen zuständige Ministerium.
(2) Die Gemeinden nehmen die Aufgaben der Einrichtung und des Betriebs von Friedhöfen, Leichenhallen und sonstigen Bestattungseinrichtungen mit Ausnahme der Feuerbestattungsanlagen als pflichtige Selbstverwaltungsangelegenheiten wahr. Die übrigen nach diesem Gesetz geregelten Aufgaben, mit Ausnahme der Errichtung und des Betriebs von Feuerbestattungsanlagen, werden von den amtsfreien Gemeinden und Ämtern als Pflichtaufgaben zur Erfüllung nach Weisung wahrgenommen, soweit sie nicht ausdrücklich anderen Stellen zugewiesen worden sind.
(3) Die zuständigen Stellen und deren Beauftragte können zum Vollzug dieses Gesetzes und der aufgrund dieses Gesetzes ergangenen Rechtsvorschriften Grundstücke, Räume und dort befind-

liche bewegliche Sachen betreten. Der Inhaber der tatsächlichen Gewalt hat ihnen diese zugänglich zu machen. Wer Tatsachen kennt, deren Kenntnis für den Vollzug dieses Gesetzes erforderlich ist, ist verpflichtet, auf Verlangen der zuständigen Stelle unverzüglich Auskunft darüber zu erteilen. Entsprechendes gilt für die Vorlage von Unterlagen. § 6 Abs. 2 Satz 2 findet entsprechend Anwendung.
(4) Für die Durchführung dieses Gesetzes wird das Grundrecht auf Unverletzlichkeit der Wohnung (Artikel 13 Abs. 1 des Grundgesetzes, Artikel 15 Abs. 1 der Verfassung des Landes Brandenburg) eingeschränkt.

§ 37 Datenschutz

(1) Die Verarbeitung personenbezogener Daten durch den Träger der Bestattungseinrichtung ist zulässig, soweit dies zur Erfüllung der ihm durch dieses Gesetz zugewiesenen Aufgaben erforderlich ist. Hierzu gehört insbesondere die Führung von Namensregistern der Nutzer und der auf oder in den Bestattungseinrichtungen gewerblich Tätigen. Die Sätze 1 und 2 gelten für Angaben über Verstorbene entsprechend.
(2) Das für den Datenschutz zuständige Mitglied der Landesregierung wird ermächtigt, für die gemeindlichen und privatrechtlich betriebenen Bestattungseinrichtungen durch Rechtsverordnung Vorschriften über die Verarbeitung personenbezogener Daten sowie der Angaben über Verstorbene, insbesondere über Art und Umfang der Daten, ihre Verarbeitung in Dateien und auf sonstigen Datenträgern, ihre Löschung sowie die Datensicherung zu erlassen.
(3) Im Übrigen gelten die Vorschriften des Brandenburgischen Datenschutzgesetzes. Die Vorschriften des Datenschutzes der Religionsgemeinschaften bleiben unberührt.

§ 38 Ordnungswidrigkeiten

(1) Ordnungswidrig handelt, wer vorsätzlich oder fahrlässig
1. entgegen § 4 Abs. 2 die Leichenschau nicht unverzüglich veranlasst,
2. entgegen § 5 Abs. 1 die Leichenschau nicht unverzüglich oder nicht entsprechend § 6 Abs. 1 Satz 5 durchführt,
3. entgegen § 6 Abs. 2, § 17 Abs. 3 Satz 3 oder § 23 Abs. 3 eine verlangte Auskunft nicht oder nicht richtig erteilt,
4. entgegen § 6 Abs. 4 eine Leiche nicht mit einem Hinweis auf eine meldepflichtige Krankheit oder auf eine sonstige von der Leiche ausgehende Gefahr kennzeichnet oder entgegen § 18 Abs. 3 die Kennzeichnung auf dem Sarg nicht wiederholt,
5. entgegen § 17 Abs. 1 einen Totenschein nicht, nicht richtig, oder nicht vollständig ausstellt oder entgegen § 17 Abs. 3 Satz 2 einen Totenschein oder einen Sektionsschein nicht vervollständigt,
6. eine klinische Sektion nach § 10 ohne vorausgehende Leichenschau durchführt,
7. eine klinische Sektion durchführt, obwohl sie nach § 10 Abs. 3 unzulässig ist,
8. eine klinische Sektion außerhalb von Einrichtungen durchführt, die dafür nach § 11 Abs. 1 durch die oberste Landesgesundheitsbehörde benannt wurden,
9. eine anatomische Sektion unter Verstoß gegen die Zulässigkeitsvoraussetzungen nach § 15 durchführt,
10. entgegen § 18 Abs. 2 Leichen nicht in der erforderlichen Weise befördert,
11. entgegen § 19 Abs. 2 Leichen und Körperteile nicht hygienisch einwandfrei und dem sittlichen Empfinden entsprechend beseitigt,
12. entgegen § 20 Abs. 1 und 3 als Bestattungspflichtiger nicht für die Bestattung sorgt,
13. entgegen § 23 Abs. 1 eine Leiche ohne vorangegangene zweite Leichenschau einäschert,
14. entgegen § 23 Abs. 4 eine Leiche außerhalb einer Feuerbestattungsanlage einäschert,
15. entgegen § 24 Abs. 2 Satz 3 eine Feuerbestattungsanlage ohne die erforderliche Genehmigung betreibt,

Landesrecht

16. entgegen § 23 Abs. 5 Satz 4 kein Feuerbestattungsverzeichnis führt oder es unterlässt, die vorgeschriebenen Eintragungen vorzunehmen,
17. entgegen § 25 eine Bestattung außerhalb eines Friedhofes vornimmt,
18. entgegen § 33 Abs. 2 und 3 eine bestattete Leiche oder Urne ohne Genehmigung ausgräbt oder umbettet oder den Nebenbestimmungen, mit denen die Erlaubnis erteilt wurde, zuwiderhandelt,
19. einer Rechtsverordnung gemäß § 17 Abs. 5, § 24 Abs. 4 oder § 37 Abs. 2 zuwiderhandelt, sofern sie für einen bestimmten Tatbestand auf diese Bußgeldvorschrift verweist.

(2) Die Ordnungswidrigkeit kann mit einer Geldbuße bis zu 20 000 *Deutsche Mark** geahndet werden.

(3) Zuständige Verwaltungsbehörde im Sinne des Nr. 1 des Gesetzes über Ordnungswidrigkeiten ist

1. in den Fällen des Absatzes 1 Nr. 2 bis 9 und eines Verstoßes gegen eine nach § 17 Abs. 5 erlassenen Rechtsverordnung § 36 Abs. 1 die jeweilig zuständige untere Gesundheitsbehörde,
2. in den Fällen des Absatzes 1 Nr. 1, 10 bis 14, 17 und 18 die örtliche Ordnungsbehörde und
3. in den Fällen des Absatzes 1 Nr. 15 und 16 sowie eines Verstoßes gegen eine nach § 24 Abs. 3 erlassene Rechtsverordnung der Landrat oder Oberbürgermeister als allgemeine untere Landesbehörde, soweit es sich nicht um bauliche Anforderungen an Feuerbestattungsanlagen handelt.

* *entspricht 10.225,84 Euro. Eine Euroanpassung der Bestimmung ist bislang nicht erfolgt.*

§ 39 Personen- und Funktionsbezeichnungen

Alle Personen- und Funktionsbezeichnungen, die in diesem Gesetz in der männlichen Sprachform gebraucht werden, gelten auch in der entsprechenden weiblichen Sprachform.

Abschnitt 6. Übergangs- und Schlussvorschriften

§ 40 Sonderbestimmungen

Unberührt bleiben

1. internationale Vereinbarungen, insbesondere über die Leichenbeförderung,
2. Vorschriften über die Beförderung von Leichen auf Eisenbahnen, auf dem See- und auf dem Luftwege und
3. Vorschriften über den Umgang mit radioaktiven Leichen.

§ 41 Übergangsvorschrift

1. Einrichtungen, die bereits vor In-Kraft-Treten dieses Gesetzes klinische Sektionen durchgeführt haben, gelten bis zum 31. Dezember 2005 als ermächtigte Einrichtungen im Sinne des § 11 Abs. 1 Satz 1.
2. Ärzte, die bisher mit der zweiten Leichenschau beauftragt waren, gelten bis zum Erlass eines Widerrufbescheides als ermächtigt im Sinne des § 23 Abs. 2.
3. Die Regelung der Ruhezeiten nach § 32 gelten nicht für die bei In-Kraft-Treten dieses Gesetzes bereits belegten Grabstätten.

§ 42 In-Kraft-Treten, Außer-Kraft-Treten

Dieses Gesetz tritt am Tage nach der Verkündung in Kraft. Gleichzeitig treten folgende nach dem Ersten Brandenburgischen Rechtsbereinigungsgesetz vom 3. September 1997 (GVBl. I S. 104) fortgeltende Vorschriften außer Kraft:

1. die Verordnung über das Bestattungs- und Friedhofswesen vom 17. April 1980 (GBl. DDR I S. 159),
2. die Erste Durchführungsbestimmung zur Verordnung über das Bestattungs- und Friedhofswesen vom 17. April 1980 (GBl. DDR I S. 162),

3. die Zweite Durchführungsbestimmung zur Verordnung über das Bestattungs- und Friedhofswesen vom 2. Juni 1980 (GBl. DDR I S. 164),
4. die Anordnung über die ärztliche Leichenschau vom 4. Dezember 1978 (GBl. DDR I 1979 S. 4) und
5. die Anordnung über die Überführung von Leichen vom 20. Oktober 1971 (GBl. DDR II S. 626).

4b. Bestattungsdatenschutzverordnung – (BestDSV)

Verordnung zum Schutz von Daten in Bestattungseinrichtungen im Land Brandenburg vom 31.1.2002 (GVBl. II S. 134)

Auf Grund des § 37 Abs. 2 des Brandenburgischen Bestattungsgesetzes vom 7. November 2001 (GVBl. I S. 226) verordnet der Minister des Innern:

§ 1 Anwendungsbereich

(1) Diese Verordnung gilt für die Verarbeitung personenbezogener Daten in kommunal oder privat betriebenen Bestattungseinrichtungen im Land Brandenburg von

1. Verstorbenen,
2. bestattungspflichtigen Personen nach den Vorschriften des Brandenburgischen Bestattungsgesetzes,
3. gewerblich Tätigen in oder auf Bestattungseinrichtungen und
4. sonstigen Nutzern von Bestattungseinrichtungen.

Als Bestattungspflichtige im Sinne dieser Verordnung gelten auch solche Personen, die an Stelle eines Bestattungspflichtigen die ihm obliegenden Aufgaben übernommen haben.

(2) Soweit in dieser Verordnung nichts anderes bestimmt ist, gelten für die Datenverarbeitung in kommunal oder privat betriebenen Bestattungseinrichtungen die Vorschriften des Brandenburgischen Datenschutzgesetzes.

§ 2 Verarbeitung von Daten

(1) Die in den Absätzen 2, 3 und 4 aufgeführten personenbezogenen Daten der Betroffenen nach § 1 Abs. 1 dürfen in kommunal oder privat betriebenen Bestattungseinrichtungen nur verarbeitet werden, soweit dies für die Aufgabenerfüllung nach dem Brandenburgischen Bestattungsgesetz erforderlich ist.

(2) Die Betreiber der Bestattungseinrichtungen sind zu den in Absatz 1 genannten Zwecken berechtigt, folgende personenbezogene Daten der Verstorbenen zu verarbeiten:

1. Vor-, Geburts- und Nachnamen,
2. letzte Anschrift,
3. Geburts- und Sterbedatum,
4. Hinweise auf das Vorliegen einer meldepflichtigen Krankheit nach dem Infektionsschutzgesetz,
5. Sterberegisternummer,
6. Ort und Datum der Einäscherung,
7. Einäscherungsnummer,
8. Nachweis über die durchgeführte zweite Leichenschau nach § 23 Abs. 1 des Brandenburgischen Bestattungsgesetzes.
9. Datum des Versandes der Asche,
10. Name und Anschrift des Empfängers,
11. Ort der Bestattung,
12. Datum der Bestattung,
13. Bestattungsnummer,
14. Art und Lage der Grabstelle und
15. Ruhezeit.

(3) Die Betreiber der Bestattungseinrichtungen sind zu den in Absatz 1 genannten Zwecken berechtigt, folgende personenbezogene Daten von bestattungspflichtigen Personen nach den Vorschriften des Brandenburgischen Bestattungsgesetzes und sonstigen Nutzern von Bestattungseinrichtungen zu verarbeiten:

1. Vor-, Geburts- und Nachnamen,
2. Anschrift,
3. Verwandtschaftsverhältnis zum Verstorbenen,
4. Art und Lage der Grabstelle,
5. Bestattungen in der Grabstelle,
6. Dauer des Nutzungsrechts,
7. Namen und Adressen von Bevollmächtigten und
8. Name und Adresse des vom Nutzungsberechtigten benannten Nachfolgers im Nutzungsrecht.

(4) Die Betreiber der Bestattungseinrichtungen sind zu den in Absatz 1 genannten Zwecken berechtigt, folgende personenbezogene Daten von gewerblich Tätigen in oder auf Bestattungseinrichtungen zu verarbeiten:
1. Vor- und Nachname des gewerblich Tätigen,
2. Name und Anschrift des Betriebes und
3. Art des Gewerbes.

§ 3 Datenübermittlung

(1) Wird eine Leiche oder eine Urne von einer Bestattungseinrichtung zu einer anderen überführt, dürfen zu diesem Zwecke neben den personenbezogenen Daten des Verstorbenen nach § 2 Abs. 1 auch personenbezogene Daten nach § 2 Abs. 2 und 3 zwischen den Bestattungseinrichtungen übermittelt werden.

(2) Bei Ausgrabungen oder Umbettungen von Leichen dürfen der zuständigen Gesundheitsbehörde folgende Daten des Verstorbenen übermittelt werden:
1. Vor-, Geburts- und Nachnamen,
2. Geburts- und Sterbedatum,
3. Bestattungsdatum und
4. Hinweise auf das Vorliegen einer meldepflichtigen Krankheit nach dem Infektionsschutzgesetz.

§ 4 Berichtigung, Löschung und Sperrung von Daten

(1) Personenbezogene Daten nach § 2 dürfen nur in Akten oder Dateien gespeichert werden, die eine Berichtigung, Löschung und Sperrung der Daten zulassen.

(2) Daten von Personen nach § 1 Abs. 1 Satz 1 Nr. 2, 3 und 4 sind zu löschen, wenn sie zur Erfüllung der in § 2 Abs. 1 genannten Zwecke nicht mehr erforderlich sind. Soweit vorgeschriebene Aufbewahrungsfristen einer Löschung nach Satz 1 entgegenstehen, sind die Daten zu sperren. Über die Speicherung hinaus dürfen die gesperrten Daten nur verarbeitet werden,
1. wenn der Antragsteller ein berechtigtes Interesse glaubhaft macht und kein Grund zu der Annahme besteht, dass durch die Offenbarung schutzwürdige Belange des Verstorbenen oder seiner Angehörigen beeinträchtigt werden oder
2. wenn der Antragsteller die Angaben für ein wissenschaftliches Forschungsvorhaben benötigt und
   a) durch sofortige Anonymisierung oder Pseudonymisierung der Angaben sichergestellt wird, dass schutzwürdige Belange des Verstorbenen und seiner Angehörigen nicht beeinträchtigt werden. oder
   b) das für den Datenschutz zuständige Mitglied der Landesregierung festgestellt hat. dass das öffentliche Interesse an dem Forschungsvorhaben das Geheimhaltungsinteresse des Verstorbenen und seiner Angehörigen erheblich überwiegt und der Zweck der Forschung nicht auf andere Weise oder nur mit unverhältnismäßigem Aufwand erreicht werden kann. Im Fall der Weitergabe von Daten nach Satz 3 Nr. 3 gilt § 28 Abs. 2 des Brandenburgischen Datenschutzgesetzes entsprechend.

(3) Personenbezogene Daten von Verstorbenen (§ 1 Abs. 1 Satz 1 Nr. 1) dürfen durch die Betreiber von Feuerbestattungsanlagen und Träger von Friedhöfen nach Ablauf geltender Aufbewahrungsfristen nur noch gesondert und durch technische und organisatorische Maßnahmen gesichert aufbewahrt werden. Sie dürfen nur noch genutzt werden, wenn auskunftsbegehrende Angehörige oder andere Personen ein berechtigtes Interesse geltend machen können oder dies für wissenschaftliche Zwecke erforderlich ist.

§ 5 In-Kraft-Treten
Diese Verordnung tritt am Tage nach der Verkündung in Kraft.

5. Bremen

5a. Gesetz über das Leichenwesen

vom 27.10.1992 (GBl. S. 627) zuletzt geändert durch Gesetz vom 4.12.2001 (GBl. S. 393)

Der Senat verkündet das nachstehende von der Bürgerschaft (Landtag) beschlossene Gesetz:

§ 1 Begriff der Leiche

(1) Menschliche Leiche im Sinne dieses Gesetzes ist der Körper einer verstorbenen Person, bei dem der körperliche Zusammenhang noch nicht durch Verwesungsprozess völlig aufgehoben ist. Als menschliche Leiche gilt auch ein Körperteil, ohne den ein Weiterleben nicht möglich ist. Als menschliche Leiche gilt weiter der Körper eines Neugeborenen, bei dem nach vollständigem Verlassen des Mutterleibes, unabhängig vom Durchtrennen der Nabelschnur oder von der Ausstoßung der Plazenta,

1. entweder das Herz geschlagen oder die Nabelschnur pulsiert oder die natürliche Lungenatmung eingesetzt hat (Lebendgeborenes) und das danach verstorben ist oder
2. keines der unter Nummer 1 genannten Lebenszeichen vorhanden war, das Geburtsgewicht jedoch mindestens 500 g betrug (Totgeborenes).

(2) Keine menschliche Leiche ist eine Leibesfrucht mit einem Gewicht unter 500 g, bei der nach vollständigem Verlassen des Mutterleibes keine der in Absatz 1 Nr. 1 genannten Lebenszeichen vorhanden war (Fehlgeborenes).

§ 2 Ehrfurcht vor den Toten

Wer mit Leichen umgeht, hat dabei die gebotene Ehrfurcht vor dem toten Menschen zu wahren. Gleiches gilt für den Umgang mit Fehlgeborenen oder Leichenteilen.

§ 3 Leichenschau

(1) Jede menschliche Leiche ist zur Dokumentation des Todes, der Todeszeit, der Todesart und, soweit bekannt, der Todesursache von einem Arzt oder einer Ärztin zu untersuchen (Leichenschau). Die Leichenschau ist unverzüglich nach Eintritt des Todes, bei begründeter Verhinderung jedoch spätestens innerhalb von sechs Stunden nach der Aufforderung zur Durchführung der Leichenschau vorzunehmen. Die Verhinderung ist mit der mutmaßlichen Zeitdauer dem Anfordernden mitzuteilen.

(2) In besonderen Fällen kann zusätzlich zu der nach Absatz 1 durchzuführenden äußeren Leichenschau eine innere Leichenschau (Obduktion) erfolgen.

§ 4 Benachrichtigung des Arztes oder der Ärztin

(1) Die Benachrichtigung des nach § 5 zur Vornahme der Leichenschau verpflichteten Arztes oder der entsprechend verpflichteten Ärztin haben in nachstehender Reihenfolge zu veranlassen:

1. der Ehegatte oder die Ehegattin, die volljährigen Kinder, die Eltern oder volljährigen Geschwister,
2. diejenigen Personen, auf deren Grundstück oder in deren Wohnung sich der Sterbefall ereignet hat, oder
3. jede Person, die eine Leiche auffindet.

Die Benachrichtigung kann im besonderen Einzelfall auch gegenüber der Polizei erfolgen, die im Rahmen der erforderlichen Ermittlungen die Leichenschau veranlasst.

(2) Bei Sterbefällen

1. in Krankenhäusern, Altenheimen und anderen Gemeinschaftseinrichtungen oder
2. in Betrieben, öffentlichen Einrichtungen, Verkehrsmitteln oder während einer Veranstaltung

hat vorrangig vor den in Absatz 1 genannten Personen die Leitung der Einrichtung oder des Betriebes, der Fahrzeugführer, die Fahrzeugführerin, der Veranstalter oder die Veranstalterin die Benachrichtigung des Arztes oder der Ärztin zur Vornahme der Leichenschau zu veranlassen. Absatz 1 Satz 2 gilt entsprechend. Jede Person, die in diesen Einrichtungen eine Leiche auffindet, hat unverzüglich die in Satz 1 genannten Personen zu unterrichten.
(3) Die nach den Absätzen 1 und 2 zur Benachrichtigung des Arztes oder der Ärztin Verpflichteten sollen nach Möglichkeit den Hausarzt oder die Hausärztin der verstorbenen Person oder eine Vertretung benachrichtigen.

§ 5 Verpflichtung zur Leichenschau

(1) Zur Vornahme der Leichenschau sind auf Verlangen der in § 4 genannten Personen verpflichtet:

1. jeder niedergelassene Arzt und jede niedergelassene Ärztin,
2. die während des Ärztlichen Notfallbereitschaftsdienstes tätigen Ärzte und Ärztinnen.

(2) Ist ein nach § 4 benachrichtigter Arzt oder eine entsprechend benachrichtigte Ärztin aus wichtigem Grund nicht in der Lage, die Leichenschau durchzuführen, hat der Arzt oder die Ärztin unverzüglich eine Vertretung zu bestellen.
(3) Ärzte oder Ärztinnen, die sich im Rettungsdiensteinsatz befinden, sind zu einer Leichenschau nicht verpflichtet. Sie können sich auf die Feststellung des Todes und seiner Dokumentation in einer amtlichen vorläufigen Todesbescheinigung nach einem vom Senator für Gesundheit, Jugend und Soziales bekanntgemachten Muster beschränken. Etwaige Meldegutachten bleiben unberührt. Im Falle des Satzes 2 haben die in § 4 genannten Personen einen weiteren Arzt oder eine weitere Ärztin zur Vornahme der vollständigen Leichenschau zu benachrichtigen.
(4) Bei Sterbefällen in Krankenhäusern hat die Leitung sicherzustellen, dass die Leichenschau durch einen im Krankenhaus tätigen Arzt oder eine dort tätige Ärztin vorgenommen wird.
(5) Nach Absatz 1 oder 4 Verpflichtete können es ablehnen, über die Feststellung des Todes hinaus eine Leichenschau vorzunehmen, wenn sie durch die weiteren Feststellungen sich selbst oder einen ihrer in § 52 Abs. 1 Nr. 1 bis 3 der Strafprozessordnung bezeichneten Angehörigen der Gefahr strafrechtlicher Verfolgung oder eines Verfahrens nach dem Gesetz über Ordnungswidrigkeiten aussetzen würden. Verpflichtungen nach Absatz 2 bleiben unberührt.

§ 6 Durchführung der Leichenschau

(1) Die Leichenschau ist grundsätzlich an der vollständig entkleideten Leiche unter Einbeziehung aller Körperregionen, insbesondere auch des Rückens und der behaarten Kopfhaut, sorgfältig durchzuführen. Die Todesursache ist gewissenhaft festzustellen. Die Angehörigen der verstorbenen Person, Nachbarn, Hausbewohner oder andere Personen, die über zum Tode führende Ereignisse Angaben machen können, haben auf Verlangen des Leichenschauarztes oder der Leichenschauärztin über alle für die Leichenschau erheblichen Umstände Auskunft zu geben.
(2) Dritte Personen, die die verstorbene Person während einer dem Tode vorausgegangenen Erkrankung behandelt oder gepflegt haben, sind verpflichtet, dem Leichenschauarzt oder der Leichenschauärztin auf Verlangen Auskunft über festgestellte Krankheiten oder sonstige Gesundheitsschädigungen der verstorbenen Person zu erteilen.
(3) Zur Auskunft Verpflichtete können die Auskunft auf solche Fragen verweigern, deren Beantwortung sie selbst oder einen ihrer in § 52 Abs. 1 Nr. 1 bis 3 der Strafprozessordnung bezeichneten Angehörigen der Gefahr strafrechtlicher Verfolgung oder eines Verfahrens nach dem Gesetz über Ordnungswidrigkeiten aussetzen würde.

§ 7 Ort der Leichenschau

Die Leichenschau soll an dem Ort, an dem der Tod eingetreten oder die Leiche aufgefunden worden ist, vorgenommen werden. Der Leichenschauarzt oder die Leichenschauärztin ist berechtigt, jederzeit den Ort zu betreten, an dem sich die Leiche befindet. Befindet sich die Leiche nicht in einem geschlossenen Raum oder ist aus anderen Gründen eine vollständige Leichenschau nicht möglich oder nicht zweckmäßig, so kann sich der Arzt oder die Ärztin auf die Feststellung des Todes und der äußeren Umstände beschränken und hierüber eine amtliche vorläufige Todesbescheinigung nach einem vom Senator für Gesundheit, Jugend und Soziales bekannt gemachten Muster ausstellen. Nach Fortsetzung der Leichenschau an einem hierfür besser geeigneten Ort ist von dem Leichenschauarzt oder der Leichenschauärztin die Todesbescheinigung auszustellen. § 5 Abs. 2 gilt für die Fortsetzung der Leichenschau entsprechend.

§ 8 Besondere Pflichten des Leichenschauarztes

(1) Ergeben sich Anhaltspunkte dafür, dass der Tod durch Selbsttötung, durch Unglücksfall oder durch äußere Einwirkungen, bei der ein Verhalten eines oder einer Dritten eine Ursache gesetzt haben könnte, eingetreten ist (nichtnatürlicher Tod), oder handelt es sich um eine unbekannte oder nicht sicher zu identifizierende tote Person, so hat der Leichenschauarzt oder die Leichenschauärztin, außer in den Todesfällen im Sinne des Absatzes 3, unverzüglich die zuständige Polizeidienststelle zu benachrichtigen und dafür Sorge zu tragen, dass die Polizei die Todesbescheinigung erhält. Alle mit der Leichenschau im Zusammenhang stehenden Maßnahmen sind so vorzunehmen, dass erforderliche polizeiliche Ermittlungen nicht behindert oder beeinträchtigt werden. Bereits vorgenommene Veränderungen an der Leiche, an der Lage oder am Auffindungsort der Leiche sind der Polizei mitzuteilen. § 9 Abs. 3 Satz 3 und 4 gilt entsprechend. Die mit der Ermittlung beauftragten Polizeibeamten und Polizeibeamtinnen sind befugt, das für die zuständige Behörde bestimmte Exemplar des vertraulichen Teils der Todesbescheinigung zu öffnen.

(2) Lassen sich im Rahmen der Leichenschau keine Anhaltspunkte für einen nichtnatürlichen Tod finden, legen aber die Gesamtumstände Zweifel an einem natürlichen Tod nahe, ist die Todesart als unaufgeklärt anzugeben. Absatz 1 gilt entsprechend.

(3) Sind Anhaltspunkte dafür vorhanden, dass der Tod in ursächlichem Zusammenhang mit einer Narkose, mit operativen oder anderen therapeutischen oder sonstigen medizinischen Maßnahmen einschließlich Schutzimpfung eingetreten ist, hat der Leichenschauarzt oder die Leichenschauärztin umgehend die zuständige Behörde zu benachrichtigen und ihr die Todesbescheinigung zu übergeben. Besteht der Verdacht, dass der Todesfall auf einer unerwarteten Arzneimittelwirkung beruht, ist das Institut für Klinische Pharmakologie des Zentralkrankenhauses St.-Jürgen-Straße zu benachrichtigen.

(4) Ergeben sich Anhaltspunkte dafür, dass die verstorbene Person an einer Krankheit gelitten hat, die durch den Umgang mit der Leiche weiterverbreitet werden kann, so hat der Leichenschauarzt oder die Leichenschauärztin die zuständige Behörde zu benachrichtigen oder dafür zu sorgen, dass die Leiche entsprechend gekennzeichnet wird.

(5) Ist die verstorbene Person Träger eines Herzschrittmachers oder eines anderen elektrisch betriebenen implantierten Gerätes, so hat der Leichenschauarzt oder die Leichenschauärztin hierzu einen Vermerk auf der Todesbescheinigung vorzunehmen. Gleiches gilt, wenn Anhaltspunkte dafür vorliegen, dass die Leiche radioaktive Stoffe enthält.

§ 9 Todesbescheinigung

(1) Nach Beendigung der Leichenschau ist unverzüglich und sorgfältig eine Todesbescheinigung nach einem vom Senator für Gesundheit, Jugend und Soziales bekannt gemachten Muster auszustellen. Die Todesbescheinigung enthält einen nichtvertraulichen und einen aus vier Exemplaren bestehenden vertraulichen Teil.

(2) Die Todesbescheinigung darf über die verstorbene Person nur die folgenden Angaben enthalten:

1. Name, Geschlecht,
2. letzte Wohnung,
3. Zeitpunkt und Ort der Geburt und des Todes oder der Auffindung, bei Totgeborenen außerdem das Geburtsgewicht,

Landesrecht

4. Name und Telefonnummer des Arztes oder der Ärztin, der oder die die verstorbene Person zuletzt behandelt hat, oder des Krankenhauses, in dem die verstorbene Person zuletzt behandelt wurde,
5. Angaben über übertragbare Krankheiten,
6. Art des Todes (natürlicher, nichtnatürlicher oder unaufgeklärter Tod),
7. Angaben zur Krankheitsanamnese,
8. unmittelbare oder mittelbare Todesursachen sowie weitere wesentliche Krankheiten oder Veränderungen zur Zeit des Todes,
9. Angaben über durchgeführte Reanimationsbehandlungen,
10. Angaben zu implantierten Geräten und zu radioaktiven Strahlen,
11. bei nichtnatürlichem Tod: Art des Unfalls oder des sonstigen nichtnatürlichen Todes,
12. bei Frauen: Angaben über eine bestehende Schwangerschaft oder eine bis zu sechs Wochen zurückliegende Schwangerschaft oder einen Schwangerschaftsabbruch,
13. bei Totgeburten und bei Kindern unter einem Jahr: Angaben über die Stätte der Geburt, über Gewicht und Länge bei der Geburt, über das Vorliegen einer Mehrlingsgeburt und über Erkrankungen der Mutter während der Schwangerschaft.

Die in Satz 1 Nr. 7 bis 13 genannten Angaben dürfen nur in dem verschließbaren, von außen nicht lesbaren vertraulichen Teil der Todesbescheinigung enthalten sein.

(3) Nach dem Verschließen der Exemplare des vertraulichen Teils hat der Arzt oder die Ärztin die Todesbescheinigung, außer in den Todesfällen nach § 8 Abs. 1 bis 3, derjenigen Person auszuhändigen, die nach dem Personenstandsgesetz zur Anzeige des Todes verpflichtet ist. Diese hat den nichtvertraulichen Teil dem Standesamt einzureichen und zwei entsprechend gekennzeichnete Exemplare des vertraulichen Teils der Todesbescheinigung spätestens am nächsten Werktag der zuständigen Behörde vorzulegen; der Sonnabend gilt nicht als Werktag im Sinne dieser Regelung. Ein für den Leichenschauarzt oder die Leichenschauärztin vorgesehenes Exemplar des vertraulichen Teils der Todesbescheinigung kann von diesem Arzt oder dieser Ärztin entnommen werden. Ein entsprechend gekennzeichnetes Exemplar des vertraulichen Teils der Todesbescheinigung verbleibt bei der Leiche. Ein Transport des Leichnams ohne diesen Teil der Todesbescheinigung ist nicht zulässig.

(4) Aus Gründen der Rechtssicherheit, der Gefahrenabwehr und zu statistischen Zwecken überprüft die jeweils zuständige Behörde den Inhalt des nicht-vertraulichen und vertraulichen Teils der Todesbescheinigung und gegebenenfalls des Obduktionsscheins auf Vollständigkeit und Richtigkeit der vom Arzt oder der Ärztin nach der Leichenschau oder der Obduktion vorgenommenen Eintragungen. Leichenschauärzte, Leichenschauärztinnen, Obduzenten und Obduzentinnen sind verpflichtet, die zur Überprüfung und Vervollständigung der Todesbescheinigung erforderlichen Auskünfte zu erteilen. Die Ärzte und Ärztinnen, die die verstorbene Person zuletzt behandelt haben, sind auf Aufforderung der zuständigen Behörde zur Auskunft und zur Vorlage der Krankenunterlagen verpflichtet. Eine Verweigerung der Auskunft nach Satz 2 und 3 sowie der Vorlage der Krankenunterlagen ist nur in den in § 5 Abs. 5 genannten Fällen zulässig.

(5) Lag die Hauptwohnung der verstorbenen Person außerhalb des Landes Bremen, so ist der für die Hauptwohnung zuständigen Behörde für Zwecke des Gesundheitswesens eine Kopie der Todesbescheinigung zu übersenden.

(6) Die zuständige Behörde bewahrt die Todesbescheinigungen und die ihr von auswärtigen Stellen zugesandten gleichartigen Bescheinigungen 30 Jahre lang auf. Sie kann auf Antrag in diese Unterlagen Einsicht gewähren oder Auskünfte daraus erteilen, wenn

1. der Antragsteller oder die Antragstellerin ein berechtigtes Interesse an der Kenntnis über die Todesumstände einer namentlich bezeichneten verstorbenen Person glaubhaft macht und kein Grund zu der Annahme besteht, dass durch die Offenbarung schutzwürdige Belange der verstorbenen Person oder ihrer Hinterbliebenen beeinträchtigt werden,

2. Hochschulen oder andere mit wissenschaftlicher Forschung beauftragte öffentliche Stellen die Angaben für ein wissenschaftliches Forschungsvorhaben benötigen und die Voraussetzungen des § 21 des Bremischen Datenschutzgesetzes vorliegen. Antragsteller dürfen personenbezogene Angaben, die sie auf diese Weise erfahren, nur zu dem von ihnen im Antrag angegebenen Zweck verwenden.

§ 10 Leichennachschau
Ein fachkundiger Arzt oder eine fachkundige Ärztin der zuständigen Behörde kann eine Leichennachschau vornehmen, bei der Blut- und Urinproben entnommen werden können. § 7 Satz 2 gilt entsprechend. Die Bestattung darf erst vorgenommen werden, wenn die Untersuchungsergebnisse vorliegen.

§ 11 Obduktion
(1) Wird eine Obduktion angestrebt, so ist durch den Leichenschauarzt oder die Leichenschauärztin ein Obduktionsantrag auszufüllen. Der Obduktionsantrag hat neben einer von der verstorbenen Person vor ihrem Tod abgegebenen Einverständniserklärung die wesentlichen persönlichen Daten der verstorbenen Person sowie die wesentlichen Angaben zum Krankheitsverlauf und zur Vorgeschichte zu enthalten. Ist der Tod im Krankenhaus eingetreten, kann als Einverständniserklärung der verstorbenen Person eine bei der Krankenhausaufnahme abgegebene Erklärung herangezogen werden. Liegt eine Erklärung der verstorbenen Person nicht vor und hat diese einer Obduktion nicht widersprochen, kann die Obduktion vorgenommen werden, wenn ein Angehöriger oder die Person, die mit der verstorbenen Person in eheähnlicher Gemeinschaft gelebt hat, über die Absicht, eine Obduktion durchzuführen und über die Möglichkeit, dieser innerhalb von 24 Stunden nach der Information ohne Angabe von Gründen zu widersprechen, informiert worden ist und innerhalb der Frist kein Widerspruch erfolgt ist. Die in § 4 Abs. 1 Satz 1 Nr. 1 genannte Rangfolge ist zu berücksichtigen.
(2) Der Obduzent oder die Obduzentin darf die Leichenöffnung nur nach Vorlage eines Exemplars der Todesbescheinigung und des Obduktionsantrages beginnen. Im Falle des Absatzes 1 Satz 4 ist dem Obduktionsantrag eine schriftliche Erklärung eines Arztes oder einer Ärztin darüber beizufügen, dass ein Angehöriger informiert worden ist und der beabsichtigten Obduktion nicht widersprochen hat. Der Obduzent oder die Obduzentin ist berechtigt, das der Leiche beigefügte Exemplar des vertraulichen Teils der Todesbescheinigung zu öffnen. Nach Beendigung der Obduktion ist unverzüglich aus dem Obduktionsbefund der Obduktionsschein zu erstellen und verschlossen der zuständigen Behörde zu übersenden.
(3) Kann durch die Obduktion die Todesursache nicht eindeutig abgeklärt werden und sind Zusatzuntersuchungen erforderlich, so vermerkt der Obduzent oder die Obduzentin dieses im Obduktionsschein. Nach dem Vorliegen aller Untersuchungsergebnisse ist der zuständigen Behörde der vervollständigte Obduktionsschein zu übersenden.
(4) Ergeben sich erst während der Leichenöffnung Anhaltspunkte für ein nichtnatürliches Geschehen, finden die Bestimmungen des § 8 Abs. 1 bis 3 entsprechende Anwendung. Die Leichenöffnung darf nur mit Zustimmung der zuständigen Behörde fortgesetzt werden.

§ 12 Außergerichtliche Obduktion
Bei unaufgeklärter Todesart kann die Staatsanwaltschaft durch die zuständige Behörde eine außergerichtliche Obduktion durchführen lassen. § 11 Abs. 4 findet entsprechende Anwendung.

§ 13 Überführung in die Leichenhalle
(1) Jede Leiche ist innerhalb von 36 Stunden nach dem Eintritt des Todes, bei späterem Auffinden unverzüglich in eine Leichenhalle zu überführen. Ist keine bestattungspflichtige Person zu erreichen, hat der Leichenschauarzt oder die Leichenschauärztin bei natürlichen Todesfällen die zuständige Behörde zu unterrichten, damit diese den Transport in eine in der Stadtgemeinde Bremen vom Senator für Frauen, Gesundheit, Jugend, Soziales und Umweltschutz und in der Stadtgemeinde Bremerhaven vom Magistrat der Stadt Bremerhaven benannte Leichenhalle ver-

Landesrecht

anlasst und die Angehörigen ermittelt und benachrichtigt. Als Leichenhalle im Sinne dieser Bestimmung gelten die Leichenschauhäuser sowie die zur Leichenaufbewahrung geeigneten und dem sittlichen Empfinden entsprechenden Räume der Bestattungsinstitute, der Friedhöfe sowie der medizinischen Einrichtungen.
(2) Bei nichtnatürlichen sowie unaufgeklärten Todesfällen ist die Leiche in ein von der zuständigen Behörde bestimmtes Leichenhaus zu überführen. Entsprechendes gilt für den Leichnam einer unbekannten Person.
(3) Die zuständige Behörde kann Ausnahmen von der in Absatz 1 Satz 1 genannten Frist zulassen, sofern Gründe der Hygiene nicht entgegenstehen, oder die Frist des Absatzes 1 Satz 1 aus Gründen der Hygiene abkürzen.
(4) Bei Leichen, die nach § 8 Abs. 4 zu kennzeichnen sind, ist die Kennzeichnung auf dem Sarg von derjenigen Person zu wiederholen, die die Einsargung vornimmt. Solche Särge dürfen nur mit Zustimmung der zuständigen Behörde oder auf Weisung eines in § 87 Abs. 2 Satz 2 der Strafprozessordnung genannten Arztes oder einer dort genannten Ärztin geöffnet werden.
(5) Chemikalien dürfen Särgen zur Geruchsbindung oder zur Desinfektion nicht hinzugegeben werden. Ausnahmen bedürfen der Genehmigung der zuständigen Behörde. Die Regelungen in den Friedhofsordnungen für die stadteigenen Friedhöfe in Bremen und Bremerhaven über die Behandlung von Leichen, Särgen und Urnen bleiben unberührt.

§ 14 Beförderung von Leichen

(1) Leichen sind in verschlossenen, feuchtigkeitsundurchlässigen, widerstandsfähigen Särgen ohne vermeidbare Unterbrechung zum Bestimmungsort zu befördern. Soweit rechtliche Vorschriften anderer Bundesländer nicht entgegenstehen, können auch andere geeignete Umhüllungen verwendet werden. Nach Beendigung der Beförderung sind die Leichen in Särge umzubetten, die aus umweltverträglichem Material bestehen und innerhalb der Ruhefristen für Leichen vergehen, soweit sie nicht bereits in derartigen Särgen befördert worden sind.
(2) Zur Beförderung von Leichen im Straßenverkehr sind solche Wagen zu benutzen, die zur Leichenbeförderung eingerichtet sind (Leichenwagen). Die Beförderung von Leichen in Anhängern, die nicht Leichenwagen sind, an Kraftfahrzeugen ist nicht zulässig.
(3) Die Absätze 1 und 2 gelten nicht für die Bergung von Leichen, insbesondere die Beförderung tödlich Verunglückter von der Unfallstelle.
(4) Für die Beförderung einer Leiche aus dem Geltungsbereich dieses Gesetzes an einen anderen Ort stellt die zuständige Behörde auf Antrag einen Leichenpass nach einem vom Senator für Gesundheit, Jugend und Soziales bestimmten Muster aus, wenn dies von den zuständigen Behörden des Bestimmungslandes oder eines dazwischen liegenden Landes oder nach bundesrechtlichen Vorschriften verlangt wird und gesundheitliche Bedenken gegen die Beförderung nicht bestehen. Die zuständige Behörde ist berechtigt, die für die Ausstellung des Leichenpasses erforderlichen Nachweise zu verlangen sowie eigene Ermittlungen anzustellen und Auskünfte einzuholen.

§ 15 Ausgrabung von Leichen

Die Ausgrabung von Leichen vor Ablauf der Ruhefrist ist nur mit Genehmigung der zuständigen Behörde zulässig.

§ 16 Überwachung

Leichenhallen, Friedhöfe, Feuerbestattungsanlagen und Leichenwagen werden von der zuständigen Behörde in gesundheitlicher Hinsicht überwacht.

§ 17 Bestattung

(1) Leichen sind zum frühestmöglichen Zeitpunkt, jedoch grundsätzlich erst 48 Stunden nach Eintritt des Todes zu bestatten. Über Ausnahmen entscheidet die zuständige Behörde. Abweichend von Satz 1 sind Totgeborene mit einem Geburtsgewicht unter 1000 g nur zu bestatten, wenn ein Elternteil die Bestattung wünscht und eine ärztliche Bescheinigung darüber vorliegt, dass es sich um eine Totgeburt mit einem Geburtsgewicht von unter 1000 g handelt.

(2) Für die Bestattung haben die Angehörigen (§ 4 Abs. 1 Satz 1 Nr. 1) oder die Person, die mit der verstorbenen Person in eheähnlicher Gemeinschaft gelebt hat, zu sorgen.
(3) Auf Wunsch eines Elternteils werden Fehlgeborene bestattet, wenn eine ärztliche Bestätigung darüber vorliegt, dass es sich um eine Fehlgeburt handelt und dass die Fehlgeburt nicht innerhalb von zwölf Wochen nach der Empfängnis erfolgte. In begründeten Einzelfällen kann die zuständige Behörde hiervon Ausnahmen zulassen. Vor der Bestattung ist die Bestätigung der zuständigen Behörde vorzulegen. Bei einer Bestattung nach Satz 1 finden die §§ 13 bis 15, 17 Abs. 1, 2 und 4 sowie die §§ 19 bis 20a entsprechende Anwendung.
(4) Leichen dürfen anatomischen Sektionen nur zugeführt werden, wenn eine schriftliche Zustimmung der verstorbenen Person vorliegt. Abweichend von Absatz 1 und Absatz 2 Satz 1 veranlasst die wissenschaftliche Einrichtung, in der die anatomische Sektion durchgeführt worden ist, die Bestattung der Leiche, sobald sie nicht mehr wissenschaftlichen Zwecken dient.

§ 18 Umgang mit Leichenteilen
(1) Körperteile, Organe und Organteile von Leichen sind hygienisch einwandfrei und dem sittlichen Empfinden entsprechend zu beseitigen.
(2) Totgeborene und Fehlgeborene, die nicht nach § 17 Abs. 1 oder 3 bestattet werden, sowie aus Schwangerschaftsabbrüchen stammende Föten und Embryonen sind hygienisch einwandfrei und dem sittlichen Empfinden entsprechend zu befördern und zu beseitigen.
(3) Abweichend von Absatz 1 dürfen Gewebe und Gewebeteile, wie Hornhäute, Gehörknöchelchen und Knorpel, zu Transplantationszwecken entnommen werden, wenn der Tod im Krankenhaus eingetreten ist und eine ausdrückliche Einverständniserklärung der verstorbenen Person vorliegt. Liegt eine derartige Erklärung der verstorbenen Person nicht vor und hat diese der Entnahme von Gewebe und Gewebeteilen im Sinne des Satzes 1 nicht widersprochen, darf eine Entnahme erfolgen, wenn ein Angehöriger oder eine Angehörige über die beabsichtigte Entnahme und die Möglichkeit, dieser innerhalb einer angemessenen Frist ohne Angabe von Gründen zu widersprechen, informiert worden ist und ein Widerspruch innerhalb der Frist nicht erfolgt ist. Die in § 4 Abs. 1 Satz 1 Nr. 1 genannte Reihenfolge ist zu berücksichtigen. Der Name des oder der über die beabsichtigte Entnahme und die Widerspruchsmöglichkeit informierten Angehörigen, die Dauer der gesetzten Frist und die Tatsache, dass bis zu deren Ablauf ein Widerspruch nicht erfolgt ist, sind zu dokumentieren.
(4) Die in Absatz 1 und 3 genannten Körperteile, Organe, Organteile, Gewebe und Gewebeteile sowie die in Absatz 2 genannten Fehlgeborenen, Föten und Embryonen dürfen nicht Gegenstand von Rechtsgeschäften sein, die auf Gewinnerzielung gerichtet sind.

§ 19 Bestattungsart
(1) Die Bestattung kann als Erd- oder Feuerbestattung durchgeführt werden. Es gilt der Wille der verstorbenen Person. Ist dieser Wille nicht bekannt, entscheiden die in § 4 Abs. 1 Satz 1 Nr. 1 genannten Angehörigen oder die Person, die mit der verstorbenen Person in eheähnlicher Gemeinschaft gelebt hat. Sind Angehörige nicht vorhanden, trifft diejenige Person die Entscheidung, die die Bestattung in Auftrag gibt.
(2) Die Bestattungsunternehmer und die bei ihnen beschäftigten Personen sind verpflichtet, der zuständigen Behörde unverzüglich Mitteilung zu machen, wenn sie bei einer Leiche Anhaltspunkte für einen nichtnatürlichen Tod feststellen, soweit diese der zuständigen Behörde noch nicht bekannt sind.

§ 20 Zulässigkeit der Erdbestattung
Die Erdbestattung ist zulässig, wenn eine Bescheinigung mit dem Vermerk der Eintragung in das Sterbebuch oder eine Genehmigung der zuständigen Behörde nach § 39 des Personenstandsgesetzes vorgelegt wird. Bei nichtnatürlichen Todesfällen ist zusätzlich eine Bescheinigung über die Freigabe durch die Staatsanwaltschaft erforderlich.

§ 20a Zulässigkeit der Feuerbestattung

(1) Die Feuerbestattung ist unter Angabe der persönlichen Daten der verstorbenen Person schriftlich durch den Bestattungspflichtigen bei dem für den Ort der Einäscherung zuständigen Gerichts- oder Amtsarzt oder bei der entsprechend zuständigen Gerichts- oder Amtsärztin zu beantragen. Dieser oder diese erteilt die Genehmigung zur Feuerbestattung nach einem vom Senator für Frauen, Gesundheit, Jugend, Soziales und Umweltschutz bekannt zu gebenden Muster, wenn im Rahmen der Kontrolle der Todesbescheinigung und einer durch ihn oder sie oder einen beauftragten ärztlichen Mitarbeiter oder eine beauftragte ärztliche Mitarbeiterin durchgeführten Leichenschau keine Zweifel an einer natürlichen Todesart bestehen. Lässt sich die Todesursache nach der Leichenschau und auch nach Rücksprache mit dem behandelnden Arzt oder der behandelnden Ärztin nicht mit der notwendigen Sicherheit feststellen, ist vom Gerichts- oder Amtsarzt oder von der Gerichts- oder Amtsärztin eine Obduktion anzuordnen. Bei nichtnatürlichen Todesfällen ist dem Gerichts- oder Amtsarzt oder der Gerichts- oder Amtsärztin zusätzlich eine Bescheinigung über die Freigabe durch die Staatsanwaltschaft vorzulegen.

(2) Die Feuerbestattung darf nur durchgeführt werden, wenn

a) die Sterbeurkunde und

b) die Genehmigung zur Feuerbestattung des für den Ort der Einäscherung zuständigen Gerichts- oder Amtsarztes oder der zuständigen Gerichts- oder Amtsärztin der für die Einäscherung zuständigen Einrichtung vorliegen.

(3) Der Gerichts- oder Amtsarzt oder die Gerichts- oder Amtsärztin bewahrt die jeweiligen Unterlagen zur Feuerbestattung fünf Jahre auf.

(4) Im Falle der Feuerbestattung ist die Leiche durch das Bestattungsinstitut zum schnellstmöglichen Zeitpunkt an den Ort der Feuerbestattung zu überführen.

(5) Andere gesetzliche Vorschriften über die Feuerbestattung bleiben unberührt.

§ 21 Ordnungswidrigkeiten

(1) Ordnungswidrig handelt, wer vorsätzlich oder fahrlässig

1. entgegen § 4 Abs. 1 oder 2 als anzeigepflichtige Person die Leichenschau nicht unverzüglich veranlasst,
2. entgegen § 5 Abs. 1 oder Abs. 4, 3 Abs. 1 Satz 2 oder § 6 Abs. 1 Satz 1 oder 2 als Arzt oder Ärztin die Leichenschau nicht, nicht rechtzeitig oder nicht in der erforderlichen Weise vornimmt,
3. entgegen § 5 Abs. 2 im Falle der Verhinderung nicht unverzüglich eine Vertretung bestellt,
4. entgegen § 5 Abs. 4 als Mitglied der Leitung eines Krankenhauses nicht sicherstellt, dass die Leichenschau unverzüglich vorgenommen wird,
5. entgegen § 6 Abs. 1 Satz 2 oder 9 Abs. 4 Satz 2 oder 3 eine Auskunft nicht oder nicht richtig erteilt oder entgegen § 9 Abs. 4 Satz 3 die Krankenunterlagen nicht oder nicht vollständig vorlegt,
6. entgegen § 8 Abs. 1 Satz 1 oder Abs. 2 oder § 11 Abs. 4 die zuständige Polizeidienststelle oder entgegen § 8 Abs. 3 die zuständige Behörde nicht oder nicht rechtzeitig benachrichtigt,
7. entgegen § 8 Abs. 4 als Arzt oder Ärztin nicht dafür sorgt, dass eine Leiche mit einem Hinweis auf eine übertragbare Krankheit gekennzeichnet wird,
8. entgegen § 9 Abs. 1 eine Todesbescheinigung nicht, nicht richtig oder nicht vollständig aussteht, entgegen § 11 Abs. 2 Satz 4 einen Obduktionsschein nicht oder nicht richtig erstellt oder entgegen § 11 Abs. 2 Satz 4 den Obduktionsschein nicht der zuständigen Behörde übersendet,
9. entgegen § 9 Abs. 6 Satz 3 personenbezogene Angaben für andere Zwecke verwendet,
10. entgegen § 14 Abs. 1 Satz 3 nach einer Beförderung eine Leiche nicht in einen Sarg umbettet, der aus umweltverträglichem Material besteht und innerhalb der Ruhefristen für Leichen vergeht,

11. entgegen § 14 Abs. 2 für die Beförderung einer Leiche im Straßenverkehr einen Wagen oder einen Anhänger benutzt, der hierfür nicht eingerichtet ist,
12. entgegen § 15 eine Leiche ausgräbt,
13. entgegen § 17 Abs. 4 Satz 1 eine Leiche wissenschaftlichen Zwecken zuführt, ohne dass eine schriftliche Zustimmung der verstorbenen Person vorliegt,
14. entgegen § 18 Abs. 1 Körperteile, Organe und Organteile von Leichen oder entgegen § 18 Abs. 2 Totgeborene und Fehlgeborene, die nicht bestattet werden, sowie aus Schwangerschaftsabbrüchen stammende Föten und Embryonen nicht hygienisch einwandfrei und dem sittlichen Empfinden entsprechend befördert und beseitigt,
15. entgegen § 18 Abs. 3 Gewebe und Gewebeteile zu Transplantationszwecken entnimmt, ohne dass die verstorbene Person zu Lebzeiten eingewilligt hat oder wenn die Angehörigen der Entnahme widersprochen haben,
16. entgegen § 19 Abs. 2 festgestellte Anhaltspunkte für einen nichtnatürlichen Tod der zuständigen Behörde nicht oder nicht rechtzeitig meldet,
17. entgegen § 20 eine Erdbestattung durchführt, ohne dass die dort genannten Voraussetzungen vorliegen,
18. entgegen § 20a Abs. 2 eine Feuerbestattung durchführt, ohne dass die dort genannten Voraussetzungen vorliegen.

(2) Ordnungswidrig handelt, wer vorsätzlich oder fahrlässig ein Exemplar des vertraulichen Teils der Todesbescheinigung öffnet, ohne hierzu als Arzt oder Ärztin der zuständigen Behörde oder als eine hiervon beauftragte Person oder nach § 8 Abs. 1 Satz 5 oder § 11 Abs. 2 Satz 3 befugt zu sein.

(3) Die Ordnungswidrigkeit kann mit einer Geldbuße bis zu 25.000 Euro geahndet werden.

§ 22 Überleitungsvorschrift

§ 9 Abs. 5 gilt für Todesbescheinigungen und für vergleichbare Unterlagen, die nach den bisher geltenden Vorschriften ausgestellt worden sind und noch aufbewahrt werden, mit der Maßgabe, dass die Frist von 30 Jahren erst ein Jahr nach dem Inkrafttreten dieses Gesetzes endet.

§ 23 Einschränkung von Grundrechten

Für die Durchführung der Leichenschau nach § 7 und der Leichennachschau nach § 10 dieses Gesetzes wird das Grundrecht der Unverletzlichkeit der Wohnung (Artikel 13 des Grundgesetzes) eingeschränkt.

§ 24 Aufhebung von Vorschriften

Folgende Vorschriften werden aufgehoben:

1. §§ 18 und 19 der Gesundheitsdienstordnung vom 13. September 1935 (SaBremR 2120-a-1), die zuletzt durch Gesetz vom 8. September 1970 (Brem. GBl. S. 94) geändert worden ist,
2. die Verordnung über die Behandlung menschlicher Leichen vom 20. August 1936 (SaBremR 2127-c-3), zuletzt geändert durch Gesetz vom 18. Dezember 1974 (Brem. GBl. S. 351),
3. die Polizeiverordnung über das Leichenwesen vom 14. Mai 1963 (Brem. GBl. S. 103 2127-c-4), geändert durch Gesetz vom 18. Dezember 1974 (Brem. GBl. S. 351),
4. die Verordnung betreffend die Beförderung von Leichen auf Eisenbahnen, vom 30. März 1888 (SaBremR 2127-c-1),
5. die Verordnung, betreffend die Beförderung von Leichen auf dem Seewege, vom 6. März 1906 (SaBremR 2127-c-2),
6. die §§ 72 bis 77 der Dritten Durchführungsverordnung zum Gesetz über die Vereinheitlichung des Gesundheitswesens vom 30. März 1935 (SaBremRReichsR 2120-e-4), die zuletzt durch Verordnung vom 30. Januar 1990 (Brem. GBl. S. 67) geändert worden ist.

§ 25 Inkrafttreten

Dieses Gesetz tritt am 1. Januar 1993 in Kraft.

5b. Gesetz über das Friedhofs- und Bestattungswesen in der Freien Hansestadt Bremen

vom 16.10.1990 (GBl. S. 303) zuletzt geändert durch Gesetz vom 4.12.2001 (GBl. S. 393)

§ 1 Friedhofsträger

(1) Das Friedhofs- und Bestattungswesen ist eine Selbstverwaltungsangelegenheit der Stadtgemeinden Bremen und Bremerhaven.

(2) Die Stadtgemeinden haben für die Bereitstellung ausreichender Flächen für die Anlegung von Friedhöfen zu sorgen, Friedhöfe anzulegen und zu unterhalten.

(3) Neben den Stadtgemeinden sind die Religionsgesellschaften des öffentlichen Rechts befugt, eigene Friedhöfe anzulegen, zu erweitern und zu unterhalten.

§ 2 Genehmigung

Die Anlage und Erweiterung von Friedhöfen bedürfen der Genehmigung. Genehmigung wird vom Senat erteilt; der Senat kann die Genehmigung als Auftragsangelegenheit auf die Stadtgemeinden übertragen. Sie darf nur aus folgenden Gründen versagt werden:

1. Beeinträchtigung der Gesundheit, Belange der Stadtplanung, mangelnde Eignung der Böden oder sonstiges zwingendes öffentliches Interesse,
2. Belange der Stadtplanung,
3. mangelnde Eignung der Böden oder
4. sonstiges zwingendes öffentliches Interesse.

§ 3 Sperrung und Aufhebung

(1) Die Friedhofsträger können einen Friedhof ganz oder teilweise für weitere Bestattungen sperren (Sperrung). Das gilt auch für einzelne Bestattungsarten. Stadtgemeinden haben dabei ihre Pflichten aus § 1 Abs. 2 zu beachten und regeln die Voraussetzungen und Folgen einer Sperrung für die stadteigenen Friedhöfe durch Ortsgesetz nach § 6 Abs. 1.

(2) Ein Friedhof oder Friedhofsteil soll nach der Sperrung nicht vor Ablauf der Ruhefristen anderen Zwecken zugeführt werden (Aufhebung). Sperrung und Aufhebung sind bekannt zu machen. Sie dürfen öffentlich bekannt gemacht werden, wenn ein Nutzungsberechtigter nicht feststeht oder seine Anschrift nicht bekannt ist.

§ 4 Friedhofszwang

Die Friedhöfe dienen der Bestattung und der Ehrung der Toten. Erd- und Feuerbestattungen außerhalb von Friedhöfen sind grundsätzlich nicht zulässig. Ausnahmen hiervon sowie Seebestattungen bedürfen der Genehmigung der zuständigen Behörde.

§ 4a Feuerbestattungen

(1) Die Einäscherung von Leichen darf nur in behördlich genehmigten Anlagen (Feuerbestattungsanlagen) erfolgen. Diese Anlagen müssen dem Stand der Technik entsprechen.

(2) Die Genehmigung zur Errichtung einer Feuerbestattungsanlage darf nur den Stadtgemeinden und den Religionsgesellschaften des öffentlichen Rechts, die nach § 1 Abs. 3 befugt sind, eigene Friedhöfe anzulegen, erteilt werden. Bei der Erteilung der Genehmigung ist auf eine würdige Ausgestaltung der Anlage hinzuwirken.

§ 5 Ruhefristen

Der Friedhofsträger bestimmt die Ruhefristen für Leichen und für Aschenreste Verstorbener. Die Ruhefristen für Leichen sind nach Abstimmung mit den Gesundheitsbehörden unter Berücksichtigung der Verwesungsdauer festzusetzen.

§ 6 Selbstverwaltung

(1) Die Bewirtschaftung und Verwaltung der stadteigenen Friedhöfe erfolgt aufgrund von Friedhofsordnungen, die die Stadtgemeinden im Rahmen ihrer Selbstverwaltungsaufgaben in Form eines Ortsgesetzes erlassen.

(2) Ordnungswidrig handelt, wer vorsätzlich oder fahrlässig einem Gebot oder Verbot eines Ortsgesetzes nach Absatz 1 zuwiderhandelt, soweit das Ortsgesetz für einen bestimmten Tatbestand auf diese Bußgeldvorschrift verweist. Die Ordnungswidrigkeit kann mit einer Geldbuße bis zu 2.500 Euro geahndet werden. Für die Verfolgung und Ahndung der Ordnungswidrigkeiten ist die Verwaltungsbehörde sachlich zuständig, die durch Ortsgesetz bestimmt ist.

(3) Die Bewirtschaftung und Verwaltung der nicht stadteigenen Friedhöfe regelt der jeweilige Träger eines solchen Friedhofes selbst.

§ 7 Datenverarbeitung

(1) Zur Bewirtschaftung und Verwaltung der Friedhöfe, insbesondere zur Festsetzung und Einziehung von Gebühren, sind die Friedhofsträger berechtigt, folgende personenbezogene Daten der Verstorbenen zu verarbeiten:

1. Vor-, Geburts- und Nachnamen,
2. letzte Adresse,
3. Geburts- und Sterbedatum,
4. Sterberegisternummer,
5. Ort und Zeitpunkt der Einäscherung,
6. Einäscherungsnummer,
7. Zeitpunkt der Bestattung,
8. Bestattungsnummer,
9. Art, Lage und Zustand der Grabstelle,
10. Bestattungen in der Grabstelle,
11. Dauer des Nutzungsrechts,
12. Ruhefrist,
13. Vorhandensein von Grabmalen und Einfassungen sowie Datum der Genehmigung,
14. Name und Adresse des Bestatters,
15. Leistungen des Friedhofsträgers.

(2) Zu den in Absatz 1 genannten Zwecken dürfen die Friedhofsträger folgende personenbezogene Daten der Nutzungsberechtigten verarbeiten:

1. Vor-, Geburts- und Nachnamen,
2. Adresse,
3. Geburtsdatum,
4. Art, Lage und Zustand der Grabstelle,
5. Namen und Adressen von Bevollmächtigten,
6. Namen, Adressen und Geburtsdatum des vom Nutzungsberechtigten benannten Nachfolgers im Nutzungsrecht.

(3) Zur Klärung der Nutzungsrechtsnachfolge dürfen die Friedhofsträger folgende personenbezogene Daten der Angehörigen der Verstorbenen oder der Nutzungsberechtigten verarbeiten:

1. Vor-, Geburts- und Nachnamen,
2. Adresse,
3. Geburtsdatum,
4. Verhältnis zum letzten Nutzungsberechtigten,
5. Sterbedatum des letzten Nutzungsberechtigten,
6. Art, Lage und Zustand der Grabstelle,
7. Namen und Adressen von Bevollmächtigten.

(4) Im Rahmen des Genehmigungsverfahrens nach § 4 Satz 2 dürfen die Ortspolizeibehörden folgende personenbezogene Daten verarbeiten:

1. Vor-, Geburts- und Nachnamen des Verstorbenen,
2. letzte Adresse des Verstorbenen,
3. Geburts- und Sterbedatum des Verstorbenen,
4. Sterberegisternummer,
5. Ort und Zeitpunkt der Einäscherung,
6. Einäscherungsnummer,
7. Ort und Zeitpunkt der Bestattung,
8. Vor-, Geburts- und Nachnamen des Antragstellers,
9. Geburtsdatum des Antragstellers,
10. Adresse des Antragstellers,
11. Verhältnis des Antragstellers zum Verstorbenen,
12. Namen und Adressen von Bevollmächtigten,
13. Lage, Bezeichnung und Eigentümer des Grundstücks, auf dem die Bestattung vorgenommen werden soll.

(5) Im Rahmen der Zulassung und Überwachung der auf den Friedhöfen tätigen Gewerbetreibenden des Friedhofs- und Bestattungsgewerbes dürfen folgende personenbezogene Daten verarbeitet werden:

1. Vor- und Nachnamen,
2. Adresse,
3. Art des Gewerbes,
4. Zulassung,
5. Tätigkeitsbeschränkungen oder -verbote.

(6) Die Verarbeitung der personenbezogenen Daten nach den Absätzen 1, 2, 3 und 5 darf im automatisierten Verfahren erfolgen.

(7) Die in den Absätzen 1 bis 5 genannten Daten sind zu löschen, wenn sie nicht mehr benötigt werden. Die in Absatz 1 genannten Daten der Verstorbenen müssen für den Zeitraum der Ruhefrist aufbewahrt werden. Sie dürfen aufbewahrt werden, solange ein Nutzungsrecht an der Grabstelle besteht, das sich auf diese Verstorbenen bezieht. Nach Ablauf der in Satz 2 und 3 genannten Fristen dürfen die Daten der Verstorbenen nur noch gesondert, durch technische und organisatorische Maßnahmen gesichert, aufbewahrt werden. Sie dürfen dann nur noch verarbeitet oder genutzt werden, wenn Angehörige um Auskunft nachsuchen oder dies für wissenschaftliche Zwecke unabdingbar ist. Die in den Absätzen 2 und 3 genannten Daten sind von einer Umschreibung des Nutzungsrechts an bis zur folgenden Umschreibung, mindestens jedoch 10 Jahre, aufzubewahren.

(8) Die Absätze 1, 2, 3, 5, 6 und 7 gelten nicht für Friedhöfe, die von öffentlich-rechtlichen Religionsgesellschaften oder diesen gleichgestellten oder ihnen zuzuordnenden Einrichtungen, ohne Rücksicht auf deren Rechtsform, betrieben werden, sofern die öffentlich-rechtlichen Religionsgesellschaften eigene bereichsspezifische Bestimmungen erlassen, die den Zielen dieses Gesetzes entsprechen.

§ 8 Datenübermittlung

(1) Wird die Bestattung von einem anderen Friedhofsträger oder einem sonstigen Bestattungsberechtigten vorgenommen, dürfen zum Zwecke der Bestattung folgende Daten der Verstorbenen an den anderen Friedhofsträger oder den sonstigen Bestattungsberechtigten übermittelt werden:

1. Vor-, Geburts- und Nachnamen,
2. Geburts- und Sterbedatum,
3. letzte Adresse,
4. Sterberegisternummer.
5. Ort und Zeitpunkt der Einäscherung,
6. Einäscherungsnummer.

(2) Bei Umbettungen von Leichen dürfen der zuständigen Gesundheitsbehörde folgende Daten des Verstorbenen übermittelt werden:
1. Vor-, Geburts- und Nachnamen,
2. Geburts- und Sterbedatum.

(3) Lässt sich ein Friedhofsträger bei der Genehmigung von Grabmalen bezüglich deren Gestaltung von Sachverständigen beraten, so dürfen den Sachverständigen zur Prüfung der vorgelegten Entwürfe folgende Daten übermittelt werden:
1. Namen des Verstorbenen,
2. Geburts- und Sterbedatum des Verstorbenen,
3. Name und Anschrift des Entwurfverfassers.

(4) Zur Herstellung des Einvernehmens nach § 4 Satz 2 dürfen die Ortspolizeibehörden die in § 7 Abs. 4 genannten Daten an die Gesundheitsbehörde übermitteln.

(5) Die Lage einer Grabstelle darf Dritten auf entsprechende Nachfrage bekanntgegeben werden, wenn diese ein berechtigtes Interesse glaubhaft machen und anzunehmen ist, dass schutzwürdige Belange des Verstorbenen nicht beeinträchtigt werden.

(6) Hinsichtlich der Absätze 1, 2, 3 und 5 gilt § 7 Abs. 8 entsprechend.

§ 9 Vollstreckung kirchlicher Friedhofsgebühren

(1) Die Friedhofsgebühren der Religionsgesellschaften des öffentlichen Rechts werden auf Antrag des Friedhofsträgers im Verwaltungszwangsverfahren vollstreckt.

(2) Der Friedhofsträger erstattet der zuständigen Stelle den für die Vollstreckung erforderlichen, durch die Zahlung des Schuldners nicht gedeckten Verwaltungsaufwand einschließlich der Auslagen. Der Senat wird ermächtigt, durch Rechtsverordnung die Erstattung näher zu regeln. Darin kann bestimmt werden, dass der Verwaltungsaufwand ganz oder teilweise in Pauschalsätzen zu erstatten ist.

§ 10 Inkrafttreten

(1) Dieses Gesetz tritt am 1. Januar 1991 in Kraft. Gleichzeitig tritt das Gesetz über das Friedhofs- und Bestattungswesen in der Freien Hansestadt Bremen vom 25. Januar 1966 (Brem. GBl. S. 25 2133-a-1) außer Kraft.

(2) Für Friedhöfe im Sinne von § 7 Abs. 8 gelten die §§ 7 und 8 ab 1. Januar 1993.

5c. Friedhofsordnung für die stadteigenen Friedhöfe in Bremen

vom 18.12.1990 (GBl. S. 476)

Der Senat verkündet das nachstehende von der Stadtbürgerschaft beschlossene Ortsgesetz:

§ 1 Verwaltung und Bewirtschaftung
Die Verwaltung und Bewirtschaftung der stadteigenen Friedhöfe ist Aufgabe des Gartenbauamtes und des Bauamtes Bremen-Nord (Behörde).

§ 2 Arten und Größen von Grabstellen
(1) Für die Bestattung von Leichen in Särgen und von Aschen in Urnen vergibt die Behörde nach ihrem Ermessen Grabstellen. Sie hat dabei Wünsche auf einen bestimmten Friedhof zu berücksichtigen, solange auf diesem Friedhof Grabstellen zur Verfügung stehen und die Anzahl der voraussichtlichen Sterbefälle es zulässt.
(2) Es werden folgende Grabstellen vergeben:
1. für Erdbestattungen in der Größe von 2, 4, 6 und 8 m^2;
2. für Urnenbeisetzungen
   a) in der Größe von 1 und 2 m^2;
   b) in Allgemeinen Totengedenkstätten (anonymen Gräberfeldern); in ihnen wird der Reihe nach beigesetzt.

(3) Andere Grabstellen können vergeben werden, wenn sie frei sind.

§ 3 Bestattungen
(1) Folgende Bestattungen können vorgenommen werden:
1. in Grabstellen für Erdbestattungen
   a) einschichtig, je 2 m^2: ein Sarg,
   b) zweischichtig, je 2 m^2: zwei Särge,
2. in Grabstellen für Urnenbeisetzungen
   a) je m^2: sechs Urnen,
   b) in Allgemeinen Totengedenkstätten (anonymen Gräberfeldern) je Grabeinheit: eine Urne.

(2) Leichen totgeborener Kinder können der Leiche einer anderen Person beigelegt werden. Leichen von Kindern unter drei Jahren können der Leiche einer verwandten Person beigelegt werden. Die Beilegung ist der Behörde unverzüglich anzuzeigen.
(3) Urnen können auch in Grabstellen für Erdbestattungen beigesetzt werden,
1. anstelle einer Erdbestattung: sechs Urnen,
2. in einer mit Särgen vollbelegten Grabstelle zusätzlich: sechs Urnen.

(4) Der für eine Bestattung genutzte Platz einer Grabstelle darf frühestens nach Ablauf der jeweiligen Ruhefristen erneut genutzt werden.
(5) Den Zeitpunkt der Trauerfeier und der Bestattung legt die Behörde nach Absprache mit den Angehörigen fest.

§ 4 Ruhefristen
(1) Die Ruhefrist für Aschen beträgt 20 Jahre.
(2) Die Ruhefrist für Leichen beträgt 25 Jahre, bei Verstorbenen unter zehn Jahren 15 Jahre und bei Verstorbenen unter drei Jahren 10 Jahre.
(3) Der Senator für Umweltschutz und Stadtentwicklung hat im Einvernehmen mit dem Senator für Gesundheit für bestimmte Friedhöfe oder Teile von ihnen längere als in Absatz 2 genannte Ruhefristen für Leichen durch Anordnung festzusetzen, wenn wegen unzureichender Verwesung Bedenken gegen die Ruhefristen nach Absatz 2 bestehen. Die Anordnung ist öffentlich bekannt zu machen.

§ 5 Inhalt des Nutzungsrechts

(1) Durch die Vergabe einer Grabstelle wird ein Nutzungsrecht für die Dauer der jeweiligen Ruhefrist begründet.

(2) Das Nutzungsrecht berechtigt zur Bestattung, zu Anlage und Pflege der Grabstelle sowie zur Aufstellung eines Grabmals. In Allgemeinen Totengedenkstätten berechtigt das Nutzungsrecht nur zur Bestattung und zur Ablage von Grabschmuck an einer zentralen Stelle.

(3) Über die Vergabe wird dem Nutzungsberechtigten ein Nachweis ausgehändigt; er soll auf Verlangen der Behörde vorgelegt werden.

(4) Der Nutzungsberechtigte ist verpflichtet, der Behörde Anschriften- und Namensänderungen mitzuteilen.

§ 6 Übertragung des Nutzungsrechts

(1) Stirbt der Nutzungsberechtigte, ist innerhalb eines Jahres die Umschreibung des Nutzungsrechts auf eine vom verstorbenen Nutzungsberechtigten bestimmte Person zu beantragen. Eine Umschreibung, die nach Ablauf der Jahresfrist beantragt wird, ist gebührenpflichtig. Nach der Bestattung des verstorbenen Nutzungsberechtigten dürfen bis zur Umschreibung Rechte aus § 5 Abs. 2 Satz 1 nur mit Zustimmung der Behörde wahrgenommen werden.

(2) Unter Lebenden darf das Nutzungsrecht nur auf einen Angehörigen des Nutzungsberechtigten oder einer in der Grabstelle bestatteten Person übertragen werden.

(3) Angehörige im Sinne von Absatz 2 sind:

a) der Ehegatte,
b) die ehelichen und nichtehelichen Kinder,
c) die Adoptiv- und Stiefkinder,
d) die Enkel,
e) die Eltern,
f) die Geschwister,
g) die Stiefgeschwister,
h) die Ehegatten der unter dem Buchstaben b genannten Personengruppen,
i) die Ehegatten der unter dem Buchstaben c genannten Personengruppen,
j) die Ehegatten der unter dem Buchstaben d genannten Personengruppen,
k) die Ehegatten der unter dem Buchstaben f genannten Personengruppen,
l) die Ehegatten der unter dem Buchstaben g genannten Personengruppen,
m) der geschiedene Ehegatte.

(4) Stirbt der Nutzungsberechtigte, ohne einen Nachfolger bestimmt zu haben, oder ist der vom verstorbenen Nutzungsberechtigten Bestimmte nicht zur Rechtsnachfolge bereit, so ist das Nutzungsrecht auf einen der in Absatz 3 genannten Angehörigen in der dort aufgeführten Rangfolge auf Antrag zu übertragen. Sofern keine Angehörigen mehr leben, darf das Nutzungsrecht auch auf eine andere Person übertragen werden.

(5) Stirbt ein Nutzungsberechtigter und wird das Nutzungsrecht an einer Grabstelle nicht auf eine andere Person umgeschrieben, so hat die Behörde innerhalb von drei Monaten die ihr bekannten Angehörigen nach Absatz 3 auf die notwendige Umschreibung schriftlich hinzuweisen.

§ 7 Verlängerung und Ablauf des Nutzungsrechts

(1) Überschreitet im Falle einer Bestattung die Ruhefrist die Dauer des bisherigen Nutzungsrechts, so ist das Nutzungsrecht entsprechend zu verlängern.

(2) Die Behörde kann auch ohne gleichzeitig stattfindende Bestattung ein Nutzungsrecht verlängern. Die Verlängerung ist für die Dauer von 5, 10, 15 oder 20 Jahren zulässig. Bei längeren Ruhefristen kann die Dauer der Verlängerung auf 25 oder 30 Jahre bemessen werden.

(3) Vor Ablauf eines Nutzungsrechts sind die Nutzungsberechtigten auf den Ablauf hinzuweisen. Der Hinweis soll auch eine Verlängerungsmöglichkeit benennen. Sofern ein Nutzungsbe-

Landesrecht

rechtigter nicht feststeht oder seine Anschrift nicht bekannt ist, darf mittels öffentlicher Bekanntmachung auf den Ablauf des Nutzungsrechts hingewiesen werden.
(4) Ist das Nutzungsrecht abgelaufen, so ist die Behörde berechtigt, die auf der Grabstelle befindlichen Gegenstände abzuräumen und die Grabstelle einzuebnen. Die Gegenstände von Grabstellen mit abgelaufenem Nutzungsrecht hat die Behörde ein Jahr lang zu verwahren, es sei denn, der bisherige Nutzungsberechtigte hat die Rückgabe beantragt oder auf die Rückgabe verzichtet.
(5) Verzichtet ein Nutzungsberechtigter für Zeiten ohne laufende Ruhefrist auf Rechte an einer Grabstelle, so sind ihm die auf die nicht genutzte Zeit entfallenden Anteile an den entrichteten Grabstellengebühren zu erstatten. Die Abrechnung erfolgt nach vollen Jahren.
(6) Das Nutzungsrecht an einer Grabstelle in einer Allgemeinen Totengedenkstätte kann nicht verlängert werden.

§ 8 Teilung von Grabstellen

Größere Grabstellen können geteilt werden, wenn die abgetrennten Teile für die Behörde anderweitig als Grabstellen nutzbar sind. Die Kosten für die durch die Teilung der Grabstelle veranlassten Arbeiten trägt der Nutzungsberechtigte.

§ 9 Sperrung von Grabstellen

(1) Friedhöfe können ganz oder teilweise aus folgenden Gründen gesperrt werden:
a) der Bauleitplanung,
b) der unzureichenden Verwesung,
c) des Baumschutzes oder
d) sonstigen wichtigen Gründen.
(2) Die Sperrung beendet nicht ein bestehendes Nutzungsrecht, mit Ausnahme des Rechts auf Bestattungen der gesperrten Bestattungsart (Erdbestattung, Urnenbeisetzung).
(3) Wird eine Grabstelle für beide Bestattungsarten gesperrt und wird dem Nutzungsberechtigten aus Anlass einer Bestattung ein Nutzungsrecht an einer anderen Grabstelle auf einem stadteigenen Friedhof vergeben, ist die für die gesperrte Grabstelle entrichtete Gebühr auf die Gebühr für das Nutzungsrecht an der neuen Grabstelle insoweit anzurechnen, als sie auf die Zeit nach der Vergabe des neuen Nutzungsrechts entfällt. Das gleiche gilt, wenn bei Sperrung einer Bestattungsart auf die andere verzichtet wird. Anzurechnen ist der Betrag, der bei einer Bestattung in der gesperrten Grabstelle wegen des noch laufenden Nutzungsrechts nicht entrichtet werden müßte (Differenzbetrag zwischen voller Gebühr und Verlängerungsgebühr).

§ 10 Umbettungen

(1) Umbettungen sind nur in besonders begründeten Fällen zulässig.
(2) Leichen können über die Voraussetzung des Absatzes 1 hinaus nur umgebettet werden, wenn die Umbettung angesichts des Verwesungsstandes zumutbar und mit vertretbarem Aufwand durchzuführen ist.

§ 11 Särge und Urnen

(1) Särge für die Erdbestattung, alle Teile an und in ihnen sowie Überurnen dürfen nur aus Materialien bestehen, die umweltverträglich sind und die innerhalb der Ruhefrist vergehen. Leichen, Särge und Überurnen dürfen nicht mit Stoffen behandelt oder versehen werden, die geeignet sind, die Verwesung zu verzögern oder die Umwelt zu beeinträchtigen. Die zuständige Behörde ist berechtigt, die Beschaffenheit der Materialien zu kontrollieren und bei Verstoß gegen Satz 1 Särge oder Überurnen zurückzuweisen. Die Vorschriften über Anforderungen an Särge für die Feuerbestattung gemäß der Verordnung zur Durchführung des Feuerbestattungsgesetzes vom 10. August 1938 (SaBremR 2133-b-2) bleiben unberührt.
(2) Müssen Särge verwendet werden, die länger als 2,03 m, breiter als 0,75 m und höher als 0,70 m sind, so ist die Zustimmung der Behörde bei der Anmeldung der Bestattung erforderlich.
(3) Überurnen dürfen höchstens einen Durchmesser von 0,23 m aufweisen.

§ 12 Anlage und Pflege der Grabstellen

(1) Grabstellen sind in ihrer äußeren Gestaltung aufeinander und auf die Gesamtgestaltung des Friedhofs abzustimmen.
(2) Die Aufstellung, Änderung und Beseitigung von Grabmalen, Grabaufbauten, Einfriedungen und Einfassungen auf den Grabstellen bedürfen der vorherigen Zustimmung der Behörde.
(3) Der Senat wird ermächtigt, Rechtsverordnungen über die Gestaltung von Grabstellen und das Verfahren nach Absatz 2 zu erlassen.
(4) Die Grabstelle ist von dem Nutzungsberechtigten in einem würdigen und verkehrssicheren Zustand zu erhalten. Grabmale müssen fachgerecht fundamentiert und befestigt sein.
(5) Kränze, Blumengebinde und dergleichen dürfen nur aus kompostierbaren Materialien bestehen.
(6) Die Anwendung von Pflanzenschutzmitteln bei der Grabpflege ist unzulässig.

§ 13 Verhalten auf den Friedhöfen

(1) Auf den Friedhöfen hat sich jeder der Würde des Ortes entsprechend zu verhalten.
(2) Unzulässig ist insbesondere,
1. die Wege mit Fahrzeugen aller Art, ausgenommen Rollstühle und Kinderwagen, zu befahren;
2. Abfälle außerhalb der dafür bestimmten Stellen abzulagern;
3. Tiere mitzubringen.

(3) Die Behörde kann Ausnahmen zulassen.

§ 14 Gewerbliche Betätigung

(1) Wenn Unternehmen des Bestattungsgewerbes es übernommen haben, für ihren Auftraggeber die Gebühren für die Leistungen der Behörde zu entrichten, ist die Behörde berechtigt, die Vorlage der den Auftraggebern erteilten Rechnungen zu verlangen.
(2) Das Aufstellen von Werbezeichen innerhalb der Friedhöfe ist nicht zulässig.
(3) Gewerbliche Arbeiten auf den Friedhöfen dürfen nur während der normalen Arbeitszeit des Friedhofspersonals ausgeübt werden. Die zuständige Behörde kann Ausnahmen zulassen.
(4) Gewerbliche Arbeiten auf den Friedhöfen können von der Behörde untersagt werden, wenn der Gewerbetreibende wiederholt gegen dieses Ortsgesetz oder die dazu erlassenen Bestimmungen verstoßen hat.

§ 15 Ordnungswidrigkeiten

(1) Ordnungswidrig im Sinne des § 6 Abs. 2 des Gesetzes über das Friedhofs- und Bestattungswesen handelt, wer vorsätzlich oder fahrlässig
1. die Beilegung eines Kindes in unzulässiger Weise vornimmt oder der Behörde nicht unverzüglich anzeigt (§ 3 Abs. 2);
2. Särge und Überurnen aus Materialien verwendet, die nicht umweltverträglich sind und nicht innerhalb der Ruhefrist vergehen (§ 11 Abs. 1);
3. Leichen, Särge und Überurnen mit Stoffen behandelt oder versieht, die die Verwesung verzögern oder die Umwelt beeinträchtigen (§ 11 Abs. 1);
4. Grabmale, Grabaufbauten, Einfriedungen und Einfassungen ohne vorherige Zustimmung der Behörde auf Grabstellen aufstellt, ändert oder beseitigt (§ 12 Abs. 2);
5. für Kränze, Blumengebinde und dergleichen andere als kompostierbare Materialien verwendet (§ 12 Abs. 5);
6. bei der Grabpflege Pflanzenschutzmittel anwendet (§ 12 Abs. 6);
7. gegen die Gebote und Verbote des § 13 verstößt, in denen das Verhalten auf Friedhöfen geregelt wird;
8. gewerbliche Arbeiten auf den Friedhöfen außerhalb der normalen Arbeitszeit des Friedhofspersonals ausübt und dafür keine Ausnahmegenehmigung der Behörde eingeholt hat (§ 14 Abs. 3).

(2) Sachlich zuständige Verwaltungsbehörden für die Verfolgung und Ahndung der Ordnungswidrigkeiten sind das Gartenbauamt und das Bauamt Bremen-Nord.

§ 16 Inkrafttreten
Diese Friedhofsordnung tritt am 1. Januar 1991 in Kraft. Gleichzeitig tritt die Friedhofsordnung für die stadteigenen Friedhöfe in Bremen vom 13. November 1973 (Brem. GBl. S. 225 2133-a-2) außer Kraft.

6. Hamburg

6a. Gesetz über das Leichen-, Bestattungs- und Friedhofswesen

vom 14.9.1988 (HmbGVBl. S. 167), zuletzt geändert durch Gesetz vom 18.7.2001 (HmbGVBl. S. 251)

Erster Abschnitt. Leichenwesen

§ 1 Leichenschau

(1) Jede Leiche ist zur Feststellung des Todes, des Todeszeitpunkts, der Todesart und der Todesursache von einem Arzt zu untersuchen (Leichenschau). Vor der Feststellung des Todes durch einen Arzt darf der Körper eines Verstorbenen nur dann wie eine Leiche behandelt werden, wenn der Eintritt des Todes offensichtlich ist. Leichen im Sinne dieses Gesetzes sind auch totgeborene Leibesfrüchte mit einem Geburtsgewicht von mindestens 500 Gramm.

(2) Bei Sterbefällen in Krankenhäusern und anderen Einrichtungen, zu deren Aufgabe die ärztliche Betreuung der aufgenommenen Personen gehört, hat der Leiter der Einrichtung sicherzustellen, dass die Leichenschau unverzüglich durch einen dort tätigen Arzt oder einen beauftragten Arzt vorgenommen wird. In den übrigen Fällen hat derjenige die Leichenschau unverzüglich zu veranlassen, der nach § 33 oder § 34 des Personenstandsgesetzes zur Anzeige des Todes gegenüber dem Standesbeamten verpflichtet ist. Ist ein nach Satz 2 Verpflichteter nicht vorhanden oder nicht erreichbar oder wird die Leiche eines Unbekannten gefunden, so wird die Leichenschau durch die zuständige Behörde veranlasst.

(3) In den Fällen von Absatz 2 Sätze 2 und 3 ist jeder niedergelassene Arzt verpflichtet, die Leichenschau auf Verlangen vorzunehmen, sofern er nicht aus wichtigem Grund daran gehindert ist. Während des Notfalldienstes und des Bereitschaftsdienstes trifft diese Verpflichtung die hierfür eingeteilten Ärzte.

(4) Ein Arzt kann es ablehnen, über die Feststellung des Todes hinaus eine Leichenschau vorzunehmen, wenn er durch die weiteren Feststellungen sich selbst oder einen seiner in § 383 Absatz 1 Nummern 1 bis 3 der Zivilprozessordnung bezeichneten Angehörigen der Gefahr strafrechtlicher Verfolgung oder eines Verfahrens nach dem Gesetz über Ordnungswidrigkeiten aussetzen würde.

§ 2 Durchführung der Leichenschau

(1) Die Leichenschau ist unverzüglich, in den Fällen des § 1 Absatz 3 spätestens innerhalb von sechs Stunden nach der Aufforderung hierzu an der vollständig entkleideten Leiche sorgfältig durchzuführen.

(2) Im Rahmen der Leichenschau hat der Arzt festzustellen,

1. ob der Tod mit Sicherheit eingetreten ist,
2. wann der Tod eingetreten ist,
3. ob Anhaltspunkte für einen nichtnatürlichen Tod bestehen oder ob ein solcher sich nicht mit Sicherheit ausschließen lässt,
4. ob Anhaltspunkte dafür bestehen, dass der Verstorbene an einer meldepflichtigen oder einer ähnlich gefährlichen übertragbaren Krankheit gelitten hat, die durch den Umgang mit der Leiche weiterverbreitet werden kann,
5. wodurch der Tod eingetreten ist, welche Erkrankungen dazu geführt haben und welche sonstigen wesentlichen Erkrankungen zum Zeitpunkt des Todes bestanden haben.

Landesrecht

(3) Die Leichenschau soll an dem Ort, an dem der Tod eingetreten oder die Leiche aufgefunden worden ist, vorgenommen werden. Der Arzt, der die Leichenschau vornehmen soll, ist berechtigt, jederzeit den Ort zu betreten, an dem sich die Leiche befindet. Befindet sich die Leiche nicht in einem geschlossenen Raum oder ist aus anderen Gründen eine vollständige Leichenschau an diesem Ort nicht möglich oder nicht zweckmäßig, so kann sich der Arzt auf die Feststellung des Todes und der äußeren Umstände beschränken, wenn sichergestellt ist, dass die Leichenschau an einem hierfür besser geeigneten Ort fortgesetzt wird. Ein Arzt, der für die Behandlung von Notfällen eingeteilt ist und den Verstorbenen vorher nicht behandelt hat, kann sich auf die Feststellung des Todes, des Todeszeitpunkts, des Zustands der Leiche und der äußeren Umstände beschränken, wenn sichergestellt ist, dass die noch fehlenden Feststellungen nach Absatz 2 von dem behandelnden oder einem anderen Arzt getroffen werden.
(4) Ergeben sich Anhaltspunkte für einen nichtnatürlichen Tod oder lässt sich ein solcher nicht mit Sicherheit ausschließen, so hat der Arzt sofort die Polizei oder die Staatsanwaltschaft zu benachrichtigen. Er hat außerdem dafür zu sorgen, dass an der Leiche und deren Umgebung bis zum Eintreffen der Polizei oder der Staatsanwaltschaft keine vermeidbaren Veränderungen vorgenommen werden.
(5) Ergeben sich Anhaltspunkte dafür, dass der Verstorbene an einer meldepflichtigen oder einer ähnlich gefährlichen übertragbaren Krankheit gelitten hat, die durch den Umgang mit der Leiche weiterverbreitet werden kann, so hat der Arzt dafür zu sorgen, dass die Leiche entsprechend gekennzeichnet wird.

§ 3 Todesbescheinigung

(1) Der Arzt, der die Leichenschau vornimmt, hat hierüber auf einem von der zuständigen Behörde herausgegebenen Vordruck eine Todesbescheinigung auszustellen, die dem Nachweis des Todeszeitpunktes und der Todesursache, der Aufklärung von Straftaten, die mit dem Tod im Zusammenhang stehen, der Prüfung, ob seuchenhygienische Maßnahmen erforderlich sind, sowie Zwecken der Statistik und Forschung dient. Die Todesbescheinigung darf über den Verstorbenen nur die folgenden Angaben enthalten:

1. Name, Geschlecht,
2. letzte Wohnung,
3. Zeitpunkt und Ort der Geburt und des Todes oder der Auffindung, bei Totgeborenen außerdem das Geburtsgewicht,
4. Arzt oder Krankenhaus, die den Verstorbenen zuletzt behandelt haben,
5. Angaben über übertragbare Krankheiten,
6. Art des Todes (natürlicher, nichtnatürlicher oder unaufgeklärter Tod),
7. Angaben zur Krankheitsanamnese,
8. Art des Todeseintritts (Endzustand),
9. unmittelbare und mittelbare Todesursachen sowie weitere wesentliche Krankheiten oder Verletzungen zur Zeit des Todes,
10. Angaben über durchgeführte Reanimationsbehandlungen,
11. Angaben zu implantierten Geräten und radioaktiven Strahlen,
12. bei nichtnatürlichem Tod: Art des Unfalls oder des sonstigen nichtnatürlichen Todes,
13. bei Frauen: Angaben über eine bestehende oder eine bis zu 3 Monaten zurückliegende Schwangerschaft,
14. bei Totgeborenen und bei Kindern unter einem Jahr: Angaben über die Stätte der Geburt, über Gewicht und Länge bei der Geburt sowie über das Vorliegen einer Mehrlingsgeburt.

Die in Satz 2 Nummern 7 bis 10 und 12 bis 14 genannten Angaben dürfen nur in einem verschließbaren, von außen nicht lesbaren Innenteil der Todesbescheinigung enthalten sein.
(2) Der Arzt hat die Todesbescheinigung, nachdem er den Innenteil verschlossen hat, unverzüglich demjenigen auszuhändigen, der nach dem Personenstandsgesetz zur Anzeige des Todes verpflichtet ist. Dieser hat sie dem Standesbeamten einzureichen, der die Eintragung in das

Sterbebuch auf der Todesbescheinigung vermerkt und diese der zuständigen Behörde für Zwecke des Gesundheitswesens übersendet.

(3) Findet eine Sektion statt, so erhält der sezierende Arzt eine Durchschrift der Todesbescheinigung. Er hat die Durchschrift auf Grund des Ergebnisses der Sektion zu ergänzen oder zu berichtigen und verschlossen der zuständigen Behörde für Zwecke des Gesundheitswesens zu übersenden. Ist eine Feuerbestattung beabsichtigt, so hat er außerdem eine Durchschrift des Sektionsbefundes verschlossen der Leiche beizugeben. § 2 Absätze 4 und 5 gilt entsprechend.

(4) Die zuständige Behörde überprüft den Inhalt des äußeren und des inneren Teils der Todesbescheinigung und bereitet die Angaben für eine statistische Auswertung auf; Absatz 4 Satz 1 gilt entsprechend. Lag die Hauptwohnung des Verstorbenen außerhalb der Freien und Hansestadt Hamburg, so ist der für die Hauptwohnung zuständigen Behörde für Zwecke des Gesundheitswesens eine Kopie der Todesbescheinigung zu übersenden.

(5) Die zuständige Behörde bewahrt die Todesbescheinigungen, die in Absatz 3 genannten Durchschriften und die ihr von auswärtigen Stellen zugesandten gleichartigen Bescheinigungen mindestens 25 und höchstens 30 Jahre lang auf. Sie kann auf Antrag in diese Unterlagen Einsicht gewähren oder Auskünfte daraus erteilen,

1. wenn der Antragsteller ein berechtigtes Interesse an der Kenntnis über die Todesumstände eines namentlich bezeichneten Verstorbenen glaubhaft macht und kein Grund zu der Annahme besteht, dass durch die Offenbarung schutzwürdige Belange des Verstorbenen beeinträchtigt werden, oder
2. wenn der Antragsteller die Angaben für ein wissenschaftliches Forschungsvorhaben benötigt und
   a) durch sofortige Anonymisierung der Angaben oder auf andere Weise sichergestellt wird, dass schutzwürdige Belange der Verstorbenen nicht beeinträchtigt werden, oder
   b) das öffentliche Interesse an dem Forschungsvorhaben das Geheimhaltungsinteresse der Verstorbenen erheblich überwiegt.

Der Antragsteller darf personenbezogene Angaben, die er auf diese Weise erfährt, nur zu dem von ihm im Antrag angegebenen Zweck verwenden.

§ 4 Auskunftspflicht

(1) Angehörige der Heil- und Heilhilfsberufe, die den Verstorbenen vor seinem Tode untersucht, behandelt oder gepflegt haben, und Personen, mit denen der Verstorbene zusammengelebt hat oder die Kenntnis von den Umständen des Todes haben, sind verpflichtet, dem die Leichenschau vornehmenden Arzt und der zuständigen Behörde die für die Vornahme der Leichenschau und die Ausstellung der Todesbescheinigung erforderlichen Auskünfte zu erteilen.

(2) Außerdem sind die Ärzte, die die Leichenschau oder eine Sektion vorgenommen haben, verpflichtet, der zuständigen Behörde die zur Überprüfung und Vervollständigung der Todesbescheinigung erforderlichen Auskünfte zu erteilen.

(3) Ein zur Auskunft Verpflichteter kann die Auskunft auf solche Fragen verweigern, deren Beantwortung ihn selbst oder einen seiner in § 383 Absatz 1 Nummern 1 bis 3 der Zivilprozessordnung bezeichneten Angehörigen der Gefahr strafrechtlicher Verfolgung oder eines Verfahrens nach dem Gesetz über Ordnungswidrigkeiten aussetzen würde.

§ 5 Kosten der Leichenschau

In den Fällen des § 1 Absatz 2 Satz 1 und des § 3 Absatz 3 kann eine besondere Vergütung für die Leichenschau und für die Ausstellung, Ergänzung oder Berichtigung der Todesbescheinigung nicht verlangt werden. In den übrigen Fällen hat derjenige die Kosten der Leichenschau und der Ausstellung der Todesbescheinigung zu tragen oder dem Veranlasser der Leichenschau zu erstatten, der für die Kosten der Bestattung aufzukommen hat.

§ 6 Aufbewahrung von Leichen

(1) Jede Leiche ist unverzüglich nach der Feststellung des Todes in eine Leichenhalle zu überführen. Dies gilt nicht während der ersten 36 Stunden nach dem Eintritt des Todes sowie dann nicht, wenn die Leiche unverzüglich zur Bestattung an einen Ort außerhalb der Freien und Hansestadt Hamburg überführt wird. Die zuständige Behörde kann im Einzelfall Ausnahmen zulassen, sofern Gründe der Hygiene nicht entgegenstehen, oder die Frist des Satzes 2 aus Gründen der Hygiene abkürzen. Als Leichenhalle im Sinne dieser Bestimmung gelten neben den öffentlichen Leichenhallen auch die Leichenaufbewahrungsräume des Gerichtsärztlichen Dienstes und des Instituts für Rechtsmedizin, der Krankenhäuser, der staatlichen Pflegeheime, der Friedhöfe und der Feuerbestattungsanlagen.

(2) Bei Leichen, die nach § 2 Absatz 5 zu kennzeichnen sind, ist die Kennzeichnung auf dem Sarg von demjenigen zu wiederholen, der die Einsargung vornimmt. Solche Särge dürfen nur mit Zustimmung der zuständigen Behörde oder auf Weisung eines in § 87 Absatz 2 Satz 2 der Strafprozessordnung genannten Arztes geöffnet werden.

§ 7 Beförderung von Leichen

(1) Leichen sind in verschlossenen, feuchtigkeitsundurchlässigen, widerstandsfähigen Särgen ohne vermeidbare Unterbrechung zum Bestimmungsort zu befördern. Ist der Tod an Bord eines Schiffes außerhalb eines Hafens eingetreten, so kann anstelle eines Sarges eine andere geeignete Umhüllung verwendet werden. Zur Beförderung von Leichen im Straßenverkehr sind solche Wagen zu benutzen, die zur Leichenbeförderung eingerichtet sind und ausschließlich hierfür oder für Bestattungszwecke verwendet werden (Leichenwagen). Die Beförderung von Leichen in Anhängern an Kraftfahrzeugen ist nicht zulässig. Die Sätze 1 bis 4 gelten nicht für die Bergung von Leichen, insbesondere die Beförderung tödlich Verunglückter von der Unfallstelle.

(2) Leichen dürfen von einem Ort außerhalb der Bundesrepublik Deutschland nur dann in die Freie und Hansestadt Hamburg befördert werden, wenn sich aus einer beigefügten amtlichen Bescheinigung ergibt, ob der Verstorbene an einer übertragbaren Krankheit gelitten hat oder nicht. Die zuständige Behörde kann Ausnahmen zulassen. Für die Beförderung einer Leiche aus der Freien und Hansestadt Hamburg an einen anderen Ort stellt die zuständige Behörde auf Antrag einen Leichenpass aus, wenn dieser von den zuständigen Behörden des Bestimmungslandes oder eines dazwischenliegenden Landes verlangt wird und gesundheitliche Bedenken gegen die Beförderung nicht bestehen. Die zuständige Behörde ist berechtigt, die für die Ausstellung des Leichenpasses erforderlichen Nachweise zu verlangen sowie eigene Ermittlungen anzustellen und Auskünfte einzuholen.

§ 8 Ausgrabung von Leichen

Die Ausgrabung von Leichen vor Ablauf der Ruhezeit ist nur mit Genehmigung der zuständigen Behörde und, mit Ausnahme der Ausgrabung nach § 87 Absatz 3 der Strafprozessordnung, nur in den Monaten November bis März zulässig.

§ 9 Überwachung

Die Leichenhallen und Friedhöfe werden von der zuständigen Behörde in gesundheitlicher Hinsicht überwacht.

Zweiter Abschnitt. Bestattungswesen

§ 10 Bestattungspflicht

(1) Leichen sind zu bestatten. Totgeborene Leibesfrüchte mit einem Geburtsgewicht unter 1000 Gramm sind nur auf Wunsch eines Elternteils zu bestatten. Für die Bestattung haben die Angehörigen (§ 22 Absatz 4) zu sorgen. Wird im Todesfall niemand tätig, veranlasst die zuständige Behörde die Überführung der Leiche in eine Leichenhalle. Wird für eine in eine Leichenhalle eingelieferte Leiche kein Antrag auf Bestattung gestellt, so kann die zuständige Behörde vier-

zehn Tage nach Einlieferung die Bestattung in einer Reihengrabstätte eines Friedhofes veranlassen. Wird kein Antrag auf Beisetzung einer Urne gestellt, so kann die zuständige Behörde einen Monat nach der Einäscherung die Beisetzung in einer Reihengrabstätte veranlassen. Die Maßnahmen werden auf Kosten des Pflichtigen vorgenommen. Die Sätze 4 und 5 gelten nicht, wenn die Antragstellung oder die Überführung zu einem Friedhof nachweisbar veranlasst und in nächster Zeit zu erwarten ist.
(2) Totgeborene Leibesfrüchte mit einem Geburtsgewicht unter 1000 Gramm, die nicht bestattet werden, sowie aus Schwangerschaftsabbrüchen stammende Föten und Embryonen sind hygienisch einwandfrei und dem sittlichen Empfinden entsprechend einzuäschern und unter freiwilliger Teilnahme der Eltern auf einem Grabfeld zur Ruhe zu betten, sofern sie nicht rechtmäßig für wissenschaftliche Zwecke benötigt werden. Abgetrennte Körperteile, Organe und Teile von Organen, die nicht für Transplantationen, für wissenschaftliche Zwecke oder für die Herstellung von Arzneimitteln benötigt werden, sind hygienisch einwandfrei und dem sittlichen Empfinden entsprechend zu beseitigen.
(3) Leichen dürfen wissenschaftlichen Zwecken nur zugeführt werden, wenn eine schriftliche Zustimmung des Verstorbenen vorliegt und die Voraussetzungen für eine Erdbestattung vorliegen. Die wissenschaftliche Einrichtung veranlasst die Bestattung der Leiche, sobald sie nicht mehr wissenschaftlichen Zwecken dient.

§ 11 Bestattungsart

Die Bestattung kann als Erd- oder Feuerbestattung durchgeführt werden. Die Art der Bestattung richtet sich nach dem Willen des Verstorbenen. Ist ein Wille des Verstorbenen nicht bekannt, bestimmt der Auftraggeber die Bestattungsart.

§ 12 Zulässigkeit der Bestattung

(1) Die Erdbestattung ist zulässig, wenn eine Leichenschau durchgeführt worden ist und eine Bescheinigung mit dem Vermerk der Eintragung in das Sterbebuch oder eine Genehmigung der zuständigen Behörde vorgelegt wird. Die Erdbestattung einer Fehlgeburt ist zulässig, wenn die Bescheinigung eines bei oder nach dem Geburtsvorgang hinzugezogenen Arztes darüber vorgelegt wird, dass keine Anhaltspunkte für ein nichtnatürliches Geschehen bestehen.
(2) Die Feuerbestattung ist zulässig, wenn die Voraussetzungen des Absatzes 1 vorliegen und wenn aufgrund einer zusätzlichen Leichenschau bestätigt worden ist, dass keine Anhaltspunkte für einen nicht natürlichen Tod bestehen, oder wenn in den Fällen nach § 159 Absatz 1 der Strafprozessordnung die schriftliche Genehmigung der Staatsanwaltschaft zur Bestattung vorliegt.
(3) Die zusätzliche Leichenschau nach Absatz 2 können vornehmen
a) die zuständige Behörde durch einen Arzt, der die Anerkennung zum Führen der Gebietsbezeichnung Öffentliches Gesundheitswesen oder Rechtsmedizin hat,
b) ein in § 87 Absatz 2 Satz 2 der Strafprozessordnung genannter Arzt oder
c) ein Arzt mit besonderen Kenntnissen auf dem Gebiet der Rechtsmedizin, der von der zuständigen Behörde hierfür ermächtigt worden ist.

Für die Durchführung der zusätzlichen Leichenschau erhält der Arzt eine Durchschrift der Todesbescheinigung und, sofern eine Sektion stattgefunden hat, des Sektionsbefundes. Er kann ergänzende Auskünfte einholen. Die Unterlagen sind höchstens fünf Jahre lang aufzubewahren. § 2 Absatz 4 und § 4 gelten entsprechend.

§ 13 Feuerbestattung

(1) Leichen dürfen in der Freien und Hansestadt Hamburg nur in den Feuerbestattungsanlagen Öjendorf und Ohlsdorf der Hamburger Friedhöfe Anstalt öffentlichen Rechts eingeäschert werden.
(2) Die Asche jeder Leiche ist in ein von der Hamburger Friedhöfe Anstalt öffentlichen Rechts zu verschließendes Behältnis (Urne) aufzunehmen. Es muss jederzeit festzustellen sein, wo die Urne aufbewahrt wird und um wessen Asche es sich handelt.

(3) Urnen sind beizusetzen oder in einem Kolumbarium aufzustellen. Sie werden durch die Hamburger Friedhöfe Anstalt öffentlichen Rechts von der Feuerbestattungsanlage zur Beisetzung auf einen Friedhof befördert. Die Hamburger Friedhöfe Anstalt öffentlichen Rechts kann Ausnahmen zulassen

a) zur Beisetzung einer Urne von einem Schiff auf See, wenn dies dem Willen des Verstorbenen entspricht und andere Rechtsvorschriften nicht entgegenstehen.

b) zum Versand einer Urne nach Friedhöfen außerhalb der Freien und Hansestadt Hamburg.

Die Beförderung oder der Versand einer Urne sind erst zulässig, wenn eine Beisetzungsmöglichkeit am Bestimmungsort nachgewiesen worden ist.

Hinweis: Vgl. hierzu das Gesetz über die Hamburger Friedhöfe Anstalt öffentlichen Rechts vom 13.11.1995 (HmbGVBl. S. 290), geändert durch Gesetze vom 21.9.1999 (HmbGVBl. S. 229) und vom 18.7.2001 (HmbGVBl. S. 251).

§ 14 Friedhofszwang

Beisetzungen außerhalb staatlicher, von der Hamburger Friedhöfe Anstalt des öffentlichen Rechts betriebener oder kirchlicher Friedhöfe sind nicht zulässig.

Dritter Abschnitt. Staatliches Friedhofswesen

§ 15 Geltungsbereich

Die Vorschriften dieses Abschnittes gelten für die staatlichen Friedhöfe in der Freien und Hansestadt Hamburg und für die von der Hamburger Friedhöfe Anstalt öffentlichen Rechts betriebenen Friedhöfe.

§ 16 Widmung und Verwaltung der Friedhöfe

(1) Die bestehenden Friedhöfe ergeben sich aus der Anlage 1. Weitere Friedhöfe können dadurch geschaffen werden, dass der Senat Flächen für diesen Zweck widmet und die zuständige Behörde die Widmung öffentlich bekannt gibt.

(2) Die zuständigen Behörden haben über Nutzungs- und Beisetzungsrechte auf den Friedhöfen sowie über Bestattungen Buch zu führen. Sie sind verpflichtet, die allgemeinen Friedhofsanlagen und -einrichtungen unter Berücksichtigung der Zielsetzungen der Gartendenkmalpflege zu unterhalten.

§ 17 Friedhofszweck

Die Friedhöfe dienen der Bestattung der Verstorbenen, für die ein Antrag auf Beisetzung gestellt wird. Sie sind Totengedenkstätten.

§ 18 Bekenntnisgebräuche

Die Ausübung kirchlicher Amtshandlungen sowie religiöser und weltanschaulicher Gebräuche bei Bestattungen und Totengedenkfeiern wird gewährleistet. Auf den Ablauf anderer Bestattungen ist Rücksicht zu nehmen.

§ 19 Haftung, vorübergehende Schließung

(1) Die Freie und Hansestadt Hamburg hat keine Obhutspflicht für Grabstätten, ihre Ausstattung und Grabgegenstände. Sie ist nicht verpflichtet, Vorkehrungen zur Verhütung von Schäden zu treffen, die durch fremde Personen oder Tiere verursacht werden können.

(2) Friedhöfe oder Friedhofsteile können zur Abwendung von Gefahren für die öffentliche Sicherheit und Ordnung von der zuständigen Behörde vorübergehend geschlossen oder für die Benutzung mit Fahrzeugen gesperrt werden.

§ 20 Gewerbetreibende

(1) Auf den Friedhöfen darf unbeschadet der nach § 32 Nummer 2 Buchstabe c erlassenen Vorschriften nur solche gewerbliche Tätigkeit ausgeübt werden, die dem Zweck der Friedhöfe dient.

(2) Gewerbetreibende bedürfen für ihre gewerbliche Tätigkeit auf den Friedhöfen der Genehmigung der zuständigen Behörde.
(3) Die Genehmigung darf nur versagt werden, wenn dem Antragsteller die für die Ausübung der Tätigkeit auf dem Friedhof erforderliche fachliche Qualifikation oder persönliche Zuverlässigkeit fehlt.
(4) Die Genehmigung ist zu widerrufen, wenn der Gewerbetreibende die Voraussetzungen für ihre Erteilung nicht mehr erfüllt. Sie kann widerrufen werden, wenn er gegen die Vorschriften dieses Gesetzes oder der dazu erlassenen Rechtsverordnungen verstoßen hat; vor Ablauf eines Jahres darf sie nicht wieder erteilt werden.
(5) Auf den Friedhöfen dürfen gewerbliche Arbeiten nur während der von der zuständigen Behörde festgesetzten Zeit unter Wahrung der Würde des Ortes ausgeführt werden.

§ 21 Grabstätten

(1) Leichen und Urnen werden in Reihen-, Wahl- oder Ehrengrabstätten beigesetzt. Es besteht kein Anspruch auf eine der Lage nach bestimmte Grabstätte und auf Unveränderlichkeit ihrer Umgebung.
(2) Reihengrabstätten sind einstellige Grabstätten. Sie werden in Grabfeldern der Reihe nach belegt und nur bei Vorliegen eines Todesfalles für die Dauer der Ruhezeit vergeben.
(3) Anonyme Reihengrabstätten werden nicht gekennzeichnet. Sie werden vergeben, wenn dies dem Willen des Verstorbenen entspricht.
(4) Wahlgrabstätten sind ein- oder mehrstellige Grabstätten. An ihnen wird auf Antrag und nach Zahlung der Überlassungsgebühr für die Dauer von 25 Jahren ein Nutzungsrecht eingeräumt (Überlassungszeit).
(5) Ehrengrabstätten sind ein- oder mehrstellige Grabstätten. Sie werden aus besonderem Anlass auf Beschluss des Senats auf Friedhofsdauer angelegt.

§ 22 Wahlgrabstätten

(1) Das Nutzungsrecht an einer Wahlgrabstätte umfasst die Befugnis des Berechtigten zu bestimmen, wer auf der Grabstätte beigesetzt werden soll. Bei der erstmaligen Einräumung des Nutzungsrechtes kann der Nutzungsberechtigte auswählen, ob die Grabstätte in einem Grabfeld mit allgemeinen oder mit zusätzlichen Gestaltungsvorschriften liegen soll und die Art und Größe der Grabstätte festlegen.
(2) Der Nutzungsberechtigte soll schon beim Erwerb des Nutzungsrechtes für den Fall seines Ablebens gegenüber der zuständigen Behörde einen Nachfolger im Nutzungsrecht bestimmen. Das Einverständnis des Bestimmten ist nachzuweisen.
(3) Stirbt der Nutzungsberechtigte, ohne einen Nachfolger bestimmt oder das Einverständnis des von ihm Bestimmten nachgewiesen zu haben, so wird das Nutzungsrecht von der zuständigen Behörde auf die Angehörigen in der in Absatz 4 festgelegten Rangfolge übertragen. Mit der Übertragung des Nutzungsrechtes setzt die zuständige Behörde dem betroffenen Angehörigen eine Frist zur Erklärung darüber, ob er das Nutzungsrecht annimmt. Erklärt der Angehörige die Annahme des Nutzungsrechtes nicht innerhalb der gesetzten Frist, kann die zuständige Behörde das Nutzungsrecht auf den nächsten Angehörigen nach Maßgabe der in § 11 Absatz 4 festgelegten Rangfolge übertragen.
(4) Angehörige im Sinne des Absatzes 3 sind
a) der Ehegatte,
b) die ehelichen und nichtehelichen Kinder,
c) die Ehegatten der ehelichen und nichtehelichen Kinder,
d) die Stiefkinder,
e) die Ehegatten der Stiefkinder,
f) die Enkel,
g) die Ehegatten der Enkel,

h) die Eltern,
i) die Geschwister,
j) die Stiefgeschwister,
k) die Großeltern,
l) die Verschwägerten,
m) die Kinder der Geschwister,
n) die Geschwister der Eltern,
o) die Kinder der Geschwister der Eltern,
p) die Verlobte/der Verlobte,
q) die Lebensgefährtin/der Lebensgefährte.

Sind mehrere Personen einer Rangfolge vorhanden, so hat der ältere Angehörige das Vorrecht vor dem jüngeren Angehörigen.

(5) Sind keine Angehörigen vorhanden, so kann die zuständige Behörde das Nutzungsrecht auch auf andere Personen übertragen, wenn ein berechtigtes Interesse am Erhalt der Grabstätte nachgewiesen wird.

(6) Der Nachfolger im Nutzungsrecht ist an die Bestimmung von Beisetzungsberechtigten durch vorherige Nutzungsberechtigte gebunden.

(7) Das Nutzungsrecht kann auf Antrag des Nutzungsberechtigten von der zuständigen Behörde auf einen Dritten übertragen werden. Absatz 2 Satz 2 und Absatz 6 gelten entsprechend.

(8) Stirbt einer der in Absatz 4 bezeichneten Angehörigen, dessen Beisetzung auf der Wahlgrabstätte noch nicht bestimmt ist, und ist der Nutzungsberechtigte nicht spätestens vier Tage vor der Beisetzung der Leiche oder innerhalb eines Monats nach der Einäscherung erreichbar, so kann jeder der in Absatz 4 bezeichneten Angehörigen bestimmen, dass der verstorbene Angehörige auf der Wahlgrabstätte beigesetzt werden darf. Bei voneinander abweichenden Erklärungen der Angehörigen gilt die Rangfolge des Absatz 4.

§ 23 Gestaltung der Grabstätten

(1) Die Grabstätten sind so zu gestalten und der Umgebung anzupassen, dass die Würde und die historisch gewachsenen Strukturen des Friedhofes gewahrt werden. Es ist Rücksicht auf charakteristische Grabfelder und geschichtlich oder künstlerisch bedeutende Grabmale zu nehmen. Grabhügel sind nicht zulässig.

(2) Die zuständige Behörde kann Grabfelder einrichten, in denen zusätzliche Gestaltungsvorschriften nach Maßgabe einer Rechtsverordnung nach § 32 Nummer 2 Buchstabe h zu beachten sind.

§ 24 Grabmal

(1) Die Errichtung und Veränderung von Grabmalen bedürfen der schriftlichen Genehmigung der zuständigen Behörde. Die Genehmigung ist auf Antrag zu erteilen, wenn dem Vorhaben keine anderen öffentlich-rechtlichen Vorschriften entgegenstehen, das Grabmal den Anforderungen dieses Gesetzes genügt und zusätzlichen Gestaltungsvorschriften nach Maßgabe einer Rechtsverordnung nach § 32 Nummer 2 Buchstabe h entspricht.

(2) Das Grabmal ist, wenn seine Größe es erfordert, auf einem Fundament zu errichten und darauf so zu befestigen, dass es dauernd standsicher ist und auch beim Öffnen benachbarter Gräber nicht umstürzt oder sich senkt.

(3) Der Nutzungsberechtigte einer Wahlgrabstätte ist dafür verantwortlich, dass das Grabmal sich dauernd in standsicherem Zustand befindet. Eine Aufforderung zur Wiederherstellung der Standsicherheit eines Grabmales darf öffentlich bekannt gegeben werden, wenn die Anschrift des Nutzungsberechtigten nicht bekannt ist.

(4) Die zuständige Behörde kann für geschichtlich oder künstlerisch bedeutende Grabmale besondere Erhaltungspflichten gegenüber dem Nutzungsberechtigten festlegen.

(5) Zur Abwendung einer unmittelbaren Gefahr für die öffentliche Sicherheit kann das Grabmal von der zuständigen Behörde auf Kosten des Nutzungsberechtigten umgelegt werden.

(6) Wird ein Grabmal im Widerspruch zu öffentlich-rechtlichen Vorschriften errichtet oder geändert, so kann die zuständige Behörde die Beseitigung des Grabmales anordnen, wenn nicht auf andere Weise rechtmäßige Zustände hergestellt werden können.
(7) Die Absätze 1 bis 6 gelten für sonstige auf der Grabstätte befindliche Sachen (Grabgegenstände) entsprechend.

§ 25 Grabpflege
(1) Grabstätten sind zu pflegen. Bei Wahlgrabstätten obliegt die Grabpflege dem Nutzungsberechtigten, bei Reihengrabstätten mit Ausnahme der anonymen Reihengrabstätten obliegt sie dem Auftraggeber der Bestattung. Nutzungsberechtigter und Auftraggeber der Bestattung können einen anderen mit der Ausführung der Pflegearbeiten beauftragen; ihre Verpflichtung bleibt unberührt.
(2) Bei allen Grabstätten führt die zuständige Behörde die Ersterrichtung und die Mindestunterhaltung auf Kosten desjenigen aus, der das Nutzungsrecht erworben oder die Bestattung veranlasst hat. Die Kosten sind für die Dauer der Ruhezeit im voraus zu entrichten.
(3) Kommt der Nutzungsberechtigte seiner Pflegeverpflichtung trotz Aufforderung und Fristsetzung durch die zuständige Behörde nicht nach, so kann die zuständige Behörde auf seine Kosten den Aufwuchs entfernen, eine Rasenanlage herstellen und bis zum Ablauf der Überlassungszeit unterhalten. Ist die Anschrift des Nutzungsberechtigten nicht bekannt, so kann die Aufforderung nach Satz 1 öffentlich bekannt gegeben werden.
(4) Ehrengrabstätten werden von der zuständigen Behörde gepflegt.

§ 26 Ruhezeiten
(1) Die Überlassungszeit für Leichen und Urnen beträgt 25 Jahre. Sie beginnt mit der Beisetzung.
(2) Vor Ablauf der Ruhezeit darf eine Grabstelle nicht neu belegt werden. Die zuständige Behörde kann im Einzelfall Ausnahmen zulassen.

§ 27 Verlängerung des Nutzungsrechtes
(1) Bei jeder Beisetzung in einer Wahlgrabstätte ist das Nutzungsrecht für die Wahlgrabstätte bis zum Ablauf der Ruhezeit der beizusetzenden Leiche oder Urne zu verlängern.
(2) Das Nutzungsrecht an einer Wahlgrabstätte ist auf Antrag des Nutzungsberechtigten um mindestens 5 Jahre, höchstens um 25 Jahre zu verlängern. Die zuständige Behörde kann Ausnahmen zulassen.
(3) Die zuständige Behörde kann eine Verlängerung der Überlassungszeit mit Auflagen versehen, wenn der Nutzungsberechtigte seiner Pflegeverpflichtung nicht nachgekommen ist oder nicht für die Standsicherheit des Grabmales gesorgt hat.

§ 28 Umbettung
(1) Die Umbettung von Leichen und Urnen während der Ruhezeit ist nicht zulässig. Eine Ausnahme kann auf Antrag von der zuständigen Behörde zugelassen werden, wenn ein wichtiger Grund vorliegt, der eine Störung der Totenruhe rechtfertigt.
(2) Ist eine Erlaubnis nach Absatz 1 erteilt, so wird die Umbettung einer Leiche oder Urne von der zuständigen Behörde durchgeführt. Leichen dürfen nur in den Monaten November bis März umgebettet werden.
(3) Mit der Umbettung beginnt keine neue Ruhezeit.
(4) Das Herausnehmen von Urnen anlässlich der Beisetzung einer Leiche in einer Wahlgrabstätte und die anschließende Beisetzung der Urnen auf derselben Grabstelle sind keine Umbettung.

§ 29 Ablauf von Rechten
(1) Nach Ablauf der Ruhezeit von Leichen und Urnen in Reihengrabstätten, bei Wahlgrabstätten nach Erlöschen des Nutzungsrechtes, werden die Grabmale und Grabgegenstände von der zuständigen Behörde mit Ausnahme der Pflanzen dem Berechtigten auf Antrag ausgehändigt.

Wird der Antrag nicht innerhalb einer von der zuständigen Behörde zu bestimmenden Frist gestellt, so gehen die Grabmale und Grabgegenstände in das Eigentum der Freien und Hansestadt Hamburg oder der Hamburger Friedhöfe Anstalt öffentlichen Rechts über.

(2) Absatz 1 gilt nicht für Grabstätten, die unter Denkmalschutz gestellt sind oder von der zuständigen Behörde als denkmalschutzwürdig festgestellt worden sind. Nach Erlöschen des Nutzungsrechtes an solchen Wahlgrabstätten wird die zuständige Behörde für die Standsicherheit des Grabmales verantwortlich.

(3) Der Ablauf der Ruhezeit von Leichen und Urnen bei Reihengrabstätten, das Erlöschen des Nutzungsrechtes bei Wahlgrabstätten und die nach Absatz 1 Satz 2 von der zuständigen Behörde zu bestimmende Frist sind mindestens ein halbes Jahr vorher öffentlich bekannt zu geben. Der Nutzungsberechtigte einer Wahlgrabstätte kann beantragen, dass der Ablauf der Überlassungszeit ihm oder einem von ihm beauftragten Vertreter gegen Erstattung der damit verbundenen Kosten mitgeteilt wird. Dabei ist auch auf die Wirkung der Frist hinzuweisen.

§ 30 Schließung und Aufhebung von Friedhöfen

(1) Schließung und Aufhebung der Friedhöfe werden durch Gesetz geregelt. Teile von Friedhöfen und einzelne Grabstätten können aus zwingenden Gründen des öffentlichen Interesses von der zuständigen Behörde geschlossen oder aufgehoben werden.

(2) Durch die Schließung eines Friedhofes oder Friedhofsteiles wird die Möglichkeit weiterer Beisetzungen ausgeschlossen; durch die Aufhebung geht die Eigenschaft als Ruhestätte verloren. Die Schließung oder Aufhebung von Friedhofsteilen und die Aufhebung einzelner Grabstätten werden öffentlich bekannt gegeben. Bei Wahlgrabstätten wird der Nutzungsberechtigte benachrichtigt, sofern seine Anschrift der zuständigen Behörde bekannt ist.

(3) Sind bei der Aufhebung Ruhezeiten noch nicht abgelaufen, so sind die in Reihengrabstätten Beigesetzten für die restliche Ruhezeit, die in Wahlgrabstätten Beigesetzten für die restliche Überlassungszeit auf Kosten der Freien und Hansestadt Hamburg oder der Hamburger Friedhöfe Anstalt öffentlichen Rechts in eine andere Grabstätte umzubetten.

Vierter Abschnitt. Friedhöfe anderer Träger

§ 31 Kirchliche Friedhöfe

(1) In der Freien und Hansestadt Hamburg bestehen die aus der Anlage 2 ersichtlichen Friedhöfe der Religionsgesellschaften des öffentlichen Rechts (kirchliche Friedhöfe).

(2) Die Religionsgesellschaften des öffentlichen Rechts dürfen im Rahmen des geltenden Rechts neue Friedhöfe einrichten sowie ihre Friedhöfe verändern und schließen.

(3) Die Religionsgesellschaften des öffentlichen Rechts erlassen für ihre Friedhöfe Friedhofsordnungen und Friedhofsgebührenordnungen; sie können diese Ordnungen im Amtlichen Anzeiger bekannt machen.

(4) Die Ruhezeit auf kirchlichen Friedhöfen beträgt mindestens 25 Jahre. Sie beginnt mit der Beisetzung. Auf Antrag des Friedhofsträgers kann die zuständige Behörde für den gesamten Friedhof eine Ruhezeit unter 25 Jahren oder für einzelne Grabstellen eine Belegung vor Ablauf der Ruhezeit zulassen, wenn gesundheitliche Gefahren auszuschließen sind.

(5) Die zuständige Behörde kann kirchliche Friedhöfe oder Friedhofsteile schließen, wenn gesundheitliche Gefahren für die Umgebung zu befürchten sind.

(6) Die Friedhofsgebühren werden auf Antrag des Friedhofsträgers im Verwaltungszwangsverfahren eingezogen. Die Körperschaft, zu deren Gunsten vollstreckt wird, hat der Freien und Hansestadt Hamburg die Kosten der Verwaltungsvollstreckung (Gebühren und Auslagen) zu erstatten, die durch Zahlung des Pflichtigen nicht gedeckt werden.

Fünfter Abschnitt. Überleitungs- und Schlussvorschriften

§ 32 Rechtsverordnungsermächtigungen

Der Senat wird ermächtigt, durch Rechtsverordnung

1. Vorschriften zu erlassen über die Beschaffenheit und Verwendung von Särgen, Leichenhüllen, Leichenbekleidung und Urnen sowie das Öffnen der Särge,
2. Vorschriften für die staatlichen Friedhöfe zu erlassen über
   a) das Verhalten auf den Friedhöfen einschließlich der Benutzung von Kraftfahrzeugen,
   b) die Anwendung von Pflanzenschutzmitteln auf Grabstätten,
   c) das Anbieten von Waren und Diensten auf den Friedhöfen,
   d) die Beschaffenheit des Sarg- und Grabschmuckes,
   e) die Größe der Särge und Urnen,
   f) die Durchführung der Bestattungen, insbesondere die Benutzung der Leichenhallen und Feierräume und ihrer Einrichtungen sowie das Ausheben und Verfüllen der Gräber,
   g) die Größe und Belegung der Grabstätten sowie über weitere Beisetzungen während der Ruhezeit,
   h) die Gestaltung von Grabstätten in bestimmten Grabfeldern, insbesondere über Grabausstattung und über Größe, Material, Schriftzeichen und Symbole der Grabmale (zusätzliche Gestaltungsvorschriften).

§ 33 Ordnungswidrigkeiten

(1) Ordnungswidrig handelt, wer vorsätzlich oder fahrlässig,

1. entgegen § 1 Absatz 2 Satz 1 als Leiter einer Einrichtung nicht sicherstellt, dass die Leichenschau unverzüglich vorgenommen wird,
2. entgegen § 1 Absatz 2 Satz 2 als Anzeigepflichtiger die Leichenschau nicht unverzüglich veranlasst,
3. entgegen § 1 Absatz 3 oder § 2 Absatz 1 oder 2 als Arzt die Leichenschau nicht, nicht rechtzeitig oder nicht in der erforderlichen Weise vornimmt,
4. entgegen § 2 Absatz 4 oder § 3 Absatz 3 Satz 4 als Arzt die Polizei oder die Staatsanwaltschaft nicht oder nicht rechtzeitig benachrichtigt,
5. entgegen § 2 Absatz 5 oder § 3 Absatz 3 Satz 4 als Arzt nicht dafür sorgt, dass eine Leiche mit einem Hinweis auf eine übertragbare Krankheit gekennzeichnet wird,
6. entgegen § 3 Absatz 1 als Arzt eine Todesbescheinigung nicht, nicht richtig oder nicht vollständig ausstellt oder entgegen § 3 Absatz 3 Satz 2 eine Todesbescheinigung nicht oder nicht richtig ergänzt oder berichtigt oder die ergänzte oder berichtigte Todesbescheinigung nicht der zuständigen Behörde übersendet,
7. entgegen § 3 Absatz 5 Satz 3 oder § 34 Absatz 5 personenbezogene Angaben für andere Zwecke verwendet,
8. entgegen § 4 oder § 12 Absatz 3 Satz 5 eine Auskunft nicht oder nicht richtig erteilt,
9. entgegen § 6 Absatz 1 Satz 1 eine Leiche nicht unverzüglich in eine Leichenhalle gemäß § 6 Absatz 1 Satz 4 überführt,

9a. entgegen § 6 Absatz 1 Satz 2 eine Leiche nicht unverzüglich zur Bestattung an einen Ort außerhalb der Freien und Hansestadt Hamburg überführt,

10. entgegen § 7 Absatz 1 für die Beförderung einer Leiche im Straßenverkehr einen Wagen benutzt, der hierfür nicht eingerichtet ist oder der nicht ausschließlich für Bestattungszwecke verwendet wird, oder eine Leiche in einem Anhänger an einem Kraftfahrzeug befördert,
11. entgegen § 8 eine Leiche ausgräbt,
12. entgegen § 13 Absatz 1 die Einäscherung einer Leiche außerhalb der Feuerbestattungsanlagen Öjendorf oder Ohlsdorf vornimmt,
13. entgegen § 14 eine Beisetzung außerhalb von Friedhöfen ohne Genehmigung der zuständigen Behörde vornimmt,

Landesrecht

14. entgegen § 20 Absatz 2 eine gewerbliche Tätigkeit ohne Genehmigung der zuständigen Behörde ausübt,
15. entgegen § 20 Absatz 5 eine gewerbliche Tätigkeit auf dem Friedhof außerhalb der von der zuständigen Behörde festgesetzten Zeit ausführt,
16. einer auf Grund dieses Gesetzes erlassenen Rechtsverordnung zuwiderhandelt, soweit die Rechtsverordnung für bestimmte Tatbestände auf diese Vorschrift verweist.

(2) Die Ordnungswidrigkeit kann mit einer Geldbuße geahndet werden, und zwar in den Fällen des Absatzes 1 Nummern 7, 14 und 15 mit einer Geldbuße bis zu 2.500 Euro.

§ 34 Überleitung

(1) Die Dauer der Ruhezeit der vor Inkrafttreten dieses Gesetzes beigesetzten Leichen und Urnen bestimmt sich nach den bisherigen Vorschriften.

(2) Für alle Grabstätten, die vor Inkrafttreten dieses Gesetzes auf staatlichen Friedhöfen überlassen worden sind, gelten die Vorschriften dieses Gesetzes.

(3) Bei Grabstätten auf staatlichen Friedhöfen, die vor Inkrafttreten dieses Gesetzes für die Bestattung bestimmter Personen oder Personengruppen ohne zeitliche Begrenzung bis zur Beisetzung des letzten Berechtigten überlassen worden sind, erlischt das Nutzungsrecht mit Ablauf der Ruhezeit der zuletzt beigesetzten Leiche oder Urne. Hat auf einer solchen Grabstätte seit 1. April 1970 keine Beisetzung mehr stattgefunden und sind die Ruhezeiten sämtlicher Leichen oder Urnen abgelaufen, erlischt das Nutzungsrecht mit Ablauf des 31. Oktober 2001. Die zuständige Behörde verlängert das Nutzungsrecht auf Antrag unentgeltlich, bis alle Berechtigten, die bis zum Inkrafttreten des Gesetzes über die Gemeindefriedhöfe vom 1. November 1948 (Sammlung des bereinigten hamburgischen Landesrechts I 2134-a) auf der Grabstätte hätten beigesetzt werden können, beigesetzt worden sind und deren Ruhezeit abgelaufen ist. Für Grabstätten nach Satz 2 kann der Antrag bis 31. Oktober 2001 gestellt werden.

(4) Bei Grabstätten auf staatlichen Friedhöfen, die vor dem 1. April 1970 auf begrenzte Zeit überlassen worden sind, erlischt das Nutzungsrecht mit Ablauf der Ruhezeit der zuletzt beigesetzten Leiche oder Urne, spätestens jedoch am 31. Dezember 1995. Die zuständige Behörde verlängert das Nutzungsrecht auf Antrag unentgeltlich, soweit die weitere Überlassungszeit in den Zeitraum bis zum 31. Dezember 2020 fällt.

(5) Bei Grabstätten nach Absatz 3 oder 4 ist auf Antrag des Nutzungsberechtigten eine Änderung der Größe der Grabstätte zulässig.

(6) § 3 Absatz 5 gilt für Todesbescheinigungen und vergleichbare Unterlagen, die nach den bisher geltenden Vorschriften ausgestellt worden sind und noch aufbewahrt werden, mit der Maßgabe, dass die Frist von 30 Jahren erst ein Jahr nach dem Inkrafttreten dieses Gesetzes endet.

§ 35 Einschränkung von Grundrechten

Für die Durchführung der Leichenschau nach § 2 Absatz 3 dieses Gesetzes wird das Grundrecht der Unverletzlichkeit der Wohnung (Artikel 13 des Grundgesetzes) eingeschränkt.

§ 36 Aufhebung von Vorschriften

(1) Es werden in ihrer geltenden Fassung aufgehoben:

1. In § 12 des Gesetzes über das Gesundheitswesen vom 15. März 1920 (Sammlung des bereinigten hamburgischen Landesrechts I 2120-a) die Wörter: „die ärztliche Leichenschau",
2. Abschnitt III C der Ausführungsbestimmungen zum Gesetz über das Gesundheitswesen vom 28. Juli 1920 (Sammlung des bereinigten hamburgischen Landesrechts I 2120-a-1),
3. das Gesetz über die Feuerbestattung vom 15. Mai 1934 (Sammlung des bereinigten hamburgischen Landesrechts II 2128-a),
4. § 24 Absatz 5 zweiter Halbsatz sowie die §§ 72 bis 77 der Dritten Durchführungsverordnung zum Gesetz über die Vereinheitlichung des Gesundheitswesens (Dienstordnung für die Gesundheitsämter Besonderer Teil) vom 30. März 1935 (Sammlung des bereinigten hamburgischen Landesrechts I-I 2120-b-3),

5. die Verordnung zur Durchführung des Feuerbestattungsgesetzes vom 10. August 1938 (Sammlung des bereinigten hamburgischen Landesrechts II 2128-a-1),
6. das Gesetz über die Schließung und Aufhebung des Gemeindefriedhofes an der Mengestraße in Hamburg-Wilhelmsburg vom 1. März 1963 (Hamburgisches Gesetz- und Verordnungsblatt Seite 14),
7. das Gesetz über die Schließung und Aufhebung des „Alten Friedhofs Bremer Straße" in Harburg vom 17. Januar 1969 (Hamburgisches Gesetz- und Verordnungsblatt Seite 6),
8. das Friedhofsgesetz vom 2. Februar 1970 (Hamburgisches Gesetz- und Verordnungsblatt Seite 48),
9. die Friedhofsordnung vom 17. März 1970 (Hamburgisches Gesetz- und Verordnungsblatt Seite 138), sobald eine Verordnung nach § 32 in Kraft getreten ist,
10. das Gesetz über die Schließung und Aufhebung des Friedhofs Lohbrügge vom 23. Dezember 1971 (Hamburgisches Gesetz- und Verordnungsblatt Seite 253).

(2) Es bleibt bei der Aufhebung der bereits geschlossenen Friedhöfe Mengestraße (Absatz 1 Nummer 6) zum 31. Dezember 1988, Bremer Straße (Absatz 1 Nummer 7) zum 31. Dezember 1994 und Lohbrügge (Absatz 1 Nummer 10) zum 31. Dezember 1996.

§ 37 Inkrafttreten

Dieses Gesetz tritt am 1. Januar 1989, § 32 jedoch schon am Tage nach der Verkündung in Kraft.

6b. Verordnung zur Durchführung des Bestattungsgesetzes (Bestattungsverordnung)

vom 20.12.1988 (HmbGVBl. S. 303), geändert durch Verordnung vom 24.2.1998 (HmbGVBl. S. 35)

Auf Grund des § 32 des Bestattungsgesetzes vom 14.9.1988 (HmbGVBl. S. 167) wird verordnet:

Erster Abschnitt. Särge und Urnen

§ 1 Särge, Leichenhüllen, Leichenbekleidung und Urnen

(1) Leichen sind in Vollholzsärgen zu bestatten. Für eine Erdbestattung darf kein Sarg verwendet werden, der geeignet ist, nachhaltig die physikalische, chemische oder biologische Beschaffenheit des Bodens oder des Grundwassers zu verändern, und der die Verwesung der Leiche nicht innerhalb der festgesetzten Ruhezeit ermöglicht. Für eine Feuerbestattung muss ein Sarg verwendet werden, der eine rauch- und schadstoffarme Verbrennung gewährleistet. Särge werden zur Bestattung nur angenommen, wenn sie mit einer von der zuständigen Behörde zugelassenen Kennzeichnung ihrer Beschaffenheit versehen sind.
(2) Für Sargauskleidungen, Leichenhüllen und Leichenbekleidung gelten die Anforderungen des Absatzes 1 Sätze 2 und 3 entsprechend.
(3) Zur Beisetzung von Urnen dürfen nur Überurnen verwendet werden, die den Anforderungen des Absatzes 1 Satz 2 entsprechen.
(4) Die zuständige Behörde kann Ausnahmen von der Pflicht zur Verwendung von Särgen nach Absatz 1 Satz 1 zulassen, wenn dies aus weltanschaulichen oder religiösen Gründen erforderlich ist.

Zweiter Abschnitt. Friedhofsordnung für die staatlichen Friedhöfe

§ 2 Trauerfeiern, anonyme Bestattungen

(1) Die zuständige Behörde setzt auf Antrag den Zeitpunkt und den Ort für eine Trauerfeier, eine Bestattung und eine Sargöffnung fest.
(2) Die zuständige Behörde kann zur Gewährleistung eines geordneten Ablaufes der Trauerfeiern Festsetzungen über deren Ausgestaltung und über die Dekoration im Feierraum treffen. Zur Dekoration sind natürliche Materialien zu verwenden.
(3) Der Transport des Sarges zur Grabstätte und das Absenken des Sarges dürfen nur von Personen durchgeführt werden, die Gewähr für eine würdige und gefahrlose Beisetzung bieten.
(4) Anonyme Bestattungen werden ohne Beisein von Angehörigen oder anderen Personen und ohne Hinweis auf den Zeitpunkt und die Stelle der Beisetzung von der zuständigen Behörde durchgeführt.

§ 3 Größe der Grabstätten

Die zuständige Behörde setzt die Größe und Anordnung der Grabstätten fest.

§ 4 Belegung der Wahlgrabstätten

(1) Auf einer Wahlgrabstätte für Urnen dürfen bis zu 8 Urnen je Quadratmeter beigesetzt werden.
(2) Auf jeder Grabstelle einer Wahlgrabstätte für Erdbestattungen dürfen auch bis zu 8 Urnen beigesetzt werden.
(3) Die zuständige Behörde kann in Ausnahmefällen weitere Beisetzungen auf der Wahlgrabstätte zulassen.

(4) Die zuständige Behörde legt die zu belegende Stelle der Grabstätte fest, wenn der Nutzungsberechtigte keine Bestimmung über die Grabstelle getroffen hat.

§ 5 Beisetzung

(1) Das Ausheben und Verfüllen des Grabes und das Auflegen der Kränze obliegen der zuständigen Behörde. Für den Aushub können Nachbargrabstätten in Anspruch genommen werden, ohne dass es hierzu einer Mitteilung an deren Nutzungsberechtigte bedarf. Die zuständige Behörde stellt den vorherigen Zustand auf den in Anspruch genommenen Grabstätten wieder her.
(2) Muss bei einer Erdbestattung ein Sarg verwendet werden, der länger als 2,05 m, höher als 0,70 m oder breiter als 0,80 m ist, so ist das der zuständigen Behörde spätestens drei Werktage vor der Beisetzung anzuzeigen.
(3) Zur Beisetzung von Urnen dürfen Überurnen mit höchstens 0,22 m Durchmesser und 0,35 m Höhe verwendet werden, die aus vergänglichem Material bestehen. Die zuständige Behörde kann größere Überurnen zulassen. Die Verwendung größerer Überurnen ist bei der zuständigen Behörde spätestens drei Werktage vor der Beisetzung zu beantragen.

§ 6 Benutzung der Friedhöfe

(1) Die Friedhöfe sind während der von der zuständigen Behörde festgesetzten Zeit für den Besuch geöffnet. Die Öffnungszeit wird an den Friedhofszugängen kenntlich gemacht.
(2) Die Fahrstraßen auf den Friedhöfen dürfen mit Kraftfahrzeugen und Fahrrädern nur zur Teilnahme an Trauer- und Gedenkfeiern sowie zum Besuch der Grabstätten und anderen Einrichtungen benutzt werden. Die zuständige Behörde kann die Benutzung nach Satz 1 für einzelne Friedhöfe oder Friedhofsteile einschränken. Die Einschränkung wird an den Friedhofszugängen kenntlich gemacht.
(3) Die zuständige Behörde kann Ausnahmen von den Absätzen 1 und 2 zulassen.
(4) Die Straßenverkehrs-Ordnung (StVO) vom 16. November 1970 (Bundesgesetzblatt I Seite 1565) gilt in ihrer jeweiligen Fassung auf den Friedhöfen.

§ 7 Verhalten auf den Friedhöfen

(1) Auf den Friedhöfen hat sich jeder der Würde des Ortes entsprechend zu verhalten.
(2) Es ist untersagt,
1. die Einrichtungen oder Anlagen der Friedhöfe zu verunreinigen oder zu beschädigen, insbesondere Abfälle auf die Friedhöfe zu bringen oder an anderen als den dafür bestimmten Stellen abzulagern,
2. Pflanzen zu entnehmen, soweit dies nicht im Rahmen der Grabpflege nach § 25 Bestattungsgesetz geschieht,
3. Tiere, ausgenommen Führhunde für Blinde, auf die Friedhöfe mitzubringen,
4. wildlebende Tiere zu fangen oder zu füttern,
5. auf den Friedhöfen Waren oder gewerbliche Dienste anzubieten, Druckschriften zu verteilen oder zu werben,
6. die Friedhöfe ohne Aufenthalt mit Kraftfahrzeugen zu durchfahren,
7. mit Fahrrädern auf Gehwegen oder in Grabfeldern zu fahren,
8. mit Kraftfahrzeugen oder Fahrrädern an Trauerzügen vorbeizufahren,
9. auf den Friedhöfen zu zelten, zu lagern, zu angeln, Lärm zu erzeugen oder Sport zu treiben,
10. gekennzeichnete Flächen zum Schutz von Pflanzen oder Tieren, zum Beispiel Wildwiesen oder Vogelschutzbereiche zu betreten.

(3) Das Abhalten von Veranstaltungen auf den Friedhöfen, insbesondere Gedenkfeiern oder Gottesdienste, bedarf der Zustimmung der zuständigen Behörde. Der Antrag ist spätestens am zweiten Werktag vor der Veranstaltung zu stellen.

§ 8 Grabpflege, Grabschmuck

(1) Bei der Grabpflege dürfen chemische Mittel zur Bekämpfung von Pflanzen und Tieren sowie Wirkstoffe, die den Entwicklungsablauf von Pflanzen und Tieren beeinträchtigen können, nicht angewandt werden. Die zuständige Behörde kann Ausnahmen zulassen.

(2) Grabschmückungen, Blumengebinde und Kränze mit Kunststoffbestandteilen, Gesteckhalter aus Kunststoff, Kunststoffblumen und Kunststoffpflanzen sowie Pflanzenanzuchtbehälter aus Kunststoff dürfen auf den Grabstätten nicht verwendet werden.

(3) Grabstätten dürfen nicht mit Pflanzen bepflanzt werden, die andere Grabstätten oder die Friedhofsanlagen beeinträchtigen.

§ 9 Grabausstattung in Grabfeldern mit zusätzlichen Gestaltungsvorschriften

(1) In Grabfeldern mit zusätzlichen Gestaltungsvorschriften sind die Grabstätten zu bepflanzen. Die gärtnerische Gestaltung ist der Umgebung der Grabstätte anzugleichen.

(2) Für die Grabbeete gilt im einzelnen:

1. Auf Grabstätten, die als Rasenflächen hergerichtet sind, darf das Grabbeet nur am Grabmal angelegt werden.
2. Der Bewuchs auf dem Grabbeet darf nicht höher als 0,75 m sein.
3. Einfriedungen, Einfassungen, Begrenzungspflanzungen und Bänke sind nicht zulässig. Das gleiche gilt für Vasen und Schalen außerhalb des Grabbeetes.

(3) Die zuständige Behörde kann weitere Festsetzungen treffen, wenn dies zur Umsetzung bestimmter gestalterischer Anforderungen oder zur Bewahrung eines charakteristischen Grabfeldbildes erforderlich ist.

(4) Die zusätzlichen Gestaltungsvorschriften sowie Festsetzungen nach Absatz 3 sind dem Nutzungsberechtigten bei der Überlassung der Grabstätte bekanntzugeben.

(5) Die zuständige Behörde kann im Einzelfall Ausnahmen von den Vorschriften der Absätze 2 und 3 zulassen.

§ 10 Grabmale in Grabfeldern mit zusätzlichen Gestaltungsvorschriften

(1) In Grabfeldern mit zusätzlichen Gestaltungsvorschriften gilt für die Grabmale:

1. Auf jeder Grabstätte ist nur ein Grabmal an der von der zuständigen Behörde bestimmten Stelle zulässig.
2. Für Grabmale dürfen nur Holz, Schmiedeeisen oder Naturstein verwendet werden. Grabmale aus Naturstein müssen aus einem Stück bestehen.
3. Alle Seiten des Grabmals müssen gleichmäßig und handwerklich bearbeitet sein. Grabmale aus Naturstein dürfen nicht poliert sein. Als feinste Bearbeitung ist Mattschliff ohne Glanz zugelassen. Ausgenommen sind Schriftrücken und Schriftbossen für weitere Inschriften und Ornamente.
4. Ornamente, Schriften und Symbole sind aus dem Material des Grabmals herzustellen und dürfen nicht aufdringlich sein.

(2) Die zuständige Behörde kann weitere Festsetzungen über die Größe der Grabmale und die Art des Materials und der Schriftzeichen treffen, wenn dies zur Gestaltung eines Grabfeldes erforderlich ist. Für bestehende Grabfelder kann die zuständige Behörde Erhaltungspflichten zur Bewahrung charakteristischer Grabmalformen festlegen.

(3) Die zusätzlichen Gestaltungsvorschriften nach Absatz 1 und Festsetzungen nach Absatz 2 sind dem Nutzungsberechtigten bei der Überlassung der Wahlgrabstätte bekannt zu geben, die Erhaltungspflichten nach Absatz 2 bei der Verlängerung des Nutzungsrechtes.

(4) Die zuständige Behörde kann Ausnahmen von den Vorschriften der Absätze 1 und 2 zulassen.

Dritter Abschnitt. Ordnungswidrigkeiten, Schlussvorschrift

§ 11 Ordnungswidrigkeiten

Ordnungswidrig im Sinne von § 33 Absatz 1 Nummer 15 des Bestattungsgesetzes handelt, wer

1. die in § 5 Absatz 2 vorgeschriebene Anzeige nicht spätestens drei Werktage vor der Beisetzung erstattet,
2. gegen die Gebote oder Verbote des § 7 Absatz 2 verstößt oder entgegen § 7 Absatz 3 eine Veranstaltung ohne Zustimmung der zuständigen Behörde abhält,
3. entgegen § 8 bei der Grabpflege chemische Mittel einsetzt oder Kunststoffe verwendet,
4. entgegen § 9 Absatz 2 oder Absatz 3 die Grabstätte ausstattet,
5. entgegen § 10 Absatz 1 oder Absatz 2 Satz 1 ein Grabmal errichtet oder verändert oder entgegen § 10 Absatz 2 Satz 2 ein Grabmal verändert oder entfernt, ohne die Erhaltungspflichten zu beachten.

§ 12 Inkrafttreten

Diese Verordnung tritt am 1. Januar 1989 in Kraft.

Hinweis: Die Gebühren für Bestattungen sind geregelt durch die Gebührenordnung für das Bestattungs- und Friedhofswesen vom 3.12.1996 (HmbGVBl. S. 285), zuletzt geändert durch Verordnung vom 4.12. 2001 (HmbGVBl. S. 531).

7. Hessen

Hinweis: Siehe auch das Feuerbestattungsgesetz und die dazugehörigen Verordnungen (Seite 211 ff.)

7a. Gesetz über das Friedhofs- und Bestattungswesen

vom 17.12.1964 (GVBl. S. 225), zuletzt geändert durch Gesetz vom 4.11.1987 (GVBl. S. 193)

§ 1 Friedhöfe der Gemeinden

(1) Das Friedhofswesen obliegt als Selbstverwaltungsangelegenheit den Gemeinden.

(2) Die Gemeinden sind verpflichtet, Friedhöfe anzulegen, zu unterhalten und zu erweitern, wenn hierfür ein öffentliches Bedürfnis besteht. Sie regeln die Benutzung der Friedhöfe nach Maßgabe dieses Gesetzes durch Satzungen (Friedhofsordnungen).

§ 2 Friedhöfe der Kirchen, Religions- und Weltanschauungsgemeinschaften

Kirchen, Religions- und Weltanschauungsgemeinschaften, die Körperschaften des öffentlichen Rechts sind, können zur Bestattung ihrer Angehörigen Friedhöfe in eigener Verwaltung unterhalten, erweitern und neu anlegen.

§ 3 Friedhofszweck

(1) Friedhöfe dienen der Bestattung und der Pflege der Gräber im Andenken an die Verstorbenen.

(2) Den Kirchen, Religions- und Weltanschauungsgemeinschaften steht es frei, bei Bestattungen und Totengedenkfeiern entsprechend ihren Ordnungen und Bräuchen zu verfahren.

§ 4 Friedhofszwang

(1) Verstorbene sind auf öffentlichen Friedhöfen zu bestatten.

(2) Die Bestattung außerhalb öffentlicher Friedhöfe kann nur erlaubt werden, wenn dies mit Rücksicht auf besondere persönliche oder örtliche Verhältnisse gerechtfertigt erscheint, das vorgesehene Grundstück zur Bestattung geeignet und die ordnungsgemäße Grabpflege mindestens für die Dauer der Ruhefrist gesichert ist. Die Erlaubnis kann mit Auflagen verbunden werden. Erlaubnisbehörde ist der Regierungspräsident.

§ 5 Benutzungsrechte

(1) Auf den Friedhöfen der Gemeinden ist die Bestattung der Einwohner sowie derjenigen Personen zu gestatten, die innerhalb des Gemeindegebiets verstorben sind.

(2) Auf den Friedhöfen der Kirchen, Religions- und Weltanschauungsgemeinschaften nach § 2 ist die Bestattung Verstorbener zu gestatten, die keiner oder einer anderen Kirche, Religions- oder Weltanschauungsgemeinschaft angehören, wenn ein anderer zur Bestattung geeigneter Friedhof innerhalb des Gemeindegebiets nicht vorhanden ist. Bestattungs- und Totengedenkfeiern sowie die Grabmalgestaltung dürfen das religiöse oder weltanschauliche Empfinden der Kirche, Religions- oder Weltanschauungsgemeinschaft nicht verletzen.

(3) Entspricht in den Fällen des Abs. 2 die Bestattung auf dem Friedhof einer Kirche, Religions- oder Weltanschauungsgemeinschaft nicht dem Willen des Verstorbenen oder seiner Angehörigen, so ist die Bestattung auf dem Friedhof einer benachbarten Gemeinde zu gestatten. Die Aufsichtsbehörde bestimmt die Gemeinde, auf deren Friedhof der Verstorbene bestattet werden soll.

§ 6 Anlegung und Erweiterung der Friedhöfe

(1) Bei der Planung von Friedhöfen und Friedhofserweiterungen sind die Erfordernisse der Landesplanung und des Städtebaus zu berücksichtigen.

(2) Friedhöfe müssen nach ihrer örtlichen Lage, ihrer Bodenbeschaffenheit und ihrer baulichen Gestaltung den gesundheitlichen und kulturellen Belangen der Bevölkerung Rechnung tragen.

(3) Die Anlegung und die Erweiterung von Friedhöfen in kreisangehörigen Gemeinden bedürfen der Genehmigung durch den Landrat. Die Genehmigung kann mit Auflagen verbunden werden.

§ 7 Grabstätten und Ruhefristen

(1) Grabstätten müssen so beschaffen sein, dass die menschliche Gesundheit durch die Verwesung nicht gefährdet werden kann.

(2) Die Fristen, in denen eine belegte Grabstätte nicht erneut belegt werden darf (Ruhefristen), sind unter Berücksichtigung der Verwesungsdauer festzusetzen.

§ 8 Schließung und Entwidmung der Friedhöfe

(1) Friedhöfe oder Friedhofsteile dürfen nach ihrer Schließung (Verbot weiterer Bestattungen) frühestens mit Ablauf sämtlicher Ruhefristen entwidmet und anderen Zwecken zugeführt werden.

(2) Die Entwidmung bedarf in kreisangehörigen Gemeinden der Genehmigung des Landrats als Behörde der Landesverwaltung. Die Genehmigung kann mit Auflagen verbunden werden.

(3) Schließung und Entwidmung sind öffentlich bekannt zu machen.

(4) Friedhöfe oder Friedhofsteile, die eine Kirche, Religions- oder Weltanschauungsgemeinschaft nach § 2 in eigener Verwaltung unterhält, ohne Eigentümer des Friedhofsgrundstücks zu sein, dürfen nur mit Zustimmung dieser Kirche, Religions- oder Weltanschauungsgemeinschaft anderen Zwecken zugeführt werden. Versagt die Kirche, Religions- oder Weltanschauungsgemeinschaft ihre Zustimmung, so hat sie den Eigentümer für die hierdurch eintretenden Vermögensnachteile zu entschädigen.

(5) Die Entschädigung bemisst sich nach dem Betrag, der erforderlich ist, um ein anderes Grundstück entsprechend zu benutzen oder zu gebrauchen. Der Eigentümer kann anstelle der Entschädigung nach Satz 1 gegen Übertragung des Grundstückeigentums eine Entschädigung in Höhe des Verkehrswertes fordern, den das Grundstück hätte, wenn es anderen Zwecken zugeführt werden könnte. Die Entschädigungspflicht entfällt, soweit der Eigentümer aus einem besonderen Rechtsgrund verpflichtet ist, das Grundstück für den Friedhofszweck zur Verfügung zu stellen.

§ 9 Staatliche Maßnahmen

(1) Aus zwingenden Gründen des öffentlichen Interesses kann der Regierungspräsident Friedhöfe oder Friedhofsteile nach Anhörung des Friedhofsträgers schließen und Umbettungen anordnen, ohne an Ruhefristen gebunden zu sein.

(2) Die Inhaber von Nutzungsrechten sind für Vermögensnachteile durch Maßnahmen nach Abs. 1 zu entschädigen. Entsprechendes gilt für Vermögensnachteile der Friedhofsträger, soweit nicht eine Verpflichtung zur Anlage und Erhaltung oder Erweiterung von Friedhöfen besteht. Zur Leistung der Entschädigung ist das Land oder, wenn durch die Maßnahmen ein Dritter begünstigt wird, der Begünstigte verpflichtet.

(3) § 8 Abs. 3 und 5 gelten entsprechend.

§ 10 Schutz der Gesundheit und der Totenruhe

(1) Leichen sind so zu behandeln, einzusargen, zu befördern und zu bestatten, dass die menschliche Gesundheit nicht gefährdet werden kann und die Totenruhe nicht mehr als unumgänglich gestört wird.

(2) Die Bestattung, die Überführung und die Umbettung von Leichen bedürfen behördlicher Erlaubnis.

§ 11 Ärztliche Leichenschau

(1) Vor der Bestattung müssen Tod, Todesart und -ursache im Wege der Leichenschau festgestellt werden.

(2) Jeder Arzt ist auf Verlangen zur Vornahme der Leichenschau verpflichtet.

§ 12 Sorgepflichtige Personen

(1) Die Angehörigen des Verstorbenen sind verpflichtet, unverzüglich die zum Schutze der Gesundheit und der Totenruhe erforderlichen Sorgemaßnahmen (§ 10) sowie die Leichenschau (§ 11) zu veranlassen.

(2) Angehörige im Sinne dieses Gesetzes sind der Ehegatte, Verwandte ersten und zweiten Grades, Adoptiveltern und -kinder.

(3) Hat der Verstorbene im Zeitpunkt seines Todes in einem Krankenhaus, einer Pflege- oder Gefangenenanstalt, einem Heim, einem Lager, einer Sammelunterkunft oder einer ähnlichen Einrichtung gelebt und sind Angehörige innerhalb der für die Bestattung bestimmten Zeit nicht aufzufinden, so sind an deren Stelle der Direktor oder Leiter des Krankenhauses, der Anstalt, des Heimes oder Lagers oder deren Beauftragte verpflichtet, die Sorgemaßnahmen nach Abs. 1 zu veranlassen.

(4) Sind weder Angehörige noch Personen nach Abs. 3 vorhanden oder in der Lage, Sorgemaßnahmen zu veranlassen, so hat der örtlich zuständige Gemeindevorstand die nach §§ 10 und 11 dieses Gesetzes erforderlichen Maßnahmen zu veranlassen.

§ 13 Ordnungswidrigkeiten

(1) Ordnungswidrig handelt, wer

1. entgegen § 12 Abs. 1 als Angehöriger (§ 12 Abs. 2) oder als Verpflichteter nach § 12 Abs. 3 die zum Schutze der Gesundheit und der Totenruhe erforderlichen Sorgemaßnahmen (§ 10) sowie die Leichenschau (§ 11) nicht unverzüglich veranlasst;
2. vorsätzlich oder fahrlässig einer auf Grund des § 18 dieses Gesetzes erlassenen Rechtsvorschrift zuwiderhandelt, soweit diese für einen bestimmten Tatbestand auf diese Bußgeldvorschrift verweist.

(2) Die Ordnungswidrigkeit kann mit einer Geldbuße geahndet werden.

(3) Verwaltungsbehörde im Sinne des § 36 Abs. 1 Nr. 1 des Gesetzes über Ordnungswidrigkeiten ist in kreisfreien Städten der Magistrat, im Übrigen der Landrat als Behörde der Landesverwaltung.

§ 14 Feuerbestattung

Die Vorschriften des Reichsgesetzes über die Feuerbestattung vom 15.5.1934 (Reichsgesetzbl. I S. 380) und die zu seiner Durchführung ergangenen Vorschriften bleiben unberührt.

§ 15 Friedhöfe des kurhessischen Rechtskreises

Die nach kurhessischem Gewohnheitsrecht begründeten Verwaltungs- und Nutzungsrechte der Kirchen an den bis zum Inkrafttreten dieses Gesetzes angelegten Friedhöfen der Gemeinden bleiben unberührt.

§ 16 Friedhöfe des Landeswohlfahrtsverbandes

Die Friedhöfe des Landeswohlfahrtsverbandes Hessen werden mit Inkrafttreten dieses Gesetzes für weitere Bestattungen geschlossen.

§ 17 Aufhebung früherer Vorschriften

(1) Vorschriften, die diesem Gesetz entgegenstehen, treten außer Kraft.

(2) Namentlich werden folgende Vorschriften aufgehoben:

1. das Gesetz, die Benutzung von Leichen zu wissenschaftlichen Zwecken auf der Landes-Universität betreffend, vom 16.4.1877 (Hess. Reg. Bl. S. 201),
2. das Gesetz, das Beerdigungswesen betreffend, vom 22.7.1905 (Hess. Reg. Bl. S. 221),
3. die Bekanntmachung, die Ausführung des Gesetzes über das Beerdigungswesen vom 22.7.1905 betreffend, vom 1.3.1906 (Hess. Reg. Bl. S. 52),
4. die Bekanntmachung, die Beförderung von Leichen auf dem Seeweg betreffend, vom 12.3.1906 (Hess. Reg. Bl. S. 65),

5. die Bekanntmachung, betreffend die Ausführung des Gesetzes über das Beerdigungswesen vom 22.7.1905 (Reg. Bl. S. 221), vom 10.9.1909 (Hess. Reg. Bl. S. 232),
6. § 15 Nr. 5 des Gesetzes über die Verwaltung des katholischen Kirchenvermögens vom 24.7.1924 (Preuß. Gesetzsamml. S. 585),
7. § 1 Buchst. b) der Verordnung zur Regelung der Zuständigkeit der Landes- und Kreispolizeibehörden vom 1.10.1931 (Preuß. Gesetzsamml. S. 213).

§ 18 Ausführung des Gesetzes

Der Minister des Innern erlässt die zur Ausführung dieses Gesetzes erforderlichen Rechtsvorschriften im Einvernehmen mit dem für das Gesundheitswesen zuständigen Minister.

§ 19 Inkrafttreten

Dieses Gesetz tritt am 1.4.1965, § 18 am Tage nach der Verkündung des Gesetzes in Kraft.

7b. Anlegung und Erweiterung von Friedhöfen

Erlass des Hess. Mdl. vom 17.7.1991 (Staatsanz. 1991 S. 1834).

Bei Anwendung des § 6 des Gesetzes über das Friedhofs- und Bestattungswesen vom 17.12.1964 (GVBl. S. 225), zuletzt geändert durch Gesetz vom 4.11.1987 (GVBl. S. 193), ist wie folgt zu verfahren:

1. Flächenbedarf

1. 1 Bei der Bemessung von Flächen für die Neuanlage oder Erweiterung von Friedhöfen ist von der Bevölkerungszahl im Einzugsbereich auszugehen. Mögliches Bevölkerungswachstum ist durch die Sicherung von Erweiterungsmöglichkeiten zu berücksichtigen.

1. 2 Für Erdbestattungen sollen 4 qm pro Kopf der Bevölkerung zur Verfügung stehen. Je nach der Zahl der Feuerbestattungen können entsprechend niedrigere Richtwerte zugrunde gelegt werden.

2. Grundsätzliche hygienische Voraussetzungen

2. 1 Friedhöfe sind so anzulegen, dass durch sie keine Schäden oder Nachteile für die menschliche Gesundheit oder für das menschliche Wohlbefinden entstehen können.

2. 2 Vor allem muss verhindert werden, dass Geruchsbelästigungen entstehen und Zersetzungsprodukte oder Krankheitserreger durch Versickerung in den Untergrund oder auf sonstige Weise (Verschleppung durch Ratten, Insekten usw.) zu einer schädlichen Verunreinigung oder sonstigen nachteiligen Veränderungen der Eigenschaften des Grundwassers oder eines oberirdischen Gewässers führen können.

2. 3 Vor der Anlegung oder Erweiterung von Friedhöfen ist zu prüfen, ob das Vorhaben gesundheitlich unbedenklich ist. Hierzu sind die zuständige Gesundheitsbehörde und die zuständige Wasserbehörde einzuschalten. Diese haben weitere Fachbehörden gutachtlich zu hören, sofern deren Zuständigkeit durch die Maßnahme berührt wird. Das Landesamt für Bodenforschung beurteilt, ob der Untergrund zur Anlage eines Friedhofes geeignet ist. § 16 des Hessischen Denkmalschutzgesetzes ist zu beachten.

2. 4 Durch umgebende Bebauung darf die Totenruhe nicht beeinträchtigt werden. Der zur Erreichung dieses Ziels einzuhaltende Mindestabstand von Friedhöfen und Einzelgräbern zu Wohngebäuden und Einrichtungen, von denen in der Regel störende Einwirkungen ausgehen, bemisst sich nach den Umständen des Einzelfalles. Gegenüber Privatgrundstücken sind Friedhöfe durch Bäume, Sträucher oder Mauern hinreichend gegen Sicht abzuschirmen.

3. Bodenbeschaffenheit

3. 1 Der Erdboden von Friedhöfen soll für die Zersetzung von Leichen durch Verwesung geeignet und fähig sein, die Zersetzungsprodukte bis zum Zerfall in anorganische Stoffe zurückzuhalten. Grund- oder Stauwasser darf weder ständig noch zeitweise in der Zersetzungszone stehen oder fließen. Da mit Schwankungen des Grundwasserspiegels zu rechnen ist, muss zwischen Grabsohle und höchstem Grundwasserstand eine Filterschicht von 0,50 m verbleiben. Die Durchlässigkeit des Untergrundes im Bereich der Grabsohle muss so groß sein, dass das durch die Auflockerungszone der Grabstätte versickernde Niederschlagswasser und das seitlich eintretende Stauwasser in den tiefen Untergrund abfließen. Die Boden- und Grundwasserverhältnisse werden mit Probeschachtungen von mindestens 2,50 m Tiefe an sachverständig ausgewählten Stellen des Platzes geprüft, und zwar möglichst nach längerem Regen.

3. 2 Gelände, das erst durch Dränung als Begräbnisplatz verwendet werden könnte, ist für die Neuanlage eines Friedhofes im allgemeinen ungeeignet. Ist die Neuanlage eines Begräbnisplatzes innerhalb eines solchen Geländes unvermeidlich oder erweisen sich später Dränungen als notwendig, so ist die unschädliche Ableitung des Wassers besonders zu sichern. Hiervon kann abgesehen werden, wenn vom Hang seitlich zufließendes Wasser vor Erreichen der Grabstätten durch Fangdräne abgeführt wird. Gelände, das wegen der Bodenverhältnisse oder geringen

Grundwasserflurabstandes ungeeignet ist, kann, wenn dem nicht andere Gesichtspunkte entgegenstehen, durch Erdaufschüttung oder Bodenaustausch verbessert werden. Zur Eignung des Bodenauftrags- oder Bodenaustauschmaterials ist die zuständige Fachbehörde zu hören.

3. 3 Die Rohrnetze von Wasserversorgungen, die dem allgemeinen Gebrauch dienen, dürfen Friedhofsgelände nicht durchschneiden oder in dessen unmittelbarer Nähe vorbeigeführt werden. Das gilt nicht für Anschlussleitungen, die die Friedhofsanlage versorgen.

3. 4 Die Neuanlegung bzw. Erweiterung von Friedhöfen ist in den Schutzzonen 1, II und 111/III A von festgesetzten und geplanten Wasserschutzgebieten den Schutzzonen 1, II und III von Heilquellenschutzgebieten sowie Überschwemmungsgebieten und Talauen nicht zulässig. Ausnahmen hiervon können von der zuständigen Wasserbehörde zugelassen werden, wenn wasserwirtschaftliche, hydrogeologische und ökologische Gesichtspunkte dem Vorhaben nicht entgegenstehen, und der Leichenabbau gewährleistet ist. Ist im Einzugsgebiet einer Wassergewinnungsanlage, für die ein Schutzgebiet weder festgesetzt noch beantragt ist, die Anlegung oder Erweiterung eines Friedhofs geplant, so ist der Mindestabstand des Begräbnisplatzes zur Wassergewinnungsanlage im Einvernehmen mit der zuständigen Wasserbehörde festzulegen.

4. Grabstätten

4. 1 Die Fläche des Einzelgrabes ist genügend groß zu bemessen. Als Mindestfläche der Gräber sind für die Leichen von Personen über fünf Jahren 2,10 m Länge und 0,90 m Breite, für die Leichen von Kindern unter fünf Jahren 1,20 m Länge und 0,60 m Breite anzusetzen.

4. 2 Der Abstand zwischen zwei Einzelgräbern muss mindestens 0,30 m betragen.

4. 3 Bei Gräbern für die Leichen von Personen über fünf Jahren ist die Grabsohle auf eine Tiefe von mindestens 1,80 m zu legen. Ein Grabhügel ist insoweit nicht zu berücksichtigen. Die Erdschicht über dem Sarg soll in der Regel mindestens 1 m betragen. Zur Verhinderung von Geruchsbelästigungen sind Steinschüttungen mit Hohlräumen zu vermeiden.

4. 4 Bei Gräbern für die Leichen von Kindern unter fünf Jahren ist die Grabsohle auf eine Tiefe von mindestens 1,40 m zu legen.

4. 5 Sofern durch besondere Verhältnisse eine Verringerung der Grabtiefe erforderlich wird, ist zuvor die hygienische Unbedenklichkeit durch Einholung einer gutachtlichen Stellungnahme des Amtsarztes klarzustellen.

4. 6 Gemauerte Gruftanlagen, in denen Särge ohne Erdbedeckung abgestellt werden, sind im allgemeinen nicht mehr zuzulassen.

5. Ruhefristen

5. 1 Die Ruhefristen sind für jede Friedhofsanlage unter Berücksichtigung der Boden- und Grundwasserverhältnisse festzulegen. Sie richten sich nach der Verwesungsdauer der Leichen. Im allgemeinen sind für Leichen von Personen über fünf Jahren als Mindestruhezeiten 30 Jahre anzusetzen. Eine Abkürzung ist nur bei Bodenverhältnissen, die für die Verwesung besonders günstig sind, oder nach Feststellen der vollständigen Verwesung durch Öffnung von Gräbern möglich: Die abgeschlossene Verwesung ist vom zuständigen Amtsarzt zu beurteilen.

6. Leichenhallen

6. 1 Jede größere Friedhofsanlage soll mit einer Leichenhalle ausgestattet sein.

6. 2 In Leichenhallen soll außer dem Raum für die Aufbewahrung der Leichen ein Raum für die Vornahme der Leichenschau und bei größeren Friedhöfen auch von Obduktionen vorhanden sein. Ein Raum, in dem Leichenöffnungen durchgeführt werden, muss mit einer Wasserzapfstelle und mit Einrichtungen für die ordnungsgemäße Ableitung des Abwassers ausgestattet sein. Die Leichenhallen größerer Friedhöfe sollen einen Kühlraum besitzen.

6. 3 Der Fußbodenbelag aller Räume einer Leichenhalle muss fugendicht sein. Türen und Fenster sollen dicht schließen, um vor allem das Eindringen von Ratten und Insekten zu verhindern. Die Wände sollen waschbeständig nach DIN 53778 und desinfektionsbeständig sein.

6. 4 Wenn die Leichenhalle einen Warteraum für Besucher oder einen Obduktionsraum besitzt, sind Abortanlagen vorzusehen, die mit Handwaschbecken auszustatten sind.

7c. Verordnung über die Zuständigkeit nach dem Gräbergesetz

vom 17.9.1984 GVBl. I S. 228

Auf Grund des § 6 Abs. 4 Satz 3, des § 8 Satz 3 und des § 12 Abs. 1 des Gräbergesetzes vom 1. Juli 1965 (BGBl. I S. 589), zuletzt geändert durch Gesetz vom 18. März 1975 (BGBl. I S. 705), wird verordnet:

§ 1

Zuständige Behörde für

1. die Festsetzung und Zahlung der Ruherechtsentschädigung nach § 3,
2. die Zulassung von Ausnahmen nach § 6 Abs. 4 Satz 2,
3. die Anordnung einer Ausbettung und Identifizierung nach § 8 Satz 1

des Gräbergesetzes ist der Regierungspräsident.

§ 2

Zuständig für

1. die Feststellung und Erhaltung von Gräbern nach § 5,
2. die Übernahme der Erhaltung eines privatgepflegten Grabes nach § 9 Abs. 3

des Gräbergesetzes sind die Gemeinden.

§ 3

(entfallen)

§ 4

Diese Verordnung tritt am Tage nach der Verkündung in Kraft.

7d. Verordnung über das Leichenwesen

vom 12.3.1965 (GVBl. S. 63), zuletzt geändert durch Verordnung vom 15.4.1996 (GVBl. S. 138)

Auf Grund des § 18 des Gesetzes über das Friedhofs- und Bestattungswesen vom 17.12.1964 (GVBl. S. 225) wird im Einvernehmen mit dem Minister für Arbeit, Volkswohlfahrt und Gesundheitswesen verordnet:

§ 1 Bestattungserlaubnis

(1) Die Bestattung bedarf der schriftlichen Erlaubnis des Gemeindevorstands am Bestattungsort.

(2) Ist eine Leiche von einem Gebiet außerhalb Hessens an den Bestattungsort überführt worden, so darf sie ohne die Erlaubnis nach Abs. 1 bestattet werden, wenn ein Leichenpass oder die Bescheinigung eines anderen Landes der Bundesrepublik Deutschland, aus der sich die Zulässigkeit der Bestattung ergibt, vorgewiesen wird.

§ 2 Leichenschauschein

Die Erlaubnis zur Bestattung darf erst erteilt werden, wenn

1. ein Leichenschauschein ausgestellt und beim Standesbeamten eingereicht
2. dem Gemeindevorstand eine Sterbeurkunde oder eine Bescheinigung des für den Sterbeort zuständigen Standesbeamten über die Beurkundung des Sterbefalls oder eine Genehmigung der Ortspolizeibehörde nach§ 39 Satz 1 des Personenstandsgesetzes vorgelegt und
3. erforderlichenfalls eine gerichtliche oder staatsanwaltschaftliche Erlaubnis zur Bestattung erteilt worden ist.

§ 3 Ärztliche Leichenschau

(1) Die Leichenschau ist unverzüglich vorzunehmen. Der zur Leichenschau zugezogene Arzt hat die Leiche sorgfältig zu untersuchen und den Leichenschauschein auszustellen. Der Leichenschauschein ist zu verschließen und einer nach § 12 des Gesetzes über das Friedhofs- und Bestattungswesen sorgepflichtigen Person auszuhändigen. In den Fällen des § 159 der Strafprozessordnung darf die Staatsanwaltschaft oder der Amtsrichter den Leichenschauschein öffnen.

(2) Die Leichenschau ist von einem beamteten Arzt des für den Sterbe- oder Auffindungsort zuständigen Gesundheitsamts durchzuführen, wenn

1. kein anderer Arzt die Leichenschau vornimmt oder
2. das Gericht, die Staatsanwaltschaft oder eine Polizeidienststelle hierzu auffordert.

(3) Angehörige, Hausgenossen und Pflegepersonen des Verstorbenen, Ärzte, die den Verstorbenen behandelt haben, sowie Personen, die beim Tod anwesend waren, sind auf Verlangen des zur Leichenschau zugezogenen Arztes verpflichtet, die erforderlichen Auskünfte zu erteilen.

(4) Für den Leichenschauschein ist ein Vordruck nach dem Muster der Anlage zu verwenden. Der Leichenschauschein besteht aus einem vertraulichen und einem nichtvertraulichen Teil. Der vertrauliche Teil umfasst einen selbstdurchschreibenden Vordrucksatz mit insgesamt vier Blättern, von denen jeweils eines für das Gesundheitsamt, das Statistische Landesamt, die Ärztin oder den Arzt und eines für den Fall einer Obduktion bestimmt ist. Das Blatt für das Statistische Landesamt enthält nicht die Angaben der Namen der oder des Verstorbenen und durch wen die letzte Behandlung erfolgte. Etwa verbliebene Zweifel über Todesart und -ursache sind in dem Leichenschauschein zu vermerken.

§ 4 Benachrichtigung der Polizei und des Gesundheitsamts

(1) Der zur Leichenschau zugezogene Arzt hat unverzüglich die zuständige Dienststelle der Vollzugspolizei zu benachrichtigen, wenn

1. sich Anhaltspunkte dafür ergeben, dass der Verstorbene eines nicht natürlichen Todes gestorben ist oder

Landesrecht

2. es sich um die Leiche eines Unbekannten handelt.

(2) Die Meldepflicht des Arztes nach den Vorschriften des *Bundes-Seuchengesetzes** bleibt unberührt.

* *Siehe jetzt das Infektionsschutzgesetz (IfSG)*

§ 5 Leichenbesorgung

Personen, die Leichen beruflich reinigen, ankleiden und einsargen, dürfen nicht gleichzeitig im Lebensmittel-, Gaststätten- und Friseurgewerbe, in einem Heilhilfsberuf oder als Hebamme tätig sein. Geräte, die gewerbsmäßig für Lebende benutzt werden, dürfen an Leichen nicht verwendet werden.

§ 6 Schutzmaßnahmen bei Ansteckungsgefahr

(1) Hat der Verstorbene im Zeitpunkt des Todes an Aussatz, Cholera, Diphtherie, Fleckfieber, übertragbarer Gehirnentzündung, übertragbarer Kinderlähmung, Milzbrand, Ornithose, Pest, Pocken, Rotz, übertragbarer Ruhr, Scharlach, Tollwut, Tularämie, Typhus abdominalis, Paratyphus A und B gelitten oder besteht der Verdacht einer solchen Erkrankung, so sind folgende Schutzmaßnahmen zu treffen:

1. Die Leiche ist ohne vorheriges Waschen und Umkleiden in Tücher, die mit einer desinfizierenden Flüssigkeit getränkt sind, einzuschlagen. Zur Desinfektion sind nur solche Mittel zu verwenden, die in der vom Bundesgesundheitsamt veröffentlichten Liste aufgenommen sind. Soll mit Rücksicht auf religiöse Vorschriften die Leiche ausnahmsweise gewaschen werden, so darf dies nur unter den vom Gesundheitsamt im Einzelfall angeordneten Vorsichtsmaßnahmen geschehen.
2. Die Leiche ist unverzüglich in einen festen, gut abgedichteten Sarg einzusargen, dessen Boden durch eine 5 bis 10 cm hohe Schicht aufsaugender Stoffe oder auf eine andere Weise gegen das Durchdringen von Leichenflüssigkeit geschützt ist. Der Sarg darf nur mit Genehmigung des Gemeindevorstands im Einvernehmen mit dem Gesundheitsamt wieder geöffnet werden.
3. Die Leiche ist unverzüglich nach der Einsargung in eine öffentliche Leichenhalle zu bringen. Ist eine solche nicht vorhanden, so muss der Sarg in einem abgesonderten Raum, der nicht zur gleichen Zeit als Wohn-, Schlaf-, Arbeits- oder Wirtschaftsraum benutzt wird, untergebracht werden.
4. Personen, die mit der Leiche in unmittelbare Berührung kommen, müssen waschbare Überkleider oder Schürzen tragen, die nach beendeter Tätigkeit sorgfältig zu desinfizieren sind. Sie haben vor Verlassen des Totenzimmers ihre Hände zu desinfizieren. Nr. 1 Satz 2 gilt entsprechend.

(2) Unberührt bleiben weitergehende Vorsichtsmaßnahmen, die auf Vorschlag des Gesundheitsamts von der Gemeinde nach § 42 des *Bundes-Seuchengesetzes** angeordnet werden.

* *Siehe jetzt das Infektionsschutzgesetz (IfSG)*

§ 7 Beschaffenheit der Särge

(1) Für die Beförderung der Leiche zum Bestattungsplatz oder in eine öffentliche Leichenhalle ist ein fester, gut abgedichteter Sarg zu benutzen.

(2) Bei der Überführung der Leiche von einer Gemeinde nach einer anderen ist ein widerstandsfähiger, verschlossener Metallsarg oder ein fester, gut abgedichteter Holzsarg zu benutzen, dessen Boden durch eine 5 bis 10 cm hohe Schicht aufsaugender Stoffe oder auf eine andere Weise gegen das Durchdringen von Leichenflüssigkeit geschützt ist.

(3) Für die polizeiliche Bergung von Leichen ist ein Transportsarg zu benutzen, der nach jedem Gebrauch sorgfältig zu reinigen und zu desinfizieren ist.

§ 8 Bestattungsfristen

(1) Leichen sind frühestens 48 Stunden und nicht später als 96 Stunden nach dem Eintritt des Todes zu bestatten. Dies gilt auch für die Bestattung totgeborener Kinder, die nach Ablauf des sechsten Schwangerschaftsmonats geboren worden sind. In Gemeinden, in denen an Sonnabenden, an Sonn- und Feiertagen eine Bestattung nicht durchgeführt wird, bleiben diese Tage bei der Berechnung der Höchstfrist außer Ansatz, sofern nicht der Gemeindevorstand eine frühere Bestattung anordnet. Die Höchstfrist kann überschritten werden, wenn durch technische Vorkehrungen sichergestellt ist, dass gegen die spätere Bestattung keine gesundheitlichen Bedenken bestehen.

(2) Der Gemeindevorstand kann im Einvernehmen mit dem Gesundheitsamt eine vorzeitige Bestattung anordnen, wenn

1. der Verstorbene an einer in § 6 Abs. 1 Satz 1 aufgeführten Krankheit litt oder der Verdacht einer solchen Krankheit besteht,
2. der Todesfall in dem Verbreitungsgebiet einer in epidemischer Form auftretenden Krankheit im Sinne der Nr. 1 eingetreten ist oder
3. die Verwesung der Leiche so weit fortgeschritten ist, dass die Bestattung mit Rücksicht auf gesundheitliche Erfordernisse nicht länger hinausgeschoben werden kann. Der Gemeindevorstand kann ferner eine vorzeitige Bestattung zulassen, wenn die Verwesung der Leiche so weit fortgeschritten ist, dass ein Scheintod nicht mehr in Betracht kommen kann und dies von einem Arzt schriftlich bestätigt worden ist.

§ 9 Benutzung von Leichenhallen

(1) Steht eine öffentliche Leichenhalle zur Verfügung, so ist die Leiche spätestens 36 Stunden nach Eintritt des Todes, jedoch nicht vor Ausstellung des Leichenschauscheins in die Leichenhalle zu bringen. Als öffentliche Leichenhallen gelten die Leichenhallen von Friedhöfen, Krematorien, Krankenhäusern, Bestattungsunternehmen und Pathologischen Instituten.

(2) Der Gemeindevorstand kann auf Antrag eines Angehörigen Ausnahmen von Abs. 1 zulassen, wenn durch ärztliches Zeugnis bescheinigt wird, dass gegen den Verbleib der Leiche im Sterbehaus keine gesundheitlichen Bedenken bestehen und die Leiche in einem Raum untergebracht wird, der nicht zur gleichen Zeit als Wohn-, Schlaf- oder Arbeitsraum benutzt wird.

§ 10 Bestattungsfeierlichkeiten

(1) Leichen dürfen nicht öffentlich ausgestellt werden; der Sarg darf aus Anlass der Bestattungsfeierlichkeiten nicht geöffnet werden.

(2) Der Gemeindevorstand kann nach Anhörung des Gesundheitsamtes Ausnahmen von Abs. 1 gestatten. In den in § 6 Abs. 1 bezeichneten Fällen ist eine Ausnahme nicht zulässig.

§ 11 Leichenpass

(1) Leichen, die nicht im Gemeindegebiet des Sterbeorts bestattet werden, dürfen in Orte außerhalb der Bundesrepublik Deutschland nur mit einem Leichenpass befördert werden.

(2) Abs. 1 gilt entsprechend für Überführungen in andere Länder der Bundesrepublik Deutschland, wenn deren Rechtsvorschriften für die Beförderung oder Bestattung der Leiche einen Leichenpass verlangen.

(3) Zuständig für die Erteilung des Leichenpasses ist der Gemeindevorstand des Sterbeortes. Er darf den Leichenpass erst ausstellen, wenn

1. die Voraussetzungen des § 2 Nr. 1 bis 3 erfüllt sind,
2. die schriftliche Erklärung eines Arztes vorliegt, dass der Beförderung keine gesundheitlichen Bedenken entgegenstehen,
3. die schriftliche Erklärung des Bestattungsunternehmers vorliegt, dass die Leiche den Vorschriften dieser Verordnung entsprechend eingesargt (§ 7) und mit einem zur Leichenbeförderung bestimmten Fahrzeug (§ 14) befördert wird. Bei ortsansässigen Bestattungsunternehmern, die ständig mit der Durchführung von Bestattungen betraut sind, genügt eine

allgemeine Erklärung dieses Inhalts. Die Erklärung nach Nr. 2 ist in den Fällen des § 6 Abs. 1 von einem beamteten Arzt des Gesundheitsamtes auszustellen.

§ 12 Überführung

(1) Die Leiche ist bei der Überführung von einer zuverlässigen Person zu begleiten.

(2) Die Begleitperson hat dafür zu sorgen, dass

1. im Falle der Überführung von Leichen, die nicht im Gemeindegebiet des Sterbeorts bestattet werden, die für die Bestattung erforderlichen Unterlagen (§ 1 Abs. 2, § 2, § 11 Abs. 1) mitgeführt werden,
2. die schriftliche Erklärung eines Arztes, in den Fällen des § 6 Abs. 1 eines beamteten Arztes des Gesundheitsamtes, mitgeführt wird, dass der Beförderung keine gesundheitlichen Bedenken entgegenstehen,
3. die schriftliche Erklärung des Bestattungsunternehmers mitgeführt wird, dass die Leiche den Vorschriften dieser Verordnung entsprechend eingesargt wurde (§ 7) und das zur Überführung benutzte Fahrzeug zur Leichenbeförderung bestimmt ist (§ 14); bei ortsansässigen Bestattungsunternehmern, die ständig mit der Durchführung von Bestattungen betraut sind, genügt eine allgemeine Erklärung dieses Inhalts,
4. der Sarg während der Überführung verschlossen bleibt,
5. die Überführung möglichst ohne Unterbrechung bis zum Bestimmungsort durchgeführt wird,
6. der Sarg nicht ohne triftigen Grund von dem Fahrzeug, auf dem er befördert wird, herabgenommen wird,
7. das Fahrzeug bei einem unvermeidlichen Aufenthalt unverzüglich auf einem abgesonderten Platz abgestellt wird,
8. der Sarg am Bestimmungsort unmittelbar nach der Ankunft zu der Bestattungsstelle oder in eine Leichenhalle gebracht wird.

Wird ein Leichenpass mitgeführt, so sind Nr. 2 und 3 nicht anzuwenden.

(3) Als Begleitperson nach Abs. 1 kann auch der Führer des Fahrzeugs, mit dem der Sarg befördert wird, eingesetzt werden.

(4) Unternehmen, die Leichen gewerbsmäßig oder berufsmäßig überführen, sind verpflichtet, Überführungen in andere Gemeinden unverzüglich in ein Verzeichnis einzutragen. Dabei sind Namen, Geburtsdatum und Todestag des Verstorbenen sowie Ausgangspunkt und Zielort der Überführung anzugeben. Die mit der Durchführung dieser Verordnung befassten Behörden sind befugt, aus dem Verzeichnis Auskünfte über jede Überführung zu verlangen oder sich das Verzeichnis vorlegen zu lassen. Das Verzeichnis ist so lange aufzubewahren, dass aus ihm Auskünfte über die Überführungen innerhalb der letzten fünf Jahre erteilt werden können.

§ 13 Überführungen in Sonderfällen

Wird die Leiche

1. auf einen Friedhof einer angrenzenden Gemeinde,
2. auf den nächstgelegenen kirchlichen Friedhof der Religions- oder Konfessionsangehörigen des Verstorbenen innerhalb eines Landkreises,
3. aus einem Krankenhaus oder einer ähnlichen Einrichtung auf einen Friedhof der Wohnsitzgemeinde des Verstorbenen innerhalb eines Landkreises,
4. aus einem Krankenhaus oder einer ähnlichen Einrichtung zu wissenschaftlichen Zwecken in medizinische Institute gebracht oder
5. auf polizeiliche, staatsanwaltschaftliche oder gerichtliche Anordnung vom Sterbe- oder Auffindungsort entfernt, so ist § 12 Abs. 2 Nr. 1 bis 3, bei Überführung nach Nr. 4 und 5 auch § 12 Abs. 2 Nr. 8 nicht anzuwenden.

§ 14 Beförderung mit Kraftfahrzeugen

(1) Zur Leichenbeförderung sind nur solche Kraftfahrzeuge und Anhänger zu benutzen, die hierfür eingerichtet sind und nur zu diesem Zwecke verwendet werden. Auf die Entfernung einer im Freien aufgefundenen Leiche oder der Leiche eines tödlich Verunglückten vom Unfallort findet Satz 1 keine Anwendung.

(2) Ausnahmen von Abs. 1 Satz 1 bedürfen der Genehmigung des Gemeindevorstands des Sterbeorts. Ausnahmen sind nicht zulässig, wenn das Kraftfahrzeug oder der Anhänger ständig oder gelegentlich zur Beförderung von Personen, Lebensmitteln oder Tieren dient.

§ 15 Umbettung

(1) Leichen dürfen nur zum Zwecke der Umbettung oder auf polizeiliche, staatsanwaltschaftliche oder gerichtliche Anordnung vor Ablauf der Ruhefristen aus der Grabstätte entfernt werden.

(2) Die Umbettung bedarf der Erlaubnis des Gemeindevorstands am Bestattungsort im Einvernehmen mit dem Gesundheitsamt. Der Gemeindevorstand kann im Einvernehmen mit dem Gesundheitsamt nähere Bestimmungen darüber treffen, wie die Umbettung durchzuführen ist.

§ 15 a Verhältnis zu anderen Vorschriften

Durch die Verordnung werden Richtlinien über den internationalen Leichentransport, besondere Vereinbarungen mit Staaten außerhalb des Geltungsbereichs des Grundgesetzes sowie die Bestimmungen über die Beförderung von Leichen auf Eisenbahnen, auf dem Seewege, auf Binnenwasserstraßen und auf dem Luftwege nicht berührt.

§ 16 Ordnungswidrigkeiten

Ordnungswidrig im Sinne des § 13 des Gesetzes über das Friedhofs- und Bestattungswesen handelt, wer vorsätzlich oder fahrlässig einem Gebot oder Verbot des § 1 Abs. 1, § 3 Abs. 3, § 5, § 6 Abs. 1, § 7 Abs. 1 und 2, § 8 Abs. 1 Satz 1, § 9 Abs. 1 Satz 1, § 10 Abs. 1, § 11 Abs. 1, § 12 Abs. 1, 2 und 4, § 14 Abs. 1 Satz 1 und §15 Abs. 1 zuwiderhandelt.

8. Mecklenburg-Vorpommern

Gesetz über das Leichen-, Bestattungs- und Friedhofswesen im Land Mecklenburg-Vorpommern (Bestattungsgesetz – BestattG M-V)

vom 3.7.1998 (GVBl. Meckl.-Vorp. S. 617; Gl. Nr. 2128-1)

Abschnitt 1. Leichenwesen

§ 1 Begriffsbestimmung

(1) Leiche im Sinne dieses Gesetzes ist der Körper eines Menschen, bei dem sichere Zeichen des Todes bestehen oder bei dem der Tod auf andere Weise zuverlässig festgestellt worden ist. Als Leiche gilt auch der Körper eines Neugeborenen, bei dem nach vollständigem Verlassen des Mutterleibes

1. entweder das Herz geschlagen oder die Nabelschnur pulsiert oder die natürliche Lungenatmung eingesetzt hat und das danach verstorben ist oder
2. keines der unter Nummer 1 genannten Lebenszeichen festzustellen war, das Geburtsgewicht jedoch mindestens 500 Gramm betrug (Totgeborenes).

(2) Eine Leibesfrucht mit einem Gewicht unter 500 Gramm, bei der nach vollständigem Verlassen des Mutterleibes keines der in Absatz 1 Satz 2 Nr. 1 genannten Lebenszeichen festzustellen war (Fehlgeborenes), gilt nicht als Leiche im Sinne dieses Gesetzes.

§ 2 Ehrfurcht vor den Toten

Wer mit Leichen oder Leichenteilen umgeht, hat dabei die gebotene Ehrfurcht vor dem toten Menschen zu wahren. Gleiches gilt für den Umgang mit Fehlgeborenen.

§ 3 Ärztliche Leichenschau

(1) Jede Leiche ist zur Feststellung des Todes, des Todeszeitpunktes, der Todesart und der Todesursache von einem Arzt zu untersuchen (Leichenschau).

(2) Die Leichenschau haben unverzüglich zu veranlassen:

1. die zum Haushalt des Verstorbenen gehörenden Personen,
2. derjenige, in dessen Wohnung, Unternehmen oder Einrichtung sich der Sterbefall ereignet hat,
3. jeder, der eine Leiche auffindet.

Die Pflicht besteht nicht, wenn bereits ein anderer die Leichenschau veranlasst hat oder wenn in den Fällen der Nummer 3 die Polizei benachrichtigt wird.

(3) Zur Vornahme der Leichenschau sind verpflichtet:

1. bei Sterbefällen in Krankenhäusern und anderen Einrichtungen, zu deren Aufgaben auch die ärztliche Behandlung der aufgenommenen Personen gehört, jeder dort tätige Arzt; bei mehreren Ärzten kann die Leitung der Einrichtung regeln, welcher von ihnen die Leichenschau vorzunehmen hat,
2. bei Sterbefällen in einem Fahrzeug des Rettungsdienstes ohne Notarzt der im jeweils nächstgelegenen Krankenhaus diensthabende Arzt,
3. in allen anderen Fällen jeder erreichbare niedergelassene Arzt sowie Ärzte im Notfalldienst und Rettungsdienst.

Ein Arzt kann es ablehnen, über die Feststellung des Todes hinaus eine Leichenschau vorzunehmen, wenn er durch die weiteren Feststellungen sich selbst oder einen seiner in § 52 Abs. 1 der Strafprozessordnung bezeichneten Angehörigen der Gefahr einer strafrechtlichen Verfolgung oder eines Verfahrens nach dem Gesetz über Ordnungswidrigkeiten aussetzen würde.

(4) Ein im Notfalldienst oder Rettungsdienst tätiger Arzt kann sich auf die Feststellung des Todes, des Todeszeitpunktes und der äußeren Umstände beschränken, wenn er durch die Durchführung der Leichenschau an der Wahrnehmung seiner Aufgaben im Notfalldienst oder Rettungsdienst gehindert würde und er dafür sorgt, dass ein anderer Arzt eine vollständige Leichenschau durchführt. Er hat über die Feststellung unverzüglich eine Bescheinigung auszustellen.

§ 4 Durchführung der Leichenschau

(1) Die Leichenschau ist unverzüglich, spätestens jedoch innerhalb von acht Stunden nach der Aufforderung dazu durchzuführen. Die Leichenschau soll an dem Ort, an dem der Tod eingetreten ist oder die Leiche aufgefunden wird, vorgenommen werden. Der Arzt und die von ihm hinzugezogenen Helfer sind berechtigt, jederzeit den Ort zu betreten, an dem sich die Leiche befindet. Befindet sich die Leiche nicht in einem geschlossenen Raum oder ist aus anderen Gründen an diesem Ort eine ordnungsgemäße Leichenschau nicht möglich oder zweckmäßig, kann sich der Arzt auf die Todesfeststellung beschränken, wenn sichergestellt ist, dass die vollständige Leichenschau an einem geeigneten Ort durchgeführt wird. Die Leichenschau ist an der vollständig entkleideten Leiche unter Einbeziehung aller Körperregionen durchzuführen.

(2) Angehörige sowie Personen die den Verstorbenen während einer dem Tod vorausgegangenen Krankheit behandelt oder gepflegt haben, sind verpflichtet, dem Arzt auf Verlangen Auskunft über Krankheiten und andere Gesundheitsschädigungen des Verstorbenen und über sonstige für seinen Tod möglicherweise ursächliche Ereignisse zu erteilen. Sie können die Auskunft auf Fragen verweigern, wenn sie durch die Auskunft sich selbst oder einen ihrer in § 52 Abs. 1 der Strafprozessordnung bezeichneten Angehörigen der Gefahr einer strafrechtlichen Verfolgung oder eines Verfahrens nach dem Gesetz über Ordnungswidrigkeiten aussetzen würden.

(3) Ist durch äußere Merkmale bereits erkennbar oder lässt sich nicht ausschließen, dass es sich um einen nichtnatürlichen Tod handelt, oder handelt es sich um einen unbekannten Toten, hat der Arzt unverzüglich die Polizei oder Staatsanwaltschaft zu verständigen. Er hat in diesem Fall von der Leichenschau abzusehen und bis zum Eintreffen der Polizei oder der Staatsanwaltschaft dafür zu sorgen, dass keine Veränderungen an der Leiche und der unmittelbaren Umgebung vorgenommen werden Als nichtnatürlich ist ein Tod anzunehmen, der durch Selbsttötung oder durch einen Unfall herbeigeführt wurde oder bei dem eine Einwirkung Dritter ursächlich gewesen ist. Ergeben sich erst während der Leichenschau Hinweise auf einen nichtnatürlichen Tod, hat der Arzt ebenso zu verfahren.

(4) War der Verstorbene an einer aufgrund des *Bundes-Seuchengesetzes** in der Fassung der Bekanntmachung vom 18. Dezember 1979 (BGBl. 1 S. 2262) meldepflichtigen Krankheit erkrankt, die durch den Umgang mit der Leiche weiterverbreitet werden kann, gehen sonstige Gefahren von der Leiche aus oder besteht ein Verdacht hierfür, hat der Arzt die Leiche deutlich sichtbar entsprechend zu kennzeichnen.

** Siehe jetzt das Infektionsschutzgesetz (IfSG)*

§ 5 Obduktion und Sektion

(1) Eine Leichenöffnung zur Klärung der Todesursache oder zur Überprüfung der Diagnose oder der Therapie (Obduktion) ist außer in den bundesrechtlich geregelten Fällen zulässig, wenn der Verstorbene vor seinem Tode eingewilligt hatte oder wenn, falls der Verstorbene keine Entscheidung hierüber getroffen hatte, der in der Rangfolge des § 9 Abs. 2 nächste Angehörige des Verstorbenen einwilligt. Bei mehreren gleichrangigen Angehörigen genügt die Einwilligung eines Angehörigen, sofern keiner der anderen widerspricht.

(2) Obduktionen dürfen nur von Ärzten, die die Anerkennung zum Führen der Gebietsbezeichnung Pathologie oder Rechtsmedizin besitzen, oder unter deren Aufsicht vorgenommen werden.

(3) Leichen dürfen für anatomische Sektionen oder für sonstige Zwecke der Forschung und Lehre nur dann verwendet werden, wenn die schriftliche Einwilligung des Verstorbenen vorliegt.

§ 6 Todesbescheinigung

(1) Unverzüglich nach Beendigung der Leichenschau hat der Arzt eine Todesbescheinigung auszustellen. Die Todesbescheinigung dient dem Nachweis des Todeszeitpunktes und der Todesursache, der für die Aufklärung von etwaigen Straftaten erforderlichen Mitteilung der Todesart, der Prüfung, ob seuchenhygienische oder sonstige Maßnahmen zur Gefahrenabwehr erforderlich sind, sowie Zwecken der Statistik und der Forschung.

(2) Wird eine Obduktion durchgeführt, so hat der obduzierende Arzt dem für den Sterbeort zuständigen Gesundheitsamt unverzüglich eine Bescheinigung über die von ihm festgestellte Todesursache und andere wesentliche Krankheiten (Obduktionsschein) zu übersenden.

(3) Todesbescheinigungen und Obduktionsscheine sind von dem für den Sterbeort zuständigen Gesundheitsamt auf ordnungsgemäße Ausstellung zu überprüfen und 30 Jahre lang aufzubewahren. Ärzte, die die Leichenschau oder eine Obduktion vorgenommen haben, sind verpflichtet, auf Anforderung des Gesundheitsamtes lückenhafte Todesbescheinigungen oder Obduktionsscheine zu vervollständigen. Sie sowie Ärzte, die den Verstorbenen vorher behandelt haben, sind verpflichtet, die zur Überprüfung und Vervollständigung erforderlichen Auskünfte zu erteilen.

(4) Das Gesundheitsamt kann auf Antrag Auskünfte aus Todesbescheinigungen und Obduktionsscheinen im erforderlichen Umfang erteilen und insoweit auch Einsicht gewähren und Ablichtungen davon aushändigen,

1. wenn der Antragsteller ein berechtigtes Interesse glaubhaft macht und kein Grund zu der Annahme besteht, dass durch die Offenbarung schutzwürdige Belange des Verstorbenen oder seiner Angehörigen beeinträchtigt werden, oder
2. wenn der Antragsteller die Angaben für ein wissenschaftliches Forschungsvorhaben benötigt und
   a) durch sofortige Anonymisierung der Angaben sichergestellt wird, dass schutzwürdige Belange des Verstorbenen und seiner Angehörigen nicht beeinträchtigt werden, oder
   b) das Sozialministerium festgestellt hat, dass das öffentliche Interesse an dem Forschungsvorhaben das Geheimhaltungsinteresse des Verstorbenen und seiner Angehörigen erheblich überwiegt und der Zweck der Forschung nicht auf andere Weise erreicht werden kann.

(5) Das Sozialministerium wird ermächtigt, durch Rechtsverordnung

1. den Inhalt der Todesbescheinigung, der Bescheinigung über die Todesfeststellung nach § 3 Abs. 4 Satz 2 und des Obduktionsscheins sowie
2. deren Empfänger, die zu beachtenden Datenschutzmaßnahmen, die Auswertung und den sonstigen Umgang mit diesen Bescheinigungen näher zu regeln.

§ 7 Kosten der Leichenschau

(1) Bei Sterbefällen in Krankenhäusern und anderen Einrichtungen, zu deren Aufgaben auch die ärztliche Behandlung der aufgenommenen Personen gehört, kann eine besondere Vergütung für die Leichenschau und die Ausstellung der Todesbescheinigung nicht verlangt werden. In den übrigen Fällen hat der zur Bestattung Verpflichtete die Kosten für die Leichenschau und die Ausstellung der Todesbescheinigung zu tragen oder dem Veranlasser zu erstatten.

(2) In den Fällen des § 5 Abs. 3 trägt die Einrichtung, die die Leiche für Zwecke von Forschung und Lehre übernimmt, die Kosten der Leichenschau und der Ausstellung der Todesbescheinigung.

§ 8 Aufbewahrung und Beförderung von Leichen

(1) Jede Leiche ist innerhalb von 36 Stunden nach Eintritt des Todes, bei späterem Auffinden unverzüglich in eine Leichenhalle zu überführen. Das Gesundheitsamt kann im Einzelfall Ausnahmen zulassen, sofern Gründe der Hygiene nicht entgegenstehen, oder die Frist nach Satz 1 aus Gründen der Hygiene verkürzen. Leichenhallen sind Räumlichkeiten, die ausschließlich der Aufbewahrung von Leichen dienen und den Anforderungen der Hygiene entsprechen.

(2) Zur Beförderung von Leichen sind diese einzusargen. Dazu sind geschlossene, widerstandsfähige Särge zu verwenden. Im Straßenverkehr sind Leichen in Fahrzeugen zu befördern, die ausschließlich für den Transport von Särgen und Urnen bestimmt und hierfür eingerichtet sind. Das Gesundheitsamt kann Ausnahmen zulassen. Die Beförderung von Leichen in Anhängern von Fahrzeugen ist nicht zulässig. Unterbrechungen bei der Überführung sind zu vermeiden. Die Sätze 1 bis 3 und 5 gelten nicht für die Bergung von Leichen, insbesondere die Beförderung tödlich Verunglückter von der Unfallstelle.
(3) Wer eine nach § 4 Abs. 4 zu kennzeichnende Leiche einsargt, hat die Kennzeichnung auf dem Sarg zu wiederholen.
(4) Leichen dürfen von einem Ort außerhalb der Bundesrepublik Deutschland nur dann in das Land Mecklenburg-Vorpommern befördert werden, wenn aus einem Leichenpass oder einer amtlichen Bescheinigung hervorgeht, ob der Verstorbene an einer übertragbaren Krankheit gelitten hat. Das Gesundheitsamt kann Ausnahmen zulassen. Für die Beförderung einer Leiche aus Mecklenburg-Vorpommern an einen anderen Ort, stellt das Gesundheitsamt auf Antrag einen Leichenpass aus. Es ist berechtigt, die dafür erforderlichen Nachweise zu verlangen sowie eigene Ermittlungen durchzuführen und Auskünfte einzuholen.

Abschnitt 2. Bestattungswesen

§ 9 Bestattungspflicht

(1) Leichen sind zu bestatten. Dies gilt nicht für Totgeborene mit einem Gewicht unter 1000 Gramm. Diese Totgeborenen sowie Fehlgeborene sind auf Wunsch eines Elternteils zu bestatten. Anderenfalls sind sie von der Einrichtung, in der die Geburt erfolgt ist, hygienisch einwandfrei und dem sittlichen Empfinden entsprechend zu beseitigen, sofern sie nicht rechtmäßig zu medizinischen, pharmazeutischen oder wissenschaftlichen Zwecken verwendet werden. Satz 4 gilt entsprechend für die Beseitigung von Feten aus Schwangerschaftsabbrüchen und von Körperteilen.
(2) Für die Bestattung haben die volljährigen Angehörigen in folgender Reihenfolge zu sorgen:
1. Ehegatte,
2. Kinder,
3. Eltern
4. Geschwister,
5. Großeltern
6. Enkelkinder,
7. Partner einer auf Dauer angelegten nichtehelichen Lebensgemeinschaft.

(3) Sind Bestattungspflichtige im Sinne des Absatzes 2 nicht vorhanden, nicht zu ermitteln oder nicht auffindbar oder kommen sie ihrer Pflicht nicht nach und veranlasst kein anderer die Bestattung, hat die für den Sterbeort zuständige örtliche Ordnungsbehörde für die Bestattung zu sorgen. Eine Pflicht zur Erstattung der Kosten bleibt unberührt. Tritt der Tod auf See oder in einem Luftfahrzeug ein, so ist die örtliche Ordnungsbehörde des Ortes zuständig, an dem die Leiche an Land gebracht wird.
(4) In den Fällen des § 5 Abs. 3 ist die Einrichtung, die die Leiche für Zwecke der Forschung und Lehre übernommen hat, für die Bestattung verantwortlich, sobald die Leiche für diese Zwecke nicht mehr benötigt wird.

§ 10 Bestattungsart

(1) Die Bestattung kann als Erdbestattung oder als Feuerbestattung mit anschließender Beisetzung der Asche durchgeführt werden. Die Art und der Ort der Bestattung richten sich nach dem Willen des Verstorbenen. Ist der Wille des Verstorbenen nicht bekannt, bestimmt der Auftraggeber die Bestattungsart und den Bestattungsort.

Landesrecht

(2) Veranlasst nach § 9 Abs. 3 eine Behörde die Bestattung, so ist die ortsübliche Bestattungsart zu wählen. Nicht zulässig sind in diesen Fällen das Verstreuen der Asche und die Urnenbeisetzung auf See. Handelt es sich um die Leiche eines Unbekannten, so ist nur die Erdbestattung zulässig.

§ 11 Voraussetzungen der Bestattung

(1) Die Bestattung ist zulässig, wenn seit Eintritt des Todes 48 Stunden verstrichen sind, eine Leichenschau durchgeführt worden ist und eine Bescheinigung mit dem Vermerk der Eintragung in das Sterbebuch oder eine Genehmigung der für den Bestattungsort zuständigen örtlichen Ordnungsbehörde vorgelegt wird.
(2) Soll ein Fehlgeborenes bestattet werden, so ist dem Träger des Friedhofs oder des Krematoriums eine ärztliche Bescheinigung vorzulegen, aus der sich das Datum der Geburt sowie Name und Anschrift der Mutter ergibt.

§ 12 Feuerbestattung

(1) Eine Feuerbestattung ist nur zulässig, wenn durch eine zweite Leichenschau bestätigt worden ist, dass keine Anhaltspunkte für einen nichtnatürlichen Tod bestehen. Wenn eine Obduktion nach § 87 Abs. 2 der Strafprozessordnung durchgeführt worden ist oder es sich um ein Totgeborenes mit einem Gewicht unter 1000 Gramm handelt, ist eine zweite Leichenschau nicht erforderlich.
(2) Die zweite Leichenschau nach Absatz 1 darf nur durch einen Arzt des Gesundheitsamtes oder einen vom Gesundheitsamt hierfür ermächtigten Arzt durchgeführt werden. Der ermächtigte Arzt muss die Anerkennung zum Führen der Gebietsbezeichnung Rechtsmedizin, Pathologie oder Öffentliches Gesundheitswesen besitzen.
(3) Angehörige und Personen, die den Verstorbenen während einer dem Tod vorausgegangenen Krankheit behandelt oder gepflegt haben, sowie Ärzte, die die erste Leichenschau oder eine Obduktion vorgenommen haben, sind verpflichtet, dem für die zweite Leichenschau zuständigen Arzt auf Verlangen Auskunft über Krankheiten und andere Gesundheitsschädigungen des Verstorbenen und über sonstige für seinen Tod möglicherweise ursächliche Ereignisse zu erteilen. § 4 Abs. 2 Satz 2 gilt entsprechend. Die Durchführung der zweiten Leichenschau ist zu dokumentieren. Die Aufzeichnungen sind vom Krematorium fünf Jahre lang aufzubewahren.
(4) Leichen dürfen nur in kommunalen Krematorien eingeäschert werden.
(5) Die Asche jeder Leiche ist in eine Urne aufzunehmen. Die Urne ist zu kennzeichnen und zu verschließen. Über die vorgenommene Einäscherung und den Verbleib der Asche hat das Krematorium ein Verzeichnis zu führen, das fünf Jahre lang aufzubewahren ist.
(6) Das Krematorium darf die Urne nur zur Beisetzung aushändigen oder versenden.

§ 13 Beisetzung

(1) Erdbestattungen sind nur auf Friedhöfen zulässig. Die Gemeinde kann mit Zustimmung des Gesundheitsamtes im Einzelfall Ausnahmen zulassen, wenn ein wichtiger Grund vorliegt und öffentliche Belange nicht entgegenstehen.
(2) Bei einer Feuerbestattung ist die Urne mit der Asche auf einem Friedhof oder in geeigneter Form in einer Kirche beizusetzen. Die Asche kann auch auf einer hierfür bestimmten Stelle eines Friedhofs verstreut werden. Auf Wunsch des Verstorbenen darf außerdem die Urne von einem Schiff aus auf See beigesetzt werden, wenn andere Rechtsvorschriften nicht entgegenstehen. Sonstige Beisetzungen von Urnen außerhalb von Friedhöfen kann die Gemeinde im Einzelfall zulassen, wenn ein wichtiger Grund vorliegt und öffentliche Belange nicht entgegenstehen.

Abschnitt 3. Friedhofswesen

§ 14 Friedhöfe

(1) Träger von Friedhöfen können nur Gemeinden sowie Religionsgemeinschaften, die Körperschaften des öffentlichen Rechts sind, sein.

(2) Die Gemeinden haben Friedhöfe (Gemeindefriedhöfe) einzurichten und zu unterhalten. Dies gilt nicht, wenn in der Gemeinde ein kirchlicher Friedhof vorhanden ist oder die Gemeinde durch Vereinbarung sicherstellt, dass der Friedhof eines anderen Trägers benutzt werden kann. Die Sätze 1 und 2 gelten für Leichenhallen entsprechend.

(3) Religionsgemeinschaften, die Körperschaften des öffentlichen Rechts sind, insbesondere Kirchen und Kirchengemeinden, können Friedhöfe (kirchliche Friedhöfe) einrichten und unterhalten. Auf kirchlichen Friedhöfen ist die Bestattung aller in der Gemeinde Verstorbenen zu ermöglichen, wenn die Gemeinde keinen eigenen Friedhof unterhält und auch keine Vereinbarung nach Absatz 2 Satz 2 geschlossen hat. In diesen Fällen hat sich die Gemeinde an den Kosten des Friedhofs zu beteiligen, die nicht durch Benutzungsentgelte gedeckt werden können.

(4) Erhebt der Träger eines kirchlichen Friedhofs Benutzungsentgelte in der Form von öffentlich-rechtlichen Gebühren, so sind diese auf seinen Antrag von den Oberbürgermeistern der kreisfreien Städte, den Bürgermeistern der amtsfreien Gemeinden und den Amtsvorstehern der Ämter im Wege der Vollstreckungshilfe nach den für die Verwaltungsvollstreckung geltenden Vorschriften beizutreiben. Kosten der Vollstreckungshilfe, die nicht durch Zahlung des Pflichtigen gedeckt werden, hat der Träger des kirchlichen Friedhofs der Vollstreckungsbehörde zu erstatten.

(5) Der Träger des Friedhofs regelt die Ordnung, Benutzung und Gestaltung sowie die Ausübung gewerblicher Tätigkeit durch eine Friedhofsordnung. Der Träger ist verpflichtet, über erfolgte Bestattungen Buch zu führen.

(6) Die Einrichtung oder Erweiterung von Friedhöfen bedarf der Genehmigung, die die Landräte oder die Oberbürgermeister der kreisfreien Städte im Benehmen mit den zuständigen Wasserbehörden erteilen. Die Genehmigung ist öffentlich bekannt zu geben.

§ 15 Ruhezeiten

Das Gesundheitsamt legt die Mindestruhezeit für den jeweiligen Friedhof und für sonstige Grabstätten fest. Sie darf 20 Jahre nicht unterschreiten. Vor Ablauf der Ruhezeit darf in einem Grab keine weitere Erdbestattung vorgenommen werden. Das Gesundheitsamt kann Ausnahmen zulassen.

§ 16 Ausgrabungen und Umbettungen

(1) Ausgrabungen und Umbettungen von Leichen und Urnen darf der Träger des Friedhofs vor Ablauf der Ruhezeit nur zulassen, wenn ein wichtiger Grund eine Störung der Totenruhe rechtfertigt. Ausgrabungen und Umbettungen von Leichen bedürfen der Zustimmung des Gesundheitsamtes. Umbettungen von Leichen im Zeitraum von zwei Wochen bis zu sechs Monaten nach der Beisetzung sind unzulässig.

(2) Mit einer Umbettung beginnt keine neue Ruhezeit.

(3) Werden bei Erdarbeiten außerhalb von Friedhöfen Überreste einer menschlichen Leiche gefunden, sind diese nach Abschluss etwaiger polizeilicher Ermittlungen auf einem Friedhof wieder der Erde zu übergeben, soweit sie nicht wissenschaftlichen Zwecken zugeführt werden.

§ 17 Aufhebung von Friedhöfen

(1) Friedhöfe, Teile von Friedhöfen oder einzelne Grabstätten dürfen nur aufgehoben werden, wenn alle Mindestruhezeiten abgelaufen sind.

(2) Im öffentlichen Interesse kann ein Friedhof vor Ablauf der Mindestruhezeiten aufgehoben werden, wenn die Leichen und Urnen vorher umgebettet worden sind.

(3) Die Aufhebung eines Friedhofs oder eines Teils eines Friedhofs ist öffentlich bekannt zu geben.

Abschnitt 4. Gemeinsame Vorschriften

§ 18 Aufgabenwahrnehmung

(1) Die Durchsetzung der nachstehenden Regelungen
1. § 3 Abs. 3 und 4 und § 4 (Durchführung der Leichenschau durch Ärzte),
2. § 5 (Obduktion und Sektion),
3. § 6 Abs. 1, 2 und 3 Satz 2 und 3 (Ausstellung, Übersendung und Vervollständigung von Todesbescheinigungen und Obduktionsscheinen),
4. § 7 (Kosten der Leichenschau),
5. § 8 Abs. 3 (Wiederholung einer Kennzeichnung auf dem Sarg),
6. § 9 Abs. 1 Satz 4 und 5 (Beseitigung von nicht zu bestattenden Leichen und Teilen),
7. § 12 (Durchführung der Feuerbestattung mit Ausnahme der Beisetzung der Asche)

sowie die Erteilung der Genehmigung nach § 14 Abs. 6 wird den Landkreisen und den kreisfreien Städten übertragen. Sie nehmen auch die nach diesem Gesetz den Gesundheitsämtern zugewiesenen Aufgaben als Aufgaben des übertragenen Wirkungskreises wahr. Die damit verbundenen Aufwendungen sind durch Zuweisungen des kommunalen Finanzausgleichs für gesetzlich übertragene Aufgaben abgegolten.

(2) Die Gemeinden nehmen die ihnen zugewiesenen Aufgaben nach
1. § 12 Abs. 3 Satz 4, Abs. 4, Abs. 5 Satz 3 und Abs. 6 (Betrieb von Krematorien),
2. § 13 Abs. 1 Satz 2 und Abs. 2 Satz 4 (Zulassung von Beisetzungen außerhalb von Friedhöfen),
3. § 14 Abs. 1 bis 3 und 5 (Einrichtung und Betrieb von Friedhöfen und Leichenhallen)

im eigenen Wirkungskreis wahr.

(3) Die übrigen Aufgaben nach diesem Gesetz werden, soweit sie nicht ausdrücklich bestimmten Stellen zugewiesen sind, von den Ämtern, amtsfreien Gemeinden und kreisfreien Städten als Aufgaben des übertragenen Wirkungskreises wahrgenommen. Absatz 1 Satz 3 gilt entsprechend.

(4) Fachaufsichtsbehörde ist das Sozialministerium.

§ 19 Einschränkung von Grundrechten

Für die Durchführung der Leichenschau nach § 4 Abs. 1 dieses Gesetzes wird das Grundrecht auf Unverletzlichkeit der Wohnung (Artikel 13 Abs. 1 des Grundgesetzes) eingeschränkt.

§ 20 Ordnungswidrigkeiten

(1) Ordnungswidrig handelt, wer vorsätzlich oder fahrlässig
1. entgegen § 3 Abs. 2 als Verpflichteter die Leichenschau nicht unverzüglich veranlasst,
2. entgegen § 3 Abs. 3 als Arzt die Leichenschau nicht durchführt,
3. entgegen § 4 Abs. 1 die Leichenschau nicht rechtzeitig oder nicht in der erforderlichen Weise durchführt,
4. entgegen § 4 Abs. 2, § 6 Abs. 3 Satz 3 oder § 12 Abs. 3 Satz 1 eine Auskunft nicht oder nicht richtig erteilt,
5. entgegen § 4 Abs. 4 als Arzt eine Leiche nicht mit einem Hinweis auf eine meldepflichtige Krankheit oder auf eine sonstige von der Leiche ausgehende Gefahr kennzeichnet oder entgegen § 8 Abs. 3 die Kennzeichnung auf dem Sarg nicht wiederholt,
6. als Arzt entgegen § 6 Abs. 1 eine Todesbescheinigung nicht, nicht richtig oder nicht vollständig ausstellt oder entgegen § 6 Abs. 3 Satz 2 eine Todesbescheinigung oder einen Obduktionsschein nicht vervollständigt,
7. entgegen § 8 Abs. 2 für die Beförderung von Leichen im Straßenverkehr ein Fahrzeug benutzt, das hierfür nicht bestimmt und eingerichtet ist, oder einen Anhänger benutzt,
8. entgegen § 13 eine Beisetzung außerhalb eines Friedhofs vornimmt,
9. einer Rechtsverordnung nach § 6 Abs. 5 zuwiderhandelt, soweit sie für einen bestimmten Tatbestand auf diese Bußgeldvorschrift verweist.

(2) Die Ordnungswidrigkeit kann mit einer Geldbuße bis zu zehntausend *Deutsche Mark** geahndet werden.
(3) Verwaltungsbehörden nach § 36 Abs. 1 Nr. 1 des Gesetzes über Ordnungswidrigkeiten sind in den Fällen
1. des Absatzes 1 Nr. 2 bis 6 und 9 die Landräte und die Oberbürgermeister der kreisfreien Städte,
2. des Absatzes 1 Nr. l, 7 und 8 die örtlichen Ordnungsbehörden.

(4) Die Geldbußen fließen den nach Absatz 3 zuständigen Behörden zu. Diese tragen abweichend von § 105 Abs. 2 des Gesetzes über Ordnungswidrigkeiten die notwendigen Auslagen und sind ersatzpflichtig im Sinne des § 110 Abs. 4 des Gesetzes über Ordnungswidrigkeiten.

** entspricht 5.112,92 Euro. Eine Euroanpassung der Bestimmung ist bislang nicht erfolgt.*

Abschnitt 5. Übergangs- und Schlussvorschriften

§ 21 Übergangsvorschriften

(1) Bis zum Inkrafttreten einer Rechtsverordnung nach § 6 Abs. 5 sind die durch Runderlass des Sozialministeriums vom 21. Dezember 1992 (Ärzteblatt Mecklenburg-Vorpommem 1993 S. 106) eingeführten Vordrucke in der dort beschriebenen Weise zu verwenden.
(2) Für die Aufbewahrung der vor Inkrafttreten dieses Gesetzes ausgestellten Todesbescheinigungen und Obduktionsscheine sowie für den sonstigen Umgang mit diesen gilt § 6 Abs. 3 Satz 1 und Abs. 4 entsprechend.
(3) Ärzte, die bisher mit der zweiten Leichenschau beauftragt waren, gelten bis auf Widerruf als ermächtigt im Sinne des § 12 Abs. 2.
(4) Abweichend von § 12 Abs. 4 dürfen Leichen auch in anderen Krematorien, die bei Inkrafttreten dieses Gesetzes bereits betrieben werden und deren Gesellschafter ausschließlich Gemeinden sind, eingeäschert werden.
(5) Für Bestattungen nach Inkrafttreten dieses Gesetzes beträgt die Ruhezeit mindestens 20 Jahre, auch wenn für den Friedhof bisher eine kürzere Ruhezeit festgelegt war.

§ 22 Aufhebung von Vorschriften

Soweit sie als Landesrecht in Mecklenburg-Vorpommem fortgelten, werden aufgehoben:
1. das Gesetz über die Feuerbestattung vom 15. Mai 1934 (RGBl. I S. 380),
2. die Verordnung zur Durchführung des Feuerbestattungsgesetzes vom 10. August 1938 (RGBl. I S. 1000),
3. die Verordnung über das Bestattungs- und Friedhofswesen vom 17. April 1980 (GBl. DDR I S. 159),
4. die Erste Durchführungsbestimmung zur Verordnung über das Bestattungs- und Friedhofswesen vom 17. April 1980 (GBl. DDR I S. 162),
5. die Zweite Durchführungsbestimmung zur Verordnung über das Bestattungs- und Friedhofswesen – Hygiene bei der Überführung, der Bestattung und der Exhumierung menschlicher Leichen – vom 2. Juni 1980 (GBl. DDR I S. 164),
6. die Anordnung über die ärztliche Leichenschau vom 4. Dezember 1978 (GBl. DDR I 1979 S. 4),
7. die Anweisung (Nr. 1) zur ärztlichen Leichenschau vom 4. Dezember 1978 (Verfügungen und Mitteilungen des Ministeriums für Gesundheitswesen der DDR S. 101),
8. die Anweisung Nr. 2 zur ärztlichen Leichenschau vom 23. Oktober 1980 (Verfügungen und Mitteilungen des Ministeriums für Gesundheitswesen der DDR S. 62),
9. die Anweisung Nr. 3 über die ärztliche Leichenschau vom 4. Oktober 1983 (Verfügungen und Mitteilungen des Ministeriums für Gesundheitswesen der DDR S. 67),
10. die Anordnung über die Überführung von Leichen vom 20. Oktober 1971 (GBl. DDR II S. 626),

11. die Anordnung über die Leichenschau und die Seebestattung bei Sterbefällen auf Seeschiffen vom 13. Februar 1985 (GBl. DDR I S. 89),
12. die Anordnung über die Sicherung der gegenwärtigen geltenden Preise des Bestattungswesens gegenüber der Bevölkerung nach Einführung der Industriepreise der 3. Etappe der Industriereform – Bestattungswesen – vom 15. Dezember 1966 (GBl. DDR II S. 1106),
13. die Anlage 2 (Zusätzliche Bestimmungen über die Verladung und den Transport von Leichen) zur Ersten Durchführungsbestimmung zur Gütertransportverordnung – Bestimmungen für den Ladungstransport durch die Eisenbahn – vom 10. Dezember 1981 (GBl. DDR I 1982 S. 23).

§ 23 Inkrafttreten

Dieses Gesetz tritt am 1. September 1998 in Kraft.

Anlage: Erläuterungen auf dem Umschlag zur Todesbescheinigung

Informationen für die Ärztin/den Arzt

Die Ausstellung der Todesbescheinigung ist keine bloße Formalität. Für die Feststellung des Todes besteht eine besondere Sorgfaltspflicht. Mit der Ausstellung der Todesbescheinigung werden die Weichen gestellt, ob die Leiche zur Bestattung freigegeben wird oder ob weitere Ermittlungen im Hinblick auf einen nicht-natürlichen Tod erforderlich. sind. Zugleich hängt von der sorgfältigen Todesbescheinigung die Qualität der Todesursachen-Statistik ab.

Um Fehler zu vermeiden, hat die Ärztin/der Arzt die unbekleidete Leiche von allen Seiten und bei ausreichender Beleuchtung in Augenschein zu nehmen. Eine Teilbesichtigung der Leiche ist auf keinen Fall zulässig. Eine Leichenschau im Freien sollte nicht erfolgen.

Die Qualifizierung der Todesart prüft, ob Anhaltspunkte für einen nicht-natürlichen Tod vorliegen. Bei Verneinung dieser Frage wird ein natürlicher Tod angenommen, es sei denn, die Ärztin/der Arzt hält die Todesart für ungeklärt und dokumentiert dies entsprechend. Bei Anhaltspunkten für einen nicht-natürlichen Tod sind diese aufzuführen.

Hinweise zur Todesbescheinigung

Der Formularsatz für die Todesbescheinigung umfasst:
- einen nicht-vertraulichen Teil,
- einen vertraulichen Teil (Blatt 1 bis 4) und
- zwei Obduktionsscheine.

Todesbescheinigung – nicht-vertraulicher Teil

Der nicht-vertrauliche Teil der Todesbescheinigung wird nach Ausfüllung den Angehörigen zur Vorlage beim Standesamt übergeben.

Todesbescheinigung – vertraulicher Teil

Die amtliche Todesursachenstatistik wird nach den Regeln der Weltgesundheitsorganisation (WHO) durchgeführt. In diesem Zusammenhang ist es erforderlich, dass der Krankheitsablauf unter „Todesursache/Klinischer Befund" in seiner Kausalkette angegeben wird.

Nachdem alle Exemplare des vertraulichen Teils (Blatt 1 bis 4) ausgefüllt und unterzeichnet sind, werden Blatt 1 und 2 abgetrennt, einmal in der Mitte gefaltet und so in den anhängenden Fensterbriefumschlag eingelegt, dass die Personalangaben sichtbar sind. Dieser Umschlag wird von der Ärztin/dem Arzt persönlich verschlossen und ist von den Angehörigen zusammen mit dem nicht-vertraulichen Teil beim zuständigen Standesamt abzugeben.

Das Doppel für die Obduktion (Blatt 3) wird zusammen mit den beiden nicht ausgefüllten Obduktionsscheinen in den zweiten Umschlag gelegt. Dieser Umschlag wird ebenfalls von der Ärztin/dem Arzt persönlich verschlossen und verbleibt bei der Leiche.

Blatt 4 des vertraulichen Teils ist für die persönlichen Unterlagen der Ärztin/des Arztes bestimmt.

Erläuterungen

Im vertraulichen Teil der Todesbescheinigung ist im Feld „Todesursache/Klinischer Befund“ der ICD-Code auszuweisen. Nur in Ausnahmefällen kann der Ausweis des ICD-Codes unterbleiben, wenn die Kausalkette der Ursachen und Krankheiten, die zum Tode geführt haben, exakt beschrieben wird. Für die Qualität der Todesursachen-Statistik ist das Ausfüllen der Spalte „Zeitdauer zwischen Beginn der Krankheit und Tod“ von großer Bedeutung.

Weitere Angaben zu der „Unmittelbar zum Tode führenden Krankheit“ sowie den „Anderen wesentlichen Krankheiten“ im Sinne einer Multi-Morbidität können im Feld „Nähere Angaben zur Todesursache und zu Begleiterkrankungen (Epikrise)“ gemacht werden.

Im Feld „Weitere Angaben zur Klassifikation der Todesursache“ sollte bei Unfalltoten die Kategorie „Sonstiger Unfall“ nur in begründeten Ausnahmefällen verwendet werden.

9. Niedersachsen

Hinweis: Siehe auch das Feuerbestattungsgesetz und die dazugehörigen Verordnungen (Seite 211 ff.)

9a. Gesetz über das Leichenwesen

vom 29.3.1963 (GVBl. S. 142), zuletzt geändert durch Gesetz vom 22.3.1990 (GVBl. S. 101)

Hinweis: Die Übergabe von Leichen an anatomische Institute ist geregelt im Runderlass vom 8.3.1962 (MBl. S. 280)

§ 1 (Leichenschau)

(1) Jede menschliche Leiche ist zur Feststellung des Todes, der Todesart und der Todesursache von einem Arzt zu untersuchen (Leichenschau). Der Arzt hat hierüber eine Todesbescheinigung (Leichenschauschein) nach vorgeschriebenem Muster auszustellen.

(2) Ein Kind, bei dem nach der Scheidung vom Mutterleib entweder das Herz geschlagen oder die Nabelschnur pulsiert oder die natürliche Lungenatmung eingesetzt hat, gilt, wenn es verstorben ist, als Leiche.

(3) Als Leiche gilt auch eine Leibesfrucht, bei der sich nach der Scheidung vom Mutterleib keine der in Absatz 2 genannten Merkmale des Lebens gezeigt haben, deren Größe aber mindestens 35 cm beträgt.

§ 2 (Verpflichtete Personen)

(1) Verpflichtet, die Leichenschau unverzüglich zu veranlassen, sind in der nachstehenden Reihenfolge:

1. das Familienhaupt,
2. derjenige, in dessen Wohnung, Anlage, Einrichtung oder auf dessen Grundstück der Sterbefall sich ereignet hat,
3. jede Person, die mit der Behandlung oder Pflege des Verstorbenen zuletzt berufsmäßig beschäftigt war,
4. jede Person, die bei dem Tode zugegen war oder aus eigenem Wissen von dem Sterbefall unterrichtet ist.

An die Stelle des Familienhauptes tritt in Krankenhäusern oder Entbindungsheimen der leitende Arzt oder die Hebamme, in Krankenhäusern mit mehreren selbständigen Abteilungen der leitende Abteilungsarzt, auf Schiffen der Schiffsführer, in Pflege- und Gefangenenanstalten, Heimen, Lagern, Sammelunterkünften und ähnlichen Einrichtungen der Leiter.

(2) Bei Leichen unbekannter Personen hat die Gemeinde, in deren Gebiet die Leiche aufgefunden worden ist, die Leichenschau unverzüglich zu veranlassen.

§ 3 (Vornahme der Leichenschau)

(1) Die Leichenschau ist unverzüglich vorzunehmen. Der Arzt hat die Leiche sorgfältig zu untersuchen und den Leichenschauschein auszustellen.

(2) Stellt der Arzt Anzeichen dafür fest, dass die verstorbene Person nicht eines natürlichen Todes gestorben ist, oder erlangt er von Umständen Kenntnis, die den Verdacht eines nicht natürlichen Todes begründen, oder handelt es sich um die Leiche eines Unbekannten, so hat der Arzt die für den Sterbe- oder Auffindungsort zuständige Polizeidienststelle unverzüglich zu benachrichtigen und ihr den Leichenschauschein zuzuleiten. Ist der Todesfall in einer Vollzugsanstalt der Justizverwaltung eingetreten, so tritt an die Stelle der Polizeidienststelle die örtlich zuständige Staatsanwaltschaft oder das örtlich zuständige Amtsgericht.

(3) Die Leichenschau ist von einem beamteten Arzt des für den Sterbe- oder Auffindungsort zuständigen Gesundheitsamtes durchzuführen, wenn

a) kein anderer Arzt die Leichenschau vornimmt,
b) das zuständige Gericht, die zuständige Staatsanwaltschaft oder eine Polizeidienststelle das Gesundheitsamt hierzu auffordert.

(4) Soweit nicht die Voraussetzungen des Absatzes 2 vorliegen, hat der Arzt den Leichenschauschein einem der nach § 2 Verpflichteten auszuhändigen. Dieser hat den Leichenschauschein unverzüglich dem für den Sterbeort zuständigen Standesbeamten zuzuleiten.

§ 4 (Kosten der Leichenschau)

Die Kosten der Leichenschau und der Ausstellung des Leichenschauscheines sind von demjenigen zu tragen, der für die Bestattung sorgt, unbeschadet etwaiger Ersatzansprüche gegen Dritte.

§ 5 und § 6 aufgehoben

§ 7 (Ordnungswidrigkeiten)

(1) Ordnungswidrig handelt, wer vorsätzlich

1. der Verpflichtung nicht nachkommt, die Leichenschau zu veranlassen (§ 2 Abs. 1),
2. der Verpflichtung nicht nachkommt, den Leichenschauschein unverzüglich dem für den Sterbeort zuständigen Standesbeamten zuzuleiten (§ 3 Abs. 4 Satz 2),
3. ohne Vorwissen der Behörde einen Leichnam beerdigt oder beiseite schafft.

(2) Ordnungswidrig handelt ferner, wer vorsätzlich oder fahrlässig einer auf Grund des § 8 erlassenen Verordnung zuwiderhandelt, soweit die Verordnung für einen bestimmten Tatbestand auf diese Bußgeldvorschrift verweist. Eine solche Verweisung ist nicht erforderlich, soweit die Vorschrift der Verordnung vor dem 1. Juni 1970 erlassen worden ist.

(3) Die Ordnungswidrigkeit kann mit einer Geldbuße geahndet werden.

§ 8 (Verordnungsermächtigung)

Der Sozialminister wird ermächtigt, im Einvernehmen mit dem Minister des Innern durch Verordnung Vorschriften über die Bestattung, Beförderung und Ausgrabung von Leichen zu erlassen.

§ 9 (Feuerbestattungsgesetz)

Das Gesetz über die Feuerbestattung vom 15. 5. 1934 (Nieders. GVBl. Sb II S. 279) und die dazu ergangenen Ausführungsbestimmungen werden durch dieses Gesetz oder eine auf Grund des § 8 erlassene Verordnung nicht berührt.

§ 10 (Außerkrafttreten von Bestimmungen)

(1) Dieses Gesetz tritt am 1. 4. 1963 in Kraft.

(2) Gleichzeitig treten außer Kraft:

a) die preußische Polizeiverordnung über das Leichenwesen vom 18. 4. 1933 (Preuß. Gesetzsamml. S. 149) in der Fassung vom 10. 4. 1942 (Preuß. Gesetzsamml. S. 17),
b) die braunschweigische Polizeiverordnung über die ärztliche Totenschau im Lande Braunschweig vom 13. 7. 1937 (Braunschw. GVS. S. 77),
c) die oldenburgische Polizeiverordnung über die Vorlegung eines ärztlichen Totenscheins vom 8. 3. 1937 (Old. GBl. Bd. 50 S. 31).

9b. Verordnung über die Bestattung von Leichen

vom 29.10.1964 (GVBl. S. 183), zuletzt geändert durch Verordnung vom 17.9.1986 (GVBl. S. 303)

Auf Grund des § 8 des Gesetzes über das Leichenwesen vom 29.3.1963 (Nieders. GVBl. S. 142) und der §§ 15 und 18 Abs. 1 des Gesetzes über die öffentliche Sicherheit und Ordnung vom 21.3.1951 (Nieders. GVBl. Sb. I S. 89) wird im Einvernehmen mit dem Minister des Innern für das Land Niedersachsen verordnet:

I. Bestattung menschlicher Leichen

§ 1 (Bestattungspflicht)

(1) Eine Leiche darf erst nach Ablauf von achtundvierzig Stunden seit dem Eintritt des Todes bestattet werden. Auf Antrag desjenigen, der für die Bestattung sorgt, kann die zuständige Behörde ausnahmsweise eine frühere Bestattung zulassen.

(2) Bei der Bestattung müssen vorliegen

a) eine Sterbeurkunde oder
b) eine Bescheinigung des für den Sterbeort zuständigen Standesbeamten über die Beurkundung des Sterbefalles oder
c) eine Genehmigung der zuständigen Behörde nach § 39 Satz 1 des Personenstandsgesetzes und
d) in den Fällen des § 3 Abs. 2 des Gesetzes über das Leichenwesen außerdem eine schriftliche Genehmigung der zuständigen Staatsanwaltschaft oder des zuständigen Amtsgerichts zur Bestattung der Leiche gemäß § 159 Abs. 2 der Strafprozessordnung.

§ 2 (Bestattungsfrist)

(1) Jede Leiche muss innerhalb von sechsundneunzig Stunden seit dem Eintritt des Todes bestattet oder zur Bestattung auf den Weg gebracht sein. Tage, an denen in der Gemeinde keine Bestattungen vorgenommen werden, sind in die Frist nicht einzurechnen. Die zuständige Behörde kann eine frühere Bestattung anordnen.

(2) Auf Antrag desjenigen, der für die Bestattung sorgt, kann die zuständige Behörde ausnahmsweise die Frist verlängern, wenn durch ein ärztliches Zeugnis bescheinigt wird, dass seuchenhygienische oder sonstige ärztliche Bedenken einer späteren Bestattung nicht entgegenstehen.

(3) In Gemeinden, in denen eine Leichenhalle zur Verfügung steht, ist jede Leiche spätestens sechsunddreißig Stunden seit dem Eintritt des Todes, jedoch nicht vor Ausstellung der Todesbescheinigung, in die Leichenhalle zu überführen. Auf Antrag desjenigen, der für die Bestattung sorgt, kann die zuständige Behörde die Aufbewahrung der Leiche im Sterbehaus genehmigen, wenn durch ärztliches Zeugnis bescheinigt wird, dass Bedenken hiergegen nicht bestehen.

(4) Leichenhallen im Sinne dieser Bestimmungen sind die ausschließlich zur Aufbewahrung von Leichen bestimmten Räume auf Friedhöfen, in Krematorien, Krankenhäusern, pathologischen Instituten und bei gewerblichen Bestattungsunternehmen. Diese Räume müssen gut lüftbar, kühl, leicht zu reinigen und zu desinfizieren sowie gegen das Betreten durch Unbefugte gesichert und gegen das Eindringen von Tieren geschützt sein. Sie sollen über Kühlfächer oder -zellen für Leichen verfügen.

§ 3 (Überführung)

Bei der Überführung der Leiche nach dem Bestattungsplatz ist ein Sarg zu benutzen, der so abgedichtet ist, dass keine Feuchtigkeit durchdringen kann. § 6 Abs. 2 bleibt unberührt.

§ 4 (Verbote)
Es ist verboten, Leichen öffentlich auszustellen oder den Sarg bei den Bestattungsfeierlichkeiten zu öffnen. Die zuständige Behörde kann Ausnahmen nach vorheriger Anhörung des Gesundheitsamtes gestatten, jedoch nicht bei den in § 6 Abs. 1 bezeichneten Leichen.

§ 5 (Ausgeschlossene Personen)
Personen, die im Lebensmittel- oder Friseurgewerbe, in einem Heilhilfsberuf oder als Hebamme tätig sind, dürfen Leichen nicht beruflich reinigen, ankleiden oder einsargen. Geräte, die gewerbsmäßig für Lebende benutzt werden, dürfen an Leichen nicht verwendet werden.

§ 6 (Ansteckende Krankheiten)
(1) Ist eine Person an Cholera, Enteritis infectiosa, Paratyphus A, B und C, Pest, Poliomyelitis, Shigellenruhr, Tollwut, Tuberkulose oder virusbedingtem hämorrhagischem Fieber gestorben, so ist die Leiche ohne vorheriges Waschen und Umkleiden in Tücher einzuhüllen, die mit einer desinfizierenden Flüssigkeit getränkt sind. Die Desinfektionsmittel bestimmt der die Leichenschau ausführende Arzt. Soll mit Rücksicht auf religiöse Vorschriften oder auf ein dringendes Verlangen desjenigen, der für die Bestattung sorgt, eine Leiche ausnahmsweise gewaschen werden, so darf dies nur unter den von der zuständigen Behörde nach vorheriger Anhörung des Gesundheitsamtes angeordneten Vorsichtsmaßnahmen geschehen.
(2) Die Leiche ist so bald als möglich in einen widerstandsfähigen Sarg einzusargen, dessen Boden durch eine fünf bis zehn Zentimeter hohe Schicht aufsaugender Stoffe oder auf andere Weise gegen das Durchdringen von Leichenflüssigkeit geschützt ist. Der Sarg ist sofort zu schließen und unverzüglich in eine Leichenhalle (§ 2 Abs. 4) oder, falls eine solche nicht vorhanden, in einen abgesonderten Raum zu bringen, der nicht gleichzeitig als Wohn-, Schlaf-, Arbeits- oder Wirtschaftsraum benutzt werden darf. Die Leiche darf im Sterbehaus nicht ausgestellt werden.
(3) Personen, die mit der Leiche in unmittelbare Berührung kommen (z.B. beim Waschen oder Einsargen), müssen waschbare Überkleider oder Schürzen tragen, die nach beendigter Tätigkeit in eine desinfizierende Flüssigkeit zu legen sind. Die genannten Personen haben vor Verlassen des Totenzimmers ihre Hände zu desinfizieren. Mittel und Dauer der Desinfektion bestimmt der die Leichenschau ausführende Arzt.
(4) Maßnahmen, die auf Grund des § 34 des *Bundes-Seuchengesetzes** angeordnet werden, bleiben unberührt.
**Siehe jetzt das Infektionsschutzgesetz (IfSG)*

II. Ausgrabung menschlicher Leichen

§ 7 (Zulässigkeit der Ausgrabung)
(1) Eine Leiche darf zum Zwecke der Umbettung, der nachträglichen Einäscherung oder einer Überführung nur mit Genehmigung der zuständigen Behörde ausgegraben werden.
(2) Die Genehmigung darf nur erteilt werden, wenn der Antragsteller eine Bescheinigung des Gesundheitsamtes darüber vorlegt, dass und unter welchen Bedingungen die Ausgrabung und, falls beabsichtigt, die Überführung gestattet werden kann.
(3) Der Genehmigung bedarf es nicht, wenn eine Umbettung nach § 6 Abs. 4 des Gesetzes über die Erhaltung der Gräber der Opfer von Krieg und Gewaltherrschaft (Gräbergesetz) vom 1. 7. 1965 (BGBl. I S. 589) zugelassen ist.

III. Beförderung menschlicher Leichen auf dem Landwege

§ 8 (Bescheinigungen)
(1) Bei der Beförderung einer Leiche sind die für die Bestattung erforderlichen Bescheinigungen (§ 1 Abs. 2) mitzuführen. Ferner ist die Leiche bei der Beförderung durch eine zuverlässige Person zu begleiten. Diese ist dafür verantwortlich, dass

a) die Beförderung möglichst ohne Unterbrechung bis zum Ziel durchgeführt wird,
b) der Sarg mit der Leiche von dem Fahrzeug, auf dem er befördert wird, ohne dringenden Grund nicht abgeladen wird,
c) das Fahrzeug bei einem unvermeidlichen Aufenthalt möglichst schnell auf einem abgesonderten Platz im Freien abgestellt und am Bestattungsort selbst unmittelbar nach der Ankunft zu der Bestattungsstelle oder zu einer Leichenhalle geführt wird.

(2) Eine Beförderung im Sinne des Absatzes 1 liegt nicht vor, wenn eine im Freien befindliche Leiche in ein Gebäude derselben Gemeinde oder einer Nachbargemeinde oder wenn eine Leiche aus einem Gebäude in ein anderes derselben Gemeinde gebracht wird.

§ 9 (Leichenwagen)

(1) Leichen dürfen nur mit Fahrzeugen befördert werden, deren Aufbauten zur Leichenbeförderung eingerichtet sind und die ausschließlich für diesen Zweck verwendet werden (Leichenwagen).

(2) Die zuständige Behörde kann nach vorheriger Anhörung des Gesundheitsamtes die Verwendung anderer Fahrzeuge, ausgenommen die in Absatz 3 genannten, soweit erforderlich unter Auflagen, genehmigen. Einer solchen Genehmigung bedarf es nicht, wenn eine Leiche zum Bestattungsplatz des Sterbeortes übergeführt werden soll.

(3) Mit Fahrzeugen, die gewerbsmäßig der Personenbeförderung dienen oder gewerbsmäßig zur Beförderung von Lebensmitteln oder Vieh benutzt werden, dürfen Leichen nicht befördert werden. Das gilt auch für die Überführung zum Bestattungsplatz des Sterbeortes.

§ 10 (Transportsarg)

Leichen dürfen nur in einem widerstandsfähigen verschlossenen Metallsarg oder einem festen, gut abgedichteten Holzsarg, dessen Boden mit einer fünf bis zehn Zentimeter hohen Schicht aufsaugender Stoffe versehen ist, befördert werden.

IV. Schlussbestimmungen

§ 11 (Leichen aus anderen Bundesländern)

Bei Leichen, die mit einem Leichenpass oder mit den für die Bestattung erforderlichen Bescheinigungen (§ 1 Abs. 2) in das Land Niedersachsen befördert werden, finden lediglich die Vorschriften der §§ 2 Abs. 1 und 2, 4, 6 Abs. 4, 8 Abs. 1, 9 Abs. 3, 12, 13 und 14 Anwendung.

§ 12 (Andere Transportbestimmungen)

Durch diese Verordnung werden abweichende Richtlinien für den internationalen Leichentransport, besondere Vereinbarungen mit außerdeutschen Staaten und die Bestimmungen über die Beförderung von Leichen auf Eisenbahnen, auf dem Seewege, auf Binnenwasserstraßen und auf dem Luftwege sowie die Bestimmungen des Gesetzes über die Feuerbestattung vom 15. 5. 1934 (Reichsgesetzbl. I S. 380) einschließlich der hierzu ergangenen Ausführungsbestimmungen und die Anordnungen, die von Gerichten und Staatsanwaltschaften im einzelnen getroffen werden, nicht berührt.

§ 13 (Ordnungswidrigkeiten)

Ordnungswidrig im Sinne von § 7 Abs. 2 des Gesetzes über das Leichenwesen handelt, wer

1. vorsätzlich entgegen § 1 Abs. 1 eine Leiche ohne Genehmigung oder behördliche Anordnung vor Ablauf von 48 Stunden nach dem Todesfall bestattet,
2. vorsätzlich oder fahrlässig die Bestimmungen des § 6 Abs. 1 bis 3 zum Schutz vor übertragbaren Krankheiten nicht einhält,
3. vorsätzlich entgegen § 7 Abs. 1 eine Leiche ohne behördliche Genehmigung ausgräbt,
4. vorsätzlich eine Leiche in einem nach § 9 Abs. 1 oder 3 nicht zugelassenen Fahrzeug befördert.

§ 14 (Inkrafttreten)
Diese Verordnung tritt am Tage nach ihrer Verkündung in Kraft.

9c. Gesetz über das Friedhofs- und Bestattungswesen (Landesteil Braunschweig)

vom 23.11.1927 (GuVS 1927 S. 405)

Der Landtag hat folgendes Gesetz beschlossen. Es wird hiermit verkündet.

§ 1 (Selbstverwaltungsangelegenheit)

1. Das Friedhofs- und Bestattungswesen ist eine Selbstverwaltungsangelegenheit der Städte und Landgemeinden im Sinne des § 111 der Städteordnung vom 15. 11. 1924 (GuVS S. 271) und des § 119 der Landgemeindeordnung vom gleichen Tage (GuVS S. 291).
2. Die anerkannten Religionsgesellschaften des öffentlichen Rechts sind auch fernerhin befugt, eigene Friedhöfe für die Bestattung ihrer Angehörigen neben dem Gemeindefriedhof auf ihre Kosten neu anzulegen, zu erweitern und zu unterhalten. Den Religionsgesellschaften werden die Vereinigungen gleichgestellt, die sich die gemeinschaftliche Pflege einer Weltanschauung zur Aufgabe machen.

§ 2 (Anlage von Gemeindefriedhöfen)

1. In allen Fällen, in denen der in Benutzung stehende kirchliche Friedhof voll belegt ist und die Beschaffung eines neuen Friedhofs erforderlich wird, hat die Gemeinde einen eigenen Gemeindefriedhof anzulegen, der unter der Verwaltung und Aufsicht der Gemeindeverwaltung steht.
2. Es kann durch Vereinbarung zwischen Gemeinde und Kirchengemeinde die Verwaltung bisher kirchlicher Friedhöfe auf die Gemeinde oder die Verwaltung eines dem bisherigen kirchlichen Friedhofe zu dessen Erweiterung hinzugelegten neuen Friedhofsteils auf die Kirchengemeinden übertragen werden.

§ 3 (Religiöse Bräuche)

Allen Angehörigen von Religionsgesellschaften und Vereinigungen, die sich die gemeinschaftliche Pflege einer Weltanschauung zur Aufgabe machen, wird das Recht gewährleistet, deren Vorschriften und Gebräuche auf dem Gemeindefriedhof bei der Bestattung und bei der Ausschmückung der Grabstätten zu beobachten, jedoch mit der Einschränkung, dass Inschriften und Symbole, welche die Weihe und den Ernst des Friedhofes verletzen, nicht angebracht werden dürfen.

§ 4 (Kirchliche Bestimmungen)

Unberührt bleiben die bisherigen Rechte und Verpflichtungen der Gemeinden und Kirchengemeinden, besonders die Verpflichtung der Kirchengemeinden, vor dem Anlegen kirchlicher Friedhöfe und vor dem Erlass von Begräbnis- und Friedhofsgebührenordnungen die Gemeinde zu hören und alle Angehörigen der Gemeinde zu bestatten.

§ 5 (Bestimmungen zu Bestattungsplätzen)

Unberührt bleiben die landespolizeilichen Vorschriften, die die Anlage, Erweiterung und Unterhaltung von Bestattungsplätzen jeder Art regeln.

§ 6 (Inkrafttreten)

Dieses Gesetz tritt mit seiner Verkündung in Kraft.

10. Nordrhein-Westfalen

Hinweis: Siehe auch das Feuerbestattungsgesetz und die dazugehörigen Verordnungen (Seite 211 ff.)

10a. Gesetz über Aufbau und Befugnisse der Ordnungsbehörden (Ordnungsbehördengesetz OBG)

in der Fassung der Bekanntmachung vom 13.5.1980 (GV NRW. S. 528), zuletzt geändert durch Gesetz vom 18.12.2001 (GV NRW S. 870)

– Auszug –

§ 48 (Zuständigkeit)
(1) Die Kreisordnungsbehörden sind zuständig für die Genehmigung der Anlage, Erweiterung und Schließung von kommunalen und privaten Begräbnisplätzen.

Landesrecht

10b. Ordnungsbehördliche Verordnung über das Leichenwesen

vom 3.12.2000 (GV NRW S. 757)

Auf Grund des § 26 des Ordnungsbehördengesetzes (OBG) in der Fassung der Bekanntmachung vom 13. Mai 1980 (GV. NW. S. 528), zuletzt geändert durch Gesetz vom 20.12.1994 (GV NRW S. 1115) wird im Benehmen mit dem Innenministerium für das Land Nordrhein-Westfalen verordnet:

I. Bestattung von Leichen

§ 1 (Erdbestattung)
(1) Leichen sind in Särgen aus einem Material zu bestatten, das im Boden von Begräbnisplätzen selbst verrottet (Erdbestattung).
(2) Eine Leiche darf erst bestattet werden, wenn dem Standesamt die von einer Ärztin oder einem Arzt ausgestellte Todesbescheinigung eingereicht worden ist und der Standesbeamte daraufhin die Eintragung des Sterbefalles vorgenommen hat.
(3) Eine Bestattung vor der Eintragung des Sterbefalles ist nur mit Genehmigung oder Anordnung der örtlichen Ordnungsbehörde zulässig.
(4) Sind Anhaltspunkte dafür vorhanden, dass jemand eines nicht natürlichen Todes gestorben ist, oder wird der Leichnam eines Unbekannten gefunden, ist die Bestattung nur zulässig, wenn sie durch die Staatsanwaltschaft nach § 159 Abs. 2 Strafprozessordnung schriftlich genehmigt worden ist.

§ 2 (Totenfürsorgepflichtige)
(1) Zur Beschaffung der ärztlichen Todesbescheinigung und zur Bestattung sind die Angehörigen der Verstorbenen verpflichtet. Angehörige im Sinne dieser Verordnung sind die Ehegattin oder der Ehegatte, die Abkömmlinge, die Eltern und die Geschwister.
(2) Hilfsweise trifft die Verpflichtung zur Beschaffung der Todesbescheinigung
1. die Person, in deren Wohnung oder sonstiger Unterkunft sich der Todesfall ereignet hat,

2. die Hauseigentümerin oder -verwalterin, den Hauseigentümer oder -verwalter,
3. wenn der Tod in einer Anstalt eingetreten ist, die Anstaltsleiterin oder den Anstaltsleiter,
4. wenn der Tod auf einem Schiff eingetreten ist, die Schiffsführerin oder den Schiffsführer.

(3) Wird für die Bestattung der Leiche von den Angehörigen nicht oder nicht rechtzeitig Vorsorge getroffen, hat die Ordnungsbehörde des Sterbe- oder Auffindungsortes die Bestattung der Leiche zu veranlassen. Deshalb sind, soweit Absatz 2 Anwendung findet, die dort genannten Personen verpflichtet, unverzüglich die zuständige Ordnungsbehörde über den Todesfall zu unterrichten.

§ 3 (Leichenschau)

(1) Die Ärztin oder der Arzt dürfen die Todesbescheinigung erst ausstellen, wenn sie die Leiche persönlich besichtigt und untersucht haben (Leichenschau).

(2) Sie haben die Leichenschau unverzüglich nach Erhalt der Anzeige über den Todesfall vorzunehmen.

(3) Falls keine andere Ärztin oder kein anderer Arzt die Leichenschau vornimmt, ist sie von einer Ärztin oder einem Arzt des für den Sterbe- oder Auffindungsort zuständigen unteren Gesundheitsamtes durchzuführen.

(4) Bei der Leichenschau ist insbesondere festzustellen,
1. ob der Tod eingetreten ist,
2. ob die oder der Tote eines natürlichen Todes infolge einer bestimmt zu bezeichnenden Krankheit gestorben und wegen dieser Krankheit von einem Arzt behandelt worden ist, oder ob Anzeichen eines gewaltsamen Todes vorliegen,
3. aus welcher Ursache der Tod eingetreten ist und
4. ob Umstände vorliegen, die Maßnahmen zur Abwehr von übertragbaren Krankheiten erfordern.

(5) Die Ärztin oder der Arzt haben das Ergebnis ihrer Feststellungen in die Todesbescheinigung einzutragen. Die unterschriebene und gestempelte Todesbescheinigung ist den Angehörigen oder den sonst zur Anzeige verpflichteten Personen unmittelbar im Anschluss an die Leichenschau zur Vorlage beim zuständigen Standesamt auszuhändigen. In den Fällen, in denen weitere Ermittlungen erforderlich sind, so dass sich die Ausfüllung des vertraulichen Teils der Todesbescheinigung verzögert, ist den zur Anzeige verpflichteten Personen die unterschriebene und gestempelte Durchschrift des offenen Teils der Todesbescheinigung für das Standesamt zu übergeben.

§ 4 (Bestattungsfrist)

(1) Jede Leiche muss innerhalb von 120 Stunden, sie darf jedoch nicht vor Ablauf von 48 Stunden nach dem Tode bestattet werden.

(2) Die Bestattungsfrist verlängert sich, wenn der Standesbeamte die Eintragung des Sterbefalles nicht vor Ablauf von 120 Stunden nach dem Tode vornehmen kann, um bis zu 24 Stunden nach dem Zeitpunkt der Eintragung.

(3) Die Bestattungsfrist verlängert sich außerdem in Ortschaften, in denen an bestimmten Tagen Bestattungen nicht vorgenommen werden, um die innerhalb des Bestattungszeitraums (Absatz 1) liegenden Tage, sofern die örtliche Ordnungsbehörde nicht aus gesundheitlichen Gründen eine frühere Bestattung anordnet.

§ 5 (Frühere Bestattung)

(1) Auf Antrag eines Angehörigen (§ 2 Abs. 1) kann die örtliche Ordnungsbehörde ausnahmsweise eine Bestattung vor Ablauf von 48 Stunden nach dem Tode genehmigen, falls durch ein besonderes ärztliches, auf Grund eigener Wahrnehmung ausgestelltes Zeugnis bescheinigt wird, dass an der Leiche die Merkmale des eingetretenen Todes mit Sicherheit festgestellt sind oder die Verwesung ungewöhnlich fortgeschritten und jede Möglichkeit des Scheintodes ausgeschlossen ist.

(2) Unter den gleichen Voraussetzungen kann die örtliche Ordnungsbehörde aus gesundheitlichen Gründen eine Bestattung vor Ablauf von 48 Stunden anordnen.

§ 6 (Spätere Bestattung)
Auf Antrag eines Angehörigen (§ 2 Abs. 1) kann die örtliche Ordnungsbehörde ausnahmsweise genehmigen, dass die Leiche nach Ablauf der sich aus § 4 ergebenden Bestattungsfrist bestattet wird, falls durch ein besonderes ärztliches, auf Grund eigener Wahrnehmungen ausgestelltes Zeugnis bescheinigt wird, dass die oder der Verstorbene nicht einer übertragbaren Krankheit erlegen ist und gesundheitliche Bedenken einer späteren Beerdigung nicht entgegenstehen.

§ 7 (Leichenhallen)
(1) Jede Leiche ist spätestens 36 Stunden nach dem Tode, jedoch nicht vor Ausstellung der ärztlichen Totenbescheinigung, in eine Leichenhalle zu überführen. Auf Antrag eines Angehörigen (§ 2 Abs. 1) kann die örtliche Ordnungsbehörde die Aufbewahrung der Leiche im Sterbehaus oder an anderer Stelle genehmigen, wenn durch ärztliches Zeugnis bescheinigt wird, dass Bedenken hiergegen nicht bestehen.
(2) Steht keine Leichenhalle zur Verfügung und ist ein Verbleib der Leiche im Sterbehaus oder an anderer Stelle nicht genehmigt, so hat die örtliche Ordnungsbehörde für die Aufbewahrung der Leiche zu sorgen.
(3) Leichenhallen im Sinne dieser Verordnung sind Leichenhallen oder -räume auf Friedhöfen, in Krematorien, Krankenhäusern, medizinischen Instituten, Altenheimen und Bestattungsunternehmen.
(4) Leichenhalle oder -räume müssen gut lüftbar, kühl, leicht zu reinigen und zu desinfizieren sein. Sie müssen gegen das Betreten durch Unbefugte gesichert und gegen das Eindringen von Tieren geschützt sein. Größere Anlagen sollten über Kühlfächer oder -zellen für Leichen verfügen.
(5) Für die Einhaltung der Bestimmungen des Absatzes 1 sind die zur Bestattung verpflichteten Personen verantwortlich.

§ 8 (Überführung von Leichen)
(1) Bei der Überführung von Leichen zum Platz der Aufbewahrung oder zum Bestattungsplatz ist darauf zu achten, dass dies in würdiger Form und in gesundheitlich unbedenklicher Weise geschieht. Hierzu ist ein Sarg zu benutzen, der so abgedichtet ist, dass jedes Durchsickern von Feuchtigkeit verhindert wird. Bei Überführungen, die von der Ordnungsbehörde ohne Auftrag des Angehörigen zur vorläufigen Bergung oder Aufbewahrung von Leichen angeordnet werden, ist ein Transportsarg zu verwenden, der nach Gebrauch sorgfältig zu reinigen und zu desinfizieren ist.
(2) Die Überführung von Leichen in Fahrzeugen, die der Beförderung von Personen, Lebensmitteln oder Tieren dienen oder gelegentlich dazu benutzt werden, ist unzulässig.
(3) Soll eine Leiche zu wissenschaftlichen Zwecken in ein medizinisches Institut überführt werden, kann die örtliche Ordnungsbehörde Ausnahmen von den Vorschriften des Absatzes 1 sowie des § 1 Abs. 2 zulassen, sofern durch ärztliches Zeugnis bescheinigt wird, dass dagegen keine Bedenken bestehen.

§ 9 (Verbote)
Das öffentliche Ausstellen von Leichen und das Öffnen und Offenhalten des Sarges während der Begräbnisfeierlichkeiten ist verboten. In besonderen Fällen können von der örtlichen Ordnungsbehörde Ausnahmen zugelassen werden.

§ 10 (Meldepflichtige Krankheiten)
(1) Hat die oder der Verstorbene im Zeitpunkt des Todes an einer meldepflichtigen Krankheit gelitten oder besteht Verdacht auf eine solche Erkrankung, so gilt folgendes:

1. Die Leiche darf weder gewaschen noch aus- oder angekleidet werden. Soll die Leiche aus besonderen Gründen gewaschen werden, so darf dies nur mit Erlaubnis der unteren Gesundheitsbehörde geschehen. Die Leiche ist in diesem Fall mit einer desinfizierenden Flüssigkeit zu waschen.
2. Zur Einsargung ist die Leiche in Tücher, die mit einer desinfizierenden Flüssigkeit getränkt sind, einzuschlagen und damit zu bedecken.
3. Die Leiche ist unverzüglich in einen festen, gut abgedichteten Sarg zu legen, dessen Boden mit einer 5 bis 10 cm hohen Schicht aus Sägemehl, Torfmull oder aus anderen aufsaugenden Stoffen bedeckt oder auf andere Weise gegen das Durchsickern von Leichenflüssigkeit geschützt ist.
4. Der Sarg ist sofort zu schließen. Er darf nur mit Genehmigung der Ordnungsbehörde wieder geöffnet werden.
5. Die Leiche ist unverzüglich nach der Einsargung in eine Leichenhalle zu bringen. Ist eine solche nicht vorhanden, so muss der Sarg in einem abgesonderten Raum, der nicht zur gleichen Zeit als Wohn-, Schlaf-, Arbeits- oder Wirtschaftsraum genutzt wird, untergebracht werden. Das Ausstellen der Leiche im Sterbehaus ist verboten.
6. Personen, die mit der Leiche in unmittelbare Berührung gekommen sind, haben sich einer Desinfektion zu unterziehen.

(2) § 28 Abs. 1 Satz 1 des Infektionsschutzgesetzes bleibt unberührt.

(3) Für die Einhaltung der Bestimmungen des Absatzes 1 sind die zur Bestattung verpflichteten Personen verantwortlich.

§ 11 (Beschäftigungsverbote)

(1) Personen, welche die Reinigung, das Ankleiden und Einsargen von Leichen beruflich ausüben, dürfen nicht gleichzeitig im Lebensmittel- oder Friseurgewerbe oder als Hebamme oder als Entbindungspfleger beschäftigt sein. Geräte, die zum Rasieren, Frisieren und ähnlicher Behandlung von Leichen verwendet worden sind, sind nach jeden Gebrauch zu desinfizieren und gesondert aufzubewahren.

(2) Personen, die aus beruflichen Gründen mit einer Leiche unmittelbar in Berührung kommen, müssen vor Beginn ihrer Tätigkeit waschbare Überkleider oder Schürzen anlegen. Sie haben ihre Hände unmittelbar nach Beendigung der Tätigkeit mit einer desinfizierenden Flüssigkeit zu reinigen.

(3) Hat die oder der Verstorbene im Zeitpunkt des Todes an einer meldepflichtigen Krankheit gelitten oder besteht der Verdacht einer solchen Erkrankung, so müssen die in Abssatz 2 genannten Personen ihre Hände, Überkleider und Schürzen vor Verlassen des Raumes, in dem die Leiche sich befindet, desinfizieren.

II. Ausgrabung von Leichen

§ 12 (Zulässigkeit der Ausgrabung)

(1) Das Ausgraben einer Leiche ist nur mit Genehmigung der örtlichen Ordnungsbehörde, in deren Bezirk die Leiche bestattet worden ist, zulässig.

(2) Hat die oder der Bestattete bei Eintritt des Todes an einer meldepflichtigen Krankheit gelitten oder besteht der Verdacht, dass im Zeitpunkt des Todes eine solche Krankheiten bestanden hat, kann die Genehmigung mit besonderen Auflagen und Bedingungen insbesondere hinsichtlich seuchenhygienischer Mindestliegezeiten und zu beachtender Schutzmaßnahmen verbunden werden.

(3) Die seuchenhygienischen Schutzmaßnahmen sind auch zu treffen, wenn die Ausgrabung richterlich in einem Gerichtsverfahren oder in einem staatsanwaltlichen Ermittlungsverfahren angeordnet wird.

(4) Bei der Wiederbestattung sind die Vorschriften der §§ 10 und 11 sinngemäß anzuwenden

III. Beförderung von Leichen

§ 13 (Überführung)

(1) Eine Leiche, die nicht an dem Sterbe- oder Auffindungsort bestattet werden soll, ist unverzüglich zum Bestimmungsort zu überführen und dort innerhalb der Bestattungsfrist nach § 4 Abs. 1, zuzüglich der für die Überführung nötigen Zeit zu bestatten. § 4 Abs. 2 und 3 gelten entsprechend.

(2) Bei der Beförderung einer Leiche sind mitzuführen:

1. Die Sterbeurkunde oder die Bescheinigung des Standesbeamten über die Beurkundung des Sterbefalles oder die Bescheinigung des Standesbeamten, dass der Sterbefall angezeigt, aber noch nicht beurkundet werden konnte,
2. eine Bestätigung des Bestattungsunternehmens darüber, dass die Leiche den Vorschriften dieser Verordnung entsprechend eingesargt und mit einem zur Leichenbeförderung bestimmten und hierfür ausgestatteten Fahrzeug (§ 16) befördert wird.

(3) Hat die oder der Verstorbene bei Eintritt des Todes an einer meldepflichtigen Krankheit gelitten oder besteht der Verdacht, dass im Zeitpunkt des Todes eine solche bestanden hat, so ist eine ärztliche Bescheinigung der unteren Gesundheitsbehörde mitzuführen, wonach gegen die Beförderung der Leiche keine Bedenken bestehen.

§ 14 (Ausnahmen)

Eine Überführung im Sinne des § 13 Abs. 1 liegt nicht vor, wenn eine Leiche aus dem Freien in ein Gebäude derselben oder einer an diese angrenzenden Gemeinde oder wenn die Leiche aus einem Gebäude in ein anderes derselben oder einer an diese angrenzenden Gemeinde gebracht wird.

§ 15 (Transport ins Ausland)

(1) Leichen dürfen über die Grenze der Bundesrepublik Deutschland nur mit einem Leichenpass nach dem Muster der Anlage befördert werden, der von der örtlichen Ordnungsbehörde auszustellen ist, in dessen Bezirk sich die Leiche befindet.

(2) Zusammen mit dem Antrag auf Ausstellung eines Leichenpasses sind die in § 13 Abs. 2 aufgeführten Urkunden und Bescheinigungen sowie – gegebenenfalls im verschlossenen Umschlag – eine ärztliche Bescheinigung mit Angabe der Todesursache vorzulegen

§ 16 (Leichenwagen)

Zur Leichenbeförderung auf Straßen und Wegen über den Bereich einer örtlichen Ordnungsbehörde hinaus sind Fahrzeuge zu benutzen, die zur Leichenbeförderung eingerichtet sind und ausschließlich zu diesem Zweck verwendet werden (Leichenwagen). Ausnahmen bedürfen der Genehmigung der örtlichen Ordnungsbehörde, in deren Bezirk sich die Leiche befindet. § 8 Abs. 2 gilt entsprechend.

§ 17 (Transportsarg)

(1) Die Leiche muss bei der Beförderung in einem festen, gut abgedichteten Sarg liegen, dessen Boden mit einer 5 bis 10 cm hohen Schicht aus Sägemehl, Holzkohlepulver, Torfmull oder mit anderen saugenden Stoffen bedeckt ist.

(2) Bei der Beförderung einer Leiche über die Grenze der Bundesrepublik Deutschland ins Ausland muss der Sarg entweder aus einem äußeren Holzsarg mit einer Wandstärke von mindestens 20 mm und einem sorgfältig verlöteten inneren Sarg aus Zink oder aus einem anderen selbstzersetzenden Stoff oder aus einem einzigen, sorgfältig abgedichteten Holzsarg mit einer Wandstärke von mindestens 30 mm, der mit einer Schicht aus Zink oder aus einem anderen selbstzersetzenden Stoff ausgekleidet ist, bestehen.

(3) Bei der Beförderung auf dem Luftweg kann der Sarg mit einer geeigneten Druckausgleichsvorrichtung versehen werden.

§ 18 (Transportbegleitung)
(1) Jede Leiche muss bei der Beförderung auf Straßen und Wegen von einer zuverlässigen Person begleitet werden.
(2) Die Begleitperson – bei Eisenbahn-, Schiffs- oder Lufttransport die für die Überführung verantwortliche Person – hat dafür zu sorgen, dass
1. die für die Beförderung erforderlichen Bescheinigungen, bei der Beförderung über die Grenzen der Bundesrepublik Deutschland der Leichenpass, mitgeführt werden,
2. die Beförderung möglichst ohne Unterbrechung bis zum Bestimmungsort durchgeführt wird,
3. die Leiche bei der Beförderung auf Straßen und Wegen von dem Fahrzeug, auf dem sie befördert wird, nicht ohne zwingenden Grund heruntergenommen wird,
4. das Fahrzeug bei einem unvermeidlichen Aufenthalt unverzüglich auf einen abgesonderten Platz gestellt und
5. die Leiche am Bestimmungsort unmittelbar nach Ankunft zu der Bestattungsstelle oder zu einer Leichenhalle verbracht wird.

IV. Bußgeldvorschriften

§ 19 (Ordnungswidrigkeiten)
(1) Ordnungswidrig handelt, wer vorsätzlich oder fahrlässig
1. entgegen § 1 Abs. 3 eine Leiche ohne Genehmigung oder Anordnung der Ordnungsbehörde bestattet,
2. entgegen § 1 Abs. 4 eine Leiche ohne schriftliche Genehmigung der Staatsanwaltschaft bestattet,
3. die Bestimmungen des § 10 Abs. 1 zum Schutz vor übertragbaren Krankheiten nicht einhält oder
4. entgegen § 17 eine Leiche in einem Sarg befördert, der den dort vorgeschriebenen Anforderungen nicht entspricht.

(2) Ordnungswidrig handelt ferner, wer
1. als Ärztin oder als Arzt entgegen § 3 Abs. 1 eine Todesbescheinigung ausstellt, ohne die Leiche persönlich besichtigt und untersucht zu haben,
2. als Ärztin oder als Arzt entgegen § 3 Abs. 2 die Leichenschau nicht unverzüglich nach Erhalt der Anzeige über den Todesfall vornimmt,
3. als Ärztin oder als Arzt entgegen § 3 Abs. 5 Satz 2 oder 3 die Todesbescheinigung oder wenigstens den offenen Teil der Todesbescheinigung den zur Anzeige verpflichteten Personen nicht unmittelbar nach der Leichenschau zur Vorlage beim Standesamt aushändigt oder
4. entgegen § 8 Abs. 2 eine Leiche in einem Fahrzeug überführt, das der Beförderung von Personen, Lebensmitteln oder Tieren dient oder gelegentlich dazu benutzt wird.

(3) Die Ordnungswidrigkeit kann mit einer Geldbuße geahndet werden.

V. Schlussbestimmungen

§ 20 (Skelette)
Diese Verordnung gilt nicht für Skelette oder Skeletteile.

§ 21 (Inkrafttreten)
Diese Verordnung tritt am 1. Januar 2001 in Kraft.

10c. Seebestattungen. Ausnahmen von § 9 Abs. 1 des Feuerbestattungsgesetzes

RdErl. d. Ministeriums für Frauen, Jugend, Familie und Gesundheit vom 3.1.2000 – III B 3 – 0263.4 – (MBl. NRW S. 148).

Zu § 9 des Gesetzes über die Feuerbestattung vom 15. Mai 1934 (RGS. NW. S. 80), geändert durch Gesetz vom 3. Dezember 1974 (GV. NW. S. 1504/SGV. NW. 2127), in Verbindung mit § 9 Abs. 2 Buchstabe a des Ordnungsbehördengesetzes (OBG) in der Fassung der Bekanntmachung vom 13. Mai 1980 (GV NRW S. 528), zuletzt geändert durch Gesetz vom 20. Dezember 1994 (GV NRW S. 1115/SGV NRW. 2060), bitte ich, wie folgt zu verfahren:

Abweichend von den Bestimmungen des § 9 Abs. 1 des Gesetzes über die Feuerbestattung kann nach § 9 Abs. 3 des Gesetzes auch die Bestattung der Aschenreste Verstorbener in Meeresgewässern (Seebestattung) ausnahmsweise zugelassen werden, wenn:

1 der Wille der Verstorbenen nach Bestattung ihrer Aschenreste in Meeresgewässern nachgewiesen ist und

2 die mit der Seebestattung beauftragte Seereederei gewährleistet, dass

2.1 für die Bestattung auf Hoher See eine Genehmigung des Bundesamtes für Seeschifffahrt und Hydrographie, 20359 Hamburg, Bernhard-Nocht-Str. 78, vorliegt,

2.2 bei der Bestattung in Küstengewässern die Anforderungen des jeweiligen deutschen Küstenlandes oder ausländischen Küstenstaates beachtet werden,

2.3 die Aschenreste in verschlossener, mit Sand oder Kies beschwerter Urne, die sich in Seewasser auflöst, seebestattet werden,

2.4 Zeitpunkt sowie geographische Lage und Breite der Seebestattung der Urne im Schiffstagebuch (Logbuch) unter Angaben der personenbezogenen Daten gemäß § 10 Abs. 1 der Verordnung zur Durchführung des Feuerbestattungsgesetzes vom 10. August 1938 (RGS. NW. S. 81), geändert durch Verordnung vom 18. Mai 1982 (GV NRW. S. 250/SGV. NW. 2127) eingetragen werden,

2.5 ein von dem Kapitän und von der Reederei beglaubigter Auszug aus dem Schiffstagebuch einschließlich einer Kartenskizze mit Eintragung der Position des Schiffes zum Zeitpunkt der Beisetzung der Urne gefertigt und unverzüglich der Ordnungsbehörde, von der die Ausnahme zugelassen wurde, zugestellt wird.

3 Die Ausnahmegenehmigung kann sich auch auf die Aushändigung der Urne mit den Aschenresten an die Angehörigen oder deren Beauftragte i. S. des Vorbehalts in § 10 Abs. 3 der Verordnung zur Durchführung des Feuerbestattungsgesetzes erstrecken.

4 Der Gem. RdErl. d. Minsters für Arbeit, Gesundheit und Soziales und des Innenministers vom 19.10.1978 (SMBL. NRW. 21270) wird im Einvernehmen mit dem Innenministerium aufgehoben.

10d. Hygiene-Richtlinien für die Anlage und Erweiterung von Begräbnisplätzen

RdErl. d. Ministers für Arbeit, Gesundheit und Soziales vom 21.8.1979 bzw. 25.10.1979 (MBl. S. 1724 bzw. 2258), geändert durch RdErl. vom 23.3.1983 (MBl. S. 541)

Nach § 75 der Dritten Durchführungsverordnung zum Gesetz über die Vereinheitlichung des Gesundheitswesens vom 30. März 1935 (RGS. NW. S. 7/SGV. NW. 2120) Dritte DVO hat das Gesundheitsamt (der Amtsarzt) bei der Anlegung und Erweiterung von Begräbnisplätzen mitzuwirken. Hierbei sind folgende Grundsätze zu beachten:

1 Begräbnisplätze (Friedhöfe)

1. 1 Begräbnisplätze (Friedhöfe) sind so anzulegen, dass durch sie keine Schäden oder Nachteile für die menschliche Gesundheit oder für das menschliche Wohlbefinden entstehen können.

1. 2 Vor allem muss verhindert werden, dass es zu Geruchsbelästigungen kommt und dass Zersetzungsprodukte oder Krankheitserreger durch Versickerung in den Untergrund oder auf sonstige Weise (Verschleppung durch Ratten, Insekten usw.) zu einer Verunreinigung des Grundwassers oder eines oberirdischen Gewässers führen können.

1. 3 Der gutachtlichen Äußerung des Gesundheitsamtes hat eine Stellungnahme der zuständigen Wasserbehörde und das Ergebnis einer geologisch-bodenkundlichen Untersuchung durch das Geologische Landesamt Nordrhein-Westfalen zugrunde zu liegen. In Überschwemmungsgebieten ist für die Anlage und Erweiterung von Begräbnisplätzen eine zusätzliche wasserrechtliche Genehmigung erforderlich.

1. 4 Gegenüber Nachbargrundstücken sind Friedhöfe durch Bäume, Sträucher oder Mauern hinreichend gegen Sicht abzuschirmen.

2 Bodenbeschaffenheit

2. 1 Der Boden von Begräbnisplätzen muss die für eine Zersetzung von Leichen durch Verwesen erforderlichen Voraussetzungen erfüllen. Er muss daher in der Zersetzungszone und darüber bis zur Erdoberfläche hinreichend wasser- und luftdurchlässig sein. Diese Eigenschaften muss der Boden auf dem ganzen Grundstück des Friedhofes und in seiner näheren Umgebung besitzen.

2. 2 Die Erdschicht über der Zersetzungszone muss wenigstens 0,90 m mächtig sein. Sie darf keine zu weiten Hohlräume (z.B. zwischen Steinschüttungen) enthalten.

2. 3 Die Erdschicht unter der Zersetzungszone muss geeignet sein, die Zersetzungsstoffe der Leichen bis zum Zerfall in anorganische Stoffe vom Grundwasser zurückzuhalten.

2. 4 Zwischen Grabsohle und höchstem Grundwasserstand muss eine Filterschicht von mindestens 0,70 m vorhanden sein, die in der Lage ist, alle bei der Zersetzung der organischen Substanz frei werdenden Stoffe, von denen eine Beeinträchtigung des Grundwassers zu besorgen ist, zu binden. Wenn diese Voraussetzungen nicht gegeben sind, muss das Gelände mit geeignetem Bodenmaterial um die fehlende Höhe aufgefüllt oder der Grundwasserspiegel abgesenkt werden.

2. 5 Die Boden- und Wasserverhältnisse werden in Schürfgruben von mindestens 2,50 m Tiefe an sachverständig ausgewählten Stellen des Platzes geprüft, soweit nicht anstehendes festes Gestein bzw. austretendes Wasser das Ausheben der Gruben bis zu dieser Tiefe verhindert.

3 Wasserverhältnisse

3. 1 Grundwasser darf weder ständig noch zeitweise höher als 0,70 m unter Grabsohle auftreten.

3. 2 Grundwasser, Stauwasser oder Sickerwasser darf nach Kontakt mit der Zersetzungszone keine Entnahmestellen von Trink- oder Betriebswasser erreichen, wenn nicht sichergestellt ist, dass auf seinem Weg durch den Boden eine ausreichende Filterung erfolgt und alle Schadstoffe abgebaut werden.

3. 3 Die Entfernung von einem Begräbnisplatz bis zum nächsten Brunnen soll mindestens 100 m betragen. Geringere Abstände können im Einzelfall im Einvernehmen mit der zuständigen Wasserbehörde zugelassen werden, die, wenn sie untere Wasserbehörde ist, die Stellungnahme des Staatlichen Amts für Wasser- und Abfallwirtschaft herbeizuführen hat.
3. 4 Die Neuanlage von Begräbnisplätzen oder eine erhebliche Erweiterung vorhandener Begräbnisplätze in den für Grundwasserwerke ausgewiesenen Schutzzonen I, II und III bzw. III A ist nicht zulässig (siehe auch Nr. 5. 1. 2 Buchst. q der mit RdErl. d. Ministers für Ernährung, Landwirtschaft und Forsten v. 25. 4. 1975 [SMBl. NW. 770] eingeführten DVGW-Richtlinien für Grundwasser, Arbeitsblatt W 101). Begräbnisplätze in den für Trinkwassertalsperren ausgewiesenen Schutzzonen I und II sind nicht zulässig (siehe auch Nr. 5. 2. 2 Buchst. f der mit RdErl. d. Ministers für Ernährung, Landwirtschaft und Forsten v. 25. 4. 1975 eingeführten DVGW-Richtlinien für Trinkwassertalsperren, Arbeitsblatt W 102).
3. 5 Böden, in denen die Versickerung des Niederschlagswassers deutlich gehemmt ist und in denen zeitweilig Staunässe höher als 0,70 m unter Grabsohle auftritt, sind für Friedhofszwecke grundsätzlich ungeeignet.
3. 6 Ist die Anlage eines Begräbnisplatzes innerhalb eines Geländes, in dem Grundwasser oder Staunässe auftritt (siehe 3. 1 und 3. 5) unvermeidlich, so ist das überschüssige Wasser durch geeignete Maßnahmen abzuleiten. Dabei ist die unschädliche Ableitung dieses Wassers besonders zu sichern.
3. 7 Wird im Laufe der Benutzung eines Geländes als Begräbnisplatz die Ableitung von überschüssigem Wasser nachträglich notwendig, so ist auf die unschädliche Ableitung des aufgefangenen Wassers besonders zu achten.
3. 8 Dem Friedhof zufließendes Wasser ist abzuführen, bevor es diesen erreicht hat.
3. 9 Rohrnetze von Wasserversorgungen dürfen Friedhöfe nicht durchschneiden oder in deren unmittelbarer Nähe vorbeigeführt werden. Das gilt nicht für Anschlussleitungen, die die Friedhofsanlage versorgen.

4 Grabstätten
4. 1 Grabstätten müssen so tief angelegt sein, dass nach der Zuschüttung des Grabes Zersetzungsprodukte nicht an die Erdoberfläche treten können.
4. 2 Bei felsigem Untergrund kann die mangelnde Tiefe der einzelnen Grabstätte nicht durch eine überhöhte Aufschüttung des Grabhügels ausgeglichen werden. Bei dieser Bodenbeschaffenheit ist vielmehr der Begräbnisplatz insgesamt durch Erdaufschüttungen zu erhöhen oder durch andere geeignete Maßnahmen in einen entsprechenden Zustand zu versetzen.
4. 3 Die Fläche des Einzelgrabes ist genügend groß zu bemessen. Als Mindestfläche der Gräber sind für Erwachsene 2,10 m Länge und 0,90 m Breite, für Kinder unter 5 Jahren 1,20 m Länge und 0,60 m Breite anzusetzen.
4. 4 Der Abstand zwischen Einzelgräbern muss mindestens 0,30 m betragen.
4. 5 Die Grabtiefe soll grundsätzlich 1,80 m betragen. Für Leichen von Kindern unter 5 Jahren ist eine Tiefe von 1,50 m ausreichend.
4. 6 Sofern durch besondere Verhältnisse eine Verringerung der Grabtiefe erforderlich wird, ist hierzu die hygienische Unbedenklichkeit darzulegen.
4. 7 Bei Doppelbelegungen (Tiefbestattungen) sind die für die Zersetzung von Leichen durch Verwesung geltenden Richtlinien sinngemäß anzuwenden. Zwischen Bodenoberfläche und höchstem Grundwasserstand ist ein Abstand von mind. 3,40 m erforderlich.
4. 8 Grabfelder für Kinder bis zu 5 Jahren sollen wegen der unterschiedlichen Grabtiefen getrennt von den Grabfeldern für Erwachsene angelegt werden.
4. 9 Gemauerte Gruftanlagen, in denen Särge ohne Erdbedeckung abgestellt werden, sind im allgemeinen nicht mehr zugelassen.

5 Ruhefristen

5. 1 Die Mindest- und Höchstzeiten der Ruhefristen sind für jede Friedhofsanlage unter Berücksichtigung der Boden- und Grundwasserverhältnisse festzulegen.

5. 2 Dabei ist von einem Turnus von 25 bis 50 Jahren auszugehen. Für Leichen von Personen unter 5 Jahren werden im allgemeinen 25 Jahre, im Übrigen 30 Jahre als Mindestzeiten anzusetzen sein.

5. 3 Die Mindestfristen dürfen nur verkürzt werden, wenn die Bodenverhältnisse für die Verwesung besonders günstig sind.

5. 4 Sollen die Fristen aufgrund besonderer Verhältnisse verkürzt werden, so ist in dem Gutachten des Gesundheitsamtes zu belegen, dass bei der Wiederöffnung von Gräbern tatsächliche Feststellungen über die vollständige Verwesung bis auf Knochenreste erhoben wurden.

6 Leichenhallen

6. 1 Nach § 75 Abs. 3 der Dritten DVO hat das Gesundheitsamt darauf hinzuwirken, dass jede Friedhofsanlage eine Leichenhalle erhält.

6. 2 Neubauten von Leichenhallen sind an einer von der Anfahrtstraße her zugänglichen Stelle zu errichten.

6. 3 In Leichenhallen soll außer dem Raum für die Aufbahrungen ein Raum für die Vornahme der Leichenschau und bei größeren Friedhöfen auch von Obduktionen vorhanden sein. Ein Raum, in dem Leichenöffnungen durchgeführt werden, muss mit einer Wasserzapfstelle und mit Einrichtungen für die ordnungsgemäße Abführung des Abwassers ausgestattet sein.

6. 4 Leichenkammern sollen nach Norden gelegen sein. Die Leichenhallen größerer Friedhöfe sollen einen Kühlraum besitzen.

6. 5 Der Fußbodenbelag aller Räume einer Leichenhalle muss fugendicht sein, die Wände sollen abwaschbar und desinfektionsbeständig sein. Türen und Fenster sollen dicht schließen.

6. 6 Wenn die Leichenhalle einen Warteraum für Besucher oder einen Obduktionsraum besitzt, sind Abortanlagen vorzusehen, die mit Handwaschbecken auszustatten sind.

7 Abraumplatz

Für Laub, Kränze und anderen pflanzlichen Abfall ist an geeigneter Stelle ein gesonderter Abraumplatz mit Abfahrmöglichkeiten vorzusehen. Für größere Friedhofsanlagen kann eine Verbrennungsanlage für solche Abfälle zweckmäßig sein.

8 Toiletten

Jede Friedhofsanlage soll mit einer öffentlichen Toilettenanlage ausgestattet sein.

Der RdErl d. Innenministers v. 8. 9. 1967 (SMBl. NW. S. 2127) wird aufgehoben.

10e. Todesbescheinigung

RdErl. d. Ministeriums für Frauen, Jugend, Familie und Gesundheit
vom 20.6.2001 – III B 3 – 0261. 1 (MBl. NRW S. 950)

Nach § 1 der Ordnungsbehördlichen Verordnung über das Leichenwesen vom 3. Dezember 2000 (GV. NRW. S. 757) darf eine Leiche erst nach Einreichung der Todesbescheinigung beim Standesbeamten und nach Registrierung des Sterbefalles bestattet werden.

1 Allgemeines

1. 1 Die Todesbescheinigung (selbstdurchschreibender Vordrucksatz) besteht aus dem Nichtvertraulichen (Blatt 1) und dem Vertraulichen (Blätter 2 bis 5) Teil. Hinweise für die Ärztin und den Arzt zur Ausfüllung befinden sich in dem Sammelumschlag des Verlags, der alle Unterlagen enthält (Anlage). Die Todesbescheinigung muss die nach § 37 des Personenstandsgesetzes zur Eintragung in das Sterbebuch für den Standesbeamten und die für die Bestattung erheblichen Angaben enthalten. Der Vertrauliche Teil enthält über die für die Identifikation der oder des Verstorbenen erforderlichen Angaben hinaus die ärztlichen Eintragungen über die Todesursache.

1. 2 Der Nichtvertrauliche Teil der Todesbescheinigung (Blatt 1) ist für das Standesamt und zur Weiterleitung an die untere Gesundheitsbehörde bestimmt. Er bleibt unverschlossen, damit die Hinterbliebenen und Bestattungsbeauftragten die nichtvertraulichen Angaben einschließlich etwaiger Warnhinweise zum Umgang mit der Leiche einsehen können.

1. 3 Der im entsprechend gekennzeichneten Umschlag verschlossene Vertrauliche Teil (Blätter 2 bis 4) der Todesbescheinigung darf nur durch die Amtsärztin und den Amtsarzt und dazu beauftragte Bedienstete eröffnet und nur im Rahmen der gesetzlichen Aufgaben der Behörde verwendet werden.

1. 4 Blatt 5 der Todesbescheinigung verbleibt bei der ausstellenden Ärztin oder beim ausstellenden Arzt.

2 Anzeige und Beurkundung des Sterbefalles

2. 1 Nach Ausfüllung der Todesbescheinigung legt die Ärztin/der Arzt die Blätter 2 bis 4 so in den Umschlag für den Vertraulichen Teil ein, dass in dem Datenfeld für Vermerke des Standesbeamten (überschrieben: „Untere Gesundheitsbehörde . . .“) rechts oben auf dem Formularsatz die vom Standesbeamten einzusetzenden Angaben durch die im Umschlag vorgesehene Öffnung eingetragen werden können.

Den zur Anzeige des Sterbefalles verpflichteten Personen händigt die Ärztin/der Arzt sowohl im dafür vorgesehenen unverschlossenen Umschlag den Nichtvertraulichen (Blatt 1) als auch im entsprechenden verschlossenen Umschlag den Vertraulichen Teil (Blätter 2 bis 4) der Todesbescheinigung zur Einreichung beim Standesbeamten aus. Nach Beurkundung und Eintragung der Standesamtsbezeichnung und Sterbebuchnummer auf Blatt 1 sowie nach Vermerk der Standesamtsbezeichnung und Sterbebuch- oder Vormerklistennummer durch die hierzu vorgesehene Öffnung des Umschlags auf dem Vertraulichen Teil übersendet der Standesbeamte die Todesbescheinigung – Blatt 1 sowie im ungeöffneten Umschlag die Blätter 2 bis 4 – unverzüglich der für den Sterbeort bzw. Auffindeort der Leiche zuständigen unteren Gesundheitsbehörde. Die untere Gesundheitsbehörde nimmt Blatt 1 zu Blatt 2 (und überträgt Standesamtsbezeichnung und Sterbebuchnummer auf die Blätter 2 bis 4, sollten diese Angaben fehlen).

2. 2 Kann die leichenschauende Ärztin/der leichenschauende Arzt den Vertraulichen Teil noch nicht ausfüllen (z.B. weil ein Obduktionsbefund erwartet wird), händigt sie/er den zur Anzeige des Sterbefalles verpflichteten Personen nur Blatt 1 zur Einreichung beim Standesbeamten aus. Nach Eintragung der Standesamtsbezeichnung und der Sterbebuch- oder Vormerklistennummer leitet der Standesbeamte das Blatt der unteren Gesundheitsbehörde zu. Die Ärztin/der Arzt vervollständigt, sobald möglich, den Vertraulichen Teil. Hat sie/er hierfür die Obduktion veranlasst,

Landesrecht

vermerkt sie/er deren Ergebnis im Vertraulichen Teil der Todesbescheinigung, kreuzt in diesem Teil in Angabe 24 das Feld „ja“ und in Angabe 25 das Feld „nein“ an (alternativ kann sie/er den Befund der Obduzentin/des Obduzenten auf einem von dieser/diesem ausgefüllten und unterschriebenen Formular „Todesbescheinigung NRW“ [Blätter 2 ff.] der selbstausgestellten Todesbescheinigung als Anlage beifügen und muss in diesem Fall in Angaben 24 und 25 des Vertraulichen Teils die „ja“-Felder ankreuzen). Der Vertrauliche Teil wird von der Ärztin/vom Arzt verschlossen und unmittelbar der unteren Gesundheitsbehörde übersandt. Diese überträgt die Standesamtsbezeichnung und die Sterbebuchnummer aus Blatt 1 auf die ihr nun zugegangenen Blätter 2 bis 4.

2. 3 Kann der Sterbefall vorerst nur in das Verzeichnis der angezeigten Sterbefälle eingetragen, aber noch nicht im Sterbebuch beurkundet werden, so übersendet der Standesbeamte, nachdem er

- einen Abdruck des Blattes 1 erstellt,
- die Standesamtsbezeichnung und die Vormerklistennummer auf Blatt 1 vermerkt und
- diese Daten zusätzlich durch die im verschlossenen Umschlag vorgesehene Öffnung auf den Blättern 2 bis 4 eingetragen hat (vgl. Nr. 2. 1),

die Todesbescheinigung (Blatt 1 sowie im verschlossenen Umschlag die Blätter 2 bis 4) unverzüglich und nach Beurkundung des Sterbefalles den von ihm erstellten Abdruck des Blattes 1, sobald auf diesem die Sterbebuchnummer eingetragen worden ist, an die untere Gesundheitsbehörde. Diese überträgt die Sterbebuchnummer auf die Blätter 2 bis 4.

2. 4 Die untere Gesundheitsbehörde vernichtet die Blätter 3 der verstorbenen Personen mit erstem Wohnsitz außerhalb Nordrhein-Westfalens (vgl. auch Nr. 4. 1).

3 Prüfung durch die untere Gesundheitsbehörde

3. 1 Die untere Gesundheitsbehörde überprüft die Lesbarkeit der Diagnose und stellt sie erforderlichenfalls her; sie prüft, ob Anhaltspunkte für die Annahme eines Todes aus nicht natürlicher Ursache bestehen. In einem solchen Fall sind unverzüglich zu benachrichtigen die Kreispolizeibehörde und der Standesbeamte, der ggf. eine Berichtigung des Sterbebuches zu veranlassen hat. Veranlasst die untere Gesundheitsbehörde im Einzelfall, z.B. aufgrund des Infektionsschutzgesetzes, eine Obduktion, so stellt sie sicher, dass deren Ergebnisse auf den Blättern 2 bis 4 der Todesbescheinigung (Angaben 15 bis 19, 22 und 23) eingetragen oder dass die einzelnen Blätter des vom Obduzenten verwendeten Todesbescheinigungsformulars (Obduktionsergebnis) fest mit den entsprechenden Blättern der ursprünglichen ärztlichen Todesbescheinigung verbunden werden (auf Nr. 2. 4 wird verwiesen).

3. 2 Ein Leichenpass darf erst nach Prüfung der Todesbescheinigung auf Anhaltspunkte für nicht natürlichen Tod (ggf. unter Auswertung des Obduktionsergebnisses) und nach Unbedenklichkeitserklärung der unteren Gesundheitsbehörde ausgestellt werden.

4 Statistische Auswertungen

4. 1 Die für den Sterbe- bzw. Auffindeort der verstorbenen Person zuständige untere Gesundheitsbehörde leitet die Blätter 3, soweit die Verstorbenen ihren ersten Wohnsitz zuletzt im Regierungsbezirk Münster hatten, dem Krebsregister (siehe Nr. 4. 2) zu. Die Blätter 3 der Verstorbenen mit sonstigem ersten Wohnsitz in Nordrhein-Westfalen sowie die nach Bearbeitung vom Krebsregister zurückerhaltenen Blätter 3 übersendet sie gesammelt der für den jeweiligen ersten Wohnsitz in Nordrhein-Westfalen zuständigen unteren Gesundheitsbehörde; sie dürfen nur von Beauftragten dieser Behörde eingesehen werden. Die Blätter 3 werden jeweils am 10. 1. und am 10. 7. des Jahres den unteren Gesundheitsbehörden des ersten Wohnsitzes in Nordrhein-Westfalen (soweit nicht Sterbe- oder Auffindeort) übersandt.

4. 2 Das nach § 15 Gesundheitsdatenschutzgesetz NRW eingerichtete Krebsregister erhält Blatt 3 der Todesbescheinigung für die Dauer längstens eines Monats. Zur Zeit ist Krebsregister gemäß Satz 1 lediglich das Epidemiologische Krebsregister für den Regierungsbezirk Münster.

Jede untere Gesundheitsbehörde erteilt dem Krebsregister erbetene weitere Auskünfte aus dem Nichtvertraulichen Teil der Todesbescheinigung.
4. 3 Die Blätter 4 der Todesbescheinigung werden von der unteren Gesundheitsbehörde monatsweise gesammelt und bis zum 10. des Folgemonats dem Landesamt für Datenverarbeitung und Statistik Nordrhein-Westfalen zugeleitet. Dort werden sie nach ICD-Codierung und nach Übernahme der für die Todesursachenstatistik erforderlichen Daten vernichtet.
4. 4 Bei Transport und Postversand von Ausfertigungen der Todesbescheinigung ist durch geeignete Maßnahmen sicherzustellen, dass ein Zugriff Unbefugter nicht erfolgen kann (z.B. Transport in versiegeltem Umschlag durch Boten, Postversand als Einschreiben, Paket mit Rückschein).

5 Aufbewahrung und wissenschaftliche Auswertung
5. 1 Die bei den unteren Gesundheitsbehörden verbleibenden Blätter 1 und 2 der Todesbescheinigung sind 10 Jahre aufzubewahren. Die darin enthaltenen personenbezogenen Angaben unterliegen der ärztlichen Schweigepflicht.
5. 2 Für die Übermittlung von Daten aus Todesbescheinigungen über die in Nummer 4 genannten Zwecke hinaus an Dritte und zu Forschungszwecken sind die Vorschriften des Datenschutzgesetzes Nordrhein-Westfalen – DSG NRW – in der Fassung der Bekanntmachung vom 9. Juni 2000 (GV. NRW. S. 542), in der jeweils geltenden Fassung – SGV. NRW. 20061 –, entsprechend anzuwenden.
5. 3 Von der Herausgabe der Original-Todesbescheinigungen ist grundsätzlich abzusehen.

6 Übergangsregelung
Bis zum 31. Dezember 2001 dürfen sowohl die bisherigen als auch die neuen Vordrucksätze verwendet werden.

7 In-Kraft-Treten
Dieser Runderlass tritt am 1. Juli 2001 in Kraft; gleichzeitig tritt der RdErl. d. Ministeriums für Arbeit, Gesundheit und Soziales v. 11. 12. 1996 (SMBl. NRW. 2127) außer Kraft.

Anlage

Anleitung zum Ausfüllen der Todesbescheinigung NRW

Verfahrensablauf

1. Angaben 1 bis 10 (Personalangaben, Sterbezeitpunkt/Auffindedatum) eintragen. (Durchschreibeverfahren möglich, bitte kräftig durchschreiben.)
2. Nichtvertraulichen Teil und Vertraulichen Teil (diesen bitte kräftig durchschreiben) zu den weiteren Angaben gesondert ausfüllen.
3. Alle Formulare in Angabe 18 des Nichtvertraulichen und Angabe 30 des Vertraulichen Teils unterschreiben und stempeln (soweit Unterschriften oder Stempel im Durchschreibeverfahren nicht lesbar) – Durchschreibeverfahren für alle Blätter möglich.
4. Blatt 1 (Nichtvertraulicher Teil) abtrennen. Es wird unverzüglich im hellgrünen Umschlag dem Veranlasser der Leichenschau zur Weiterleitung ausgehändigt.
5. Zur Erleichterung der Weiterbearbeitung durch die amtlichen Stellen und zur Gewährleistung des Datenschutzes müssen die Blätter 2 bis 4 (Vertraulicher Teil) sorgfältig so in den Umschlag eingelegt werden, dass der Standesbeamte in dem Datenfeld rechts oben auf dem Formularsatz (überschrieben: „Untere Gesundheitsbehörde . . .“) seine Angaben durch die im Umschlag hierzu vorgesehene Öffnung eintragen kann. Dieses Datenfeld muss also durch die Öffnung im Umschlag sichtbar sein. Blätter 2 bis 4 werden im zugeklebten hellroten Umschlag (Vertraulicher Teil der Todesbescheinigung für das Standesamt zur Weiterlei-

Landesrecht

tung an die untere Gesundheitsbehörde [bisher „Gesundheitsamt"]) im Regelfall ebenfalls dem Veranlasser der Leichenschau zur Weiterleitung unverzüglich übergeben.
Verzögert sich die Ausfüllung des Vertraulichen Teils (weil z.B. ein Sektionsbefund erwartet wird), so wird dem Veranlasser der Leichenschau nur Blatt 1 unverzüglich zur Weiterleitung an das Standesamt ausgehändigt. Nach abschließender Ausfüllung des Vertraulichen Teils (vgl. „Erläuterungen im Einzelnen", Nr. 8) übersendet die ausstellende Ärztin/der ausstellende Arzt den zugeklebten Umschlag für den Vertraulichen Teil, in den die Blätter verschlossen worden sind, unverzüglich der unteren Gesundheitsbehörde.
Blatt 3 wird vom Krebsregister bzw. der unteren Gesundheitsbehörde des nordrhein-westfälischen Wohnsitzes (bei abweichendem Sterbeort) benötigt.
Blatt 4 dient der amtlichen Todesursachenstatistik. Hierfür dürfen die zuständigen Behörden im Rahmen ihrer Aufgabenstellung die erforderlichen Daten erheben.

6. Blatt 5 behält die Ärztin/der Arzt bei den eigenen Unterlagen. Es ist wenigstens 120 Monate nach Ausstellung aufzubewahren und danach, wenn ärztlicherseits keine Einsichtnahme in diese Unterlagen mehr erwartet wird, zu vernichten.

Erläuterungen im Einzelnen für die Ärztin/den Arzt

1. Jede Ärztin und jeder Arzt ist verpflichtet, die Leichenschau vorzunehmen und die Todesbescheinigung auszustellen. Sie/er hat die Leichenschau unverzüglich (ohne schuldhaftes Zögern) nach Erhalt der Anzeige des Todesfalles vorzunehmen und die Todesbescheinigung dem Veranlasser der Leichenschau unmittelbar danach auszuhändigen. Die Ausstellung der Todesbescheinigung ist keine bloße Formalität; die Ärztin/der Arzt ist bei der Leichenschau keineswegs von der Sorgfaltspflicht entbunden. Die amtliche Todesbescheinigung darf nur erteilt werden (Angabe 18 des Nichtvertraulichen Teils [Blatt 1] sowie Angabe 30 des Vertraulichen Teils [Blätter 2 ff.]), wenn sichere Zeichen des Todes vorhanden sind und nachdem eine sorgfältige Leichenschau an der unbekleideten Leiche durchgeführt wurde; eine Teilbesichtigung der Leiche genügt nicht.
2. Können für den Ort des Todes bzw. der Leichenauffindung Straße/Hausnummer (Angaben 11, 12 des Nichtvertraulichen Teils) nicht genannt werden, etwa weil die Stelle nicht in einer Straße liegt, so ist die Örtlichkeit auf andere geeignete Weise zu bezeichnen (z.B. „Düsseldorf, Hofgarten, Napoleonsberg").
3. Die Todesbescheinigung ist auch für totgeborene oder in der Geburt verstorbene Leibesfrüchte mit einem Gewicht von wenigstens 500 g auszufüllen. Zusätzlich ist hier Angabe 13 des Nichtvertraulichen Teils (Blatt 1) erfragt.
4. Ergeben sich aus dem Befundmuster am Leichnam, aus der Auffindungssituation sowie den Umständen des Todes Anhaltspunkte für einen nicht natürlichen Tod (Nichtvertraulicher Teil, Angabe 14) – auch Unfalltodesfälle sind nicht natürlich –, so soll die Ärztin oder der Arzt die dazu auf Blatt 1 vermerkten Hinweise auf den Blättern 2 ff. des Vertraulichen Teils (dort Angabe 20) durch genauere Angaben dokumentieren. Von der Ärztin/vom Arzt wird keine kriminalistische oder juristische Beweisführung verlangt; die Angaben bieten lediglich eine Hilfe bei der Entscheidung über weitere Ermittlungen im Hinblick auf einen nicht natürlichen Tod.
5. Hirntod (Vertraulicher Teil, Blätter 2 ff. in Angabe 11) darf nur gemäß den Kriterien der Bundesärztekammer festgestellt werden.
6. Unter der Rubrik „Todesursache" (Vertraulicher Teil, Blätter 2 ff., Angaben 15–19) ist der Krankheitsverlauf gemäß den Regeln der WHO in einer Kausalkette leichenschauärztlich zu dokumentieren. Dabei sind in Zeile Ia) die unmittelbar zum Tode führende Krankheit, in Zeilen I b) und I c) die vorangegangenen Ursachen – Krankheiten, die die unmittelbare Todesursache unter I a) herbeigeführt haben (falls möglich, weitere Detaillierung der Verursachungskette in den Zeilen Ib 1) und Ib 2)), mit der ursprünglichen Ursache (Grundleiden) an letzter Stelle –, in Zeile II andere wesentliche Krankheiten – Krankheiten, die zum Tode bei-

getragen haben, ohne mit der unmittelbaren Todesursache oder dem Grundleiden im Zusammenhang zu stehen – anzugeben.

7. Bei Unfall, Vergiftung, Gewalteinwirkung oder Selbsttötung ist die äußere Ursache der Schädigung (Vertraulicher Teil [Blätter 2 ff.], Angabe 20) zu vermerken (z.B. „Sturz von der Leiter", „Selbsttötung durch Erhängen"). Bei Unfällen ist zusätzlich die Unfallkategorie anzukreuzen (Vertraulicher Teil, Blätter 2 ff., Angabe 21).
8. Veranlasst die leichenschauende Ärztin/der leichenschauende Arzt eine Sektion/Obduktion und übernimmt deren Ergebnis in die Todesbescheinigung, wird in Angabe 24 „ja" und in Angabe 25 „nein" angekreuzt. Alternativ kann sie/er stattdessen den Befund der Obduzentin/des Obduzenten auf einem von dieser/diesem ausgefüllten und unterschriebenen Formular „Todesbescheinigung NRW" (Blätter 2 ff.) der selbstausgestellten Todesbescheinigung als Anlage beifügen; in diesem Fall sind in Angaben 24 und 25 des Vertraulichen Teils die „ja"-Felder anzukreuzen.
9. Kann bei einer Frühgeburt (Vertraulicher Teil, Angabe 29 der Blätter 2 ff.) die Schwangerschaftswoche nicht festgestellt werden, genügt die Einsetzung eines Fragezeichens in das für die Schwangerschaftswochenzahl vorgesehene Feld. Wird die Wochenzahl geschätzt, ist ein „ca." der Zahl voranzusetzen.
10. Auf die Strafbarkeit vorsätzlich falscher Angaben wird ausdrücklich hingewiesen.
11. Bei ungeklärter oder nicht natürlicher Todesart sollte die Ärztin/der Arzt – will sie/er sich nicht einem möglichen Vorwurf der Strafvereitelung aussetzen – nach sicherer Feststellung des Todes die weitere Leichenschau sofort unterbrechen, unverzüglich die Polizeibehörde unterrichten und bis zum Eintreffen der Polizei nach Möglichkeit Veränderungen an der Leiche und am Auffindeort verhindern.
    Die Ärztin/der Arzt sollte auch dann die Polizeibehörde unterrichten, wenn die Identität der Leiche nicht geklärt werden kann.

Inhalt

Nachstehend genannte Behörde: Behörde des Sterbeorts (falls Sterbeort nicht bekannt, des Auffindeorts), soweit nicht ausdrücklich eine andere Behörde vorgesehen.

Nichtvertraulicher Teil
Blatt 1 für untere Gesundheitsbehörde über Standesamt – hellgrün

Vertraulicher Teil
Blatt 2 für untere Gesundheitsbehörde zum Verbleib – hellrot
Blatt 3 für untere Gesundheitsbehörde zur Einsichtgewährung an Krebsregister und zur Weiterleitung an untere Gesundheitsbehörde der Wohnsitzgemeinde – hellblau
Blatt 4 für untere Gesundheitsbehörde zur Weiterleitung an LDS – gelb
Blatt 5 für ausstellenden Arzt zum Verbleib – papierfarben

2 Umschläge (1 Umschlag zugleich als Sammelumschlag, falls nicht gesonderter Sammelumschlag)

Der Formularsatz ist zu beziehen bei
Carl-Link-Verlag/DKV, Kolpingstr. 10, 96317 Kronach
Deutscher Gemeindeverlag GmbH, Postfach 40 02 63, 50832 Köln
Verlag für Standesamtswesen, Postfach 10 15 44, 60015 Frankfurt
WWF Druck Medien GmbH, Am Eggenkamp 37–39, 48268 Greven

10f. Durchführung gerichtlich oder staatsanwaltschaftlich angeordneter Leichenöffnungen

RdErl. d. Ministers für Arbeit, Gesundheit und Soziales v. 6. 2. 1987 (MBl. NRW. S. 276), geändert durch RdErl. d. Ministeriums für Frauen, Jugend, Familie und Gesundheit vom 2. 4. 2001 – III B 3 –1400. 4 – (MBl. NRW S. 596)

1 Nach § 87 Abs. 2 der Strafprozessordnung wird die Leichenöffnung von zwei Ärztinnen/Ärzten vorgenommen. Eine/einer der Ärztinnen/Ärzte muss Gerichtsarzt oder Leiterin/Leiter eines öffentlichen gerichtsmedizinischen oder pathologischen Institutes oder eine/ein von dieser/diesem beauftragte Ärztin/beauftragter Arzt des Institutes mit gerichtsmedizinischen Fachkenntnissen sein. Die Staatsanwaltschaft kann an der Leichenöffnung teilnehmen. Auf ihren Antrag findet die Leichenöffnung im Beisein der Richterin oder des Richters statt.
1.1 Damit ist die gerichtlich oder staatsanwaltschaftlich angeordnete Leichenöffnung nicht mehr ausschließlich Aufgabe der unteren Gesundheitsbehörde (siehe § 19 des Gesetzes über den öffentlichen Gesundheitsdienst ÖGDG vom 25. November 1997 – GV. NRW. S. 430 – in der jeweils geltenden Fassung – SGV. NRW. 2120).
1.2 Aus dieser Rechtslage ergibt sich, dass die gerichtsärztlichen Aufgaben der unteren Gesundheitsbehörden bei gerichtlich oder staatsanwaltschaftlich angeordneten Leichenöffnungen nicht mehr den Leiterinnen/Leitern der Hochschul-Institute für Rechtsmedizin und den Leiterinnen/Leitern der kommunalen Gerichtsärztlichen Untersuchungsstellen, letzteren für die Tätigkeit außerhalb des Bereichs ihrer unteren Gesundheitsbehörde, im Nebenamt übertragen zu werden brauchen.
1.3 Um eine geordnete Durchführung der gerichtlich oder staatsanwaltschaftlich angeordneten Leichenöffnungen zu gewährleisten, werden Bezirke nach Maßgabe der Anlage 1 gebildet.

2 Anspruch auf Entschädigung
2.1 Soweit Ärztinnen und Ärzte einer unteren Gesundheitsbehörde innerhalb deren Bezirks als Gerichtsärzte tätig werden, steht die nach dem Gesetz über die Entschädigung von Zeugen und Sachverständigen (ZSEG) zu zahlende Entschädigung dem Dienstherrn zu.
2.2 Soweit Ärztinnen und Ärzte einer unteren Gesundheitsbehörde außerhalb ihres Amtsbereichs als im Nebenamt bestellte Gerichtsärzte Leichenöffnungen nach § 87 StPO vornehmen (Muster der Bestellungsschreiben siehe Anlagen 2 und 3), steht die Entschädigung dem Träger der unteren Gesundheitsbehörde, für dessen Bezirk die Obduktion durchgeführt wurde, zu. Der Träger soll in diesen Fällen seinen Entschädigungsanspruch wie folgt abtreten:
2.2.1. an den bestellten Gerichtsarzt
2.2.1.1. die Zeitaufwandsentschädigung nach § 5 Satz 2 Halbsatz 2 ZSEG,
2.2.1.2. den nach Nr. 2 der Anlage zu § 5 ZSEG für die Oduktion zu zahlenden Betrag, soweit er den Grundbetrag übersteigt,
2.2.1.3. den Ersatz von Aufwendungen nach § 8 ZSEG, soweit die Obduzentin/der Obduzent sie aus privaten Mitteln bestreitet,
2.2.1.4. das Wegegeld und den Ersatz von Fahrtkosten nach § 9 ZSEG,
2.2.1.5. die Aufwandsentschädigung nach § 10 ZSEG sowie
2.2.1.6. den Anspruch auf Ersatz sonstiger Aufwendungen nach § 11 ZSEG, soweit sie der Obduzentin/dem Obduzenten persönlich entstanden sind;
2.2.2. an den Dienstherrn des bestellten Gerichtsarztes (Kreiskasse oder Stadtkasse) die Grundentschädigung für die Vornahme der Obduktion.
2.3 Soweit die Leiterin oder der Leiter eines Rechtsmedizinischen Hochschul-Institutes oder von ihnen beauftragte Ärztinnen oder Ärzte als Sachverständige im Nebenamt die Obduktion durchführen, gilt die Entschädigungsregelung der Nummern 2.2.1 und 2.2.2 entsprechend.

2.4 Soweit Ärztinnen oder Ärzte weder als Gerichtsärztinnen oder als Gerichtsärzte noch als Sachverständige im Nebenamt die Obduktion durchführen, steht ihnen die Entschädigung nach dem ZSEG insoweit persönlich zu, als die Obduktion nicht zu ihren Dienstaufgaben gehört.

3 Zahlungsweise

3.1 Die Entschädigung ist nach dem Gem. RdErl. d. Ministerpräsidenten und aller Landesminister vom 14.12.1964 (SMBl. NW S. 346) grundsätzlich an die Kreiskasse oder Stadtkasse zu zahlen.

3.2 Versichern Ärztin und Arzt dienstlich, dass die Obduktion nicht in Erfüllung von Dienstaufgaben durchgeführt wurde, ist die Entschädigung an sie unmittelbar zu zahlen.

3.3 Versichern Ärztin und Arzt dienstlich, dass der Dienstherr die Entschädigung zu einem Teil an sie abgetreten hat, so ist die Entschädigung insoweit an sie, im Übrigen an die zuständige Amtskasse des Dienstherrn zu zahlen. Dies gilt entsprechend, wenn die Leiterin und der Leiter eines Rechtsmedizinischen Hochschulinstitutes oder von ihnen beauftragte Ärztinnen und Ärzte des Hochschul-Institutes als Sachverständige im Nebenamt die Obduktion durchführen.

Dieser RdErl. ergeht im Einvernehmen mit dem Innen-, Finanz- und Justizministerium sowie dem Ministerium für Schule, Wissenschaft und Forschung.

(Vom Abdruck der Anlagen wurde abgesehen.)

10g. Überlassung von menschlichen Leichen für den Anatomieunterricht an Medizinstudierende

RdErl. d. Ministers für Arbeit, Gesundheit und Soziales vom 4.4.1985 (MBl. NRW S. 537)

Die Ausbildung von Medizinstudierenden an den wissenschaftlichen Hochschulen des Landes Nordrhein-Westfalen stößt auf Schwierigkeiten, wenn menschliche Leichen für den Anatomieunterricht nur in unzureichender Zahl zur Verfügung stehen. Mangel an Sektionsmaterial besteht insbesondere bei der Universität Bonn. Ich bitte alle in Betracht kommenden Stellen, die die entsprechenden Bemühungen der Anatomischen Institute der wissenschaftlichen Hochschulen unterstützen, folgende Hinweise zu beachten:

1. Es ist kein Verstoß gegen Recht und Sitte, wenn jemand zu Lebzeiten die Bestimmung trifft, dass sein Leichnam der Wissenschaft zur Verfügung gestellt werden soll. In solchen Fällen, in denen keine Bedenken gegen die Verwendung des Leichnams als Sektionsmaterial bestehen, wird das Anatomische Institut in der Regel bereits durch Angehörige oder die Anstalt, in der der Todesfall eingetreten ist, unmittelbar benachrichtigt. In den Fällen, in denen die örtliche Ordnungsbehörde von der Bestimmung des Verstorbenen erfährt, sollte sie ein Institut benachrichtigen.
2. Fehlt eine Willensäußerung des nunmehr Verstorbenen, so bestimmen nach Sitte und Herkommen die nächsten Angehörigen, ob die Leiche einem Anatomischen Institut zur Verfügung zu stellen ist. Für die Benachrichtigung des Institutes gilt das gleiche wie zu Nr. 1.
3. Hinterlässt der Verstorbene keine Angehörigen oder nur solche, die sich um die Bestattung nicht kümmern, so hat die örtliche Ordnungsbehörde gemäß § 2 Abs. 3 der Ordnungsbehördlichen Verordnung über das Leichenwesen vom 7. August 1980 (GV NW S. 756), zuletzt geändert durch Verordnung vom 6. November 1984 (GV NW S. 670 – SGV NW 2127), für die Bestattung der Leiche zu sorgen. Ob eine solche Leiche dem Anatomischen Institut zugeführt wird, hängt zunächst wiederum von dem ausgesprochenen oder mutmaßlichen Willen des Verstorbenen ab (vgl. Nr. 1). Kann dieser nicht festgestellt werden, so ist der Leichnam einem Anatomischen Institut nicht zur Verfügung zu stellen, sondern bestatten zu lassen.
4. Die als Sektionsmaterial verwendeten Leichen sind nach dem Anatomieunterricht auf Kosten und Veranlassung des Anatomischen Instituts in würdiger Form zu bestatten. Vertragliche Vereinbarungen zwischen dem Anatomischen Institut und Körperspendern bleiben hiervon unberührt. Die Art der Bestattung, insbesondere die des kirchlichen Begräbnisses, bestimmen die Angehörigen. Hinterlässt der Verstorbene keine Angehörigen, so ist das Anatomische Institut in gleicher Weise für ein dem mutmaßlichen Willen des Verstorbenen entsprechendes Begräbnis verantwortlich.
5. Es ist jeweils das nächstgelegene Hochschulinstitut des Landes Nordrhein-Westfalen möglichst fernmündlich zu verständigen. Anatomische Institute bestehen an den wissenschaftlichen Hochschulen Aachen, Bochum, Bonn, Düsseldorf, Essen, Köln, Münster. *(Vom Abdruck der veralteten Telefonnummern wurde abgesehen.)*
6. Werden nach der Übergabe an das Anatomische Institut noch Angehörige festgestellt und sind die Angehörigen mit der Überlassung des Leichnams für den Anatomieunterricht nicht einverstanden, so hat das Anatomische Institut auf Wunsch die Leiche an die nächsten Angehörigen zurückzugeben. Die Kosten der Überführung tragen in jedem Falle die Institute.

Dieser RdErl. ergeht im Einvernehmen mit dem Innenminister und dem Minister für Wissenschaft und Forschung des Landes Nordrhein-Westfalen.

11. Rheinland-Pfalz

11a. Bestattungsgesetz

vom 4.3.1983 (GVBl. S. 69), zuletzt geändert durch Gesetz vom 6.2.2001 (GVBl. S. 29)

Erster Abschnitt. Friedhofswesen

§ 1 Bestattungsplätze

(1) Bestattungsplätze sind:

1. Gemeindefriedhöfe
2. kirchliche Friedhöfe und Grabstätten in Kirchen,
3. Anstaltsfriedhöfe,
4. private Bestattungsplätze.

(2) Bestattungsplätze sind so anzulegen und zu gestalten, dass die Totenruhe gewährleistet und das Wohl der Allgemeinheit nicht beeinträchtigt wird.

(3) Die Anlage und die Erweiterung eines Bestattungsplatzes sowie die Wiederbelegung eines geschlossenen Bestattungsplatzes bedürfen einer schriftlichen Genehmigung der Kreisverwaltung, in kreisfreien Städten der Stadtverwaltung; die Landkreise und die kreisfreien Städte nehmen diese und die weiteren der Genehmigungsbehörde nach diesem Gesetz übertragenen Aufgaben als Auftragsangelegenheit wahr. Für Gemeindefriedhöfe kreisfreier Städte wird die Genehmigung von der Aufsichts- und Dienstleistungsdirektion erteilt.

§ 2 Gemeindefriedhöfe

(1) Den Gemeinden obliegt es als Pflichtaufgabe der Selbstverwaltung, Friedhöfe anzulegen und Leichenhallen zu errichten, wenn hierfür ein öffentliches Bedürfnis besteht.

(2) Auf Gemeindefriedhöfen ist die Bestattung verstorbener Gemeindeeinwohner zuzulassen. Die Bestattung einer anderen in der Gemeinde verstorbenen oder tot aufgefundenen Person ist zuzulassen, wenn diese keinen festen Wohnsitz hatte, ihr Wohnsitz unbekannt war oder ihre Überführung an den Wohnsitz unverhältnismäßig hohe Kosten verursachen würde. Die Gemeinde, in der eine Person verstorben oder tot aufgefunden worden ist, hat eine Bestattung auch aus Gründen der öffentlichen Sicherheit und Ordnung zu dulden.

(3) Auf Gemeindefriedhöfen sind grundsätzlich Reihengräber zur Verfügung zu stellen; das Nähere regeln die Friedhofsträger durch Satzung.

(4) Die Gemeinden können die Aufgaben nach Absatz 1 durch öffentlich-rechtlichen Vertrag den Trägern kirchlicher Friedhöfe übertragen, wenn diese die Pflichten nach den Absätzen 2 und 3 übernehmen. Die Bestattung Andersgläubiger muss nach den für sie üblichen Formen und ohne räumliche Absonderung möglich sein. Bestattungs- und Totengedenkfeiern und die Gestaltung der Grabstätten dürfen das religiöse Empfinden der Kirche oder Religionsgemeinschaft nicht verletzen.

§ 3 Kirchliche Bestattungsplätze

(1) Kirchen, Kirchengemeinden und Kirchengemeindeverbände sowie andere Religionsgemeinschaften und Weltanschauungsgesellschaften, die Körperschaften des öffentlichen Rechts sind, können eigene Friedhöfe anlegen, erweitern und wiederbelegen sowie Leichenhallen errichten.

(2) Grabstätten in Kirchen der in Absatz 1 genannten Körperschaften sind als Bestattungsplätze zu genehmigen, wenn keine gesundheitlichen Gefahren bestehen.

§ 4 Anstaltsfriedhöfe und private Bestattungsplätze

(1) Anstaltsfriedhöfe und private Bestattungsplätze können nur angelegt, erweitert oder wiederbelegt werden, wenn

1. ein berechtigtes Bedürfnis oder Interesse besteht und
2. öffentliche Interessen oder schutzwürdige Belange Dritter nicht beeinträchtigt werden.

(2) Jede Bestattung auf einem privaten Bestattungsplatz bedarf unbeschadet des § 8 Abs. 5 einer schriftlichen Genehmigung durch die Genehmigungsbehörde.

(3) Die Veräußerung von Grundstücken, auf denen sich Anstaltsfriedhöfe oder private Bestattungsplätze befinden, ist der nach Absatz 2 zuständigen Behörde anzuzeigen.

§ 5 Ruhezeit

(1) Für einen Bestattungsplatz oder Teile eines Bestattungsplatzes wird mit der Genehmigung nach § 1 Abs. 3 festgelegt, wie lange Grabstätten nicht erneut belegt werden dürfen.

(2) Für Grabstätten auf Gemeindefriedhöfen wird nach Maßgabe der Friedhofsordnung (§ 6 Abs. 1 Satz 1) ein öffentlich-rechtliches Nutzungsrecht mindestens für die Dauer der Ruhezeit nach Absatz 1 eingeräumt.

§ 6 Benutzungsordnung

(1) Die Gemeinden regeln die Benutzung von Gemeindefriedhöfen, Leichenhallen und Einäscherungsanlagen sowie die Gestaltung von Grabstätten durch Satzung. Soweit einer sonstigen kommunalen Gebietskörperschaft oder einem Zweckverband eine Genehmigung zur Errichtung oder zum Betrieb einer Einäscherungsanlage nach § 16 Abs. 3 erteilt ist, erlässt der Inhaber der Genehmigung die Satzung.

(2) Den Kirchen, Religions- und Weltanschauungsgemeinschaften steht es frei, bei Bestattungen und Totengedenkfeiern entsprechend ihren Ordnungen und Bräuchen zu verfahren. Im Übrigen bedürfen Feiern einer Genehmigung des Friedhofsträgers.

§ 7 Schließung und Aufhebung von Bestattungsplätzen

(1) Bestattungsplätze und Teile von Bestattungsplätzen können für weitere Erdbestattungen und Beisetzungen der Asche Verstorbener gesperrt (Schließung) oder anderen Zwecken gewidmet werden (Aufhebung). Schließung und Aufhebung von Gemeindefriedhöfen sind öffentlich bekannt zu machen.

(2) Die Schließung ist der Genehmigungsbehörde anzuzeigen. Bei kirchlichen Friedhöfen und Anstaltsfriedhöfen ist die Gemeinde von der beabsichtigten Schließung zu unterrichten.

(3) Bestattungsplätze und Teile von Bestattungsplätzen dürfen nach ihrer Schließung frühestens mit Ablauf sämtlicher Ruhezeiten aufgehoben werden. Die Aufhebung bedarf einer schriftlichen Genehmigung durch die Genehmigungsbehörde. Wenn an einer Nutzung des Bestattungsplatzes zu anderen Zwecken ein zwingendes öffentliches Interesse besteht, kann die Genehmigung auch vor Ablauf der Ruhezeiten erteilt werden.

(4) Die Genehmigungsbehörde kann die Schließung oder Aufhebung eines Bestattungsplatzes oder von Teilen eines Bestattungsplatzes auch vor Ablauf der Ruhezeiten nach Anhörung des Trägers und der Gemeinde anordnen, wenn ein zwingendes öffentliches Interesse besteht.

(5) Bei der Aufhebung eines Bestattungsplatzes müssen die Leichen und die Asche Verstorbener, deren Ruhezeit noch nicht abgelaufen ist, umgebettet werden. Auf Antrag muss die Umbettung auch nach Ablauf der Ruhezeit erfolgen, wenn das Nutzungsrecht an der Grabstätte zum Zeitpunkt der Aufhebung noch besteht. Für weitere Ansprüche des Nutzungsberechtigten gilt das Landesenteignungsgesetz.

Zweiter Abschnitt. Bestattungswesen

§ 8 Bestattung

(1) Die Würde des Toten und das sittliche Empfinden der Allgemeinheit sind zu achten.

(2) Jede Leiche muss bestattet werden. Auf ein totgeborenes oder in der Geburt verstorbenes Kind finden die Bestimmungen dieses Gesetzes entsprechend Anwendung, wenn das Gewicht des Kindes mindestens 500 Gramm beträgt. Beträgt das Gewicht weniger als 500 Gramm (Fehlgeburt), so ist eine Bestattung zu genehmigen, wenn ein Elternteil dies beantragt.
(3) Für Ort, Art und Durchführung der Bestattung ist der Wille des Verstorbenen maßgebend, soweit gesetzliche Bestimmungen oder zwingende öffentliche Belange nicht entgegenstehen. Bei Verstorbenen, die geschäftsunfähig waren oder das 14. Lebensjahr nicht vollendet hatten oder deren Wille nicht bekannt ist, ist der Wille der nach § 9 Abs. 1 Satz 2 Verantwortlichen maßgebend.
(4) Die Bestattung kann als Erd- oder Feuerbestattung vorgenommen werden. Erdbestattung ist die Bestattung einer Leiche in einem Sarg in einer Grabstätte. Feuerbestattung ist die Einäscherung einer Leiche und die Beisetzung der Asche in einer Grabstätte. Der Träger des Bestattungsplatzes kann auch eine Erdbestattung oder eine Beisetzung der Asche in ober- oder unterirdischen Grabkammern, Totenhäusern, Grüften, Urnenwänden oder ähnlichen Einrichtungen vorsehen.
(5) Eine Bestattung bedarf der schriftlichen Genehmigung durch die örtliche Ordnungsbehörde des Bestattungsortes. Für die Feuerbestattung ist das Benehmen mit der örtlichen Ordnungsbehörde des Einäscherungsortes herzustellen; darüber hinaus ist durch eine besondere amtliche Leichenschau, die bei ungeklärter Todesart auch die innere Leichenschau umfasst, festzustellen, dass keine Bedenken gegen die Einäscherung bestehen.

§ 9 Verantwortlichkeit

(1) Für die Erfüllung der aufgrund dieses Gesetzes bestehenden Verpflichtungen ist der Erbe verantwortlich. Soweit ein Erbe nicht rechtzeitig zu ermitteln ist oder aus anderen Gründen nicht oder nicht rechtzeitig in Anspruch genommen werden kann, sind die folgenden Personen in der angegebenen Reihenfolge verantwortlich, sofern sie voll geschäftsfähig sind:
1. der Ehegatte,
2. die Kinder,
3. die Eltern,
4. der sonstige Sorgeberechtigte,
5. die Geschwister,
6. die Großeltern,
7. die Enkelkinder.

Abweichende Verantwortlichkeiten nach diesem Gesetz bleiben unberührt.
(2) Ein Bestattungsunternehmer oder ein Dritter ist im Rahmen übernommener Verpflichtungen verantwortlich.
(3) Die Verantwortlichkeiten nach dem Polizei- und Ordnungsbehördengesetz bleiben unberührt.

§ 10 Benachrichtigungspflicht

Wer einen Toten auffindet oder beim Eintritt des Todes anwesend ist, hat unverzüglich eine der in § 9 Abs. 1 genannten Personen oder die Polizei zu benachrichtigen. Vom Auffinden von Körperteilen ist die Polizei unverzüglich zu unterrichten.

§ 11 Leichenschau und Totenscheine

(1) Tod, Todeszeitpunkt, Todesart und Todesursache werden von einem Arzt festgestellt (Leichenschau).
(2) Jeder erreichbare niedergelassene Arzt ist verpflichtet, die Leichenschau unverzüglich vorzunehmen sowie die Todesbescheinigung auszustellen und auszuhändigen. Erfolgt die Feststellung des Todes durch einen Arzt während eines Einsatzes im Rettungsdienst oder im Notfalldienst, so ist dieser nur zur Ausstellung und Aushändigung einer vorläufigen Todesbescheinigung ver-

Landesrecht

pflichtet. Dasselbe gilt für Ärzte von Krankenhäusern und vergleichbaren Einrichtungen für die dort Verstorbenen.
(3) Bestehen Anhaltspunkte für einen nicht natürlichen Tod, hat der Arzt sofort die Polizei zu verständigen. Er soll dafür sorgen, dass an der Leiche und deren Umgebung bis zum Eintreffen der Polizei keine Veränderungen vorgenommen werden.
(4) Der Verantwortliche (§ 9 Abs. 1 und 2) hat die Leichenschau unverzüglich zu veranlassen; dies gilt auch dann, wenn eine vorläufige Todesbescheinigung ausgestellt worden ist. Tritt der Tod in einem Betrieb, einem Heim, einer Schule, einer Anstalt, einem Krankenhaus oder einer vergleichbaren Einrichtung ein, veranlasst der Leiter oder Inhaber dieser Einrichtung die Leichenschau.
(5) Totenscheine sind:
1. die vorläufige Todesbescheinigung,
2. die Todesbescheinigung mit einem vertraulichen und einem nicht-vertraulichen Teil,
3. der Obduktionsschein.
Für jede Leiche wird eine Todesbescheinigung mit einem vertraulichen und einem nicht-vertraulichen Teil ausgestellt. Ist eine innere Leichenschau durchgeführt worden, wird auch ein Obduktionsschein ausgestellt. Bei einer Fehlgeburt werden keine Totenscheine ausgestellt.

§ 12 Auskunftspflicht

Ärzte und andere Personen, die den Verstorbenen vor seinem Tode behandelt oder gepflegt haben, sowie die in § 9 Abs. 1 genannten Personen sind gegenüber dem Arzt, der die Leichenschau vornimmt, zur Auskunft über die Todesumstände und die Erkrankung verpflichtet. Sie können die Auskunft verweigern, soweit sie dadurch sich selbst oder einen Angehörigen, zu dessen Gunsten ihnen wegen familienrechtlicher Beziehungen im Strafverfahren ein Zeugnisverweigerungsrecht zusteht, der Gefahr aussetzen würden, wegen einer Straftat oder einer Ordnungswidrigkeit verfolgt zu werden.

§ 13 Einsargung

(1) Leichen sind nach Abschluss der Leichenschau unverzüglich einzusargen. Während der Überführung und während der Bestattungsfeier sowie außerhalb von Leichenhallen ist der Sarg geschlossen zu halten. Die örtliche Ordnungsbehörde kann Ausnahmen zulassen.
(2) Hat der Verstorbene bei Eintritt des Todes an einer nach seuchenrechtlichen Bestimmungen meldepflichtigen Krankheit gelitten oder besteht ein solcher Verdacht und kann von der Leiche eine Ansteckung ausgehen, ist sie unbeschadet anderer Rechtsvorschriften unverzüglich zu desinfizieren und einzusargen; der Sarg ist sofort zu schließen. Er darf ohne schriftliche Genehmigung der örtlichen Ordnungsbehörde nicht wieder geöffnet werden.

§ 14 Überführung

(1) Eine Leiche ist nach Ausstellung der Todesbescheinigung in eine Leichenhalle zu überführen, sofern nicht eine Überführung in eine andere Einrichtung zur Durchführung einer richterlichen oder staatsanwaltschaftlichen Leichenschau, ärztlicher Maßnahmen oder wissenschaftlicher Untersuchungen erfolgt. Im Falle des § 11 Abs. 2 Satz 3 darf die Überführung nach Ausstellung einer vorläufigen Todesbescheinigung vorgenommen werden. Die Überführung muss spätestens 36 Stunden nach Eintritt des Todes beginnen.
(2) Zur Überführung von Leichen im Straßenverkehr dürfen nur hierfür besonders ausgestattete Leichenfahrzeuge verwendet werden.
(3) Die örtliche Ordnungsbehörde kann Ausnahmen von den Verpflichtungen nach den Absätzen 1 und 2 zulassen, wenn gesundheitliche Gefahren nicht zu befürchten sind und eine würdige Überführung gesichert ist.
(4) Für Leichen, die in Orte außerhalb der Bundesrepublik Deutschland überführt werden sollen, stellt die örtliche Ordnungsbehörde des Sterbeortes einen Leichenpass aus. Bei Überführungen

innerhalb der Bundesrepublik Deutschland ist ein Leichenpass auszustellen, wenn dies durch Rechtsvorschrift vorgeschrieben ist.

§ 15 Warte- und Bestattungsfrist
(1) Eine Leiche darf frühestens 48 Stunden nach Eintritt des Todes bestattet werden. Die Erdbestattung oder Einäscherung muss innerhalb von sieben Tagen nach Eintritt des Todes erfolgen.
(2) Die örtliche Ordnungsbehörde des Bestattungsortes kann die Bestattung vor Ablauf der in Absatz 1 Satz 1 bestimmten Frist anordnen, wenn gesundheitliche Gefahren zu befürchten sind; die Frist nach Absatz 1 Satz 2 kann verlängert werden, wenn gesundheitliche und hygienische Bedenken nicht bestehen.

§ 16 Einäscherung und Einäscherungsanlagen
(1) Leichen dürfen nur in Einäscherungsanlagen eingeäschert werden, deren Betrieb nach Absatz 2 genehmigt ist. Einäscherungen haben in einem hierfür geeigneten Sarg zu erfolgen.
(2) Einäscherungsanlagen dürfen nur mit schriftlicher Genehmigung der Aufsichts- und Dienstleistungsdirektion errichtet, wesentlich verändert und betrieben werden. Die Genehmigung wird unbeschadet anderer Rechtsvorschriften erteilt, wenn die anerkannten Regeln der Technik und die Bestimmungen dieses Gesetzes beachtet sind. Einäscherungsanlagen müssen über Leichenhallen verfügen.
(3) Die Genehmigung wird nur einer Gemeinde, einer sonstigen kommunalen Gebietskörperschaft oder einem von ihnen gebildeten Zweckverband erteilt. Mit Genehmigung der Aufsichts- und Dienstleistungsdirektion können sowohl die Errichtung als auch der Betrieb einer Einäscherungsanlage einem rechtsfähigen Feuerbestattungsverein übertragen werden; § 6 Abs. 1 bleibt unberührt.

§ 17 Ausgrabung, Umbettung
Die Ausgrabung oder die Umbettung einer Leiche oder der Asche eines Verstorbenen ist nur mit schriftlicher Genehmigung der örtlichen Ordnungsbehörde zulässig. Dem Antrag auf Erteilung der Genehmigung zur Umbettung ist der Nachweis einer anderen Grabstätte beizufügen.

§ 18 Leichenbesorger, Totengräber
Wer beruflich die Reinigung, Ankleidung und Einsargung von Leichen vornimmt (Leichenbesorger) oder die Tätigkeit eines Totengräbers ausübt, darf nicht in einem Beruf des Gesundheitswesens oder im Nahrungsmittel-, Genussmittel-, Gaststätten- oder Friseurgewerbe tätig sein oder beschäftigt werden.

Dritter Abschnitt. Ordnungswidrigkeiten, Ermächtigungen und Schlussbestimmungen

§ 19 Ordnungswidrigkeiten
(1) Ordnungswidrig handelt, wer vorsätzlich oder fahrlässig
1. entgegen § 1 Abs. 3 Bestattungsplätze ohne Genehmigung anlegt, erweitert oder wiederbelegt,
2. entgegen § 4 Abs. 2 eine Leiche ohne Genehmigung auf einem privaten Bestattungsplatz bestattet,
3. entgegen § 8 Abs. 2 eine Leiche nicht bestattet oder als verantwortliche Person (§ 9) nicht bestatten lässt,
4. entgegen § 8 Abs. 4 oder 5 eine Leiche nicht ordnungsgemäß bestattet oder als verantwortliche Person bestatten lässt,
5. entgegen § 11 Abs. 2 die Leichenschau nicht unverzüglich vornimmt oder die Totenscheine nicht ausstellt oder aushändigt,
6. entgegen § 11 Abs. 4 die Leichenschau nicht unverzüglich veranlasst,

7. entgegen § 11 Abs. 5 Satz 3 den Obduktionsschein nicht ausstellt,
8. entgegen § 18 in einem Beruf des Gesundheitswesens oder im Nahrungsmittel-, Genussmittel-, Gaststätten- oder Friseurgewerbe tätig ist oder Personen in einem derartigen Beruf oder Gewerbe beschäftigt.

(2) Ordnungswidrig handelt auch, wer vorsätzlich oder fahrlässig einer aufgrund des § 20 Abs. 1 dieses Gesetzes erlassenen Rechtsverordnung zuwiderhandelt, soweit die Rechtsverordnung für einen bestimmten Tatbestand auf diese Bußgeldbestimmung verweist.

(3) Die Ordnungswidrigkeit kann mit einer Geldbuße, im Falle des Absatzes 1 Nr. 2 bis zu eintausend Euro, geahndet werden.

(4) Zuständige Verwaltungsbehörde im Sinne des § 36 Abs. 1 Nr. 1 des Gesetzes über Ordnungswidrigkeiten ist
1. in den Fällen des Absatzes 1 Nr. 1 und 2 die Genehmigungsbehörde,
2. im Übrigen die örtliche Ordnungsbehörde.

§ 20 Ermächtigungen

(1) Das fachlich zuständige Ministerium wird ermächtigt, im Benehmen mit dem für das Kommunalrecht zuständigen Ministerium durch Rechtsverordnung
1. Anforderungen an Bestattungsplätze (§ 1 Abs. 2) und Leichenhallen (§ 2 Abs. 1) festzulegen,
2. die Mindestruhezeit für Verstorbene zu bestimmen,
3. Anforderungen an die Durchführung der Leichenschau (§ 22 Abs. 1), Inhalt, Form, Aufbewahrung und Abgabe der Totenscheine (§ 11 Abs. 5) festzulegen und zu bestimmen, welchen Behörden diese vorzulegen sind und von welchen Personen und Stellen Einsicht in sie gewährt oder Auskünfte daraus erteilt werden können.
4. Anforderungen an die Beschaffenheit von Särgen und die Einsargung (§ 13) festzulegen,
5. Anforderungen an Leichenfahrzeuge festzulegen sowie zu bestimmen, welche Unterlagen bei der Überführung nach § 14 mitzuführen sind,
6. Inhalt und Form des Leichenpasses (§ 14 Abs. 4) festzulegen und zu bestimmen, welche Nachweise dem Antrag auf Ausstellung beizufügen sind,
7. das Genehmigungsverfahren für Bestattungen (§ 8 Abs. 5) festzulegen,
8. zu bestimmen, welche Nachweise und Verzeichnisse die Träger von Einäscherungsanlagen zu führen haben, sowie die Aufbewahrungsfristen für die Totenscheine (§ 11 Abs. 5), die Bestattungsgenehmigung (§ 8 Abs. 5) und die Verzeichnisse festzulegen,
9. das Verfahren bei der Feuerbestattung (§ 8 Abs. 4, § 16), insbesondere die Beschaffenheit der Särge und der Urnen zu bestimmen.

(2) Die zur Durchführung dieses Gesetzes erforderlichen Verwaltungsvorschriften erlässt der Minister für Soziales, Gesundheit und Umwelt.

§ 21 Inkrafttreten

(1) Dieses Gesetz tritt mit Ausnahme des § 20 am 1. Juli 1983 in Kraft. § 20 tritt am Tage nach der Verkündung in Kraft.

(2) Mit dem Inkrafttreten des Gesetzes nach Absatz 1 Satz 1 treten außer Kraft:
1. das Gesetz über die Feuerbestattung vom 15. Mai 1934 in der Fassung der Bekanntmachung vom 18. August 1972 (GVBl. 1972, Sondernummer Reichsrecht, 57),
2. die Verordnung zur Durchführung des Feuerbestattungsgesetzes vom 10. August 1938 in der Fassung der Bekanntmachung vom 18. August 1972 (GVBl. 1972, Sondernummer Reichsrecht, S. 58), geändert durch Verordnung vom 14. April 1976 (GVBl. S. 141, BS 2127-3),
3. die §§ 72, 73 und 75 bis 77 der Dienstordnung für die Gesundheitsämter Besonderer Teil vom 30. März 1935 in der Fassung der Bekanntmachung vom 18. August 1972 (GVBl. 1972, Sondernummer Reichsrecht, S. 26), zuletzt geändert durch § 16 Abs. 2 Nr. 6 der Giftverordnung vom 21. Juni 1979 (GVBl. S. 149, BS 2121-60),

4. die Verordnung, die Errichtung und Benützung von Grüften und sonstigen Begräbnisstätten außer den öffentlichen Kirchhöfen betreffend (für den Regierungsbezirk Pfalz) vom 14. Oktober 1862 in der Fassung der Bekanntmachung vom 5. Januar 1966 (GVBl. 1966, Sondernummer Pfalz, S. 15),
5. die Bekanntmachung zur Durchführung des Reichsgesetzes über die Feuerbestattung (für den Regierungsbezirk Pfalz) vom 30. Juni 1934 in der Fassung der Bekanntmachung vom 5. Januar 1966 (GVBl. 1966, Sondernummer Pfalz, S. 15),
6. das Gesetz, das Beerdigungswesen betreffend (für den ehemaligen Regierungsbezirk Rheinhessen), vom 22. Juli 1905 in der Fassung der Bekanntmachung vom 11. Mai 1970 (GVBl. 1970, Sondernummer Rheinhessen, S. 23),
7. die Bekanntmachung, die Ausführung des Gesetzes über das Beerdigungswesen vom 22. Juli 1905 betreffend (für den ehemaligen Regierungsbezirk Rheinhessen) vom 1. März 1906 in der Fassung der Bekanntmachung vom 11. Mai 1970 (GVBl. 1970, Sondernummer Rheinhessen, S. 23), geändert durch Verordnung vom 5. August 1975 (GVBl. S. 335, BS 2127-2), und
8. die Polizeiverordnung über das Bestattungs- und Friedhofswesen im Regierungsbezirk Trier vom 13. Februar 1975 (StAnz. Nr. 11).

11b. Landesverordnung zur Durchführung des Bestattungsgesetzes

vom 20.6.1983 (GVBl. S. 133), geändert durch Verordnung vom 6.3.1996 (GVBl. S. 183)

Auf Grund des § 20 Abs. 1 des Bestattungsgesetzes vom 4. März 1983 (GVBl. S. 69), geändert durch Gesetz vom 6.2.1996 (GVBl. S. 65), wird im Benehmen mit dem Ministerium des Innern und für Sport verordnet:

§ 1 Bestattungsplätze
Die Bodenbeschaffenheit von Bestattungsplätzen muss zur Leichenzersetzung geeignet sein, ohne dass die Gefahr von Geruchsbelästigungen oder des Eindringens von Zersetzungsprodukten in das Grundwasser besteht; dies gilt nicht für Bestattungsplätze, die ausschließlich zur Beisetzung von Urnen bestimmt sind. Bestattungsplätze sind gegenüber Garten- und Hofflächen angrenzender Wohngrundstücke durch Anpflanzungen oder Einfriedungen gegen Sicht abzuschirmen. § 3 Abs. 2 BestG bleibt unberührt.

§ 2 Leichenhallen
Zur Aufbewahrung von Leichen vorgesehene Räume der Leichenhallen müssen gut lüftbar, kühl, leicht zu reinigen sowie gegen Eindringen von Tieren und unbefugtes Betreten geschützt sein. Leichenschauräume müssen mit einem fugendichten Fußbodenbelag und einer Wasserzapf- und Wasserentsorgungsstelle ausgestattet sein und hell beleuchtbar sein.

§ 3 Mindestruhezeit
Die Mindestruhezeit beträgt 15 Jahre.

§ 4 Totenscheine
(1) Der Arzt darf die Totenscheine erst ausstellen, wenn er die Leiche persönlich untersucht hat. Die Untersuchung soll an der entkleideten Leiche durchgeführt werden. Soweit erforderlich soll der Arzt Auskünfte über eine dem Tod vorausgegangene Erkrankung und die Todesumstände einholen.
(2) Die Todesbescheinigung und der Obduktionsschein sind nach dem Muster der Anlagen 1 und 2 auszustellen. Der vertrauliche Teil der Todesbescheinigung ist in vierfacher Ausfertigung (Blatt 1 bis 4) auszustellen. Blatt 1 und 2 werden von dem Arzt, der die Leichenschau vorgenommen hat, in einem Fensterbriefumschlag verschlossen und zusammen mit dem nichtvertraulichen Teil der Todesbescheinigung der nach § 9 Abs. 1 und 2 BestG verantwortlichen Person ausgehändigt, die diese Unterlagen dem Standesbeamten vorzulegen hat; Blatt 3 hat der Arzt zusammen mit dem nicht ausgefüllten Obduktionsschein (Blatt 1 und 2) in einem Umschlag, der bei der Leiche verbleibt, zu verschließen. Blatt 4 verbleibt beim Arzt. Der eine innere Leichenschau durchführende Arzt hat den Obduktionsschein in zweifacher Ausfertigung (Blatt 1 und 2) auszustellen und zusammen mit Blatt 3 des vertraulichen Teils der Todesbescheinigung an das für den Sterbeort zuständige Gesundheitsamt zu übersenden. Wird keine innere Leichenschau durchgeführt, so hat die die Bestattung vornehmende Person den Umschlag nach Satz 2 Halbsatz 3 vor der Bestattung an sich zu nehmen und an das für den Sterbeort zuständige Gesundheitsamt zu übersenden.
(3) Der Standesbeamte sammelt und ergänzt die ihm nach Absatz 2 Satz 2 Halbsatz 2 vorgelegten Todesbescheinigungen. Er übersendet Blatt 1 und 2 des vertraulichen Teils der Todesbescheinigungen mindestens einmal monatlich an das für den Sterbeort zuständige Gesundheitsamt. Das Gesundheitsamt überprüft die ihm zugeleiteten Totenscheine auf Vollständigkeit der Einträge und leitet die für das Statistische Landesamt bestimmten Ausfertigungen der Totenscheine alsbald an dieses zur Auswertung weiter. Nach Auswertung vernichtet das Statistische Landesamt die Ausfertigungen der Totenscheine. Der nichtvertrauliche Teil der Todesbescheini-

gung verbleibt in den Fällen des § 7 bei der örtlichen Ordnungsbehörde, die den Leichenpass ausgestellt hat, ansonsten bei der örtlichen Ordnungsbehörde des Bestattungsortes.
(4) Auf Antrag kann das Gesundheitsamt Einsicht in die Totenscheine gewähren oder Auskünfte daraus erteilen, wenn
1. dies zur rechtmäßigen Erfüllung der Aufgaben der die Einsicht der Auskunft begehrenden öffentlichen Stelle erforderlich ist; § 14 Abs. 2 und 3 des Landesdatenschutzgesetzes ist entsprechend anzuwenden;
2. der Antragsteller ein rechtliches Interesse an der Kenntnis der Todesumstände eines Verstorbenen glaubhaft macht und kein Grund zu der Annahme besteht, dass durch die Offenbarung schutzwürdige Belange des Verstorbenen oder seiner Hinterbliebenen beeinträchtigt werden; § 16 Abs. 3 und 4 des Landesdatenschutzgesetzes ist entsprechend anzuwenden; oder
3. Hochschulen oder andere mit wissenschaftlicher Forschung befasste Stellen die Angaben für ein wissenschaftliches Forschungsvorhaben benötigen und dem wissenschaftlichen Interesse an der Durchführung des Vorhabens größeres Gewicht als den Belangen des Verstorbenen oder seiner Hinterbliebenen beizumessen ist. § 30 Abs. 2 bis 4 des Landesdatenschutzgesetzes ist entsprechend anzuwenden.

(5) In den Fällen des § 11 Abs. 2 Satz 3 BestG ist eine vorläufige Todesbescheinigung nach dem Muster der Anlage 3 in dreifacher Ausfertigung (Blatt 1 bis 3) auszustellen. Blatt 1 verbleibt bis zum Abschluss der vollständigen Leichenschau in einem verschlossenen Umschlag bei der Leiche. Blatt 2 ist für die nach § 9 Abs. 1 und 2 BestG verantwortliche Person bestimmt; Blatt 3 verbleibt bei dem Arzt, der die vorläufige Leichenschau vorgenommen hat.

§ 5 Särge

(1) Särge müssen aus festen Werkstoffen hergestellt und gut abgedichtet sein. Der Sargboden ist mit einer mindestens fünf Zentimeter starken Schicht aufsaugenden Materials auszulegen. Särge und ihre Innenausstattung dürfen nicht schwerverrottbar sein.
(2) Zur Feuerbestattung dürfen nur Särge verwendet werden, die nicht mit stark rauch- oder rußbildenden Materialien behandelt sind. Särge, deren Innenausstattung, die Sargbeigaben und die Leichenbekleidung dürfen nicht aus Werkstoffen bestehen, die bei der Verbrennung stark rußen, giftige Gase oder starke Hitze entwickeln oder Schmelzrückstände hinterlassen. Große nicht brennbare Metallteile müssen vor der Einäscherung entfernt werden.
(3) Für die Bergung oder für die Überführung einer Leiche in ein medizinisches Institut zu wissenschaftlichen Zwecken oder zur Durchführung einer inneren Leichenschau kann ein Transportsarg verwendet werden; Absatz 1 Satz 2 und 3 findet keine Anwendung. Der Transportsarg ist nach jedem Gebrauch gründlich zu reinigen und zu desinfizieren.

§ 6 Leichenfahrzeuge, Überführung

(1) Leichenkraftfahrzeuge sowie andere zur Überführung von Leichen bestimmte Fahrzeuge und Anhänger müssen würdig gestaltet sein. Der Leichenraum muss umschlossen und vom Fahrerraum getrennt sein; er muss gegen austretende Flüssigkeit abgedichtet sein und eine Befestigungsvorrichtung für den Sarg enthalten. Der Leichenraum muss abwaschbar und für eine Desinfektion geeignet sein.
(2) Wird eine Leiche nach außerhalb des Sterbeortes überführt, ist der nichtvertrauliche Teil der Todesbescheinigung und, wenn darin gesundheitliche Bedenken gegen die Überführung erhoben werden, eine schriftliche Erlaubnis des Gesundheitsamts mitzuführen, aus der sich ergibt, welche Bedingungen und Auflagen bei der Überführung zu beachten sind.

§ 7 Leichenpass

(1) Ein Leichenpass ist auf Antrag von der örtlichen Ordnungsbehörde des Sterbeortes auszustellen. Dem Antrag sind folgende Unterlagen beizufügen:
1. die Sterbeurkunde oder eine Bescheinigung des Standesbeamten über die Eintragung des Sterbefalles in das Verzeichnis der angezeigten, aber noch nicht beurkundeten Sterbefälle,

2. der nicht vertrauliche Teil der Todesbescheinigung,
3. eine schriftliche Erklärung des Bestattungsunternehmens darüber, dass die Leiche den Bestimmungen des Bestattungsgesetzes und dieser Verordnung entsprechend eingesargt und mit einem Leichenfahrzeug (§ 6 Abs. 1) überführt wird,
4. gegebenenfalls eine Erlaubnis des Gesundheitsamts nach § 6 Abs. 2,
5. in Fällen des § 159 der Strafprozessordnung die durch die Staatsanwaltschaft erteilte schriftliche Genehmigung zur Bestattung.

(2) Soweit ein ausländischer Staat für die Beförderung in seinem Hoheitsgebiet weitere Angaben verlangt, sollen sie in den Leichenpass aufgenommen werden.

§ 8 Bestattungsgenehmigung

(1) Die örtliche Ordnungsbehörde des Bestattungsortes darf die Bestattungsgenehmigung erst erteilen, nachdem ihr der nichtvertrauliche Teil der Todesbescheinigung vorgelegt worden ist mit einem Vermerk des Standesbeamten, unter welcher Nummer der Sterbefall im Sterbebuch oder im Verzeichnis der angezeigten, aber noch nicht beurkundeten Sterbefälle eingetragen ist. Bei einer Fehlgeburt tritt an die Stelle der Todesbescheinigung eine schriftliche Bescheinigung des Geburtshelfers, aus der sich ergibt,

1. wo und wann die Scheidung der Leibesfrucht vom Mutterleib stattgefunden hat,
2. dass das Herz nicht geschlagen, die Nabelschnur nicht pulsiert und die natürliche Lungenatmung nicht eingesetzt hat und
3. dass das Geburtsgewicht der Leibesfrucht weniger als 500 Gramm betragen hat.

Liegt der Bestattungsort in einem anderen Land der Bundesrepublik Deutschland, richtet sich die Bestattungsgenehmigung nach dem dort geltenden Recht.

(2) In den Fällen des § 159 der Strafprozessordnung darf die Bestattungsgenehmigung nur erteilt werden, wenn die Bestattung durch die Staatsanwaltschaft schriftlich genehmigt worden ist.

(3) Wenn ein Leichenpass vorliegt, bedarf es für die Erteilung der Bestattungsgenehmigung keiner weiteren Unterlagen.

§ 9 Feuerbestattung

(1) Eine Leiche darf erst eingeäschert werden, wenn dem für den Betrieb der Feuerbestattungsanlage verantwortlichen Leiter die Bestattungsgenehmigung vorliegt sowie eine Bescheinigung über die besondere amtliche Leichenschau nach Muster. Ergeben sich Bedenken gegen die Einäscherung, stellt der Arzt keine Bescheinigung aus, sondern benachrichtigt unverzüglich die örtliche Ordnungsbehörde des Einäscherungsorts. Dieser gibt die Leiche zur Einäscherung erst frei, wenn die Bestattung durch die Staatsanwaltschaft schriftlich genehmigt worden ist. Die Freigabe bedarf der Schriftform; sie ersetzt die Bescheinigung über die besondere amtliche Leichenschau.

(2) Die amtliche Leichenschau führt ein Arzt des für den Sterbeort zuständigen Gesundheitsamts durch. War die amtliche Leichenschau vor der Überführung der Leiche nicht möglich, ist das Gesundheitsamt des Einäscherungsorts zuständig.

(3) Die Identität der Asche Verstorbener ist dadurch zu gewährleisten, dass in jeder Einäscherungskammer jeweils nur eine Leiche eingeäschert wird und dem Sarg vor der Einführung in die Einäscherungskammer ein hitzebeständiges Schild beigegeben wird, das die laufende Nummer der Einäscherung und den Namen der Feuerbestattungsanlage enthält. Nach der Einäscherung ist die Asche zusammen mit dem Schild unverzüglich in einer Urne zu verschließen. Der Urnendeckel muss in geprägter Schrift den Namen der Feuerbestattungsanlage, die laufende Nummer der Einäscherung, den Vor- und Familiennamen des Verstorbenen und den Tag der Einäscherung enthalten.

(4) Die Urne wird zur Beisetzung an den Friedhofsträger versandt oder mit einem Leichenfahrzeug überführt. Den Angehörigen darf die Urne nur ausgehändigt werden, wenn eine Genehmigung zur Bestattung auf einem privaten Bestattungsplatz nach § 4 Abs. 2 BestG vorliegt. Der

Friedhofsträger, in den Fällen des Satzes 2 die örtliche Ordnungsbehörde des Bestattungsorts, bescheinigt dem Träger der Feuerbestattungsanlage, auf welchem Bestattungsplatz die Urne beigesetzt worden ist.

§ 10 Einäscherungsverzeichnis

Alle Einäscherungen sind vom Träger der Feuerbestattungsanlage in ein Einäscherungsverzeichnis einzutragen. Die Eintragung umfasst den Vor- und Familiennamen, das Geschlecht, das Geburtsdatum und den Todestag des Verstorbenen, den Tag und die laufende Nummer der Einäscherung, den Bestattungsplatz und die Art des Transports der Asche dorthin. Das Einäscherungsverzeichnis und die ihm zugrunde liegenden Genehmigungen und Bescheinigungen sind 15 Jahre nach der letzten Eintragung aufzubewahren.

§ 11 Aufbewahrungsfristen

Die örtlichen Ordnungsbehörden bewahren die Entwürfe der Bestattungsgenehmigungen und den nicht-vertraulichen Teil der Todesbescheinigungen 15 Jahre auf. Die Gesundheitsämter bewahren den vertraulichen Teil der Todesbescheinigungen und die Obduktionsscheine fünf Jahre auf. Die Fristen beginnen mit dem Tage der Ausstellung.

§ 12 Ordnungswidrigkeiten

Ordnungswidrig im Sinne des § 19 Abs. 2 BestG handelt, wer vorsätzlich oder fahrlässig

1. entgegen § 4 Abs. 1 als Arzt die Totenscheine ohne persönliche Untersuchung der Leiche ausstellt,
2. ein Fahrzeug zur Überführung einer Leiche benutzt, das den Anforderungen des § 6 Abs. 1 nicht entspricht,
3. entgegen § 9 Abs. 1 Satz 1 und 4 als verantwortlicher Leiter einer Feuerbestattungsanlage eine Leiche einäschert, bevor ihm die erforderlichen amtlichen Unterlagen vorliegen.

§ 13 (Inkrafttreten)

(1) Die Verordnung tritt am 1. Juli 1983 in Kraft.

(2) Gleichzeitig tritt die Landespolizeiverordnung über das Leichenwesen vom 21. Oktober 1974 (GVBl. S. 448), geändert durch Verordnung vom 6. Oktober 1981 (GVBl. S. 260), außer Kraft.

12. Saarland

Hinweis: Siehe auch das Feuerbestattungsgesetz und die dazugehörigen Verordnungen (Seite 211 ff.)

Polizeiverordnung über das Bestattungs- und Leichenwesen

vom 18.12.1991 (Abl. S. 1414); BS Saar Nr. 2129-1, geändert durch Gesetz Nr. 1484 vom 7.11.2001 (Abl. S. 2158)

Auf Grund der §§ 8, 59 und 60 des Saarländischen Polizeigesetzes vom 8. November 1989 (Amtsbl. S. 1750) verordnet das Ministerium für Frauen, Arbeit, Gesundheit und Soziales im Einvernehmen mit dem Ministerium des Innern für das Saarland:

§ 1 Anlegung, Erweiterung, Schließung und Entwidmung der Friedhöfe

(1) Friedhöfe müssen nach ihrer örtlichen Lage und ihrer Bodenbeschaffenheit den gesundheitlichen Belangen der Bevölkerung Rechnung tragen.

(2) Die Anlegung, Erweiterung, Schließung und Entwidmung von Friedhöfen bedürfen der Genehmigung des Ministeriums für Frauen, Arbeit, Gesundheit und Soziales.

§ 2 Private Bestattungsplätze

(1) Private Grabstätten dürfen nur mit Genehmigung des Ministeriums für Frauen, Arbeit, Gesundheit und Soziales angelegt oder erweitert werden.

(2) Die Genehmigung kann erteilt werden, wenn

a) besondere Gründe dies rechtfertigen und

b) der Bestattungsplatz den nach § 1 Abs. 1 für Friedhöfe geltenden Anforderungen entspricht.

§ 3 Bestattungserlaubnis

(1) Die Bestattung menschlicher Leichen bedarf der schriftlichen Erlaubnis der Ortspolizeibehörde am Bestattungsort.

(2) Die Erlaubnis zur Bestattung darf erst erteilt werden, wenn

a) eine Sterbeurkunde oder eine Bescheinigung über die Beurkundung des Sterbefalls der für den Sterbeort zuständigen Standesbeamtin oder des für den Sterbeort zuständigen Standesbeamten oder eine Genehmigung der Ortspolizeibehörde des Sterbeortes nach § 39 Satz 1 des Personenstandsgesetzes vorgelegt und

b) erforderlichenfalls eine gerichtliche oder staatsanwaltschaftliche Erlaubnis zur Bestattung erteilt worden ist.

§ 4 Amtliche Leichenschau

(1) Die Leichenschau ist unverzüglich durch eine Ärztin oder einen Arzt vorzunehmen. Diese haben die Leiche sorgfältig zu untersuchen und die Todesbescheinigung auszustellen. Die Todesbescheinigung ist zu verschließen und dem zuständigen Standesamt zuzuleiten. Jeweils am Monatsende sind die eingegangenen Todesbescheinigungen ungeöffnet dem zuständigen Gesundheitsamt zu übersenden, das dieselben bis zum 15. des folgenden Monats an das Statistische Landesamt weiterleitet. In den Fällen des § 159 der Strafprozessordnung dürfen die Polizei, die Staatsanwaltschaft oder der Amtsrichter die Todesbescheinigung öffnen.

(2) Die ärztliche Leichenschau ist von dem für den Sterbe- oder Auffindungsort zuständigen Gesundheitsamt durchzuführen, wenn

1. keine andere Ärztin und kein anderer Arzt die Leichenschau vornimmt oder
2. das Gericht, die Staatsanwaltschaft oder eine Polizeidienststelle hierzu auffordert.

(3) Angehörige, Hausgenossen und Pflegepersonen des Verstorbenen, Ärztinnen oder Ärzte, die den Verstorbenen behandelt haben, sowie Personen, die beim Tod anwesend waren, sind auf Verlangen der zur Leichenschau zugezogenen Ärztin oder des Arztes verpflichtet, die erforderlichen Auskünfte zu erteilen.
(4) Für die Todesbescheinigung ist ein Vordruck zu verwenden. Etwa verbliebene Zweifel über Todesart und -ursache sind in der Todesbescheinigung zu vermerken.

§ 5 Benachrichtigung der Polizei und des Gesundheitsamtes

(1) Ärzte und Ärztinnen, die zur Leichenschau zugezogen sind, haben unverzüglich die zuständige Dienststelle der Vollzugspolizei zu benachrichtigen, wenn

1. sich Anhaltspunkte für einen nicht natürlichen Tod ergeben oder
2. es sich um die Leiche einer unbekannten Person handelt.

(2) Die Meldepflicht nach den Vorschriften des Infektionsschutzgesetzes bleibt unberührt.

§ 6 Leichenbesorgung

Personen, die Leichen beruflich reinigen, ankleiden und einsargen, dürfen nicht gleichzeitig im Lebensmittel-, Gaststätten- und Friseurgewerbe, in einem Heilberuf oder als Hebamme oder Entbindungspfleger tätig sein. Geräte, die gewerbsmäßig für Lebende benutzt werden, dürfen an Leichen nicht verwendet werden.

§ 7 Schutzmaßnahmen bei Ansteckungsgefahr

(1) Hat der Verstorbene im Zeitpunkt des Todes an Aussatz, Cholera, Diphtherie, Fleckfieber, übertragbarer Gehirnentzündung, übertragbarer Kinderlähmung, Milzbrand, Ornithose, Pest, Rotz, übertragbarer Ruhr, Scharlach, Tollwut, Tularämie, Typhus abdominalis, Paratyphus A und B gelitten, oder besteht der Verdacht einer solchen Erkrankung, so sind folgende Schutzmaßnahmen zu treffen:

1. Die Leiche ist ohne vorheriges Waschen und Umkleiden in Tücher, die mit einer desinfizierenden Flüssigkeit getränkt sind, einzuschlagen. Zur Desinfektion sind nur solche Mittel zu verwenden, die in der vom Robert-Koch-Institut veröffentlichten Liste aufgenommen sind.
   Soll mit Rücksicht auf religiöse Vorschriften die Leiche ausnahmsweise gewaschen werden, so darf dies nur unter den vom Gesundheitsamt im Einzelfall angeordneten Vorsichtsmaßnahmen geschehen.
2. Die Leiche ist unverzüglich in einen festen, gut abgedichteten Sarg einzusargen, dessen Boden durch eine 5 bis 10 cm hohe Schicht aufsaugender Stoffe oder auf eine andere Weise gegen das Durchdringen von Leichenflüssigkeit geschützt ist. Der Sarg ist sofort zu verschließen und darf nur mit Genehmigung der Ortspolizeibehörde im Einvernehmen mit dem Gesundheitsamt wieder geöffnet werden.
3. Die Leiche ist unverzüglich nach der Einsargung in eine öffentliche Leichenhalle zu bringen. Ist eine solche nicht vorhanden, so muss der Sarg in einem abgesonderten Raum, der nicht zur gleichen Zeit als Wohn-, Schlaf-, Arbeits- oder Wirtschaftsraum benutzt wird, untergebracht werden.
4. Personen, die mit der Leiche in unmittelbare Berührung kommen, müssen waschbare Überkleider oder Schürzen tragen, die nach beendeter Tätigkeit sorgfältig zu desinfizieren sind. Sie haben vor Verlassen des Totenzimmers ihre Hände zu desinfizieren. Nr. 1 Satz 2 gilt entsprechend.

(2) Unberührt bleiben weiter gehende Vorsichtsmaßnahmen, die auf Vorschlag des Gesundheitsamtes von der Ortspolizeibehörde nach § 28 des Infektionsschutzgesetzes angeordnet werden.

§ 8 Beschaffenheit der Särge

(1) Für die Beförderung der Leiche zum Bestattungsplatz oder in eine öffentliche Leichenhalle ist ein fester, gut abgedichteter Sarg zu benutzen.

(2) Bei der Überführung der Leiche von einer Gemeinde nach einer anderen ist ein widerstandsfähiger, verschlossener Metallsarg oder ein fester, gut abgedichteter Holzsarg zu benutzen, dessen Boden durch eine 5 bis 10 cm hohe Schicht aufsaugender Stoffe oder auf eine andere Weise gegen das Durchdringen von Leichenflüssigkeit geschützt ist.

§ 9 Bestattungsfristen

(1) Leichen sind frühestens 48 Stunden und nicht später als 96 Stunden nach dem Eintritt des Todes zu bestatten. Dies gilt auch für die Bestattung totgeborener Kinder, die nach Ablauf des sechsten Schwangerschaftsmonats geboren worden sind. In Gemeinden, in denen an Sonnabenden sowie an Sonn- und Feiertagen eine Bestattung nicht durchgeführt wird, bleiben diese Tage bei der Berechnung der Höchstfrist außer Ansatz, sofern nicht die Ortspolizeibehörde eine frühere Bestattung anordnet.

(2) Die Ortspolizeibehörde kann im Einvernehmen mit dem Gesundheitsamt eine vorzeitige Bestattung anordnen, wenn

1. Verstorbene an einer in § 7 Abs. 1 Satz 1 aufgeführten Krankheit litten oder der Verdacht an einer solchen Krankheit besteht,
2. der Todesfall in dem Verbreitungsgebiet einer in epidemischer Form auftretenden Krankheit im Sinne des § 7 Abs. 1 Satz 1 eingetreten ist oder
3. die Verwesung der Leiche so weit fortgeschritten ist, dass die Bestattung mit Rücksicht auf gesundheitliche Erfordernisse nicht länger hinausgeschoben werden kann. Die Ortspolizeibehörde kann ferner eine vorzeitige Bestattung zulassen, wenn die Verwesung der Leiche so weit fortgeschritten ist, dass ein Scheintod nicht mehr in Betracht kommen kann und dies durch ärztliches Zeugnis bescheinigt worden ist.

(3) Die Ortspolizeibehörde kann Ausnahmen von der Höchstfrist nach Abs. 1 zulassen, wenn

1. die ärztliche Bescheinigung vorgelegt wird, dass keine gesundheitlichen Bedenken gegen eine spätere Bestattung bestehen, oder
2. die Leiche zu wissenschaftlichen Zwecken in ein medizinisches Institut gebracht werden soll.

(4) Kann die Höchstfrist nach Abs. 1 aus Gründen der Leichenüberführung nicht gewahrt werden, so ist die Leiche am Bestimmungsort unverzüglich zu bestatten. Entsprechendes gilt, wenn eine gerichtliche oder staatsanwaltschaftliche Bestattungserlaubnis erst nach Ablauf dieser Frist erteilt worden ist.

§ 10 Benutzung von Leichenhallen

(1) Steht eine öffentliche Leichenhalle zur Verfügung, so ist die Leiche spätestens 36 Stunden nach Eintritt des Todes, jedoch nicht vor Ausstellung der Todesbescheinigung in die Leichenhalle zu bringen. Als öffentliche Leichenhallen gelten die Leichenhallen von Friedhöfen, Krematorien, Krankenhäusern, Bestattungsunternehmen und Pathologischen Instituten.

(2) Die Ortspolizeibehörde kann auf Antrag eines Angehörigen Ausnahmen von Abs. 1 zulassen, wenn durch ärztliches Zeugnis bescheinigt wird, dass gegen den Verbleib der Leiche im Sterbehaus keine gesundheitlichen Bedenken bestehen und die Leiche in einem Raum untergebracht wird, der nicht zur gleichen Zeit als Wohn-, Schlaf- oder Arbeitsraum benutzt wird.

§ 11 Bestattungsfeierlichkeiten

(1) Leichen dürfen nicht öffentlich ausgestellt werden; der Sarg darf aus Anlass der Bestattungsfeierlichkeiten nicht geöffnet werden.

(2) Die Ortspolizeibehörde kann nach Anhörung des Gesundheitsamtes Ausnahmen von Abs. 1 zulassen. In den in § 7 Abs. 1 bezeichneten Fällen ist eine Ausnahme nicht zulässig.

§ 12 Leichenpass

(1) Die Beförderung von Leichen in Orte außerhalb der Bundesrepublik Deutschland darf nur in Verbindung mit einem Leichenpass erfolgen.

(2) Zur Beförderung in ein anderes Land der Bundesrepublik Deutschland ist auf Verlangen ein Leichenpass auszustellen.
(3) Der Leichenpass ist von der Ortspolizeibehörde des Sterbeortes auszustellen

§ 13 Transportbegleitung
(1) Die Leiche ist bei der Überführung von einer zuverlässigen Person zu begleiten.
(2) Die Begleitperson hat dafür zu sorgen, dass
a) die nach § 3 Abs. 2 vorgeschriebenen Unterlagen, sofern kein Leichenpass auszustellen ist, mitgeführt werden,
b) der Sarg während der Überführung verschlossen bleibt,
c) die Überführung möglichst ohne Unterbrechung bis zum Bestimmungsort durchgeführt wird,
d) der Sarg nicht ohne triftigen Grund von dem Fahrzeug, auf dem er befördert wird, herabgenommen wird,
e) das Fahrzeug bei einem unvermeidlichen Aufenthalt unverzüglich auf einen abgesonderten Platz abgestellt wird,
f) der Sarg am Bestimmungsort unmittelbar nach der Ankunft zu der Bestattungsstelle oder in eine Leichenhalle verbracht wird.
(3) Begleitperson nach Abs. 1 kann auch die Person sein, die das Fahrzeug führt, mit dem der Sarg befördert wird.

§ 14 Beförderung mit Kraftfahrzeugen
(1) Zur Leichenbeförderung sind nur solche Kraftfahrzeuge zu benutzen, die hierfür eingerichtet sind und nur zu diesem Zwecke verwendet werden. Auf die Entfernung von im Freien aufgefundenen Leichen oder Leichen von tödlich Verunglückten vom Unfallort findet Satz 1 keine Anwendung.
(2) Ausnahmen von Abs. 1 Satz 1 bedürfen der Genehmigung der Ortspolizeibehörde des Sterbeortes. Ausnahmen sind nicht zulässig, wenn das Kraftfahrzeug ständig oder gelegentlich zur Beförderung von Personen, Lebensmitteln oder Tieren dient.

§ 15 Ausgrabungen von Leichen
(1) Leichen dürfen nur zum Zwecke der Umbettung, der nachträglichen Einäscherung, einer Überführung oder aus einem anderen wichtigen Grund vor Ablauf der Ruhefristen aus der Grabstätte entfernt werden.
(2) Die Umbettung bedarf der Erlaubnis der Ortspolizeibehörde am Bestattungsort im Einvernehmen mit dem Gesundheitsamt. Die Ortspolizeibehörde kann im Einvernehmen mit dem Gesundheitsamt nähere Bestimmungen darüber treffen, wie die Umbettung durchzuführen ist.
(3) Die Absätze 1 und 2 sind nicht anzuwenden, soweit sie einer durch die Staatsanwaltschaft oder den Richter angeordneten Exhumierung entgegenstehen.

§ 16 Ordnungswidrigkeiten
(1) Ordnungswidrig im Sinne des § 63 des Saarländischen Polizeigesetzes handelt, wer vorsätzlich oder fahrlässig
1. entgegen dem § 2 Abs. 1 private Grabstätten anlegt oder erweitert;
2. entgegen § 3 Abs. 1 die Bestattung einer menschlichen Leiche ohne Erlaubnis vornimmt;
3. entgegen § 4 Abs. 3 die für die Leichenschau erforderlichen Auskünfte nicht erteilt;
4. entgegen § 5 Abs. 1 der Benachrichtigungspflicht nicht nachkommt;
5. entgegen § 6 neben der Leichenbesorgung noch andere Tätigkeiten ausübt und der Leichenbesorgung vorbehaltene Geräte benutzt;
6. entgegen § 7
   a) die Wasch-, Umkleide- und Desinfektionsvorschriften nach Nummer 1 nicht beachtet,
   b) die Vorschriften nach Nummer 2 über die Sicherheitsausstattung des Sarges und die Wiederöffnung des Sarges nicht beachtet,

c) die Aufbewahrungsvorschrift nach Nummer 3 nicht beachtet,
d) die Bekleidungs- und Desinfektionsvorschriften nach Nummer 4 nicht beachtet;

7. entgegen § 11 Abs. 1 eine Leiche ausstellt und den Sarg öffnet;
8. entgegen § 14 andere Kraftfahrzeuge für die Leichenbeförderung benutzt;
9. entgegen § 15 ohne Erlaubnis oder entsprechende Anordnung die Ausgrabung einer Leiche vornimmt.

(2) Die Ordnungswidrigkeit kann mit einer Geldbuße bis zu 5.000 Euro geahndet werden.

§ 17 Sonderbestimmungen

Unberührt von dieser Polizeiverordnung bleiben die Vorschriften über

a) den internationalen Leichentransport,
b) die Beförderung von Leichen auf Eisenbahnen, auf dem Seewege, auf den Binnenwasserstraßen und auf dem Luftwege,
c) die Feuerbestattung.

§ 18 Schlussbestimmungen

Diese Polizeiverordnung tritt am 1. Januar 1992 in Kraft. Gleichzeitig treten die Polizeiverordnung über das Bestattungs- und Leichenwesen vom 9. Dezember 1971 (Abl. S. 850) sowie die Polizeiverordnung zur Änderung der Polizeiverordnung über das Bestattungs- und Leichenwesen vom 22. Februar 1985 (Amtsbl. S. 342) außer Kraft.

13. Sachsen

13a. Sächsisches Gesetz über das Friedhofs-, Leichen- und Bestattungswesen (Sächsisches Bestattungsgesetz)

vom 8.7.1994 (GVBl. S. 1321), zuletzt geändert durch Gesetz vom 28.6.2001 (GVBl. S. 426)

Erster Abschnitt. Friedhofswesen

§ 1 Bestattungsplätze

(1) Bestattungsplätze sind

1. Gemeindefriedhöfe,
2. Friedhöfe der Kirchen und Religionsgemeinschaften sowie Grabstätten in Kirchen,
3. Anstaltsfriedhöfe und sonstige private Bestattungsplätze.

(2) Bestattungsplätze müssen der Würde des Menschen, den allgemeinen sittlichen Vorstellungen und den anerkannten gesellschaftlichen Ordnungen entsprechen. Sie müssen so beschaffen sein, dass die Totenruhe gewährleistet und das Grundwasser sowie die Oberflächengewässer, die öffentliche Sicherheit sowie die Gesundheit und das Wohl der Allgemeinheit nicht beeinträchtigt werden. Die Anforderungen einer geordneten städtebaulichen Entwicklung sowie die Belange der Landschafts- und Denkmalpflege sind zu berücksichtigen.

(3) Die Neuanlage und die Erweiterung eines Bestattungsplatzes sowie die Wiederbelegung eines vorher geschlossenen Bestattungsplatzes bedürfen einer schriftlichen Genehmigung. Sie ist zu erteilen, wenn die Voraussetzungen dieses Gesetzes erfüllt sind und sonstige Vorschriften des öffentlichen Rechts nicht entgegenstehen. Zuständige Genehmigungsbehörde ist

1. in kreisangehörigen Gemeinden das Landratsamt,
2. in Kreisfreien Städten für Gemeindefriedhöfe das Regierungspräsidium und für andere Bestattungsplätze das Bürgermeisteramt.

(4) Vor der Erteilung der Genehmigung hat die Genehmigungsbehörde eine gutachtliche Stellungnahme des Staatlichen Umweltfachamts zu den geologischen und hydrogeologischen Gegebenheiten einzuholen und sich mit dem zuständigen Gesundheitsamt ins Benehmen zu setzen.

§ 2 Gemeindefriedhöfe

(1) Den Gemeinden obliegt es als Pflichtaufgabe, Friedhöfe anzulegen und zu erweitern sowie Leichenhallen zu errichten, soweit hierfür ein öffentliches Bedürfnis besteht, und diese Einrichtungen zu unterhalten. Diese Pflicht umfasst auch die Sorge dafür, dass die notwendigen Bestattungseinrichtungen zur Verfügung stehen.

(2) Auf Gemeindefriedhöfen ist die Bestattung verstorbener Gemeindeeinwohner sowie auf Antrag eines Gemeindeeinwohners bei dessen besonderem berechtigten Interesse auch die Bestattung einer sonstigen verstorbenen Person zuzulassen. Die Bestattung einer anderen in der Gemeinde verstorbenen oder tot aufgefundenen Person ist außerdem zuzulassen, wenn diese keinen festen Wohnsitz hatte, ihr letzter Wohnsitz unbekannt ist, ihre Überführung an den früheren Wohnsitz unverhältnismäßig hohe Kosten verursachen würde oder wenn Gründe der öffentlichen Sicherheit oder Ordnung eine Bestattung in der Gemeinde erfordern.

(3) Auf Gemeindefriedhöfen sind in ausreichendem Umfang Reihengräber als Einzelgräber bereitzustellen. In der Benutzungsordnung der Friedhofsträger (§ 7 Abs. 1) ist zu regeln, in welchem Umfang andere Arten von Grabstätten, insbesondere Wahlgräber und Gemeinschaftsgrabanlagen, bereitgestellt werden.

§ 3 Andere Friedhöfe und Bestattungsplätze

(1) Kirchen, Kirchengemeinden und Kirchengemeindeverbände sowie andere Religions- oder Weltanschauungsgemeinschaften, die Körperschaften des öffentlichen Rechts sind, können eigene Friedhöfe nach Maßgabe der Gesetze anlegen, erweitern und wiederbelegen (kirchliche Friedhöfe) sowie Leichenhallen errichten.

(2) Grabstätten in Kirchen der in Absatz 1 genannten Körperschaften sind als Bestattungsplätze zu genehmigen, sofern nicht durch die Bestattung im Einzelfall gesundheitliche Gefahren zu befürchten sind.

(3) Anstaltsfriedhöfe und sonstige private Bestattungsplätze dürfen nur angelegt, erweitert oder wiederbelegt werden, wenn

1. ein besonderes Bedürfnis oder ein berechtigtes Interesse besteht,
2. eine würdige Gestaltung und Unterhaltung des Bestattungsplatzes während der Ruhezeit gesichert sind und
3. öffentliche Interessen oder schutzwürdige Belange Dritter nicht entgegenstehen.

(4) Jede Bestattung auf sonstigen privaten Bestattungsplätzen, die nicht Anstaltsfriedhöfe sind, bedarf einer besonderen Genehmigung durch die nach § 1 Abs. 3 zuständige Behörde. Die Genehmigung darf nur für die Beisetzung von Aschen erteilt werden. Sie ist insbesondere zu versagen, wenn die Bestattung mit der jeweils geltenden Bebauungsplanung nicht vereinbar ist.

(5) Die Veräußerung von Grundstücken, auf denen sich Anstaltsfriedhöfe oder sonstige private Bestattungsplätze befinden, ist der Genehmigungsbehörde anzuzeigen.

§ 4 Friedhöfe nichtgemeindlicher Träger

(1) Auf nichtgemeindlichen Friedhöfen, außer jüdischen, sind die in § 2 Abs. 2 genannten Verstorbenen aufzunehmen, soweit in zumutbarer Entfernung keine gemeindlichen Friedhöfe bestehen. Dies gilt auch dann, wenn es sich um andersgläubige oder konfessionslose Verstorbene handelt. Diese sind nach Möglichkeit ohne räumliche Absonderung von anderen Grabstellen zu bestatten; die Nutzung der Leichenhalle ist für sie zuzulassen. In die Art und Weise der Bestattungs- und Totengedenkfeiern sowie in die Gestaltung der Grabstätten darf nur unter den Voraussetzungen des § 7 eingegriffen werden.

(2) Die Gemeinden haben sich an dem Kostenaufwand anderer Träger, die in ihrem Einzugsbereich einen Friedhof im Sinne des Absatzes 1 Satz 1 unterhalten, angemessen zu beteiligen, soweit die Kosten nicht durch Einnahmen aus den für die Nutzer zumutbaren Gebühren gedeckt werden können. Das gleiche gilt, wenn die gemeindlichen Bestattungsplätze nicht ausreichen und soweit der andere Friedhofsträger im Einverständnis mit der Gemeinde Bestattungsplätze für die Allgemeinheit zur Verfügung stellt. Das Nähere wird durch Vereinbarung zwischen der Gemeinde und dem anderen Friedhofsträger geregelt.

§ 5 Standort- und Abstandsregeln

(1) Friedhöfe sollen in ruhiger Lage, insbesondere nicht in unmittelbarer Nähe von verkehrsreichen Straßen, Eisenbahnen, Flug-, Sport- und Vergnügungsstätten, Industrie- und Gewerbebetrieben sowie von Anlagen, die der militärischen Verteidigung dienen, angelegt werden.

(2) Friedhöfe sollen verkehrsgünstig gelegen und mit öffentlichen Verkehrsmitteln erreichbar sein. Für den ruhenden Verkehr sollen ausreichende und geeignete Parkflächen bereitgestellt werden.

(3) Friedhöfe können als Mittelpunktanlagen für mehrere Gemeinden oder Gemeindeteile angelegt werden.

(4) Friedhöfe sind nach außen durch Bäume, Sträucher, Zäune, Mauern, Erdwälle oder auf ähnliche Weise hinreichend abzuschirmen.

(5) Der Grenzabstand von Friedhöfen zu Wohngebäuden muss mindestens 35 m betragen. Zu Gewerbe- und Industriegebieten ist ein Grenzabstand von mindestens 75 m einzuhalten. Das Regierungspräsidium kann geringere Grenzabstände zulassen, wenn dies mit den nachbarlichen

Belangen vereinbar ist und Ruhe und Würde des Friedhofs nicht wesentlich beeinträchtigt werden. Die Entscheidung über einen Antrag auf Zulassung geringerer Grenzabstände kann im Einvernehmen mit dem Regierungspräsidium auch die für die Entscheidung über den Bauantrag zuständige Behörde treffen. Der Antrag ist bei der für den Bauantrag zuständigen Behörde zu stellen.
(6) Die vorgeschriebenen Grenzabstände gelten nicht für die Abstände von bestehenden Friedhöfen zu Wohngebäuden oder gewerblichen Einrichtungen, die vor Inkrafttreten dieses Gesetzes errichtet worden sind.

§ 6 Ruhezeit
(1) Für einen Bestattungsplatz oder für Teile eines Bestattungsplatzes wird in der Genehmigung nach § 1 Abs. 3 im Benehmen mit dem Gesundheitsamt festgelegt, wie lange Grabstätten nicht erneut belegt werden dürfen (Mindestruhezeit).
(2) Die Mindestruhezeit beträgt bei Leichen von Kindern, die tot geboren oder vor Vollendung des zweiten Lebensjahres gestorben sind, zehn Jahre, bei Leichen von Kindern bis zur Vollendung des 13. Lebensjahres 15 Jahre und bei älteren Verstorbenen 20 Jahre. Bei Aschen beträgt die Regelruhezeit 20 Jahre. Mit Ausnahme der Ruhezeit für Aschen dürfen diese Ruhezeiten bei abweichender Festlegung durch Rechtsverordnung (§ 24 Abs. 1 Nr. 2) nicht unterschritten werden.
(3) Der Träger des Bestattungsplatzes kann in der Benutzungsordnung (§ 7 Abs. 1) längere als die durch Gesetz oder Verordnung vorgeschriebenen Ruhezeiten vorsehen.
(4) Sofern die Benutzungsordnung (§ 7 Abs. 1) den Angehörigen des Verstorbenen ein Nutzungsrecht an der Grabstätte für die Dauer der Mindestruhezeit oder länger einräumt, handelt es sich um ein Nutzungsverhältnis öffentlich-rechtlicher Art.
(5) Während der Ruhezeit dürfen in einer Grabstätte weitere Leichen oder Aschen Verstorbener nur beigesetzt werden, wenn die Grabstätte dazu geeignet und bestimmt ist; das Nähere regelt die Benutzungsordnung (§ 7 Abs. 1).
(6) Die Ruhezeiten nach Absatz 2 gelten nicht für die bei Inkrafttreten dieses Gesetzes bereits belegten Grabstätten.

§ 7 Benutzungsordnung der Gemeindefriedhöfe
(1) Die Gemeinden regeln die Benutzung von Gemeindefriedhöfen, Leichenhallen und Einäscherungsanlagen sowie die Gestaltung von Grabstätten durch Satzung. Ist einem Zweckverband eine Genehmigung zur Errichtung oder zum Betrieb einer Einäscherungsanlage nach § 20 Abs. 4 erteilt worden, erlässt der Inhaber dieser Genehmigung die Satzung.
(2) Den Kirchen, Religions- und Weltanschauungsgemeinschaften steht es frei, bei Bestattungen und Totengedenkfeiern nach ihren Ordnungen und Bräuchen zu verfahren. Andere Feiern bedürfen einer Genehmigung des Friedhofsträgers. Die Genehmigung darf nur versagt werden, wenn Grund zu der Annahme besteht, dass durch die Art der Bestattungs- oder Totengedenkfeiern das sittliche Empfinden der Allgemeinheit oder das religiöse Empfinden der Kirchen oder der Religions- oder Weltanschauungsgemeinschaften oder ihrer Mitglieder verletzt werden könnte.

§ 8 Schließung und Aufhebung von Bestattungsplätzen
(1) Bestattungsplätze können ganz oder teilweise vom Träger für weitere Erdbestattungen und Beisetzungen der Asche Verstorbener gesperrt (Schließung) oder anderen Zwecken gewidmet werden (Aufhebung). Schließung und Aufhebung von Gemeindefriedhöfen sind öffentlich bekannt zu machen.
(2) Die Schließung ist der für die Genehmigung nach § 1 Abs. 3 zuständigen Behörde anzuzeigen. Die Träger von Friedhöfen im Sinne des § 3 Abs. 1 und von Anstaltsfriedhöfen haben die Gemeinden von der beabsichtigten Schließung zu unterrichten.
(3) Bestattungsplätze dürfen nach ihrer Schließung frühestens mit Ablauf sämtlicher Ruhezeiten aufgehoben werden, sofern nicht im Einzelfall die Voraussetzungen des Absatzes 4 vorliegen. Die Aufhebung bedarf der Genehmigung der nach § 1 Abs. 3 zuständigen Behörde.

(4) Die Genehmigungsbehörde kann die Schließung oder Aufhebung eines Bestattungsplatzes auch vor Ablauf der Ruhezeiten nach Anhörung des Trägers, der Gemeinde und des örtlichen Gesundheitsamtes anordnen, wenn an der Nutzung des Bestattungsplatzes zu anderen Zwecken ein zwingendes öffentliches Interesse besteht oder wenn diese Maßnahme aus Gründen der Abwehr gesundheitlicher Gefahren unumgänglich ist.
(5) Bei der Aufhebung hat der Träger des Bestattungsplatzes die Leichen und die Asche Verstorbener, deren Ruhezeit noch nicht abgelaufen ist, unter Beachtung der erforderlichen Sorgfalt umzubetten und die Grabeinrichtungen zu verlegen. Ein Nutzungsberechtigter, dessen Nutzungsrecht an der Grabstätte zum Zeitpunkt der Aufhebung fortbesteht, kann die Umbettung auch nach Ablauf der Ruhezeit verlangen.
(6) Wer die Umbettung verlangen kann, hat auch Anspruch auf Erstattung der Umbettungskosten; nach Wahl des bisherigen Nutzungsberechtigten gehören hierzu auch die Wiederherstellungskosten für die neue oder die Entschädigung für die alte Grabeinrichtung. Betrifft die Aufhebung eine Wahlgrabstätte, in der weitere Bestattungen oder Beisetzungen zulässig gewesen wären, sind auch die Kosten für einen entsprechenden Wiedererwerb zu erstatten. Die Ansprüche sind öffentlich-rechtlich; sie richten sich gegen die Stelle, zu deren Gunsten die Aufhebung erfolgt.

Zweiter Abschnitt. Leichenwesen

§ 9 Begriffsbestimmungen

(1) Menschliche Leiche im Sinne des Gesetzes ist der Körper eines Menschen, der keinerlei Lebenszeichen aufweist und bei dem der körperliche Zusammenhang noch nicht durch den Verwesungsprozess völlig aufgehoben ist. Als menschliche Leiche gilt auch ein Körperteil, ohne den ein Lebender nicht weiterleben könnte. Als menschliche Leiche gilt ferner der Körper eines Neugeborenen, bei dem nach vollständigem Verlassen des Mutterleibes, unabhängig vom Durchtrennen der Nabelschnur oder von der Ausstoßung der Plazenta,
1. entweder das Herz geschlagen oder die Nabelschnur pulsiert oder die natürliche Lungenatmung eingesetzt hat (Lebendgeborenes) und das danach verstorben ist oder
2. keines der unter Nummer 1 genannten Lebenszeichen festzustellen war, das Geburtsgewicht jedoch mindestens 500 g betrug (Totgeborenes).

(2) Eine Leibesfrucht mit einem Gewicht unter 500 g, bei der nach vollständigem Verlassen des Mutterleibes keines der in Absatz 1 Nr. 1 genannten Lebenszeichen festzustellen war (Fehlgeborenes), gilt nicht als menschliche Leiche.

§ 10 Verantwortlichkeit

(1) Für die Erfüllung der auf Grund dieses Gesetzes bestehenden Verpflichtungen ist der nächste geschäftsfähige Angehörige verantwortlich. Als nächste Angehörige gelten in der Reihenfolge der Aufzählung
1. der Ehegatte,
2. die Kinder,
3. die Eltern,
4. die Geschwister,
5. der sonstige Sorgeberechtigte,
6. die Großeltern,
7. die Enkelkinder,
8. sonstige Verwandte.

Kommt für die Verantwortlichkeit ein Paar (Nummern 3 und 6) oder eine Mehrheit von Personen (Nummern 2, 4, 7 und 8) in Betracht, so geht jeweils die ältere Person der jüngeren in der Verantwortlichkeit vor.

(2) Hat ein Bestattungsunternehmer oder ein Dritter durch Vertrag mit dem Verstorbenen zu dessen Lebzeiten Verpflichtungen, die nach diesem Gesetz bestehen, übernommen, so gilt der Bestattungsunternehmer oder der Dritte hinsichtlich dieser Verpflichtungen als verantwortlich.
(3) Die Verantwortlichkeiten nach dem Polizeigesetz des Freistaates Sachsen (SächsPolG) vom 30. Juli 1991 (SächsGVBl. S. 291), zuletzt geändert durch Gesetz vom 24. Mai 1994 (SächsGVBl. S. 929), bleiben unberührt.

§ 11 Pflicht zur Veranlassung der Leichenschau; Benachrichtigungspflichten
(1) Der nach § 10 Abs. 1 Verantwortliche hat nach dem Sterbefall unverzüglich die Leichenschau zu veranlassen. Bei Sterbefällen
1. in Krankenhäusern, Altenheimen oder anderen Gemeinschaftseinrichtungen oder
2. in Betrieben, öffentlichen Einrichtungen, Verkehrsmitteln oder während einer Veranstaltung obliegt die Pflicht zur Veranlassung der Leichenschau vorrangig dem Leiter der Einrichtung oder des Betriebes, dem Fahrzeugführer oder dem Veranstalter.

(2) Wer eine menschliche Leiche auffindet, oder wer beim Eintritt des Todes eines Menschen anwesend ist, hat unverzüglich eine der in § 10 Abs. 1 genannten Personen oder eine Polizeidienststelle zu benachrichtigen. Wer eine tote Leibesfrucht im Sinne des 9 Abs. 2 auffindet, hat unverzüglich die nächste Polizeidienststelle zu unterrichten.
(3) Ist nur eine Polizeidienststelle benachrichtigt oder kommt keiner der in Absatz 1 bezeichneten Verantwortlichen seiner Pflicht zur Veranlassung der Leichenschau nach, wird die Leichenschau von der Polizeidienststelle veranlasst.
(4) Die Kosten der Leichenschau und der Ausstellung der Todesbescheinigung sind von demjenigen zu tragen, der für die Kosten der Bestattung aufzukommen hat. Dessen Recht, aufgrund anderer gesetzlicher Vorschriften oder aufgrund besonderer vertraglicher Vereinbarung die Erstattung der Kosten von Dritten zu verlangen, bleibt unberührt.

§ 12 Ärztliche Leichenschaupflicht
(1) Jede menschliche Leiche ist zur Feststellung des Todes, des Todeszeitpunkts, der Todesart und der Todesursache von einem Arzt zu untersuchen (Leichenschau).
(2) Zur Vornahme der Leichenschau sind verpflichtet:
1. jeder erreichbare niedergelassene Arzt,
2. die während des ärztlichen Notfallbereitschaftsdienstes tätigen Ärzte,
3. bei Sterbefällen in Krankenhäusern oder vergleichbaren Einrichtungen jeder dort tätige Arzt, der von der Leitung des Krankenhauses oder der Einrichtung dazu bestimmt ist,
4. bei Sterbefällen in einem Fahrzeug des Rettungsdienstes oder eines sonstigen organisierten Krankentransportwesens der in dem jeweils nächstgelegenen Krankenhaus diensthabende Arzt. Der nach § 10 Abs. 1 Verantwortliche ist berechtigt, den Arzt, der den Verstorbenen wegen der dem Tode unmittelbar vorausgegangenen Krankheit behandelt hat, als Leichenschauarzt abzulehnen. Macht der Angehörige von diesem Recht Gebrauch, hat er unverzüglich selbst zu veranlassen, dass ein anderer Arzt die Leichenschau vornimmt.

(3) Von der Pflicht nach Absatz 2 Satz 1 kann die Landesärztekammer mit Zustimmung des für das Gesundheitswesen zuständigen Staatsministeriums für eine oder mehrere Gruppen von Fachärzten Ausnahmen zulassen, solange die übrigen Ärzte zahlenmäßig für eine ordnungsgemäße Durchführung der anfallenden Leichenschauen ausreichen.
(4) Ärzte, die sich im Rettungsdiensteinsatz befinden, können sich auf die Feststellung des Todes und auf seine Dokumentation in einer amtlichen vorläufigen Todesbescheinigung nach dem diesem Gesetz als Anlage 2 beigefügten Muster beschränken. Zu einer umfassenden Leichenschau sind diese Ärzte nicht verpflichtet. Beschränkt sich ein im Rettungsdiensteinsatz befindlicher Arzt auf die vorläufige Todesbescheinigung und sorgt er nicht selbst dafür, dass ein anderer Arzt die vollständige Leichenschau durchführt, hat dies der nach § 11 Abs. 1 Satz 2 oder der nach § 10 Verantwortliche zu veranlassen.

(5) Ist ein zur Leichenschau verpflichteter Arzt im Einzelfall aus wichtigem Grund an der Durchführung der Leichenschau verhindert, hat er unverzüglich eine Vertretung zu bestellen.

§ 13 Durchführung der äußeren Leichenschau

(1) Die Leichenschau soll an dem Ort, an dem der Tod eingetreten oder die Leiche aufgefunden worden ist, unverzüglich vorgenommen werden. Der Arzt und die von ihm hinzugezogenen Sachverständigen und Gehilfen sind berechtigt, jederzeit den Ort zu betreten, an dem sich die Leiche befindet. Der Inhaber der tatsächlichen Gewalt hat ihnen Grundstücke, Räume und, soweit erforderlich, auch bewegliche Sachen zugänglich zu machen. Das Grundrecht der Unverletzlichkeit der Wohnung (Artikel 13 Abs. 1 des Grundgesetzes, Artikel 30 Abs. 1 der Verfassung des Freistaates Sachsen) wird eingeschränkt. Befindet sich die Leiche nicht in einem geschlossenen Raum oder ist aus anderen Gründen eine vollständige Leichenschau nicht möglich oder nicht zweckmäßig, kann der Arzt zunächst entsprechend § 12 Abs. 4 Satz 1 verfahren; er hat alsdann die Leichenschau an einem hierfür besser geeigneten Ort fortzusetzen und die vollständige Todesbescheinigung auszustellen.

(2) Angehörige, Hausbewohner und Nachbarn sowie Personen, die den Verstorbenen während einer dem Tode vorausgegangenen Krankheit behandelt oder gepflegt haben, sind verpflichtet, dem Arzt auf Verlangen Auskunft über die Krankheit oder andere Gesundheitsschädigungen des Verstorbenen oder über sonstige für seinen Tod möglicherweise ursächliche Ereignisse zu erteilen. Sie können die Auskunft auf solche Fragen verweigern, deren Beantwortung sie selbst oder einen ihrer in § 52 Abs. 1 Nr. 1 bis 3 der Strafprozessordnung bezeichneten Angehörigen der Gefahr strafrechtlicher Verfolgung oder eines Verfahrens nach dem Gesetz über Ordnungswidrigkeiten aussetzen würde.

(3) Die Leiche ist zu entkleiden und durch den Arzt unter Einbeziehung aller Körperregionen, insbesondere auch des Rückens, der Hals- und Nackenregion und der Kopfhaut, gründlich zu untersuchen. Der Arzt hat hierbei vor allem auf Merkmale und Zeichen zu achten, die auf einen nichtnatürlichen Tod hindeuten. Als nichtnatürlich ist ein Tod anzunehmen, der durch Selbsttötung, durch einen Unfall oder durch eine äußere Einwirkung, bei der ein Verhalten eines Dritten ursächlich gewesen sein könnte (Tod durch fremde Hand), eingetreten ist. Stellt der Arzt bereits vor einer Leichenschau oder vor einer näheren Untersuchung der Leiche Anhaltspunkte für einen nichtnatürlichen Tod fest oder handelt es sich um die Leiche eines Unbekannten, hat er von einer Entkleidung der Leiche abzusehen und unverzüglich die zuständige Polizeidienststelle zu verständigen. Der Arzt hat dafür zu sorgen, dass bis zum Eintreffen der Polizeibeamten an der Leiche und deren Umgebung keine Veränderungen vorgenommen werden. Er hat in gleicher Weise zu verfahren, wenn sich Anhaltspunkte für einen nichtnatürlichen Tod erst nach der Entkleidung der Leiche oder im Verlauf ihrer näheren Untersuchung ergeben.

(4) Ergibt die Untersuchung der Leiche keine Anhaltspunkte für einen nichtnatürlichen Tod, legen aber die Gesamtumstände Zweifel an einem natürlichen Tod nahe, muss die Todesart als unaufgeklärt angenommen und dies in der Todesbescheinigung vermerkt werden.

(5) Hatte der Verstorbene an einer meldepflichtigen Krankheit im Sinne des § 3 des Gesetzes zur Verhütung und Bekämpfung übertragbarer Krankheiten beim Menschen *(Bundes-Seuchengesetz*)* in der Fassung der Bekanntmachung vom 18. Dezember 1979 (BGBl. I S. 2262), zuletzt geändert durch Gesetz vom 27. Dezember 1993 (BGBl. I S. 2378), gelitten oder besteht ein solcher Verdacht und ist zu befürchten, dass die Erreger dieser Krankheit durch den Umgang mit der Leiche verbreitet werden (Ansteckungsgefahr), hat der Arzt unverzüglich das Gesundheitsamt zu benachrichtigen und dafür zu sorgen, dass die Leiche entsprechend gekennzeichnet wird.

6) Ist die verstorbene Person Träger eines Herzschrittmachers oder eines anderen elektrisch betriebenen implantierten Gerätes, so hat der Arzt dies auf der Todesbescheinigung zu vermerken. Das gleiche gilt, wenn an der Leiche Zeichen für das Vorhandensein radioaktiver Stoffe festgestellt werden oder eine vorherige radioaktive Behandlung die Vermutung für ihr Vorhandensein nahe legt.

** Siehe jetzt das Infektionsschutzgesetz (IfSG)*

§ 14 Todesbescheinigung

(1) Nach Beendigung der Leichenschau ist unverzüglich eine Todesbescheinigung nach dem diesem Gesetz als Anlage 1 beigefügten Muster sorgfältig auszustellen. Die Todesbescheinigung enthält einen nichtvertraulichen und einen aus vier Exemplaren bestehenden vertraulichen Teil.

(2) Die Todesbescheinigung darf über die verstorbene Person nur die folgenden Angaben enthalten:

1. Name, Geschlecht,
2. letzte Wohnung,
3. Zeitpunkt und Ort der Geburt und des Todes oder der Auffindung, bei Totgeborenen außerdem das Geburtsgewicht,
4. Name, Anschrift und Telefonnummer des Arztes, der die verstorbene Person zuletzt behandelt hat, oder Angabe des Krankenhauses, in dem die verstorbene Person zuletzt behandelt wurde,
5. Angaben über übertragbare Krankheiten,
6. Art des Todes (natürlicher, nichtnatürlicher oder unaufgeklärter Tod),
7. Angaben zur Krankheitsanamnese,
8. unmittelbare oder mittelbare Todesursachen sowie weitere wesentliche Krankheiten oder Veränderungen zur Zeit des Todes,
9. Angaben über durchgeführte Reanimations-Behandlungen
10. Angaben zu implantierten Geräten und zu radioaktiven Strahlen,
11. bei Verdacht eines nichtnatürlichen Todes: Angaben über die Art des nichtnatürlichen Todes (§ 13 Abs. 3 Satz 3),
12. bei Frauen: Angaben darüber, ob Anzeichen dafür vorliegen, dass in den letzten drei Monaten eine Schwangerschaft bestand,
13. bei Totgeborenen und bei Kindern unter einem Jahr: Angaben über die Stätte der Geburt, über Körpergewicht und -länge bei der Geburt, über das Vorliegen einer Mehrlingsgeburt und über Erkrankungen der Mutter während der Schwangerschaft; bei Kindern, die innerhalb der ersten 24 Stunden nach der Geburt gestorben sind, Angabe der Anzahl der Lebensstunden.

Die in den Nummern 7 bis 13 bezeichneten Angaben dürfen nur in dem verschließbaren, von außen nicht lesbaren vertraulichen Teil der Todesbescheinigung enthalten sein.

(3) Ein Exemplar des vertraulichen Teils der Todesbescheinigung ist für den Leichenschauarzt bestimmt und kann von ihm entnommen werden. Ein weiteres Exemplar des vertraulichen Teils, das entsprechend zu kennzeichnen und das zu verschließen ist, verbleibt bei der Leiche. Die beiden übrigen Exemplare des vertraulichen Teils sind von dem Leichenschauarzt zu verschließen und zusammen mit dem nichtvertraulichen Teil derjenigen Person auszuhändigen, die nach dem Personenstandsgesetz zur Anzeige des Todes beim Standesamt verpflichtet ist. Diese oder der von ihr beauftragte hat diese Exemplare der Todesbescheinigung spätestens am nächsten Werktag dem Standesamt vorzulegen; der Samstag gilt nicht als Werktag im Sinne dieser Regelung. Das Standesamt öffnet die beiden Exemplare des vertraulichen Teils der Todesbescheinigung, registriert den Sterbefall im Sterbebuch, vermerkt die Unbedenklichkeit der Bestattung in der Todesbescheinigung, behält den nichtvertraulichen Teil der Todesbescheinigung in seinen Unterlagen und leitet ein Exemplar des vertraulichen Teils an das Statistische Landesamt und das zweite Exemplar des vertraulichen Teils an das Gesundheitsamt des Sterbeortes weiter.

(4) Aus Gründen der Rechtssicherheit, der Gefahrenabwehr und zu statistischen Zwecken überprüft die jeweils zuständige Behörde den Inhalt des nicht-vertraulichen und des vertraulichen Teils der Todesbescheinigung und gegebenenfalls des Obduktionsscheins auf Vollständigkeit und Richtigkeit der von dem Arzt nach der Leichenschau oder der Obduktion vorgenommenen Eintragungen. Ärzte, die die äußere oder die innere Leichenschau durchgeführt haben, sind verpflichtet, die zur Überprüfung und Vervollständigung der Todesbescheinigung oder des Obduk-

tionsscheins erforderlichen Auskünfte zu erteilen. Ärzte und sonstige Personen, die den Verstorbenen zuletzt behandelt oder gepflegt haben, sind auf Aufforderung der jeweils zuständigen Behörde zu näherer Auskunft verpflichtet. Soweit sie über Krankenunterlagen verfügen, sind sie auf Verlangen auch zu deren Vorlage verpflichtet. Eine Verweigerung der Auskunft nach Satz 2 und 3 oder eine Verweigerung der Vorlage der Krankenunterlagen ist nur zulässig, wenn sich der Arzt selbst oder einen seiner in § 52 Abs. 1 Nr. 1 bis 3 der Strafprozessordnung bezeichneten Angehörigen der Gefahr strafrechtlicher Verfolgung oder eines Verfahrens nach dem Gesetz über Ordnungswidrigkeiten aussetzen würde.

(5) Das Gesundheitsamt des Sterbeortes bewahrt die Todesbescheinigung und die ihm von auswärtigen Stellen zugesandten gleichartigen Bescheinigungen 30 Jahre lang auf. Es kann eine Kopie der Todesbescheinigung dem Gesundheitsamt des letzten Hauptwohnortes übermitteln. Auf Antrag können die Gesundheitsämter Einsicht in die Todesbescheinigung gewähren oder Auskünfte daraus erteilen, wenn

1. der Antragsteller ein berechtigtes Interesse an der Kenntnis der Todesumstände einer namentlich bezeichneten verstorbenen Person glaubhaft macht und kein Grund zu der Annahme besteht, dass durch die Offenbarung schutzwürdige Belange des Verstorbenen oder seiner Hinterbliebenen beeinträchtigt werden, oder
2. Hochschulen oder andere mit wissenschaftlicher Forschung befasste Stellen die Angaben für ein wissenschaftliches Vorhaben benötigen und wenn dem wissenschaftlichen Interesse an der Durchführung des Forschungsvorhabens größeres Gewicht als den Belangen des Verstorbenen oder seiner Hinterbliebenen beizumessen ist. § 30 Abs. 2 bis 5 des Gesetzes zum Schutz der informationellen Selbstbestimmung im Freistaat Sachen (Sächsisches Datenschutzgesetz SächsDSG) vom 11. Dezember 1991 (SächsGVBl. S. 40) ist entsprechend anzuwenden.

(6) Absatz 5 ist auch auf die vor Inkrafttreten dieses Gesetzes erstellten Totenscheine anzuwenden. Die Aufbewahrungsfrist beginnt in diesen Fällen mit dem Zugang der Totenscheine bei dem örtlich zuständigen Gesundheitsamt.

§ 15 Innere Leichenschau

(1) Eine innere Leichenschau (Obduktion) ist zulässig, wenn sie

1. von einem Richter oder Staatsanwalt oder der nach § 32 Abs. 3 des *Bundes-Seuchengesetzes** zuständigen Behörde angeordnet ist,
2. zur Durchsetzung berechtigter Interessen der Hinterbliebenen, insbesondere zur Feststellung versicherungsrechtlicher Leistungsansprüche, erforderlich ist,
3. der Klärung des Verdachts dient, dass der Tod durch einen medizinischen Behandlungsfehler verursacht sein könnte, und sofern der nach § 10 Abs. 1 verantwortliche Angehörige sie wünscht oder
4. durch ein beachtliches Interesse an der Überprüfung der vorherigen Diagnose oder durch ein gewichtiges medizinisches Forschungsinteresse gerechtfertigt ist, sofern ihr entweder der Verstorbene zu Lebzeiten zugestimmt hat oder, sofern von ihm eine Erklärung hierzu nicht vorliegt, der nach § 10 Abs. 1 verantwortliche Angehörige zustimmt.

(2) Mit der inneren Leichenschau sollen nur Fachärzte für Pathologie oder für Rechtsmedizin betraut werden. Dem Arzt sind die Krankenunterlagen zur Verfügung zu stellen. Die Obduktion ist unter Wahrung der Ehrfurcht vor dem toten Menschen durchzuführen und auf das zur Erreichung ihres Zwecks notwendige Maß, in der Regel auf die Öffnung der drei Körperhöhlen zu beschränken. Gewebeproben dürfen entnommen werden, soweit der Zweck der Obduktion dies erfordert. Für die Durchführung der von einem Staatsanwalt oder einem Richter angeordneten Leichenöffnung bleiben die Vorschriften der §§ 87 bis 91 der Strafprozessordnung unberührt.

(3) Teilsektionen, die der Entfernung nicht verweslicher oder nicht brennbarer Implantate, insbesondere von Herzschrittmachern oder von Metallendoprothesen, dienen, sind auch zulässig,

wenn die Voraussetzungen des Absatzes 1 nicht vorliegen. Auf sie ist Absatz 2 Satz 1 nicht anzuwenden.

(4) Ergeben sich erst während der Leichenöffnung Anhaltspunkte für einen nichtnatürlichen Tod, ist § 13 Abs. 3 Satz 4 und 5 entsprechend anzuwenden. Die Leichenöffnung darf in diesem Fall nur mit Zustimmung der zuständigen Polizeidienststelle fortgesetzt werden.

(5) Über die Obduktion hat der Arzt, der sie durchführt, unverzüglich einen Obduktionsschein nach dem diesem Gesetz als Anlage 3 beigefügten Muster sorgfältig auszustellen.

(6) Kann durch die Obduktion die Todesursache nicht eindeutig geklärt werden und sind Zusatzuntersuchungen erforderlich, ist dies im Obduktionsschein zu vermerken. Nach dem Vorliegen aller Untersuchungsergebnisse ist der vervollständigte Obduktionsschein dem Gesundheitsamt zu übersenden.

(7) Soweit die Kostenpflicht nicht in anderen Gesetzen besonders geregelt ist, sind die Kosten der inneren Leichenschau von demjenigen zu tragen, der ihre Vornahme veranlasst hat oder in dessen Interesse sie erfolgt. Dessen Recht, aufgrund anderer gesetzlicher Vorschrift oder aufgrund besonderer vertraglicher Vereinbarung die Erstattung der Kosten von Dritten zu verlangen, bleibt unberührt.

* *Siehe jetzt das Infektionsschutzgesetz (IfSG)*

§ 16 Einsargung und Überführung

(1) Leichen sind nach Abschluss der Leichenschau unverzüglich einzusargen und, sofern die zuständige Behörde im Einzelfall nicht eine Ausnahme zulässt, unverzüglich in eine Leichenhalle oder in einen Raum zu überführen, der ausschließlich der Aufbewahrung von Leichen dient. Dies gilt nicht, wenn die Leiche zur Durchführung einer inneren Leichenschau oder im Zusammenhang mit anderen ärztlichen Maßnahmen oder wissenschaftlichen Untersuchungen in eine andere Einrichtung überführt werden soll. Vor der Überführung und während der Bestattungsfeier kann der Tote offen aufgebahrt werden. Außer im Falle des Satzes 2 muss die Überführung spätestens 24 Stunden nach Eintritt des Todes beginnen.

(2) Ist der Todesfall in einem Krankenhaus, einem Alten- oder Pflegeheim eingetreten, soll den Angehörigen vor der Überführung die Möglichkeit gegeben werden, in würdiger Weise Abschied zu nehmen.

(3) Die Leiche muss in einen festen, gut abgedichteten und aus verrottbarem und umweltverträglichem Material bestehenden Sarg gelegt werden, dessen Boden mit einer 5 bis 10 cm hohen Schicht aus Sägemehl, Sägespänen, Holzwolle oder anderen geeigneten aufsaugenden Stoffen bedeckt ist.

(4) Hatte der Verstorbene an einer meldepflichtigen Krankheit im Sinne des § 3 des *Bundes-Seuchengesetzes** gelitten oder besteht ein solcher Verdacht und geht von der Leiche eine Ansteckungsgefahr aus, hat der behandelnde oder sonst hinzugezogene Arzt unverzüglich das Gesundheitsamt zu unterrichten, sofern dies nicht gemäß § 13 Abs. 5 bereits der Leichenschauarzt getan hat. Den Anweisungen des Gesundheitsamtes ist Folge zu leisten. Soweit das Gesundheitsamt im Einzelfall keine andere Anweisung gibt, ist die Leiche unverzüglich einzusargen. Der Sarg ist sofort zu schließen und entsprechend zu kennzeichnen.

(5) Leichenhallen und sonstige zur Aufbewahrung von Leichen dienende Räume müssen gut lüftbar, kühl, leicht zu reinigen sowie gegen das Betreten Unbefugter und das Eindringen von Tieren geschützt sein. Leichenhallen müssen darüber hinaus über einen Wasseranschluss und einen Wasserauslauf verfügen. Die Räumlichkeiten unterliegen in hygienischer Hinsicht der Aufsicht des Gesundheitsamtes.

* *Siehe jetzt das Infektionsschutzgesetz (IfSG)*

§ 17 Beförderung von Leichen

(1) Zur Beförderung von Leichen im Straßenverkehr dürfen nur Fahrzeuge benutzt werden, die zur Leichenbeförderung eingerichtet sind und die den Mindestanforderungen genügen, die nach

den anerkannten Regeln der Technik an sie zu stellen sind (Leichenwagen). Die Beförderung von Leichen in Kraftfahrzeuganhängern, die nicht als Leichenwagen anzusehen sind, ist nicht zulässig. Die Sätze 1 und 2 gelten nicht für die Bergung von Leichen, insbesondere nicht für die Beförderung tödlich verunglückter von der Unfallstelle.
(2) Das Gesundheitsamt kann Ausnahmen von Absatz 1 Satz 1 und 2 zulassen.
(3) Für die Beförderung von Leichen, die ins Ausland oder in ein anderes Land der Bundesrepublik Deutschland, das durch Gesetz oder Verordnung einen Leichenpass vorschreibt, überführt werden sollen, stellt das Gesundheitsamt des Sterbeortes einen Leichenpass aus. Für den Leichenpass ist das diesem Gesetz als Anlage 4 beigefügte Muster zu verwenden.
(4) Bei der Beförderung von Leichen aus dem Ausland hat der Beförderer einen Leichenpass oder ein vergleichbares Dokument mitzuführen, das nach den für den Herkunftsort geltenden Vorschriften ausgestellt ist. Bei Beförderungen von Leichen aus einem anderen Land der Bundesrepublik Deutschland genügt eine nach den Vorschriften dieses Landes ausgestellte Bescheinigung, aus der sich die Zulässigkeit der Beförderung ergibt. Ist eine Leiche ohne den Pass oder ein vergleichbares Dokument nach Satz 1 oder ohne die Bescheinigung nach Satz 2 in den Freistaat Sachsen befördert worden, ist die weitere Beförderung zu dem bestimmungsgemäßen Bestattungsort gleichwohl zuzulassen; in diesem Fall darf das Gesundheitsamt des Bestattungsortes die nach § 18 Abs. 5 erforderliche Einwilligung nur im Einvernehmen mit der Staatsanwaltschaft erklären.
(5) Bei der Beförderung einer Leiche über die Grenze der Bundesrepublik Deutschland ins Ausland muss der Sarg entweder aus einem äußeren Holzsarg mit einer Wandstärke von mindestens 20 mm und einem sorgfältig verlöteten inneren Sarg aus Zink oder aus einem anderen nicht selbstzersetzenden Stoff oder aus einem einzigen sorgfältig abgedichteten Holzsarg mit einer Wandstärke von mindestens 30 mm, der mit einer Schicht aus Zink oder aus einem anderen nicht selbstzersetzenden Stoff ausgekleidet ist, bestehen.
(6) Bei der Beförderung einer Leiche auf dem Luftweg ist der Sarg mit einer geeigneten Druckausgleichsvorrichtung zu versehen.
(7) Bei der Beförderung oder dem Versand einer Urne mit der Asche eines Toten genügt es anstelle der in den Absätzen 1 bis 6 geregelten Anforderungen, wenn die Urne versiegelt, mit den Identitätsdaten des Toten gekennzeichnet und ihr der Einäscherungsschein, die Sterbeurkunde sowie der Urnenaufnahmeschein des Friedhofs, der zur Aufnahme der Asche bestimmt ist, beigefügt ist.

Dritter Abschnitt. Bestattungswesen

§ 18 Bestattungspflicht
(1) Jede menschliche Leiche muss bestattet werden. Die Bestattung ist nur auf einem in § 1 Abs. 1 bezeichneten Bestattungsplatz zulässig.
(2) Auf Wunsch eines Elternteils sind auch Fehlgeborene (§ 9 Abs. 2) zur Bestattung zuzulassen, sofern die Fehlgeburt später als zwölf Wochen nach der Empfängnis stattgefunden hat. Zum Nachweis einer solchen Fehlgeburt ist dem Friedhofsträger eine formlose ärztliche Bestätigung vorzulegen.
(3) Für Ort, Art und Durchführung der Bestattung ist der Wille des Verstorbenen maßgebend, soweit gesetzliche Bestimmungen oder zwingende öffentliche Belange nicht entgegenstehen. Bei Verstorbenen, deren Wille nicht bekannt ist, und bei Verstorbenen, die das 14. Lebensjahr nicht vollendet hatten oder die geschäftsunfähig waren, ist der Wille des nach § 10 Abs. 1 Verantwortlichen maßgebend. Für Verstorbene ohne Hinterbliebene ist die ortsübliche Bestattungsart zu wählen. Bei der Vorbereitung und Durchführung der Bestattung sind die Würde des Toten und das sittliche Empfinden der Allgemeinheit zu achten.
(4) Die Bestattung kann als Erd- oder als Feuerbestattung vorgenommen werden. Feuerbestattung ist die Einäscherung der Leiche und die Beisetzung ihrer Asche in einer Grabstätte. Implan-

tate sind vor der Erd- oder Feuerbestattung zu entfernen, wenn sonst Schäden für die Umwelt oder an der Verbrennungsanlage zu befürchten wären. Soll die Asche in einem Behältnis beigesetzt werden, muss dieses aus verrottbarem Material bestehen.

(5) Die Leiche ist zur Erdbestattung freigegeben, sobald der Standesbeamte des Sterbeortes auf der Todesbescheinigung vermerkt hat, dass der Sterbefall in das Sterbebuch eingetragen ist (Unbedenklichkeitsvermerk). Im Falle einer Feuerbestattung ist eine Unbedenklichkeitserklärung des Gesundheitsamtes des Sterbeortes erforderlich. Ist für den Einäscherungsort ein anderes Gesundheitsamt zuständig, hat sich das Gesundheitsamt des Sterbeortes mit ihm ins Benehmen zu setzen. Darüber hinaus ist vor einer beabsichtigten Feuerbestattung durch eine besondere amtliche Leichenschau, die auf Veranlassung des Gesundheitsamtes des Sterbeortes von einem Facharzt für Pathologie oder für Rechtsmedizin durchgeführt wird, festzustellen, dass gegen eine Einäscherung keine Bedenken bestehen. Deuten Anhaltspunkte auf einen nichtnatürlichen Tod oder ergeben sich derartige Anhaltspunkte bei der besonderen amtlichen Leichenschau oder handelt es sich um die Leiche eines Unbekannten, darf das Gesundheitsamt des Sterbeortes die Unbedenklichkeitserklärung erst abgeben, wenn die Staatsanwaltschaft oder der Ermittlungsrichter des Amtsgerichts schriftlich das Einverständnis mit der Feuerbestattung erklärt haben.

(6) Sofern Fehlgeborene (§ 9 Abs. 2) nicht gemäß Absatz 2 bestattet werden, sind sie von dem nach § 10 Abs. 1 Verantwortlichen oder durch den Inhaber des Gewahrsams unverzüglich hygienisch einwandfrei und unter Rücksicht auf das sittliche Empfinden zu beseitigen, solange sie nicht zu medizinischen, pharmazeutischen oder wissenschaftlichen Zwecken aufbewahrt oder verwendet oder solange sie nicht als Beweismittel asserviert werden.

(7) Absatz 6 gilt für abgetrennte Körperteile von Lebenden und für Teile von Leichen einschließlich der Teile von Leichen von unmittelbar vor oder nach der Geburt verstorbenen Kindern sowie für Teile von fehlgeborenen Leibesfrüchten (§ 9 Abs. 2) entsprechend, sofern diese Teile nicht zum Zwecke der Übertragung auf Menschen entnommen worden sind und für diesen Zweck verwendet werden (Transplantate).

§ 19 Wartefristen für die Bestattung

(1) Die Bestattung (Erdbestattung oder Einäscherung) darf frühestens 48 Stunden nach Eintritt des Todes (regelmäßige Mindestwartefrist) und muss bei Erdbestattungen innerhalb von fünf Tagen, bei Feuerbestattungen innerhalb von sieben Tagen nach Eintritt des Todes (längste regelmäßige Wartefrist) durchgeführt werden.

(2) Das Gesundheitsamt des Bestattungsortes kann die 48-Stunden-Frist verkürzen, wenn andernfalls gesundheitliche oder hygienische Gefahren zu befürchten wären; sie kann die Fünf- oder Siebentagefrist verlängern, wenn gesundheitliche oder hygienische Bedenken nicht entgegenstehen.

(3) § 18 Abs. 5 dieses Gesetzes sowie § 39 des Personenstandsgesetzes in der Fassung der Bekanntmachung vom 8. August 1957 (BGBl. I S. 1125) und § 159 Abs. 2 der Strafprozessordnung bleiben unberührt.

§ 20 Einäscherung und Einäscherungsanlagen

(1) Leichen dürfen nur in Einäscherungsanlagen eingeäschert werden, deren Betrieb nach Absatz 2 genehmigt ist. Eine Einäscherungsanlage muss mit einer Leichenhalle und mit einem Raum zur Durchführung der äußeren Leichenschau verbunden sein. Einäscherungen dürfen nur in einem hierfür geeigneten umweltverträglichen Sarg erfolgen.

(2) Einäscherungsanlagen sind so einzurichten, zu betreiben und zu unterhalten, dass für die Bewohner benachbarter Grundstücke und für die Allgemeinheit keine Gefahren oder erhebliche Nachteile oder Belästigungen eintreten. Sie dürfen nur mit schriftlicher Genehmigung des zuständigen Regierungspräsidiums errichtet oder betrieben oder wesentlich verändert werden. Eine Genehmigung, die aufgrund immissionsschutzrechtlicher Vorschriften erteilt wurde, schließt die Genehmigung nach Satz 2 ein.

Landesrecht

(3) Der Träger der Einäscherungsanlage hat ein Einäscherungsverzeichnis zu führen, in das neben den Identitätsdaten des Verstorbenen der Tag der Einäscherung und der vorgesehene Bestattungsplatz einzutragen sind.
(4) *(aufgehoben durch Gesetz vom 18. 3. 1999, GVBl. S. 85)*

§ 21 Bestatter, Totengräber
(1) Wer gewerbs- oder berufsmäßig die Reinigung, Ankleidung oder Einsargung von Leichen vornimmt (Bestatter, Leichenbesorger, Heimbürgin) oder wer die Tätigkeit eines Totengräbers ausübt, darf nicht im Nahrungs-, Genussmittel- oder Gaststättengewerbe, als Hebamme oder Entbindungspfleger oder als Kosmetiker oder Friseur tätig sein oder dem Personenkreis im Sinne der §§ 47 und 48 des *Bundes-Seuchengesetzes** angehören oder in diesen Bereichen von anderen beschäftigt werden. Das Grundrecht der freien Berufsausübung (Artikel 12 Abs. 1 des Grundgesetzes, Artikel 28 Abs. 1 der Verfassung des Freistaates Sachsen) wird insoweit eingeschränkt.
(2) Die Tätigkeit der Bestatter und Totengräber unterliegt der Aufsicht des Gesundheitsamtes.

** Siehe jetzt das Infektionsschutzgesetz (IfSG)*

§ 22 Ausgrabung, Umbettung
(1) Die Ausgrabung oder die Umbettung einer Leiche oder der Asche eines Verstorbenen bedarf einer schriftlichen Genehmigung des Gesundheitsamtes. Dem Antrag auf Erteilung einer Genehmigung zur Umbettung ist der Nachweis beizufügen, dass eine andere Grabstätte zur Verfügung steht.
(2) Für Ausgrabungen, die auf Grund anderer Rechtsvorschriften angeordnet oder zugelassen werden, gilt Absatz 1 nicht.
(3) Ausgrabungen oder Umbettungen dürfen in dem Zeitraum von zwei Wochen bis zu sechs Monaten nach dem Tode nicht zugelassen werden, sofern es sich nicht um Urnen handelt oder sofern die Ausgrabung oder Umbettung nicht richterlich angeordnet ist.

Vierter Abschnitt. Ordnungswidrigkeiten, Ermächtigungen und Schlussbestimmungen

§ 23 Ordnungswidrigkeiten
(1) Ordnungswidrig handelt, wer vorsätzlich oder fahrlässig
1. entgegen § 1 Abs. 3 einen Bestattungsplatz ohne Genehmigung anlegt, erweitert oder wiederbelegt,
2. entgegen § 3 Abs. 4 eine Leiche ohne Genehmigung auf einem privaten Bestattungsplatz bestattet oder bestatten lässt,
3. entgegen § 11 die Leichenschau nicht oder nicht unverzüglich veranlasst (§ 11 Abs. 1) oder die vorgeschriebene Benachrichtigung unterlässt (§ 11 Abs. 2),
4. entgegen § 12 Abs. 2 Satz 1 als Arzt die Leichenschau nicht oder nicht unverzüglich vornimmt,
5. entgegen § 13 Abs. 1 als Inhaber der tatsächlichen Gewalt dem Arzt oder von ihm hinzugezogenen Sachverständigen oder Gehilfen den Zugang verwehrt,
6. entgegen § 13 Abs. 2 oder 14 Abs. 4 seiner Auskunftspflicht nicht nachkommt,
7. entgegen den §§ 12 und 14 als Arzt die Todesbescheinigung (§ 14 Abs. 1) oder die vorläufige Todesbescheinigung (§ 12 Abs. 4) nicht, nicht unverzüglich oder nicht mit der gebotenen Sorgfalt ausstellt,
8. entgegen § 15 Abs. 1 eine nicht zulässige innere Leichenschau veranlasst oder durchführt,
9. entgegen § 15 Abs. 5 als obduzierender Arzt den Obduktionsschein nicht, nicht unverzüglich oder nicht mit der gebotenen Sorgfalt ausstellt,

10. entgegen § 18 Abs. 1 als verantwortliche Person (§ 10) eine Leiche nicht bestatten lässt oder wer eine Leiche beiseite schafft, um sie der Bestattung zu entziehen,
11. entgegen § 18 Abs. 5 eine Leiche ohne den Unbedenklichkeitsvermerk des Standesamtes oder ohne die des Gesundheitsamtes bestattet oder bestatten lässt,
12. entgegen § 18 Abs. 6 oder 7 der Beseitigungspflicht nicht, nicht unverzüglich oder nicht ordnungsgemäß nachkommt,
13. entgegen § 21 Abs. 1 als Bestatter oder Totengräber in einem nicht zugelassenen Beruf oder Gewerbe tätig ist oder wer einen Bestatter oder Totengräber in einem derartigen Beruf oder Gewerbe beschäftigt,
14. entgegen § 22 eine Leiche oder die Asche eines Verstorbenen ausgräbt oder umbettet.

(2) Ordnungswidrig handelt auch, wer vorsätzlich oder fahrlässig einer aufgrund von § 24 Abs. 1 erlassenen Rechtsverordnung zuwiderhandelt, soweit die Rechtsverordnung für einen bestimmten Tatbestand auf diese Bußgeldbestimmung verweist.

(3) Die Ordnungswidrigkeit kann mit einer Geldbuße, im Falle des Absatzes 1 Nr. 2 bis zu 5.000 EUR, geahndet werden.

(4) Zuständige Verwaltungsbehörde im Sinne des § 36 Abs. 1 Nr. 1 des Gesetzes über Ordnungswidrigkeiten ist

1. in den Fällen des Absatzes 1 Nr. 1 und 2 die Genehmigungsbehörde,
2. im Übrigen das jeweils zuständige Gesundheitsamt.

§ 24 Ermächtigungen

(1) Das für das Gesundheitswesen zuständige Staatsministerium wird ermächtigt, im Benehmen mit dem Staatsministerium des Inneren, bei Regelungen nach Nummer 3 auch im Benehmen mit dem Staatsministerium der Justiz, durch Rechtsverordnung

1. Anforderungen an Bestattungsplätze (§ 1 Abs. 2), Leichenhallen (§ 2 Abs. 1) sowie an sonstige zur Aufbewahrung von Leichen dienende Räume (§ 16 Abs. 1) und an Bestattungseinrichtungen (§ 2 Abs. 1 Satz 2) festzulegen,
2. die Mindestruhezeit unter Berücksichtigung der sich aus den örtlichen Boden- und Grundwasserverhältnissen ergebenden Erfordernisse und der Art der Bestattungsplätze abweichend von § 6 Abs. 2 festzulegen,
3. die Bestimmungen über Inhalt, Form und Aufbewahrung der Todesbescheinigung (§ 14) und des Obduktionsscheines (§ 15 Abs. 5) zur Anpassung an neue Bedürfnisse der Praxis oder zur Vereinheitlichung der Verfahren im Bundesgebiet zu ändern und zu ergänzen, die Muster dieser Bescheinigungen entsprechend zu ändern sowie zu regeln, welchen sonstigen Stellen Todesbescheinigungen, Obduktionsscheine oder Kopien davon zu übermitteln sind oder übermittelt werden dürfen,
4. nähere Bestimmungen über die Beschaffenheit von Särgen und das Verfahren bei der Einsargung (§ 16 Abs. 3 und 4 sowie § 17 Abs. 5) zu treffen,
5. ergänzende Bestimmungen über die Beschaffenheit von Leichenfahrzeugen (§ 17 Abs. 1) zu treffen sowie zu bestimmen, welche Unterlagen bei der Beförderung von Leichen nach § 17 mitzuführen sind,
6. die Bestimmungen über Inhalt, Form und Aufbewahrung des Leichenpasses (§ 17 Abs. 3) zur Anpassung an neue Bedürfnisse der Praxis zu ändern und zu ergänzen, das Muster des Leichenpasses entsprechend zu ändern sowie zu bestimmen, welche Nachweise dem Antrag auf Ausstellung beizufügen sind,
7. das Verfahren für Bestattungen (§ 18 Abs. 5) näher zu regeln,
8. besondere Anforderungen an die Einäscherung (§ 20), insbesondere an die Beschaffenheit der Särge und der Urnen, festzulegen,
9. zu bestimmen, welche Angaben in den Einäscherungsverzeichnissen von den Trägern der Einäscherungsanlagen im einzelnen zu machen (§ 20 Abs. 3) und wie lange die Verzeichnisse aufzubewahren sind,

10. die Vorschriften der §§ 14 und 17 zur Anpassung an die für grenzüberschreitende Leichenbeförderungen im Raum der Europäischen Union und für die Beförderung aus dritten Ländern künftig geltenden rechtlichen Regelungen der Europäischen Union zu ändern und zu ergänzen.

(2) Vor dem Erlass von Rechtsverordnungen nach Absatz 1 Nr. 3 und 6 ist der Sächsische Datenschutzbeauftragte anzuhören.

(3) Die zur Durchführung dieses Gesetzes erforderlichen Verwaltungsvorschriften erlässt das für das Gesundheitswesen zuständige Staatsministerium.

§ 25 Sonderbestimmungen

Unberührt bleiben

1. internationale Vereinbarungen, insbesondere über die Leichenbeförderung,
2. Vorschriften über die Beförderung von Leichen auf Eisenbahnen, auf dem See- und auf dem Luftwege,
3. Vorschriften über den Umgang mit radioaktiven Leichen.

§ 26 Inkrafttreten

(1) Dieses Gesetz tritt am Tage nach seiner Verkündung in Kraft. Anstelle der in § 14 Abs. 1, § 15 Abs. 5 und § 17 Abs. 3 bezeichneten Muster können noch drei Monate seit dem Inkrafttreten die vorher üblichen Muster verwendet und die Angaben auf die darin enthaltenen Fragen beschränkt werden. Bereits bestehende Satzungen im Sinne des § 7 Abs. 1 sind den Anforderungen dieses Gesetzes innerhalb von zwölf Monaten nach seinen Inkrafttreten anzupassen.

(2) Mit dem Inkrafttreten dieses Gesetztes treten außer Kraft:

1. das Gesetz über die Feuerbestattung vom 15. Mai 1934 (RGBl. I S. 380),
2. die Verordnung zur Durchführung des Feuerbestattungsgesetzes vom 10. August 1938 (RGBl. I S. 1000),
3. die Dritte Durchführungsverordnung zum Gesetz über die Vereinheitlichung des Gesundheitswesens (Dienstordnung für die Gesundheitsämter Besonderer Teil) vom 30. März 1934 (RMBl. S. 327),
4. die Verordnung über das Bestattungs- und Friedhofswesen vom 17. April 1980 (GBl. DDR I S. 159),
5. die Erste Durchführungsbestimmung zur Verordnung über das Bestattungs- und Friedhofswesen vom 17. April 1980 (GBl. DDR I S. 162),
6. die Zweite Durchführungsbestimmung zur Verordnung über das Bestattungs- und Friedhofswesen vom 2. Juni 1980 (GBl. DDR I S. 164),
7. die Anordnung über die ärztliche Leichenschau vom 4. Dezember 1978 (GBl. DDR I 1979 S. 4),
8. die Anordnung über die Überführung von Leichen vom 20. Oktober 1971 (GBl. DDR II S. 626).

13b. Verwaltungsvorschrift zur Durchführung bestimmter Regelungen des sächs. Bestattungsgesetzes

vom 30.6.1995 (ABl. Nr. 34/95 S. 916)

Aufgrund von § 24 Abs. 3 des Sächsischen Gesetzes über das Friedhofs-, Leichen- und Bestattungswesen (Sächsisches Bestattungsgesetz – SächsBestG) vom 8. Juli 1994 (SächsGVBl. S. 1321) wird bestimmt:

1 Zu § 10 [Verantwortlichkeit]

1. 1 Begriff des sonstigen Sorgeberechtigten

Sonstige Sorgeberechtigte im Sinne von Abs. 1 Nr. 5 sind Personen, die nicht bereits unter Nummer 1 bis 4 fallen und die, unabhängig davon, ob sie mit dem Verstorbenen verwandt waren oder nicht, in einer sorgerechtlichen Beziehung zu ihm gestanden haben. Eine sorgerechtliche Beziehung ist anzunehmen bei Vormundschaften (§§ 1773 ff. BGB), bei Betreuungsverhältnissen (§§ 1896 ff. BGB) und ferner bei den Pflegschaften in den nach Inkrafttreten des Betreuungsgesetzes noch verbliebenen Formen (§§ 1909, 1911 ff. BGB). Hinzu können auch die nach dem Kinder- und Jugendhilfegesetz (Sozialgesetzbuch VIII) bestehenden sorgerechtlichen Beziehungen der Pflegeeltern zu dem Pflegekind (§ 33) und des Erziehungsbeistandes zu dem Minderjährigen (§ 30) gehören. Sorgeberechtigte im Sinne der Nummer 5 sind dagegen nicht der Lebensgefährte oder eine sonstige Person, die zu dem Verstorbenen in einem engen tatsächlichen Verhältnis gestanden hat, ohne ihm gegenüber auf gesetzlicher Grundlage Sorgerechte ausgeübt zu haben, wie etwa der „nahe Angehörige" im Sinne des § 530 BGB.

1. 2 Begriff des sonstigen Verwandten

Unter Nummer 8 („sonstige Verwandte") fallen nur die auf Abstammung beruhenden Blutsverwandten (§ 1589 BGB), nicht aber die Verwandten infolge Eheschlusses, das heißt nicht die mit dem Verstorbenen in Schwägerschaft verbundenen Personen (§ 1590 BGB). Adoptionseltern und Adoptivkinder sind dagegen nicht der Nummer 8 zuzurechnen; infolge des nach § 1754 BGB begründeten Eltern-Kind-Verhältnisses sind sie unmittelbar der Nummer 3 oder 2 zuzuordnen.

2 Zu § 14 [Todesbescheinigung]

2. 1 Zu Absatz 2 Nr. 3

2. 1. 1 Sterbezeitpunkt

Angesichts der rechtlichen Bedeutung, die der genauen Feststellung des Sterbezeitpunktes im Personenstands- und im Erbrecht und für die Überprüfung der Todesursache (vergleiche § 14 Abs. 4 SächsBestG) zukommt, muss der Sterbezeitpunkt möglichst genau angegeben werden. Die Angaben hierüber sind im oberen Teil der Todesbescheinigung – nicht vertraulicher Teil – und auf dem vertraulichen Teil der Todesbescheinigung zu machen. Die Feststellung der Todeszeit obliegt grundsätzlich dem Leichenschauarzt. Kann der Arzt den Todeszeitpunkt nicht genau feststellen, ist entweder der ungefähre Zeitpunkt des Todes oder der Zeitraum anzugeben, in dem der Tod eingetreten ist (vergleiche § 336 Abs. 2 der Dienstanweisung für die Standesbeamten und ihre Aufsichtsbehörden in der Fassung der Bekanntmachung vom 22. November 1987 – BAnz. Nr. 227a –, im folgenden als „Dienstanweisung" zitiert). Hierzu ist zu ermitteln, wann der Verstorbene zuletzt lebend gesehen wurde. Dieser Zeitpunkt und der Zeitpunkt, zu dem der Verstorbene tot aufgefunden worden ist, werden dann der Beurkundung zugrunde gelegt (etwa: „zwischen dem 1. Mai 1990 um 18.00 Uhr und dem 5. Mai 1990 um 14.30 Uhr verstorben"). Sofern es sich hierbei um eine kurze Zeitspanne handelt, kann auch der ungefähre Zeitpunkt des Todes eingetragen werden (etwa: „in der Nacht vom 11. zum 12. Mai 1990 verstorben"). Auf dem vertraulichen Teil der Todesbescheinigung sind in der letzten Zeile des Abschnitts „Personalangaben“ der Sterbezeitpunkt oder gegebenenfalls der Auffindungsort einzutragen. Welche Alternative zutrifft, ist durch Unterstreichen kenntlich zu machen.

2. 1. 2 Auffindungsort

Besteht bei einer tot aufgefundenen Person Grund zu der Annahme, dass sie an einem anderen Ort als dem Auffindungsort verstorben ist, und ist der Sterbeort nicht ermittelt oder nicht ohne weiteres ermittelbar, ist der Auffindungsort anzugeben (etwa: „ ... in der Gemarkung Daun, im Müllerwäldchen tot aufgefunden ... “; „ ... in Bacharach bei Stromkilometer 405 tot aus dem Rhein geborgen ... “; vergleiche § 336 Abs. 2 der Dienstanweisung für Standesbeamte).

2. 2 Zu Absatz 3

2. 2. 1 Kennzeichnung und Verbleib von Blatt 3

Zur Kennzeichnung des bei der Leiche verbleibenden Exemplars der Todesbescheinigung (Satz 2) gehört es, dass auf dem Umschlag die Identitätsdaten (Name, Vorname, Geburtsdatum und Sterbedatum) des Verstorbenen angegeben werden. Für den weiteren Verbleib von Blatt 3 der Todesbescheinigung gilt folgendes: Im Falle einer Obduktion ist der Umschlag vom Obduktionsarzt zu öffnen; Blatt 3 verbleibt dann bei dem Pathologischen Institut. Im Falle einer Feuerbestattung wird der Umschlag von dem Arzt, der die zweite Leichenschau durchführt, geöffnet und eingesehen. Die zweite Leichenschau kann auf diesem Exemplar der Todesbescheinigung dokumentiert und sodann als Unterlage für die Ausstellung der Unbedenklichkeitserklärung an das Gesundheitsamt des Sterbeortes geschickt werden. Das Gesundheitsamt bewahrt in diesem Fall das Blatt 3 auf. Bei einer vorgesehenen Erdbestattung kann der verschlossene Umschlag mit Blatt 3 mit der Leiche eingesargt und beerdigt werden, sofern das Gesundheitsamt nicht eine anderweitige Verwendung dieses Blattes verfügt.

2. 2. 2 Weiterleitung

Soweit § 14 Abs. 3 Satz 5 eine unmittelbare Weiterleitung eines Exemplars des vertraulichen Teils der Todesbescheinigung an das Statistische Landesamt vorsieht, steht dies im Widerspruch zur Dienstanweisung in der Fassung der Bekanntmachung vom 22. November 1987 (BAnz. Nr. 227a), die in § 399 Abs. 2 regelt, dass der Standesbeamte die Leichenschauscheine (Todesbescheinigungen, Totenscheine) über das zuständige Gesundheitsamt zu leiten hat. Landesrecht hat zurückzutreten, wenn es von Bundesrecht abweicht. Das für das Statistische Landesamt bestimmte Exemplar der Todesbescheinigung ist zunächst dem Gesundheitsamt des Sterbeortes zu übermitteln und von diesem an das Statistische Landesamt weiterzuleiten. Etwaige Berichtigungen und Ergänzungen der Todesbescheinigungen im Rahmen der Überprüfung nach § 14 Abs. 4 hat das Gesundheitsamt zuvor auch auf dem für das Statistische Landesamt bestimmten Exemplar zu vermerken. Der Standesbeamte hat die beiden Exemplare des vertraulichen Teils der Todesbescheinigung unverzüglich an das zuständige Gesundheitsamt weiterzuleiten.

3 Zu § 17 Abs. 3 [Leichenpass]

3. 1 Ausstellung

Das zuständige Gesundheitsamt darf den Leichenpass (Anlage 4 zu § 17 Abs. 3) erst ausstellen, wenn ihm die mit dem Unbedenklichkeitsvermerk des Standesbeamten versehene Todesbescheinigung oder eine Mitteilung des Standesbeamten darüber vorliegt, dass der Sterbefall durch Eintragung in das Sterbebuch beurkundet ist. Wegen der Kosten vergleiche Nummer 6 dieser Verwaltungsvorschrift.

4 Zu § 18 Abs. 5 [Unbedenklichkeitsvermerk und Unbedenklichkeitserklärung]

Zu beachten ist, dass vor einer Erdbestattung der Unbedenklichkeitsvermerk des Standesbeamten (Satz 1) und vor einer Feuerbestattung zusätzlich die Unbedenklichkeitserklärung des zuständigen Gesundheitsamtes (Satz 2) vorliegen müssen.

4. 1 Unbedenklichkeitsvermerk

4. 1. 1 Inhalt und Voraussetzungen

Der Unbedenklichkeitsvermerk des Standesbeamten ist, wie Satz 1 ausdrücklich vorsieht, auf der Todesbescheinigung anzubringen. Aus dem Text muss klar hervorgehen, dass der Sterbefall in das Sterbebuch eingetragen ist. Die Unbedenklichkeit kann der Standesbeamte erst nach der Eintragung des Sterbefalles in das Sterbebuch auf der Todesbescheinigung vermerken; das heißt, er kann den Vermerk nicht anbringen, solange die Voraussetzungen für die Sterbebucheintragung noch nicht vorliegen. Maßgeblich hierfür sind die Bestimmungen des Personenstandsrechts.

4. 1. 2 Bescheinigung für das Bestattungsunternehmen

Dem Bestattungsunternehmen händigt der Standesbeamte eine Bescheinigung aus, aus der sich die Unbedenklichkeit der Bestattung ergibt. Die Bescheinigung kann formlos oder in Form einer Kopie des nichtvertraulichen Teils der Todesbescheinigung, die den Unbedenklichkeitsvermerk des Standesbeamten trägt, ausgestellt werden.

4. 2 Unbedenklichkeitserklärung von Feuerbestattungen

Bei Feuerbestattungen ist zuvor eine Unbedenklichkeitserklärung des Gesundheitsamtes einzuholen. Erst mit Vorliegen der Unbedenklichkeitserklärung ist die Leiche zur Einäscherung freigegeben.

4. 2. 1 Voraussetzungen für die Ausstellung der Unbedenklichkeitserklärung

Das zuständige Gesundheitsamt darf die Unbedenklichkeitserklärung erst abgeben, nachdem die zweite, das heißt die besondere amtliche, Leichenschau nach Satz 4 stattgefunden hat und diese entweder keine Bedenken gegen die Einäscherung ergeben hat oder wenn im Falle des Satzes 5 das erforderliche staatsanwaltliche oder gerichtliche Einverständnis vorliegt.

4. 2. 2 Eigenhändige Ausstellung durch das Gesundheitsamt

Die Unbedenklichkeitserklärung ist ein feststellender Verwaltungsakt; sie kann nur von dem Gesundheitsamt als der zuständigen Behörde ausgestellt werden. Es ist nicht zulässig, den Pathologen oder Rechtsmediziner, der die zweite Leichenschau auf Veranlassung des Gesundheitsamtes durchführt, mit dieser Erklärung zu betrauen. Auf der Grundlage des Ergebnisses der zweiten Leichenschau und anhand der Aufzeichnungen des Arztes hat das Gesundheitsamt selbst den pathologischen „Befund" der zweiten Leichenschau auf Stimmigkeit und Vollständigkeit zu überprüfen, gegebenenfalls Ergänzungen zu verlangen und, sofern der Befund den Verdacht eines unnatürlichen Todes nahe legt, die dann erforderlichen Schritte (Einschaltung des Staatsanwaltes oder des Ermittlungsrichters) einzuleiten, bevor die Unbedenklichkeitserklärung ausgestellt und die Leiche damit zur Einäscherung freigegeben wird. Das Ergebnis der besonderen amtlichen Leichenschau sollte dem Gesundheitsamt des Sterbeortes in der Regel durch Arztbrief (per Post oder durch Boten) übermittelt werden. Im Interesse einer beschleunigten Durchführung des Verfahrens kann es aber auch durch Telefax übermittelt werden, wenn sichergestellt ist, dass weder beim Absender noch beim Empfänger unbefugte Personen Einblick nehmen können (vergleiche hierzu auch die Bekanntmachung des Sächsischen Datenschutzbeauftragten zum Datenschutz bei Telefax-Übertragungen vom 14. Juni 1993, SächsABl. S. 894).

4. 2. 3 Örtliche Zuständigkeit

Örtlich zuständig für die Ausstellung der Unbedenklichkeitserklärung ist nach Satz 2 das Gesundheitsamt des Sterbeortes. Das Gesundheitsamt des Sterbeortes ist nicht befugt, die Ausstellung der Unbedenklichkeitserklärung auf das Gesundheitsamt des Einäscherungsortes zu delegieren; eine derartige Absprache zwischen den Gesundheitsämtern wäre mit dem Gesetzeswortlaut nicht vereinbar. Unberührt bleibt die Zuständigkeit des Gesundheitsamtes des Einäscherungsortes in den Fällen, in denen im Freistaat Sachsen nur das Gesundheitsamt des Einäscherungsortes tätig wird (vergleiche Nummer 4. 3. 1 Satz 5 und 4. 3. 2 Satz 3 und 4).

4. 2. 4 Beauftragung des Leichenschauarztes
Die zweite Leichenschau ist nach Satz 4 von dem Gesundheitsamt des Sterbeortes zu veranlassen. Den Auftrag an einen Facharzt für Pathologie oder Rechtsmedizin zur Durchführung dieser Leichenschau kann das Gesundheitsamt des Sterbeortes entweder unmittelbar selbst oder mittelbar über das Gesundheitsamt des Einäscherungsortes erteilen. Im Rahmen des Benehmens, das das Gesundheitsamt des Sterbeortes mit dem Gesundheitsamt des Einäscherungsortes herbeizuführen hat, kann zwischen ihnen abgesprochen werden, dass das Gesundheitsamt des Einäscherungsortes den Facharzt auswählt und einbestellt und dass dieser oder das Gesundheitsamt das Ergebnis der zweiten Leichenschau dem Gesundheitsamt des Sterbeortes mitteilt. Herr des Verfahrens bleibt aber auch in diesem Fall das Gesundheitsamt des Sterbeortes, das anhand des Befundes der zweiten Leichenschau zu prüfen hat, ob die Unbedenklichkeitserklärung ohne weitere Maßnahmen ausgestellt werden kann oder ob sie nach Maßgabe des Satzes 5 zunächst zurückzustellen ist.
4. 2. 5 Form des Ergebnisberichts über die zweite Leichenschau
Eine bestimmte Form für den Ergebnisbericht (Vermerk) über die zweite Leichenschau schreibt das Gesetz nicht vor. Zu beachten ist nur, dass aus dem Ergebnisbericht des Pathologen oder Rechtsmediziners klar hervorgehen muss, ob die Leichenschau Anhaltspunkte ergeben hat, die auf einen nichtnatürlichen Tod deuten, oder ob die Todesart auch nach der Leichenschau ungeklärt ist und ob eine innere Leichenschau insoweit eine Klärung erwarten lässt. Der Facharzt kann dies auf dem Exemplar der Todesbescheinigung vermerken, das für das Gesundheitsamt bestimmt ist, sofern es dem Amt bereits zugegangen ist. Es steht ihm aber auch frei, den Befund auf einem besonderen Blatt Papier darzulegen oder den Vermerk auf dem bei der Leiche verbleibenden Exemplar (Blatt 3) der Todesbescheinigung anzubringen, das dann nach einer etwaigen Verwendung als Unterlage für den Obduktionsarzt (sogenanntes Obduktionsdoppel) im Gesundheitsamt aufzubewahren und nicht mit einzuäschern ist.
4. 2. 6 Form der Unbedenklichkeitserklärung
Für die Erklärung der Unbedenklichkeit durch das Gesundheitsamt des Sterbeortes ist weder ein vorformulierter Text noch ein Formblatt vorgegeben. Die Erklärung ist so abzufassen, dass aus ihr klar hervorgeht, dass gegen die Feuerbestattung des Leichnams der namentlich zu bezeichnenden Person keine Bedenken bestehen.

4. 3 Verfahrensbeteiligung eines anderen Landes bei Feuerbestattungen oder Einäscherungen in Sachsen
4. 3. 1 Feuerbestattung von Personen, die außerhalb Sachsens verstorben sind, im Freistaat Sachsen
Wird der Leichnam einer Person, die außerhalb des Freistaates Sachsen verstorben ist, aus anderen Ländern der Bundesrepublik oder aus einem anderen Staat (im folgenden unterschiedslos als Nachbarland bezeichnet) zur Feuerbestattung (Einäscherung und Beisetzung) in das Gebiet des Freistaates verbracht, ist – abgesehen von dem Erfordernis des Begleitpapiers nach § 17 Abs. 4 – zu beachten, dass die Leiche erst eingeäschert werden darf, nachdem die besondere amtliche Leichenschau im Sinne des § 18 Abs. 5 Satz 4 durchgeführt worden ist und die Unbedenklichkeitserklärung im Sinne des § 18 Abs. 5 Satz 2 vorliegt. Die zweite Leichenschau ist am Einäscherungsort durchzuführen, es sei denn, dass sie bereits in dem Nachbarland, aus dem die Leiche verbracht wurde, durchgeführt worden ist und hierüber ein Ergebnisbericht (Vermerk) vorliegt, der inhaltlich den Anforderungen des Sächsischen Bestattungsgesetzes (vergleiche Nummer 4. 2. 5) genügt. Reicht der Ergebnisbericht nicht aus, ist unverzüglich eine entsprechende Ergänzung über die zuständige Behörde des Nachbarlandes zu erwirken. Hat in dem Nachbarland eine zweite Leichenschau nicht stattgefunden, ist sie am Einäscherungsort durchzuführen; das gleiche gilt, wenn sie im Nachbarland tatsächlich durchgeführt worden ist, ein den inhaltlichen Anforderungen dieses Gesetzes genügender Ergebnisbericht (Vermerk) aber nicht oder nicht in angemessener Frist beigebracht wird. Da das Gesundheitsamt des Sterbeortes nach

den Gegebenheiten dieser Fallgruppe nicht der Verwaltungshoheit des Freistaates Sachsen unterliegt und die Einäscherung den für die Anwendung sächsischen Rechts wichtigsten örtlichen Anknüpfungspunkt bildet, ist sowohl für die Prüfung des Ergebnisberichtes und gegebenenfalls für die Veranlassung der zweiten Leichenschau (Beauftragung des Facharztes) als auch für die Ausstellung der Unbedenklichkeitserklärung das Gesundheitsamt des Einäscherungsortes zuständig.

4. 3. 2 Einäscherung von Personen, die außerhalb Sachsens verstorben sind, im Freistaat Sachsen

Wird der Leichnam einer außerhalb Sachsens verstorbenen Person aus dem Nachbarland nur zur Einäscherung nach Sachsen verbracht und soll die Asche nicht in Sachsen (sondern im Sterbeland oder einem anderen Land) beigesetzt werden, ist wie folgt zu verfahren: Die besondere amtliche Leichenschau im Sinne des § 18 Abs. 5 Satz 4 ist, sofern sie nicht bereits im Nachbarland stattgefunden hat, auf Wunsch der zuständigen Behörde des Nachbarlandes oder desjenigen, der die Einäscherung in Sachsen veranlasst, am Ort der Einäscherung durchzuführen. Im Hinblick darauf, dass in diesem Falle der Anknüpfungspunkt für die Anwendung des sächsischen Bestattungsrechts der Einäscherungsort (wie bei Nummer 4. 3. 1) und nicht der Sterbeort ist, muss auch hier der Einäscherungsort als örtlich zuständig für die Unbedenklichkeitserklärung angesehen werden. Dieses Amt sollte sich in sinngemäßer Anwendung des Rechtsgedankens in Satz 3 vor der Ausstellung dieser Erklärung nach Möglichkeit zuvor mit der zuständigen Behörde des Sterbeortes ins Benehmen setzen.

4. 4 Verfahrensbeteiligung Sachsens bei Feuerbestattungen oder Einäscherungen außerhalb Sachsens

4. 4. 1 Externe Feuerbestattung von Personen, die in Sachsen verstorben sind

Wird der Leichnam einer im Freistaat Sachsen verstorbenen Person in ein Nachbarland zur Feuerbestattung (Einäscherung und Beisetzung) verbracht, sind für die Anwendung sächsischen Bestattungsrechts nur die Beförderungsvorschriften (vor allem § 17 Abs. 3, 5 bis 6) relevant. Für den gesamten Bestattungsvorgang gilt dann das Recht des Nachbarlandes. Für ein Tätigwerden des Gesundheitsamtes des (sächsischen) Sterbeortes im Sinne des § 18 Abs. 5 ist in diesem Fall kein Raum; das gilt insbesondere auch für die Ausstellung einer Unbedenklichkeitserklärung im Sinne des Satzes 2.

4. 4. 2 Externe Einäscherung von Personen, die in Sachsen verstorben sind

Soll der Leichnam einer im Freistaat Sachsen verstorbenen Person nur zum Zwecke der Einäscherung in ein Nachbarland verbracht werden, ist im Rahmen des Benehmens entsprechend § 18 Abs. 5 Satz 3 zwischen dem Gesundheitsamt des sächsischen Sterbeortes und der zuständigen Behörde des außersächsischen Einäscherungsortes eine Absprache darüber herbeizuführen, ob die zweite Leichenschau am Sterbeort oder am Einäscherungsort durchgeführt werden soll. Wird sie am Sterbeort durchgeführt, gilt für die Beauftragung des Arztes mit der Durchführung der Leichenschau sowie für das Erfordernis der Unbedenklichkeitserklärung und für ihre Voraussetzungen sächsisches Recht (§ 18 Abs. 5). Wird die Leichenschau außerhalb Sachsens durchgeführt, ist auf die rechtlichen Einäscherungsvoraussetzungen nur das dort geltende Recht anzuwenden; einer Unbedenklichkeitserklärung nach sächsischem Recht bedarf es dann nicht. Auf den Transport der Asche von dem außersächsischen Einäscherungsort zum sächsischen Beisetzungsort ist § 17 Abs. 7 SächsBestG anzuwenden.

5 Zu § 19 [Wartefristen im Falle von Feuerbestattungen]

Das Gesetz unterscheidet bei den Bestattungsarten zwischen der Erdbestattung und der Feuerbestattung (vergleiche § 18 Abs. 4). Erdbestattung ist die Beisetzung des (nicht eingeäscherten) Körpers des Verstorbenen in der Erde. Die Feuerbestattung besteht aus zwei Einzelvorgängen, der Einäscherung der Leiche und der Beisetzung der Asche in einer Grabstätte. Die Wartefristen des § 19 beziehen sich bei Feuerbestattungen nur auf den Einäscherungsvorgang. Für die Beisetzung der Asche gelten die in Absatz 1 bestimmten Fristen nicht. Bei der Feuerbestattung besteht für das zuständige Gesundheitsamt nur dann Anlass, über Ausnahmen von den Wartefristen des Absatzes 1 zu entscheiden, wenn die Leiche vor Ablauf von 48 Stunden oder nach Ablauf von sieben Tagen eingeäschert werden soll.

6 Erhebung der Kosten

Für die Ausstellung des Leichenpasses sowie der Unbedenklichkeitserklärung erheben die zuständigen Behörden eine Gebühr und lassen sich die ihnen entstandenen Aufwendungen (Auslagen) erstatten (vergleiche § 1 des Verwaltungskostengesetzes des Freistaates Sachsen vom 15. April 1992, SächsGVBl. S. 164). Zu den Auslagen gehört insbesondere das Honorar für die Durchführung der zweiten Leichenschau durch einen beauftragten Arzt. Die Höhe der Gebühr ergibt sich aus dem Sächsischen Kostenverzeichnis in seiner jeweils geltenden Fassung. Schuldner der Gebühr und der Auslagen ist derjenige, der die übrigen Bestattungskosten zu tragen hat (vergleiche § 11 Abs. 4 SächsBestG und § 2 Abs. 1 Satz 1 Verwaltungskostengesetz).

7 Inkrafttreten

Diese Verwaltungsvorschrift tritt am Tage nach ihrer Veröffentlichung im Sächsischen Amtsblatt in Kraft.

14. Sachsen-Anhalt

Hinweis: Siehe auch das Feuerbestattungsgesetz und die dazugehörigen Verordnungen (Seite 211 ff.)

Gesetz über das Leichen-, Bestattungs- und Friedhofswesen des Landes Sachsen-Anhalt (Bestattungsgesetz des Landes Sachsen-Anhalt – BestattG LSA)

GVBl. LSA Nr. 8/2002, ausgegeben am 11.2.2002, S. 46

Abschnitt 1. Allgemeine Vorschriften

§ 1 Grundsätze

(1) Der Umgang mit Leichen und mit der Asche Verstorbener hat mit der gebotenen Würde und mit der Achtung vor den Verstorbenen zu erfolgen. Er hat sich auch nach den bekannt gewordenen sittlichen, weltanschaulichen und religiösen Vorstellungen der Verstorbenen zu richten, soweit nicht Belange der öffentlichen Sicherheit oder Ordnung entgegenstehen.

(2) Die Vorschriften des Gräbergesetzes in der Fassung der Bekanntmachung vom 29. Januar 1993 (BGBl. I S. 178), zuletzt geändert durch Artikel 7 Abs. 6 des Gesetzes vom 19. Juni 2001 (BGBl. I S. 1149, 1168), in seiner jeweils geltenden Fassung bleiben unberührt.

§ 2 Begriffsbestimmungen

1. Leiche

Eine Leiche im Sinne dieses Gesetzes ist der Körper eines Menschen, bei dem sichere Todeszeichen bestehen oder bei dem der Tod auf andere Weise zuverlässig festgestellt wurde und bei dem der Körper noch nicht vollständig verwest ist. Kopf oder Rumpf als abgetrennte Teile des Körpers, die nicht zusammengeführt werden können, gelten als Leiche. Als Leiche gelten auch das Skelett eines Menschen und die Körperteile im Sinne des Satzes 2 in skelettierter Form mit Ausnahme von Kulturdenkmalen gemäß § 2 Abs. 2 des Denkmalschutzgesetzes des Landes Sachsen-Anhalt. Eine Leiche ist auch das Totgeborene im Sinne der Nummer 4.

2. Leichenteile

Leichenteile sind mit Ausnahme des Kopfes und des Rumpfes alle übrigen abgetrennten Körperteile und abgetrennten Organe einer verstorbenen Person.

3. Infektionsleiche

Eine Infektionsleiche ist eine verstorbene Person, die an einer meldepflichtigen Krankheit gemäß dem Infektionsschutzgesetz oder einer anderen schweren, übertragbaren Krankheit gelitten hat, die durch die Leiche verbreitet werden kann. Der Krankheit steht der Verdacht gleich, an einer Krankheit im Sinne des Satzes 1 gelitten zu haben.

4. Totgeborenes

Ein Totgeborenes ist eine menschliche Leibesfrucht mit einem Gewicht von mindestens 500 Gramm, bei der nach vollständigem Verlassen des Mutterleibes kein Lebenszeichen (Herzschlag, Lungenatmung oder pulsierende Nabelschnur) feststellbar ist.

5. Fehlgeborenes

Ein Fehlgeborenes ist eine menschliche Leibesfrucht, welche nach vollständigem Verlassen des Mutterleibes kein Lebenszeichen gemäß Nummer 4 aufweist und weniger als 500 Gramm wiegt.

6. Nichtnatürlicher Tod
Ein nichtnatürlicher Tod liegt dann vor, wenn der Tod durch Selbsttötung, durch sonstiges menschliches Einwirken oder durch einen Unglücksfall eingetreten ist. Es wird vermutet, dass ein Tod, bei dem die Todesart ungeklärt ist, ein nichtnatürlicher Tod war.
7. Ärztliche Person
Eine ärztliche Person ist eine Ärztin oder ein Arzt, die oder der über eine Approbation oder eine Berufserlaubnis verfügt.
8. Bestattungseinrichtungen
Bestattungseinrichtungen sind alle Räume, Gebäude oder Teile davon, die der Aufbewahrung, Versorgung oder Aufbahrung von Verstorbenen oder der Feuerbestattung dienen.
9. Leichenhallen
Als Leichenhallen gelten Räume oder Gebäude der Friedhöfe, der Krankenhäuser, der Bestattungsunternehmen und der pathologischen Institute sowie der Krematorien, in denen Leichen bis zur Bestattung oder Einäscherung aufbewahrt werden.
10. Friedhöfe
Friedhöfe im Sinne dieses Gesetzes sind alle für die Beisetzung Verstorbener oder deren Asche ausgewiesenen Grundstücke, Anlagen oder Gebäude bis zu deren Entwidmung, insbesondere:
a) Gemeindefriedhofe,
b) kirchliche Friedhöfe,
c) Grabstätten in Kirchen und
d) vorhandene private Bestattungsplätze.

Abschnitt 2. Leichenwesen

§ 3 Leichenschaupflicht
(1) Jede Leiche ist zur Feststellung des Todes, des Todeszeitpunktes, der Todesart und der Todesursache ärztlich zu untersuchen (Leichenschau). Dies gilt nicht für eine Leiche im Sinne des § 2 Nr. 1 Satz 3.
(2) Jede niedergelassene ärztliche Person ist im Falle einer Benachrichtigung gemäß § 4 verpflichtet, die Leichenschau unverzüglich durchzuführen. Bei im Krankenhaus Verstorbenen und dort Totgeborenen gilt diese Verpflichtung für ärztliche Personen des Krankenhauses. Ärztliche Personen, die sich im Rettungsdiensteinsatz befinden, dürfen sich auf die Feststellung des Todes beschränken. Sie haben dann die weitere Durchführung der Leichenschau durch eine andere ärztliche Person unverzüglich zu veranlassen.
(3) Steht einer ärztlichen Person ein Aussage- oder Zeugnisverweigerungsrecht hinsichtlich der Verursachung des Todes eines Menschen zu, so ist ihr die Durchführung der Leichenschau bei dieser verstorbenen Person verboten.

§ 4 Veranlassung der Leichenschau
(1) Eine nach § 3 Abs. 2 zur Leichenschau verpflichtete ärztliche Person ist unverzüglich zu benachrichtigen durch:
1. jede Person, in deren Beisein eine Person verstorben ist, oder
2. jede Person, die eine Leiche auffindet.

(2) Bei Sterbefallen in Krankenhäusern, in Heimen, in sonstigen Gemeinschaftseinrichtungen, in Betrieben und in öffentlichen Einrichtungen ist auch die Leitungsperson der Einrichtung, in Verkehrsmitteln der Fahrzeugführer oder die Fahrzeugführerin verpflichtet, die Leichenschau zu veranlassen.
(3) Bei einem Totgeborenen haben die Leichenschau in nachstehender Reihenfolge zu veranlassen:
1. die ärztliche Person, die bei der Geburt zugegen war,
2. die Hebamme oder der Entbindungspfleger, die oder der zugegen war,

3. jede andere Person, die zugegen war oder über das Totgeborene aus eigenem Wissen unterrichtet ist.

(4) Bei Anhaltspunkten für einen nichtnatürlichen Tod (§ 2 Nr. 6) oder nach dem Auffinden der Leiche einer unbekannten Person haben die durch Absatz 1 oder 2 Verpflichteten auch unverzüglich die Polizei zu benachrichtigen.

§ 5 Durchführung der Leichenschau

(1) Die ärztliche Person hat die Leichenschau an der entkleideten Leiche durchzuführen, sich dabei Gewissheit über den Eintritt des Todes zu verschaffen sowie Todeszeitpunkt, Todesart und Todesursache (§ 3 Abs. 1 Satz 1) möglichst genau festzustellen. Soweit erforderlich, sind Personen zu befragen, die die verstorbene Person unmittelbar vor dem Tod behandelten, pflegten oder mit ihr zusammenlebten oder sonstige Kenntnis von den Umständen ihres Todes haben. Die vorgenannten Personen sind verpflichtet, der die Leichenschau vornehmenden ärztlichen Person die erforderlichen Auskünfte zu erteilen, soweit ihnen ein Aussage- oder Zeugnisverweigerungsrecht nicht zusteht.

(2) Die Leichenschau soll an dem Ort, an dem der Tod eingetreten oder die Leiche aufgefunden worden ist, vorgenommen werden. Dazu ist die ärztliche Person, die die Leichenschau durchführt, berechtigt, jederzeit den Ort zu betreten, an dem sich die Leiche befindet.

§ 6 Ärztliche Mitteilungspflichten

(1) Ergeben sich vor oder bei der Durchführung der Leichenschau Anhaltspunkte für einen nichtnatürlichen Tod, verständigt die ärztliche Person unverzüglich die Polizei. Bis zum Eintreffen der Polizei hat sie von der weiteren Durchführung der Leichenschau abzusehen und keine Veränderungen an der Leiche vorzunehmen. Wird die Leichenschau an einer unbekannten Person durchgeführt, verständigt die ärztliche Person unverzüglich die Polizei.

(2) Die ärztliche Person hat Infektionsleichen als solche zu kennzeichnen und die zuständige Behörde unverzüglich zu unterrichten.

§ 7 Todesbescheinigung

(1) Nach Durchführung der Leichenschau stellt die ärztliche Person unverzüglich eine Todesbescheinigung nach amtlichem Muster aus.

(2) Enthält die Leiche Radionuklide, die innerhalb der letzten drei Monate in den Körper eingebracht wurden, hat die ärztliche Person dies auf der Todesbescheinigung zu vermerken, soweit ihr dies bekannt ist.

(3) Die zuständige Behörde bewahrt die Todesbescheinigungen und die von ausländischen Stellen erhaltenen gleichartigen Bescheinigungen 30 Jahre auf.

§ 8 Kosten

Die Kosten der Leichenschau und der Ausstellung der Todesbescheinigung sind von denjenigen zu tragen, die für die Bestattung zu sorgen haben. Rechtsvorschriften über die Kostentragung durch Dritte bleiben unberührt.

§ 9 Leichenöffnung

(1) Die Leichenöffnung ist ein Eingriff zur Aufklärung der Todesursache, vor allem bei Verdacht auf einen nichtnatürlichen Tod gemäß § 2 Nr. 6 oder zu anderen, insbesondere wissenschaftlichen Zwecken. Eine Leichenöffnung ist zulässig,

1. wenn es zur Verfolgung rechtlicher Interessen der Angehörigen, insbesondere zur Feststellung rentenrechtlicher oder versicherungsrechtlicher Leistungsansprüche, erforderlich ist und ein schriftlicher Auftrag dazu vorliegt,
2. wenn ein gewichtiges medizinisches Interesse diese rechtfertigt und entweder die verstorbene Person zu Lebzeiten schriftlich dazu eingewilligt hat, oder, falls diese keinen entgegenstehenden Willen geäußert hat, deren nächster Angehöriger schriftlich eingewilligt hat; der

Angehörige kann seine Einwilligung auch mündlich erteilen; hierüber ist ein Protokoll anzufertigen, oder
3. wenn die verstorbene Person zu Lebzeiten schriftlich bestimmt hat, ihren Körper zu Forschungs- oder Demonstrationszwecken einer wissenschaftlich-medizinischen Einrichtung zu überlassen.

Für die Zustimmung des nächsten Angehörigen gilt § 4 Abs. 2 und 3 des Transplantationsgesetzes vom 5. November 1997 (BGBl. I S. 2631), zuletzt geändert durch Artikel 23 des Gesetzes vom 23. Oktober 2001 (BGBl. I S. 2702, 2705), entsprechend.

(2) Die ärztliche Person, die die Leichenöffnung vornimmt, ergänzt auf der Todesbescheinigung die Ergebnisse der Leichenschau und übermittelt die Feststellungen der veranlassenden Stelle oder Person.

(3) Ergeben sich erst während der Leichenöffnung Anhaltspunkte für einen nichtnatürlichen Tod im Sinne von § 2 Nr. 6, verständigt die ärztliche Person unverzüglich die Polizei. Die Leichenöffnung darf nur mit Zustimmung der Staatsanwaltschaft fortgesetzt werden.

(4) Eine ärztliche Person, die eine Leichenöffnung vornimmt, muss einen Weiterbildungsabschluss auf dem Gebiet der Pathologie oder der Rechtsmedizin haben. Die zuständige Behörde kann anderen, auf diesen Gebieten erfahrenen ärztlichen Personen den Auftrag zur Leichenöffnung in den Fallen des Absatzes 1 Satz 2 Nr. 1 erteilen.

§ 10 Überführung in eine Leichenhalle

(1) Nach Ausstellung der Todesbescheinigung soll jede Leiche spätestens 36 Stunden nach dem Eintritt des Todes in eine Leichenhalle überführt werden. Diese Frist kann durch die zuständige Behörde verlängert werden, wenn Belange der öffentlichen Sicherheit oder Ordnung nicht entgegenstehen. Sie kann aus entgegenstehenden Bedenken, insbesondere bei Infektionsleichen, verkürzt werden.

(2) Für die Überführung haben die Ehefrau oder der Ehemann, die volljährigen Kinder, die Eltern, die Großeltern, die volljährigen Geschwister und Enkelkinder der verstorbenen Person in dieser Reihenfolge zu sorgen. Sind diese Personen nicht vorhanden oder innerhalb angemessener Zeit nicht ermittelbar, veranlasst die zuständige Behörde die Überführung, in deren Gebiet die Leiche sich befindet.

§ 11 Leichentransport

(1) Leichen sind in widerstandsfähigen, feuchtigkeitsundurchlässigen und verschlossenen Särgen zu transportieren.

(2) Der Transport von Leichen im Straßenverkehr ist mit besonders dafür eingerichteten Fahrzeugen (Leichenwagen) und auf kürzestem Weg zum Bestimmungsort durchzuführen.

(3) Nach dem Transport sind die Leichen in Särge aus umweltverträglichem Material umzubetten, das innerhalb der Ruhezeiten für Leichen zersetzbar ist, wenn zum Transport nicht bereits derartige Särge verwendet worden sind.

(4) Für die Beförderung von Leichen in das Ausland stellt die zuständige Behörde einen Leichenpass als Begleitdokument aus. Dies gilt auch für die Überführung in oder durch ein anderes Bundesland, wenn es nach den dort geltenden Rechtsvorschriften erforderlich ist. Die zuständige Behörde stellt den Leichenpass erst aus, nachdem eine standesamtliche Beurkundung des Todes stattgefunden hat und der Nachweis über die Möglichkeit der Bestattung am Bestimmungsort erbracht ist.

(5) Bei Beförderung von Leichen aus dem Ausland in den Geltungsbereich dieses Gesetzes ist ein Leichenpass oder ein gleichwertiges amtliches Dokument mitzuführen. Wird eine Leiche aus dem Ausland in den Geltungsbereich dieses Gesetzes ohne Leichenpass oder gleichwertiges amtliches Dokument befördert, kann die zuständige Behörde den Transport zulassen. Bei Beförderung von Leichen aus anderen Bundesländern in den Geltungsbereich dieses Gesetzes reicht die Vorlage einer Sterbeurkunde oder einer Todesbescheinigung aus.

§ 12 Urnentransport
Das Befördern von Urnen darf erst erfolgen, wenn eine Beisetzungsmöglichkeit am Bestimmungsort nachgewiesen ist. Die Sterbeurkunde ist beim Befördern mitzuführen.

Abschnitt 3. Bestattungswesen

§ 13 Bestattungseinrichtungen
Die Bestattungseinrichtungen sind so zu gestalten und zu betreiben, dass sie der Menschenwürde entsprechen.

§ 14 Bestattungspflicht
(1) Jede Leiche muss bestattet werden. Dies gilt nicht für eine Leiche, bei der die Ruhezeit abgelaufen ist oder bei der die Mindestruhezeit abgelaufen wäre.
(2) Für die Bestattung haben die Personen nach § 10 Abs. 2 Satz 1 in der dort genannten Reihenfolge oder eine von der verstorbenen Person zu Lebzeiten beauftragte Person oder Einrichtung zu sorgen. Sind die in Satz 1 genannten Personen nicht vorhanden, nicht bekannt oder nicht zu ermitteln und veranlasst kein anderer die Bestattung, hat die zuständige Behörde, in deren Gebiet der Todesfall eingetreten ist, dafür zu sorgen.
(3) Abweichend von Absatz 2 veranlasst die Einrichtung im Falle des § 9 Abs. 1 Satz 2 Nr. 3 die Bestattung und trägt die Kosten.
(4) Leichenteile unterliegen nicht der Bestattungspflicht. Sie sind in gesundheitlich unbedenklicher Weise und entsprechend den herrschenden sittlichen Vorstellungen zu beseitigen, sofern sie für wissenschaftliche oder andere Zwecke nicht oder nicht mehr benötigt werden. Die Sätze 1 und 2 gelten auch für Leibesfrüchte aus Schwangerschaftsabbrüchen und für Fehlgeborene, sofern eine Bestattung nicht stattfinden soll.

§ 15 Zulässigkeit der Bestattung
(1) Leichen werden in Särgen, Asche wird in Urnen auf Friedhöfen bestattet. Zur Bestattung von Leichen und zur Beisetzung von Urnen muss die Sterbeurkunde dem Träger des Friedhofs vorgelegt werden. Urnen aus dem Ausland dürfen nur beigesetzt werden, wenn gleichwertige amtliche Dokumente vorliegen. Eine Leiche, die aus dem Ausland überführt worden ist, darf nur nach Vorliegen eines Leichenpasses oder eines gleichwertigen amtlichen Dokuments des Staates, in dem die Person verstorben ist, bestattet werden. § 159 Abs. 2 der Strafprozessordnung bleibt unberührt.
(2) Auf Wunsch eines Elternteils darf ein Fehlgeborenes oder eine Leibesfrucht aus einem Schwangerschaftsabbruch bestattet werden. § 16 Abs. 1 und § 17 Abs. 2 und 4 gelten entsprechend.

§ 16 Bestattungsarten
(1) Die Bestattung wird als Erdbestattung oder als Feuerbestattung (Einäscherung und Urnenbeisetzung) durchgeführt.
(2) Bei der Wahl von Ort, Art und Durchführung der Bestattung ist der Wille der verstorbenen Person maßgebend, soweit dabei nicht gegen die Belange der öffentlichen Sicherheit oder Ordnung verstoßen wird. Ist der Wille der verstorbenen Person nicht bekannt oder war die Person bei Abgabe der Erklärung nicht geschäftsfähig, entscheiden die zur Bestattung Verpflichteten. In den Fällen des § 14 Abs. 2 Satz 2 bestimmt die zuständige Behörde die Bestattungsart, es sei denn, ein entgegenstehender Wille der verstorbenen Person ist bekannt oder ermittelbar.

§ 17 Bestattungsfristen
(1) Leichen dürfen frühestens 48 Stunden nach Eintritt des Todes bestattet werden. Die zuständige Behörde kann zur Abwehr einer Gefahr für die öffentliche Sicherheit oder Ordnung eine frühere Bestattung anordnen.

(2) Die Erdbestattung oder die Einäscherung soll innerhalb von zehn Tagen nach Todeseintritt vorgenommen werden.
(3) Für Leichen, die einer Leichenöffnung gemäß § 9 Abs. 1 unterzogen werden sollen, gilt die Bestattungsfrist des Absatzes 2 nicht. Die zuständige Behörde kann eine Bestattungsfrist bestimmen.
(4) Urnen sind innerhalb eines Monats nach der Einäscherung beizusetzen. Absatz 1 Satz 2 gilt entsprechend.

§ 18 Einäscherungen

(1) Vor einer Einäscherung ist eine zusätzliche Leichenschau durch eine ärztliche Person mit der Befähigung gemäß § 9 Abs. 4 durchzuführen. Bestehen keine Bedenken gegen die Einäscherung, erteilt die ärztliche Person hierüber eine Bescheinigung.
(2) Einäscherungen dürfen erst durchgeführt werden, wenn die Bescheinigung gemäß Absatz 1 Satz 2 erteilt ist. In den Fällen des § 159 Abs. 2 der Strafprozessordnung ist die Einäscherung nur zulässig, wenn die Genehmigung der Staatsanwaltschaft die Erklärung enthält, dass gegen die Einäscherung keine Bedenken bestehen.
(3) Einäscherungen dürfen nur in Krematorien vorgenommen werden. Dabei muss gewährleistet werden, dass sich in der Urne nur Asche aus der Einäscherung der verstorbenen Person befindet. Die Urne ist fest zu verschließen, zu versiegeln und mit den Angaben zur verstorbenen Person zu versehen.
(4) Die Einäscherung ist vom durchführenden Krematorium zu dokumentieren. Der Nachweis darüber, die Bescheinigung gemäß Absatz 1 Satz 2 und die Genehmigung gemäß Absatz 2 Satz 2 sind mindestens 30 Jahre vom Krematorium aufzubewahren.

Absatz 4. Friedhofswesen

§ 19 Friedhöfe

(1) Friedhöfe sind so anzulegen, zu gestalten und zu betreiben, dass sie den Grundsätzen der Würde und Achtung vor den verstorbenen Personen entsprechen.
(2) Die Gemeinden sind verpflichtet, Friedhöfe anzulegen, zu unterhalten und zu erweitern, wenn dafür ein öffentlicher Bedarf besteht (Gemeindefriedhöfe). Die Widmung, Schließung oder Entwidmung eines Gemeindefriedhofs oder eines Teiles davon ist durch die Gemeinde öffentlich bekannt zu geben.
(3) Kirchengemeinden und Religionsgemeinschaften, die Körperschaften des öffentlichen Rechts sind, können eigene Friedhöfe anlegen, unterhalten und erweitern (kirchliche Friedhöfe).
(4) Vorhandene private Bestattungsplätze dürfen nur mit Erlaubnis der zuständigen Behörde belegt oder erweitert werden.

§ 20 Zulassungspflicht

Auf Gemeindefriedhöfen ist die Bestattung der verstorbenen Einwohnerinnen und Einwohner sowie derjenigen Personen zu ermöglichen, die innerhalb des Gemeindegebietes verstorben sind.

§ 21 Grabstätten

Auf Gemeindefriedhöfen ist jeder verstorbenen Person eine Einzelgrabstätte (Reihengrab) zur Verfügung zu stellen. Es kann ein Nutzungsrecht an Grabstätten eingeräumt werden (Wahlgrab). Gemeinschaftsgrabstätten für Urnen sind zulässig.

§ 22 Ruhezeit

(1) Für jeden Friedhof werden Fristen festgelegt, in denen Grabstätten nicht erneut belegt werden dürfen (Ruhezeit).
(2) Bei der Festlegung der Ruhezeit sind die Freiheit der Religionsausübung (Art. 4 des Grundgesetzes und Artikel 9 der Verfassung des Landes Sachsen-Anhalt), die Verwesungsdauer der

Leichen und der Wunsch der Angehörigen nach Verlängerung der Ruhezeit zu berücksichtigen. Die Ruhezeit beträgt für die Leichen von Kindern, die vor Vollendung des 10. Lebensjahres gestorben sind, mindestens 10 Jahre, im Übrigen mindestens 15 Jahre (Mindestruhezeit). Die Mindestruhezeit gilt auch für die Asche Verstorbener. Die Ruhezeit beginnt mit der Bestattung oder Beisetzung. Mit der Umbettung gemäß § 24 beginnt keine neue Ruhezeit.

§ 23 Grabsteine, Grabmale
(1) Die Gestaltung und Ausstattung der Grabstätten hat der Würde des Ortes zu entsprechen. Grabsteine und Grabmale sind so aufzustellen, dass niemand gefährdet wird.
(2) Bei Gefahr für die öffentliche Sicherheit kann der Friedhofsträger Grabsteine und Grabmale auf Kosten der Nutzungsberechtigten oder Bestattungspflichtigen sichern oder entfernen.

§ 24 Ausgrabung und Umbettung
(1) Die Ausgrabung oder die Umbettung kann von den Angehörigen der verstobenen Person nur mit Erlaubnis des Friedhofsträgers veranlasst werden. Das Gleiche gilt für Urnen.
(2) Ausgrabungen und Umbettungen von Leichen sollen in der Zeit von 14 Tagen bis sechs Monaten nach der Bestattung nicht vorgenommen werden.
(3) § 87 Abs. 3 und 4 der Strafprozessordnung bleibt unberührt.

§ 25 Satzung, Benutzungsordnung
(1) Die Gemeinden regeln die Benutzung ihrer Friedhöfe durch Satzung. Die Satzung enthält Vorschriften insbesondere über die Art, Ruhezeit, Gestaltung und Unterhaltung der Grabstätten sowie die Benutzung der Bestattungseinrichtungen einschließlich der Erhebung von Gebühren.
(2) Für Satzungen oder Benutzungsordnungen der Träger kirchlicher Friedhöfe gilt Absatz 1 Satz 2 entsprechend.

Abschnitt 5. Ordnungswidrigkeiten und Schlussvorschriften

§ 26 Zuständigkeiten
(1) Die Landkreise und kreisfreien Städte sind zuständige Behörden im Sinne des § 6 Abs. 2, § 7 Abs. 3, § 9 Abs. 4, § 11 Abs. 4 und 5 und dafür zuständig, die Einhaltung der sich aus diesen Vorschriften sowie der sich aus den §§ 3, 5 und 18 Abs. 1 ergebenden Pflichten Dritter zu überwachen. Sie erfüllen diese Aufgaben im eigenen Wirkungskreis.
(2) Die Gemeinden sind zuständige Behörden im Sinne der übrigen Vorschriften und dafür zuständig, die Einhaltung der sich aus diesen Vorschriften ergebenden Pflichten Dritter zu überwachen. Sie erfüllen diese Aufgaben und die Aufgabe als Friedhofsträger nach § 23 Abs. 2 im übertragenen Wirkungskreis. Die übrigen Aufgaben als Friedhofsträger erfüllen sie im eigenen Wirkungskreis.

§ 27 Behördliche Befugnisse, Duldungspflichten
(1) Zur Ausführung und Überwachung der Vorschriften dieses Gesetzes sind Beschäftigte und Beauftragte der zuständigen Behörde berechtigt, die Bestattungseinrichtungen (§ 2 Nr. 8), Leichenhallen (§ 2 Nr. 9), Friedhöfe (§ 2 Nr. 10), Arbeits-, Betriebs- und Geschäftsräume sowie Leichenfahrzeuge zu betreten und zu besichtigen.
(2) Die Inhaberinnen und Inhaber der in Absatz 1 genannten Einrichtungen, Anlagen, Räume und Fahrzeuge haben die Amtshandlungen zu dulden und den Zugang zu ermöglichen. Sie sind verpflichtet, die erforderlichen Auskünfte zu erteilen und die erforderlichen Unterlagen vorzulegen. Die zur Auskunft verpflichtete Person kann die Auskunft auf solche Fragen verweigern, deren Beantwortung sie selbst oder einen in § 52 Abs. 1 der Strafprozessordnung bezeichneten Angehörigen der Gefahr aussetzen würde, wegen einer Straftat oder Ordnungswidrigkeit verfolgt zu werden.

§ 28 Ermächtigungen

Das Ministerium für Arbeit, Frauen, Gesundheit und Soziales wird ermächtigt, durch Rechtsverordnung die zur Ausführung dieses Gesetzes erforderlichen Vorschriften zu erlassen:

1. zu hygienischen Anforderungen an Bestattungseinrichtungen (§ 2 Nr. 8), an Leichenhallen (§ 2 Nr. 9) und an Friedhöfe, Grabstätten in Kirchen und private Bestattungsplätze (§ 2 Nr. 10),
2. zur Durchführung der Leichenschau (§ 5) und der Leichenöffnung (§ 9),
3. zu Inhalt, Form, Aufbewahrung, Einsichtnahme durch Dritte und Weitergabe der Todesbescheinigungen (§ 7), unterschieden nach vertraulichem und nichtvertraulichem Teil,
4. zum Umgang mit Leichen und Urnen (§§ 10 bis 12), Infektionsleichen (§ 6 Abs. 2) und zu Anforderungen an Leichenwagen (§ 11 Abs. 2),
5. über die Beschaffenheit von Särgen (§ 11 Abs. 1 und 3) und das Verfahren bei der Einsargung,
6. zu Inhalt und Form des Leichenpasses (§ 11 Abs. 4),
7. zur Durchführung der Einäscherung gemäß § 18.

§ 29 Ordnungswidrigkeiten

(1) Ordnungswidrig handelt, wer vorsätzlich oder fahrlässig

1. die Leichenschau entgegen § 3 Abs. 2 Satz 1 oder 2 nicht oder nicht unverzüglich durchführt oder entgegen § 3 Abs. 2 Satz 4 in Verbindung mit Satz 3 nicht oder nicht unverzüglich veranlasst,
2. eine ärztliche Person entgegen § 4 Abs. 1 zur Leichenschau nicht oder nicht unverzüglich benachrichtigt,
3. entgegen § 4 Abs. 2 die Leichenschau nicht veranlasst,
4. als ärztliche Person eine Todesbescheinigung ausstellt, ohne die Leichenschau gemäß § 5 Abs. 1 Satz 1 ordnungsgemäß vorgenommen zu haben,
5. der ärztlichen Person entgegen § 5 Abs. 1 Satz 3 keine oder falsche Auskünfte erteilt,
6. als ärztliche Person eine Pflicht entgegen § 6 nicht oder nicht unverzüglich erfüllt,
7. eine Leichenöffnung vornimmt, ohne dass die Voraussetzungen des § 9 Abs. 1 vorliegen,
8. Leichen entgegen § 11 Abs. 1 oder 2 oder Urnen entgegen § 12 Satz 1 oder 2 transportiert,
9. entgegen § 14 Abs. 1, ohne den Tatbestand des § 168 Abs. 1 des Strafgesetzbuches zu erfüllen, eine Leiche beiseite schafft, um sie der Bestattung zu entziehen,
10. entgegen § 15 Abs. 1 Leichen nicht in Särgen oder Asche nicht in Urnen auf Friedhöfen bestattet,
11. Bestattungsplätze entgegen § 19 Abs. 4 belegt oder erweitert.

(2) Ordnungswidrig handelt auch, wer einer aufgrund des § 28 erlassenen Rechtsverordnung zuwiderhandelt, soweit die Rechtsverordnung für einen bestimmten Tatbestand auf diese Bußgeldvorschrift verweist.

(3) Die Ordnungswidrigkeit kann mit einer Geldbuße bis zu 10 000 Euro geahndet werden.

§ 30 Einschränkung von Grundrechten

Durch dieses Gesetz werden die Grundrechte der informationellen Selbstbestimmung (Artikel 2 Abs. 1 des Grundgesetzes und Artikel 6 Abs. 1 der Verfassung des Landes Sachsen-Anhalt), der Berufsfreiheit (Artikel 12 Abs. 1 des Grundgesetzes und Artikel 16 Abs. 1 der Verfassung des Landes Sachsen-Anhalt) und der Unverletzlichkeit der Wohnung (Artikel 13 Abs. 1 des Grundgesetzes und Artikel 17 Abs. 1 der Verfassung des Landes Sachsen-Anhalt) eingeschränkt.

§ 31 Finanzierung

(1) Die den Kommunen aus der Durchführung von Ordnungswidrigkeitenverfahren (§ 29) entstehenden Kosten werden durch Einnahmen aus Verwarnungsgeld und Geldbußen sowie aus damit zusammenhängenden Gebühren und Auslagen gedeckt.

(2) Das Land übernimmt die mit der Durchführung dieses Gesetzes entstehenden Mehrkosten. Nach Abschluss eines Jahres können die Kommunen dem Land diese Mehrkosten in Rechnung stellen.

§ 32 In-Kraft-Treten, Außer-Kraft-Treten

(1) Dieses Gesetz tritt vorbehaltlich des Satzes 2 am 1. März 2002 in Kraft. § 28 tritt am Tage nach der Verkündung des Gesetzes in Kraft.

(2) Zum Inkrafttretenszeitpunkt nach Absatz 1 Satz 1 treten folgende Vorschriften außer Kraft, soweit sie nicht bereits vorher außer Kraft getreten sind:

1. Anordnung über die Überführung von Leichen in der Fassung der Bekanntmachung vom 1. Januar 1997 (GVBl. LSA S. 2, 39),
2. Anordnung über die ärztliche Leichenschau in der Fassung der Bekanntmachung vom 1. Januar 1997 (GVBl. LSA S. 2, 41),
3. Verordnung über das Bestattungs- und Friedhofswesen in der Fassung der Bekanntmachung vom 1. Januar 1997 (GVBl. LSA S. 2, 46),
4. Erste Durchführungsbestimmung zur Verordnung über das Bestattungs- und Friedhofswesen in der Fassung der Bekanntmachung vom 1. Januar 1997 (GVBl. LSA S. 2, 49),
5. Zweite Durchführungsbestimmung zur Verordnung über das Bestattungs- und Friedhofswesen in der Fassung der Bekanntmachung vom 1. Januar 1997 (GVBl. LSA S. 2, 52).

15. Schleswig-Holstein

Hinweis: Siehe auch das Feuerbestattungsgesetz und die dazugehörigen Verordnungen (Seite 211 ff.)

15a. Verordnung zur Änderung der Verordnung zur Regelung der Zuständigkeit der Landes- und Kreispolizeibehörden

vom 18.1.1951 (GVBl. S. 17)

Auf Grund des § 3 Absatz 5 des Polizeiverwaltungsgesetzes vom 1.6.1931 (GS. S. 77) wird folgendes verordnet:

Artikel I

Die Verordnung zur Regelung der Zuständigkeit der Landes- und Kreispolizeibehörden vom 1.10.1931 (GS. S. 213) wird wie folgt geändert:

(1) . . .

(2) § 2 erhält folgende Fassung:

Die Kreisordnungsbehörden (§ 3 Abs. 2 PVG) sind zuständig:

a) für die Genehmigung und Schließung von öffentlichen Begräbnisplätzen,

b) . . .

15b. Landesverordnung über das Leichenwesen

vom 30.11.1995 (GVBl. S. 395) Gl.-Nr. : 2120-4-3, berichtigt GVOBl. 1996, S. 231, geändert durch Verordnung vom 24.10.1996, (GVOBl. S. 652)

Aufgrund des § 3 Abs. 1 Satz 2 des Gesundheitsdienst-Gesetzes vom 26. März 1979 (GVOBl. Schl. -H. S. 244), zuletzt geändert durch Verordnung vom 30. November 1994 (GVOBl. Schl. -H. S. 527), verordnet die Landesregierung folgenden § 14 Satz 1 aufgrund der §§ 174, 175 des Landesverwaltungsgesetzes, verordnet die Ministerin für Arbeit, Soziales, Jugend und Gesundheit folgende §§ 1 bis 13, 14 Satz 2, §§ 15 bis 17:

§ 1 Grundsatz

Wer mit Leichen oder Leichenteilen umgeht, hat dabei die gebotene Ehrfurcht vor dem toten Menschen zu wahren.

§ 2 Leichenbegriff

(1) Leiche im Sinne dieser Verordnung ist der Körper einer verstorbenen Person, bei dem der körperliche Zusammenhalt noch nicht durch den Verwesungsprozess völlig aufgehoben ist.

(2) Leiche im Sinne dieser Verordnung ist auch der Körper eines Neugeborenen, bei dem nach der Scheidung vom Mutterleib

1. vor Eintritt des Todes entweder das Herz geschlagen oder die Nabelschnur pulsiert oder die natürliche Lungenatmung eingesetzt hat (Lebendgeborenes),
2. sich keines der unter Nummer 1 genannten Merkmale des Lebens gezeigt hat, das Gewicht der Leibesfrucht jedoch mindestens 500 g beträgt (Totgeborenes).

(3) Eine Leibesfrucht mit einem Gewicht unter 500 g, bei der sich nach der Scheidung vom Mutterleib keines der in Absatz 2 Nr. 1 genannten Lebenszeichen gezeigt hat (Fehlgeborenes), gilt nicht als Leiche im Sinne dieser Verordnung.

§ 3 Zulässigkeit der Bestattung
Eine Leiche darf erst bestattet werden, wenn der Standesbeamtin oder dem Standesbeamten eine Todesbescheinigung vorgelegt und der Sterbefall in das Sterbebuch eingetragen worden ist. § 39 des Personenstandsgesetzes in der Fassung der Bekanntmachung vom 8. August 1957 (BGBl. I S. 1125), zuletzt geändert durch Gesetz vom 16. Dezember 1993 (BGBl. I S. 2054), und § 159 Abs. 2 der Strafprozessordnung bleiben unberührt. Der Friedhofsträger kann verlangen, dass ihm die Zulässigkeit der Bestattung nachgewiesen wird.

§ 4 Verantwortliche Personen
(1) Zur Beschaffung der Todesbescheinigung und zur Bestattung der oder des Verstorbenen sind in folgender Reihenfolge verpflichtet:
1. die Ehegattin oder der Ehegatte,
2. die volljährigen Kinder,
3. die Eltern,
4. die volljährigen Geschwister,
5. die volljährigen Enkelkinder,
6. die Großeltern,
7. Personen, die zum Zeitpunkt des Todes mit der oder dem Verstorbenen in häuslicher Gemeinschaft zusammengelebt haben.

Die sich aus anderen Vorschriften ergebenden Verpflichtungen zur Bestattung bleiben unberührt.
(2) Zur Beschaffung der Todesbescheinigung sind, wenn Personen nach Absatz 1 nicht vorhanden oder hierzu nicht in der Lage sind, folgende Personen verpflichtet:
1. die Wohnungsinhaberin oder der Wohnungsinhaber, die Haus- oder Wohnungseigentümerin oder der Haus- oder Wohnungseigentümer oder ihre Vertretungsbevollmächtigten,
2. bei Sterbefällen in Krankenhäusern, Altenheimen oder anderen Gemeinschaftseinrichtungen die Leitung der Einrichtung,
3. bei Sterbefällen auf Schiffen die Schiffsführerin oder der Schiffsführer, auf Luftfahrzeugen die Luftfahrzeugführerin oder der Luftfahrzeugführer.

(3) Wird für die Bestattung der Leiche von den nach Absatz 1 verantwortlichen Personen nicht oder nicht rechtzeitig Vorsorge getroffen, hat die zuständige Behörde des Sterbe- oder Auffindungsortes die Bestattung der Leiche zu veranlassen. In diesem Fall entscheidet die zuständige Behörde abweichend von § 7 Abs. 3 Satz 1 auch über Ort, Art und Durchführung der Bestattung.
(4) Jeder, der eine Leiche auffindet, ohne nach Absatz 1 zu ihrer Bestattung verpflichtet zu sein, hat unverzüglich die zuständige Behörde oder die nächste Polizeidienststelle zu benachrichtigen.

§ 5 Todesbescheinigung
(1) Jede Leiche ist zur Dokumentation des Todeszeitpunktes, der Todesart und der Todesursache nach Maßgabe des § 6 von einer Ärztin oder einem Arzt zu untersuchen (Leichenschau). Die Leichenschau ist unverzüglich nach Eintritt des Todes von der nach § 4 zur Beschaffung der Todesbescheinigung verpflichteten Person zu veranlassen und unverzüglich, spätestens innerhalb von 24 Stunden nach der Benachrichtigung der Ärztin oder des Arztes, von dieser oder diesem vorzunehmen.
(2) Nach Beendigung der Leichenschau ist unverzüglich eine Todesbescheinigung nach einem vom Ministerium für Arbeit, Gesundheit und Soziales herausgegebenen Muster auszustellen, die dem Nachweis des Todeszeitpunktes und der Todesursache, der Aufklärung von Straftaten, die mit dem Tod im Zusammenhang stehen, der Prüfung, ob seuchenhygienische Maßnahmen erforderlich sind, sowie Zwecken der Statistik und Forschung dient. Die für den Wohnort zuständige Behörde bewahrt die Todesbescheinigung 30 Jahre lang auf.

Landesrecht

(3) Die zuständige Behörde kann für Inseln und Halligen, auf denen keine Ärztin oder kein Arzt ansässig ist, und die verkehrsmäßig schwer zu erreichen sind, abweichend von Absatz 1 gestatten, dass die Todesbescheinigung von einer anderen geeigneten Person ausgestellt wird.

§ 6 Durchführung der Leichenschau

(1) Die Leichenschau ist an der vollständig entkleideten Leiche unter Einbeziehung aller Körperregionen, insbesondere auch der rückwärtigen Körperpartie und der behaarten Kopfhaut durchzuführen.

(2) Die Leichenschau soll an dem Ort, an dem der Tod eingetreten oder die Leiche aufgefunden worden ist, vorgenommen werden.

(3) Die Leichenschau hat sich insbesondere darauf zu erstrecken, wann der Tod eingetreten ist, und ob die oder der Verstorbene eines natürlichen Todes infolge bestimmt zu bezeichnender Krankheiten gestorben und wegen dieser Krankheiten behandelt worden ist, oder aus welcher sonstigen Ursache der Tod eingetreten ist.

(4) Ergeben sich Anhaltspunkte dafür, dass der Tod durch Selbsttötung, durch einen Unglücksfall oder durch andere Einwirkung, bei der ein Verhalten einer oder eines Dritten ursächlich gewesen sein könnte, eingetreten ist (nichtnatürlicher Tod), oder handelt es sich um eine unbekannte oder nicht sicher zu identifizierende Person, so hat die die Leichenschau durchführende Ärztin oder der die Leichenschau durchführende Arzt unverzüglich die zuständige Polizeidienststelle zu benachrichtigen. Alle mit der Leichenschau in Zusammenhang stehenden Maßnahmen sind so vorzunehmen, dass erforderliche polizeiliche Ermittlungen nicht behindert oder beeinträchtigt werden. Bereits vorgenommene Veränderungen an der Leiche, an der Lage oder am Auffindungsort der Leiche sind der Polizei mitzuteilen.

(5) Ergeben sich Anhaltspunkte dafür, dass die verstorbene Person an einer meldepflichtigen Krankheit nach dem *Bundes-Seuchengesetz** in der Fassung der Bekanntmachung vom 18. Dezember 1979 (BGBl. I S. 2262), zuletzt geändert durch Gesetz vom 25. Mai 1995 (BGBl. I S. 746), oder an einer ähnlich gefährlichen Krankheit gelitten hat, die durch den Umgang mit der Leiche weiterverbreitet werden kann, so hat die die Leichenschau durchführende Ärztin oder der die Leichenschau durchführende Arzt die für den Sterbeort zuständige Behörde zu benachrichtigen und dafür zu sorgen, dass die Leiche entsprechend gekennzeichnet wird.

** Siehe jetzt das Infektionsschutzgesetz (IfSG)*

§ 7 Bestattungspflicht

(1) Jede Leiche muss bestattet werden; dies gilt nicht für Totgeborene, wenn das Gewicht der Leibesfrucht unter 1000 g beträgt. Satz 1 gilt nicht für Leichen, die wissenschaftlichen Zwecken zugeführt werden.

(2) Auf Wunsch eines Elternteils sind auch Totgeborene mit einem Geburtsgewicht unter 1000 g und Fehlgeborene zur Bestattung zuzulassen. Zum Nachweis einer Fehlgeburt ist dem Friedhofsträger eine formlose ärztliche Bestätigung vorzulegen.

(3) Für Ort, Art und Durchführung der Bestattung ist der Wille der oder des Verstorbenen maßgebend, soweit gesetzliche Bestimmungen oder zwingende öffentliche Belange nicht entgegenstehen. Bei Verstorbenen, deren Wille nicht bekannt ist, und bei Verstorbenen, die das 14. Lebensjahr nicht vollendet hatten oder geschäftsunfähig waren, ist der Wille der nach § 4 Abs. 1 verantwortlichen Person maßgebend. § 4 Abs. 3 Satz 2 bleibt unberührt.

§ 8 Wartefrist

(1) Die Bestattung darf frühestens 48 Stunden nach Eintritt des Todes und muss innerhalb von 216 Stunden durchgeführt werden.

(2) Die zuständige Behörde kann die 48-Stunden-Frist verkürzen, wenn anderenfalls gesundheitliche Gefahren zu befürchten wären; sie kann die 216-Stunden-Frist verlängern, wenn gesundheitliche Bedenken nicht entgegenstehen.

(3) § 39 des Personenstandsgesetzes und § 159 Abs. 2 der Strafprozessordnung bleiben unberührt.

§ 9 Einsargung, Leichenräume

(1) Leichen sind nach Abschluss der Leichenschau unverzüglich einzusargen und innerhalb von 36 Stunden nach dem Eintritt des Todes, bei späterem Auffinden unverzüglich in einen Leichenraum zu überführen. Leichenräume im Sinne dieser Bestimmung sind die zur Leichenaufbewahrung geeigneten und nur diesem Zweck dienenden Räume auf Friedhöfen, in Krematorien, in medizinischen und pflegerischen Einrichtungen sowie in Bestattungsunternehmen.
(2) Leichenräume müssen den von der Gartenbau-Berufsgenossenschaft in ihren Unfallverhütungsvorschriften für Friedhöfe und Krematorien aufgestellten Anforderungen entsprechen. Leichen, die länger als 72 Stunden aufbewahrt werden, sind durch technische Einrichtungen zu kühlen.
(3) Die zuständige Behörde kann Ausnahmen von der in Absatz 1 Satz 1 genannten Frist zulassen, sofern gesundheitliche Gründe nicht entgegenstehen, oder diese Frist aus gesundheitlichen Gründen abkürzen.
(4) Bei Leichen im Sinne des § 6 Abs. 5 gilt vorbehaltlich von Anordnungen nach dem *Bundes-Seuchengesetz** folgendes:

1. Die Kennzeichnung nach § 6 Abs. 5 ist von derjenigen Person auf dem Sarg zu wiederholen, die die Einsargung vornimmt.
2. Die Leiche darf nicht gewaschen, rasiert und umgekleidet werden. Sie ist in Tücher, die mit einer desinfizierenden Flüssigkeit getränkt sind, einzuschlagen.
3. Die Leiche ist unverzüglich in einem festen, gegen das Durchdringen von Feuchtigkeit sicher abgedichteten Sarg einzusargen, dessen Boden mit einer mindestens 5 cm hohen Schicht aus Sägemehl oder aus anderen natürlichen aufsaugenden Stoffen bedeckt ist.
4. Der Sarg ist nach dem Einsargen zu schließen; er darf nur mit Zustimmung oder auf Weisung einer in § 87 Abs. 2 Satz 2 der Strafprozessordnung genannten Ärztin oder eines dort genannten Arztes wieder geöffnet werden.

** Siehe jetzt das Infektionsschutzgesetz (IfSG)*

§ 10 Beförderung von Leichen

(1) Leichen sind in verschlossenen, feuchtigkeitsundurchlässigen und widerstandsfähigen Särgen oder Transporttragen ohne vermeidbare Unterbrechung zum Bestimmungsort zu befördern. Nach Beendigung der Beförderung sind die Leichen in umweltverträglich behandelte Holzsärge umzubetten, die innerhalb der Ruhefristen für Leichen vergehen, soweit sie nicht bereits in derartigen Särgen befördert worden sind.
(2) Zur Beförderung von Leichen im Straßenverkehr sind solche Wagen zu benutzen, die zur Leichenbeförderung eingerichtet sind (Leichenwagen).
(3) Die Absätze 1 und 2 gelten nicht für die Bergung von Leichen.
(4) Eine Beförderung der Leiche von einer Gemeinde in eine andere ist nur zulässig, wenn

1. eine Sterbeurkunde, eine standesamtliche Bescheinigung über die Beurkundung des Sterbefalles oder eine Genehmigung nach § 39 Satz 1 des Personenstandsgesetzes,
2. in den Fällen des § 159 Abs. 1 der Strafprozessordnung eine Genehmigung nach § 159 Abs. 2 der Strafprozessordnung

mitgeführt werden. Dies gilt nicht für eine Überführung im Sinne von Absatz 3.

§ 11 Grenzüberschreitende Beförderung, Leichenpass

(1) Für die Beförderung einer Leiche aus dem Geltungsbereich dieser Verordnung an einen anderen Ort stellt die zuständige Behörde auf Antrag einen Leichenpass nach einem vom Ministerium für Arbeit, Gesundheit und Soziales herausgegebenen Muster aus, wenn dies von den zuständigen Behörden des Bestimmungslandes oder eines dazwischenliegenden Landes oder nach bundesrechtlichen Vorschriften verlangt wird. Die zuständige Behörde ist berechtigt, die

für die Ausstellung des Leichenpasses erforderlichen Nachweise zu verlangen sowie eigene Ermittlungen anzustellen und Auskünfte einzuholen.
(2) Bei der Beförderung einer Leiche über die Grenze der Bundesrepublik Deutschland ins Ausland muss der Sarg entweder aus einem äußeren Holzsarg mit einer Wandstärke von mindestens 20 mm und einem sorgfältig verlöteten inneren Sarg aus Zink oder aus einem anderen sich nicht selbst zersetzenden Stoff oder aus einem einzigen sorgfältig abgedichteten Holzsarg mit einer Wandstärke von mindestens 30 mm, der mit einer Schicht aus Zink oder aus einem anderen sich nicht selbst zersetzenden Stoff ausgekleidet ist, bestehen.
(3) Bei der Beförderung einer Leiche auf dem Luftweg ist der Sarg mit einer geeigneten Druckausgleichsvorrichtung zu versehen.

§ 12 Ausgrabung und Umbettung
(1) Die Ausgrabung oder die Umbettung einer Leiche ist nur mit schriftlicher Genehmigung der zuständigen Behörde zulässig. Dem Antrag auf Erteilung einer Genehmigung zur Umbettung ist der Nachweis beizufügen, dass eine andere Grabstätte zur Verfügung steht.
(2) Für Ausgrabungen, die aufgrund anderer Rechtsvorschriften angeordnet oder zugelassen werden, gilt Absatz 1 nicht.

§ 13 Versorgung von Leichen
(1) Wer beruflich Leichen reinigt, ankleidet oder einsargt, darf nicht im Nahrungs-, Genussmittel- oder Gaststättengewerbe, als Hebamme oder Entbindungspfleger oder als Kosmetikerin oder Kosmetiker oder Friseuse oder Friseur oder in vergleichbaren Berufen tätig sein oder dem Personenkreis im Sinne der §§ 47 und 48 des *Bundes-Seuchengesetzes** angehören oder in diesen Bereichen von anderen beschäftigt werden.
(2) Personen nach Absatz 1 müssen vor ihrer Tätigkeit geeignete Schutzkleidung anlegen. Sie haben nach Beendigung der Tätigkeit die Hände mit einem Desinfektionsmittel zu reinigen, das in der Liste der vom Robert-Koch-Institut anerkannten Desinfektionsmittel und -verfahren aufgeführt ist. Bei der Versorgung von Leichen im Sinne des § 6 Abs. 5 ist auch die Schutzkleidung entsprechend Satz 2 zu reinigen.

** Siehe jetzt das Infektionsschutzgesetz (IfSG)*

§ 14 Zuständige Behörden
Zuständige Behörden für die Aufbewahrung der Todesbescheinigungen nach § 5 Abs. 2 Satz 2 und für Genehmigungen nach § 5 Abs. 3 und § 12 Abs. 1 sowie für die Abwehr von Zuwiderhandlungen nach den §§ 5, 6, 9 Abs. 2, §§ 12 und 13 sind die Landrätinnen oder Landräte für die Kreise und die Bürgermeisterinnen oder Bürgermeister für die kreisfreien Städte als Kreisgesundheitsbehörden. Im Übrigen sind die Bürgermeisterinnen oder Bürgermeister der amtsfreien Gemeinden und die Amtsvorsteherinnen oder Amtsvorsteher als örtliche Ordnungsbehörden zuständig (§ 165 Abs. 2 Satz 1 des Landesverwaltungsgesetzes).

§ 15 Sonderbestimmungen
Von dieser Verordnung abweichende Sonderbestimmungen bleiben unberührt, insbesondere
1. die Bestimmungen über die Feuerbestattung,
2. Richtlinien für den internationalen Leichentransport,
3. internationale Vereinbarungen,
4. Bestimmungen über die Beförderung von Leichen auf Eisenbahnen, auf dem Seewege, auf Binnenwasserstraßen und auf dem Luftwege und
5. Vorschriften über die Beförderung der Leichen von Angehörigen der Bundeswehr und des Bundesgrenzschutzes.

§ 16 Ordnungswidrigkeiten

Ordnungswidrig nach § 175 Abs. 3 des Landesverwaltungsgesetzes handelt, wer

1. als verantwortliche Person entgegen § 4 Abs. 1 nicht oder nicht rechtzeitig für die Bestattung oder die Beschaffung der Todesbescheinigung sorgt,
2. als Ärztin oder Arzt entgegen § 5 nicht unverzüglich, spätestens aber innerhalb von 24 Stunden nach der Benachrichtigung eine Leichenschau vornimmt, diese nicht gemäß § 6 durchführt oder nicht unverzüglich eine Todesbescheinigung gemäß § 5 Abs. 2 ausstellt,
3. entgegen § 8 Abs. 1 eine Leiche vor Ablauf von 48 Stunden oder später als 216 Stunden nach Eintritt des Todes bestattet,
4. entgegen § 9 Abs. 1 eine Leiche nicht unverzüglich einsargt oder einsargen lässt und innerhalb von 36 Stunden nach Eintritt des Todes in einen Leichenraum überführt oder überführen lässt,
5. Leichen in Räumen aufbewahrt, die nicht den Anforderungen des § 9 entsprechen,
6. den Vorschriften des § 9 Abs. 4 über die Behandlung und Einsargung von Leichen zuwiderhandelt,
7. bei der Beförderung von Leichen entgegen § 10 Abs. 1, § 11 Abs. 2 und 3 nicht die vorgeschriebenen Särge oder Behältnisse oder entgegen § 10 Abs. 2 nicht die vorgeschriebenen Fahrzeuge verwendet oder entgegen § 11 Abs. 1 nicht die erforderlichen Papiere bei sich führt,
8. entgegen § 12 ohne Genehmigung der zuständigen Behörde eine Leiche ausgräbt oder umbettet.

§ 17 Inkrafttreten

Diese Verordnung tritt am 1. Januar 1996 in Kraft.

15c. Ausstellung einer Todesbescheinigung nach der Landesverordnung über das Leichenwesen

Bekanntmachung des Ministeriums für Arbeit, Gesundheit und Soziales vom 2. März 1999 – IX 4010 – 402. 171. 516, Gl.-Nr.: 2128. 5, Amtsbl. Schl.-H. 1999 S. 127

1. Hiermit gebe ich das als Anlage 1 beigefügte neue Todesbescheinigungsformular bekannt. Nach diesem Muster ist ab 1. April 1999 die Todesbescheinigung gemäß § 5 Abs. 2 der Landesverordnung über das Leichenwesen vom 30. November 1995 (GVOBl. Schl.-H. S. 395) auszustellen. Die zur Zeit gültigen Formulare können bis zum 30. Juni 1999 weiter verwendet werden.

   Das Formular ist weitgehend dem von der Gesundheitsministerkonferenz der Länder (GMK) empfohlenen Muster angepasst worden, aber auch dem von der Gesundheitsbehörde der Freien und Hansestadt Hamburg herausgegebenen Formular, um bei länderübergreifenden Angelegenheiten die Zusammenarbeit mit Hamburg zu erleichtern. Außerdem soll eine exaktere Todesursachenstatistik und eine bundesweit vergleichbare Darstellung von Todesursachen erreicht werden.
2. Die Neufassung des Todesbescheinigungsformulars enthält differenzierte Vorgaben insbesondere
   - zur Identifikation,
   - zur Sterbeort- und -zeitpunktbestimmung sowie
   - zur Todesursachen-, Kausalketten- und Todesartfeststellung.

   Das Krebsregistergesetz vom 4. November 1994 (BGBl. I S. 3351) verpflichtet die Gesundheitsämter, der Vertrauensstelle die erforderlichen Daten aus der Todesbescheinigung für das Krebsregister zu übermitteln. Die zusätzlichen Angaben zur Krebserkrankung ermöglichen eine Vervollständigung der im Krebsregistergesetz registrierten Erkrankungen, die seit Beginn der Registrierung aufgetreten sind.
3. Der Formularsatz für die Todesbescheinigung (Anlage 1) umfasst
   - ein Anleitungsblatt für die Ärztin oder den Arzt,
   - einen nichtvertraulichen Teil,
   - einen vertraulichen Teil (vierfach) sowie
   - zwei Briefumschläge.

   Der vertrauliche Teil (vierfach) ist in verschiedenen Farben wie folgt zu gestalten:
   Blatt 1 (für das Gesundheitsamt) = grau,
   Blatt 2 (für die Feuerbestattung) = gelb,
   Blatt 3 (für die Obduzentin oder den Obduzenten) = blau,
   Blatt 4 (für die Ärztin oder den Arzt) = rosa.
   Blatt 1 bis 4 des vertraulichen Teils sowie der erste Block mit den Personalangaben des nichtvertraulichen Teils können im Durchschreibeverfahren hergestellt werden.

   Der Hinweis neben der Standesamt-Eintragung: „Wird vom Gesundheitsamt vom nichtvertraulichen Teil übertragen“ kann auf Blatt 2 bis 4 entfallen. Die beiden Briefumschläge 1 und 2 sind jeweils mit einer Aufschrift zu versehen.
4. Die Todesbescheinigung – nichtvertraulicher Teil – wird zusammen mit dem im Briefumschlag 1 verschlossenen vertraulichen Teil – Blatt 1 – dem zuständigen Standesamt vorgelegt. Die Standesbeamtin oder der Standesbeamte leitet nach Beurkundung des Todesfalles und nach Eintragung der Sterbebuchnummer oder der Geburtenbuchnummer (sofern es sich um die gewünschte Dokumentation eines totgeborenen oder in der Geburt verstorbenen Kindes handelt) den Schein zusammen mit dem verschlossenen Umschlag an das für den Sterbeort zuständige Gesundheitsamt weiter. Dort wird der Umschlag mit der Todesbescheini-

gung – vertraulicher Teil – geöffnet, die Sterbebuchnummer (oder ggf. die Geburtenbuchnummer) vom nichtvertraulichen Teil auf den vertraulichen Teil übertragen und eine Plausibilitätskontrolle durchgeführt. Bei Unklarheiten sind Auskünfte bei der Ärztin oder dem Arzt einzuholen, die oder der den Schein ausgestellt hat.

5. Die Gesundheitsämter senden wie bisher die Todesbescheinigungen monatlich (bis zum 10. d. M.) gesammelt an das Statistische Landesamt. Von dort werden sie nach Auswertung an das für den Sterbeort zuständige Gesundheitsamt zurückgesandt. Soweit der Sterbeort nicht Wohnort ist, werden die Todesbescheinigungen an das für den Wohnort der oder des Verstorbenen zuständige Gesundheitsamt zur Aufbewahrung weitergeleitet.

   In Verbindung mit dem neuen Todesbescheinigungsformular wird zur Dokumentation einer Obduktion ein von der Todesbescheinigung getrenntes Formular (Obduktionsschein) eingeführt (vgl. Muster als Anlage 2). Es wird in zweifacher Ausfertigung ausgestellt. Eine Ausfertigung wird dem zuständigen Gesundheitsamt übersandt, die zweite Ausfertigung bleibt bei den Unterlagen der Obduzentin oder des Obduzenten. Der Obduktionsschein entspricht ebenfalls dem GMK-Muster sowie den von Hamburg und auch anderen Bundesländern herausgegebenen Formularen.

6. Der Runderlass vom 3. Juli 1972 (Amtsbl. Schl.-H. S. 522) zur Einführung einer neuen Todesbescheinigung, geändert durch Erlasse vom 12. Juli 1979 – IV 260 a – (n. v.) und 16. Februar 1994 – IX 403 b – 402. 171. 51 – (n. v.) wird aufgehoben.

Anlage 1
Informationen für die Ärztin oder den Arzt

Die Pflicht zur Dokumentation des Todes und zur Durchführung der Leichenschau ist in der Landesverordnung über das Leichenwesen vom 30. 11. 1995 in der jeweils geltenden Fassung festgelegt. Da mit der Todesbescheinigung die Weichen gestellt werden, ob die Leiche zur Bestattung freigegeben wird oder ob weitere Ermittlungen im Hinblick auf einen nichtnatürlichen Tod erforderlich sind, besteht eine besondere Sorgfaltspflicht bei der Feststellung der Todesursache und der Todesart. Zugleich hängt von der gewissenhaft ausgestellten Todesbescheinigung die Qualität der Todesursachenstatistik ab.

Zur gewissenhaften Feststellung der Todesursache sowie der Todesart gehören die Untersuchung, die Erhebung der Vorgeschichte, auch unter Heranziehung vorbehandelnder Ärztinnen oder Ärzte, sowie die Berücksichtigung der Auffindungssituation und Angaben Dritter zu den Todesumständen. Die Ärztin oder der Arzt hat möglichst vor Ort die entkleidete Leiche von allen Seiten und bei ausreichender Beleuchtung einschließlich der Körperöffnungen in Augenschein zu nehmen. Eine Teilbesichtigung der Leiche ist auf keinen Fall zulässig. Die Todesbescheinigung darf nur ausgestellt werden, wenn sichere Zeichen des Todes (Totenstarre; Totenflecke, Fäulnis, nicht mit dem Leben vereinbare Verletzungen, Hirntod) vorhanden sind.

Liegen Anhaltspunkte für einen nichtnatürlichen Tod vor oder ist die Identität nicht gesichert, ist die Polizei unverzüglich zu benachrichtigen. In diesem Fall kann die Staatsanwaltschaft eine Obduktion auch gegen den Willen der Angehörigen veranlassen. Bei natürlicher Todesart kann es sich empfehlen, die Einwilligung der Angehörigen zu einer Obduktion z.B. für die Diagnosesicherung einzuholen.

I. Anleitung zum Ausfüllen der Todesbescheinigung
(Vom Abdruck wurde abgesehen.)

16. Thüringen

Vorbemerkung: Als Landesrecht in Thüringen fortgeltendes Recht der ehemaligen DDR

Anmerkung: Nach Art. 9 Abs. 1 des Einigungsvertrages vom 31.8.1990 (BGBl. II S. 889) bleibt das im Zeitpunkt der Vertragsunterzeichnung geltende Recht der DDR, das nach der Kompetenzordnung des Grundgesetzes Landesrecht ist, in Kraft, soweit es mit dem Grundgesetz und dem in Kraft getretenen Bundesrecht vereinbar ist und soweit im Vertrag nichts anderes bestimmt ist. Da das Friedhofs- und Bestattungswesen ausschließlich Angelegenheit der Bundesländer ist, gelten die bisher in der DDR maßgebenden Bestimmungen als gleichlautendes Landesrecht der neuen Bundesländer fort, wobei nach dem Gesetz über die Selbstverwaltung der Gemeinden und Landkreise in der DDR (Kommunalverfassung) vom 17.5.1990 die Gemeinden und Kreise an die Stelle der örtlichen Staatsorgane getreten sind. Gegenstandslos gewordene Bestimmungen und Bezeichnungen sind in Kursivschrift gekennzeichnet. Außer Thüringen haben alle neuen Bundesländer eigene Bestattungsbestimmungen erlassen und die nachfolgenden Bestimmungen aufgehoben. Thüringen hat die nachfolgenden Bestimmungen am 2.10.1998 neu bekannt gemacht (GVBl. S. 329).

Hinweis: Siehe auch das Feuerbestattungsgesetz und die dazugehörigen Verordnungen (Seite 211 ff.)

16a. Verordnung über das Bestattungs- und Friedhofswesen

vom 17.4.1980 (GBl. DDR S. 159), in der Fassung der Bekanntmachung vom 2.10.1998 (GVBl. S. 349)

Zur Sicherung einer würdigen Bestattung verstorbener Bürger sowie zur ordnungsgemäßen Nutzung und Unterhaltung der Friedhöfe in der *Deutschen Demokratischen Republik* wird folgendes verordnet:

I. Geltungsbereich

§ 1

Diese Verordnung regelt die Aufgaben, Rechte und Pflichten der Bürger, der *staatlichen Organe,* der Einrichtungen des Gesundheits- und Sozialwesens, der Bestattungseinrichtungen, der Rechtsträger bzw. Eigentümer kommunaler und kirchlicher Friedhöfe für alle sich aus Todesfällen ergebenden Handlungen, die Nutzung und Verwaltung von Friedhöfen sowie die Übernahme Verstorbener durch Einrichtungen der medizinischen Forschung und Lehre.

II. Grundsätze

§ 2 (Grundsätze beim Umgang mit Verstorbenen)

(1) Die Prinzipien von Ethik und Moral sind bei der Überführung, dem Umgang mit und der Bestattung von Verstorbenen einzuhalten.

(2) Die *örtlichen Staatsorgane* sind für die Sicherung der Dienstleistungen des Bestattungs- und Friedhofswesens und die damit verbundenen medizinischen Leistungen, für die Gewährleistung der Hygiene bei der Überführung, Bestattung und Exhumierung sowie für die Bereitstellung von Friedhofsflächen verantwortlich.

(3) Beisetzungen finden auf Friedhöfen oder auf von den *örtlichen Staatsorganen* dafür bestimmten Ehrenplätzen statt.
(4) Die *Räte der Städte und Gemeinden* sind Rechtsträger kommunaler Friedhöfe. Kirchliche Friedhöfe sind Eigentum staatlich anerkannter Kirchen und Religionsgemeinschaften. *Volkseigene Betriebe* können durch die *Räte der Städte und Gemeinden* mit der Wahrnehmung der Rechtsträgerschaft und der Verwaltung kommunaler Friedhöfe beauftragt werden.
(5) Auf allen Friedhöfen sind Beisetzungen unabhängig von Bestattungsart (Feuer- oder Erdbestattung), Weltanschauung oder Religionszugehörigkeit gleichberechtigt zu gewährleisten. Das gilt auch für die Benutzung von Leichenaufbewahrungsräumen und Feierhallen. Einschränkungen sind zulässig beim Vorhandensein mehrerer Friedhöfe an einem Ort sowie bei für Erdbestattungen nicht geeigneten Bodenverhältnissen.
(6) Sonderregelungen über die ausschließliche Nutzung von Friedhöfen oder Friedhofsteilen durch staatlich anerkannte Kirchen und Religionsgemeinschaften, für bestimmte Gruppen Verstorbener oder die ausschließliche Nutzung von Friedhöfen für eine bestimmte Bestattungsart bedürfen der Zustimmung der *Räte der Kreise.*
(7) Im Bereich der Hochseefischerei und -schifffahrt gelten für Sterbefälle die für diesen Bereich erlassenen Regelungen.

§ 3 (Leichenschau)
(1) Die ärztliche Leichenschau ist unverzüglich durch den dazu Verpflichteten beim Eintritt oder mutmaßlichen Eintritt des Todes eines Menschen zu veranlassen.
(2) Nach Ausstellung des Totenscheins ist der Tod dem zuständigen Standesamt spätestens am folgenden Werktag anzuzeigen. Die Anzeigepflicht kann einer Bestattungseinrichtung übertragen werden.
(3) Der durch das Standesamt ausgestellte Bestattungsschein ist der Bestattungseinrichtung zuzuleiten. Er ist bei Feuerbestattungen durch die Verwaltung des Krematoriums und bei Erdbestattungen durch die Verwaltung des Friedhofes für die Dauer von 20 Jahren aufzubewahren.

III. Bestattungswesen

§ 4 (Leichenaufbewahrung)
Jeder Verstorbene ist binnen 24 Stunden nach Feststellung des Todes, jedoch nicht vor der ärztlichen Leichenschau, in einen Leichenaufbewahrungsraum zu überführen. Diese Regelung gilt nicht für die im § 15 Abs. 1 genannten Todesfälle. Die Überführung haben zu veranlassen:
a) bei Sterbefällen in der Wohnung die Angehörigen bzw. der Wohnungsinhaber, bei Fehlen von solchen das zuständige örtliche Staatsorgan,
b) bei Sterbefällen in Einrichtungen und Betrieben sowie bei Veranstaltungen deren Leiter.

§ 5 (Bestattungspflicht)
(1) Die Bestattung des Verstorbenen hat der Bestattungspflichtige zu veranlassen. Bestattungspflichtig sind Angehörige oder vom Verstorbenen zu Lebzeiten Beauftragte. Als Angehörige gelten Ehegatten, volljährige Kinder, Eltern oder Großeltern sowie deren Nachkommen in der genannten Reihenfolge.
(2) Sind Bestattungspflichtige nicht vorhanden, nicht bekannt oder nicht zu ermitteln und veranlasst kein anderer die Bestattung, ist der *Rat der Stadt, des Stadtbezirkes oder der Gemeinde* des Sterbeortes, bei Sterbefällen in Einrichtungen des Gesundheits- und Sozialwesens der Leiter der Einrichtung für die Bestattung verantwortlich.
(3) Verstorbene können unter nachstehenden Voraussetzungen und unter Beachtung des § 15 Abs. 2 durch dafür festgelegte Einrichtungen der medizinischen Forschung und Lehre übernommen werden:
a) sofern sie bei Lebzeiten den Wunsch auf Übernahme durch eine wissenschaftliche Einrichtung oder ihr Einverständnis dazu schriftlich erklärt haben,

b) wenn ihre Angehörigen die Einwilligung zur Übernahme geben,
c) wenn Angehörige nicht bekannt oder unbekannten Aufenthalts sind oder die Übernahme der Bestattung in einer schriftlichen Erklärung gegenüber einem *staatlichen Organ* ablehnen. Eine Übernahme ist ausgeschlossen, wenn der Verstorbene dies nachweislich zu Lebzeiten abgelehnt hat.

§ 6 (Beisetzungsarten)
(1) Die Beisetzung Verstorbener oder deren Aschen erfolgt auf Friedhöfen in Gräbern, Urnenstellen, Gemeinschaftsanlagen oder auf Aschenstreuwiesen.
(2) Die Wahl der Bestattungsart, des Beisetzungsortes bzw. des Friedhofes, auf dem der Verstorbene oder seine Asche beigesetzt werden soll, obliegt dem Bestattungspflichtigen bzw. dem die Bestattung Veranlassenden. Dabei ist der Wunsch des Verstorbenen zu berücksichtigen.
(3) Veranlasst ein *örtliches Staatsorgan oder eine staatliche Einrichtung* die Bestattung, ist, mit Ausnahme von Sterbefällen nach § 15, eine Feuerbestattung durchzuführen, sofern der Verstorbene nicht ausdrücklich eine Erdbestattung gewünscht hat.
(4) Verstorbene sollen frei von beweglichen Wertgegenständen übergeführt und bestattet werden.
(5) Veranlassen Nichtbestattungspflichtige, zu Lebzeiten mit der Bestattung beauftragte Bürger, *örtliche Staatsorgane* oder Einrichtungen des Gesundheits- und Sozialwesens die Bestattung, haben sie für alle durch die Überführung und Bestattung entstehenden Kosten, die Nachlassverbindlichkeiten sind, einen Anspruch auf Kostenerstattung gegenüber den Erben und zahlungspflichtigen Versicherungsträgern.
(6) Ist der Bestattungspflichtige bzw. der die Bestattung Veranlassende zur Übernahme der durch den Nachlass und die Zahlungen von Versicherungsträgern nicht gedeckten Überführungs- und Bestattungskosten außerstande, kann auf seinen Antrag an den für den letzten Wohnort des Verstorbenen zuständigen *Rat der Stadt, des Stadtbezirkes oder der Gemeinde* Kostenerstattung bzw. Kostenübernahme erfolgen.

§ 7 (Überführung)
(1) Die Überführung von Verstorbenen erfolgt nur nach Ausstellung des Totenscheines. Erdbestattungen dürfen erst nach Vorlage des Bestattungsscheines, Einäscherungen nach Bestätigung des Bestattungsscheines durch den vom zuständigen *Kreisarzt* beauftragten *Krematoriumsarzt* durchgeführt werden. Die Abschiednahme von Verstorbenen erfolgt entsprechend den ethischen Anforderungen.
(2) Erdbestattungen bzw. Einäscherungen sind innerhalb von 6 Tagen nach Feststellung des Todes durchzufahren. Fristverlängerungen bedürfen der Zustimmung des *Kreisarztes* und können von der Erfüllung besonderer Auflagen abhängig gemacht werden.
(3) Die Bestimmungen der Absätze 1 und 2 gelten nicht für im § 15 genannte Todesfälle sowie für Verstorbene, die Einrichtungen der medizinischen Forschung und Lehre übergeben werden.

§ 8 (Betrieb von Krematorien)
(1) Für den ordnungsgemäßen Betrieb von Krematorien sind die *örtlichen Staatsorgane* verantwortlich.
(2) Einäscherungen haben in dem durch den Bestattungspflichtigen bzw. den die Bestattung Veranlassenden vorgesehenen und für die Feuerbestattung geeigneten Sarg zu erfolgen.
(3) Die Bestattungseinrichtungen oder die für die Friedhofsverwaltung Verantwortlichen haben nach Erteilung der Genehmigung zur Beisetzung auf dem vorgesehenen Friedhof im Auftrag des Bestattungspflichtigen bzw. des die Bestattung Veranlassenden unverzüglich die Urnen vom Krematorium anzufordern und die Beisetzung zu gewährleisten. Liegt die Genehmigung zur Beisetzung dem Krematorium bereits bei Einlieferung des Verstorbenen vor, hat dieses die Rückführung der Urnen unmittelbar nach der Einäscherung vorzunehmen.

IV. Friedhofswesen

§ 9 (Friedhofsregelungen)
(1) Über die Neuanlage von Friedhöfen entscheidet der zuständige *Rat des Kreises* durch Beschluss. Erweiterungen sowie die Einstellung der Bestattung auf kommunalen oder kirchlichen Friedhöfen bedürfen seiner Zustimmung.
(2) Für Erdbestattungen sind durch die *Kreis-Hygieneinspektion* Ruhefristen festzulegen. Bei Anträgen durch die Rechtsträger oder Eigentümer der jeweiligen Friedhöfe kann vom Antragsteller die Beibringung dazu erforderlicher Gutachten verlangt werden.
(3) Für die Errichtung und Erhaltung der zum Betreiben eines Friedhofes erforderlichen Bauwerke und Anlagen sind die Rechtsträger bzw. Eigentümer verantwortlich.
(4) Die *Staatliche Hygieneinspektion* ist verantwortlich für die hygienische Überwachung der zur Bestattung Verstorbener bestimmten Bestattungsplätze einschließlich der dazu benötigten Bauten sowie der Krematorien.

§ 10 (Friedhofssatzung)
(1) Die Benutzung und Verwaltung der Friedhöfe und ihrer Einrichtungen sind durch Friedhofsordnungen zu regeln, die vom Rechtsträger bzw. Eigentümer zu erlassen sind.
(2) Friedhofsordnungen nichtkommunaler Friedhöfe sind im Einvernehmen mit den *Räten der Städte und Gemeinden* zu erlassen.

§ 11 (Verantwortlichkeiten)
(1) Die Rechtsträger bzw. Verwalter kommunaler Friedhöfe und die Eigentümer kirchlicher Friedhöfe sind für das Bereitstellen, Öffnen und Schließen der Gräber verantwortlich.
(2) Aus- oder Umbettungen Verstorbener oder deren Aschen werden nur in Ausnahmefällen vorgenommen und bedürfen der Zustimmung des für den Friedhof zuständigen Rechtsträgers oder Eigentümers. Exhumierungen von Leichen bedürfen zusätzlich der Zustimmung des *Kreisarztes.* Aus- oder Umbettungen von Aschenresten aus Gemeinschaftsanlagen sind nicht gestattet.
(3) Die Exhumierung sterblicher Überreste Gefallener und verstorbener Kriegsgefangener sowie unter Kriegseinwirkung verstorbener ausländischer Zivilpersonen darf nur mit Zustimmung des *Rates des Bezirkes, Abteilung Innere Angelegenheiten,* erfolgen. Die Exhumierung aus Gemeinschaftsanlagen oder Sammelgräbern ist nicht gestattet.

§ 12
(aufgehoben)

§ 12 wurde zum 31.12.1994 aufgehoben durch Artikel 9 Abs. 2 i.V.m. Anlage II, Kapitel X, Sachgebiet H Abschnitt III Nr. 15 des Einigungsvertrags vom 31.8.1990 (BGBl. II S. 885)

§ 13 (Nachweis über Belegungen)
Der Nachweis über die Belegung von Urnenstellen und Gemeinschaftsanlagen sowie Erdgräbern ist von dem für die Verwaltung kommunaler bzw. kirchlicher Friedhöfe Zuständigen mindestens bis zum Ablauf des Nutzungsrechtes an der Grabstelle, bei unter Denkmalschutz stehenden Objekten ständig, zu gewährleisten.

§ 14 (Verlegung von Friedhöfen)
(1) Die Verlegung eines genutzten oder bereits geschlossenen Friedhofes kann auf Beschluss des *Rates des Bezirkes* erfolgen. Für die Verlegung von Friedhofsteilen bedarf es des Beschlusses des Rates des Kreises.
(2) Soweit von der im Abs. 1 genannten Verlegung Gräber Gefallener oder verstorbener Kriegsgefangener sowie unter Kriegseinwirkung verstorbener ausländischer Zivilpersonen betroffen werden, ist die jeweilige Regierung von der Absicht der Verlegung auf diplomatischem Wege zu informieren.

V. Tod unter verdächtigen Umständen

§ 15 (Nichtnatürlicher Tod)
(1) Beim Auffinden von oder beim Umgang mit Leichen, bei denen sich Anhaltspunkte dafür ergeben, dass der Tod unter verdächtigen Umständen eingetreten ist, bei nicht aufgeklärter Todesart und bei unbekannten Verstorbenen ist die nächstgelegene Dienststelle der *Deutschen Volkspolizei* zu informieren und nach den dafür geltenden Rechtsvorschriften zu verfahren.
(2) Die Übernahme von Leichen gemäß Abs. 1 durch Einrichtungen der medizinischen Forschung und Lehre bedarf der Zustimmung des Staatsanwaltes. Die wissenschaftlichen Einrichtungen sind an die erteilten Auflagen gebunden.
(3–5) aufgehoben

VI. Auflagen und Verfügungen

§ 16 (Auflagen)
(1) Die Leiter *der zuständigen Fachorgane der Räte der Bezirke und Kreise, die Vorsitzenden der Räte der Städte und Gemeinden und die Leiter der Staatlichen Hygieneinspektionen* können zur Durchsetzung dieser Verordnung und ihrer Durchführungsbestimmungen, insbesondere zum ordnungsgemäßen Ablauf der gesamten Bestattungshandlung, zur Durchsetzung der Ordnung bei der Bestattung von unter verdächtigen Umständen Verstorbenen, zur hygienisch einwandfreien Unterhaltung von Friedhofsflächen sowie für Exhumierungen die erforderlichen Auflagen erteilen oder Maßnahmen verfügen.
(2) Die von den *Leitern der zuständigen staatlichen Organe* erteilten Auflagen oder getroffenen Verfügungen ergehen schriftlich. Sie sind zu begründen und den Betroffenen auszuhändigen.
(3–5) (aufgehoben)

VII. Schlussbestimmungen

§ 17
(aufgehoben)

§ 18 (Inkrafttreten)
(1) Diese Verordnung tritt mit der Veröffentlichung in Kraft.
(2) Gleichzeitig treten außer Kraft:
a) die Anordnung vom 5. Dezember 1952 für die Übernahme und Bestattung Verstorbener durch wissenschaftliche Institute (GBl. Nr. 175 S. 1308),
b) die erste Durchführungsbestimmung vom 16. Oktober 1953 zur Anordnung für die Übernahme und Bestattung Verstorbener durch wissenschaftliche Institute (GBl. Nr. 114 S. 1074),
c) alle Rechtsvorschriften einschließlich der landesrechtlichen Regelungen, die vor dem 8. Mai 1945 erlassen worden sind und dieser Verordnung entgegenstehen.

16b. Erste Durchführungsbestimmung zur Verordnung über das Bestattungs- und Friedhofswesen

vom 17.4.1980 (GBl. DDR S. 162), in der Fassung der Bekanntmachung vom 2.10.1998 (GVBl. S. 352)

Zu § 2 der Verordnung:

§ 1

(1) Friedhöfe im Sinne der Verordnung sind alle für die Beisetzung Verstorbener oder deren Aschen ausgewiesenen Grundstücke bis zu deren Aufhebung. Friedhöfen gleichzustellen sind Ehrengrabanlagen außerhalb dieser Grundstücke, in denen Bestattungen stattfanden oder noch durchgeführt werden.
(2) Die *Räte der Städte und Gemeinden* sichern die Einhaltung der in der Verordnung und in weiteren Rechtsvorschriften enthaltenen Festlegungen durch die kirchlichen Friedhofsverwaltungen.

Zu § 5 Abs. 1 der Verordnung:

§ 2

(1) Mit der Durchführung der Bestattung soll eine an dem Ort tätige Bestattungseinrichtung beauftragt werden, an dem die Beisetzung beabsichtigt ist bzw. der überwiegende Teil der Bestattungshandlung stattfinden soll.
(2) Als Bestattungseinrichtungen gemäß Abs. 1 gelten Betriebe und Einrichtungen aller Eigentumsformen sowie Personen, die gewerbsmäßig Bestattungsleistungen durchführen oder vermitteln.
(3) Zwischen der Bestattungseinrichtung und dem die Bestattung Veranlassenden ist ein Vertrag über die Ausführung der gewünschten Bestattungsleistungen auf der Grundlage des betrieblichen Leistungsangebotes bei der Auftragsnahme abzuschließen. Voraussetzung für den Abschluss ist der Nachweis der Berechtigung durch die Vorlage des Totenscheines bzw. der Nachweis, dass der Anmelder der Bestattungspflichtige selbst ist oder in dessen Auftrag handelt.

Zu § 5 Abs. 3 der Verordnung:

§ 3

(1) Zur Feststellung, ob auf einen Verstorbenen die Voraussetzungen zur Übernahme durch eine Einrichtung der medizinischen Forschung und Lehre zutreffen und zur Information an die übernehmende Einrichtung sind verpflichtet:
a) der Leiter der Einrichtung, in welcher sich der Verstorbene zuletzt in stationärer Behandlung, in Betreuung bzw. Pflege befand oder in Verwahrung gehalten wurde,
b) der die Bestattung übernehmende Bestattungsbetrieb, soweit ihm die dazu erforderlichen Erklärungen vorliegen,
c) in allen übrigen Fällen der zuständige *örtliche Rat*.
(2) Angehörige von Verstorbenen sind berechtigt, innerhalb von 8 Wochen nach Übernahme des Verstorbenen durch eine Einrichtung der medizinischen Forschung und Lehre diesen zur Bestattung zurückzufordern. Die sterblichen Überreste werden in diesem Fall der von den Angehörigen bestimmten Bestattungseinrichtung übergeben.
(3) Die medizinische Einrichtung veranlasst für alle ihr für Forschungs- und Lehrzwecke überlassenen Leichen die Bestattung und übernimmt die Transport- und Bestattungskosten.
(4) Wünschen Angehörige nach Abschluss der Aufgaben der Einrichtung die Bestattung selbst durchführen zu lassen oder daran teilzunehmen, sind sie vom Termin der Beisetzung zu informieren.

Zu § 6 Abs. 1 der Verordnung:

§ 4

(1) In Gemeinschaftsanlagen können Aschenbeisetzungen mit oder ohne Urnen vorgenommen werden. Aschenverstreuungen erfolgen oberirdisch auf dafür ausgebildeten Flächen der Friedhöfe.

(2) Die Beisetzungen für Feuer- und Erdbestattungen erfolgen grundsätzlich auf vorbereiteten Grabfeldern.

(3) Die Beisetzung in eine vorhandene massive Gruft bedarf der Genehmigung des zuständigen *örtlichen Rates*. Eine Neuanlage oder Rekonstruktion von massiven Grüften oder Bauwerken auf Friedhöfen zum Zwecke der Beisetzung ist nicht gestattet.

Zu § 6 Abs. 2 der Verordnung:

§ 5

(1) Der Bestattungspflichtige bzw. der die Bestattung Veranlassende trifft im Einvernehmen mit dem für die Friedhofsverwaltung Zuständigen die Entscheidung zwischen einem Bestattungsplatz am letzten Wohnort des Verstorbenen oder dem Friedhof des Krematoriums, in dem die Einäscherung erfolgt. Wünsche zur Beisetzung auf einem anderen Friedhof sind mit der für diesen zuständigen Friedhofsverwaltung zu regeln. Mit dem Erwerb des Nutzungsrechtes an einer Grabstätte wird die Genehmigung zur Beisetzung erteilt.

(2) Für Verstorbene, die aufgrund örtlicher Festlegungen ein Anrecht auf Beisetzung in Ehrengrabanlagen haben, trifft das dafür zuständige Organ im Einvernehmen mit dem Bestattungspflichtigen die entsprechenden Festlegungen.

(3) Eine Nachprüfung der Willensentscheidung des Verstorbenen erfolgt nicht.

(4) Die Entscheidung des die Bestattung Veranlassenden über die gewählte Bestattungsart kann durch andere Personen nicht widerrufen werden, soweit nicht gemäß § 15 der Verordnung die Feuerbestattung untersagt wurde. Gleiches gilt für die Wahl des Friedhofes.

Zu § 6 Abs. 3 der Verordnung:

§ 6

Bei durch *örtliche Staatsorgane oder staatliche Einrichtungen* übernommenen Feuerbestattungen sind die Aschen in Gemeinschaftsanlagen beizusetzen.

Zu § 6 Abs. 4 der Verordnung:

§ 7

(1) Der Bestattungsbetrieb ist nicht für den Verlust oder die Beschädigung beweglicher Wertgegenstände, die trotz Aufforderung zur Entfernung an der Leiche belassen wurden, verantwortlich.

(2) Ansprüche der Erben oder anderer Anspruchsberechtigter auf Gegenstände, die auf Wunsch des die Bestattung Veranlassenden bei oder an der Leiche verbleiben, erlöschen mit der Bestattung.

(3) Bei Ausgrabungen oder Wiederbelegungen gefundene Wertgegenstände sind durch die Friedhofsverwaltung in Verwahrung zu nehmen und nach den dafür geltenden Rechtsvorschriften zu behandeln.

Zu § 6 Abs. 5 der Verordnung:

§ 8

(1) Die Bestattungskosten beinhalten alle mit einer Bestattungseinrichtung vertraglich vereinbarten angemessenen Leistungen sowie andere, unmittelbar durch die Bestattung verursachte notwendige Kosten einschließlich des Nutzungsentgelts für die Grabstelle während der Nut-

zungsdauer. Im Nutzungsentgelt für die Beisetzung in Gemeinschaftsanlagen sind die Kosten für die Unterhaltung enthalten.
(2) Eigentumsrechte an übergebenen Kränzen und Gebinden erlöschen nach Abschluss der Trauerfeiern. Der Bestattungsbetrieb ist für die Beseitigung zuständig und ist bei Ablagerung solcher Materialien an den Gräbern für ein Abhandenkommen nicht verantwortlich.

Zu § 7 Abs. 1 der Verordnung:

§ 9
(1) Werden Abschiednahmen am offenen Sarg durchgeführt, so ist eine unmittelbare Berührung des Verstorbenen möglichst durch eine Glastrennwand auszuschließen. Die Abschiednahme sollte in der Regel vor Beginn der Trauerfeier erfolgen.
(2) Der für die Durchführung der Trauerfeier Verantwortliche ist berechtigt, die Öffnung des Sarges zu untersagen, wenn der Zustand der Leiche dies nicht zulässt. Er ist dazu verpflichtet, wenn eine übertragbare Krankheit vorliegt oder dies vom *Kreishygienearzt* oder einem von ihm beauftragten Arzt angeordnet wurde.
(3) Die offene Aufbahrung einer Leiche und das Öffnen des Sarges während der Trauerfeierlichkeiten sind nicht gestattet.

Zu § 8 Abs. 1 der Verordnung:

§ 10
(1) Rechtsträger von Krematorien können *örtliche Staatsorgane oder volkseigene Betriebe* sein.
(2) Der Betrieb von Krematorien ist durch eine Betriebsordnung zu regeln, die vom zuständigen übergeordneten Organ auf der Grundlage einer Musterordnung des zuständigen Ministeriums zu bestätigen ist.
(3) Über die vorgenommenen Einäscherungen ist ein Verzeichnis zu führen. Das Einäscherungsregister und die ihm zugrunde liegenden ärztlichen Freigabebestätigungen sind mindestens 20 Jahre nach der letzten Eintragung aufzubewahren.
(4) Der Asche jedes Verstorbenen ist ein Kennzeichen beizulegen, aus dem der Name des Krematoriums und die laufende Nummer des Einäscherungsregisters zu entnehmen sind.

Zu § 8 Abs. 3 der Verordnung:

§ 11
(1) Der Transport von Urnen ist nur mit Fahrzeugen der Bestattungseinrichtung oder durch die Post in speziellen Versandbehältern zulässig. Der Empfang der Urne ist dem Krematorium von der Verwaltung des Friedhofes, auf dem sie beigesetzt wird, schriftlich zu bestätigen.
(2) Aschen, deren Beisetzung von den Bestattungspflichtigen nicht veranlasst wird, sind nach Ablauf von 6 Monaten nach dem Einäscherungstag auf deren Kosten in Gemeinschaftsanlagen auf dem zum Krematorium gehörenden Friedhof beizusetzen.

Zu § 9 Abs. 1 der Verordnung:

§ 12
(1) Gleichzeitig mit dem Beschluss zur Einstellung der Bestattungen ist der Termin zur Aufhebung des Friedhofes festzulegen. Die Aufhebung soll mit Ausnahme der Festlegungen des § 14 der Verordnung nicht vor Ablauf des Nutzungsrechtes der letzten Bestattung erfolgen.
(2) Im Zeitraum zwischen der Schließung und Aufhebung des Friedhofes ist die Unterhaltung der Friedhofsflächen weiter zu gewährleisten.
(3) Aufgehobene Friedhofsflächen sind in der Regel zu Grünanlagen umzugestalten. Bei einer Umgestaltung zutage tretende Gebeins- oder Aschenreste sind in Anlagen des nächstgelegenen Friedhofes beizusetzen. Die anderweitige Nutzung eines Friedhofes nach seiner Aufhebung ist nur mit Zustimmung der *Kreis-Hygieneinspektion* zulässig.

(4) Bei der Aufhebung und Umgestaltung von Friedhöfen sind die Rechtsvorschriften *zur Erhaltung der Denkmale in der DDR* zu beachten.

Zu § 9 Abs. 3 der Verordnung:

§ 13

Zwischen den Eigentümern kirchlicher Friedhöfe und den *örtlichen Staatsorganen* können Vereinbarungen über die Errichtung bzw. Rekonstruktion der für die Aufbewahrung Verstorbener und zur Durchführung der Trauerfeiern erforderlichen Friedhofsbauten getroffen werden.

Zu § 10 Abs. 1 der Verordnung:

§ 14

(1) Die Friedhofsordnung ist den Benutzern des Friedhofes in geeigneter Weise bekanntzugeben.
(2) (aufgehoben)
(3) Die Dauer der in den Friedhofsordnungen festzulegenden Nutzungsrechte soll mindestens der Zeitdauer der Ruhefristen entsprechen.
(4) Unter Denkmalschutz stehende Objekte sind entsprechend den Rechtsvorschriften ständig zu unterhalten.
(5) Für Böden, deren Struktur eine für Erdbestattungen außergewöhnlich lange Ruhefrist erfordert, kann in Abweichung vom Abs. 3 ein verkürztes Nutzungsrecht erteilt werden, wenn danach die Beisetzung von Urnen durch Erteilung neuer Nutzungsrechte für Urnenstellen vorgesehen wird.

§ 15 (Inkrafttreten)
(gegenstandslos)

16c. Zweite Durchführungsbestimmung zur Verordnung über das Bestattungs- und Friedhofswesen

Hygiene bei der Überführung, der Bestattung und der Exhumierung menschlicher Leichen

vom 2.6.1980 (GBl. DDR S. 164), in der Fassung der Bekanntmachung vom 2.10.1998 (GVBl. S. 354)

§ 1

(1) Eine Leiche im Sinne dieser Durchführungsbestimmung ist der Körper eines Verstorbenen oder totgeborenen Menschen, dessen Tod in einem Totenschein bescheinigt ist.
(2) Für Leichenreste oder Leichenteile gelten die nachfolgenden Bestimmungen dieser Durchführungsbestimmung entsprechend.

Zu § 2 der Verordnung:

§ 2

(1) Dienste an Verstorbenen dürfen erst nach der ärztlichen Leichenschau vorgenommen werden. Sie umfassen das Waschen, Einkleiden, Frisieren, Rasieren, Einsargen und die Aufbahrung des Verstorbenen sowie die Ausführung von Sarginnenschmuck und die Hilfeleistung bei der Leichenschau. Die Ausübung kann durch den *Kreisarzt, den Staatsanwalt oder die staatlichen Untersuchungsorgane* untersagt oder eingeschränkt werden.
(2) Personen, die Dienste gemäß Abs. 1 haupt-, neben- oder freiberuflich ausüben, sind vom *Kreisarzt* auf ihre Eignung, Kenntnisse und Voraussetzungen für diese Tätigkeit zu prüfen. Den Betreffenden ist eine Bescheinigung auszuhändigen, die sie berechtigt, diese Tätigkeit auszuüben. Der *Kreisarzt* sichert die regelmäßige Schulung dieses Personenkreises.
(3) Dienste gemäß Abs. 1 dürfen Personen nicht ausüben, die
a) im Lebensmittelverkehr,
b) in der medizinischen und pflegerischen Betreuung der Bürger,
c) in Einrichtungen der Körperpflege
d) in Einrichtungen zur Betreuung, Bildung und Erziehung von Kindern und Jugendlichen tätig sind.
(4) Für die Einrichtungen des Bestattungswesen gilt die *Rahmen-Hygieneordnung*.

§ 3

Eine Leiche ist in einen fest schließenden, widerstandsfähigen, gut abgedichteten Sarg einzusargen. In einen Sarg darf nur eine Leiche gebettet werden.

§ 4

(1) War der Verstorbene an einer meldepflichtigen übertragbaren Krankheit (Infektionskrankheit) erkrankt, ist der Bestattungsschein durch einen schrägen roten Strich zu kennzeichnen.
(2) Sofern eine der in der Anlage genannten übertragbaren Krankheiten festgestellt wurde, ist die Leiche unmittelbar nach der ärztlichen Leichenschau ohne Ausübung der Dienste gemäß § 2 Abs. 1 einzusargen. Der Sarg ist sofort fest zu verschließen, äußerlich sichtbar zu kennzeichnen und unverzüglich in einen Leichenaufbewahrungsraum zu überführen. Das Wiederöffnen des geschlossenen Sarges ist nur mit Genehmigung der *Kreis-Hygieneinspektion* gestattet.
(3) Die *Kreis-Hygieneinspektion* kann in Abstimmung mit der *Bezirks-Hygieneinspektion* die Bedingungen gemäß Abs. 2 zeitlich begrenzt für weitere, in der Anlage nicht genannte übertragbare Krankheiten festlegen, wenn hierfür aus Gründen des Infektionsschutzes ein Erfordernis besteht.

§ 5

(1) Die Überführung von Leichen ist im Straßenverkehr grundsätzlich nur mit Spezialfahrzeugen für Leichentransporte vorzunehmen. Ausnahmen bedürfen der Zustimmung durch die *Kreis-Hygieneinspektion*.

(2) Für Überführungen mit der Eisenbahn, auf dem Luft- und Seeweg gelten die in den jeweiligen Beförderungsordnungen enthaltenen Festlegungen.

Zu § 4 der Verordnung:

§ 6

(1) Bis zu einer vorgesehenen Überführung nach einem anderen Ort oder in einen anderen Staat sowie bei erforderlichen Unterbrechungen einer solchen Überführung ist die Leiche vorübergehend in einen Leichenaufbewahrungsraum zu überführen.
(2) Die Überführung in einen Leichenaufbewahrungsraum darf weder veranlasst noch vorgenommen werden, solange dies durch den *Kreisarzt, den Staatsanwalt oder durch die staatlichen Untersuchungsorgane* untersagt ist.
(3) Als Leichenaufbewahrungsräume gelten Räumlichkeiten von Friedhöfen, Krematorien und medizinischen Einrichtungen sowie Feierabend- und Pflegeheimen, die zur Aufbewahrung von Leichen bis zur Bestattung bzw. Einäscherung bestimmt sind. Leichenaufbewahrungsräume dürfen nicht für andere Zwecke benutzt werden.
(4) Hausaufbahrungen sind nicht zulässig.

Zu § 7 der Verordnung:

§ 7

Eine Fristverlängerung ist nicht zulässig, wenn bei dem Verstorbenen eine übertragbare Krankheit gemäß der Anlage zu dieser Durchführungsbestimmung festgestellt wurde oder Bedenken aus anderen hygienischen Gründen bestehen.

Zu § 9 der Verordnung:

§ 8

(1) Bei der Festlegung von Standorten für Friedhöfe sind die hygienischen und geologischen Bedingungen zu beachten.
(2) Bei unterschiedlichen Bodenverhältnissen können für Friedhofsteile verschiedene Ruhefristen festgelegt werden.
(3) Wird beim Öffnen eines Grabes nach Ablauf der Ruhefrist festgestellt, dass eine Leiche infolge eines verzögerten Ablaufes der Zersetzungsvorgänge nicht verwest ist, muss das Grab wieder geschlossen werden. An dieser Grabstelle darf zunächst eine weitere Erdbestattung nicht vorgenommen werden. Die *Kreis-Hygieneinspektion* kann für diesen Friedhof oder einen Friedhofsteil eine Verlängerung der Ruhefrist anordnen.

Zu § 11 Abs. 2 der Verordnung:

§ 9

(1) Die Zustimmung des *Kreisarztes* zur Exhumierung kann mit Auflagen verbunden werden.
(2) Eine Exhumierung ist nicht im Zeitraum von 14 Tagen bis zu 6 Monaten nach dem Tode vorzunehmen. Der *Kreisarzt* kann in begründeten Fällen Ausnahmen zulassen.
(3) Die Absätze 1 und 2 gelten nicht für die Exhumierung von Leichen auf Anordnung des Staatsanwaltes.

Zu § 14 der Verordnung:

§ 10

Die Bestimmungen des § 9 dieser Durchführungsbestimmung gelten für Friedhofsverlegungen sinngemäß.

§ 11 (Inkrafttreten)
(gegenstandslos)

16d. Anordnung über die ärztliche Leichenschau

vom 4.12.1978 (GBl. DDR 1979 S. 4), in der Fassung der Bekanntmachung vom 2.10.1998 (GVBl. S. 346)

§ 1
Jede menschliche Leiche ist unverzüglich nach Eintritt des Todes zur Feststellung des Todes, der Todeszeit, der Todesart und der Todesursache durch einen Arzt zu besichtigen und zu untersuchen (Leichenschau).

§ 2
(1) Die Benachrichtigung des Arztes, der nach § 3 zur Vornahme der Leichenschau verpflichtet ist, haben in nachstehender Reihenfolge zu veranlassen:
a) der nächste Angehörige,
b) derjenige, in dessen Wohnung sich der Sterbefall ereignet hat,
c) jeder, der einen Toten auffindet.
(2) Bei Sterbefällen
a) in Einrichtungen des Gesundheits- und Sozialwesens,
b) in Heimen oder Internaten sowie in anderen Gemeinschaftsunterkünften,
c) in Betrieben, öffentlichen Einrichtungen oder während einer Veranstaltung
hat der Leiter der Einrichtung, der Gemeinschaftsunterkunft, des Betriebs bzw. der Veranstaltung die Benachrichtigung des Arztes zur Vornahme der Leichenschau zu veranlassen.

§ 3
(1) Zur unverzüglichen Vornahme der Leichenschau und zur Ausstellung des Totenscheines ist derjenige Arzt verpflichtet, der den Verstorbenen während einer dem Tode unmittelbar vorausgegangenen Erkrankung behandelt hat. Ist dieser Arzt verhindert oder war der Verstorbene nicht in medizinischer Betreuung, so hat ein Arzt der nächstgelegenen Einrichtung der medizinischen Betreuung, der *Schnellen Medizinischen Hilfe,* des Bereitschaftsdienstes oder jeder andere in der Nähe befindliche Arzt die Leichenschau vorzunehmen und den Totenschein auszustellen. Ist ein im Dienst befindlicher Arzt an der Durchführung der ärztlichen Leichenschau verhindert, hat er unverzüglich die nächstgelegene Einrichtung der medizinischen Betreuung zu benachrichtigen, damit sie die Leichenschau veranlasst.
(2) Der Arzt, der die Leichenschau vornimmt (Leichenschauarzt), hat unverzüglich nach Beendigung der Leichenschau den Totenschein auszustellen. Die Ausstellung erfolgt getrennt für
a) Verstorbene, die bei Eintritt des Todes 1 Jahr oder älter waren, und
b) Totgeborene und für unter 1 Jahr Verstorbene.
Form, Inhalt, Ausstellung und weitere Behandlung des Totenscheines regeln sich nach der vom Minister für Gesundheitswesen erlassenen Anweisung zur ärztlichen Leichenschau.
(3) Für Verstorbene, bei denen Reanimationsmaßnahmen zur künstlichen Wiederherstellung und Aufrechterhaltung lebenswichtiger Funktionen nach den *Rechtsvorschriften über die Durchführung von Organtransplantationen* eingeleitet waren, darf der Totenschein erst ausgestellt werden, nachdem das hierfür bestimmte Ärztekollektiv den Tod und die Todeszeit festgestellt hat. Für die Ausstellung des Totenscheines gelten im Übrigen die Bestimmungen dieser Anordnung.

§ 4
(1) Menschliche Leiche ist der Körper eines Menschen, der keinerlei Lebenszeichen aufweist.
(2) (aufgehoben)

§ 5

(1) Sind Anhaltspunkte für einen nichtnatürlichen Tod (Tod durch Selbsttötung, durch Unfall oder durch andere Personen verursachter Tod) vorhanden, ist die Todesart nicht aufgeklärt oder handelt es sich um einen unbekannten Toten, so hat der Leichenschauarzt unverzüglich die zuständige Dienststelle der *Deutschen Volkspolizei* zu benachrichtigen und ihr den ausgefüllten Totenschein zu übergeben. Er hat alle mit der Leichenschau im Zusammenhang stehenden Maßnahmen so vorzunehmen, dass erforderliche Ermittlungen der *Deutschen Volkspolizei* nicht behindert oder beeinträchtigt werden. Bereits vorgenommene Veränderungen an der Leiche, an der Lage oder am Auffindungsort der Leiche sind der *Deutschen Volkspolizei* mitzuteilen.

(2) Sind Anhaltspunkte dafür vorhanden, dass der nichtnatürliche Tod in ursächlichem Zusammenhang mit einer Narkose, mit operativen, anderen therapeutischen oder sonstigen medizinischen Eingriffen oder Maßnahmen einschließlich Schutzimpfungen und anderen Schutzanwendungen eingetreten ist, hat der Leichenschauarzt über den für ihn zuständigen ärztlichen Leiter unverzüglich den zuständigen *Kreisarzt* zu benachrichtigen. Die Pflichten gemäß Abs. 1 bleiben hiervon unberührt.

(3) Die *Deutsche Volkspolizei* teilt in den Fällen des Abs. 1 dem *Kreisarzt* solche Ergebnisse ihrer Ermittlungen mit, die geeignet sind, zur Vervollständigung der im Zusammenhang mit der Leichenschau zu erhebenden Sachverhalte und zur Verbesserung der Todesfallanalyse beizutragen.

§ 6

(1) Der Leichenschauarzt hat die Todesursache mit großer Genauigkeit festzustellen und dazu alle geeigneten Ermittlungen anzustellen. Die Angehörigen des Verstorbenen, Nachbarn, Hausbewohner oder Personen, die den Verstorbenen zu Lebzeiten gepflegt haben oder bei seinem Tode zugegen waren, oder andere Personen, die über zum Tode führende Ereignisse Auskunft geben können, haben auf Verlangen des Leichenschauarztes über alle den Tod und die Todesursache betreffenden Umstände Auskunft zu geben.

(2) Ärzte, die den Verstorbenen während einer dem Tode vorausgegangenen Erkrankung behandelt haben, sind verpflichtet, dem Leichenschauarzt auf dessen Verlangen Auskunft über festgestellte Krankheiten und sonstige Gesundheitsschädigungen des Verstorbenen zu erteilen.

(3) Konnte nach Besichtigung und Untersuchung der Leiche und im Ergebnis der Ermittlungen die Todesursache nicht festgestellt werden, so hat der Leichenschauarzt im *Totenschein unter Ziff. 10* „nicht feststellbar“, „moribund eingeliefert“, „tot aufgefunden“, „plötzlicher Tod, Ursache unbekannt“ oder ähnliche Angaben einzutragen.

§ 7

(1) Lag bei dem Verstorbenen eine meldepflichtige übertragbare Krankheit vor oder enthält sein Körper Radionuklide, die innerhalb der letzten 3 Monate vor seinem Tode eingebracht wurden, hat der Leichenschauarzt einen entsprechenden Vermerk auf dem Totenschein vorzunehmen, soweit ihm dieser Umstand bekannt ist oder von ihm festgestellt werden konnte. Ebenso sind meldepflichtige Berufskrankheiten und meldepflichtige Geschwulstkrankheiten auf dem Totenschein für Verstorbene, die bei Eintritt des Todes 1 Jahr oder älter waren, zu vermerken.

(2) Ist der Verstorbene Träger eines Herzschrittmachers, hat der Leichenschauarzt hierzu einen Vermerk auf dem Totenschein vorzunehmen. Er hat zu prüfen, ob sich bei dem Verstorbenen ein Herzschrittmacherausweis (Kontrollkarte) befindet. Er hat hierzu auch die im § 6 Abs. 1 genannten Personen zu befragen und den Herzschrittmacherausweis zur Verwendung bei der Leichenöffnung sicherzustellen.

§§ 8–11 (aufgehoben)

§ 12

(1) Der Leichenschauarzt bzw. der Obduzent hat den Totenschein dem zur Anzeige des Sterbefalles beim Standesamt Verpflichteten bzw. dessen Beauftragten in 2facher Ausfertigung auszu-

händigen, sofern nicht die Bestimmungen des § 5 Abs. 1 zutreffen. Ist dem Leichenschauarzt bzw. dem Obduzenten kein zur Anzeige Verpflichteter oder kein von diesem Beauftragter bekannt oder kann er keinen der Genannten erreichen, so ist der Totenschein dem für den Sterbeort zuständigen *Rat des Kreises, Abteilung Gesundheits- und Sozialwesen,* zur Anzeige des Sterbefalles beim zuständigen Standesamt zu übergeben. Wird die Bestattung von einer Bestattungseinrichtung besorgt, kann der zur Anzeige Verpflichtete die Bestattungseinrichtung mit der Anzeige des Sterbefalles beauftragen. In den Fällen des § 5 Abs. 1 ist die zuständige *Dienststelle der Deutschen Volkspolizei* zur Anzeige des Sterbefalles beim Standesamt verpflichtet, nachdem der Staatsanwalt die Leiche zur Bestattung freigegeben hat.
(2) Bei Anzeige eines Sterbefalles ist der Totenschein dem für den Sterbeort zuständigen Standesamt vorzulegen. Nach erfolgter Beurkundung hat das Standesamt die entsprechenden Eintragungen auf dem Totenschein vorzunehmen.

§ 13
(1) Die Bestattung einer Leiche ist nur nach Erteilung des Bestattungsscheines durch das zuständige Standesamt zulässig.
(2) Der Bestattungsschein wird nach Beurkundung des Sterbefalles gebührenfrei ausgestellt und dem zur Anzeige des Sterbefalles Verpflichteten, der von diesem beauftragten Bestattungseinrichtung oder einem sonstigen Beauftragten des zur Anzeige Verpflichteten ausgehändigt.
(3) Das Standesamt übergibt nach Beurkundung des Sterbefalles das 2. Exemplar des Totenscheines (Durchschlag)
a) bei Feuerbestattung dem zur Anzeige Verpflichteten, der von diesem beauftragten Bestattungseinrichtung oder einem sonstigen Beauftragten des zur Anzeige Verpflichteten zur Weiterleitung an den zuständigen *Krematoriumsarzt* (§ 14 Abs. 1) über die dafür zuständige Krematoriumsverwaltung,
b) bei Erdbestattung dem für den Sterbeort zuständigen *Kreisarzt.*
(4) Das 1. Exemplar des Totenscheines (Original) wird vom Standesamt sowohl bei Feuerbestattung als auch bei Erdbestattung direkt an die *Staatliche Zentralverwaltung für Statistik* weitergeleitet.

Landesrecht

§ 14
(1) Im Falle der Feuerbestattung bedarf der Bestattungsschein der Bestätigung durch einen in der Leichenschau erfahrenen und von dem für das Krematorium zuständigen *Kreisarzt* beauftragten Arzt *(Krematoriumsarzt).*
(2) Der *Krematoriumsarzt* hat die Leiche genau zu besichtigen und auf Anzeichen eines nichtnatürlichen Todes zu untersuchen (Leichennachschau). Er hat Einsicht in den Totenschein und in vorliegende weitere Aufzeichnungen über das Ergebnis einer Leichenöffnung zu nehmen. Dem *Krematoriumsarzt* können zusätzlich im § 15 genannte kreisärztliche Aufgaben übertragen werden.
(3) Bei Verstorbenen, bei denen eine Leichenöffnung stattgefunden hat, kann der *Krematoriumsarzt* den Bestattungsschein auch ohne Leichennachschau bestätigen.
(4) Sind Anhaltspunkte für einen bisher nicht festgestellten nichtnatürlichen Tod vorhanden oder ergeben sich Zweifel an der Richtigkeit der im Totenschein eingetragenen Todesart oder Todesursache, so finden die Bestimmungen der §§ 5 und 8 entsprechende Anwendung.
(5) (aufgehoben)

§ 15
(1) Der für den Sterbeort zuständige *Kreisarzt* hat die ihm zugegangenen 2. Exemplare der Totenscheine (Durchschläge) auf Vollständigkeit, innere Logik und Richtigkeit der vom Leichenschauarzt und/oder Obduzenten vorgenommenen Eintragungen zu überprüfen.
(2) Stellt der *Kreisarzt* bei der Prüfung gemäß Abs. 1 Unrichtigkeiten, Irrtümer oder sonstige Mängel fest, hat er die erforderlichen Korrekturen vorzunehmen und zweifelhafte Angaben auf-

zuklären. Zu diesem Zwecke ist er berechtigt und verpflichtet, vom Leichenschauarzt, vom Obduzenten, von Gesundheitseinrichtungen und Ärzten, die den Verstorbenen vor seinem Tode behandelt haben, von anderen Gesundheitseinrichtungen sowie von allen anderen in Betracht kommenden Stellen sachdienliche Auskünfte einzuholen.
(3) Sind im Ergebnis der Überprüfung gemäß Abs. 2 Korrekturen von Angaben im Totenschein erforderlich, hat der *Kreisarzt* eine Korrekturmeldung, getrennt für
a) Verstorbene, die bei Eintritt des Todes 1 Jahr oder älter waren,
b) Totgeborene und für unter 1 Jahr Verstorbene,
in 2facher Ausfertigung auszufüllen, das Original der Meldung unverzüglich der *Staatlichen Zentralverwaltung für Statistik* im Nachgang zu dem der *Zentralverwaltung* bereits vom Standesamt zugegangenen Original des Totenscheines zu übermitteln und die Korrektur auf der Rückseite des bei ihm vorliegenden 2. Exemplares des Totenscheines (Durchschlag) zu vermerken.
(4) Die *kreisärztliche* Nachprüfung der Totenscheine gemäß den Absätzen 1 bis 3 entfällt bei Feuerbestattung, soweit dem *Krematoriumsarzt* diese Aufgabe übertragen worden ist.
(5) Liegen der Sterbeort und der Ort, an dem der Verstorbene seine Hauptwohnung hatte, nicht im Gebiet desselben Kreises, leitet der *Kreisarzt* unverzüglich nach Erfüllung der ihm nach den Absätzen 1 bis 3 obliegenden Aufgaben das 2. Exemplar des Totenscheines (Durchschlag), zutreffendenfalls zusammen mit dem 2. Exemplar seiner Korrekturmeldung (Durchschlag), an den für den Ort der Hauptwohnung des Verstorbenen zuständigen *Kreisarzt* weiter.

§ 16

(1) Der *Kreisarzt,* der für den Ort der Hauptwohnung des Verstorbenen zuständig ist, übergibt die Totenscheine zur fachspezifischen Erfassung und Auswertung
a) der Sterbefälle mit meldepflichtigen Geschwulstkrankheiten, Diabetes mellitus und/oder anderen Stoffwechselkrankheiten sowie Lungenkrankheiten und Tuberkulose an die entsprechenden für den *Kreis zuständigen Betreuungsstellen,*
b) der Sterbefälle von Kindern und Jugendlichen, die bei Eintritt des Todes das 16. Lebensjahr noch nicht vollendet hatten, sowie der Totgeburten zusätzlich an die *für den Kreis zuständige Fachkommission zur Senkung der Säuglings- und Kindersterblichkeit.*
(2) Einzelheiten zur fachspezifischen Erfassung und Auswertung der Sterbefälle anhand der Totenscheine und zu deren Korrektur werden in der vom *Minister für Gesundheitswesen* erlassenen Anweisung zur ärztlichen Leichenschau geregelt.
(3) Gelangt die *Fachkommission zur Senkung der Säuglings- und Kindersterblichkeit* zur Feststellung, dass
a) ein auf dem Totenschein als totgeboren ausgewiesenes Geborenes in Wirklichkeit ein Lebendgeborenes oder ein als lebendgeboren ausgewiesenes Geborenes in Wirklichkeit ein Totgeborenes war, so hat sie dies unverzüglich dem für die Beurkundung des Sterbefalles zuständigen Standesamt und der *Staatlichen Zentralverwaltung für Statistik* anzuzeigen,
b) ein in der *Abortmeldung (§ 18)* als fehlgeboren ausgewiesenes *Geborenes* in Wirklichkeit ein Tot- oder Lebendgeborenes war, so hat sie das unverzüglich dem Arzt, der die Meldung erstattet hat, mitzuteilen. Dieser ist auf Grund der Mitteilung verpflichtet, einen Totenschein in Übereinstimmung mit den Feststellungen der *Fachkommission* auszustellen und diesen nach den allgemeinen Bestimmungen dieser Anordnung weiterzugeben.

§ 17

(1) Liegen der Sterbeort und der Ort, an dem der Verstorbene seine Hauptwohnung hatte, in dem Gebiet desselben Kreises, hat der *Kreisarzt* sowohl die im § 15 als auch im § 16 festgelegten kreisärztlichen Aufgaben zu erfüllen.
(2) Die *Kreisärzte* können bestimmte Aufgaben, die ihnen im Zusammenhang mit der Leichenschau obliegen, auf einen anderen geeigneten Arzt des *Rates des Kreises, Abteilung Gesundheits- und Sozialwesen,* übertragen.

(3) Der *Kreisarzt* ist für die Kontrolle der unverzüglichen Ausstellung und fachspezifischen Auswertung der Totenscheine sowie der unverzüglichen Übersendung der Korrekturmeldungen und Sektionskarten in seinem *Kreisgebiet* verantwortlich.
(4) Die 2. Exemplare der Totenscheine (Durchschläge) sind bei den *Räten der Kreise, Abteilung Gesundheits- und Sozialwesen,* die für den Ort der Hauptwohnung des Verstorbenen zuständig sind, aufzubewahren. Totenscheine Verstorbener, die keine Hauptwohnung *in der DDR* besaßen, werden bei dem für den Sterbeort zuständigen *Rat des Kreises, Abteilung Gesundheits- und Sozialwesen,* aufbewahrt.
(5) Die Aufbewahrungsfrist beträgt 20 Jahre, gerechnet vom Beginn des dem Sterbejahr folgenden Jahres.

§ 18
(aufgehoben)

§ 19
(1) Die Leichenschau und die Ausstellung der Totenscheine entsprechend § 3 erfolgen für Bestattungspflichtige gebührenfrei. Im Übrigen gelten die entsprechenden Kostenregelungen.
(2) Für die Leichennachschau und die Leichenöffnung gelten die entsprechenden Regelungen über Gebühren und Kosten.
(3) Kosten, Entschädigungen, Honorare oder sonstige Vergütungen im Zusammenhang mit Leichennachschau und Leichenöffnung, auf deren Erstattung bzw. Zahlung ein Rechtsanspruch besteht, sind von den staatlichen Organen zu tragen, die diese angeordnet bzw. veranlasst haben.

§ 20
Die in anderen Rechtsvorschriften oder auf Anweisung des *Ministers für Gesundheitswesen* vorgeschriebenen Anzeigen oder Meldungen von Sterbefällen bleiben von den Bestimmungen dieser Anordnung unberührt.

§ 21
Die Leichenschau an Bord von Seeschiffen der Handels- und Fischereiflotte richtet sich nach den hierfür geltenden Rechtsvorschriften.

§ 22
Für die Leichenschau bei Verstorbenen, die bei Eintritt des Todes Angehörige der *bewaffneten Organe* waren, gelten die Bestimmungen der Anordnung nur insoweit, als die *Leiter der zentralen staatlichen Organe,* denen *bewaffnete Organe* unterstehen, keine hiervon abweichenden Regelungen getroffen haben.

§ 23
(1) Diese Anordnung tritt am 1. Januar 1979 in Kraft.
(2) (aufgehoben)

16e. Anordnung über die Überführung von Leichen

vom 20.10.1971, in der Fassung der Bekanntmachung vom 2.10.1998 (GVBl. S. 345)

Amtliche Anmerkung: Der Geltungsbereich dieser Verordnung ist begrenzt auf die Überführung im Sinne von § 1 „von und nach anderen Ländern und Staaten", die Bestimmungen sind entsprechend auszulegen.

§ 1

Diese Anordnung regelt die Überführung von menschlichen Leichen, Leichenteilen (im folgenden Leichen genannt) und Resten der Feuerbestattung in Urnen von und nach anderen Staaten sowie *Westberlin*.

§ 2

(1) Die Überführung von Leichen und Resten der Feuerbestattung in Urnen kann mit

a) Leichen-Transportwagen *volkseigener Bestattungsinstitute* sowie der Bestattungsinstitute anderer Staaten und *Westberlins*,

b) Eisenbahnwagen,

c) Luftverkehrsmitteln oder

d) Schiffen

unter Berücksichtigung der Rechtsvorschriften vorgenommen werden. Urnen können außerdem auf dem Postwege vom Krematorium bzw. von der Friedhofsverwaltung zur Friedhofsverwaltung des Bestattungsortes überführt werden, sofern geltende Vorschriften des Bestimmungslandes dem Versand bzw. Empfang von Urnen nicht entgegenstehen. Die zum Versand kommenden Urnen sind sichtbar mir der Aufschrift „Urne" zu kennzeichnen.

(2) Die Überführung ist so durchzuführen, dass

a) die Leichen nicht ohne zwingenden Grund von dem Beförderungsmittel ab- oder auf ein anderes Beförderungsmittel umgeladen,

b) die Beförderungsmittel nach dem Grenzübertritt unverzüglich dem Bestimmungsort zugeführt und bei einem notwendigen Aufenthalt auf einem abgesonderten Platz abgestellt

werden.

(3) Nach der Ankunft am Bestattungsort sind die Leichen oder die Reste der Feuerbestattung in Urnen unverzüglich zur Leichenhalle oder Bestattungsstätte überführen zu lassen.

§ 3

(1) Auf dem Gebiet der *Deutschen Demokratischen Republik* sind bei der Überführung von Leichen die Hygienebestimmungen und die zu deren Durchsetzung festgelegten Maßnahmen einzuhalten.

(2) Wird die Leiche einer außerhalb der *Deutschen Demokratischen Republik* verstorbenen Person nicht bis zum Bestattungsort in der *Deutschen Demokratischen Republik* überführt, sind die Hinterbliebenen bzw. die den Auftrag zur Überführung erteilenden Personen oder Institutionen verpflichtet, ein Bestattungsinstitut der *Deutschen Demokratischen Republik* zu beauftragen, die Leiche an der *Grenzübergangsstelle* bzw. am Flug- oder Seehafen zu übernehmen.

§ 4

Bei der Überführung von Leichen sind als Begleitdokumente ein Leichenpass oder ein dem Leichenpass gleichzusetzendes Dokument und eine Sterbeurkunde, bei der Überführung von Resten der Feuerbestattung in Urnen eine Sterbeurkunde erforderlich.

§ 5

(1) Für die Überführung von Leichen aus der *Deutschen Demokratischen Republik* stellt der für den Sterbeort zuständige *Rat des Kreises, Abteilung Gesundheits- und Sozialwesen,* mit Zustimmung des örtlich zuständigen *Volkspolizei-Kreisamtes* den Leichenpass aus. Die Ausstellung

des Leichenpasses ist von einer amtlichen Bestätigung, dass die Leiche am Bestimmungsort übernommen wird, abhängig.
(2) Wird die Überführung von Leichen aus der *Deutschen Demokratischen Republik* nicht von Angehörigen des Verstorbenen veranlasst, muss von den mit der Überführung beauftragten Bürgern bzw. Institutionen eine von dem für die konsularische Legalisation zuständigen Organ der *Deutschen Demokratischen Republik* legalisierte Vollmacht vorgelegt werden, sofern nicht anderweitig ein Legalisationsverzicht festgelegt worden ist.
(3) Sind bei der Überführung von Leichen aus der *Deutschen Demokratischen Republik* besondere hygienische Maßnahmen zu beachten, ist dem Leichenpass eine entsprechende Verfügung des *Rates des Kreises, Abteilung Gesundheits- und Sozialwesen,* beizufügen. Auf diese Verfügung ist im Leichenpass hinzuweisen.

§ 6
(1) Bei der Überführung von Leichen und Resten der Feuerbestattung in Urnen in die *Deutsche Demokratischen Republik* ist neben den im § 3 genannten Dokumenten eine Bestätigung des für den Bestattungsort zuständigen *Rates des Kreises, Abteilung Gesundheits- und Sozialwesen,* erforderlich, dass die Bestattung vorgenommen wird. Diese Bestätigung entfallt für außerhalb der *Deutschen Demokratischen Republik* verstorbene Bürger, die *nach § 7 der Verordnung vom 15. Juli 1965 über das Meldewesen in der Deutschen Demokratischen Republik – Meldeordnung – (MO) (GBl. II S. 761)* im Gebiet der *Deutschen Demokratischen Republik* gemeldet sind.
(2) Die Bestattung einer in die *Deutsche Demokratischen Republik* überführten Leiche bzw. Beisetzung von Resten der Feuerbestattung in Urnen erfolgt auf der Grundlage eines vom zuständigen *Rat des Kreises, Abteilung Innere Angelegenheiten,* ausgestellten Bestattungsscheines.

§ 7
(1) Für den Transport von Leichen durch die *Deutsche Demokratischen Republik* ist ein Leichenpass oder ein dem Leichenpass gleichzusetzendes Begleitdokument erforderlich.
(2) Der Transport von Leichen durch die *Deutsche Demokratischen Republik* mit Leichen-Transportkraftwagen hat auf den *für den Durchgangsverkehr festgelegten Verkehrswegen* zu erfolgen.

§§ 8 und 9
(gegenstandslos)

Sachverzeichnis

M

N

O